69,80 Bu

böhlau Wien

Manfred Zollinger

Geschichte des Glücksspiels

Vom 17. Jahrhundert bis zum Zweiten Weltkrieg

Böhlau Verlag Wien · Köln · Weimar

Gefördert durch den
Fonds zur Förderung der wissenschaftlichen Forschung

Umschlagabbildung:
„Das Roulettespiel", farbiger Kupferstich, Paris, Bonneville, um 1800
(Bibliothèque Nationale, Paris)

Die Deutsche Bibliothek – CIP-Einheitsaufnahme

Zollinger, Manfred:
Geschichte des Glücksspiels : vom 17. Jahrhundert bis zum Zweiten Weltkrieg / Manfred Zollinger. –
Wien ; Köln ; Weimar : Böhlau, 1997
ISBN 3-205-98518-4

Das Werk ist urheberrechtlich geschützt. Die dadurch begründeten Rechte, insbesondere die der Übersetzung, des Nachdruckes, der Entnahme von Abbildungen, der Funksendung der Wiedergabe auf photomechanischem oder ähnlichem Wege und der Speicherung in Datenverarbeitungsanlagen, bleiben, auch bei nur auszugsweiser Verwertung, vorbehalten.

© 1997 by Böhlau Verlag Ges.m.b.H und Co. KG, Wien · Köln · Weimar

Gedruckt auf umweltfreundlichem, chlor- und säurefreiem Papier

Satz: Hutz, A-1210 Wien

Druck: Menzel, A-1120 Wien

Meiner Mutter in Dankbarkeit

Danken möchte ich allen, die mich immer wieder ermuntert haben, dieses Buch zu publizieren: Univ.-Prof. Dr. Michael Mitterauer, Univ.-Prof. Dr. Wendelin Schmidt-Dengler, Univ.-Prof. Dr. Edith Saurer und Sophie Grandperret. Für Hilfe bei den Korrekturen und bei der technischen Umsetzung danke ich meinen Freunden DDr. Gerhard Ammerer, Siegfried Habereder und Dr. Alfred Kienecker.

Inhalt

Einleitung	9
Normen und Theorien	21
»Zeit-Vertreib oder Handlung«: Die Rekreationsfunktion des Spiels	30
Arbeit versus Hasard	35
Zeitstruktur und Zukunftsplanung	39
Glück durch Zufall	41
Partikularistische Organisationsformen des Spiels	47
Adelsspiel – »diese noble Kunst«	47
Das Glücksspiel bei Hof – »der ordinaire Pharaon«	58
Theater und Gücksspiel	69
Gesellschaften, Casini, Clubs und Coterien	77
Adel und Staatsgewalt	85
Militär und Glücksspiel	94
Nichtadeliges Spiel	108
Abseits der Metropole	131
Subsistenzspiel	139
Ausblick	140
Männer und Frauen	146
Grenzgänger	154
Maske und Manipulation – Profis und Betrüger	155
Das »triste Métier«: Die Polizei	172
Reservate des Glücksspiels	181
Kirchweihfeste, Jahrmärkte und Messen	189
Das Glücksspiel in den Bädern der Habsburgermonarchie	209
Institutionalisiertes öffentliches Glücksspiel	217
Spielhäuser und Spielbanken – ein Überblick	217
Spielhäuser in Österreich	223
Spielbäder	229
Spielpacht und Konzession	229
Elemente einer neuen Spielkultur	243
Die Spielbankfrage	251
Nachhall und Übergänge	256

Die österreichische Entwicklung 257
    Die »wilden« Gründungen 257
    Inflationäres Spiel 260
    Das Gesetz 274
    Das Spiel 277

Zusammenfassung und Schluß 283

Spiele 291

Anmerkungen 315

Quellen und Literatur 377

Die Materie dieses Wercks, wiewohl sie an ihr selbst nicht sonderlich
ernsthafft, ist hier in einer sehr ernsthafften Absicht behandelt.

Jean Barbeyrac: Tractat vom Spiel. Bremen 1740.

Einleitung

Eine schwerwiegende Hypothek lastet auf den folgenden Seiten: »Es gibt Arbeiten, von denen sich voraussagen läßt, daß sie dem Historiker mißlingen, und diejenigen über das Spiel gehören dazu«, postulierte Friedrich Georg Jünger in den optimistischen 50er Jahren. Das Spiel gewinne nichts durch eine solche Untersuchung, und die Untersuchung des Spiels gewinne nichts durch sie. »Das Spiel ist zu gegenwärtig, um sich in einer solchen Untersuchung zum Schlaf zu legen. Wenn gar der Historizismus sich des Spiels bemächtigt und sogleich anfängt, mit seinen leeren, schauerlichen Begriffen von Kultur zu arbeiten, dann ist das wie ein Rasseln aus Mumienkammern.«[1] Es ist hier nicht der Ort, Jüngers geschichtswissenschaftlicher Kompetenz nachzugehen; sein apodiktisches Urteil verdient jedoch Beachtung, weil es eine weitverbreitete Anschauung transportiert. Etwas vergröbert zusammengefaßt, ist ihr zufolge das Spiel eine »anthropologische Konstante«, eine »kulturelle Universalie«, die sich der historischen Analyse entzieht. Als Protagonist agiert der zeitlos omnipräsente und unermüdlich zitierte Erfüllungsgehilfe *Homo ludens*. Johan Huizinga, der diesen Begriff prägte und ihn 1938 zum Titel eines nachhaltig wirksamen Werkes machte, hat zwar verdienstvoll den Blick auf die soziale Funktion des Spiels gelenkt und das Extrem einer ahistorischen Zugangsweise, die vom Prinzip eines allgemeinmenschlichen »Spieltriebs« ausgeht, der überall wirkt und doch nirgends zu greifen ist, verworfen. Doch verankerte er es gleichzeitig in allen Kulturformen – von der Sprache bis zum Krieg –, so daß ihm schließlich alles Spiel war.[2] Angesichts dieses überwältigenden Universalismus wäre »Geschichtliches« im Sinne von Vergangenem allenfalls an materiellen Relikten, am Exotismus abgekommener Spiele festzumachen. Damit wird das Spiel zum Gegenstand der traditionellen Kulturgeschichte, zu einer »Laune von Sammlern, von Liebhabern von Kuriosa«.[3]

Die Ludizität gehört also anscheinend – mit wenigen Ausnahmen – bestenfalls zu den Marginalia der Historiographie.[4] Die Gründe dafür liegen zum einen im Selbstverständnis der Geschichtswissenschaft, die mit der Nichtbeachtung des Ludischen die Grenze festschreibt, die Ernst von Spiel, *sérieux* von *frivole* trennen soll. Dabei bleibt meist unbeachtet, daß diese Grenzziehung ein gesellschaftliches Produkt ist, Werthaltungen und Bedürfnisse bestimmter sozialer Gruppen reflektiert und daher ständig verschoben werden konnte und auch wurde.[5] Als Korrektiv der vermeintlich feststehenden Opposition von Arbeit und Spiel oder Muße bot sich die Ethnographie an, die zu zeigen vermochte, daß in vorindustriellen (oder präkolonialen) Gesellschaften diese Trennung nicht zu beobachten ist.[6] Ein weiterer Grund für die Vernachlässigung des Themas liegt in der Polysemie des Spielbegriffs, in seiner terminologischen Unschärfe, die zur Totalisierung tendiert und die Metaphorik ebenso betrifft wie seine Definition.[7] Schließlich ist das weitgehende Versäumnis der Geschichtswissenschaft in bezug auf Spiele und Unterhaltungen in der Quellenlage zu suchen. Auf sie wird noch eingegangen. In besonderem Maße wirkten sich diese Hürden auf die Glücksspiele aus. Wie sollte man sich diesem Phänomen nähern, bei dem es immer um Geld oder Sachwerte geht, wenn doch das Spiel nach der klassischen Definition Huizingas zwar »um etwas« gehen muß, aber »an kein materielles Interesse geknüpft ist«? Die Problematik gründet in einem Konzept, das die Glücksspiele aus dem Kanon der Spiele eliminierte, weil sie nicht instrumentalisierbar schienen, nicht der Erholung, der Einübung bestimmter Fertigkeiten etc. dienten, weil sie, in Anlehnung an Victor Turners Unterscheidung, weder »ludisch« noch »ergisch« waren.[8] Das wissenschaftliche Interesse mußte sich in Grenzen halten, weil dem Glücksspiel zwar eine Rolle im Kult (also außerhalb des materiellen Bereichs) zuerkannt wurde, gleichzeitig aber die Würfelspiele als »für die Kultur selbst unfruchtbar« galten.[9] Während jedes Spiel durch seine Konzeption und Strategie das kulturelle Erbe und die Mentalität seiner Herkunft widerspiegle und daher nicht leicht in andere kulturelle Umgebungen transferierbar sei, gelte das für *simple gambling games* möglicherweise nicht.[10] Nicht ermutigend ist gewiß auch das Verdikt, wonach die Spieler beim Glücksspiel wesentlich passiv bleiben – selbst wenn Roger Caillois, der dies postulierte, die hartnäckige Weigerung der Historiker und Soziologen, die Glücksspiele zu untersuchen, nicht verstehen wollte.[11] Dazu kommt, daß das Augenmerk eher auf *den* Spieler, respektive *die* Spielerin, die oft prominente Einzelperson, gerichtet war oder auf die gesellschaftliche Elite, die vorrangig und vorschnell als Exponentin des Glücksspiels galt. Wenige haben auf die Bedeutung des Glücksspiels in der Geschichte des Spiels hingewiesen, auf seine spezifische Rolle als Faktor der Soziabilität und Ökonomie in allen Gesellschaftsschichten.[12] Dieser Aspekt erhellt nicht zuletzt aus den heftigen Reaktionen, die das Glücksspiel mißbilligend ins gesellschaftliche, ökonomische und moralische Abseits zu drängen suchten.

Eine Übersicht über die deutschsprachige Literatur bestätigt nur in besonders krassem Maß die Abstinenz der jüngeren Geschichtsschreibung hinsichtlich der Spiele und, was hier interessiert, speziell der Glücksspiele.[13] Mit Ausnahme der Arbeiten Edith Saurers zur materiellen Kultur des Lottos im 19. Jahrhundert (1983 bzw. 1989), deren Ergebnisse Monika Bönisch mit ihrer regionalen Fallstudie aus Baden-Württemberg 1994 illustrierte, ist der übrige Bereich der Glücksspiele weitgehend außerhalb des historischen Interesses geblieben. Zu erwähnen sind die unterschiedlich

Einleitung

verläßlichen Publikationen zu einigen deutschen Spielbanken, Lokalstudien, die im wesentlichen bis 1933 erschienen waren. Um diese Zeit veröffentlichte auch Egon Caesar Conte Corti sein detailreiches Werk zu den Spielbanken in Homburg und Monte Carlo. Ältere Arbeiten sind entweder dem Lotto und den Lotterien gewidmet oder beziehen das Glücksspiel in die Untersuchung anderer Spiele ein. Vor allem aber sind diese – im übrigen immer noch heranzuziehenden – Schriften fast ausschließlich rechtswissenschaftlicher Natur. Der historische Aspekt erschöpft sich meist in der Analyse normativer Quellen. In Österreich gipfelt dieses Charakteristikum der deutschsprachigen Wissenschaft in Ernst Seeligs »Das Glücksspielstrafrecht« aus dem Jahr 1923. Ausnahmen, die das Mittelalter und die frühe Neuzeit betreffen, sind Wolfgang Taubers Arbeit über das Würfelspiel (1987) und Robert Jüttes Untersuchung zu Falschspiel und Kriminalität (1988). So blieb das Glücksspiel eine Domäne der Psychologie und der Ökonomie. Die eine gab ihren Gegenstand, der als deviantes Verhalten umschrieben werden kann, teilweise an die Sozialmedizin weiter, die sich in einem immer noch dauernden publizistischen Kampf um die Pathologie der »Spielsucht« befindet. Die andere brachte 1993 durch Norman Albers eine Analyse des Glücksspielmarktes in der Bundesrepublik Deutschland hervor. Aus jüngerer Zeit liegen im deutschsprachigen Raum auch soziologische Untersuchungen vor.[14] Verwunderlich bleibt weiters die Verspätung, mit der die Volkskunde sich des Gegenstands angenommen hat. Sieht man von den Hinweisen Karl-Sigismund Kramers in den 60er Jahren ab, ist erst 1996 mit der Dissertation von Amalia Radlberger zum Glücksspiel der Randschichten in Wien und Umgebung im Biedermeier eine auf reichem und erst kürzlich katalogisiertem Quellenmaterial basierende Arbeit entstanden. Die Verspätung mag durch das lange Zeit unterentwickelte Interesse der Geschichtswissenschaft erklärt werden, kulturelle Manifestationen des Alltags und ihre mentalen Dimensionen zu würdigen. Dieses Manko hat Gerhard Tanzer mit seiner Arbeit über die Freizeit der Wiener im 18. Jahrhundert partiell behoben. Was jedoch Christa Berg 1982 ganz im Sinne des Interesses der vorliegenden Arbeit gefordert hat, steht noch aus: Eine Geschichte des Spiels und besonders des Glücksspiels »gibt es noch gar nicht«.[15]

Etwas anders liegen die Verhältnisse in Frankreich, Großbritannien, Italien und den USA. Hier haben sich namhafte Historiker der Geschichte des Spiels gewidmet und auch dem Glücksspiel – in unterschiedlicher Gewichtung – Beachtung geschenkt. In Frankreich mag sowohl ein unterschiedliches intellektuelles Klima als auch die Erfahrung der Ethnographie dazu beigetragen haben, daß den Themen Freizeit, Spiel und Sport früher Aufmerksamkeit zuteil geworden ist als in anderen Ländern.[16] Außer der Absichtserklärung Jules Michelets, einmal eine Geschichte des Spiels im 17. Jahrhundert zu schreiben – und er hatte das Geldspiel im Auge –,[17] kamen Spiele und Sport vor allem in dem 1967 erschienen gleichnamigen Band der angesehenen »Encyclopédie de la Pléiade« zu Ehren. Für die historische Forschung wurden zwei Kolloquien maßgeblich, die sich mit dem Gesamtbereich ludischer Erscheinungsformen befaßten: »Les jeux au XVIIIe siècle« (Aix-en-Provence 1971), beinhaltet Untersuchungen zum Glücks- und Geldspiel aus verschiedenen Gesichtspunkten, von der Gesetzgebung bis zum Betrug. »Les jeux à la Renaissance« (Tours 1980), ist ein großangelegter Wurf und widmet den beiden genannten Spielformen einen eher kleinen Teil, dessen zeitlicher Rahmen jedoch außerhalb des hier zu behandelnden gesteckt ist. Das Spiel in Frankreich vom 13. bis ins 16. Jahrhundert war 1988 das Thema einer flächendeckenden Dissertation von Jean-Michel Mehl (gedruckt 1990). 1991 war es wiederum ein Kolloquium (»Jeux, sports et divertissements au Moyen Âge et à l'âge classique«, Chambéry), das zwar den zeitlichen Rahmen weiter steckte, den Schwerpunkt aber auf festliche und sportliche Formen legte.[18] Für das 18. Jahrhundert liegen gleich vier umfangreiche Studien vor: Olivier Grussi veröffentlichte aus einer materialreichen Dissertation (1984) ein Buch über »La vie quotidienne des joueurs sous l'Ancien Régime à Paris et à la cour« (1985); John Dunkley behandelte 1985 (zuvor als Dissertation) ungefähr denselben Zeitraum (1685–1792) und untersuchte die »Manie« des Glücksspiels über die sich wandelnden Einstellungen in theoretisch-moralischen und literarischen Texten;[19] 1993 analysierte Thomas M. Kavanagh in einer geistreichen Studie die inhaltlichen und formalen Beziehungen zwischen der Kultur des Glücksspiels und der Prosaliteratur im Frankreich der Aufklärung; als jüngste, ebenfalls aus einer Dissertation (1989) hervorgegangene historische Arbeit erschien 1995 »Le monde du jeu à Paris 1715–1800« von Francis Freundlich, der überwiegend Archivquellen benutzt, das Spiel in den Kontext der sozialen, politischen und ökonomischen Verhältnisse stellt und die Bereitschaft zum Spiel als eine spezifische kulturelle Disposition zeigt.

1979 legte Richard McKibbin anhand des Wettverhaltens der englischen Arbeiterklasse im 19. Jahrhundert richtungsweisend dar, daß zwischen den stereotypen Vorstellungen der Obrigkeiten und dem tatsächlichen Spielverhalten sowie den ihnen zugrundeliegenden Voraussetzungen und Bedürfnissen eine tiefe Kluft herrschte, und stellte damit unter Beweis, daß Quellen oft gegen den Strich gelesen werden müssen. Amerikanische Historiker gingen der prominenten Rolle des Glücksspiel (und zwar nicht ausschließlich, wie es der Filmmythos will, des Pokerns, sondern der »europäischen« Spiele Pharao und Roulette) in der Ökonomie der reichen Pflanzer des Südens und besonders in der *Frontier-Society* nach – in der, E. J. Hobsbawm zufolge, der Freiheitstraum des »Wilden Westens« jener der armen Weißen war, »die hofften, das Privatunternehmertum der Bourgeoisiewelt mit Glücksspiel, Gold und Revolvern ersetzen zu können«.[20] 1986 untersuchte John M. Findlay in »People of Chance« die Verschiebungen zwischen Akzeptanz und Ablehnung des Glücksspiels als Reflex auf das sich wandelnde Selbstverständnis in den verschiedenen Etappen der sozialräumlich betrachteten Geschichte Nordamerikas. 1990 ging Ann Fabian der Funktion des

Glücksspiels im 19. Jahrhundert in Nordamerika unter dem Aspekt der Gegnerschaft nach, die sich an den Leitbildern Produktivität und Rationalität orientierte, und zeigte den Einfluß der »irrational and selfish aspects of gain«, wie sie im Glücksspiel besonders zum Tragen kämen, auf die kapitalistische Ökonomie. Ausgehend von gedruckten Biographien »bekehrter« (Falsch-)Spieler spannt Fabian den Bogen vom Zahlenlotto bis hin zu Zeitkäufen und Börsengeschäften, die sie als domestizierte und rationalisierte Form des Glücksspiels sieht. Russell T. Barnhart hingegen bleibt bei allen Verdiensten, die ihm durch detaillierte Studien zu einzelnen Aspekten des Glücksspiels gebühren, mit seinen »Gamblers of Yesteryear« (1983) doch gelegentlich sehr im Anekdotischen und Biographischen stecken.

In Italien waren vor allem Ludovico Zdekauers Studien zum öffentlichen Spiel im Mittelalter vom Ende des 19. Jahrhunderts wegweisend. Neue Ansätze zu dieser Epoche finden sich vor allem in dem vom Mediävisten Gherardo Ortalli herausgegebenen Sammelband »Gioco e giustizia nell'Italia di Comune« (1993) und in Alessandra Rizzis »Ludus/ludere« (1995). Das Glücksspiel in Neapel im 18. und 19. Jahrhundert war das Thema einiger Aufsätze von Giuseppe Ceci (1897/1898); das Spiel in Venedig, das mit seinem Ridotto, dem ersten Casino im modernen Wortsinn, fast 150 Jahre lang über die Grenzen der Republik hinaus wirkte, stellte Giovanni Dolcetti 1903 zum erstenmal umfassend dar. 1989 war diesem Spielhaus die vom gleichnamigen Katalog ergänzte Ausstellung »Fanti e denari« gewidmet. Eine überaus präzise Studie zur Organisation und zum Pachtsystem der öffentlichen Glücksspielhäuser während der Napoleonischen Zeit lieferte 1981 John Rosselli.

Die Glücksspielkultur Spaniens ist vor allem für das Mittelalter untersucht (E. Wohlhaupter 1931; Dwayne E. Carpenter 1988), was auf die außergewöhnlichen Quellen dieser Zeit zurückzuführen ist. Was die lexiko-semantischen und poetologischen Untersuchungen eines Jean-Pierre Étienvre zum Spiel des 16. bis 18. Jahrhunderts (1987 und 1990) betrifft, so gehen sie in ihrer Brillanz und Fragestellung weit über den Rahmen der vorliegenden Arbeit hinaus. Zu guter Letzt ist hier eine belgische Arbeit anzuführen, die mit Akribie und Weitblick Maßstäbe setzte: Paul Bertholets Untersuchung über das öffentliche Glücksspiel in Spa, das im 18. Jahrhundert als Metropole des Spiels galt, ist eine Lokalgeschichte, die auf der Basis eines überwältigenden Quellenmaterials ökonomische, soziale, demographische und politische Aspekte in vorbildlicher Weise mit dem Spiel in Zusammenhang bringt.

Die Quellenlage ist wohl eine der Hauptursachen für den Rückstand in der Erforschung der historischen Glücksspielkultur. Über das Spiel sprachen weniger die Spieler[21] denn ihre Gegner. Für Österreich bzw. die Habsburgermonarchie ist die Lage besonders prekär, weil hier alle Glücksspiele und, je nach Interessenlage der Obrigkeiten, manchmal auch andere Spielgattungen verboten waren. Aus der Verbotspraxis entstand ein imposanter Textkorpus von gesetzlichen Bestimmungen aller Art.

Sie sind um so mehr zu berücksichtigen, als sie mitunter wertvolle Details enthalten, auch wenn sich ihr Aussagewert zumeist in stereotypen Wendungen erschöpft. Greifend werden sie jedoch erst, wenn man sie in Beziehung zur Spielpraxis setzt. Dabei ist davon auszugehen, daß fast alle neu erlassenen Gesetze und Verordnungen Reaktionen auf konkrete Wahrnehmungen und Vorfälle waren, deren Verlauf aber in vielen Fällen leider nicht mehr zu rekonstruieren ist. Diese Handlungsebene bildet gleichzeitig den Kern des Themas, das vor dem Hintergrund der fundamentalen Opposition der Autoritäten des Habsburgerreiches gegen die Glücksspiele (mit Ausnahme des Lottos) im wesentlichen eine lange Konfliktgeschichte ist. Spuren davon sind demnach als Niederschlag der Polizei- und Gerichtstätigkeit in den Archiven erhalten. Die Archivalie ist die Schnittstelle, an der die Normen des Staates und die Taten der Spieler aufeinandertreffen. Über die Möglichkeiten und Risiken dieser Quellengattung für den Historiker hat nicht zuletzt Arlette Farge viel Kluges gesagt, unter anderem auch, daß sie weder wirklichkeitstreu noch völlig repräsentativ für die Realität ist, sondern eine Rolle in der Wirklichkeit spielt: »Sie ist nicht die Wahrheit, aber Bruchstück einer Wahrheit, Splitter des Sinns, sie unterhält so viele Beziehungen zur Wirklichkeit wie überhaupt möglich.«[22]

Für die vorliegende Arbeit, die Wien als Ausgangspunkt der Untersuchung wählt, ergaben sich in bezug auf die Quellenlage zusätzliche Probleme. Ist schon das entsprechende Archivmaterial aufgrund seiner soeben angedeuteten spezifischen Voraussetzung zwangsläufig nur ein kleiner Ausschnitt der Glücksspielwelt und als solcher überdies den Zufälligkeiten unterworfen, die zu seiner Entstehung führten (Anzeigen, unvorhergesehene Zwischenfälle, Polizeistreifen usw.), so sind die in Frage kommenden Bestände der Polizeihofstelle bzw. der Polizeioberdirektion um so unbefriedigender, als sie so gut wie nie die betroffenen Spieler zu Wort kommen lassen. Mehr noch: Viele Akten enthalten im Kern nicht mehr als vage Andeutungen und Verdächtigungen, mit dem Auftrag, der – selten verifizierten – Stichhaltigkeit nachzugehen. Hier, wo hauptsächlich der Staat spricht, ist also erhöhte Vorsicht angebracht. Etwas besser stehen die Verhältnisse für die erste Hälfte des 19. Jahrhunderts, das für einige Zonen Wiens durch die unlängst erschlossenen und erkundeten Archivalien des Klosterneuburger Stiftsarchivs ein dichteres Bild ermöglicht, während das Niederösterreichische Landesarchiv die Aktivitäten der Behörden gegen Spieler mit einzelnen Ausnahmen nur noch stichwortartig in den Indexbänden erhalten hat. Dagegen sind die Archivquellen des Kriegsarchivs, anhand derer der oft kolportierte hohe Stellenwert des Glücksspiels in der Sozialgruppe des Militärs untersucht werden soll, mitunter relativ ausführlich und geben vor allem in Berufungsverfahren auch die Aussagen der Spieler wieder. Völlig unbeachtet geblieben ist bislang das Glücksspiel im bäuerlichen und unterbäuerlichen Bereich. Dafür boten sich die im Oberösterreichischen Landesarchiv gesammelten Bestände der diversen Herrschaftsarchive als überraschend reichhaltige Quellenbasis an, von der besonders die Verhörsprotokolle hervorzuheben sind. Wegen der für bestimmte Bereiche mangelhaften österreichischen Quellenlage wurden auch Bestände anderer Archive herangezogen, einerseits zur Ergänzung, andererseits zum Zwecke des Vergleichs, um Unterschiede und Gemeinsamkeiten herauszuarbeiten. Dazu dienten einige bislang unberücksichtigt gebliebene Akten des 18. Jahrhunderts aus dem Staatsarchiv der Hansestadt Hamburg und, für die öffentlichen Glücksspiele in einigen deutschen Staaten, die ebenfalls noch unerschlossenen Bestände des Niedersächsischen Staatsarchivs in Bückeburg, die einen guten Einblick in die Entwicklung einer – wenn auch bescheidenen – Spielbank des 19. Jahrhunderts ermöglichen. Mit ihnen ließ sich die vorhandene Literatur ergänzen und relativieren.

Selbst wenn die Archivlage – vor allem für den Bereich des nichtadeligen Spiels – besser wäre, müßten ihre Ergebnisse durch gedruckte Quellen ergänzt werden. Nun findet sich zumal im 18. Jahrhundert kaum ein Text über gesellschaftliche, politische oder ökonomische Verhältnisse, in dem nicht vom Spiel die Rede ist. Das gilt gleichermaßen für Lexika und Enzyklopädien, Reiseberichte, Autobiographien, Tagebücher und Briefwechsel, ganz zu schweigen von eigentlich literarischen Druckwerken. Doch ist dies zum einen in einer oft recht unspezifischen Art der Fall (Glücksspiele werden nicht dezidiert von anderen Spielen differenziert), zum anderen dominiert in der Publizistik seit der Jahrhundertmitte und weit ins folgende Jahrhundert hinein das Lotto, das hier nicht untersucht wird. Überdies ist die Textlandschaft zu einem großen Teil äußerst zersplittert. Es galt also, aus der Vielzahl der Schriften diejenigen herauszufiltern, die sich auf die Fragestellung beziehen, und die zahlreichen zerstreuten Hinweise in einem interpretatorischen Zusammenhang zu verdichten. Die Zahl der spezialisierten Texte, die sich ausschließlich dem Thema widmen, nahm im 18. Jahrhundert in ganz Europa ebenfalls zu. Durch Heranziehung französischer und englischer Werke mußte nicht nur die eher schmale österreichische Basis verbreitert werden, sie erlaubte auch ansatzweise den länderübergreifenden Vergleich. Diese moralischen, juridischen, philosophischen oder theologischen Traktate sowie spieltechnischen Regelwerke sind allerdings erst bis zum Jahr 1700 systematisch erschlossen.[23] Für das letzte Viertel des 19. Jahrhunderts sowie für das 20. Jahrhundert standen als weiterer Quellentyp zahlreiche Zeitungsberichte, -reportagen und -kommentare zur Verfügung. Ihre Verwendung schien um so gerechtfertigter, als die Presse oft besser oder zumindest schneller über Ereignisse in der Glücksspielwelt informiert war als die Behörden, die ihrerseits nicht selten auf Meldungen in Tageszeitungen zurückgriffen und sie zur Basis weiterführender Untersuchungen machten. Trotzdem sind diese Quellen mit Vorsicht zu benützen, weil oft mit der Ungenauigkeit journalistischer und herausgeberischer Sensationslust gerechnet werden muß.

Einleitung

Der Untersuchungszeitraum ist außergewöhnlich lang. Man hätte sich auf das gerne als »Spielsäculum« bezeichnete 18. Jahrhundert beschränken können. Doch wäre dies keine ausreichende Legitimationsgrundlage gewesen. Denn wie hätte das Verhältnis zum 17. Jahrhundert aussehen sollen, das auch als *grand siècle du Jeu* galt,[24] zur »Spielleidenschaft der Epoche« der frühen Neuzeit[25] oder zum 19. Jahrhundert, das nicht nur mit einer überbordenden Produktion an Texten auf die Spielgewohnheiten reagierte, sondern vor allem in Teilen Deutschlands mit der Einrichtung der öffentlichen Spielbanken die internationale Entwicklung beherrschte? Was den österreichischen Raum betrifft, so liegen für das 17. Jahrhundert Archivalien vor, die einen wesentlichen Teil der populären Spielkultur dokumentieren und so das Verständnis für die spätere Zeit erleichtern. Sie bilden ein nützliches Gegengewicht zur herkömmlichen Praxis, hauptsächlich das Spiel der Oberschichten zu betrachten. Das 17. Jahrhundert bot sich außerdem als Einstiegsschwelle an, weil in ihm der Abschied des »Spielteufels« aus der Literatur begann. Die Gegner des Spiels griffen anstatt zu religiösen zunehmend zu ökonomischen und sozialen Argumenten, die fortan das Bild bestimmten. Andererseits ist die Tätigkeit der Polizei in den Wiener Archiven erst gegen Ende des 18. Jahrhunderts und vor allem in der ersten Hälfte des 19. Jahrhunderts dichter dokumentiert. Dies gilt in besonderem Maß auch für die oben erwähnten Quellen aus dem Raum des heutigen Oberösterreich. Schließlich verleitete ein österreichisches Spezifikum zur Ausdehnung des Zeitraums bis zur Ersten Republik: Öffentliche Glücksspieleinrichtungen wie Spielbanken bzw. Casinos, Cercles etc. sind hier erst kurz vor dem Ersten Weltkrieg institutionalisiert worden, die erste staatliche Spielbank im modernen Sinn wurde 1934 eröffnet. Da dies keine österreichische Erfindung war, sondern an eine internationale Entwicklung anschloß, deren Anfänge im 18. und 19. Jahrhundert zu suchen sind, wurde versucht, den Zusammenhang, die Unterschiede sowie die Bedingungen, unter denen es dazu kam, darzustellen.

Dies betrifft auch den geographischen Rahmen. Das Gebiet des heutigen Österreich hätte unter besonderer Berücksichtigung Wiens die Grenze des Untersuchungsgebiets bilden sollen. Bis 1918 aber haben die herrschaftsräumlichen Konstellationen im Verhältnis der politischen und ökonomischen Verflechtung stets über diesen Raum hinausgereicht.[26] Die Wiener Archive spiegeln diese Dimension auch im Bereich des Glücksspiels. Ein großer Teil der Fälle betrifft Böhmen, Mähren, Ungarn und italienische Gebiete der Habsburgermonarchie, was zu einem Teil an den Spielern selbst lag, die äußerst mobil über die Grenzen hinweg wirkten. Andererseits sind manche wesentliche Erscheinungen des Glücksspiels in den österreichischen Archiven nur ungenügend dokumentiert. Wie bereits erwähnt, schien es sinnvoll, das Untersuchungsgebiet zur Ergänzung sowie zum Vergleich zu erweitern. Es wurde allerdings nicht beabsichtigt (und ist auch nicht der Fall), eine europäische Geschichte des Glücksspiels vorzulegen. Doch blieb beispielsweise die beharrliche Weigerung, in den renommierten Bädern das öffentliche Glücksspiel zu etablieren, nicht unbeeinflußt von der Entwicklung außerhalb der Habsburgermonarchie. Hier sind es vor allem die Erfahrungen der deutschen Spielbanken, die sich zum Vergleich anboten und daher in diesem Zusammenhang betrachtet werden.

Um der historischen Dimension und Qualität des *Homo ludens* als handelnden Menschen in »intensiven Interaktionen«[27] einigermaßen gerecht werden zu können, ist es zielführend, von einem Kulturbegriff auszugehen, der Kultur als »Medium historischer Lebenspraxis und Auseinandersetzung insgesamt« begreift,[28] »als die Gesamtheit von symbolischen und strukturierten Handlungen, Normen und Praktiken, durch die Gruppen Erfahrungen sammeln, sich äußern und handeln in Antwort auf ihre eigenen gesellschaftlichen Beziehungen«, wie Hans Medick vorschlägt.[29] Dabei ist Kultur als Spannungsfeld von Werten und Normen zu verstehen, zu der die sich verändernden mentalen Komponenten der gesellschaftlichen Wirklichkeit ebenso gehören wie die sozialen, politischen und ökonomischen Dimensionen, ohne die jene nicht existierten.[30] »Denn die Menschen richten ihr Verhalten nicht nach ihrer tatsächlichen Stellung, sondern nach dem Bild, das sie sich von ihr machen, das jedoch nie ein getreues Abbild ist. Sie bemühen sich, es jenen Verhaltensmustern anzupassen, die in Wirklichkeit Kulturprodukte sind und sich im Lauf der Geschichte recht und schlecht auf die materiellen Realitäten einstellen«, schreibt George Duby.[31]

Unter diesen theoretischen Voraussetzungen ist das Glücksspiel als historisches Phänomen in seiner Bedeutung und seinem Wandel zu fassen. Seine Besonderheit in der anscheinend allumfassenden Spielkultur ist zu zeigen, und zwar über die Aktivität der Spielenden, die das Glücksspiel als Medium ihres Umgangs wählten und unter den Bedingungen und Vorstellungen agierten, die sie sich selbst, aber auch diejenigen, die nicht spielten, vom Spiel machten. Spieler handeln in einem Raum, der nicht nur ein geographischer ist. Das Glücksspiel ist mehr als der Umgang mit Würfeln, Karten und anderen Utensilien. Es ist eine stark strukturierte und formalisierte kulturelle Praxis, ein soziales Bedürfnis auf materieller Basis, dessen Stellenwert in unterschiedlichen Kontexten immer wieder reflektiert und definiert wird, in freier Entscheidung oder unter Zwang. Es ermöglicht Soziabilität im Wandel der Bedürfnisse und Möglichkeiten, so wie es auch durch das Selbstverständnis von Soziabilität oder »Geselligkeit« seine ständig neu zu interpretierende Funktion erhält. Im Zentrum der Untersuchung soll »der Spieler« stehen (»die Spielerin« spielt quantitativ nur eine bescheidene Rolle), und gleichzeitig soll mit dieser stereotypen Chimäre aufgeräumt und gezeigt werden, daß dieser Typus ein Produkt ist, das im Rahmen gesellschaftlicher Formierungsprozesse zur Charakterisierung devianten Verhaltens, zur signifikanten Marginalisierung bestimmter Lebensformen einerseits, zur elitären Wahrnehmung des »Exklusiven« andererseits diente. Der Individualisierung des Phänomens soll eine gesellschaftlich vermittelte Sicht entgegengesetzt werden.

Der Zugang zum Thema geschieht über mehrere perspektivische Ebenen. Zum einen über eine begriffliche, auf der der Glücksspielbegriff unter sozialen und ökonomischen Aspekten in Beziehung zu anderen Spielformen gesetzt wird und verschiedene, ständig wiederkehrende Parameter des theoretischen Diskurses auf ihre historische Bedingtheit untersucht werden. Zum anderen über eine Differenzierung nach partikularistischen und öffentlichen Spielformen, wobei Öffentlichkeit hier einen ausgeprägten Grad an Institutionalisiertheit, Organisation und Kommerzialisierung sowie größtmöglichen Zugang bedeutet, das Partikularistische hingegen eher als Hilfskonstruktion und Abgrenzung zu verstehen ist. Innerhalb der partikularistisch organisierten Glücksspiele kommt eine sozial definierte Perspektive zum Tragen. Hier sollen anhand der – notgedrungen vereinfacht verstandenen – Kategorien Hof und Adel, Militär und Nichtadelige, innerhalb derer nach Möglichkeit differenziert wird, die Spezifika und Parallelen des Verhältnisses von sozialer Stellung und Glücksspiel untersucht werden. Auf einer dritten, vermittelnden Ebene wird das Glücksspiel als konstitutiver Faktor sozial, ökonomisch und temporär exemter Bereiche dargestellt. Aus einigen wurde es immer mehr zurückgedrängt (populäre Feste), während es andererseits gerade in diesem Rahmen kontrolliert und institutionalisiert wurde (Bäder, Casinos). Im letzten Abschnitt gibt ein kommentiertes Inventar der im Text genannten Spiele Auskunft über die hierzulande noch weithin unerschlossene materielle bzw. kodierte Seite des Themas.

Leitende Fragen waren: Wie unterscheidet sich die Glücksspielkultur des untersuchten Zeitraums von der Gegenwart, die meist nur noch metaphorisch »alles auf eine Karte setzt« oder »Paroli bietet«? Welche Veränderungen gab es innerhalb dieser Zeit, und wo sind Entwicklungen auszumachen, die die moderne Ausprägung begünstigten und begründen? Diese Frage ist sicher die größte Herausforderung angesichts eines Themas, das bis in die Gegenwart dazu verleitet, die in den Vordergrund drängenden Kontinuitäten zuungunsten des Wandels festzuschreiben.[32] Inwieweit wird das Glücksspiel (und die Frage wäre auszuweiten auf den Bereich anderer Spiele) in einer Gesellschaft oder unter Angehörigen einer bestimmten Gesellschaft(sschicht) akzeptiert und verbreitet (bzw. abgelehnt), weil es ihrer Kultur eigene Werte widerspiegelt (bzw. konterkariert)?[33]

Antworten könnten am besten die Spieler geben, die aber, wie bereits festgestellt, wenig Verläßliches hinterlassen haben. Bei der Spurensuche gerät der Historiker leicht in die Rolle derer, die die Spieler an ihrem Tun hindern wollten und deren Dilemma das »Neue Wiener Tagblatt« am 1. März 1919 beschrieb: »Die Adressen der Wohnungen, in denen allnächtlich gespielt wird, werden von einem zum andern weitergegeben, man muß durch zwei Gäste eingeführt sein, das stetig wechselnde

Stichwort, das man kennen muß, wenn man Zutritt erlangen will, und der Umstand, daß die Spieler von Zeit zu Zeit die Salons wechseln, in denen Hasardpartien abgehalten werden, erschweren die polizeilichen Beobachtungen ungemein.« In den meisten Fällen ist auch der Forscher weder eingeführt, noch kennt er das Stichwort. Die folgenden Beobachtungen verstehen sich als Erkundigungen, die weitere Studien der historischen Spielforschung anregen sollen.

Normen und Theorien

Im Rahmen einer historischen Untersuchung ist zwar die begriffliche Klärung des Untersuchungsgegenstandes unerläßlich, doch genügt eine »sachliche« Definition nicht. Denn in der Auseinandersetzung mit dem Glücksspiel schlagen sich Werthaltungen nieder, die den je unterschiedlichen Interessenhorizont sowie Wandlungen der Einstellungen der Beteiligten vermitteln.

Ausgangspunkt der definitorischen Bemühungen war seit dem Mittelalter der Versuch geistlicher und weltlicher Rechtsgelehrter, erlaubte von tolerierten und verbotenen Spielen zu unterscheiden. Dabei konstruierten sie einen Kanon, eine nachgerade »klassisch« zu nennende Dreiteilung, die den Diskurs bis weit in die Neuzeit bestimmte. Den »Geschicklichkeitsspielen« wurden die vom bloßen Zufall (der den »neutralen« technischen Aspekt umschreiben soll) bzw. vom Glück (die philosophisch-moralische Dimension) abhängigen gegenübergestellt und in einer dritten Kategorie die »gemischten« Spiele bestimmt.[1] Während *alea* im 15. Jahrhundert meist, gelegentlich sogar ausschließlich das mit Würfeln gespielte Brettspiel (Tricktrack, Backgammon u. ä., die zu den »gemischten« Spielen gehörten) oder das Spielbrett bezeichnete, findet sich schon im 13. Jahrhundert der Begriff *ludus azardus* für das Glücksspiel.[2] *Az-zahar* ist das arabische Wort für Würfel und Würfelspiel und als Übernahme aus den romanischen Sprachen im deutschen Wort Hasard(spiel) erhalten. Seine Bedeutung verengt sich zunehmend zu dem unseres Untersuchungsgebietes. Kartenspiele wurden in ihrer Frühzeit meist als *ludi mixti*, manchmal aber auch als Hasardspiele betrachtet – ein Grenzgängertum, das wohl ein Indiz für eine gewisse Verunsicherung bei der Beurteilung dieser neuen Spielutensilien und ihrer rasanten Verbreitung ist. Das lateinische *alea* hingegen erfuhr bis ins 17. Jahrhundert eine Begriffserweiterung und wurde zum Oberbegriff für eine Vielzahl von Spielen, hauptsächlich solcher mit Würfeln und Karten. Diese Polysemie spiegelt die Universalität des Spielbegriffs wider, die die gesamte Literatur seit dem 16. Jahrhundert durchzieht und oft die klare Beurteilung früher Texte beeinträchtigt. Hier ging es jedoch nicht mehr um eine Klassifikation nach technischen Gesichtspunkten, sondern um die Tatsache, daß ein gewisses Spielverhalten diskreditiert werden sollte. Der Mailänder Redner Majoragius polemisierte 1541 gegen alle Spiele, bei denen Geld gesetzt wird *(expositis pecunijs)*.[3] Da aber jedes Spiel um Geld gespielt werden konnte – und einschließlich des Schach auch wurde –, stützen sich ablehnende Haltungen und Rechtspraktiken deutlicher auf die technische Zufallskomponente.

Mit seltener Klarheit antwortete der Groninger Jurist Jean Barbeyrac zu Beginn des 18. Jahrhunderts auf die lange diskutierte Frage, welche Spiele unter welchen Bedingungen zulässig seien. Unter die »blossen Glücks-Spiele«, bei denen man »nur blindlings und sonder einige Berathschlagung [...] zu Wercke« gehe, rechnete er Würfel- und einige Kartenspiele, wie z. B. Bassette, Brelan, Landsknecht, das Gänsespiel und Pharao.[4] Während das Brelan per definitionem zu den von Barbeyrac angeführten »vermischten Spielen« gehören müßte, ist die Erwähnung des Gänsespiels bemerkenswert. Daß es, »wie jeder weiß, ein blosses Glücks-Spiel« ist, ändert nichts an der Tatsache, daß es zu keiner Zeit in irgendeinem diese Spiele betreffenden Kontext auftaucht. Obwohl vom reinen Zufall abhängig, zählte es 1684 ein im übrigen strenger Richter über das Spiel unter die »unschuldigen« oder »uneigennützigen« Spiele *(jeux innocents)*, die zur Unterhaltung gespielt würden.[5] Der technische Aspekt ist also kein ausreichendes Kriterium bei der Beurteilung der sozial- und kulturhistorischen Dimension des Phänomens. Die übrigen von Barbeyrac genannten Glücksspiele sind hingegen die tatsächlichen Protagonisten der damaligen Spielkultur. Sie erfordern einen Bankhalter *(Banquier, Tailleur, Coupeur)*, gegen den die Spieler *(Pointeurs)* setzen, verlangen ein gewisses Maß an Organisiertheit und eignen sich aufgrund dieser Struktur vor allen anderen zur gewerbsmäßigen Nutzung. Diese Merkmale trugen ihnen den Namen *Banquierspiele*[6] ein. Sie waren es, die hohen Profit versprachen, aber auch bedeutende Verluste ermöglichten. Vor allem aber bedeuteten Glücksspiele in konsequenter Umsetzung den Inbegriff der Monetarisierung und Kommerzialisierung des Vergnügens.[7]

Eine weitere Differenzierung erfolgte vor allem dort, wo bestimmte Spiele an öffentlichen konzessionierten Banken bestanden. Manche der Glücksspiele, die früher als absolut verderblich erachtet wurden, rutschten teilweise in den Rang von »gesellschaftlichen« Hasardspielen ab. Es waren vor allem solche, bei denen die Bankhalter wechselten. Ein Autor des 19. Jahrhunderts zählte dazu das Würfeln, Lansquenet, Halbzwölf *(Once et demi)*, Einundzwanzig *(Vingt-et-un)*, Häufeln und sogar das verrufene Pharao, das das 18. Jahrhundert beherrscht hatte und immer streng verboten war.[8] Wie noch zu zeigen sein wird, bediente sich Maria Theresia genau dieser Unterscheidung – ohne allerdings die Kriterien zu nennen –, wenn sie ihre Tochter vor dem Pharao warnte und das Lansquenet als akzeptables »Kommerzspiel« bezeichnete. Seit 1765 ließ Alexander Hay in Spa Craps spielen, weil außerhalb der privilegierten Redoute alle Glücksspiele mit Bankhalter und Fonds verboten waren.[9] Den Spielern waren die Unterschiede bewußt. 1766 ließ der Hofrichter von Lambach vernehmen, er habe keine Hasardspiele, sondern bloß Trischacken gespielt – ein Kartenspiel, das in der Monarchie verboten war.[10]

Besonders im 18. Jahrhundert häufen sich die Belege dafür, daß gerade mit diesen Spielen soziale und moralische Werthaltungen verbunden werden, die die Eliten für sich beanspruchten. Diesen Zusammenhang hat T. H. Breen als Erklärung für die Zunahme des Glücksspiels unter der Gentry von Virginia gegen Ende des 17. Jahrhunderts namhaft gemacht.¹¹ Spreche man von »Spiel«, so verstehe jeder darunter sofort diejenigen, bei denen alles vom Risiko und Glück abhängt, hieß es um die Mitte des 18. Jahrhunderts – eine Einstellung, die sich bis ins 19. Jahrhundert noch verfestigen sollte; Bassette, Würfel und dergleichen werden zu den *giuochi d'invito*, die ein hohes Maß an sozialer Verbindlichkeit signalisieren; sie sind beim sogenannten *Bel Mondo* üblich und eine »arcana di quella scienza, che si dice ›di Vivere‹«.¹² Dahinter steht eine gesellschaftliche Abwehrhaltung, die versucht, Status durch ein bestimmtes ökonomisches Gebaren zu charakterisieren, mit dem Privilegierte ihre Rolle reproduzieren. Wo »muthige, an keckes Wagniß gewohnte Männer« spielen, werde das Glücksspiel »zur noblen Passion«, schrieb Wilhelm von Chézy 1842, schränkte aber ein, daß dies nur der Fall sei, wenn keine materielle Gefährdung zu befürchten sei und der Spieler »nichts wagt, als gerade nur sein Gold, und nichts im Grunde verliert, als just nur eine Zeit, die er doch zu nichts besserem angewendet hätte, als sie zu versplittern«.¹³ Barbeyrac unterschied ehrbare und weniger ehrbare Spiele und deutete dabei unterschiedliche gesellschaftliche Zuschreibungen an: Bassette, Brelan und Lansquenet seien nicht einmal bei Männern völlig »untadelhaft«, doch würden sie »in der Welt geduldet, und bey nahe so angemercket als listige Liebes-Händel, galante Intriguen, und üppiger Brauch des Weins: nemlich, siehet man sie gemeiniglich für keine grosse Laster an, hält man sie doch immer für etwas, mehr oder weniger, unordentliches«.¹⁴ »Hazardspiele«, hieß es 1787, sei ein »höflicher Name«, weil sie »in sogenannter Gesellschaft vom guten Ton gespielt werden«.¹⁵ Eine selektive Wahrnehmungsweise machte manche Spiele (Pharao, Bassette etc.) zu »galanten Hazardspielen«, während am anderen Ende der gesellschaftlichen Skala Glücksspiele wie Biribis oder Scheffel standen, die den unteren Schichten zugeordnet und oft pejorativ mit Jahrmärkten und anderen »volkstümlichen« Festen in Verbindung gebracht wurden.¹⁶

In der Regel unterschied man die in Frage stehenden Spiele von den sogenannten »Kommerzspielen« (Piquet, Hombre, Whist etc.). Neben den technischen Merkmalen und ihrer Eigenschaft als Bankspiele war dafür der finanzielle Aspekt ausschlaggebend. Es galt als ausgemacht, daß große Verluste und Gewinne in kurzer Zeit fast zwangsläufig mit einem Glücksspiel, und nicht mit einem Kommerzspiel in Zusammenhang stehen. Die Spielpraxis schien dies zu bestätigen. Bevor den Sätzen in den institutionalisierten öffentlichen Spielhäusern fixe Obergrenzen auferlegt wurden, stand es im freien Ermessen der Spieler und Bankhalter, den Grad des Risikos zu bestimmen. So konnte es der Spielverlauf mit sich bringen, daß bei einem Pharaospiel die Sätze von anfangs 5 Gulden auf 2 bis 3 Louisdor oder von 10 bis 20 auf 50 bis 100 Gulden stieg. Auf diese Art verlor 1815 ein Leutnant im ungarischen Fünfkirchen (Pécs) in drei bis vier Wochen 1400 Gulden.¹⁷ Doch kam es gerade wegen der »noblen« Attribuierung der Hasardspiele, ihrer Bestimmung nach Personen und Orten, zu sich überlagernden

Einschätzungen. Wenn auch die österreichischen Obrigkeiten seit dem 17. Jahrhundert immer wieder einzelne, als Glücksspiel zu identifizierende Spiele namentlich verboten, so sprechen ihre Gesetze bis in die zweite Hälfte des 18. Jahrhunderts vom »hohen Spiel« oder »unmäßigen hohen Spielen«. Dieses war schon in diversen Luxusgesetzen seit der frühen Neuzeit verboten worden,[18] ein deutlicher Hinweis auf die schichtenspezifische Verankerung der Einstellung zum Spiel. Möglicherweise konnte der Hof vor dem Hintergrund seiner eigenen Spielpraxis erst mit der allmählichen Abkehr von ihr, aber auch nach der Etablierung öffentlicher Glücksspiele eine entschiedenere Haltung einnehmen. Die Behörden lieferten jedoch noch nach dem expliziten Verbot der Zufallsspiele, d. h. ihrer Bezeichnung als solche, Beispiele für den unscharfen Wahrnehmungshorizont. 1797 hieß es aus Oberösterreich, daß »sogar Anfragen geschehen, ob diese Art von Wallacho, die hierlandes, und kaum so hoch, als ein erlaubtes Kommerzspiel gespielet wird, verbothen sey«; das Spiel war aber 1784 verboten worden, weil man es »gegenwärtig so hoch« treibe, daß es »eben so zugrunde richtend« werde und »in der Schädlichkeit der Folgen den bereits verbotenen Hazardspielen« gleichkomme.[19] Mitunter relativierten soziale Rücksichten den normativen Maßstab. 1813 berichtete ein Informant aus Ungarn, ein Vizegespan habe aus Scherz und einer Frau zu Gefallen eine »unbedeutende Bank« gehalten. Der Präsident der Polizeihofstelle kommentierte die gleichzeitige, etwas schärfere Einschätzung eines anderen Informanten damit, daß dieser wohl zu übereifrig gewesen sei, denn das an sich verbotene Spiel habe durch die geringen Einsätze seine »Gefährlichkeit« verloren.[20] Im Jahr 1800 hingegen verlautete aus Karlsbad, daß die Kommerzspiele »um einen so hohen Preis öffentlich unterhalten worden seyen, daß solche den Hazardspielen ähnlich werden«.[21] Unter dem Druck der Verbote griffen Spieler noch zu anderen Mitteln. Sie veränderten einige Regeln von Kommerzspielen und führten Zufallsmomente ein.[22] Offenbar gab es hinsichtlich der bevorzugten Spielkategorien eine deutliche Bedürfnisverteilung.

Nichts verdeutlicht die gesellschaftliche Dimension des Phänomens Glücksspiel besser als die Diskussionen um die Einführung des *Lotto di Genova*, des Zahlenlottos. Sehr bald wiesen Kritiker auf die Gefährlichkeit dieses Spiels hin, die indes nur als eine Funktion der beobachteten sozialen Stratifikation zu sehen ist. Zur Einführung der »Loterie général de France« bemerkte August L. Schlözer 1776:

> »Dieses Spiel ist gleichwol das verfürerischste und gefärlichste von allen bekannten Hazardspielen; denn Pharao u. dgl. spielten nur reiche Leute, oder die doch Barschaft in der Tasche hatten, aber mit dem Lotto kan sich auch der gemeinste Mann einlassen.«[23]

Das Lotto, das wegen der geringen Einsätze bevorzugt, wenngleich nicht ausschließlich von Armen gespielt wurde, bildete einen von den übrigen Glücksspielen relativ streng abgegrenzten Bereich. Diese schienen nun retrospektiv »gleichsam ein

Privileg der Reichen und Vornehmen«.[24] Die Deutsche Bundesversammlung bekräftigte 1845 zu Recht: Im Hinblick auf die

> »bei Weitem größte Mehrzahl derjenigen, welchem an öffentlichen Spielbanken ihr Glück versuchen, ist nicht anzunehmen, und noch weniger nachzuweisen, daß sie nach der Schließung der Spielhäuser gerade in den Lotterien die Befriedigung ihrer Spielwuth suchen werden«.[25]

Der so typisierte Glücksspieler ist also normalerweise kein Lottospieler. Arme und Nichtprivilegierte hingegen pflegten durchaus auch andere Zufallsspiele (Karten, Würfel etc.) als das Lotto. Der Staat, der sich durch die Institutionalisierung des Lottos, »diese[r] teuflische[n] Lockspeise«, bei gleichzeitigem Verbot der nunmehr so genannten Glücksspiele (1746 bzw. 1753) oder »Hazardspiele« (1760) – zum Unterschied von den »in der Kunst bestehende[n] und List oder Witz erfordernde[n] Spiele« – in einen Widerspruch begeben hatte, wurde deswegen bis in die Erste Republik zur Zielscheibe der Kritik.[26] Was er qua oberster Bankhalter nicht selbst autorisieren oder einem privilegierten Kreis vorbehalten wollte, sollte unterdrückt werden. Die vehement vertretene ideologische, moralische und politische Gegnerschaft gegenüber anderen Glücksspielformen hatte in diesem Zusammenhang einen rein pragmatischen Grund. Da der Profit aus dem Lotto gesichert werden sollte, empfand der Staat die übrigen Erscheinungen des Glücksspiels als potentielle ökonomische Konkurrenz. Ist dies bei der skizzierten Präferenz der unteren sozialen Schichten für das Lotto noch nachvollziehbar, so mag es bei Glücksspielern aus anderen Gesellschaftsgruppen, die Spiele wie Pharao und ähnliche bevorzugen mochten, verwundern. Und dennoch: Auch diesbezüglich war die potentielle Konkurrenz ein Thema. Als 1764 Graf Cobenzl bei Staatskanzler Kaunitz-Rittberg die Bewilligung für das Pharaospiel im Brüsseler *Grand Théâtre* erwirken wollte, wies er darauf hin, daß es Charles de Lorraine schon früher autorisiert habe, »ohne den mindesten Schaden für das Lotto«.[27] Besonders in den habsburgischen Ländern muß in der starken Präsenz und staatlichen Förderung des Lottospiels ein Grund für den hartnäckigen Widerstand gegen die Einführung und für die Unterdrückung anderer öffentlicher Glücksspielgelegenheiten gesehen werden, selbst wenn diese, wie es das Beispiel Brüssel nahelegt, vor allem nichtadelige Spielusancen betrafen.

Die Motive für die Verbote waren vielfältiger Natur. Wie erwähnt, erwuchsen sie aus den Luxusordnungen und Polizeigesetzgebungen der frühen Neuzeit. Dabei flossen allgemeine moralische Bedenken und Kriterien ein, wie sie von den Theoretikern des Mittelalters formuliert worden waren.[28] Gesellschaftliches und ökonomisches Wohlverhalten hatte um so mehr ethischen Prinzipien zu folgen, als frühe Wirtschaftssysteme im Bewußtsein der Menschen weit in den Bereich des »Übernatürlichen« hineinreichten.[29] Das Generale von 1642 verbot das öffentliche Würfelspiel auch deswegen, weil »fürnemblich der Allerhöchste mit fast vnerhörter Gottslesterung/vervnehrung der Hochheiligen Sacramenta vnd Wunden Christi / sehr belaydiget würdet«.[30] Die »Spillens-Verbietung« von 1696 sprach von der »Pest«, nämlich dem »sowohl unter dem Adel/ als andern eingerissenen Greul aber/ der Gottes Zorn erwecken/ und schwaere Straffen ueber Leuth und Land verhaengen kan«.[31] Diese alttestamentarische Sichtweise fügte sich gut in die herrschende Regierungsmentalität, in der die allen Zeitgenossen ständig gegenwärtige Seuche die Pathologisierung der Gesellschaft bezeichnete und die soziale Ordnung als Instandhaltung der göttlichen Ordnung restauriert werden sollte.[32] Stets wurde auf die zahlreichen Begleiterscheinungen verwiesen, die das Spiel nach sich zog. Lange Zeit war es das Fluchen, Schwören und Gotteslästern, das tatsächlich im Zusammenhang mit dem Spiel zu belegen ist und für die christlichen Obrigkeiten ein zu ahndendes Problem darstellte.[33] Der Disziplinierungsdruck auf die Spieler verstärkte sich über einschlägige Texte, in denen die Würfel als eine Erfindung des Teufels, der in der Regel auch gleich die gotteslästerlichen Spieler hinwegführte, dargestellt wurden.[34] Religiös motivierte Skrupel lassen auch den alten Zusammenhang von Würfelspiel und divinatorischen Praktiken erkennen,[35] doch verlor dieser Nexus mit der Verbreitung der Karten seine Bedeutung. Die Langlebigkeit der von den zivilen und kirchlichen Obrigkeiten und Theoretikern gegen die Spieler vorgebrachten Stereotype gründet im topischen Charakter gewisser Denk- und Argumentationsstrukturen der frühen Neuzeit[36], die oft als praktikables Sprachraster zur Durchsetzung von Herrschaftsinteressen genützt wurden. So gleichen beispielsweise die vom Wiener Stadtrat im Jahr 1704 gegen das Tanzen in den Vorstädten vorgebrachten Einwendungen[37] denen gegen das Spielen fast wörtlich.

Wenn die Autoritäten das Spiel als Störung der Ordnung wahrnahmen und als Verursacher von Auseinandersetzungen und Tätlichkeiten werteten, geschah dies nicht selten als Reaktion auf einschneidende Ereignisse. Das landesherrliche Patent von 1696 ist unmittelbar auf einen spektakulären Mord zurückzuführen, der in höchsten Adelskreisen als Folge einer eingeklagten Spielschuld aus einer Bassette-Partie geschehen war und in ganz Europa bekannt wurde.[38] In den meisten Fällen muß von einer »Anlaßgesetzgebung« gesprochen werden, die die Spieler daran erinnern sollte, daß ihr Treiben allenfalls geduldet war, solange die dem Spiel zugrundeliegende Dynamik nicht durch solche Störfälle evident wurde. Sie warfen ein schlagartiges Licht auf die materielle Kultur der Spieler. Da wurde nicht nur »der gemaine Mann / auch die liebe Jugendt verführt vnd vmb das das Gelt gebracht« (Generale von 1642) »und der gemaine Handtwerckh: Hauer: vnd Pauersman, dahin bewegt […], daß Er das einige was Er einen Tag mit harter mühe vnnd arbeit erwüerbt durch das schädliche spüllen widerumb hindurchlauffen lasset«,[39] sondern auch »nicht selten ansehnlich und wohl bemittelte Familien in die äußerste Armuth versezet« (Patent von 1752). Das Stereotyp der Verarmung der Untertanen durch Spiel und andere präsumtive Laster hatte einen simplen Grund in der Sorge, daß sie »zu dem gemeinen Wesen ihre Steuer und Gebühr nicht beytragen« könnten.⁴⁰ Dabei drängt sich die Frage auf, ob sie dies nicht um so mehr mußten, als sich das Spielvermögen der Grundherren aus den Leistungen der Untertanen speiste. Jener anonyme Autor, der 1703 ein postumes Werk des Laurentius von Schniffis erweiterte, stellte eine extreme Diagnose dieses einseitigen Abhängigkeitsverhältnisses: Manch ein »erhitzter Wagenhals« würde beinahe sein ganzes Geldvermögen »auf einen Satz darlegen«, und wenn er es verspiele, »müssen es die armen Bauren / Mit dem sauren Schweiß und Blut bezahlen theur / Durch ein neue Doppel-Steur".⁴¹

Die Tatsache, daß im Spiel Vermögenstransfers stattfanden, die sich der direkten Kontrolle und Nutzung durch die Obrigkeiten entzogen, schien so bedeutend, daß sich die gelehrte Literatur und die Gesetzgebung seit dem Mittelalter dieses Problems in zahlreichen Texten annahm. Dabei ging es stets um die Frage der Rechtsverbindlichkeit von Gewinnen, Verlusten und Schulden, die sich mit der Qualität des Spiels als einer Vertragsform stellte.⁴² Im Laufe des 18. Jahrhunderts richtete der absolutistische Staat seine Aufmerksamkeit verstärkt auf die ökonomisch-gesellschaftlichen Aspekte der Glücksspiele und bekämpfte sie in weitem Umfang.⁴³ Unter eine Reihe von Patenten seit 1696 setzte die Verordnung Josephs II. vom 1. Mai 1784 einen vorläufigen Schlußpunkt. Sie floß als Norm nicht nur in die Josefina ein, die flächendeckende und alle Einwohner erfassende Kodifikation des Strafrechts, die das Glücksspiel und seine Gestattung unter die »politischen Verbrechen« reihte und als einziges Delikt mit einer Geldstrafe belegte (300 Dukaten bzw. Gefängnis). Sie blieb auch verbindlich für das Strafgesetz von 1803, das aus dem Glücksspiel eine »schwere Polizeiübertretung gegen die öffentliche Sittlichkeit« machte und die Strafe auf 900 Gulden geringfügig herabsetzte.⁴⁴ Wie es in einem Schreiben an die Polizeihofstelle aus dem Jahr 1829 heißt, zielte diese Interpretation auf das »das Glück von Familien zerstörende, zu Verbrechen mancher Art verlockende, ein liederliches Gesindel herbeiziehende Hazardspiel".⁴⁵ Das Hofkanzleidekret vom 16. Oktober 1840 verstand sich als Republikation des Josephinischen Patents, und das Strafgesetz von 1852, das bis zur Novellierung von 1920 in Kraft blieb, war eine Neuauflage desjenigen von 1803, setzte aber einen Strafrahmen von 10 bis 900 Gulden fest. Verboten waren eine Reihe namentlich genannter Spiele und »alle Hasard- oder reinen Glücksspiele«, die – wie 1898 exemplarisch am Poker erfolgt – um die sogenannten »gemischten« Glücksspiele erweitert wurden, also solche, bei denen der Ausgang »vorzugsweise vom Zufall« abhänge. Andererseits ging die Rechtssprechung den Weg der Relativierung. 1854 hatte der Kassationshof bei einigen Spielern, die an einem Feiertag das Kartenspiel Zwicken um Nüsse gespielt hatten, das Motiv der Unterhaltung zugunsten der strafwürdigen Gewinnabsicht zugestanden. Aber erst 1900 kam es nach mehreren anderen Erkenntnissen zur Plenarentscheidung, die zwischen einem »harmlosen Unterhaltungsspiel« und dem »gewinnsüchtigen, wirtschaftlich oder sittlich verderblichen Glücks- oder Hasardspiel« unterschied.⁴⁶

Normen und Theorien

Die Aufgabe bzw. Entfunktionalisierung des religiös legitimierten Ordnungsdenkens zugunsten der eindeutigeren ökonomischen Orientierung weitete das Verbot des hohen Spielens auf alle Geldspiele und Wetten aus, »bey denen der mögliche Gewinn oder Verlust mit dem bekannten Vermögen und Einkommen der Spielenden in keinem Verhältnisse stehet«.[47] Diese Begründung erlaubte eine willkommene Handhabe gegen das Spiel der unteren, hausrechtlich abhängigen Bevölkerungsschichten, der Jugend bzw. der Unverheirateten und der Studierenden.[48] Widerstand erhob sich auch auf einer rationalen Schiene. Er wandte sich gegen die Struktur der Glücksspiele selbst, das mathematische Verhältnis zwischen den Vorteilen der Bank gegenüber den Spielern. Zur Zielscheibe wurden nun die Unternehmer, die Bankhalter, denn, wie Elisabeth-Charlotte von der Pfalz es 1717 formulierte: »... es ist rar, daß die banquier verliehren, undt das spiel [Hoca] ist verbotten worden, weillen le banquier zu viel avantage hatt.«[49] Dieses Argument kaschierte aber möglicherweise nur die Abwehr gegen die Professionalisierung einer Domäne, die als standesgemäßes Privileg erachtet wurde.

Es ist eine Binsenwahrheit, daß die in großer Zahl erlassenen Verbote keine sichtbaren Erfolge zeitigten, höchstens kurz wirkten und eigentlich nur ihre Fruchtlosigkeit bewiesen. Weder die »Darstellung der hieraus [scil. der Glücksspiele] für einzelne Individuen, und ganze Familien entsprüngenden nachtheiligen Folgen«[50] noch die drohenden schweren Strafen hatten etwas genützt. Das Prinzip der flächendeckenden Verbote traf auf eingeübte Gewohnheiten, so daß gelegentlich »das Verboth dieser Spiele den Spielenden gar selten bekannt zu seyn scheinet«.[51] Vielleicht waren sie auch nicht in Vergessenheit geraten, wie manchmal vermutet wurde. Möglicherweise hatten die Spieler ihren Charakter als ephemer interpretiert und sie für sich außer Kraft gesetzt. Nachweislich aber wurden die Verbote immer wieder durch die Erfindung neuer und Umbenennung oder Änderung alter Spiele umgangen. Kaum ein Jahr nachdem Bassette in Wien verboten worden war, tauchte im März 1697 in Wien »ein ganz newes Spill, und zwar unter einer newen invention, vulgo pro et contra genant« auf. Es sei »dem specialiter verbottenen Passeta ganz ähnlich«. Wenige Tage später klärte sich die Sache: Es handle sich um das »so genannte Landt-Knecht Spill«, von dem es im Februar 1701 hieß, daß es »ganz gemain werden wolle«.[52] Dieses geschickte Reagieren auf Maßnahmen der Obrigkeit bildet nur eine Facette des generellen Beharrungsvermögens, das die Spieler an den Tag legten. Die lasterhaften Spieler, schrieb der Jesuit Giovanni Ottonelli 1659, kümmern sich nicht um die Gesetze und befolgen ihre eigenen.[53] Die Vorstellungen und Bedürfnisse derer, die spielten, unterschieden sich kraß von denen, die sie daran hindern wollten. Die Polizeihofstelle wollte dennoch Änderungen bemerkt haben. Wie sie 1801 dem Kaiser mitteilte, »hat sich durch eine Reihe von Jahren und die strengen Verbothe diese Spiellust um vieles gemindert« – während in den damals gerade okkupierten ostgalizischen Gebieten die Strafgesetze »noch nicht den erwünschten Erfolg gehabt« hätten.[54] Der Polizeidirektor von Venedig berief sich, wie auch die Polizeihofstelle in bezug auf Mailand, ebenfalls auf einen das Glücksspiel favorisierenden »Nationalcharakter«, wenn er 1815 die mäßigen Erfolge der Polizei umschrieb: »Das Uibel ganz auszurotten, ist eine unmögliche Sache; man gewinnt genug, wenn es vermindert wird.«[55]

Die Spieler nahmen ihre Freiräume informell oder formell organisiert in halböffentlichen oder privaten Kreisen, Gesellschaften, Klubs u. ä. wahr.

> »Spielgesellschaften nennt man [...] diejenigen, die sich zu einem Hazardspiele vereinigen, und, die Badeörter etc. ausgenommen, ihr Spiel heimlich treiben müssen, bei verschlossenen Thüren, verriegelten Fensterladen etc. Ueberhaupt in Winkeln, wo sie den Augen der Polizei-Offizianten entgehen.«[56]

In die Heimlichkeit gedrängt, sahen sich manche Spielwillige einem doppelten Dilemma ausgesetzt. Was Joseph von Sonnenfels theoretisch begründet hatte, wirkte sich in Polizeidirektiven aus. 1815 hieß es in einem Bericht aus Lemberg über dort stattfindende Glücksspielpartien,

> »daß schon der Umstand allein, daß in jenem Kaffeehause der Dombrowska zur Nachtzeit bei verschlossenen Thüren Gesellschaften /:der Zweck derselben mag nur was immer sein:/ gehalten werden, in polizeylicher Hinsicht weder geduldet, noch ungeahndet belassen werden darf«.[57]

Im gleichen Jahr war in den ausführlichen Untersuchungen über das Glücksspiel im Hinterzimmer eines Kaffeehauses die Klärung der Frage, ob die Tür versperrt und mit einem Riegel oder Schloß versehen war, von besonderer Wichtigkeit.[58] Das Verbotene des »heimblich- und Winckel-Spillens«, wie es im Patent von 1696 hieß, konstituierte zu einem bedeutenden Teil den Alltag der Glücksspieler, und der Gegensatz zwischen Öffentlichkeit und Privatheit des Spiels bestimmt die Dynamik seiner Geschichte.

Der Staat beharrte auf seinen ausgedehnten Verboten und zeigte keine Neigung, das Glücksspiel (außer dem Lotto und einigen privilegierten und transitorischen Gelegenheiten) öffentlich zu machen, dem Spiel und den damit verknüpften »Unordnungen« einen ordentlichen Rahmen zu geben, es zu tolerieren oder zu kontrollieren und einen Teil des umlaufenden Geldes fiskalisch zu nutzen. Ein 1709 eingereichtes und detailliert diskutiertes Projekt hätte – mit Ausnahme des landständischen Adels und der »würkliche[n] Räthe« – die Besteuerung sämtlicher privater und öffentlicher Spielgewinne vorgesehen und wäre laut Patent 1711 realisiert worden;[59] es kam aber vermutlich weniger des Todes des Kaisers als der praktischen Undurchführbarkeit wegen nicht dazu. Anders als in Italien (Turin, Venedig), Frankreich oder einigen deutschen Staaten kam es in der Habsburgermonarchie nie zur etablierten Verpachtung von Glücksspielen in großen Städten oder Badeorten. Die Auflösung absolutistischer Abhängigkeitsverhältnisse zugunsten einer allmählichen Nivellierung im Sinne von

»Staatsbürger« hatte einzelne herrschaftlich legitimierte Ausnahmen in Form persönlich gebundener Konzessionen überflüssig gemacht und erlaubte keine neuen mehr. Dieses neue Konzept von Herrschaft, gestützt auf andersartige ökonomische Orientierungen, hatte ja auch die deutschen Spielbanken um die Mitte des 19. Jahrhunderts bedroht und sie schließlich mit der Gründung des Deutschen Reiches erledigt. Neuerliche Versuche unternahmen in Österreich nach der Jahrhundertwende einzelne Fremdenverkehrsgemeinden. Sie wurden erst möglich nach einem grundlegenden Transformationsprozeß, der aus »Freizeit« einen konsumierbaren Bereich gemacht hatte. Ein Großteil des Spiels fand aber auch noch lange nach der Etablierung der ersten österreichischen Spielbanken (1934) außerhalb dieser Orte statt.

In der Disposition zum Glücksspiel in selbstgeschaffenen Freiräumen bedeutet das Spiel eine Handlungsoption, die mit den zunehmenden Interdependenzen eingeschränkt wird. Roger Caillois wollte die Glücksspiele als kennzeichnendes Phänomen für »die im Übergang begriffenen Gesellschaften«[60] sehen. Geht man davon aus, daß »eine« Gesellschaft durchaus aus Subgesellschaften besteht, ist dem beizupflichten. Zwischen ihnen herrschen Ungleichzeitigkeiten in bezug auf Normvorstellungen, materielle Existenz und Möglichkeiten zur Realisierung von Zielvorstellungen. Das Glücksspiel stellt unter diesen Bedingungen ein soziales und ökonomisches Mikrosystem dar, oder – mit den Worten Isaac de Pintos – *une petite orbite*[61]. Dies ist es allerdings nur der äußeren Form wie auch der inneren Struktur nach, insofern, als es Gruppenkohärenz ermöglicht. Denn das Spiel fand und findet nie für sich selbst statt und kann nicht getrennt von den äußeren Bedingungen, unter denen Spieler zusammenkommen, betrachtet werden.

»ZEIT-VERTREIB ODER HANDLUNG«: DIE REKREATIONSFUNKTION DES SPIELS

Alle Spiele gerieten in ihrer Geschichte in Gegensatz zur Arbeit. Sie wurden in den Bereich der Freizeit gedrängt, die selbst wiederum nur als Funktion der Arbeit(szeit) definiert ist, und hatten der Rekreation der Arbeitskraft zu dienen.[62] Zwar erkannten alle Theoretiker, daß nie um nichts gespielt wurde, doch fielen gerade die Glücksspiele aus dem Bereich der »ehrlichen recreationes« heraus. Die einzige Absicht der Spieler und die einzige Funktion dieser Spiele wäre demzufolge der Geldgewinn. Es könne sich eigentlich gar nicht mehr um eine »kurtzweil« handeln, weil Ernst und Anspannung statt Freude und Entspannung herrschten. Das Englische hat diese Haltung schon im 17. Jahrhundert sprachlich in die Gegensatzpaare *sport = play* und *gain = gaming* gefaßt.[63] Glücksspiele wurden von der Passage »du sérieux au frivole« ausgenommen, wie Philippe Ariès den sich im Übergang zur Moderne wandelnden Stellenwert des Spiels bezeichnet hat.

Ohne Differenzierung wird man jedoch diesem Phänomen nicht gerecht. Die naturrechtliche Philosophie erachtete die Spiele »an sich« als nicht schädlich, betonte aber stets, daß in der Praxis »ihr rechtmäßiger Gebrauch [...] durch Gewinnsucht verhudelt« werde.[64] Diese Ambivalenz prägte die Spieltheorien des 17. und 18. Jahrhunderts. Der Freiherr von Pöllnitz formulierte die zugrundeliegende Auffassung: »[...] man mag das Spiel betrachten von welcher Seite man wolle, so ist die unschuldigste Abbildung, darunter es uns vorgestellt wird, entweder eines Zeit-Vertreibs oder einer Handlung.«[65] Immanuel Kant betonte dagegen, daß das Spiel als Handlung zwar der Unterhaltung diene und eine Absicht habe, aber keinen Zweck.[66] Da die Absicht beim Glücksspiel übereinstimmend auf den Geldgewinn zielte (eine rein bürgerliche Ansicht, die der Ökonomie des Adels nicht durchwegs entsprach), geriet es in Widerspruch zum Rekreationskonzept, das es in letzter Konsequenz negierte. Die Folge war, wie der Jurist H. Wilda 1839 schrieb, daß es

»seinen Charakter als Spiel überhaupt aufgibt; es verschwindet, wo die gewinnsüchtige Absicht hervortritt, die Harmlosigkeit, die in dem Wesen des Spieles als solchen begründet ist, und das leichtere, dem Ernst entfremdete Interesse, welches das Spiel als Unterhaltung gewährt; statt Erholung von der Arbeit zu gewähren, wird das Spiel zum Mittel des Erwerbes, ohne darum aufzuhören eine für das bürgerliche Leben eigentlich unproduktive Thätigkeit zu sein«.[67]

Diese Meinung blieb bis in die Gegenwart die vorherrschende. Jan Huizingas Postulat, das Spiel sei an kein materielles Interesse geknüpft und nicht auf den Erwerb von Nutzen ausgerichtet, ist ihre bekannteste Fassung.[68]

Eines der Stereotype gegen das Spiel allgemein besagte, daß nichts ohne den Schaden eines anderen gewonnen werden könne. Johann von Schwarzenberg warnte im 16. Jahrhundert die Würfler davor, daß sie mit dem Geld die Hölle gewinnen würden: »Wann Gott der Herr verbiethen thuot/ All boeß begyrd nach frembden guot.«[69] Nach Richard Münch ist der Konnex zwischen ökonomischem Tausch und moralischer Ordnung dort entstanden, wo es zur Interpenetration der Sphäre der Gemeinschaft und des ökonomischen Erwerbs kam, die eine dementsprechende Auflösung partikularistischer Bindungen und Universalisierung von Gemeinschaftsbindungen bewirkte. Dies entkleide die ökonomische Rationalität der Aspekte des utilitaristischen Gelegenheitsgewinnstrebens und mache sie zu einer »ethisch temperierten generalisierten Einstellung«.[70] Es geht hier vor allem um die moralische Legitimierung ökonomischen Handelns. Christian Garve machte zu Beginn des 19. Jahrhunderts kein Hehl aus der Deckungsgleichheit von Spiel und Kommerz: »Im Spiele, wie in Geschäften, gewinnt der Eine, indem der Andre verliert [...].«[71]

Wo aber das Gelegenheitsgewinnstreben selbst zum Prinzip des sozialen Umgangs erhoben wurde und das Spiel als gesellschaftliches Bedürfnis galt, war von der

Unrechtmäßigkeit des Spielgewinns keine Rede. Hier verwischten sich auch die Grenzen zwischen Rekreation und Ökonomie: »Games of Hazard are a Recreation, or rather a kinde of Commerce amongst men«, hieß es in einer Schrift aus dem 17. Jahrhundert über das Leben bei Hof.[72] Anders hingegen in den auf Handel und dem »gerechten« Spiel der freien Kräfte gegründeten Gesellschaften. Giacomo Casanova hat die mentale Grenzlinie erkannt, wenn er von den Erfolgen einer Pharaobank in Lyon berichtet: »In einer Residenzstadt hätte eine derartige Summe kein Aufsehen erregt, aber in einer Kaufmannsstadt brachte sie alle Familienväter in Aufruhr, und die italienische Gesellschaft dachte an Abreise.«[73] Casanovas Diagnose wird von einem Urteil bestätigt, das der Wiener Commercienrath im Jahr 1767 Kaiser Joseph II. übermittelte, nachdem um die Etablierung des Pharaospiels zur Finanzierung der Theater in Triest angesucht worden war. Er meinte,

> »daß die Hazard-Spiele allenfalls noch eher in einer Haubt- und Residenz-Stadt, als nicht in einem Handels-Plaze zu gestaten wären, und daß so viele Freyheit in einem freyen See-Haven der auf Trauen und Glauben gegründeten Gewerbsamkeit zu gönnen eben so enge Schranken daselbst der Unwirthschaft, und allen Ausschweifungen verdorbener Herzen zu setzen seyen, welche dem redlichen Handelsmanne, und dem Bürgerstande das mit seinem Fleise erworbene Vermögen haufenweis abzujagen trachten«.[74]

Damit erwies sich der Commercienrath als gelehriger Schüler des in Wien tätigen Kameralisten Johann Heinrich Gottlob Justi, der einräumte, daß Spielen, wodurch nicht so leicht jemand ruiniert werden könne, eher in einer Monarchie als in einer Republik nachzusehen wäre.[75]

Die »räuberische« Dimension des Spiels erhellt auch aus den den Spielern unterlegten Motiven. Nach Krünitz' »Encyclopädie« liegt die Gefährlichkeit und »Verderblichkeit« der Hasardspiele darin, »daß es gleich übertrieben werde, indem man den Banquier gern leer vor seinem Tische stehen sehen möchte«. Dies entspreche der unzivilisierten Haltung der Vorfahren, deren Spiele ohnehin alle Hasardspiele gewesen wären, während im Spiel der bürgerlich-adeligen Gesellschaft des späten 18. Jahrhunderts andere Einstellungen bestimmend seien: »wir [...] opfern unsern Gewinn der Convenienz".[76] Immanuel Kant berief sich ebenfalls auf die gesellschaftliche Geprägtheit des Spiels. Er grenzte es in Gesellschaften als der »wahren Humanität« abträglich aus, weil es in der Hauptsache ein »Erwerbsmittel« sei, »wo eine gewisse Konvention des Eigennutzes, einander mit der größten Höflichkeit zu plündern, errichtet und ein völliger Egoism, solange das Spiel dauert, zum Grundsatze gelegt wird«.[77] Auf dieser Basis argumentierten spätere Theoretiker, wenn sie den aus Glücksspielen erzielten materiellen Gewinn als nicht nutzbringend desavouierten.[78]

Die vordergründige Zweckbefreiung des Spiels (seine Funktion war auf jeden Fall Rekreation) kann nur im gesellschaftlichen Zusammenhang verstanden werden. Wenn noch im 19. Jahrhundert das Wort »Spiel« als Synonym für Hasardspiel gebraucht wurde, ist dies als Residuum einer adeligen Denkhaltung zu interpretieren, die im Glücksspiel eine positiv konnotierende Beschäftigung sah. Die soziale Stellung der Spieler definierte die moralische Wertung ihres Tuns. Mitunter wurden selbst die gesetzgeberischen Obrigkeiten zum Opfer der zugrundeliegenden Ambivalenz. Die sächsische Polizeiordnung vom Beginn des 17. Jahrhunderts wollte – unter besonderer Berücksichtigung der »jungen gemeinen Leute« – daß »sich ein jeder des Karten- und Würffelspielens enthalten / vnnd die zeit mit etwas nützlichers zubringe; die ludi fortunae, so wol die / welche misti gennenet werden / Als da sind Bretspiel / Kartenspiel und dergleichen«, sollten allen, die älter als sechzehn waren,

> »so weit nachgelassen werden/ wann dieselben ohn verseumung der Nahrung/ Vnnd zu einer recreation geschehen/ oder causâ convivij, umb ein leitliches Gelt zu einer Mahlzeit vnd ehrlichen Zusammenkunfft ohne alle Gotteslästerung vnd Scheltwort gespielet werden/ können sie Mann unnd Weibern/ auch jungen Gesellen und Jungfrawen nach gelegenheit wol permittiret werden«.[79]

Obwohl kein Freibrief für die unumschränkte Ausübung von Glücksspielen, erlaubte diese Bestimmung doch eine den Intentionen der Reichen entgegenkommende Auslegung. Denn wer schien besser über den Verdacht der eigennützigen Gewinnsucht erhaben als der Adel? Dieses Selbstverständnis rief schon im 16. Jahrhundert humanistische Kritiker auf den Plan, die an die Verantwortung der Regierenden appellierten, mit gutem Beispiel voranzugehen und sich des Glücksspiels als einer ihnen unangemessenen Beschäftigung zu entschlagen. Erst recht machten aufgeklärte Kritiker des 18. Jahrhunderts das luxuriöse Leben der Aristokratie zu einem Skandalon. Rationalistische und emanzipatorische Denker nutzten die Konzeptionen von Arbeit und Nützlichkeit zur mehr oder minder versteckten Adelskritik. Sie sprachen dem aristokratischen Attribut des *ennui* seine Berechtigung ab. John Locke beispielsweise machte seine Kritik an der Erziehung fest:

> »Nichts, als die Eitelkeit und der Stolz der Hoheit und des Reichthums, hat unnütze und gefährliche Zeitvertreibe, oder wie sie gennenet werden Passetems, zur Mode gemacht, und die Leute überredet, zu glauben, es könnte keine Ergötzung seyn, die sich für einen Menschen aus einem angesehenen Hause schickete, wenn er etwas lernete oder Hand woran legte, welches nützlich wäre. Dieses hat den Karten, den Würfeln, und dem Saufen so vieles Ansehen in der Welt gegeben; und sehr viele verbringen damit ihre übrigen Stunden, bloß aus Gewohnheit und mehr aus Mangel einiger bessern Verrichtung, wozu sie ihre müßige Zeit anwenden könnten, als daß sie ein wirkliches Vergnügen daran fänden. Sie können die schreckliche Last der ungebrauchten Zeit, die ihnen auf dem Halse liegt, und das Ungemach, worinnen man ist, wenn man ganz und gar nichts thut, nicht ertragen. Weil sie nun niemals einige löbliche Handarbeit gelernet haben, womit sie sich vergnügen könnten: so nehmen sie

zu diesen gewöhnlichen oder schädlichen Zeitvertreiben ihre Zuflucht, woran ein vernünftiger Mensch, ehe er durch Gewohnheit verderbt ist, wenig Vergnügen finden kann.«[80]

Der Begriff der Erziehung impliziert individuelles Denken und Selbstverantwortlichkeit. Der nüchterne Rationalist Jean Barbeyrac vertrat dieses Konzept. Zwar meinte er, daß Glücksspiele »weniger ehrbare« Spiele wären, die allenfalls »in der Welt geduldet« würden, doch hielt er sie aufgrund ihrer einfachen Struktur für die geeignetsten, den Anforderungen der Rekreation zu genügen. Allerdings müsse man

»gestehen, und dieses kann man nicht nachdrücklich einschärffen, daß sie, wenn man sich damit abgibt, sonder die zum unschuldigen Spielen nöthige Behutsamkeiten ins Werck gerichtet zu haben, die gefährlichsten sind. Mit einem Worte, gleichwie die Jugend, und alle zum Müßiggange oder zum Geitz geneigte Leute, die Glücks-Spiele mit keiner gar zu grossen Sorge meiden können [...]; so behaupte ich auch, daß kluge ordentliche, Arbeit liebende und uneigennützige Leute sich solcher Spiele eben so dreist, und zuweilen mit grösserm Nutzen als anderer, bedienen mögen.«[81]

Vorerst blieb jedoch das die bestehenden gesellschaftlichen Unterschiede festschreibende Modell wirksam. Auf seiner Grundlage festigte sich bis ins 19. Jahrhundert ein sozial differenziertes, am Vermögensstand orientiertes Stufenmodell der »Freizeit«-Aktivitäten. Die »Encyclopädie« von Ersch und Gruber hielt 1828 solche Grenzziehungen als »leitende Gesichtspunkte für die Beurtheilung« des Stellenwerts der Hasardspiele »in Rücksicht auf die Subjecte, welche spielen«, für ausschlaggebend: »... was uneigennützige erlaubte Erholung für Mitglieder der höhern Stände ist, kann, wenn es der Bürger oder Bauer vornimmt, als strafbares Hazardspiel sich darstellen.«[82]

Die vielfachen Beschränkungen zeitlicher, örtlicher oder sozialer Art, die das Glücksspiel durch Theoretiker und Gesetzgeber erfuhr, verdeutlichen das Eingeständnis, daß es nicht im Rahmen der neuzeitlichen Arbeitsgesellschaft integriert und funktionalisiert werden konnte. Zudem ließen sich viele Menschen nicht unter das Diktat der ausschließlichen Arbeitsamkeit zwingen. Vor allem die im Hinblick auf Muße und Reichtum privilegierten Schichten fanden – neben dem privat betriebenen Spiel – Enklaven, in denen das Glücksspiel toleriert wurde. Bäder waren die Kernorte bei der Herausbildung einer Freizeit-»Gesellschaft«, die jedoch noch lange elitär blieb. Glücksspiele bildeten hier unter der Voraussetzung der Freigesetztheit von Arbeit ein Element der soziokulturellen Reproduktion und Identifikation. Der Großteil der Bevölkerung blieb jedoch davon ausgeschlossen oder, wie in einigen wenigen deutschen Staaten noch im 19. Jahrhundert, auf außerordentliche Freiräume, wie z. B. Jahrmärkte, verwiesen – zu eng war der Begriff Glücksspiel an den des Geschäfts gekoppelt. Veränderungen im Verhältnis von Arbeit und Freizeit, zum einen eine striktere Trennung, gleichzeitig aber auch eine Verwischung der Grenzen, was das Prinzip Leistung betrifft, haben jedoch zu einer gegenseitigen Durchdringung geführt. Die

Möglichkeit, Freizeit zu konsumieren, enthob vom Primat der Rekreation. In den »Gambling vacations«, die in den postindustriellen USA Las Vegas zum Freizeitzentrum machten, konnten die Besucher ihre Fähigkeit, »to work at play«, unter Beweis stellen.[83]

ARBEIT VERSUS HASARD

Den skizzierten Theorien zufolge durften die Besitzenden ihrer Neigung zum Glücksspiel um so eher nachgehen, als sie aufgrund ihrer Stellung oft zum Nichtstun verdammt waren. Umgekehrt war es nicht statthaft, durch Spielen reich werden zu wollen. Der einzige Weg zur materiellen Sicherstellung hatte über die Arbeit zu führen. Staatliche, kirchliche und moralische Autoritäten führten einen langwierigen Kampf um die Festigung der »ethischen Transzendenz der Arbeit«[84], während Müßiggang zum Stigma wurde, durch dessen Sanktionierung die (lohnabhängigen) Menschen zur Arbeit »erzogen« werden sollten. Am 7. Juni 1597 bestimmte Rudolph II., daß er »alles Herren- und Dienstlose Gesinde/ Banditen/ und Spieler/ so dem Müßiggang und freyen Leben nachgehen/ von der Stadt/ auch Vor-Städte/ und dem Burgfrid weg geschaffet« wissen wollte.[85]

Die Durchsetzung der mit dem ökonomischen Programm verbundenen Verhaltensleitbilder »Ordnung, Fleiß und Sparsamkeit« ist im Zusammenhang mit der frühneuzeitlichen Staatsbildung zu sehen. Sie zielt auf die verstärkte Beachtung des Produktionsfaktors Arbeit. Der konflikträchtige Prozeß brachte die soziale Ächtung und Kriminalisierung von Subsistenzformen außerhalb der Lohnarbeit mit sich. So betraf die Ausgrenzung jene »Glücksspieler und Schatzgräber, die gewinnen wollen ohne zu arbeiten«, wie Johannes Prätorius es 1667 formulierte.[86] Die programmatischen Schriften zu den »ökonomischen« Tugenden, die Max Weber zufolge zum Ethos werden, stellten zumeist das Spiel, zumal wenn es in Gewinnabsicht betrieben wurde, als eine der sinnfälligsten Untugenden dar, in krassem Gegensatz zur Arbeit. In der Literatur des 15. und 16. Jahrhunderts kam das Gegensatzpaar besonders in den Parabeln und Gemälden vom »Verlorenen Sohn« zum Tragen, der in den Wirtshäusern der Fremde durch Würfelspiel zu Schaden kommt. Dabei legt übrigens ein europäischer Vergleich dieser Geschichte die eher sozioökonomische als rein konfessionelle Bedingtheit der Darstellung der Arbeitstugend nahe,[87] wie ja auch bei der Verurteilung des Glücksspiels Protestanten und Katholiken in den wichtigsten Punkten übereinstimmten.[88]

Die Glücksspiele gerieten in die Position eines Störfaktors, weil sie die Dissoziation von Reichtum und Arbeit ermöglichten und diese Werte bedrohten und unterliefen.[89] Der Rationalität der Arbeit stand das vermeintlich irrationale Treiben der Glücksspieler entgegen. Da alle Tätigkeiten idealerweise für das Gemeinwesen bzw. den Staat nutzbringend sein sollten, disqualifizierte das Spiel die Menschen, die sich mit ihm abgaben. Hier liegt die »Erfindung« des Typus Spieler als einer sozialen Kategorie. 1709 hieß es in dem bereits erwähnten Projekt zur Besteuerung der Spielgewinne, daß »die Spiller quâ Spiller fast keine Vnterthann zu nennen seyn /: zu verstehen die ledige pursch in öffentlichen Spillorthen, So noch nie dem landtsfürsten etwas contribuiret haben«.[90] Laut Habermas ist der bürgerlichen Theorie zufolge der Status eines Eigentümers gleichzusetzen mit dem eines »Menschen«.[91] Der Bürger definierte sich über seine »Geschäfte«, und diese wurden in »ehrbare« und »verunehrende« unterteilt. Die Polizey-Wissenschaft ging davon aus, daß nicht »ohne nützliche Beschäftigung Geld erworben werden kann«.[92]

Daß dahinter ein umfassendes Defizit stand, deutete Jean Barbeyrac zu Beginn des 18. Jahrhunderts an. Sehr viele Leute arbeiteten »bloß gezwungen«, umschrieb er den niedrigen Pegel der Arbeitsmoral, aber auch die fehlende Internalisierung des entsprechenden Wertesystems. Als wirksames Palliativ gegen die daraus resultierende Neigung zum Spiel empfahl er pädagogische Maßnahmen: »den Einwohnern eine Liebe zur Arbeit zu erwecken« und dazu bei der Erziehung der Jugend zu beginnen. Barbeyrac erkannte jedoch, daß nicht allen die gleichen Mittel und Wege zur Verfügung standen.

> »Gewiß, um sonder Verdruß fortzufahren bey Geschäfften die der Mühe nicht sonderlich lohnen, dazu gehöret ein sehr erhabener Geist, und ein fast unauslöschlicher Trieb zu Wissenschaften und Künsten; bevorab wenn man so viele Leute siehet die ihr Glück machen durch weit gemächlichere Wege.«[93]

Der ungleichen Chancenverteilung stand ein ebenso banales wie legitimes Motiv entgegen. Justus Möser ortete in der Disposition zum Glücksspiel ein neu entstandenes allgemeines Bedürfnis. Zwar in bezug auf die Lotterien, aber doch mit Blick auf den gesamten Glücksspielbetrieb meinte er, daß die »Versuchung«, die »ansteckende Begierde« und schließlich sogar »die Kunst, ohne Mühe reich zu werden, der Wunsch aller Menschen ist«.[94] Johann Albrecht Philippi, Policey-Direktor von Berlin und kein eingeschworener Gegner der Glücksspiele, formulierte 1771 den Sachverhalt eindeutig: »Nun wird niemand läugnen, daß bey Spielern die Gewinnsucht der stärkste Trieb sey: was Wunder also, wenn selbige die schwächere Begierde zur Nahrung unterdrückt.«[95]

Die »weit gemächlicheren Wege« zum Wohlstand, von denen Barbeyrac gesprochen hatte, wichen im Laufe des 19. Jahrhunderts zunehmend dem Wissen um das Zufällige vieler Bereiche der Ökonomie. Spekulation und Zeitkäufe, der rasche Wechsel der Konjunkturen und damit selbst die »Fabrication« gehörten nach Ansicht der Deutschen Bundesversammlung »zu den charakteristischen Merkmalen der jetzigen Zeit«; die Aussicht auf einen »plötzlichen Gewinn« unterscheide diese Formen des Wirtschaftslebens nicht von Lotterien und Spielbanken; bei diesen ließe sich indes nicht verkennen, »daß die öffentliche Meinung sie mehr und mehr von den übrigen, oben genannten Aeusserungen der Gewinnsucht unterscheidet«.[96] Der Freispruch für kapitalistische Akkumulationsformen, die dennoch viele an gewinnsüchtiges Spielen erinnerten, entspricht dem von Albert O. Hirschmann namhaft gemachten Prozeß, der – zumindest theoretisch – seit dem späten 18. Jahrhundert die einst gefährlichen Leidenschaften in ein sozial stabilisierendes ökonomisches »Interesse« umformte.[97]

Mit zunehmender Lohnarbeit waren immer mehr Menschen den Konjunkturschwankungen unmittelbar ausgesetzt. Die großen Städte bildeten den Hauptanziehungspunkt für die Arbeits- und Subsistenzsuchenden, die – ihrer Hoffnungen beraubt – nach Ansicht einiger zeitgenössischer Autoren des 19. Jahrhunderts das Hauptkontingent der vielzitierten »gefährlichen Klassen« stellten. Rudolph Fröhlich schrieb in bezug auf Wien:

> »Die müssige, irrende und lasterhafte Klasse ist in jeder großen Stadt zahlreich vorhanden und strömt von außen her zusammen, da sie durch den Köder eines unerlaubten, oder doch sehr leichten Gewinnes angezogen wird. Dieser von Zufällen umgebene und an starken Erregungen reiche Gewinn ist mehr geeignet, Individuen, die von ihren Leidenschaften beherrscht sind, in Versuchung zu führen, als der rechtmäßige Lohn einer ehrlichen Arbeit.«

Neben der »so unheilvollen Leidenschaft des Spiels« seien es »Müßiggang, Trunksucht« und »die geschlechtlichen Ausschweifungen«, die die vollständige Verarmung begleiteten und diese Menschen der Arbeit entfremdeten. Die Regierung müsse deshalb danach trachten, die »Quellen der Arbeit« zu erhalten, und nicht »dulden«, daß »der Sinn zur Arbeit abgestumpft werde durch die Hoffnung, spielend reich zu werden«.[98] Diese Hoffnung und die ihr zugrundeliegenden Sehnsüchte wurden vor allem in der Habsburgermonarchie idealtypisch in Richtung Lotto kanalisiert und auf diesem Weg besteuert.[99]

Der Primat des arbeitenden Menschen förderte die soziale Marginalisierung der Spielenden. Wilhelm Heinrich Riehl formulierte es prägnant: »Das Jagen nach Gewinn ohne Arbeit verderbt den ganzen Menschen.«[100] Der österreichische Jurist Ernst Seelig verurteilte 1924 die »antisozialen Erscheinungsformen des Glücksspiels« und erblickte im Umstand, daß »den Beteiligten ohne persönliches Verdienst ein Vermögenserwerb möglich ist, wodurch sie dem normalen Vermögenserwerb, der Arbeit, entfremdet werden«, die eigentliche Ursache der Strafbarkeit: »Heute strafen wir das Glücksspiel nicht mehr, weil man darin verlieren, sondern weil man darin gewinnen kann.«[101]

Unter dieses Verdikt fielen schon sehr früh jene Spieler, die das Spiel tatsächlich zum gezielten Vermögenserwerb einsetzten und auf diese Art das Spiel zur Arbeit machten – die Berufsspieler bzw. die Kategorie von Menschen, die das 18. Jahrhundert gerne als *Chevaliers d'Industrie* oder »Glücksritter« bezeichnete. Im Wiener Spiel-Kompendium

»Die Kunst, die Welt mitzunehmen« (1756) heißt es, daß »die Hazard-Spiele sonsten nur zu der Classe derer gehören, die ihr täglich Brod par la bonne fortune suchen«.[102] In Krünitz' »Encyclopädie« wurde ihnen 1792 im Artikel »Indüstrie« Rechnung getragen:

> »Man nennt daher im Scherze, allemahl aber im übeln Verstande, Chevaliers d'industrie [...] Leute, die, da sie kein eigenes Vermögen haben, sich vom Spielen nähren, oder durch allerley Intriguen, betriegliche Künste, Finessen und listige Streiche, wobey sie sich aber das Ansehen ehrliebender Männer zu geben wissen, die Unerfahrenen zu betriegen suchen; auf grobes Deutsch; feine Spitzbuben.«[103]

Ihre Opfer fanden sie den Tendenzschriften vorab des 18. Jahrhunderts zufolge nicht zuletzt unter jenen, deren Erwartungshaltung der Struktur der Glücksspiele entsprach – »jene, die in der Welt debütieren, die zum erstenmal in ihrem Leben versucht sind, sich sofort durch die unheilvollen Folgen des Zufalls zu bereichern«.[104] »Spieler von Gewerbe« stellte Joseph von Sonnenfels gleichrangig neben Bettler, Goldmacher und Schatzgräber.[105] Augenfälliger als alle anderen konterkarierten sie den zweckfreien Spielbegriff. 1789 hieß es in Bahrdts »Handbuch der Moral« über das »Verhalten des Bürgers gegen den Staat«, daß die »Spieler von Profession [...] unter die Zahl der geschäftigen Müßiggänger« gehörten.[106]

Es wird noch zu zeigen sein, in welchem Maße diese Spieler Strategien entwickelten und diese im sozialen Gefüge zur Optimierung ihrer Ziele einsetzten.

In der Sicht der modernen ökonomischen Theorie ist das Glücksspiel ein »demeritorisches Gut«.[107] Diese Erkenntnis fußt auf der bereits angedeuteten Dichotomisierung von Arbeit und Spiel:

> »Spiel und Arbeit werden einander entgegengesetzt, und während diese die Grundlage und das Band der bürgerlichen Gesellschaft ausmacht, ist das Spiel in volkswirthschaftlicher Beziehung eine Beschäftigung ohne eigentliche Hervorbringung, ohne weitere Frucht und Ergebniß.«[108]

Spieler als Handelnde bleiben in diesem Konzept meist außerhalb des Interesses. »Gambling as Work« ist eine Bestimmung, die erst die neuere Forschung einem Teil des Spielbetriebs, und zwar dem Wetten vorab der Mittel- und Unterschichten, der »working class«, zukommen ließ. Als »evaluation of alternatives« (Herman) oder als Mittel zum Ausdruck einer rationaleren und kontrollierteren Kultur im späten 19. Jahrhundert (McKibbin) definiert,[109] unterscheidet sich jedoch das Wetten auf Pferderennen strukturell wesentlich von den üblichen Glücksspielen mit Würfeln, Karten etc. Belege für eine spezifische Haltung von Glücksspielern sind aufgrund der Quellenlage spärlich. Als Beispiel soll eine Aussage Dostojevskijs aus seiner Spiel-Zeit in den deutschen Bädern dienen, auch wenn sie nicht grundsätzlich zu verallgemeinern sein mag. Im Zusammenhang mit Schulden, die er unbedingt zu begleichen hatte, schrieb er an seine Frau: »Ich spiele ja nicht zu meinem Vergnügen, es war doch für mich der einzige Ausweg, und siehe, ich habe alles verloren wegen einer falschen Berechnung!«[110]

ZEITSTRUKTUR UND ZUKUNFTSPLANUNG

Den unterschiedlichen Konzepten von Spiel und Arbeit liegen auch divergierende Auffassungen von Zeit zugrunde. Den Glücksspielen ist eine bestimmte Zeitstruktur eigen. Gewinn und Verlust entscheiden sich nach den einzelnen Würfen oder Kartenabzügen, in relativ kleinen Zeitkontingenten also. Dadurch unterscheiden sich die hier untersuchten Glücksspielformen wesentlich von Lotto und Lotterien, die zwischen dem Einsatz und der Entscheidung eine längere Frist vorsehen.[111] Spieler, so behaupteten ihre Gegner, würden Zeit nur im Bezugssystem des Spiels wahrnehmen. Die als am längsten empfundene Zeitspanne sei nicht die Karwoche, eine Krankheit oder ähnliches, sondern »die Zwischenzeit, die während dem Anzünden eines ausgelöschten Lichts, oder dem Aufheben einer weggefallenen Karte oder Würfels verstreicht«.[112] In den Konsequenzen erblickten bereits Autoren des beginnenden 17. Jahrhunderts ein Verstörungspotential, weil es alltäglich erfahrbare Diskontinuitäten und fundamental unsichere Lebens- und Arbeitsverhältnisse verdeutlichte: »Wie dann mannicher balt reich / der ander balt Arm vnnd elend vom Spil abtritt.«[113] In Krünitz' ›Encyclopädie‹ wurden die Hasardspiele von den anderen, die »eine gewisse Zeit dauern«, dadurch unterschieden, daß sie »schnell den Gewinn oder Verlust entscheiden« und »Alles auf einen Augenblick [ankommt], in dem ich gleich Hunderte von Thalern verlieren und in ein paar Stunden ein armer Mann seyn kann; also sind diese Spiele die gefährlichsten".[114] Die Gefährlichkeit resultiert demnach aus der Disproportionalität von Geldmenge und Zeiteinheit. Langfristig rechnendes Wirtschaften steht der plötzlichen Entscheidung über Vermögenstransfers gegenüber. Zwei ökonomische Grundhaltungen, deren Bruchstelle um die Mitte des 18. Jahrhunderts Johann Michael von Loen verkörperte. Selbst Adliger, hatte er ein anderes Bewußtsein von Zeit und Ertrag als die von ihm beobachteten Standesgenossen: »Ja mancher hat das Herz, so viel auf den einzigen Umschlag einer Carte zu setzen, als mein ganzes Landgut das Jahr über einträgt.«[115]

Unverständnis gegenüber solchen Verhaltensmustern traf einerseits nicht nur die Oberschichten und blieb andererseits nicht auf Glücksspiele beschränkt. Einer der häufig wiederkehrenden Kritikpunkte, denen sich die mit Lohnarbeit konfrontierte ländliche Bevölkerung in der Zeit der Proto-Industrialisierung gegenüber sah, war, daß ihre Armut durch »Sauffen, Spillen [und] Hoffart« verursacht würde. So arbeite der

Mensch nur so lange, als er zur Bestreitung seines notwendigsten Lebensunterhaltes gezwungen sei. Das Eindringen des zeitweise als hoch empfundenen Gelddienstes in die agrarische Ökonomie habe die sogenannten »Winkelwirtschaften« vermehrt. 1816 hieß es dazu: »Der reichliche Erwerb hat einen grossen Theil dieser Leute schwelgerisch, wollüstig, dem Flitterstaat ergeben und spielsüchtig gemacht.«[116] Diesen Kontext machten Kritiker zum Signifikans der Lebensgestaltung von Rand- und Unterschichten.

> »Das Spiel ist eine der hartnäckigsten Leidenschaften bei den Verbrechern. Diese Menschen, die von so Wenigem leben, wenn sie nicht Gelegenheit finden, ehrliche Leute zu berauben, werden von der Wuth, Ausgaben zu machen, hingerissen, wenn irgend ein unerwarteter Raub sie in Besitz einer nur etwas beträchtlichen Summe gesetzt hat. Von der Furcht, entdeckt und arretirt zu werden, ohne Unterlaß verfolgt, beeilen sie sich zu genießen. Die heftigen Neigungen des Spiels sind eine ihrer theuersten Genüsse; die Ausschweifung und die Völlerei kommen nachher.«[117]

Ein Krisenbewußtsein, das sich aus der Vergangenheit speiste, richtete seinen Blick unter den Vorzeichen des industriellen Kapitalismus und den daraus resultierenden Veränderungen der Arbeits- und Lebensverhältnisse zunehmend auf die Zukunft. Friedrich Nicolai hatte besonders das Spiel im Auge, wenn er in bezug auf Wien die traditionelle Denkhaltung kritisierte: »Für Uebermorgen sorgen wenige, und die meisten bloß für den heutigen Tag.«[118] Planung und Sicherheitsdenken wurden zu sozialen und ökonomischen Tugenden, die das Spiel unterlief. Als »der öffentlichen Moral widerstrebend« wertete 1845 der österreichische Gesandte auf der Deutschen Bundesversammlung »das Bestehen von Spielbanken, bei denen die trügerische Aussicht auf den **sofort** eintretenden Gewinn die vorzüglichste Verlockung und die gefährlichste Klippe für Unerfahrenheit und Leichtsinn bietet«.[119] Es ist bezeichnend für die herrschende Hypokrisie, daß der Redner die Gefahr in der Plötzlichkeit erblickte, während er das weiterhin bestehende Lotto unerwähnt ließ.

Die idealtypischen Bedingungen von freier Konkurrenz in Produktion und Warenverkehr schienen nach Ansicht liberaler Ökonomen des 19. Jahrhunderts ein ausreichendes Regulativ für »fortwährende, anhaltende Thätigkeit« mit dem Ziel, »ein bedeutendes Vermögen zu erwerben«:

> »Anders bei den Glücksspielen, deren Lockungen darin bestehen, daß sie das Bild eines hohen, in einem einzigen Augenblicke und ohne Mühe zu erlangenden Gewinnes dem Spiellustigen vor Augen halten, wobei dieser die furchtbare Schattenseite […], gewöhnlich im Moment des Handelns, nur allzu leicht übersieht.«[120]

Im »freien Spiel der Kräfte« hatte das Spiel derer, die sofortige Entscheidungen suchten, keinen Platz. Umgekehrt konnte Existenzsicherung durch das Instrument der

Arbeit nur einem kleinen Teil der Bevölkerung garantiert werden, der sich im übrigen der lebenszeitlichen Abwendung von Not ausgesetzt sah und also kaum Möglichkeiten zum längerfristigen Rechnen hatte.[121] Das oft propagierte Leitbild Sparen offenbart selbst grundsätzliche Ungewißheiten, kommt jedoch aus einer Kultur, in der ein ausgeprägter Sinn für Vergangenheit und Zukunft die meisten Entscheidungen untermauert.[122] Glücksspieler hingegen, wenn man sie auf eine typisierte Form der Lebensweise reduziert, stehen in enger Verbindung mit dem Zufälligen: »Wer in bürgerlichen Verhältnissen das tägliche Brot mit täglicher Arbeit bezahlt, hat keine Vorstellung von dem Accidentiellen, das die Existenz des Spielers kennzeichnet [...].«[123]

GLÜCK DURCH ZUFALL

Die Säkularisierung des Glücksbegriffs im Übergang zur Neuzeit[124] verband sich im Bereich des Spiels mit den Reflexionen zu »Fortuna« und Zufall. 1652 hieß es in einer Übersetzung von Antonio de Torquemadas »Hexameron«: »... gewißlich ist keine Fortun auf dem Spiel / wann nicht der Zufall des gewinnens oder verlierens darzu kömpt.«[125] Der Text unterscheidet zwischen »Glück«, das die subjektive oder gesellschaftliche Beurteilung des Erfolgs (»daß [...] einer [...] vor glücklich geachtet wird / wann er verleuret«) bezeichnet, und »Zufall«, der für das Zustandekommen des Erfolgs steht.[126] Die terminologische Umsicht läßt auf ein immanentes Unbehagen schließen, das andere Autoren deutlicher zur Sprache bringen. In den sich um die Schriften Jean Barbeyracs zentrierenden Auseinandersetzungen über Rechtmäßigkeit, Gebrauch und Mißbrauch der Spiele bezog 1727 ein anonymer Autor eindeutige Position in der christlich fundierten Ablehnung des Glücksbegriffs: Als »eine Gattung des Looses« galten ihm Spiele, die »in lauterem Hazard, oder wie man heydnisch sagt / in einem pur lauteren Glück« bestehen.[127] In dem Maße, wie der Begriff des Loses und der Vorgang des Losens allmählich aus seiner religiösen Gebundenheit gelöst und von der »Vorsehung« getrennt gesehen wurde, liefen die philosophischen Theorien darauf hinaus, den Zufall zugunsten einer rationelleren Erklärung zu eliminieren.[128] Das Prinzip der Leistung fügte die individuelle Verantwortlichkeit am Ausgang einer zufälligen Entscheidung hinzu. Einerseits etablierte sich das »Glück des Tüchtigen«, das Habermas zufolge das »Äquivalent für die Undurchsichtigkeit des gleichwohl streng determinierten Marktgeschehens« bildet,[129] andererseits desavouierte man – wie der italienische Ökonom Gerolamo Boccardo 1856 – Fortuna zur »Gottheit der Feigen und Faulen«,[130] zur »Göttin der Randschichten«[131]. Seine soziale und materielle Wirksamkeit erwies das ›Glück‹ nicht zuletzt im Glücksspiel. Dieses bietet aber das Glück des »Augenblicks«, »eine ältere Form der Glücksempfindung«, die vor allem »Abenteurer« aller Art lebten, während der Bürger »lernte, das Glück des Augenblicks zu vergessen«, und es zum Synonym für Ruhe, Ordnung und Sicherheit wurde.[132] Indem er den Wandel zur Konstituante des Lebens macht, bewegt sich der Glücksspieler wie der Abenteurer außerhalb der vorgegebenen linearen Bahnen. »Chance being the Soul of Gaming, it would not be Chance, if it did not oftentimes change«, lautete die Erkenntnis eines »Gamesters« im 17. Jahrhundert.[133] Jedoch schienen bis ins 19. Jahrhundert die »außerordentlichen« Glückswege ordnungsgefährdend. »Der Spieler unterwirft sich nicht, wie wir es Alle müssen, dem Geschick; er fordert es heraus, um ohne Arbeit zu erwerben.«[134] Die Disposition zum Glücksspiel bedeutet eine aktive Entscheidung innerhalb des Rahmens, den die Spiele, als geordnete Realisierung des Zufalls[135], gewährleisten. Das heißt aber, daß die Spieler sich nicht passiv dem Schicksal aussetzen,[136] sondern es vielmehr ignorieren und den Erfolg aus der ›Arbeit‹ am Zufall erreichen wollen. Wenn, um nur ein prominentes Beispiel zu nennen, Kaiser Franz Stephan sich 1756 über acht Tage hinweg in das Spiel verstrickt, indem er seinem Geld nachläuft,[137] strebt er in voller Aktivität ein Ziel an und wartet nicht auf ein zufälliges Ereignis. Er unternimmt das, was der Nachfolger des Laurentius von Schniffis als typisches Verhalten von Glücksspielern bezeichnete: »Mit Gelt das Glück zu zwingen/ Und in das Garn zu bringen.«[138]

Auf der Basis des Profitdenkens in den vorgezeichneten ökonomischen Bahnen war der »absonderlich in wirthschaftlichen Geschäften oft nöthige, weise und erlaubte Hasard«[139] legitim. »Gar nicht ökonomisch« hingegen schien es bürgerlichen Theoretikern, »das gewisse fürs ungewisse zu wagen«.[140] Adolph von Knigge stellte es als exemplarische Unvernunft dar: »[…] hohes Geld dem Ungefähr preiszugeben, ist Narrheit.« Und: »Wollen wir aber gar keine Wahrscheinlichkeit annehmen, so bleibt der Erfolg ein Werk des Zufalls, und wer wird denn vom Zufalle abhängen wollen?«[141] Die Wahrscheinlichkeit sollte das rationale Bindeglied zwischen dem ›irrationalen‹ Glücksspiel und der berechnenden Vernunft bilden. In der Wahrscheinlichkeitsrechnung wurde der Zufall verwissenschaftlicht, mathematisiert und kalkulierbar gemacht, domestiziert.[142] Die Polemik gegen das Spiel beeilte sich jedoch, dies zwar als möglich, aber abwegig herauszustreichen. 1826 urteilte der österreichische Autor Ebersberg:

> »Nur geistlose und blöde Menschen können sich durch den lockenden Reiz einer sehr entfernten Wahrscheinlichkeit so weit führen lassen, daß sie in größeren Summen das Gewisse dem äußerst Ungewissen und rein Zufälligen opfern.«[143]

Die vor allem seit Geronimo Cardano (1501–1576) aus der Befassung mit dem Glücksspiel herausgebildete Wahrscheinlichkeitsrechnung wurde paradoxerweise sofort gegen das Glücksspiel verwendet. Und dies, obwohl sich selbst die politische Ökonomie des 18. Jahrhunderts ihrer zur strategischen Risikominderung bedient hatte, wie ja überhaupt bei der Herausbildung des Kapitalismus die »Doppelerwägung« – des Sicheren und des Unsicheren – eine zunehmend wichtige Rolle gespielt hatte.[144]

Besonders bei den Spielen gegen einen Bankhalter (Bassette, Pharao, Roulette etc.) traten die berühmtesten Mathematiker an, um dessen rechnerischen Vorteil zuungunsten der Pointeurs zu beweisen[145] bzw. damit gleich das Spiel als betrügerisch zu bezeichnen.

Die Welt der Spieler unterscheidet sich aber von der des Mathematikers, wie Jean Barbeyrac bemerkte:

»Die meisten Spieler sind nichts minder als Mathematici; und wären sie es gleich, so zweifle ich doch daß sie die Mühe nehmen wollten ihre Wissenschaft zu applicieren auf eine Sache wie das Spiel, allwo die Gewinnsucht fast nicht erlaubt abstracten Ideen und Erörterungen viel Zeit zu gönnen, die auch im Grunde sehr übel dabey würden angewandt seyn. Vielleicht möchte aller Fleiß ihnen endlich zu ihren Zweck auch wenig helffen: ein kleiner Fehler in der Rechnung, das mindste Versehen, die geringste Unachtsamkeit, könnte ihre tiefsinnigste Überlegungen vernichten, und also das gantze Gebäude übern Hauffen werffen.«[146]

Auch Georg Christoph Lichtenberg stellte den menschlichen Faktor in Rechnung. Er zeigte, daß es allenfalls darum gehen könne, den »Grad der Hoffnung der Spielenden« zu bestimmen, und weniger um die direkte Anwendung mathematischer Gesetze »auf die würkliche Welt und die Gesellschaft«. Das arithmetische Mittel zwischen der Hoffnung auf Gewinn und der Furcht vor Verlust könnten die Spielenden im Verhältnis des Einsatzes zum zu erwartenden Gewinn nur selbst bestimmen.[147]

Das gelehrte Wissen blieb mit der subjektiven Einschätzung und den dem Zufälligen ausgesetzten Leidenschaften unvereinbar. C. G. Jochmann zufolge begnügten sich Spieler gegen alle »Wahrheit oder Wahrscheinlichkeit« mit der Möglichkeit, oder, wie es die Soziologen J. Cohen und M. Hansel formulierten, mit der höheren »Gewißheit der subjektiven Wahrscheinlichkeit«.[148] Und neben dem Vertrauen auf das persönliche »Glück« oder den mathematischen Strategien zur Beherrschung des Zufalls würden sich die Spieler Bereichen des Übernatürlichen überantworten. C. G. Jochmann urteilte: »Des Spielers Beweggründe [...] sind wahrhaft über oder vielmehr unter aller Vernunft. Der Aberglaube ist seine natürliche Religion.«[149] Georg Simmel dagegen sah im »Aberglauben« der Spieler den Versuch, den Zufall in eine dem Spieler entsprechende gesetzmäßige Ordnung und einen Sinnzusammenhang zu bringen,[150] das heißt, ihn tendenziell zu negieren. Der Erfolg des Spielers läßt sich nach Walter Benjamin nicht dem Zufall verdanken. Es ist vielmehr in der »Grammatik des Glücks« das Verstehen der Sprache, »in der das Glück seine Abrede mit uns nimmt«.[151] Um im Bild zu bleiben: Der Spieler versucht durch Berechnung oder sogenannte ›abergläubische‹ Praktiken die Paradigmen und die Syntax dieser Grammatik zu nutzen.

Das Bezugssystem der hier in Frage stehenden Glücksspieler stammt aus der unmittelbaren Gegenwart des Spiels. Es orientiert sich an Personen und Objekten des Spielgeschehens und kann als assoziatives Wissen bezeichnet werden. Die Kultur des Spiels unterscheidet sich von der ›gelehrten‹, schriftlich kodifizierten Kultur nicht zuletzt durch das, was Carlo Ginzburg »Indizienwissen« nennt.[152] »Ein geringfügiges Vorkommnis, ein gleichgültiger Umstand, eine bloße Geste, ein Nichts genügt«, stellte ein Beobachter der Casinospieler um 1913 fest.[153] Die Signale bedürfen einer ständigen Interpretation, die sich ihrerseits nach Zeit, Ort und Umständen richtet – nach Robert Muchembled ein Merkmal der Vorstellungswelt traditioneller bäuerlicher Kulturen.[154] Im Unterschied zur Kultur des Lottospiels gab es jedoch kein verbindliches Orientierungssystem, das auf kollektiven Deutungen fußte und in den sogenannten »Traumbüchern« publik gemacht wurde.[155] Das vielleicht einzige, sicher jedoch bemerkenswerteste bekannte Beispiel einer Spielstrategie, die sich eine begrenzte Gruppe zu eigen machte, stammt aus literarisch kundigen Spielerkreisen: Im Februar 1834 erschien Alexander Puschkins »Pique Dame«. Im April hielt der Autor in seinem Tagebuch den großen Erfolg fest, der sich darin äußerte, daß die Pharaospieler in St. Petersburg auf die drei im Text vorkommenden Karten setzten.[156]

Eine breite Front religiös und sozialpolitisch motivierter Verbote stand der allenthalben manifesten Spielbereitschaft entgegen. Die staatlichen Autoritäten befanden sich dabei im Widerspruch zu der von ihnen selbst mitgetragenen Kultur, indem sie auf Störfälle aus den eigenen Reihen reagieren mußten. Was jedoch für die Eliten meist stillschweigend toleriert wurde, enthielt man dem Rest der Bevölkerung rigoros vor. Die wenigen Nischen der Toleranz, die den nichtadeligen Schichten erlaubt hätte, Glücksspiele auszuüben, kamen bereits gegen Ende des 17. Jahrhunderts unter Druck und verloren sich fast ganz. Zudem sollte der Glücksspielbedarf vom privilegierten Lotto aufgefangen werden. Die Gegnerschaft zum Spiel erhielt massive theoretische Unterstützung durch anders geartete ökonomische Verhaltensleitbilder, die aufgeklärte Vernunft und das gelehrte Wissen. Zielte der prohibitive Druck auf eine bis in die Alltagskultur reichende Disziplinierung, so ist zu fragen, wie die Spielenden darauf reagierten bzw. ihre Spielgewohnheiten beibehielten.

Die im 17. und 18. Jahrhundert herrschende Unterscheidung der Spiele nach Organisation, Zugänglichkeit, Ort und Frequenz soll auch dieser Untersuchung zugrunde gelegt werden. Man unterschied demnach öffentliche und private Spiele. Erstere waren die »an solchen Orthen, wo Jedermann vmb sein Geldt nach Belieben spillen kan, alß in Ballhäußern, auf Billiarten, lange Taffeln, Banco= oder Würffel Tisch, lange= und kurtze kegel stätten, brendten, mit bredtspill, Karthen, Würffel, oder waßerley Instrumenten«. Als Privatspiele wurden diejenigen bezeichnet, »wo nicht von Jedermann frey, sonder in aigenen oder besondere orthen gespillet wirdt«. Als »Halbe privat Spill« galten jene, die man an »besonderen orthen, jedoch so gewöhnlich zu spillen pfleget, daß [es] gemeiniglich nicht vnbekant seye«, während »gantze privat Spillorthe« solche sind, »wo [...] vngewöhnlich, oder selten gespillet wird«.[157] In der

Praxis aber waren diese Kriterien nicht immer klar voneinander abzugrenzen. Sie wurden außerdem zunehmend durch die Differenzierung zwischen Glücks- und anderen Spielen beeinflußt.

Partikularistische Organisationsformen des Spiels

Adelsspiel – »diese noble Kunst«

Die äußerst heterogene und in ihrem Bestand dauernden Veränderungen unterworfene Sozialgruppe des Adels sah sich permanent der Herausforderung ausgesetzt, ihr Selbstverständnis nach den äußeren und inneren Modifikationen der Ständegesellschaft auszurichten. Zwischen Anpassung und Opposition, Integration und Abschließung lagen die Möglichkeiten, einen jeweils angemessenen Lebensstil und die entsprechende Ideologie zu entwickeln. Weitreichende Folgen für Status und Struktur hatten die Krise des Feudalismus, die Entstehung des frühneuzeitlichen Staates, die Entwicklung des internationalen Marktes und der militärisch-politische Funktions- und Machtverlust im Zuge der Integration in die höfische Gesellschaft des Absolutismus. Parallel zur Domestizierung des Adels lief die Herausbildung einer gesamteuropäischen kosmopolitischen Elitekultur, die *Ostentations-Luxus* (Ernst Brandes) aller Art kennzeichnete. Das Spiel, zumal das Glücksspiel, wurde zum unabdingbaren Attribut adeligen Lebensstils.[1] In ihm vertiefen sich Züge, die George Duby schon beim mittelalterlichen Feudaladel beobachtet hat: Reichtümer im Rahmen der »Ethik des ritterlichen Müßiggangs« zu verschwenden und zu zerstören, anstatt sie zu produzieren.[2]

Es war Bestandteil des »inoffiziellen« adeligen Erziehungs- und Bildungssystems und trug auf diese Art zur frühen Konditionierung und Normierung des Verhaltens bei.[3] Im Alter von fünf Jahren erhielt Ludwig XIII. Unterricht im Würfelspiel.[4] Ein Mocenigo schickte im 17. Jahrhundert seinen mit mehreren Tausend Zecchinen ausgestatteten Sprößling in den Venezianischen Ridotto, um ihn über das Bassettespiel beim Adel einzuführen.[5] Als der 22jährige Karl von Zinzendorf 1761 nach Wien kam, lehrte ihn sein Bruder innerhalb weniger Tage Hombre, Tricktrack und Piquet sowie das Glücksspiel Pharao[6] – Spiele, deren Beherrschung eine Voraussetzung für das Bestehen in adeligen Gesellschaften war. Die gleichaltrige steirische Adlige Cäcilie von Roggendorf wollte sich bei Giacomo Casanova Richtlinien für das Verhalten bei Hof holen und »möchte auch wissen, ob es Gepflogenheit bei den Hofdamen ist, Karten zu spielen; wenn ja, würde ich mich schön blamieren, ich habe eine Abneigung gegen alle Glücksspiele und bin, unter uns gesagt, so ungebildet, nicht ein einziges zu kennen«.[7] Daß sich junge Adlige auf ihren Kavalierstouren kaum dem Spiel in Gesellschaft entziehen konnten, wurde öfters kritisiert. In ihren Reisebudgets waren die Kosten für diese Selbstverständlichkeit jedenfalls enthalten. Der 21jährige Freiherr Siegmund Friedrich Khevenhüller VII. erhielt 1687 auf seiner Reise für aristokratische

Partikularistische Organisationsformen des Spiels

Abb. 1: Adeliger mit Würfeln und Jagdgewehr, den Attributen eines standesgemäßen Lebensstils (Österr. oder Süddeutsch, um 1640)

Repräsentationskosten zirka 300 Reichstaler monatlich als »spillgeld«.[8] Weil sie sich auf ihren Reisen »dem Debauchieren, Spielen und anderen Wohllüsten« hingeben würden, untersagte der preußische Kurfürst Friedrich Wilhelm kurzerhand die Auslandsreisen.[9]

Das Glücksspiel gehörte zu den gesellschaftlichen Konventionen, an denen sich ein großer Teil des Adels orientierte. 1544 wurde der hessische Landgraf von Martin Bucer ermahnt, Saufen, Pracht und Spiel hintanzuhalten. Der Graf erwiderte, er könne sich im Glücksspiel mäßigen, wenn auch andere nicht spielten. Gewohnheiten, die als schichtspezifisch betrachtet wurden, wurden zu einem wirksamen, weil vertrauten soziopolitischen Wertesystem.[10] Das Glücksspiel fungierte als Identifikationsmedium, als legitimer Verhaltensraster, den alle Adelsgruppen gleichermaßen beanspruchten. Als 1825 ruchbar wurde, daß beim Landrat Ledvinka von Adlersfeld in Prag fast alle dortigen Landräte, ein Graf Steimpach und ein Ritter von Jenik zum Pharaospiel versammelt waren, verwarnte sie der Stadthauptmann. Die Teilnehmer rechtfertigten sich damit,

> »daß nicht nur ähnliche Unterhaltungen bei den Jagdparthien des hiesigen hohen Adels mit weit größerem Gewinn und Verluste verbunden sind, sondern auch in den hiesigen höhern Gesellschaften die sogenannten Kommerzspiele zu wahren Hazardspielen ausarten; indem z. B. im Whist mehrere Dukaten links und rechts gewettet, und auf diese Art in einer Nacht 100 und mehr Dukaten verloren und gewonnen würden«.[11]

Im Prozeß der Polarisierung gesellschaftlicher Gruppen oder »Stände« entwickelten sich höchst unterschiedliche kulturelle Formationen, deren Qualifizierung in „höhere" und »niedere« Kultur um so mehr hervorgehoben wurde, als die Ritualisierung des Lebensablaufs und die große Bedeutung von kostspieligen Festen und Spielen auch im »Volk«, wenngleich mit je eigener Funktion, zum Tragen kam.[12] In dem Maße wie der Adel seinen exklusiven Charakter betonte, war das Glücksspiel laut Walter Benjamin »in der feudalen Zeit im wesentlichen ein Privileg der feudalen Klasse, die am Produktionsprozeß nicht unmittelbar beteiligt war«.[13] Kösters »Deutsche Encyclopädie« lieferte 1787 ein Beispiel dafür, wie die Glücksspiele als Attribut einer bestimmten Gesellschaftsgruppe eximiert wurden:

> »Weil diese Spiele, unter verschiednen Namen, an Höfen, in Bädern, und somit in sogenannter Gesellschaft vom guten Ton gespielt werden, so bekommen sie den höflichen Namen Hazardspiele. Diese ganz zu untersagen, würde der natürlichen Freyheit solcher Personen, welche durch Geburt, Stand oder Vermögen das Recht erlangt haben, wenn sie wollen, auch Thorheiten zu begehen, zu nahe treten. In Ansehung dieser mag es also der Landespolicey genug seyn, zu verfügen, daß sie nicht allenthalben, und von einem jeden, sondern nur an öffentlichen Orten, und von Personen, welche das erwähnte Privilegium vor andern haben, gespielt werden.«[14]

Partikularistische Organisationsformen des Spiels

1784 bemerkte der anonyme Verfasser der »Galanterien Wiens« ironisch, daß in vielen noblen Häusern »diese edle Passion« herrsche.[15] Ernst gemeint war hingegen die Bemerkung in einem Polizeibericht über die im Jahr 1809 von französischen Militärs etablierten Pharaobanken in Wien. Es hätten auch Inländer mitgespielt, »da die Leidenschaft des Spielens noch immer unter die der galanteren Welt gehört«.[16]

Die Abhebung des Adels von seinen Untertanen bei gleichzeitigem Hervorkehren des repräsentativen Aufwands kritisierte Kaspar Riesbeck 1780 am Beispiel München:

> »Die meisten Häuser, von denen mehrere fünfzehn- bis zwanzig- und einige wohl auch dreißig- bis vierzigtausend Gulden Einkünfte haben, wissen von gar keiner anderen Verwendung ihres Geldes und von keinem anderen Vergnügen, als welches Tisch, Keller, Spieltisch und Bett gewähren. Das Spiel hat schon viele gute Häuser hier zugrunde gerichtet.«

Riesbeck beklagte, daß eine »so ungeheure Verschwendung und so lächerliche Titelsucht unter dem großen deutschen Adel Mode« sei, und die beinhalte eben auch »eine gute Art sein Geld zu verspielen«.[17]

Saint-Simon beobachtete, daß der Adel sich vom »Volk« auch dadurch unterscheide, daß er gleichsam ein anderes Volk geworden sei, dem nichts übrig bleibe als ein tödlicher und ruinöser Müßiggang.[18] Im Spiel kam eine edle Haltung mit deutlicher sozialer Funktion zum Ausdruck. Sie spiegelte ein dem bürgerlichen Selbstverständnis diametral entgegengesetztes ökonomisches Wertesystem. Da sie »lieber bloß genießen, als erwerben« wollten, sähen sich Adlige zu den »Ehrenausgaben des Spiels« veranlaßt, durch die sie sich »ein Ansehen unter ihresgleichen geben wollen«, kritisierte Christian Garve 1802.[19] Das Ehrenvolle des Spiels scheint vom Bewußtsein einer heroischen Waghalsigkeit herzurühren. Vom »verwegenen Spiel«, dem sich die hohen Herren hingeben, war 1614 auf der Generalständeversammlung in Frankreich die Rede.[20] Spielen hieß Zutritt haben zur Vornehmheit des entschlossenen Risikos. Auf einem Ball, den der Fürsterzbischof von Gran 1753 in Preßburg gab, forderte der bankhaltende Bischof den Chevalier de Talvis auf, beim Pharao mitzusetzen; dieser tat dies mit den Worten »Va banque«. »›Gilt‹, sagte der Bischof gemessen, denn er wollte zeigen, daß er keine Angst hatte«, interpretiert Giacomo Casanova die Situation.[21] War das Spiel stets ein Element der Soziabilität, so wurde es im Übergang zum 18. Jahrhundert auch zu einem des sozialen Ansehens, zu einem Mittel, seinen Platz in der Gesellschaft zu markieren und zu erhalten, »une obligation et une charge«.[22]

Johann Michael von Loen veranschaulicht anläßlich der Kaiserkrönung von 1745 mit kritischer Distanz den zugrundeliegenden Bewußtseinshorizont:

> »Ich kann Ihnen nicht beschreiben [...] mit welcher Grosmuth hier ganze Truppen von Weltweisen sich um die Wette bemühen einander in der Verachtung des Gelds zu übertreffen. Einige haben ganze Berge von geprägtem Gold vor sich aufgeschüttet und geben sol-

ches dem blinden Glück preiß. Ja mancher hat das Herz, so viel auf den einzigen Umschlag einer Carte zu setzen, als mein ganzes Landgut das Jahr über einträgt. Ich schäme mich bey dieser Gelegenheit, daß ich noch so viel Anhänglichkeit für das kleine Münzwesen hegte, und weil ich von den Leuten bin, die sich von ihren Fehlern frey zu machen suchen, so ließ ich mich [...] zur Nachahmung bewegen. Ich opferte ein halb Dutzend Carolinen der edlen Neigung auf, die uns die Verachtung der Reichthümer lehrt. In fünf oder sechs Umschlägen war ich ihrer hurtig los.«[23]

Die Ironie enthüllt einen wesentlichen Widerspruch. Loen war bereits einem ökonomischen Denken verpflichtet, in dem Erfolg nicht mehr als Resultat der Konkurrenz am Spieltisch erreichbar war. Der Preisgabe aufgetürmter sichtbarer Reichtümer an den Fall einer Karte steht die planende Investition gegenüber. Vom Gewinn ist überhaupt nicht die Rede. Im Katalog der Kritiker hat nur die »Geldverachtung« Platz, die als präsumtive Haltung des Adels dessen ökonomisch-politische Führungsrolle grundsätzlich in Frage stellt. 1785 stellte John Moore das Spielen in totale Opposition zum »geregelten« Haushalten. Wenn reiche und angesehene Leute spielten, so geschehe es aus Konvention:

»Allein die mehrsten unter ihnen fangen das Spiel an, nicht mit irgend einer Absicht oder einem vorsetzlichen Anschlage ihr Vermögen zu vermehren, sondern bloß als einen modischen Zeitvertreib, oder vielleicht um ihren Edelmuth und ihre Verachtung gegen das Geld zu zeigen.«[24]

So wie Nicolai »Spiel- und Verliersucht« gleichsetzte, sprachen die der Aufklärung verpflichteten Schriftsteller hauptsächlich von der Lust am Verlust. Sie waren sich jedoch der sozialen Funktion des Glücksspiels bei den Privilegierten bewußt. 1783 hieß es in einer Rezension zu Bittermanns »Spielgesellschaft von Wien«: »Nachdem [sic!] was einer zu verspielen hat, wird sein Rang, und nach der Willfährigkeit, mit welcher er sich abgewinnen läßt, die Achtung, die man gegen ihn haben kann, bestimmt.«[25] Das scheinbar größte Paradoxon der Glücksspielkultur besteht darin, daß es ein Faktor der Soziabilität ist.[26] Die Diskrepanz ist die des Antagonismus zur bürgerlichen Welt. Denn die dem Adel eigene (ökonomische) Rationalität unterscheidet sich wesentlich von der bürgerlichen. Im Gegensatz zu modernen, marktwirtschaftlichen Gesellschaften, in denen das »Redistributionsprinzip« herrscht, dominiert in vorindustriellen Gesellschaften mit »Statuswirtschaft« das »Reziprozitätsprinzip«, dessen bestimmender Faktor die soziale Interaktion, der Aufbau und die Festigung sozialer Verbindungen ist. Die »ökonomischste« Form des Austauschs besteht dabei im Versuch, straflos etwas für nichts zu bekommen. Das schließt »Formen der Aneignung und Transaktion um des Nutzengewinns« ein, wie beispielsweise die Glücksspiele.[27] Die »unökonomische« statussichernde Funktion der Glücksspiele hatte ihren Stellenwert vor dem endgültigen Durchbruch der modernen kapitalistischen Wirtschaftsweise gefestigt. Zumal in jener privilegierten Sphäre hielten sich Formen des Austauschs, die an den Potlatch in Gesellschaften erinnern, die nicht der »totalen Leistung« verpflichtet sind. Marcel Mauss stellte diese Art der »Gabe« in enge Beziehung zu aristokratischem Verhalten, »als eine Situation, bei der es um die Ehre geht und Güter preisgegeben werden, die man nicht notwendig preiszugeben brauchte«. Diese Intention gleicht sie dem Spiel an, das Mauss zufolge eine Form des Potlatch und des Gabensystems ist.[28] Vom »Vermögen zum Verlust«, wie es sich in Potlatch und Spiel äußert, rühren Adel, Ehre und Rang in der Hierarchie her, stellte George Bataille fest: »In seiner Eigenschaft als Spiel ist der Potlatch das Gegenteil eines Prinzips der Bewahrung: er setzt der Stabilität der Vermögen [...] ein Ende. An die Stelle der Erbschaft ist durch eine exzessive Tauschtätigkeit eine Art rituellen Pokerns mit rauschhaften Zügen als Quelle des Besitzes getreten. Aber die Spieler können sich nicht zurückziehen, wenn sie ein Vermögen gewonnen haben: sie bleiben der Herausforderung ausgeliefert. Das Vermögen hat also in gar keinem Fall die Funktion, den, der es besitzt, frei von Bedürfnissen zu machen. Das Bedürfnis nach einem maßlosen Verlust beherrscht in endemischem Zustand die soziale Gruppe.«[29] In herausragendem Maß galt dies für die engere höfische Gesellschaft, doch war der Adel unter dem Zwang, seinen Status sichtbar zu demonstrieren, zu einem gut Teil in seiner Gesamtheit diesem Prinzip ausgeliefert. Als standesgemäßes Palliativ entwickelte sich hier die geläufige Verbindung von Spielschulden und Ehrenschulden. Christian Garve meinte 1797, das »Gesetzbuch der Ehre« bestehe größtenteils aus Regeln, »welche die, am meisten in Gesellschaft lebenden, höhern Stände [...] als nothwendig zur Aufrechterhaltung der Geselligkeit, unter sich festgelegt haben«. Und über den Stellenwert des Spiels in diesem System:

> »Da sie das Spiel zu einem der vornehmsten geselligen Zeitvertreibe gewählt hatten: so hatten sie auch der Pünctlichkeit in Bezahlung der Spielschulden, vor andern Arten des Worthaltens, die an sich von höherer Verbindlichkeit sind, einen Vorzug eingeräumt.«[30]

Indem Spielschulden auch Gelegenheit zur Revanche gaben, war außerdem dafür gesorgt, daß das Spiel in Gang gehalten wurde. Spielschulden setzen das Spiel auf »Ehrenwort« voraus und dieses wiederum ein gewisses Maß an Kredit. Diesen veranschaulicht auch das Spielen mit Jetons, über deren Wert die Spielenden selbst entschieden.

Die zugrundeliegenden Verbindlichkeiten bildeten nicht nur eine Quelle von Konflikten. Sie waren genau der Punkt, an dem die absolutistische Disziplinierungspolitik ansetzte, um sich das zentrale Monopol auf Chancensicherung zu verschaffen. Die Einforderung einer Spielschuld führte 1696 zur Ermordung des kaiserlichen Kammerherren Grafen von Halleweil durch den portugiesischen Botschafter und zog das generelle Verbot des Bassette und/oder hohen Spiels nach sich.[31] 1756 suchte Adolph Graf von Wagensperg um die Bewilligung des öffentlichen Pharaospiels in Graz mit dem

Hinweis an, es »solle niemahl auf credit gespillet werden«; im positiven Bescheid aus Wien war die Klausel enthalten, daß »das Spiel nicht anderst, als um baares Geld, und ohne Marque gespiellet werden solle«.[32] Laut *Avertissement* zum Pharaospiel am Wiener Hof (1762) war es bei Strafe von 100 Dukaten verboten, »auf Marques, oder Credit zu spielen«.[33]

Johann Pezzl überzeichnete vermutlich, wenn er das »Prahlen mit Spielschulden« in Wien als signifikant beschrieb.[34] Der Zusammenhang zwischen Spielverhalten und Sozialprestige ist jedoch evident. Manche nähmen die »Verwunderung« über die hohen Spielsummen als »Bewunderung« und seien bestrebt, »am nämlichen Tage noch einen Gegenstand solcher Bewunderung abzugeben«, behauptete John Moore 1785.[35] Dies entsprach der Rolle des Adels, für den die Fähigkeit, ohne Maß zu verlieren – ebenso wie auszugeben ohne zu rechnen – eines der greifbarsten Kennzeichen war.[36] Um das Glücksspiel derart in Reinkultur wahrnehmen zu können, bedurfte es freilich ausreichender Ressourcen und der Tatsache, daß sie nicht aus produktiver Arbeit stammten. Und damit geriet ein Teil des Adels ins Spannungsfeld zwischen traditionellen Herrschafts- und »modernen« merkantilen Machtmechanismen. Joseph Richter illustrierte es 1785 in der »Wienerischen Musterkarte« in ironischer Verzerrung: »Der große Herr: Wahrhaftig! es giebt auf Gottes Erdboden keine komischere Figur, als einen Kavalier, der kein Geld hat – – Das verfluchte Spiel!«[37]

Die Haltung der unproduktiven Verausgabung geriet zusehends ins Zentrum der Kritik der Vertreter neuer ökonomischer Leitbilder. 1765 – in jenem Jahr, als das öffentliche Glücksspiel im Wiener Theater eingestellt wurde – sah sich Joseph II. zu einem Memorandum an den Staatsrat veranlaßt. Darin hieß es, daß »eine Absage an die Meinung, daß Geschäftemachen unverträglich sei mit Aristokratie«, zu den Maximen seiner Regierung gehören werde.[38] Der europäische Adel selbst erfuhr im 18. Jahrhundert als Reaktion auf die Herausforderung der wirtschaftlichen und gesellschaftlichen Veränderungen eine »Merkantilisierung«, die sich in Spekulationen und Unternehmungen äußerte.[39] Johann Pezzl, der die Verschwendungssucht angeprangert hatte, beobachtete auch gegenläufige Tendenzen und schrieb diese der Vorbildwirkung des Hofes auf den österreichischen Adel zu: In der »jezigen ökonomischen Epoche«, in der die Devise des Hofes eben »Oekonomie« heiße, sei das hohe Spiel »äusserst selten« geworden:

> »daß sich Wien seit der neuern Epoche in diesem Punkt wesentlich geändert habe, sieht jedermann auf den ersten Blik. Die Strafgesetze auf die Glücksspiele werden scharf exekutirt; die Chevaliers d'industrie sind theils verjagt worden, theils von selbst verschwunden, die Spiel-Bankrote sind eine fast unerhörte Sache.«[40]

Nicolai bestätigt einen gewissen Wandel, der in dieser Zeit stattgefunden hatte: Die vom Wiener Adel aufs Spiel gesetzten Summen seien »jetzt freilich nicht mehr gar so hoch als sonst, aber noch hoch genug«.[41] Freilich traten Spielbankrote hinter die

Ungeheuerlichkeiten des Staatshaushaltes zurück. Zum einen nährten die wirtschaftspolitischen Maßnahmen mit der Einführung der Bancozettel (1762 bzw. 1771) das Mißtrauen in diese neue Form des Geldumlaufs, zum anderen paßt es nicht so recht in die »ökonomische Epoche«, wenn etwa die Vermehrung des Heeres die Kosten von 33 Millionen im Jahr 1781 auf 66 Millionen im Jahr 1788 trieb.[42]

Daß jedoch ein Umdenken Platz gegriffen hatte, erhellt auch aus einem Detail des Falles jenes Grafen Aloys Geniceo, der 1811 wegen Veranstaltung von Spielgesellschaften angeklagt war, an denen auch Vertreter des höheren Adels teilgenommen hatten. Geniceo untermauerte den Hinweis auf seine edle Abstammung mit dem Hinweis auf seine weitläufigen und vielschichtigen wirtschaftlichen Tätigkeiten, die ihn der Sorge entheben würden, auch nur drei Tage über eine im Spiel gewonnene Summe nachzudenken. Mit dieser Bemerkung demonstrierte er freilich eine Haltung, die den tatsächlichen Verhältnissen nicht unbedingt entsprochen haben muß. Denn die Summen, die gewonnen und verloren wurden, waren eben nicht unbedeutend. Der Polizeiagent Michael Seywald verfaßte am 5. Jänner 1811 folgende

> »Besondere geheime Anmerkung: Der Unterzeichnete brachte durch geheime Wege und Erhöbende Nachforschungen, folgendes in bestimte und Verläßige erfahrung, daß der Graf Gennozeo den 3ten Dezember 1810, in der Nacht in seiner eigenen Wohnung, Fünf und Zwanzig Tausend Gulden, dem Grafen Amade abgenohmen hat, den[n] eine Geliebte des H.L. Grafen von Amade Erzählte es selbsten in einer bekanten Art, mit dem bedeuten, daß es Ihr der Graf Amade selbsten traurig Erzählt hat.«[43]

Die Mentalität der puren Geldverachtung war brüchig geworden. Oder hatte sie – wenn das Konstrukt nicht nur ein Produkt der opponierenden bürgerlichen Gesinnung gewesen sein soll, sondern deren Unverständnis gegenüber den sozialen Implikationen adelig-höfischer Herrschaftsritualisierung – ihren konkreten Sinn verloren, weil der Fürstendienst durch Luxusausgaben und ruinöses Spiel obsolet geworden war? Die Geldgewinne, die auch hohe Adlige gegeneinander machten, wurden eingestrichen und für den Konsum verwendet. Im März 1811 wurde dem Kaiser von der Polizeioberdirektion über Spielpartien des hohen Adels berichtet:

> »Ein Diener aus dem Hause des Fürsten Moritz Liechtenstein hat dem Vertrauten in seiner Unschuld erzählet, daß Gf. Palfy und Gf. Dietrichstein die glücklichsten Spieler wären, und daß er sie öfters schwere Summen Geldes davontragen sehe.«

Als die Partie einmal bei Fürst Johann Liechtenstein zusammenkam, soll dieser an einen von Pufenberg und Graf Ferdinand Palffy »eine sehr bedeutende Summe verlohren – und ausbezahlt haben«. Dabei seien dem Verlierer,

> »der sehr aufgebracht war, einige anzügliche Worte gegen die Gewinner entfallen, [...] die zu einem sehr heftigen Wortwechsel Anlaß gaben, daß der Fürst Liechtenstein mit geballter Faust in den Tisch hineinschlug und schwur, mit ihnen zum letztenmal gespielt zu haben«.[44]

Graf Palffy soll sich gleich darauf aus dem Gewinn zwei äußerst teure Wagenpferde gekauft haben, heißt es weiter in dem Bericht. Der sogenannte »Theatergraf« – er war Hoftheaterdirektor und Eigentümer des Theaters an der Wien – wußte seine Spielgewinne außerhalb des Rahmens der aristokratischen Reziprozität anzulegen. La Garde berichtet zur Zeit des Wiener Kongresses über ihn, daß er »spielt, und mit Glück, er hat von seinem Gewinst ein prächtiges Hotel bauen lassen, welches man das Kartenhaus nennt«.[45] Kaum etwas illustriert die Tatsache der Zugehörigkeit zu den beiden sozioökonomischen Welten besser als jenes »Spielbuch«, in das der Graf Rudolf von Abensberg und Traun im Jahre 1768 die Spielgewinne und -verluste für jeden einzelnen Tag eintrug.[46]

Die Glücksspiele sind jedenfalls nicht aufgegeben worden. Krisenhafte ökonomische Veränderungen und soziale Bewegungen konnten zur fortgesetzten bzw. neuerlichen Statusdemonstration disponieren. Der österreichische Hochadel des ausgehenden 18. Jahrhunderts war sichtlich bemüht, seine Rangansprüche durch demonstrative Ausgaben zu unterstreichen, um auf diese Weise seine fragwürdig gewordene Funktion mittels besonderer Exklusivität zu kaschieren.[47] Riesbeck fiel 1780 die »Verschwendung des großen Adels«, der aber zugleich über außergewöhnliche Reichtümer verfüge, auf; dessen ungeachtet seien

> »die meisten großen Häuser mit Schulden beladen. Hier vereinigt man alle Arten des Luxus, die man sonst unter verschiedenen Nationen zerstreut findet. Pferde, Bedienten, Tafel, Spiel und Kleidung, Alles ist übertrieben«. Und »wenn auch gleich die Hazardspiele verbothen sind, so hat man doch häufige Beyspiele, daß einzelne Personen in einem Sitze 15 bis 20 000 Gulden verloren haben".[48]

Im Juli 1800 wurde aus Karlsbad berichtet, daß dort »sehr stark gespielet« werde und unter anderen der regierende Fürst Lobkowitz »der Spielsucht sehr ergeben« sei und »sich dieser Leidenschaft zum empfindlichen Schaden seiner häuslichen Verhältnisse ganz überlasse«. Das ungarische Bad Bartfeld war als Ort bekannt, in dem Glücksspiele in großem Ausmaß betrieben wurden. 1829 hieß es in einem Polizeibericht, daß ein Komitats-Stuhlrichter durch das Spiel »wirklich ganz verarmt worden sey«. Im »Casino« des Pfeiffer würden sich als »Haupt Spieler« der erste und der zweite Vize-Gespan hervortun, wobei der zweite »nicht mit solcher Wuth spielt als der erste«; bei diesem, schreibt der Polizeiberichterstatter, sei es zu bedauern, daß er als »uneigennütziger edler Mensch sein Vermögen durch das Spiel verschleidert« und durch »seine Gläubiger angegriffen« werde. Der Anzeiger stellte schließlich eine aufschlußreiche Beobachtung an:

> »Etwas aber, was sonderbar ist, man findet selten in Ungarn den Adel, so mit Schulden belastet, als im Saaroser Komitat, dennoch aber kann er auf keine Art, von diesem Spiel Unheil geheilt werden […].«

Adeliges Selbstverständnis und die zeitliche und örtliche Exemtion vorab in Badeorten förderten den Spielbetrieb. Selten findet man Aussagen für den Rückzug aus diesem Beziehungsgeflecht. Um 1788 hieß es über den Fürsten Esterházy, daß er zwar in »Pracht und Aufwande« lebe, vom Spiel aber gelassen habe: »Der Fürst liebte ehemals das Spiel sehr. Seit mehr als zehn Jahren spielt er gar nicht, haßt das Spiel und alle Spieler.«

Als kulturell wirksames Verhaltensmuster war das Glücksspiel neben anderen Formen des Luxus für Geldschwierigkeiten verantwortlich. Dies war beispielsweise um die Mitte des 19. Jahrhunderts bei den Söhnen des Feldmarschalls Windisch-Graetz der Fall.[49] »An rasenden Spiel-Parthien« in der »sogenannten guten Gesellschaft« nahm Friedrich Gentz 1801 offenbar unter schwierigen Bedingungen teil: »Und das alles mitten im äußersten Geld-Derangement. Wo kamen die Mittel zu allen den hohen Parthien her?« Gentz verspielte und versetzte: »[…] täglich die fatalsten Geldgeschäfte! […] – Und dabei jeden Abend in Spiel-Parthien, bald in den diplomatischen Häusern, bald gar auf dem Casino versenkt!« Wiederholt brachte ihn das Glücksspiel in arge Geldbedrängnis: »Am 23. Dezember [1801] verlor ich alles was ich hatte im Hazardspiel, so daß ich den ganzen folgenden Tag herumlaufen mußte, um einige Thaler zu Weihnachtsgeschenken aufzubringen.« Aber anstatt als Spielsüchtiger im Elend zu enden, verschaffte ihm dieses Leben in großer Gesellschaft die später so »wichtigen Geschäfts-Verbindungen«.[50] Der Wiener Kongreß war ein ideales Umfeld für die Beibehaltung der einmal eingeübten und in ihrer Funktion probat befundenen Verhaltensmuster. Die Geheimpolizei berichtete am 4. Februar 1815 in einem Rapport über »die somptuosen Diners, die Hofrath Gentz gibt an Talleyrand, Schulenburg, Dalberg und F. Hardenberg und B[ar]on Humboldt, wo unglaublich hoch gespielt wird und wo H.v.Dalberg das letzte Mal 8000f. verloren hat«.[51]

Die tendenzielle Annäherung der Lebensformen aufsteigender großbürgerlicher Schichten an die des alten Adels beeinflußte auch die Spielgewohnheiten. Friedrich Nicolai urteilte über die Aufsteiger in der zweiten Hälfte des 18. Jahrhunderts: »Es gehörte mit zum großen Tone, Rollen voll Ducaten auf eine Karte zu setzen. Der neue und leonische Adel äften diese Spiel- und Verliersucht, so gut sie es vermochten, nach.«[52] Da hohes Geldspiel ein distinktives aristokratisches Merkmal war, konnten Standesgrenzen durch Imitation dieses Verhaltensmusters nach Ansicht Nicolais nicht wirklich überschritten werden.

Die Beobachtung bezog sich auf eine kurze Periode des mit Einschränkungen genehmigten Glücksspiels. Im übrigen stand der Adel mit dem Glücksspiel jenseits der Legalität. Graf Geniceo, der infolge der Krisen und Kriege Ende des 18. Jahrhunderts nach Wien gekommen war, gab Spielgesellschaften, an denen höhere Adlige teilnahmen. Er legitimierte die Zusammenkünfte zwar mit seinem Adelsrang, beeilte sich aber anzudeuten, die durch die Gesetze gezogenen Grenzen nicht überschritten zu haben. Indem er das Glücksspiel als »gefährliches Vergnügen« klassifizierte, zog er den Bedeutungshorizont, der die Rolle der Glücksspiele in der adeligen Gesellschaft einerseits (»Vergnügen«) und dem Gesetz andererseits (»Gefahr«) umgrenzt. Die Beharrlichkeit, mit der gespielt wurde, spiegelt die Rolle wider, die die Spiele zu mehr als einem Vergnügen machte. Zumal im 18. Jahrhundert wurde versucht, die Glücksspiele auf den Bereich des Hofes zu beschränken. Der größte Teil des Adels entzog sich allerdings der höfisch-absolutistischen Vereinnahmung. Im Glücksspiel fand das bleibende Maß an »feudaler Verselbständigung« seinen Ausdruck. Hier bewahrte der Adel in ritualisierter Form seine überlieferten Machtansprüche. Und er unterstrich sie als distinktives Merkmal um so mehr, als er ihrer verlustig zu gehen drohte.[53]

Geldgewinn kontra Prestigegewinn – diese Ambivalenz zog sich durch die Adelsschichten. Um 1840, in der vormärzlichen Krisenzeit, gehörten zur Lebensart der hohen Aristokratie, der *crème de la crème,* »hohe Wetten, ein noch höheres Spiel«; hingegen zeichnete sich die »Geldaristokratie« durch »eine gewisse ängstliche Sparsamkeit« aus, »während oft Ducaten spurlos vergeudet werden«; bei den »brillanten Soiréen« der letzteren fänden sich allerdings, trotz ihrer Abschließungstendenzen, auch die ganz Großen ein.[54] Nach Jean Charles war zu jener Zeit das Spiel das letzte Zeichen adliger Selbstdarstellung:

> »Im hohen Adel wird stark gespielt, wie sich von selbst versteht, besonders heute, da das Maitressenhalten hier ganz aus der Mode gekommen und selbst die kostbarsten Equipagen, Reitpferde und Jagden, wie Costümbälle und die glänzendsten Diners, nicht hinreichen, die unermeßliche Börse des ungarischen, böhmischen und östreichischen Adels in jene Schwingung zu bringen, daß er sich seines Reichthums bewußt würde, was doch immer ein hübsches Bewußtsein bleibt.«[55]

Eine 1867 erschienene Kampfschrift für den Weiterbestand der deutschen Spielbanken wollte die Wirkungslosigkeit des Glücksspielverbots unter anderem an Österreich demonstrieren, wo »so hoch gespielt und so toll hazardiert« werde wie in keinem anderen Land: »Ich habe nicht bald an einer Spielbank so gewagt spielen gesehen als im Wiener Cavalier-Casino in der Herrengasse.« Ungarische Magnaten werden als hervorragende Spieler genannt, aber auch die jungen Fürsten Windisch-Graetz und Schwarzenberg; Radetzky wird als »ein Hauptschuldenmacher und schmutziger Spieler« bezeichnet, wie überhaupt das Offizierskorps eine prominente Rolle im Spielbetrieb innehatte. Erzherzog Carl Ferdinand habe gar als General beim Landeskommando in Prag eine förmliche Spielbank organisiert.[56]

Adelige fanden sich in der zweiten Hälfte des 19. Jahrhunderts als Teilnehmer an den kommerzialisierten privaten Spielpartien – mitunter, wie der Autor einer Studie über die Verhältnisse in Österreich um 1870 suggeriert, in hoher Konzentration: Das

Hasardspiel sei in Österreich zwar verboten, es gebe aber »gewisse Gesellschaftsklassen, die dasselbe nur sehr schwer oder gar nicht entbehren können«. Seit langem sei der Polizei bekannt, »daß verschiedene sehr elegante geheime Spielhöllen existirten«; namentlich genannte Grafen und Barone sowie »andre Repräsentanten des hohen Adels« seien dort gesichtet worden, was zeige, »welche Stände jene Räume besonders besuchten«; für eine der aufgehobenen »Spielhöllen« hätten zwei Grafen als »Werber« öffentliche Lokale aufgesucht, »um daselbst die Opfer zu acquiriren«, ein Graf sei Besitzer dieser Bank.[57]

Lange nachdem sich der Hof vom Ritual des Glücksspiels verabschiedet hatte, pflegten Teile des Adels weiterhin die eingeübten Umgangsformen in Luxus und Glücksspiel. Theodor Fontane dienten diese Verhaltensmuster, deren Nicht-Operationalisierbarkeit im Rahmen des bürgerlichen Arbeitsbegriffs er herausstrich, zur Typisierung. In seinem Roman »Irrungen, Wirrungen« (1888) antwortet der Aristokrat von Rienäcker auf die Frage, was er leisten könne: »Ich kann ein Pferd stallmeistern, einen Kapaun tranchieren und ein Jeu machen. Das ist alles, und so hab ich denn die Wahl zwischen Kunstreiter, Oberkellner und Croupier.«[57a]

DAS GLÜCKSSPIEL BEI HOF – »DER ORDINAIRE PHARAON«

Die augenfälligste Konzentration und der Umschlag von Vermögen fand an den Höfen statt. Sie galten als *théâtre du jeu*,[58] denn hier wurde bis ins ausgehende 18. Jahrhundert »mehr als an andern Orten« gespielt.[59] Der entsprechende Umgang mit den Reichtümern bestimmte Prestige und Soziabilität. Risikobereitschaft und das ökonomische Prinzip der Reziprozität waren Faktoren, die dem Glücksspiel eine herausragende Bedeutung verschafften. Antonio de Guevara bemerkte im 16. Jahrhundert, daß Hofleute spielten, damit man sie nicht für Bettler halte. Es werde aber auch erwartet, daß sie das Gewonnene beim Essen und Trinken wieder in Umlauf brächten.[60] Im Spiel äußert sich also sowohl eine Art sozialer Verpflichtung als auch die kulturelle Reproduktion einer herrschenden Schicht. Bürgerliche Beobachter vermitteln das Andersartige der Hofkultur. Thomas Platter besuchte gegen Ende des 16. Jahrhunderts eine adelige Abendgesellschaft im Schloß von Tournon: »Es spilten ihren viel mit wirflen gar umb viel goldt. Unndt verwunderet ich mich desto mehr dorab, weil es der erst frantzösisch hof wahre, den ich sahe.«[61] Das Recht zu spielen wurde bereits sehr früh in Richtung eines Privilegs auf die Aristokratie konzentriert. Hofordnungen des 16. und 17. Jahrhunderts, wie beispielsweise die des Kurfürsten von Sachsen 1586, des Herzogs von Bayern 1589, des Herzogs von Württemberg 1660 oder von Sachsen-Weißenfels 1680, verboten das Spiel des Hofgesindes.[62] Im Zuge der strengeren Reglementierung und Disziplinierung tendierten die Fürsten dazu, die Gelegenheit zum Spiel von sich abhängig zu machen. Durch den Zugang zum Spieltisch, der größtmögliche Nähe zum Herrscher garantierte, konnte Sozialprestige verdeutlicht werden. Würfel und Karten waren die neuen Waffen, die im subtilen Kampf um günstige Plätze und Erfolg geeigneter waren als die militärischen. Dies setzte freilich ein entwickeltes Abhängigkeitssystem voraus, wie es an den absolutistischen Höfen auf die Spitze getrieben wurde. Dort umfaßte die Ritualisierung der Umgangsformen auch das Spiel. Es bildete einen Teil des alltäglichen Zeremoniells.

Besonders augenfällig geschah dies am Hof von Versailles. Seit 1682 gab es dreimal wöchentlich die *jours d'appartements*, an denen sich die oberen Stände – anfänglich im Beisein des Königs, der sich dem Lansquenet verschrieben hatte – einer Vielzahl von Spielen widmeten, die immens hoch getrieben wurden und innerhalb des Zeremoniells einen Freiraum darstellten. Elisabeth-Charlottes Schilderung liest sich wie das Inhaltsverzeichnis einer jener damals zahlreich gedruckten Spielregelsammlungen:

> »So baldt alß man von der colation kompt …, geht man wider in die cammer, wo so viel taffeln stehen, undt da theilt sich jedes zu seinem spiel auß, undt wie mancherley spil da gespilt werden, ist nicht zu begreiffen: landsknecht, trictrac, piquet, reversi, lombre, petite prime, schach, trictrac, raffle, 3 dés, trou madame, berlan, somma summarum waß man nur erdencken mag von spillen. Wenn der könig oder die königin in die cammer kommen, steht niemandt von seinem spiel auff.«[63]

Saint-Simon verdeutlichte, daß das Spiel am Hof mehr war als ein bloßes »divertissement«. Die »völlige Freiheit, ein Spiel zu machen, mit wem man wollte, und Tische zu verlangen, wenn die vorhandenen alle besetzt waren«, stand dem Zwang gegenüber, der das höfische Leben charakterisierte. Der König erwartete selbst in der Zeit, als er bereits nicht mehr persönlich erschien, »von den Höflingen regelmäßige Teilnahme, und jeder war bestrebt, ihm zu gefallen«.[64] Saint-Simon zufolge unterstützte Ludwig XIV. das Spiel des Hofes, weil er darin ein Prestigeelement und ein hervorragendes Mittel, die Großen des Reichs bei sich zu versammeln, erblickte. Er habe sogar den Ruin des Hochadels durch Spiel und Luxusausgaben als wünschenswert erachtet, um auf diese Art nach und nach alle von seinen Wohltaten abhängig zu machen, wenn sie überleben wollten. Konflikte mit seinem Bruder, den »sein Spiel, Saint-Cloud und seine Günstlinge teuer zu stehen kamen«, löste er jedenfalls durch solche Geldzuwendungen. Unter Ludwig XV. wurde weitergespielt, und unter seinem Nachfolger, der dem hohen Spiel abgeneigt gewesen sein soll, fand es durch Marie-Antoinette Unterstützung.[65] Durch die »Gnade«, mit dem König zu spielen, seien »schon viele Herren […] in Abnahme ihres Vermögens gerathen«, kommentierte Pöllnitz um 1730 die politischen Schachzüge des Herrschers, deren strategische Wurzeln bis ins 16. Jahrhundert zurückverfolgt werden können.[66] Es ist aber daran zu erinnern, welche Bedeutung das »unökonomische« Verhalten des Adels, das im Spiel besonders deutlich zum Ausdruck gebracht werden konnte, für das standesbezogene Bewußtsein hatte. In diesem Sinne neigt auch die neuere Forschung eher dazu, im Glücksspiel vor allem des französischen Hofes eine soziale Praxis und ein genuines Bedürfnis zu sehen, die mit der Funktion des Potlatsch schlüssiger als mit den Ludwig XIV. von Saint-Simon unterstellten Intentionen zu erklären sind.[67]

Zahlreiche europäische Höfe standen Frankreich um nichts nach. Carl Bogatzky stellte in Rechnung, daß viele Hofleute meinten, sich des Spielens nicht enthalten zu können, ohne »allzu singulair [zu] seyn und dadurch allen anstößig [zu] werden«. Loen kritisierte 1751 diejenigen, die bei Hof erscheinen, mit der Fürstin spielen dürfen, »ausgeseckelt« werden und den Ruf genießen, »sich mit Ehren ruinirt zu haben«. Riesbeck verwies auf die Diskrepanz zwischen der ökonomischen Potenz des hohen Adels in Deutschland und der »dumme[n] Verschwendung an den Höfen«, die zu seiner Verschuldung führe.[68]

Das Spiel war organisiert in den *Assemblées,* Zusammenkünften »von Dames und Cavaliers, so nach Mittag gehalten werden«. Florinus meinte im »Adelichen Haus= Vatter« über das dabei betriebene Bassette:

> »Dieses Vergnügen ist eines der gefährlichsten des Hofs, und gehöret unter die Verderbniß, unserer Zeiten. Viel Cavaliers haben sich öffters arm gespielet, ja viel Printzen ruiniret, worbey ich doch nie beobachtet daß ein grosser Monarch dem spielen sehr ergeben gewest.«[69]

Mit der letzten Bemerkung konnte er den Wiener Hof nicht gemeint haben. Denn dort war das Glücksspiel fest etabliert, besonders zur Zeit Kaiser Josephs I. (1678–1711, Kaiser seit 1705), »als das Pharaon Spill bei Hoff erlaubt ware und dise noble Kunst am meisten geachtet und geübet wurde«,[70] nicht minder aber im 18. Jahrhundert, als Maria Theresia lange Zeit seine Protagonistin war. *Assemblées* und *appartements* dienten hier nach französischem Vorbild dem Spiel, wie Obersthofmeister Khevenhüller mit schöner Regelmäßigkeit in seinem Tagebuch enthüllt. So zum Beispiel am 26. November 1743:

> »Nachmittag ware das Appartement zum ersten Mahl seit unserer Zuruck-Kunfft in die Statt und die Königin spillte, wie vorn Jahr, in der Retirada und Lansquenet. Anfänglich wurden verschiedene Damen und Cavalliers zum coupieren genohmen; weillen aber das Spill immer höher gieng, blieben zulezt für beständig nebst der Königin und dem Printz Carl der Duc d'Aremberg, Fürst Auersperg, Colloredo, General Grüne, Landmarschall und ich; jedoch suchte ein jeder Moitiés zu bekommen, um das Spill à la longue soutenieren zu können.«[71]

Jagd, Theater und Spiel wechselten einander kontinuierlich ab. Fielen die beiden ersten aus, blieb das Spiel. »Nachmittag aber ware weder Baitz noch Spectacle wegen des heutigen Freitags, mithin wurde der ganze Nachmittag und Abend im Schloß oben mit spillen zugebracht.« Das »freitägige Spill« – Freitag war der Tag, an dem kein

Adelsspiel – »diese noble Kunst«

Abb. 2: Maria Theresia beim Glücksspiel mit Batthyáni, Nádasdy und Daun, 1751

Schauspiel erlaubt war – gehörte ebenso zum Standardrepertoire wie das Spiel auf Jagdpartien und Hofreisen, vor und nach dem Essen oder dem Gebet. Schließlich sah sich der penible Beobachter des höfischen Alltags zur pauschalen Bemerkung veranlaßt, daß »der ordinaire Pharaon« stattgefunden hatte. Wenn die Herrscher einmal nicht spielten, sondern sich »sehr bald« retirierten, wurde dies besonders registriert. Im Juli 1766 gehorchte der Hof dem nach dem Tod des Kaisers selbst auferlegten Verbot der Hasardspiele, was Folgen für die Gestaltung des Tagesablaufs zeitigte: »… weil weder Soupé noch Spectacle gewesen, die Hazard-Spill verbotten, mithin kein Point de ralliement pour la société so zu sagen vorhanden ware.«[72]

Der Spielbetrieb fügte sich in die hierarchisch organisierte höfische Gesellschaft und fand architektonischen Ausdruck in der Errichtung von Spielzimmern, die nach Zedler »an Höfen gebräuchlich […] und dem Range nach unterschieden« waren.[73] Da die Einhaltung der Rangordnung ein wesentlicher Faktor absolutistischer Herrschaft war, wurde sie – entsprechend seinem Stellenwert – auch auf das Spiel übertragen. Khevenhüller notierte 1749:

> »Sie befahlen mir [...], daß ich [...] das Zimmer, wo sie spillten, wie ihre Retirade ansehen solte; mithin wurden nur jene, denen die Entrée sonsten in die Retirada verstattet wird, an Appartement Tägen in offt gemelte grosse Anticamera eingelassen, worinnen mann also nur die Tische für I.M., die Princesse und sonsten wann von denen jungen Herrschafften einige spillten, placirte, die Noblesse aber in dem sogenannten Cammin Zimmer und in der Ritterstuben [...] spillen muste [...].«[74]

Die zum Spiel Zugelassenen bildeten konzentrische Kreise um das Herrscherpaar. Es gab das »familiäre Pharaon-Spill«, zu dem etwa der besonders begünstigte Prinz von Zweibruck Zutritt erhielt (13. November 1757). Offenbar standen sogar »Spezialisten« zur Verfügung. Der Kaiser, »pour amuser son frère«, speiste mit einigen Männern bei »Quinquin« Esterházy: »Der Printz hatte die Compagnie choisiret und lauter Würffelspiller ausgesuchet.«[75] Zum Spiel in der kaiserlichen Retirade hatte nur die »Schönbrunner Societet«, wie Khevenhüller den engsten Bereich um die Herrscher titulierte, Zutritt. So wie sich der soziale Rang eines Adligen in der Nähe oder Entfernung zum Herrscher äußerte, war das direkte Spiel mit ihm Zeichen höchster Privilegiertheit. Zu den Appartementzeiten inszenierten die Herrscher deutlich die hierarchische Gliederung der sozialen Bedeutung einzelner Menschen bei Hof, indem

> »bei der Princesse sich zur Appartement Stund alle Zutritts Frauen en sac, dann geheimme Räth und Cammerherrn (alle andere, auch Fürsten und fremde Ministros ausgenohmen) einfinden und alldorten spillen können, worbei die Kaiserin, um Leuth zu sehen, immer zu erscheinen und Pharaon zu spillen [...] pflegt«.

Waren mehr Menschen zugegen, wie etwa bei den Aufenthalten in Laxenburg, geriet das Spiel zur öffentlichen Demonstration eines herrscherlichen Privilegs, zum herrschaftlichen Schauspiel für den Adel. Während ein Teil auf Jagd ist,

> »spillten die Herrschafften oben im Lusthaus Pharaon und herunten waren gewöhnlichermassen die übrige Spilltische placiret; jedoch dorffte auch alles (gens qualifiés s'entend) dem Pharaon Tisch sich nähern und die Herrschafften spillen sehen«,

schrieb Khevenhüller am 7. Mai 1752.[76]

Selbst wenn der Wiener Ḥof nicht auf den Ruin seines Adels abzielen mochte, wie es von Ludwig XIV. hieß, so waren doch die gleichen Mechanismen wirksam, die das Spiel mit den Herrschern zum Instrument einer verpflichtenden Ehrenbezeugung machten. Über einen Tag in Laxenburg notierte Khevenhüller am 28. April 1755:

> »Mann stige bei den Lusthauß auf der Hahnen Wisen ab und weillen die Kaiserin gern eine Partie de lansquenet gehabt, so wurde in der Eille um einige Coupeurs umgesehen; und da das Spill anfänglich sehr moderat und mehr zu einen Amusement sein sollen, so wollte auch meine Frau du nombre sein, um ihre Cour zu machen; allein selbes wurde bald wie es bei jeux d'hazard immer zu geschehen pfleget, so hoch getriben, daß nicht allein sie, sondern

auch andere noch austretten müssen und die übrig gebliebene Coupeurs (außer des Graffen St. Julian, welcher nebst seinen Associirten gegen 3000 Ducaten gewonnen) sich noch kümmerlich erhalten haben.«[77]

Zum einen fällt auf, wie das Glücksspiel mit dem Amüsement der Herrscher legitimiert wird. Die »Cour zu machen« oder »den Hof zu obligiren und honnoriren«[78] waren die gesellschaftlich zwingenden Motive des Glücksspiels. Doch wird zum anderen deutlich, wie sehr der Wunsch nach Zeitvertreib bald einem harten Ausleseverfahren weicht, das in der Rücksichtslosigkeit des Spiels gründet. Es wird zu einem Kräftemessen, bei dem im Idealfall nur die Herrscher siegreich bleiben würden. Dies illustriert und bestätigt der Fall des Grafen Joseph Czobor, der als »leidenschaftlicher Spieler« seinen materiellen Ruin herbeigeführt haben soll. Kaiser Franz I. habe ihm im Spiel die Herrschaft Holitsch abgewonnen, wofür er ihm eine jährliche Leibrente von 8000 Gulden zukommen ließ, die Czobor aber auch wieder verspielt habe. Nach dem Tod des Kaisers sei er »in sehr peinliche Lagen« geraten und »lebte in Pesth von einer kleinen Pension, die er der Gnade Maria Theresias verdankte«.[79] Die Höhe des Spiels beispielsweise in Laxenburg führte zu Verlusten, die nicht ungerührt hingenommen wurden. Franz »Quinquin« Esterházy sprach im Juli 1761 viel von seinen dort verspielten Summen.[80]

Die Ambivalenz des Glücksspiels am Wiener Hof erhellt daraus, daß es ausschließlich dem Willen des Herrscherpaares entsprach, das Spiel nicht abreißen zu lassen, und dies einerseits als Ehre, die die Auserwählten eifersüchtig hüteten, andererseits aber auch als lästige, mit beträchtlichem Geldaufwand verbundene Verpflichtung empfunden wurde. Zur Absicherung gegen allzu hohe Verluste einzelner, aber auch zur Kapitalgründung wurden Gesellschaften gegründet, die die Bank bildeten und deren Mitglieder das Privileg zu taillieren, d. h.: die Bank zu halten und/oder Karten abzuziehen, hatten. Auch Maria Theresia und ihr Gemahl trugen zu dem Fond bei. Khevenhüller notierte im Jänner 1744:

> »Man speiste zu Mittag à la table de conspiration und Nachmittag muste ich bon gré mal gré tailliren, weill ich eben unlängst mich entrainiren lassen und einer zu Haltung einer beständigen Banque bei Hoff errichteten gar vornehmen Societät (weillen die Königin selbsten als Moitié mit der Gräffin Füchsin, dabei interessiret ware) mich zu gesellen; weillen ich aber le métier de tailler gar schlecht und unglücklich exerciret, so thate mich die Compagnie diser Ehre meistentheils überheben. Meine und deren übrigen Associirten Intention bei Errichtung sothaner Banque, worzu die Compagnie einen sehr namhafften Fond hergeschossen, ware keineswegs, einen großen Profit dabei zu ziehen, sondern villmehr die Königin zu amusiren und von unanständiger Spill Gesellschaft abzuhalten, dahero auch niemand als die wenigen Männer von der Societät anfänglich tailliren dörfften [...].«[81]

Die Compagnie konnte in den seltensten Fällen mit Profit rechnen. Mitverantwortlich war die Herrscherin, die sie zu einer Art Statistengruppe degradierte. Ständig vom

Bankrott bedroht, trat der denn auch tatsächlich ein. Bereits am 15. Juli 1744 schreibt Maria Theresia: »Ich ruinire die banque und ist jezt eine grosse Confusion dessentwegen, wo vielleicht ich Ursach bin [...]«, und Khevenhüller beleuchtet unter dem 10. August die näheren Hintergründe: Während seines Aufenthaltes in Preßburg spielt der Hof nachmittags meistens Pharao,

> »worbei aber die bei dem Banco Interessirte nicht vill prospicirten, auch de la façon dont on jouoit, nothwendiger Weis mehr einbüssen musten; die Königin genirte zu sehr die Freiheit des Tailleur und wolte nicht oder sahe doch nicht gern, daß selber die Taglien nach Willkuhr endige, biß sie sich nicht requiritet hatte; indessen nahmen auch andere Spiller ihr Tempo und suchten von denen inglücklichen Taglien zu profitiren, wormit also die Tailleurs, wann sie auch anfänglichen noch so glücklich gespillet, dennoch zu lezt meistentheils mit Verlust aufstehen musten; weßwegen auch unsere Compagnie bald darauf das Handwerck aufgegeben und endlichen die Hazard-Spille völlig aufgehöret haben«.[82]

Die letzte Bemerkung entspricht in keiner Weise der Realität, denn es wurde über Jahre weitergespielt, und zwar in einem Ausmaß, das finanzielle Bedrängnis verursachte. Im April 1756 wurde zum Spiel in Laxenburg ein Fonds von 10.000 Dukaten gegründet, »zum größten Theil von dem Kaiser und der Kaiserin und das Residuum von einigen Particuliers; jedoch dorffte niemand in die Association genohmen werden, vill weniger tailliren oder coupiren, welcher nicht von der nach Laxenburg benanten Compagnie ware«. Hier waren die Grenzen zwischen dürfen und müssen fließend. Da die Bank schon zu Beginn ihren ganzen Fonds eingebüßt hatte, »musten allerseits Interessirte fast wider ihren Willen zum zweiten Fond von neuem arrosiren«, hieß es am 5. Juni desselben Jahres, gegen Ende der Laxenburger Saison. Ihnen war mehr Glück beschieden. »Die leztere acht Täge her aber embourbirte sich der Kaiser dergestalten, en courant après son argent, daß er über 30tausend Ducaten verlohren und der Gewinn für die Particular-Associirte für die Laxenburger Saison sich auf 16.000 Ducaten beloffen.« Am 28. Juni wurde »eine neue Societet formiret«; ihre Mitglieder seien »von der Kaiserin selbsten benennet worden, deren jeder 600 kais. Ducaten zu den Fond herzugeben hatte«.[83] Für den Prinzen von Sachsen-Hildburghausen wurde immerhin die doppelte Einlage auf Befehl der Kaiserin »ex Cassa Extraordinariorum entrichtet«.[84] Keine zwei Jahre später hatten die dauernden Verluste die Spielbereitschaft erneut gehörig eingeschränkt. Im September 1758 heißt es:

> »... der Kaiser taillirte selbsten, weillen unsere Pharaon-Societet wegen des dise zwei Jahr hindurch erlittenen Verlusts (da ich auf meinen Theil allein 10.000 fl. en arosant toujours le fond de la banque verspillet) nichts mehr risquiren wollen; und da es auch dem Kaiser die erstere Séances eben so übel gelungen, so hatte mann zulezt alle Mühe, eine Banque zusammen zu bringen; und wiewollen die Kaiserin die Helffte des Fond à la fin selbsten zugeschossen, so wolte sich doch keine genugsamme Société finden, um wie bishero einen établirten Pharaon à toute heure zu haben.«[85]

Die herrscherliche Ökonomie der Verausgabung entbehrte jeglicher Kalkulation, ja machte diese sogar unmöglich. Die Ökonomie des Spiels unterstand der Botmäßigkeit der Fürsten und spiegelte das merkantilistische Denken: Hier hatte das Geld im Land, dort in unmittelbarer Nähe des Fürsten zu bleiben. Die trotz der von Khevenhüller erwähnten Mißlichkeiten neu gebildete *Compagnie de Pharaon* hatte sich zwar Gewinngarantien ausbedungen, doch unterlag sie weiterhin den fürstlichen Eingriffen. Im Januar 1759 durfte sie anläßlich eines Kinderfests taillieren:

> »Nachdem die unserige, welche sich über zwei Jahre souteniret, wegen der gar zu großen Perten endlichen das Handwerck aufgeben müssen, so hatte sich aus ihren Débris eine andere taliter qualiter formiret, welche zwar den Drittel des Revenant-Bon der Theatral Cassa überlassen müssen, hingegen nicht allein auf den Hofbalen und Redouten spillen, sondern auch, pour assurer son gain, verschiedene neue Réglemens errichten dörffen. Allein nach Art, wie es bisher das Ansehen hat, und wann der Tailleur nicht die vollkommene Freiheit erlanget, nach Belieben aufzustehen, so wird der Profit der neuen Compagnie nicht beträchtlich sein können, ja vermutlich es zulezt ihr nicht besser als der vorigen gehen.«[86]

Über den angesprochenen Zusammenhang mit dem Glücksspiel am Hoftheater, das einen kleinen Ausgleich für die Verluste der engeren Pharao-Sozietät schaffen konnte, wird noch zu sprechen sein.

Es wird deutlich, wie sehr der Adel mittels des Glücksspiels zum Hofdienst verpflichtet wurde. Die andauernd geforderte Bereitschaft zum Spiel unterlag zwingend dem Willen des Herrscherpaares und in besonderem Maße dem der Kaiserin. Über diese Verpflichtung können auch allfällige Erklärungsversuche mit ihrem persönlichen Unterhaltungsbedürfnis nicht hinwegtäuschen. Anders als in Frankreich, wo Ludwig XIV. von den Höflingen verlangte, daß sie auch in seiner Abwesenheit an den *appartements* teilnahmen und spielten, war das Glücksspiel am österreichischen Hof fast ausschließlich von der Gegenwart des Kaiserpaars abhängig.

Der privilegierte Kreis um die Regenten scheint indes verschiedentlich durchlässig gewesen zu sein, wozu die beträchtlichen finanziellen Erfordernisse nicht unwesentlich beigetragen haben mögen. Am französischen Hof litt Elisabeth Charlotte (von der Pfalz) unter der nicht standesgemäßen Gemischtheit der Spielenden. Ihrem Gatten machte sie Vorhaltungen, als sie ihn in Gesellschaft von Händlern beim Lansquenet antraf – was er mit dem Vorwurf ihres »deutschen Hochmuths« quittierte.[87] Maria Theresia und Joseph II. wollten Marie-Antoinette unter anderem mit dem Hinweis vom Glücksspielen abbringen, daß es schlechte Gesellschaft nach sich ziehe.[88] Finanzbedarf und stete Spielbereitschaft zogen »die joueurs de gros jeu oder die grossen Spieler« an, die, wie der »Adeliche Hausvater« aus eigener Anschauung berichtete, »niemals ohne Verdacht ihre Kunst von Hof zu Hof ziehen«.[89] Auf der einen Seite als Berufsspieler im gesellschaftlichen Abseits, verfügten sie allerdings über die zur Aufrechterhaltung des adeligen Spiels notwendige finanzielle Potenz und das technische Know-how. So wurde der Hof zum Opfer der von ihm selbst auf die Spitze getriebenen Spielusancen.

In Wien war die Pharao-Gesellschaft gegründet worden, um sowohl die Königin bei Laune zu halten als sie auch »von unanständiger Spill Gesellschaft abzuhalten«. Daher durften auch »anfänglich« nur Mitglieder der Sozietät taillieren – »[...] wie aber dergleichen Etablissements sich in die Länge nicht wohl souteniren, so schliechen auch hierinnen nach der Zeit verschiedene Mißbräuche ein, welche zulezt den Verbott aller Hazard Spillen [...] nach sich zogen«, hieß es 1744.[90] Der Eindruck, daß immer wieder ›Hoffremde‹ zum Spiel herangezogen wurden, verstärkt sich um so mehr, als bei der Bildung einer neuen Gesellschaft die Mitglieder von der Kaiserin persönlich ernannt wurden.

Das exklusive Recht wurde fallweise zu besonderen Anlässen und an auserwählte Personen weitergegeben – vor allem, wenn dadurch öffentliche Ausgaben legitimiert werden konnten. Das Spiel im Wiener Hoftheater ist ein Beispiel dafür, wie eng der offizielle Betrieb an die Gnade des Hofes gebunden war. Am Chur-Bayrischen Hof von München wurde dieses Privileg ebenfalls kommerzialisiert, indem das Hofpersonal zuungunsten des übrigen Adels davon profitierte. Es gebe, schrieb Pöllnitz um 1730, täglich Komödie, Ball- und Spielgesellschaft, öffentlich im Beisein des Kurfürsten und des gesamten Hofes. Diese würden viel Geld eintragen, das vor allem den Kammerdienern zugute komme, weil Eintrittsgeld zu bezahlen sei, die Diener Kartengeld erhielten und »fast bey allen Spiel-Tischen Theil mit haben, so daß bey ihnen fast alles Geld des Adels zusammen kommt«.[91]

1754 erhielt Graf Joseph Thun in Prag gegen Erlag von 1000 Dukaten, von denen eine Hälfte dem Invalidenhaus, die andere dem Stift der Englischen Fräulein zukommen sollte, die Erlaubnis, bei den geselligen Zusammenkünften des Adels eine Pharaobank zu halten.[92] Zur Finanzierung eines »Spün= oder arbeit haus[es]« in Graz suchte Adolph Graf von Wagensperg 1756 erfolgreich um Gestattung des Pharaospiels an, »als es bereits in böhmen, mahren, und carnthen erlaubet worden«.[93] 1761 wurde das Prager Privileg Graf Nostitz gewährt. Er erhielt die Erlaubnis für Gesellschaften und Bälle und bei öffentlichen Theatervorstellungen, wobei – nach dem Wiener Vorbild – von jedem Spieltisch sechs Dukaten an das zu errichtende Findelhaus abzugeben waren. Der Präsident der Repräsentation und Kammer in Böhmen, Graf Pachta, war allerdings der Meinung, daß auch Nostitz die 1000 Dukaten zu erlegen hätte. Die Hofkanzlei wiederum schloß sich diesem Gutachten nicht an. Als Graf Thun bat, das Privileg neuerlich ausüben zu dürfen, äußerte sie sich strikt gegen das Pharaospiel und riet aufgrund der Belastungen durch den Siebenjährigen Krieg zur Erneuerung des Verbots. Wolle dies die Kaiserin nicht, solle jedes Adelsmitglied die Bewilligung erhalten, gegen die sechs Dukaten Pharaobank zu halten. Dies allerdings wäre des Egalitarismus zu viel gewesen. Die Kaiserin war dagegen und antwortete 1763:

> »… es solle kein pharaon erlaubt sein als des Nostiz seines, und werde es wohl villeicht gahr widerumb verbitten, mithin ernstlich darauff zu halten, das kein anderer spillt, auch nicht in particular haüsern, wo es schonn öffters geschehen. in dem fall mit aller rigeur die straffen vor die armen einzubringen, sonsten die representation selbst selbe erlegen wird.«[94]

Hier zeigen sich die Defizite der absolutistischen Disziplinierungspolitik. Der Prozeß der Einbindung des Adels unter die Botmäßigkeit der Fürsten verlief weder linear noch ohne Widersprüche. Die adelig-ständische Libertät (R. van Dülmen) stellte ein großes Oppositionspotential, das sich auch in der Freiheit zum Spiel äußerte. Die Staatsgewalt konnte dagegen mit Verboten, Überwachung und Bestrafung nur bescheidene Erfolge erzielen. Das eifersüchtig gehütete herrscherliche Privileg kam zu wenig Menschen zugute, als daß eine vollständige Integration hätte funktionieren können. Andererseits – und das wußten auch die fürstlichen Spieler – war die Vorbildfunktion des Hofes äußerst wirksam. Der Prediger Johann Ludwig Hartmann veröffentlichte 1678 einen »Spielteuffel«, in dem er eine ganze Kette von Nachahmungseffekten evoziert:

> »Gleichwie nun solches [das übermäßige Spielen bei Hof] die Hof-Leute / junge von Adel sehen / wie ihr Herr ein trefflicher Spieler ist / also machen sie auch mit / und gehet nach dem bekandten Sprich=Wort / wann der Abbt die Würffel aufwirfft / so haben die Brüder Macht zu spielen / und solche Gewohnheit bringen sie von Hof mit nacher haus / können des Spielens und dopplens nicht satt werden / stecken andere ihres gleichen oder auch geringere burgerlichen Stands damit an […].«[95]

Dem hatte sich Maria Theresia beispielsweise am 24. November 1743 zu stellen:

> »[…] und weillen sie vernohmen, daß mann sich in der Statt auf das Schönbrunner Beispill steiffen und offentlich Pharaon und andere verbottene Spill introduciren wollen, befahlen I.M. mir, in dero Nahmen ihren Widerwillen dißfahls zu erkennen zu geben und die vorhinige scharffe Untersagung zu erneuern; so ich auch en pleine antichambre declarirte und bei meinen Gericht sehr genau darauf hielte. Allein weillen das Lansquenet und Pharaon bei Hoff dennoch continuiret wurde, ware es nicht wohl möglich, es in der Statt völlig abzustellen.«

Als 1758 wieder einmal ruchbar wurde, daß »die Excessen dissfahls täglich zunehmeten« und »daß sogar in denen öffentlichen Caffé und Wirtshäusern, ja bei denen Burgern und Handwerckern fast den gantzen Tag über Pharaon gehalten wurde«, wollte die Kaiserin ein gutes Beispiel geben. Das Pharaospiel als diesbezüglich »offt gemeltes Spill« wurde – »ungehindert sie es vorzüglich liebet – auch bei Hof abgeschaffet und dafür Lansquenet gespillet«. Da das Lansquenet/Landsknecht nichts anderes als ein Glücksspiel und als solches auch bereits verboten war (siehe auch die Äußerung Khevenhüllers von 1743), bedeutet diese Änderung, daß das Glücksspiel hier eben nur nach den Umständen Glücksspiel war. Zwei Monate später spielte der Hof in Laxenburg »biß es fast finster wurde, Pharaon«.[96]

Es ist aber nach den Gründen zu fragen, die ein Spiel wie das Lansquenet 1701 zu den namentlich verbotenen Spielen zählen und es fünfzig Jahre später vom ebenfalls verbotenen Pharaon unterscheiden ließ. 1777 benutzte Maria Theresia noch einmal die zitierte Unterscheidung, um ihre Tochter Marie-Antoinette vor dem Pharaospiel zu warnen. Man habe auch unter Ludwig XV. gespielt, aber nur »le landsknecht, le cavagniol et le visque« [Whist] oder andere »jeu de commerce«.[97] Hier könnte die Trennlinie zu suchen sein. Beim Pharao hielt gewöhnlich eine einzelne Person (öfters in Namen einer Gesellschaft) die Bank. Wir wissen, daß dies ein Chalabre bei Marie-Antoinette tat und einmal in vier Stunden 1,8 Millionen livres gewann.[98] In Wien wurde der Fonds von ausgesuchten Adligen gebildet, was eine gewisse soziale Kohärenz auch bei ungleichgewichtigen Verlusten garantierte. Die Möglichkeit und vielleicht auch die Erfahrung, daß in einer Hand konzentriertes, außenstehendes Kapital als Bank in Opposition zu den elitären Spielern fungierte, daß Gewinn und Verlust weder durch die verteilten Chancen und Risken einer wechselnden Bank noch durch soziale Reproduktion aufgefangen werden konnten, daß also soziale Unterschiede durch die kapitalisierte Kommerzialisierung des Spiels in Frage gestellt werden könnten, mag diese Verstörung verursacht haben. Die einigermaßen künstliche Differenzierung der Glücksspiele und die Hinwendung zum Lansquenet wären dann als Reaktion darauf zu verstehen. Umgekehrt konnte in nichthöfischen Kreisen das Geschäftsmäßige des Spiels mit symbolischem Kapital überhöht werden. Johann Pezzl schrieb 1787 rückblickend auf die Regierungszeit Maria Theresias und die Förderung, die die Glücksspiele durch sie, zumal durch die Öffentlichkeit im Hoftheater, erfahren hatten:

> »Man muß aber auch gestehn, daß selbst der Hof durch sein Beispiel einigermassen reizte, sich der Leidenschaft des Spiels tief zu überlassen. Nun schlug sich auch noch läppischer Ehrgeiz zu jener Thorheit. Es gehörte mit zum großen Ton; man suchte, ich weiß nicht was ausgezeichnetes, hohes und glänzendes darinn, an öffentlichen Orten gannze Rollen Goldes auf ein As zu sezen [...].«

Es bedurfte eines grundsätzlichen Umdenkens bei den ökonomischen und politischen Zielvorstellungen, um den Glücksspielbetrieb vom Hof verdrängen zu können. Ansätze dazu waren auch in höfischen Kreisen schon früh vorhanden. Elisabeth-Charlotte von der Pfalz, die dem Spiel am französischen Hof mißbilligend gegenüberstand, reflektiert ihre ökonomische Lage mit dem Fehlen von Geldern, die sie »frey undt zu spielgelt, so zu sagen, haben solte«.[99] Während der Kaiser 1764 in Laxenburg »immerzu« taillierte, gab es als Neuerung »keine régulaire partie de pharaon mehr, indeme die Kaiserin keinen Fond mehr dazu hergeben wollen«.[100] Die Warnungen Maria Theresias an ihre in Frankreich verheiratete Tochter sprechen schon eine deutlichere Sprache: Das Glücksspiel feßle zu sehr wegen der Gewinstbegierde, man sei dabei immer die Betrogene, weil man – *calcul fait* – à la longue auf ehrliche Weise nicht gewinnen könne, und es habe schlechte Gesellschaft, üble Reden und Taten im Gefolge.[101] Joseph II. ergänzte mit dem Hinweis auf die schrecklichen Folgen, den Ton, der im Spiel herrsche, und die Zerrüttung der Güter und Sitten einer ganzen Nation.

> »Könnten Sie sich darüber hinwegtäuschen, daß Sie das ganze vernünftige (sensé) Europa für den Ruin junger Leute, die Niederträchtigkeiten, die sie darin begehen, und die daraus folgenden Greueltaten verantwortlich machen wird, wenn Sie diese Spiele protegieren und verbreiten oder gar suchen und ihnen nachlaufen? […] Erinnern Sie sich an die Dinge, die bei Ihrem Spiel geschehen sind, und denken Sie ferners daran, daß der König nicht spielt und es skandalös ist, daß Sie, als einzige der Familie sozusagen, es weiterhin tun. Eine edle Anstrengung und die ganze Welt wird Sie loben.«

Die Mutter hatte den Schritt bereits getan und riet nunmehr: »Man muß sich auf einmal von dieser Leidenschaft losreißen. Niemand kann Ihnen dazu besser raten als ich, die ich in derselben Lage war.«[102]

Mitbestimmt wurde die Abkehr durch die seit dem Tod des Kaisers herrschende Abstinenz. Die nach diesem Ereignis vorhandenen wenigen Hinweise auf das Spielen bei Hof lassen keinen Schluß auf Glücksspiele zu. Welchen Einfluß der Sohn und die von ihm vertretenen Ideen gehabt hatten, muß offenbleiben. Der Wandel ist jedenfalls augenfällig. Das Spiel hatte in seiner Rolle als zentraler Bestandteil des Herrschaftsrituals in dem Maße ausgedient, wie Luxus und Prachtentfaltung nicht mehr Bestandteil des Herrschaftsrituals und des Herrschaftsverständnisses waren. Auch die Bedeutung des öffentlichen Spiels vor Publikum, wie es in Frankreich und an kleineren Fürstenhöfen Deutschlands gepflogen wurde, ging zurück und fand allenfalls noch im Rahmen der – in der Regel von ihnen konzessionierten – mondänen Spielbanken in Badeorten statt.

THEATER UND GLÜCKSSPIEL

Feste aller Art, Maskenbälle [Redouten], Konzerte etc. bildeten – abgesehen vom *Pharaon à toute heure* – den Rahmen, innerhalb dessen das Glücksspiel im Bereich der Höfe (vom Erzbischof zu Salzburg über den Dresdner Hof bis zu den zahlreichen Duodezfürstentümern) vorzugsweise stattfand. In den Geheimen Kameralzahlamtsrechnungen der Jahre 1705 bis 1711 finden sich mehrere Beträge, die belegen, daß Kaiser Leopold I., der »pura langweil« empfand, wenn er nicht spielen konnte, während der Redouten öfters um »Spielgelt« schickte.[103] Die genannten Festformen stehen ebenso wie das Theater teilweise im Zusammenhang mit dem Karneval und damit verbundenen Spielfreiheiten. Es handelt sich dabei um Formen des öffentlichen Spiels, die aber dennoch in diesem Abschnitt behandelt werden, weil der Zugang trotz allem beschränkt blieb und eine enge Bindung an den Hof und die damit verbundenen Privilegien festzustellen ist. So waren die Wiener Redouten erst um die Mitte des 18. Jahrhunderts auch dem mittleren Adel zugänglich.[104]

Die Institution Theater bildete im 18. Jahrhundert zumal in größeren Städten ein kulturelles und soziales Desiderat, war eng in die gesellschaftlichen Umgangsformen eingebunden und strukturierte in hohem Maß den Alltag bestimmter sozialer Gruppen. Im nördlichen und mittleren Italien des 18. Jahrhunderts sowie in Neapel war das Theater für bemittelte Schichten Zentrum des städtischen sozialen Lebens, und zwar vor allem in bestimmten Jahreszeiten und -abschnitten, wie z. B. Karneval, Frühling, Herbst oder während der Messen.[105] Als es 1759 in Wien darum ging, die Theater finanziell zu retten, mußte sogar Maria Theresia, für die sonst das Theater und was dazu gehörte zum niedrigsten in der Monarchie zählte (wobei aristokratische Idiosynkrasie gegen die »bürgerliche und dem Adel unanständige Nahrung des Comedihaltens« zum Tragen gekommen sein mag), eingestehen: »Spectacle müssen sein; ohnedem kan man nicht hier in einer solchen großen residenz bleiben.«[106] Theateraufführungen und Festen aller Art beizuwohnen kam dem höfischen Repräsentationsbedürfnis entgegen und bildete den Kulminationspunkt des höfischen Alltags.[107]

Die Erklärung, daß Theater unverzichtbare Einrichtungen seien, erfolgte vor dem Hintergrund der Diskussion um die eingeschränkte Etablierung des Glücksspiels. Man hatte dabei das Vorbild Italiens (Turin) vor Augen und in Mailand auch schon eigene Erfahrungen gemacht. Im 18. und teilweise schon im 17. Jahrhundert bestand in verschiedenen italienischen Regionen eine enge Bindung des Glücksspiels an das Theater, wobei das Spiel bei diesen Gelegenheiten für die bemittelten Schichten mehr in die »Öffentlichkeit« tendierte. Die Bedeutung des Spiels hinderte zunächst sogar die österreichische Regierung, die 1715 die Herrschaft über die Lombardei und Neapel antrat, die Glücksspiele zu unterbinden. Sie folgte damit der verbreiteten Inkonsequenz und begründete dies mit finanziellen Argumenten. Zwar wurde auf die Unmöglichkeit hingewiesen, die Glücksspiele total unterdrücken zu können, während durch kontrollierte Verpachtung verdächtige Personen überwacht und Betrügereien und Mißbräuche hintangehalten werden könnten, doch zielte die Rechtfertigung vorrangig darauf ab, das bekanntermaßen kostspielige und wenig einträgliche Schauspiel erhalten zu können. Daher betonte Kaunitz 1759, als er sich über die Notwendigkeit der Zulassung der Glücksspiele im Theater von Mailand im klaren war, das Ziel sei, »die Teilnahme des Adels an den Aufführungen anzuregen und aufrechtzuerhalten«.[108] So konnte Casanova um 1763 nach dem zweiten Akt in den Spielsaal der Scala gehen, »wo es zehn oder zwölf Pharaobanken gab«.[109]

Die Haltung der Politik war uneinheitlich und schwankte zwischen Toleranz und Unterdrückung. Noch 1743 wurde von den Organisatoren des Hofballes entschieden, die »anfänglich zu erlauben vermainten Hazard-Spillen abzustellen, so I.M. auch allergnädigst gutt geheißen«.¹¹⁰ Zwar sah sich auch der österreichische Hof vor die Notwendigkeit gestellt, das lukrative Experiment einer eingeschränkten Zulassung der Glücksspiele nachzuahmen, doch kam es vorerst nicht dazu. Am 22. Dezember 1747 wurde mit dem italienischen Militär Baron Rochus (Rocco) de Lo Presti – nach Khevenhüller ein geborener Sizilianer, der »sein Glück durch das Spillen gemacht« habe – ein Vertrag abgeschlossen, der ihn zum »Entrepreneur deren Kaysl. Hof-Operen« machte. Eine eigens dafür installierte Hofkommission war für die Klauseln zuständig. Neu im Vergleich zu vorhergehenden Kontrakten war vor allem ein »Regulament«, in dem ausdrücklich bestimmt werden sollte, »daß auf denen Redouten insonderheit auch alle verbottene Spille, als: Faraone, Bassetta, item mit wörflen, und dergleichen diametraliter inhibiret seynd«.¹¹¹

Der Vertrag von 1747 zeigt das Unbehagen an der potentiellen Öffnung der Glücksspiele. Da der Hof das Recht auf Glücksspiele als sein Privileg betrachtete, konnte er die beschränkte Tolerierung allenfalls einer privilegierten Minderheit konzedieren. Der Plan, in den Theatern bzw. auf den Redouten Glücksspiele abzuhalten, wurde daher vorerst nicht realisiert. Noch nach 1747 erschien ein »Unterricht Die Ball-Redouten betreffend«, in dem erklärt wurde, daß auf den Redouten »alle in der Stadt gewöhnliche/ und zugelassene Spiele erlaubt seyn«. Das schloß die Glücksspiele aus. Von Februar bis November 1748 nahm die »Kayserl. Königliche Privilegirte Opern Societats Impressa« denn auch ganze 240 Gulden ein. Die geringe Summe läßt kaum auf Erträge aus Glücksspielen schließen.¹¹² Zwei Jahre später sah ein Vorschlag zur Verbesserung der finanziellen Lage vor, daß die Gesellschaft das exklusive Privileg zum Pharao- und Bassettespiel auf allen Bällen und Konzerten erhalten solle. Die Regentin schränkte dies auf die Bälle während des Karnevals ein.¹¹³

Die Finanzverhältnisse rund um das Theater blieben prekär. Lo Presti hatte bis 1752 finanziell abgebaut und trat zurück. Der Hof übernahm die alleinige Leitung der beiden Theater, die Oberdirektion erging an Franz Graf Esterházy, von dem man sich per Dekret auch die »Schadloshaltung des a.h. K.K. aerarii« erwartete. Esterházy übergab 1754 die alleinige Leitung an Graf Giacomo Durazzo, den Gesandten der Republik Genua, der in Kaunitz einen einflußreichen Protegé gefunden hatte.¹¹⁴ Man erkannte zwar, daß das Glücksspiel Conditio sine qua non eines funktionierenden Theaterunternehmens sei, doch blieb vorerst noch die starke Dominanz des allgemeinen Glücksspielverbots wirksam. Denn die Hofzahlamtsbücher verzeichnen etwa für den Zeitraum vom März 1753 bis Ende Februar 1754 zu geringe Spielbeträge, als daß sie aus Glücksspielen stammen könnten. Zur gleichen Zeit ist in Triest eine ähnliche Beschränkung, aber auch schon die eindeutige Bindung an das Theater zu beobachten. Die von einigen Triestiner »Negotianten anbegehrte Faschings-Theatral-Impressa gemachte Vorstellungen« bewogen 1753 Maria Theresia dazu, für Triest und Fiume folgende »besondere Freyheit« zu gewähren:

»Der Fasching mag von Heyl. Drey-König-Fest biß Ascher-Mittwoch alltaglich, den Freytag und Samstag ausgenommen, biß 4 Uhr in der Früh, den Fasching-Freytag aber nur biß 11 Uhr in der Nacht, [...] die sonst verbothene Hazard-Spiele nur allein in dem Theatro gehalten werden.«

Die Bewilligung sollte drei Jahre gegen Erlag von 2000 Gulden pro Jahr gelten, der Betrag war »ad cassam pauperem, oder für das von denen barmherzigen Brüdern besorgende St. Justi-Spital« vorgesehen.[115]

1755/56 griff man in Wien auf diese unerläßliche Ressource zurück und ließ spielen. Den Hintergrund dieses Wandels erhellt eine Bemerkung Khevenhüllers, der in sein Tagebuch notiert, daß bei der Redoute alles wie gewöhnlich gehalten worden sei, »nur daß die Kaiserin wider des Kaisers und viller andern Guttdenckender Mainung den Pharaon erlaubet, dessen Profit zu dem Fond des Spectacles geschlagen wurde«.[116] Möglicherweise ist dies ein Reflex auf die unsichere Lage der Theater wie auf die ambivalente Haltung gegenüber dem öffentlichen Spiel. Zu einzelnen Gelegenheiten sind Geldgewinne aus dem Spiel auf den Bällen und Redouten belegt. Aus drei Maskenbällen im Advent 1755 verzeichnen die Zahlamtsbücher »den Überschuß von denen Pharaon Spielgeldern« mit 4419 Gulden. Aus dem Hof-Tax-Amt wurden »die von verflossenen Fasching eingekommenen Pharon-Spiel-Gelder« in der Höhe von 29.713 Gulden in die Theatral-Kassa übernommen. Durazzo und Lambacher, der Geschäftsführer, hatten das nur zu quittieren.[117] Dennoch überstiegen bis Ende 1759 die Einnahmen aus dem Spiel pro Quartal die 100-Gulden-Grenze nicht mehr. Aber Pharao und andere Spiele auf den kaiserlichen Redouten während des Karnevals waren bereits ein öffentliches Ereignis, das Reiseschriftsteller registrierten. Willebrandt schrieb 1758, »ein jeder wird die Tiefe seines Beutels vorhero abmessen, bevor er sich zu diesen Spiele einlässet, damit er nicht, wenn er Silberlinge zu erjagen gedenket, wie Pharo im rothen Meer ersaufe«.[118]

Es gab nunmehr zwei Spielbanken, die des Hofes und die öffentliche *Banque des spectacles* in enger personeller Verflechtung. Diejenigen, die 1756 zum Fonds des Laxenburger Spiels beigetragen hatten, sollten am Gewinn der Theaterbank partizipieren.[119] Schon Lo Presti war nur vorgeschobener Stellvertreter einer adligen Gesellschaft gewesen, die seinen Aktionsradius ständig eingeengt hatte. Diese Sozietät bestand aus 40 Personen, 31 männlichen und 9 weiblichen, die 40 Anteile zu je 1000 Gulden als Einlagekapital für die Laufzeit von einem Jahr gezeichnet hatten. Sie war in der Absicht gebildet worden, der Komplexität eines Theaterbetriebs beizukommen. Solche Einrichtungen waren im 18. Jahrhundert auch in Italien üblich.[120] Mit der Übernahme der Theatergeschäfte durch den Hof ab 1752 war der Weg der Spielorganisation in Richtung staatlicher Oberhoheit vorgezeichnet. Im letzten Quartal des Jahres 1757 wird als »Extraordinari-Empfang« für die Theaterkassa ein Betrag von annähernd 4.700 Gulden von der k. k. Hof-Spiel-Cassa-Administration übernommen.[121] Die Kontrolle der Finanzgebarung erfolgte durch die Hofkammer. Die Theaterkassa stand als Sonderkassa mit dem (Universal-)Kameralzahlamt in mehr oder weniger enger Verbindung, war also mit diesem Teil der staatlichen Finanzverwaltung. In den Hofzahlamtsbüchern des Hofkammerarchivs[122] scheinen die verwalteten Summen aus dem Spiel auf, nun aber nicht mehr als »Extraordinari-Empfang«, sondern als eigene Rubrik der Einnahmen.

Das Jahr 1759 leitete die Wende im Glücksspielbetrieb ein. Nunmehr wurde er unabhängig von den Spielen auf Bällen und Redouten, somit von der zeitlichen Beschränkung auf den Fasching. Da das Theater erneut vor dem finanziellen Zusammenbruch stand, schlug die zur Prüfung der Theaterrechnungen einberufene Hofbehörde als Reform ein *Theatral-Arrangement* vor: Der wichtigste Zuschuß zu den Theatralkosten würde sich aus einer Bewilligung des Pharao ergeben, wobei von jedem Tisch sechs Dukaten zu entrichten wären, sowie aus der Beschränkung der allzu zahlreichen Verbotstage. Maria Theresia war einsichtig. Sie

> »erlaube auch, das man in theatro spillen könne wie in mailand auch verbottene spill, doch mit dieser restriction, das niemand spillen dörffe, als jene, die in die redoute gehen dörffen u. also in die zimmer alda gelassen auch das spill nicht länger als die comoedie dauern dörffe, […] auch um paares geld zu spillen«.

Dazu wurden eigene Spielsäle seitwärts des Parterre oder der sogenannten *Galerie noble* errichtet.[123] Das Spielpatent vom 12. Januar 1760 bestätigte das dem Hoftheater erteilte »Privativam zur Haltung des Pharaonspiels« und besagte ausdrücklich, daß »in keinem andern Orth, als in dem Theater nächst der k.k. Burg zu tailliren gestattet seye«.[124] Im Mai 1762 wurden die »Spiel=Reguln« in französischer und deutscher Sprache gedruckt. Das »Avertissement« sollte an den Türen des Theaters und der Spielsäle angeschlagen und »von Zeit zu Zeit auf die Spiel=Tische gelegt werden«. Sie betrafen spieltechnische Reglements ebenso wie Zulassungsbeschränkungen. Der Eintritt war nur Personen gestattet, die zwischen 1753 und 1756 das Recht genossen hatten, zur Faschingszeit die Redouten besuchen zu dürfen. Wie einer Denkschrift aus dem gleichen Jahr zu entnehmen ist, diente die Exklusivregelung dazu, »vorsonderlich die gefährlichen fremden Spieler und die von dem Spiel Profession machenden fremden Aventuriers, wie es in jedem wohlregulirten Staat beobachtet wird, hintanzuhalten«. Tailliren durften nur Personen vom Rang eines Kammer-Herrn, Offiziere vom Rang eines Obersten aufwärts und »die Herrn Truchseß«. Man begründete die Einschränkung mit der begrenzten Anzahl der Tische sowie dem übrigen Bedarf an »Commerz-Spielen« (Kartenspiele, Tricktrack). Das Spiel war auf die Dauer des Schauspiels begrenzt. Vor dem Tailliren waren jedesmal zehn Dukaten zu erlegen, wofür man Licht, sechs Kartenpakete sowie die »nöthigen Büchlen«, die zum Setzen benötigten 13 Karten für jeden Spieler, erhielt. Bei Strafe von 100 Dukaten durfte nur um Bargeld, nicht mit Marken oder auf Kredit aus dem in der Bank befindlichen Geld gespielt werden. Der Tailleur oder Croupier konnte jedoch aus eigener Tasche eine als Darlehen bezeichnete Summe von 300 Dukaten vorstrecken.[125] Drei Angestellte *(Officianten)* übernahmen die Kontrolle des Spielbetriebs und der eingenommenen Gelder. Die Oberaufsicht oblag dem Spiel-Kassier Joseph Paulin, der gegen 20 Gulden monatlich die Spielgelder einbrachte. Ihm unterstanden zwei Gehilfen, Johann Distler und Bartholome Seuberth bzw. Socrate Gages, deren Gage zwölf bzw. zehn Gulden betrug. Für den Dienst auf den Bällen erhielt Paulin je zwei, seine beiden Gehilfen je einen Gulden; zwei zusätzliche Taglöhner bekamen je 17 Kreuzer.[126]

Ein 1764 in Brüssel gedrucktes »Reglement Pour le Jeu de Pharaon au grand Théatre« bestimmte das *privilège privatif* für die Theatergesellschaft fast gleichlautend, jedoch mit einigen aufschlußreichen Abweichungen. Die zehn Dukaten vor jeder Taille waren ausdrücklich *au profit des Finances de Sa Majesté* vorgesehen, für Tisch, Licht und Karten waren zusätzlich fünf Dukaten *au profit des Directeurs du Spectacle* zu bezahlen. Der Pharaotisch war für Abonnenenten der *première place au Théatre* reserviert. Schauspieler, Schauspielerinnen und andere Leute der Truppe durften nur an Balltagen und maskiert spielen. Bei der Art zu spielen folgte man den in Brüssel etablierten Pharaoregeln.[127] Die Maskenpflicht weist vor allem auf den venezianischen Ridotto, wo alle in Maske zu spielen hatten – eine formelle Aufhebung der sozialen Konventionen, die der »Adeliche Haus=Vater« mit der »Natur dieses Divertissements« erklärte, »damit man ohne Ceremonie durch einander weggehen kan«.[128]

Bemerkenswert ist jedoch die finanzielle Abschöpfung durch den Hof. In Wien war es nach einem Anstieg der Spieleinnahmen im Quartal März bis Juni 1761 zu einem Rückgang gekommen. Im September 1761 beratschlagte eine adlige Gruppe um Durazzo und Esterházy über ein anderes System der Spielbesteuerung bzw. eine bessere Art, das Pharao am Theater zu behaupten. Der 22jährige Karl Zinzendorf berichtet über dieses Gespräch: Diejenigen, die es erhalten wollen, würden der Kaiserin eine fixe Summe von 40.000 Gulden geben; sie sollte mittels eines Kontrolleurs bei den Spielern die 10.000 Gulden übersteigenden Gewinne erfahren; alles über diesen Betrag sollte zu 50 Prozent in die Kasse der Kaiserin fließen.[129] Dies hätte zwar ein zusätzliches und flexibles System bedeutet, das nicht das Spiel, sondern das zirkulierende Geld besteuert hätte, doch gibt es keine Hinweise auf seine Umsetzung. Indes taillierte die Kaiserin selbst und machte mit einem Banquier an zwei Tischen halbpart – letzteres ein auch von anderen Fürsten gepflogener finanzieller Usus.[130] Sie schnitt also doppelt mit. In gewissen Adelskreisen stieß man sich an diesem allzu offensichtlichen materiellen Interesse und hielt es für *indécent*.[131]

Spielgelder und alles, »was durch die Spectacles« einging, dienten erklärtermaßen als »unangreiflicher Fonds zur Unterhaltung derer einer Kais. Residenz anständigen Spectacles« und waren der *Caisse generale* zu übergeben.[132] Durazzo bezog – wahrscheinlich seit September 1762 – neben seinem regulären Gehalt ein »statt eines ehehin in dem Theater tagl. gehabten freyen Spiel Tischs allergnädigst ausgeworffeenen jährl. aequivalent« von 5115 Gulden »baar«. Sein Nachfolger Johann Wenzel Graf Sporck bedingte sich bei einem Jahresgehalt von 4000 Gulden das gleiche aus.[133] Tatsächlich ermöglichten erst die Gelder aus dem Glücksspiel die aktive Gebarung des Theaters.[134] Ständige Kosten erwuchsen aus dem Äquivalent für den ehemaligen Durazzoschen Spieltisch, der Bezahlung der *Officianten* (504 Gulden pro Jahr ohne Bälle) sowie den Karten (z. B. 987 Gulden im 1. Quartal 1763, 410 Gulden für 22 Bälle, 1246 Gulden im 2. Quartal). In den Quartalrechnungen von Dezember 1759 bis April 1764 bewegten sich die Anteile der Spielgelder an den Gesamteinnahmen zwischen knapp 7% und 50%, fielen aber zwischen Dezember 1761 und 1764 nie unter 20%. Einer nicht mehr auffindbaren Bilanz des k. k. Theatral-Rechnungs-Revisors Rudolf J. Melzer für den Mai 1762 zufolge machten die Glücksspielgelder bei den Komödien über 57% des Gesamt-Empfangs aus.[135] Nach einem Rückgang seit der mittleren Spitze von März bis Juni 1761 schnellten die Spielgelder von Dezember 1761 bis April 1762 auf über 44.000 Gulden empor. Die Pharaogelder blieben bis Juni 1763 mit leichten Einbrüchen auf diesem hohen Niveau, gingen bis Dezember zurück und stiegen im nächsten Quartal wieder deutlich an.[136] Diese jahreszeitliche Spitzen sind wohl auf gesteigerte Festaktivitäten (Bälle, Redouten) im Zusammenhang mit dem Fasching zu sehen. 1765 kam das Theater wieder in finanzielle Bedrängnis. Schuld waren neben »verschiedene[n] beträchtliche[n] Extra Ausgaaben« vor allem der Rückgang der Spieleinnahmen um ungefähr 25.000 Gulden. Die Tendenz war – ohne daß die Ursachen geklärt werden können – gleichbleibend. Rudolph Graf Sporck, der Nachfolger Durazzos, bat deswegen um eine Finanzspritze.[137]

Der Zuschuß war jedoch nicht mehr nötig, weil in diesem Jahr der Spiel- und Theaterbetrieb wegen des Todes des Kaisers ein Ende fand. Für das Theater bedeutete dies eine Zäsur. Der Hof, zu Einsparungen entschlossen, vergab die *Entreprise* des deutschen Theaters in Pacht, weil er

> »sich nicht mehr damit beladen, vil weniger die vorhinige große Spesen dazu anwenden wollen, zumahlen der beträchtliche Theil des dazu bißhero gewiedmeten Fundi durch die Erneuerung des alten Verbotts aller Hazardspillen hinweg gefallen ware«.[138]

Es blieb bei dem Verbot, das auch für Brüssel und Triest geltend gemacht wurde. Dessenungeachtet versuchte der zeitweilige Impresario der Wiener Theater, Franz Hilverding von Wewen, die Tradition fortzusetzen. Aus Triest richtete er im Jahr 1767 eine Bittschrift um Gestattung der Hasardspiele nach Wien, »wogegen er die Unterhaltung der Schau-Spiele daselbst unternehmen, und die nach seiner zu haben vermeinten richtigen Nachricht dazu ex Ärario verwendende jährliche 2000 fl. in Ersparung bringen wollte«. In Wien stieß er damit auf rigorose Ablehnung. Der mit der Angelegenheit betraute Commercienrat erwähnte in seinem Vortrag mit keinem

Wort die ehemalige Duldung, sondern verwies vielmehr eindringlich auf die möglichen ökonomischen und moralischen Schäden. In bezug auf das Theater war er der Ansicht, man solle ihm lieber »mit etwelchen Tausend Gulden [...] die Hände biethen«, was Joseph II. ein Placet wert war.[139] Die Verbote scheinen sich in einen Trend zu fügen, der in der zweiten Hälfte des 18. Jahrhunderts auch andere italienische Regionen erfaßte. 1753 wurden die Spiele durch Karl III. in Neapel verboten, wodurch das Spiel auf die *conversazioni di giuoco* in Adelshäusern oligopolisiert wurde. 1774 fand das Spiel im venezianischen Ridotto ein Ende, der seit 1638 geöffnet war. Wenig wirksam war die Abschaffung in Turin. Möglicherweise waren, wie Rosselli meint, diese Maßnahmen ein Reflex auf die Ausbreitung aufklärerischen Gedankenguts, das bei den Regierungen Scham bewirkt hätte, aus den Hasardspielen einen offiziellen Ertrag zu ziehen. Jedenfalls schafften die als aufgeklärt geltenden Leopold und Joseph die Spiele 1773 in der Toscana und 1786 in der Lombardei ab. Joseph (II.) war in diesem Fall eher der Ansicht, daß das moralische Übel der Duldung die finanziellen Vorteile in den Schatten stelle, zumal es ja vorrangig um das Theater ging.[140]

Nachdem französische Militärs die Glücksspiele wieder in die Theater Italiens gebracht hatten, mußten sich die nachfolgenden österreichischen Machthaber erneut mit dieser Institution befassen. Im August 1814 erging von der Polizeihofstelle die Weisung nach Mailand, die Glücksspiele im Rahmen der legislatorischen Aufhebung französischer Einrichtungen hintanzuhalten.[141] Im Dezember erhob sich die Frage, ob die in der Theaterpacht eingeschlossenen Glücksspiele Pharao und Biribis erneut zu gestatten wären. Man wies auf den glanzvollen Hof, den Luxus und den damit verbundenen Geldumlauf hin und meinte, daß dies nun alles durch die Zurücksetzung in den Stand einer »Provinzial=Stadt« gefährdet sei. Bei der herrschenden Unzufriedenheit der Mailänder scheine es »gefährlich, ihre Lieblingsneigung«, das Theater, verkümmern zu lassen. Entweder müsse die Regierung aufzahlen oder das Glücksspiel »als Ausnahme [für drei Jahre] unter Polizeyaufsicht« gestatten. Der Kaiser entschied sich gegen das Glücksspiel und für eine etwaige Neuausschreibung des Pachtvertrags – bei zunächst geheimzuhaltender staatlicher Subventionierung.[142] Auf den Antrag aus Mailand berief sich das Theatro La Fenice in Venedig. Hier waren der Polizeidirektor und der Generalgouverneur gegen die Wiedereinführung der Spiele, weil durch die ihre Gestattung

> »der kaum etwas gezähmte Spielgeist dieser Nation geweckt, und später wieder noch schwerer zu unterdrücken seyn würde, auch es als eine Inkonsequenz von Seite der Regierung angesehen werden dürfte, wenn man etwas aus Spekulazion erlaubte, was doch von derselben früher als gemeinschädlich anerkannt wurde.«[143]

Es scheint, als habe sich der Staat tatsächlich dem von merkantilistischen Utilitaristen propagierten und vom Bürgertum reklamierten Konzept des Theaters als sittlicher Erziehungs- und Bildungsstätte[144] verschrieben, in dessen Rahmen das Glücksspiel keinen Platz mehr hatte und die Besucher ihre Rolle als Zuschauer zu spielen hatten. Tatsächlich aber war die Unvereinbarkeit der beiden Sphären auch adeliges Gedankengut. Bereits zu Beginn des 18. Jahrhunderts hatte Franz Anton Graf von Sporck sein Haustheater in Prag unter anderem damit gerechtfertigt, daß er damit verdienstvollerweise den Adel von dessen Neigung zum »höchst schädlichen Basseta oder Karten Spiel« zu »divertiren« suche.[145] Das Glücksspiel wurde als nicht mehr zeitgemäßes adeliges Vergnügen und Repräsentationsritual aus seinem Bereich ausgeschlossen. Es war überdies zu sehr vom Hof abhängig und auf eine Elite beschränkt, als daß es auf eine tendenzielle Öffnung des Theaters, wie sie Richard Sennett für das 18. Jahrhundert ausgemacht hat,[146] hätte übertragen werden können. Die Chance, im Spiel sein Glück zu machen, sollte somit jenen vorbehalten bleiben, die ohnehin eine privilegierte Anwartschaft darauf hatten. Auch wenn diese sich nicht besonders darum kümmerten. Der eifrige Theaterbesucher Karl Zinzendorf berichtet nur, daß er kurz nach seiner Ankunft in Wien im Theater war und – vielleicht zum ersten Mal – sah, daß man dort Pharao spielte.

GESELLSCHAFTEN, CASINI, CLUBS UND COTERIEN

Als der neue portugiesische Botschafter 1695 nach Wien kommt, hat er »hiesigen Gebrauch nach / die Assembleen des hohen Adels fleissig freqventirt, und dem Karten=Spiel [Bassette] sich sehr ergeben«.[147] Zu seinen Spielpartnern gehörte Graf Ferdinand Leopold von Halleweil, »welcher Freundschaften durch öfteres Umgehen und Spielen sich bevestiget zu haben schiene«.[148]

Dieser Ausschnitt aus dem adeligen Leben der kaiserlichen Residenzstadt beleuchtet die institutionalisierten sozialen Interaktionsformen des 18. Jahrhunderts, zu denen vorrangig die Zusammenkünfte des Adels gehörten. Sie wiesen einen hohen Organisationsgrad und ein gewisses Maß an »Öffentlichkeit« auf und waren gleichzeitig sozial differenziert und abgegrenzt. Bei allen derartigen Assembléen bildete das Spiel einen zentralen Punkt des Umgangs. »Gleichwie aber nun bey der heutigen Welt dergleichen Gesellschaften in nichts anders bestehen, als im Spiel; also ist auch allhier in solchen nichts anders zu suchen, und kein anderer passe-temps zu finden, als Charten.«[149] Johann Küchelbecker, der dies um 1730 beobachtete, hielt gleichzeitig fest, daß zwar sehr hoch, aber doch nur die »Kommerzspiele« Hombre und Piquet gespielt würden. Unter Hinweis auf die gerade verbotenen Glücksspiele bemerkte Lady Mary Montagu bei den täglichen Assembléen nur erlaubte Spiele.[150] Der Reiseschriftsteller Willebrandt zählte unter die »gewöhnlichen Spiele der Spiel-Gesellschaften der Herren Reichs-Hof Räthe« Quadrille, Comète und Piquet.[151] Zwar wurden Piquet, Hombre und Whist tatsächlich um teilweise enorm hohe Summen gespielt, doch können die Bemerkungen der Reisenden nur einen Teil der Wirklichkeit ausmachen. Der Fall des portugiesischen Botschafters ist ein typisches Gegenbeispiel, dessen notorischer Charakter durch die kurz danach angekündigte Umgehung des Bassette-Verbots sowie die Reihe von nachfolgenden Patenten (1701, 1705, 1707, 1714, 1715, 1721, 1723, 1724, 1730, 1734) unterstrichen wird.[152] Allenfalls kann es sich um kurzfristige Enthaltsamkeit gehandelt haben. Denn Küchelbecker führt an, daß früher »hohe Reichs-Ständte-Gesandte [in den Vorstädten] 24. Stunden mit einander in einem Stücke, ohne aufzuhören, a la Bassette, a l'Ombre und andere Spiele mehr gespielet, und fast den Post-Tag darüber versäumet« hätten.[153]

Keyßler nennt in seiner Reisebeschreibung die drei Kriterien, die Zugang in diese Gesellschaften gewährten: »Wer von altem Adel und gutem Vermögen ist, dabey auch ein hohes Carten-Spiel nicht scheuet, kan in Wien viel Vergnügen finden, und versichert seyn, daß er von keiner Gesellschaft ausgeschlossen wird.« Das hohe Spiel sei zuweilen gar die Ultima ratio beim Fehlen der beiden anderen Kriterien. Hohe Geburt wurde durch noch höheres Spiel unterstrichen, was Keyßler zu Warnungen veranlaßte:

> »Man hat aber eine genaue Rechnung vorher mit seinem Beutel zu machen, ehe man sich zu weit einlässet, weil das Spiel hier gar weit gehet. Der Oesterreichische und Böhmische Adel hat wegen seiner grossen Güter und einträglichen Bedienungen nicht nöthig, allzugenau darauf zu sehen und konnte die Gräfin v. S.— leicht verschmertzen, daß sie in einem Winter 20 000 Gulden verspielte […].«[154]

Zu dieser Art von Spielern gehörten jene Adligen, unter denen der junge Graf Karl Zinzendorf mit schöner Regelmäßigkeit in Wien weilte und für die das Spiel zu den Selbstverständlichkeiten des Alltags gehörte. Abraham a Sancta Clara kritisierte, daß bei vielen Adligen sofort nach dem Essen nach den Karten gerufen werde.[155] Stereotyp lauten die Tagebuchnotizen Zinzendorfs: »Apres le Diner on joua au Pharaon.« Hier griffen die Bemühungen des Hofes um Integration und Konzentration des Glücksspiels nicht. Ungeachtet des Patents von 1760, in dem als einziger Ort des öffentlichen Bankhaltens das Hoftheater bestimmt worden war, versammelten sich beispielsweise am 9. November 1761 beim französischen Botschafter die Prinzessin Auersperg, Herr und Frau Durazzo, Madame Dietrichstein, die Prinzessin Kinsky, Graf Montecuccoli, ein französischer Offizier und andere, um nach dem Diner Pharao zu spielen.[156]

50 Jahre später konnten selbst derart hochkarätig besetzte Spielergruppen auf keine Nachsicht mehr zählen. Im März 1811 berichtete ein »Vertrauter« der Polizei, »daß bey dem Fürsten Windischgrätz drey – 4mal in der Woche starke Hazardspiele gehalten werden, welche nach den Dinés oder Soupérs, die er zu geben pflegt, beginnen«. Die »Spielparthie« bestehe aus dem Fürsten Starhemberg, »dem Minister der auswärtigen Angelegenheit« Graf Metternich, dem Landmarschall Graf Dietrichstein, Graf Ferdi-

nand Palffy, Fürst Moritz Liechtenstein, Fürst von Kinsky, Graf Stefan Zichy, Graf Neipperg, Graf Stadion, dem Obersten Baron Steigentisch »und dem Hofrathe von Genz, nebst andern, die nicht genannt werden konnten«. Spiele fänden auch bei Moritz Liechtenstein und bei Ferdinand Palffy statt, »wo die meisten der vorgenannten, dann der Fürst v. Lobkowitz, der Graf v. Schulenburg, und der Fürst Wenzel v. Liechtenstein zusammenkommen«. Und etwas später: »Die Cotterie der Hazardspieler, welche früher bey [Graf] Geniceo sich versammelte, soll itzt zu gleichem Zwecke beym Fürsten Lobkowitz zusammenkommen.«[157]

Friedrich Nicolai betonte die Rolle, die Essen, Spiel und »andere Lustbarkeiten« bei Standespersonen spielten.[158] Bürgerliche Denker opponierten gegen die soziale Bedeutung dieser Alltagsvergnügungen des Adels und kritisierten die »zahlreichen Versammlungen, die bloß zum Prunke, oder zum Spiele zusammen kommen« und in denen »lehrreiche Debatten« nicht stattfänden. »Gastfreyheit und Geselligkeit« würden in den höheren Ständen »beynahe als Pflichten gefordert«, der dabei »gemachte Aufwand« gebe »allen Großen […], wenn sie sonst verdienstvolle Männer sind, einen neuen Glanz, und wenn sie sich durch keine persönliche Eigenschaft auszeichnen, doch ein Ansehn, auf welches sie außerdem nicht rechnen durften«; zu diesen »Alltags-Gesellschaften« fänden Personen von Adel Zutritt,

> »und wenn sie nur wohlhabend genug sind, um in schicklicher Kleidung zu erscheinen, und den Aufwand, welchen das Spiel und die eingeführten Zeitvertreibe erfordern, zu machen: so finden sie hier immer gesellschaftliche Vergnügungen, an denen sie Theil nehmen können«.[159]

Auf diese standesspezifische Funktion der Zusammenkünfte sollte sich 1811 der wegen Glücksspiels beschuldigte Graf Aloys Geniceo in seiner Verteidigungsschrift berufen.[160]

Gesellschaften beschränkten sich im 18. Jahrhundert nicht auf den hohen Adel. Sie wurden, laut Pezzl, »vom höchsten Adel an, durch alle Klassen herunter, bis zum bemittelten Bürger gegeben. […] In einigen muß alles spielen; in anderen spielt wer will […]«.[161] Küchelbecker, der wohl als offiziöses Sprachrohr des Kaiserhauses zu verstehen ist, beschrieb auch die Gesellschaften, *Coterien* usw. des niederen Adels in Wien als zwar von Spielen geprägt – »und continuiret man mit solchen drey bis vier Stunden, ohne den geringsten Charten-Stillstand zu machen«, und manchmal bis nach Mitternacht – doch handle es sich um nur sehr geringe Beträge.[162]

Ihrem Wesen nach unterscheiden sich die genannten Zusammenkünfte grundsätzlich von den Gesellschaften, die in der Typologie Küchelbeckers *vornehme Männer-Clubs* heißen und den kommerziellen Kern des adeligen Spielbetriebs darstellten.

»Hier wird nun pro Patria gespielet, und weil dergleichen Assemblées keine andere Absicht, als das Spiel haben, so werden in solchen die grösten jeux de Hazard als a la Bassette, Faron, Quindeci & c. ob solche gleich verbothen, insgeheim unternommen, und solche Spiele gemacht, daß manchem das Wiederkommen vergehet. Denn es ist wohl eher geschehen, daß an dergleichen Orten in einer Woche von einer Person 20. bis 30 000.fl. sind verspielet worden. Die Gelegenheit zum Spiel ist daselbst so gut eingerichtet, daß wenn auch der Herr vom Hause nicht gegenwärtig ist, oder wegen Verrichtungen nicht mit spielen kan, dennoch die Fremden sich niedersetzen, und ihr Spiel abwarten können. Nun dürffte der Leser wohl gar dencken, es wären dieses formelle Caffée- oder Spiel-Häuser, welche dergleichen etwan um Gewinst verstatteten: Allein es ist zu wissen, daß es Leute von einen hohen Caractere, und vornehme von Adel sind, welche Fremden diese Freyheit verstatten, und ihnen dergleichen Zeitvertreib machen: Aber [...] der Weg ist gar zu schlüpferig und gefährlich. Dahero auch Kayserliche Majestät [...] es an dergleichen insonderheit untersagen lassen. Dessen aber ohngeachtet wird es bis ietzo continuiret, und solte man sich auch deswegen gar einschliessen.«[163]

Konvention konnte sich durchaus mit Geschäft verbinden. »Viele Häuser leben hier von den Einkünften des Spiels«, lautete 1730 der Befund des Baron Pöllnitz über Paris, was auch Johann Rautenstrauch 1784 für Wien bestätigte.[164] Auf diese Organisationsform des Glücksspiels reagierte das Gesetz. 1746 wurden die bestehenden Strafbestimmungen dahingehend ergänzt, daß nicht nur der Bankhalter bzw. Tailleur besonders hart bestraft werden sollte, sondern auch »der Spielhalter, oder derjenige Haus- oder Quartiersinhaber, mit dessen Zulassung dergleichen hohes Spiel in seiner Behausung, oder auch gemietheten Wohnung geschehe«.[165] Graf Geniceos Spielpartien fanden sowohl in seinem eigenen Haus als auch in angemieteten Wohnungen in der Inneren Stadt statt. Die Spezialisierung der Gesellschaften auf das Spiel prägte die Geschmacksvorlieben der Partien. Im Jänner 1811 hieß es dazu in einem Präsidialvortrag:

»Er hatte im Fürst Palmischen Hause No 54 in der SchenkenStrasse eine große Wohnung gemiethet und eigens zum Spielen eingerichtet: aber jene Spiel Compagnons hatten an jener Wohnung keinen Gefallen: darum haben die Spiele in seiner alten Wohnung im Paldaufischen Hause am Stephans Platze, und beym Baron Adam Nathan Arnstein am hohen Markte Platz.«[166]

In den erhaltenen Strafakten ist dokumentiert, daß Adlige nicht nur wegen des Spielens, sondern auch als »Unterstandsgeber« zusätzlich straffällig wurden. Um diesen Vorwurf zu entkräften, beriefen sie sich auf ihre gesellschaftliche Verpflichtung als Gastgeber und auf den Umstand, daß sie nicht darauf geachtet hätten, welche Spiele ihre Gäste spielten. Die Tatsache, daß »gegen [polizeiliche] Ueberfälle, und Denuncianten, weder durch Aufsicht, noch durch Verschliessung der Zimmerthüren, eine

Vorsicht angewendet worden wäre«, beweise hinlänglich, daß man nur zur »Zerstreuung« gespielt habe.[167] Konsequenterweise wurden Hinweise auf solche Maßnahmen zu Lasten der Angeklagten ausgelegt.

> »Die Spieler schleichen sich verhüllt zur Nachtzeit in das Haus, die Domestiken des Grafen Geniceo werden aus der Wohnung entfernt; die Thüren sind jedesmal verschlossen, und werden nur von innen geöffnet; dieß liefert nun unstreitig den Beweis, daß man sich mit verbothenen Spielen abgeben müsse [...].«[168]

Teilweise gründet dieser Aspekt des Glücksspielbetriebs in einer schichtspezifischen Haltung des Adels. Adolph Graf von Wagensperg hatte 1756 um Gestattung des Pharaospiels in Graz angesucht. Da weder »seiner Geschäfften, noch seiner conveniez selbst zu tagliren ihme gestatteten«, würde er dazu »zwey solche cavalliers ausfindig machen«.[169] Die Beschäftigung von Spezialisten hängt mit einer relativen Öffnung des Glücksspiels zusammen, die unter dem Aspekt der Professionalisierung wahrgenommen wurde. 1787 schrieb Johann Pezzl über die als »Spielsucht« gewertete Zunahme des Glücksspiels als Folge der Spiele auf Bällen, Redouten und im Theater:

> »Diese elende Raserei zog einen ungeheuren heillosen Schwarm von Abentheurern, Spielern von Profession, Glüksrittern, und Betrügern, vorzüglich aus Italien und Frankreich nach Wien: ihre Güter und Einkünfte bestunden in Karten und Würfeln; sie nährten sich von der Spielsucht des jungen Wienerschen Adels.«[170]

Öfters ist die Rede von Adligen, die initiativen Spielern ausgeliefert seien. »Es ist eine Sr. Excellenz bekante Sache, daß alle Spieler auf den in jeder Rücksicht als rechtschaffen bekanten Grafen Przeremski losstürmen, und ihm ungeure Summen Geldes abjagen«, heißt es 1810 in einem Bericht des Inspektionskommissärs von Baden. Im gleichen Aktenstück ist vom Grafen Lodron die Rede, der »nicht aus Leidenschaft, sondern nur aus einem falschen Ehrgefühl zum Spiele verleitet werde, weil er es für eine Schande hält, einen Antrag auf eine Spiel-Parthie, wenn sie auch noch so hoch ist, auszuschlagen«.[171] Die teilweise als Bedrohung dargestellte Beeinträchtigung der adeligen Souveränität durch Berufsspieler korrespondierte mit der im Spiel stattfindenden Verwischung der Standesgrenzen. Bürgerliche Kritiker erblickten darin die Preisgabe von distinktiven Merkmalen. »Denn einer widersinnigen Gewohnheit zu Folge, nimmt der Adel oft selbst den Abentheurer, welcher ein großer und guter Spieler ist, in seine Gesellschaften auf [...].«[172]

Den skizzierten Ausprägungen ist indes eine vielleicht für den Adel abseits der Residenzstadt charakteristische Erscheinung entgegenzuhalten. Dem Grafen von Schaumburg wurde 1766 vorgeworfen, das Glücksspiel Halbzwölf gespielt zu haben – was er übrigens nicht in Abrede stellte, weil er es für erlaubt erachtete. Mit wem aber hätte er, der regelmäßig beim deswegen befragten Vorstadtwirt zum Weißen Rößl in Wels einkehrte, spielen sollen, wenn nicht beispielsweise mit dem »bürgerlichen Gastgeb« Johann Michael Geymayr?[173]

Als mögliche Gegenbewegung zur beobachteten Öffnung und Durchlässigkeit sind die als »Club« und »Casino« bekannten urbanen Organisationsformen des gehobenen Bürgertums und des Adels zu interpretieren. Diese vereinsartigen Zusammenschlüsse des *beau monde* gewährten je nach Mitgliederschaft Exklusivität. Da in den Casinos eben nicht nur erlaubte Spiele zum Zeitvertreib gespielt wurden und die Qualität der Örtlichkeit einen gewissen größeren Schutz zu bieten schien, verlegten ursprünglich in Privathäusern etablierte Spielgesellschaften ihre Spiele in diese Gesellschaftshäuser. Im Juni 1829 erging aus Kaschau an die Polizeidirektion in Wien eine Mitteilung, deren Verfasser als Cural und Fiscal bei einem k. k. Kämmerer »Gelegenheit genug« gehabt habe, den Adel

> »individuelle kennen zu lernen, um [...] in Hinsicht der Spiel-Sucht desselben im allgemeinen, als auch ins besondere des Hanges zu Hazard Spielen, [...] folgendes mittheilen zu können: Es wurden wohl in früherer Zeit, schon in meiner Anwesenheit von 1808 bis 1816 alle Kartenspiele wie auch Jene, die man mit dem Nahmen Hazards bezeichnet, ohne Unterschied und Rückhalt überall en privat als auch öffentlich im Gasthofe zum schwarzen Adler in Epperjes bey zahlreichen Zusammenkünften in hohen Geld-Sätzen gespielt; in gegenwärtiger Zeit jedoch wird blos bey verschlossenen Thüren im Adler, und zwar seit kurzen in dem ohnlängst durch die Stadt zugekauften Nachbars-Hause oberhalb angränzend, häufiger aber noch in dem Hause des Fundational Fiscalen Vincentz v. Bujanovits im ersten Stock, welchen der vorige Pächter des schwarzen Adler-Wirths-Hauses Leopold Pfeiffer für ein beständiges Cassino zum größten Nachtheil dieses schwarzen Adlers als Städtischen Regal Benefices gemiethet hat, und woselbst der sämtliche Adel besonders zur Zeit der General-Congregationen [...] und Gerichts-Tägen sich täglich auch zu Commerce Spielen häufig versammelt, dem verbothenen Hazard Makao und Pharo Spiel jedoch dann nur zur Zeit der Mitternachts-Stunden, und bey geschlossenen Thüren obgelegen. In diesem Spiel Templ würden aber auch junge Leut, soweiter eingelassen, alwo ohne Unterschied des Alters, der Würde, mit aufgesetztem Hut, Thabak rauchend – á lá Egalité ganze Nächte [Macao?] Unterhaltung fortgesetzt wurde.«[174]

Im August 1845 erfuhr die Polizei-Hofstelle, daß im »adeligen Vereine im Casino in der Renngasse [...] wieder stark gespielt« werde, und zwar Hasardspiele, aber auch Whist »um hohes Geld oder Tarok auf ungarische Art mit allen Unarten. In beiden Spielen wurde auch noch hoch gewettet und wird Geld gewonnen und verloren.« Die »Lokalität« wurde »unter eine den Verhältnissen entsprechende Aufsicht« gestellt, allerdings mit der dem vornehmen Publikum angemessenen Einschränkung: »Der besprochene übrigens seiner Beschaffenheit nach für ein der Polizei-Oberdirection zur Verfügung stehendes Organ nicht leicht zugängliche Ort wird jedoch fortwährend im

Auge behalten.«[175] Die »Besucher des gräflich Forray'schen Spielklubbs«, die Grafen Alfred Zichy, Coudenhoven und Arthur Batthyáni, ein junger Graf Esterházy, Baron Alexander Uexküll, Fürst Galizin und andere, hätten ihre Spielpartien »letzterer Zeit nicht mehr in der Wohnung des Grafen Forray, sondern in den beiden Casino's der innern Stadt fortgesetzt«, heißt es in einem Polizeibericht vom Jänner 1848. Die Polizei ließ sich die Überwachung der Besucher wegen des Spiels sowie der »politische[n] Haltung der dortigen Spielgäste« angelegen sein. Gegen den »Unfug sei um so eher einzuschreiten, als derselbe bereits allgemein besprochen wird«.[176]

Trotz des eingeschränkten Zugangs, den die Adelscasinos entwickelt hatten, bestand keine Garantie gegen polizeiliche Eingriffe oder Publizität bestimmter Vorkommnisse. 1851 gab es im Wiener Adelscasino, als dessen Präsident Graf Hardegg fungierte, eine Macaopartie, die offenbar ein derartiges Ausmaß angenommen hatte, daß sie zu einer Verwarnung durch die Polizeibehörde führte. Anschließend seien zwei Jahre keine verbotenen Spiele mehr gespielt worden. Im Mai 1854 verlor im selben Casino Graf Oswald Thun bei einem Glücksspiel angeblich eine Summe von zwei bis drei Millionen Gulden, was einen Eklat verursachte, der die Existenz des Casinos ernstlich in Frage gestellt haben muß. Ein Mitglied des Ausschusses wandte sich an den Fürsten Jablonowsky, der mit der Partie in Zusammenhang gebracht worden war, und machte ihn darauf aufmerksam, daß ein solcher Vorfall für das Casino in höchstem Maße unangenehm sei; er habe sowohl zur Intervention der Polizei führen als auch – in Anbetracht des großen Interesses, das bei den Damen der Wiener Gesellschaft für die Gräfin Thun herrsche – schließlich Aufsehen erregen und Verbreitung finden müssen. Der Ausschuß könne die Mitglieder des Casinos nur darauf aufmerksam machen, daß das Spiel, wenn es zu weit gehe oder – wie die Hasardspiele – gegen die Gesetze verstoße, große Unanehmlichkeiten mit sich bringen könne, und verwies auf die 1851 ergangene polizeiliche Warnung. Die Mitglieder mögen eine Wiederholung vermeiden, andernfalls der Ausschuß schwerwiegende Konsequenzen nicht ausschließen könne.[177]

Obwohl allenthalben Vorsicht geboten war, betrachteten Adlige ihre Casinos als Refugien, in denen sie verbotene Spiele spielten. Im oben erwähnten Fall wurde darauf verwiesen, daß in den Casinos von Prag und Pest verbotene Spiele öffentlich gespielt würden. Soziale Exklusivität deckte sich mit lokaler Exemtion, und die Standesgleichheit gewährte die Möglichkeit, mißliche Zwischenfälle weitestgehend intern zu regeln, da ja das Spiel nicht von Außenstehenden professionell, sondern unter seinesgleichen betrieben wurde. Chancen und Risiken verteilten sich innerhalb der homogenen Gruppe, was zur Festigung der Gruppenidentität um so mehr beitrug, als das Glücksspiel als kulturelles Attribut des Adels galt. Ludwig Windisch-Graetz, ein Sohn des Feldmarschalls, bezeichnete 1850 die mehr als 5000 Gulden, »die ich seit 2 Jahren verliere«, und zwar im »Kasino«, als »Lehrgeld«.[178] In den achtziger Jahren des 19. Jahrhunderts wurden Cercles und Clubs, wie beispielsweise der Wiener »Jockeyclub«, wo im Zusammenhang mit den Pferderennen hoch gespielt wurde, als bestimmende Organisationsform für »Spieler der aristokratischen Welt« genannt.[179]

Zu den besonderen Freiräumen, in denen der Adel dem Spiel nachging, gehörten die Badeorte und seine Landgüter. Das Leben in den Kurorten war in hohem Maß vom Glücksspiel mitstrukturiert. Adelige Spieler wurden um 1800 in den böhmischen Badeorten beobachtet. »Sie versammeln sich besonders oft im Posthause, und anderen Gegenden außer Karlsbad, geben vor, Landparthien dahin zu machen, und laden auch andere Freunde ein, damit man ihre eigentliche Absicht dabey nicht merken soll.« Die oberste Polizeibehörde in Wien ordnete an, daß die Spieler betreten und bestraft, »ihre Schlupfwinkel gänzlich zerstört werden« sollen.[180] In den Bädern kamen Adlige, vor allem auch solche, die bereits einen Ruf als Spieler genossen, vermehrt mit unternehmerischen Professionalisten zusammen, betätigten sich aber auch selbst als Organisatoren. In Baden bei Wien hätten sich während des Sommers 1816 Spielgesellschaften gebildet, »wo die Hazard Spiele [...] ohne Scheu getrieben worden sind«, meldete die Behörde 1817, nachdem sich wiederum »eine eigene Gesellschaft für Pharao« gebildet hatte; als deren Hauptbetreiber fungierten neben dem bekannten Baron Leykam (auch er fand sich bei Geniceo ein) und Baron Heller-Bertram der ebenfalls notorische Spieler und Großhändler Callmann, ein ungarischer Hofagent und ein die Behörden auch im Zusammenhang mit Schmuggelgeschäften interessierender Kassier Troyer.[181]

Diese Veranstaltungen und Zusammenkünfte – in der Diktion der Behörden handelte es sich um »Spielgelage, Clubbs, Spiel-Conventikel«, insgesamt einfach um die »Cotterie der Hazardspieler« – die das Glücksspiel zur zentralen Beschäftigung machten, erregten das Interesse der Polizei. Eines war – trotz aller Klassifikationsschwierigkeiten, die sich bei der Interpretation des Spezifischen am Adelsspiel herausstellten – allen Spielen des Adels gemeinsam: Staat und Gesetze duldeten die Freiheit der privilegierten Schicht in der Regel nicht, sondern setzten alles daran, ihn in bezug auf die Glücksspiele den anderen Untertanen gleich zu machen. Der Staat behielt sich das Privileg als oberster Bankhalter selbst vor und versuchte nach Möglichkeit alle zuwiderlaufenden, partikularistischen Manifestationen zu unterdrücken.

ADEL UND STAATSGEWALT

Betrieb der Adel Glücksspiele, war der Konflikt mit der Staatsgewalt dadurch vorprogrammiert, daß die Gesetze die Glücksspiele unterschiedslos allen, ohne Ansehen des Standes verboten. Es lag jedoch im Wesen absolutistischer bzw. ständischer Herrschaft, Ausnahmen zu gewähren und gleichzeitig dem Gesetz mit aller Schärfe Geltung zu verschaffen. Ludwig XIV. hatte 1704 in einem Brief nahegelegt, Spielgeber vom Rang der *personnes de qualité* zu ignorieren, die eines niedrigeren Ranges zur Unterlassung anzuhalten und die ohne Adelsqualität mit der größtmöglichen Strenge zu verurteilen.[182] In Hamburg konnten »Vornehme« mit anfänglicher Verschonung rechnen, als es 1764 darum ging, »verdächtige Spieler« aus der Stadt zu schaffen.[183] Patrick Colquhoun führte Ende des 18. Jahrhunderts die Ausbreitung der Glücksspiele in England vor allem auf die Vorstellung zurück, daß »Personen von Rang, und deren unmittelbare Genossen« außerhalb der Reichweite der Gesetze agierten; man wage nicht, »die Zeitvertreibe der Großen zu stören«, weil »bey ihnen die Bereitwilligkeit der Regierung, ihre Oekonomie zu controlliren, zweifelhaft werden könnte«.[184] Die ökonomische Autonomie verschaffte gleichsam ein traditionelles Recht zum freien Glücksspiel. Dies kommt auch in der Haltung des Hofes zum Ausdruck, der selbst spielte und ranghohen Adligen dieses Privileg fallweise zugestand. Damit griff er allerdings bereits einschränkend ein, hatte aber, wie gezeigt wurde, wenig Erfolg.

Weiter gehende Rücksichten sind aus der Habsburgermonarchie höchstens andeutungsweise bekannt. Die Monarchen ließen ihre Gesetze exekutieren und äußerten gelegentlich pesönliches Interesse an den Straftätern aus ihrem engeren Bereich. Nach einer Mitteilung des Judex Curiae Grafen Nicolaus Palffy, daß sich Beamte der Kaiserlichen Familienherrschaft Holitsch sowie Militärpersonen und ungarische Edelleute der dortigen Gegend verbotenen Spielen hingegeben haben sollen, verfügte Maria Theresia am 19. August 1771, man solle »ganz gerade nach den Gesetzen fortgehen, das Exempel an meinen Beamten machen, mir aber die Namen aller Mitbegriffenen, und wie es ausgefallen, berichten«.[185] Wenn es nicht zur Durchsetzung des Strafgesetzes kam, lag dies meist an der mangelnden Koordination der Behörden, die im übrigen hart durchgriffen.

Der Fall des Raimund Freiherrn von Wetzlar illustriert die Konsequenz der Behörden. 1796 wurde die geheime Anzeige gemacht, daß im Haus des Barons Halbzwölf gespielt worden sei. Die Spieler waren die Mutter Wetzlars, ihre Tochter Jeannette, der Baron Lezzeni und seine Gattin sowie drei Frankfurter »Wechseljuden« namens Schuster, Rindskopf und ein noch nicht zwanzigjähriger Rothschild. Die drei Frankfurter waren geständig und erlegten die Strafe von 300 Dukaten: »Dieses Betragen gewährt eine moralische Gewißheit, daß in dem Hause des Baron Raimund Wetzlar das angezeigte verbothene Spiel ist gespielt worden.« Die Familie Wetzlar verlegte sich indes aufs Leugnen, nachdem sie sich offenbar »miteinander besprochen, und ungezweifelt Leute um Rath gefraget, welche sie mit dem vi fecisti nega bekannter gemacht haben«. Dies wiederum rief den Unmut der Behörden hervor, die sich mit der Beweisführung auseinanderzusetzen hatten. Freiherr Lezzeni und die beiden Frauen könnten nicht bestraft werden, »weil sie des Verbrechens nicht geständig, und auch nicht als überwiesen anzusehen seyen, wiewohl die Sache nach dem Maaßstabe der Billigkeit eine ganz andere Gestalt erhalte«, führte Polizeiminister Graf Pergen aus. Raimund Wetzlar mag zwar nicht mitgespielt haben, jedoch habe er »von dem, was gespielet, Wissenschaft gehabt«; und als mitwissender bzw. duldender Wohnungsinhaber war er ebenfalls schuldig. Die Oberste Justizstelle sprach vom »unverschämten Läugnen« des Freiherrn und forderte die gerechte Bestrafung. Die Angelegenheit wurde dem Magistrat »zur förmlichen Inquisition vorgelegt, der angewiesen wurde, ohne Gestattung des mindesten Umtriebes dieses Inquisizions Geschäft baldigst [zu] beendigen, sodann das Strafurtheil [zu] schöpfen«. Schließlich hatte der Freiherr die 300 Dukaten/1350 Gulden zu erlegen.[186]

Dieses »Halbe-zwölfe-Spiel-debakel« ist in mehrerer Hinsicht aufschlußreich. Zum einen war Raimund der Sohn des reichen und geadelten Hoffaktors Karl Abraham von Wetzlar, was ihn aber offenbar nicht vor der konsequenten Nachstellung der Behörden schützte. Karl Abrahams Geschäfte erstreckten sich auch auf den Bereich der Glücksspiele. 1770 suchte er beim Kaiser um Einführung einer Lotterie, »nach Art der holländischen« an, war deswegen »in Compagnie« mit einem ehemaligen Proviant Admodiations-Direktor und einem Hofsekretarius und versprach dem Ärar lohnende Einkünfte.[187] Der Sohn hatte also sozialisationsbedingt keine großen Hindernisse im Umgang mit dem Spiel. Außerdem ist er als guter, familiärer Freund Mozarts bekannt,[188] dem wiederum das Halbzwölfspiel aus seiner Salzburger Zeit bestens vertraut war.[189] Im Unterschied aber zu Raimund Wetzlars Zeit zählte es damals zu den unverfänglichen Gesellschaftsspielen und wurde erst 1784 als Glücksspiel verboten. Ob nun ein Zusammenhang zwischen den Spielgewohnheiten bei seinem Freund Wetzlar und denen Mozarts bestand, die die Schulden des Komponisten erklären könnten, ist nach Lage der Quellen nicht zu verifizieren.[190] Wenn überhaupt, so wäre die vor allem von Uwe Kraemer vertretene Hypothese, Mozart habe sein Geld hauptsächlich im Glücksspiel vertan, eher dem Pharao anzulasten.[191] Der Boden war allerdings bereitet.

Graf Aloys Geniceo bekam 1811 ebenfalls die ungemilderte Härte des Gesetzes zu spüren. Nach langer Vorbereitung beschlossen die Behörden, »da bey ihm das Unwesen der Hazardspiele an die Tage Ordnung kam, mit Ernste demselben zu steuern, und die Spielgelage zu überfallen«.[192] Zum Souper bei Geniceo waren erschienen: ein Fürst von Lichnowsky, Fürst Wenzel von Liechtenstein, ein Graf von Przerembsky, ein

Graf von Attems, Freiherr Johann von Leykam, ein Graf Triangi, Baron Nathan von Arnstein, ein Graf von Kaunitz, der russische Gesandte Chevalier de Malliard, ein Graf Torgatsch und der Großhändler Leopold Edler von Hertz – in den Worten der Behörde »Leute vom ausgezeichneten Adel und Vermögen«. Die Razzia überraschte um halb ein Uhr nachts einen Teil der Gesellschaft beim Hombrespiel und eine Gruppe beim Pharao. Graf Triangi und Malliard hielten die Bank, pointiert hätten Kaunitz, Torgatsch, Attems, Leykam, Arnstein und Hertz. Laut Polizeirapport rief das Eindringen der Kommissäre unter den Anwesenden große Bestürzung hervor. Attems und Leykam hätten sich gar in einem angrenzenden Zimmer unterm Bett versteckt. Die Spielgelder (8800 Gulden in Bankozetteln à 500 und 100 fl., 281 Stück Dukaten, kaiserliche, Holländer, Sächsische und Venezianer, 6½ Souverainsd'or, 5 Stück Zwanziger) wurden konfisziert und die Personalien aufgenommen. Alle bestritten, mitgespielt, »und jeder wollte nur zugesehen haben«. Geniceo habe das Haus verlassen und sei gegen vier Uhr früh mit dem Hofagenten Schindler zurückgekehrt. Die »Spiel Gawalliers räsonierten. Sie sagten, warum hat man den nicht eher schon vor 6 und 7 Jahren, daß Spiel beim Geniceo aufgehoben, woh lange wisentlich gespielt wurden ist, und viel sterker noch vor längerer Zeit, als jetzt gespielt wurden ist«. Die Dienerschaft des Grafen habe der Polizei zu verstehen gegeben, daß man noch 14 Tage davor Banken von 80–120.000 Gulden hätte aufheben können. Verschiedene Personen, auch solche aus der Spielgesellschaft, seien von den Betroffenen als mögliche Denunzianten zur Sprache gebracht worden. Man verdächtigte den Hausinhaber; dann den Fürsten Kaunitz, »weil sein Sohn der Graf so vielle Schulden macht, und der Fürst schon so viel bezahlt hat«; Graf Kaunitz selbst, »aus einer verstöckten Pollitick, seiner so vieller überhäuften Schulden« wegen; den Obristen Kämmerer Graf von Werbna, weil er offenbar seinen Einfluß beim Kaiser geltend machen konnte; Baron Leykam, denn »der seye ein bekanter wiesentlicher ser Schlechter und Schmutziger Kerl«; schließlich und am ehesten sei es jemand gewesen, »der zum Grafen Geniceo Spile hingekommen ist, und öfters alldort verspilt hat, und aus Rache angegeben hat«. Die tiefgreifende Störung der adeligen Soziabilität brach die fragile Solidarität der Spielgesellschaft auf.

Geniceo sprach noch am Vormittag des folgenden Tages beim Polizeioberdirektor vor und bestätigte, daß Pharao gespielt worden sei, »mit der Bitte, daß dieser Gegenstand nicht zur allerhöchsten Kenntniß Sr. Majestät gelangen möchte; derselbe wolle eine sehr bedeutende Summe zu einem wohlthätigen Zwecke erlegen«. Am 17. Jänner hatten Kaunitz und Geniceo den Sachverhalt eidlich bestätigt. Es bestehe noch Hoffnung, »den Grafen Triangy und Chevalier Maillard zu einer ähnlichen freiwilligen Erklärung zu bringen«. In einer als Entwurf enthaltenen Bittschrift an den Kaiser tat Geniceo das Glücksspiel als Bagatelle ab. Er habe erst später aus den Umständen schließen müssen, »daß einige meiner Gäste, die an dem 2ten Tisch saßen, oder herumstanden, sich das gefährliche Vergnügen hatten machen wollen, das verbothene

Partikularistische Organisationsformen des Spiels

Spiel Faro, so kurz es auch gedauert haben mochte, entweder als Probe oder zum Zeitvertreib zu wagen«. Es entspricht einer gängigen Verteidigungsstrategie beschuldigter Gastgeber, Unkenntnis vom spielerischen Treiben der Gäste einzugestehen.[193] In diesem Schriftstück legte der aus Dalmatien stammende Graf seine ökonomischen Verdienste und Loyalität zum Kaiserhaus dar, sprach von der »Schmach«, die ihm in der öffentlichen Meinung drohe, und von Leuten, die aus Neid auf den Fremden behaupteten,

> »er thue nur deswegen Gutes, weil er im Spiele glücklich sey. Er könne jedoch über diese unbegründete Nachrede das Zeugniß des ganzen Publikums mit großer Zuversicht auffordern, ob ich je im Spiele irgend eine Summe gewonnen hätte, an die es der Mühe werth gewesen wäre, drey Tage darnach noch daran zu denken«.

Im übrigen habe es sich um eine seinem Stand und seinem Vermögen angemessene gesellschaftliche Verpflichtung gehandelt.

Graf Geniceo, der über einen Freund den Präsidenten der Polizeihofstelle um Milderung der Strafe ersuchte, hatte als Wohnungsinhaber schließlich die vorgesehene Strafe von 900 Gulden zu leisten. Die Polizei registrierte über Jahre hinweg seine Aktivitäten wie auch die der übrigen Spieler. Im Mai 1814 vermutete sie neuerliche Spielpartien. Als sie im August seine spielerische Enthaltsamkeit bestätigte, geschah dies mit dem Hinweis, daß er beim Kaiser um eine höhere Anstellung in Dalmatien gebeten habe.[194] Die Disziplinierung des Adels resultierte eher aus den Zwängen einer eng verflochtenen Gesellschaft und den zentral zusammenlaufenden Abhängigkeiten als aus den unmittelbaren Unterdrückungs- und Strafmaßnahmen. Das erkannte auch die Polizei. Gleich nach dem Überfall bei Geniceo schrieb der Präsident der Obersten Polizei-Hofstelle an den Polizeioberdirektor:

> »Die Aushebung bei Bittermann und der Fall beym Grafen Geniceo dürfte zwar einiger Massen Schrecken unter die Spieler bringen: aber eben so läßt es sich voraussetzen, daß sie nun denken mögen, die Polizey werde nach diesen zwey Fällen ruhen und sie können den Unfug desto ungestörter neu treiben. Ich rechne auf Eurer Exzellenz Thätigkeit und Wachsamkeit, daß ein solcher Wahn der Spieler bald zu Schanden werden wird.«

Der Erfolg der Strafverfolgung fand jedoch Grenzen in der Diskrepanz zwischen Strafausmaß und ökonomischer Potenz der adeligen Gesetzesübertreter. Der Polizeioberdirektor schlug deshalb der Hofstelle eine sozial abgestufte Reform vor.

> »Schon damals, als bey Geniceo das Pharao-Spiel entdeckt wurde, haben etwelche der Mitspielenden, und später auch manche andern Spiel-Liebhaber dieser Art nicht undeutlich zu erkennen gegeben, daß die für ein derley verbotenes Spiel im Gesetzbuch bestimmte Strafe von 900 fl. Bankozettel keine Erwähnung verdienen: Sie haben nicht Unrecht, wie kann ein solcher Betrag bey Leuten als ein abschreckender Beweggrund angesehen werden,

welche auf eine Karte tausende verlieren oder gewinnen, bey welchen der Gewinn oder Verlust in einer halben Nacht oft 20, 30, und mehrere tausend Gulden beträgt.
Diese viel zu geringe Strafe, und dann die erst itzt hinzugekommenen Vorsichten, welche diese Spieler gegen jede Betrettung und Ueberzeugung anwenden, dürfte meiner unmaßgebigen Meynung eine schärfere Bestrafung zur Abstellung dieser verderblichen verbothenen Spiele nothwendig machen. Sollte nicht beym hohen Adel auf den ersten Betrettungsfall eine bedeutende Strafe in Conventionsgeld, auf den zweyten Fall das Duplum dieser Strafe nebst der Entfernung von der Residenz und dem Hoflager & bey niederem Adel und Bürgerklasse verhältnißmässig Geldstrafe und Arrest von besserer Wirkung seyn?«[195]

Während es aber hinsichtlich des Strafmaßes keine Änderungen gab, bemühte sich die Polizei weiterhin um die Aufdeckung und Ahndung »derley von Cavalieren gehaltenen Spiele«. Die Polizeihofstelle berichtete an den Kaiser: »Es sind noch einige berüchtigte Gelage hier, wo verbothene Spiele auf eine zu Grunde richtende Art gespielet werden.« Kurz darauf erfolgte die Anweisung an die Polizeioberdirektion: »[...] eine der Wohnungen des Fürsten Windisch-Graetz, des Fürsten Moriz Lichtenstein, und des Grafen Ferdinand Palffy dürften Sie sich zum Gegenstand des nächsten Überfalles wählen«, und zwar »ehestens«. Bei den Genannten fanden sich als Spieler Fürst Starhemberg, Metternich, Graf Dietrichstein, Fürst Kinsky, Graf Stadion und Friedrich von Gentz ein. Dem Stand der Rechtsbrecher entsprechend wurden die Überfälle beim Kaiser abgesichert, dessen allerhöchste Entschließung Rückendeckung garantieren sollte. Gemäß kaiserlichem Befehl mußte wegen der beim Spiel gewöhnlich beteiligten Offiziere ein Mitglied des Platzkommandos hinzugezogen werden.[196]

Die Exekutivgewalt der Beamten stand in der Tat in krassem Gegensatz zur adeligen Selbstherrlichkeit. Hier konnte nur der monarchische Wille, wie er sich in den Gesetzen äußerte, Abhilfe verschaffen. Ein Notenwechsel zwischen Graf Wratislaw in Prag und der Wiener Polizeihofstelle aus dem Jahre 1800 dokumentiert die dabei auftretenden Widersprüche. In und um Karlsbad wurden rege Spielaktivitäten beobachtet. Unter den Adligen, die bei »Landparthien« und auf ihren Schlössern Hasardspiele betrieben, fiel besonders Fürst Lobkowitz auf, der »sich dieser Leidenschaft zum empfindlichen Schaden seiner häuslichen Verhältnisse ganz überlasse«. Doch sei es gerade bei den Güterbesitzern »schwer, wo nicht ganz unmöglich, [...] sie in den Schranken der Mässigung zu erhalten«. Plötzliche Überfälle wären »eben so gewagt und bedenklich« wie der Erfolg ungewiß. Ein Kommissär alleine könne keine Beweise erbringen, sein Erscheinen zusammen mit einer militärischen oder Zivilassistenz würde »Geräusch und Aufsehen« verursachen und die Spieler veranlassen, »die Banque und das Spiel auseinanderzuwerfen«. In beiden Fällen wären überdies »stürmische Auftritte« der nach der Jagd meist angetrunkenen Adligen zu befürchten. Sollte der Fürst »seine Leidenschaft nicht zähmen«, sei Graf Wratislaw jedoch entschlossen, »mit einer eindringenden Zuschrift mich an ihn dießfalls zu wenden«. Gerade dieser Vorschlag zur Regelung auf persönlicher Ebene stieß auf den Unwillen des loyalen Hofstellenpräsidenten:

> »Keine Geburt, keine Würde kann ein Privilegium geben, um das zu thun, was Se Maitt. durch allgemein verbündliche Gesetze verbothen haben. Jeder, der dagegen handelt, verdient die ausgemessene Strafe, und [dies am] Gerechtesten, wenn der Verbothsübertreter von ausgezeichneter Geburt und Würde ist, weil dann die Moralität seiner Handlung größer ist.«[197]

Anstatt Voraussetzung für privilegierte Mußegestaltung zu sein, wurde hohe Geburt zur moralischen Verpflichtung im Staatsgefüge. Dieses Diktum blieb bei den Spielusancen in Badeorten und auf den Landsitzen der Herren Theorie. Und als Mittel zur Disziplinierung des ungarischen Adels schien es gänzlich ungeeignet. In einem Polizeibericht aus Pest hieß es, »was von Adel ist, denen kann man nicht so mit Leichten zu« – weshalb der Beamte übrigens empfahl, sich beim »Strafgeld« an die Juden zu halten.[198] Die Schuld an der Wirkungslosigkeit der Gesetze in Ungarn, die man in Wien beklagte, schob ein Komitatsassessor bezeichnenderweise dem König zu.[199] Die wahren Ursachen und Konsequenzen erhellen indes aus einem Bericht aus dem Jahre 1815:

> »Allem Anscheine nach wollen die Gerichtsbarkeiten, denen es obliegt auf derley gesezwidrige Unterhaltungen ihre Aufmerksamkeit zu richten, kaum Notice davon nehmen, vielmehr suchen selbst solche zu verheimlichen, und zwar die Komitats Jurisdictionen aus der Ursache, weil die Uibertreter meistens adeliche Personen, und noch dazu Beysizer von verschiedenen Komitaten sind; Die städtische aber um die Komitats Jurisdictionen nicht zu compromittiren, und bey dem Adel keine Feindseligkeiten rege zu machen. Daher kommt es, daß die angezeigten Betretungsfälle Jedesmal nur oberflächlich, nur zum Schein untersucht werden, und die betreffenden Geseze, samt den oftmal erneuerten Allerhöchsten Befehlen zur Handhabung derselben kraftlos, und ohne Erfolg bleiben.«[200]

Ähnliches befürchtete auch die Wiener Polizeioberdirektion. Sie erbat im Jahr 1811 vom Kaiser die Erlaubnis, anstelle des damit beauftragten Magistrats »die vollständige Vollführung und Aburtheilung« der adeligen Spieler um Graf Geniceo vornehmen zu dürfen. Die Behörde begründete ihr Ansinnen damit, daß

> »die Strafe, von der Polizey gefällt, mehr Abschreckung erzeugt, und hieran gerade am Meisten gelegen ist, und weil die Betrettenen Leute vom ausgezeichneten Adel und Vermögen sind und bey Ma[gistr]ätischen Untersuchungs Beamten leicht Eingang finden dürften, woraus Aufschub in der Amts Handlung vielleicht selbst laxe Behandlung entstehen und dies dann für die Zukunft ein einladendes Beyspiel werden könnte«.[201]

Die Versuche der Polizei, die Gesetze gegen die Glücksspiele auch nur annähernd wirksam exekutieren zu können, waren gefährdet. Neben den Problemen der Jurisdiktion war es vor allem die Selbstverständlichkeit, mit der die Glücksspiele von der ungarischen adligen Gesellschaft betrieben wurden. Da der Adel allgemein viel spielte, konnte ihm auch in Regierungsfunktionen nichts daran gelegen sein, seinesgleichen deswegen zu verurteilen. Der Standeszusammenhalt bildete die Grundlage für einen grundsätzlichen Interessenkonflikt. Der Pester Polizeibericht Nr. 204 vom 16. September 1821 verdeutlicht die Verhältnisse:

»Nachdem sich aber Herr Graf Franz Palffy von Presburg hieher, und zwar in das Haus des Herrn Vice Gespan des Neograder Komitats Paul v. Gyurky gezohen hat, welche beyde gerne spielen, aber nicht unter der städtischen Jurisdiction stehen, und es eine bekannte Sache ist, daß unsere Herrn Comitatenser dergleichen Spielern gerne durch die Finger sehen, so fürchte ich, daß wenn auch von einer Seite, diesem Unfug Einhalt gebothen, von der andern aber darauf gar nicht geachtet wird, dieses Übel nicht so leicht aufhören werde.«[202]

Dieser faktischen Eigengesetzlichkeit der ungarischen Verhältnisse war um so weniger beizukommen, als Kompetenzschwierigkeiten und die Exklusivität des ungarischen Adels aufgrund der mangelhaften Struktur der Exekutive Eingriffe nahezu unmöglich machten. Um dennoch Erfolge vorweisen zu können, wollte man sich an anderen Spielern schadlos halten. Anläßlich des Bekanntwerdens von Spielpartien österreichischer und ungarischer Adliger äußerte sich die Budapester Polizei 1821 in bemerkenswerter Offenheit:

»[…] auch erschweren die Collisionen der Behörden in Ungarn eine Überraschung, denn der Stadthauptmann kann keinen Edelmann oder Officier etwas anhaben, und bis er den Stuhlrichter, und Plaz Oberlieutenant dazu ersucht, und mit ihnen sich verabredet, erfahren es die Spieler gewiß. Nebstdem hat die städtische Behörde keinen Fond Denuncianten, die selbst Spieler sind, durch heimliche Belohnungen zu gewinnen, und die städtischen Districts Comissäre kennt jedermann, auch werden sie in keiner noblen Gesellschaft zugelassen – Mann kennt daher die Spieler, ohne im Stand zu seyn, wider dieselben rechtsgültige Beweise aufbringen zu können. – […] ich habe indessen einverständlich mit dem Stadthauptmann solche Maßregeln getroffen, daß es vielleicht dennoch gelingen wird, die Leute auf der That zu ertappen, und wenigstens an solchen, die keine Edelleute, oder Officiers sind, ein Beispiel der Strafe zu geben –«[203]

Den größten Erfolg versprach man sich allerdings durch eine zentral verordnete Koordination aller beteiligten Behörden:

»Doch bleibt immer das bewährt wirksamste Mittel diesem Unwesen Einhalt zu thun, wenn durch Präsidial Aufträge Sr. Kaiserl. Hoheit des Erzherzogs Reichs Palatin an dem Vize-Gespann, und dem Bürgermeister, und des Commandierenden in Ofen an dem Brigadier diesfällige Untersuchungen eingeschärft, und diese Aufträge öfter erneuert werden, wie es vor einigen Jahren geschehen ist, und die beste Wirkung hervorgebracht hat, weil nur auf diese Art durch die thätige Amtshandlung aller betreffenden Behörden selbst die verwegensten Spieler sich vor der Entdeckung, und Bestrafung fürchten.«[204]

Unter diesen Umständen war der Kampf für die Behörden nicht besonders erfolgversprechend. Der ungarische Adel behielt seine Ausnahmestellung bis ins 20. Jahrhundert und spielte Glücksspiele in beachtlichem Ausmaß. Dabei war er hauptsächlich auf Wahrung seiner ständischen Exklusivität bedacht, der er in abgeschlossenen Klubs Ausdruck verlieh. Die Behörden beließen es dann in Fällen bekanntgewordenen Glücksspiels bei vorsichtigen Warnungen. Während die Ignoranz des ungarischen Adels gegenüber den geltenden Gesetzen beinahe schon die Dimension einer rebellischen Opposition anzunehmen schien, hatte die sture Mißachtung durch den Rest der Privilegierten mitunter den Charakter passiver Resistenz. Graf Schaumburg im oberösterreichischen Lambach ließ 1766 ausrichten, daß »das halber zwölfe, und dergleichen in dem Patent nicht benannte Spill, zuspillen erlaubet wären«.[205]

Von den Glücksspielpartien im Wiener Adelscasino und der Verwarnung durch die Polizei (1851) war schon die Rede. Im zweiten bekanntgewordenen Fall (1854) sah sich einer der Mitbeteiligten zur Rechtfertigung gezwungen. Das Schreiben des Fürsten Louis Jablonowsky ist ein Musterbeispiel demonstrativer Loyalität und gespielter Naivität. Es sei notorisch, daß er niemals an jener Partie vom Jahre 1851 teilgenommen habe. Außerdem habe man nach der polizeilichen Verwarnung ohnedies zwei Jahre lang keine verbotenen Spiele mehr gespielt. Nun hätten im Herbst 1854 mehrere aus Prag und Pest kommende Personen versichert, daß in den dortigen Klubs öffentlich verbotene Spiele gespielt würden. Mehrere Mitglieder des Clubs, darunter auch Jablonowsky, hätten geglaubt, die Regierung sei von der ausgeübten Rigorosität gegen die Hasardspiele abgewichen; er selbst sei um so mehr zu dieser Meinung gekommen, als unter der Regierung Franz I. – trotz der bekannten Abneigung des Monarchen gegen das Spiel – in allen Wiener Gesellschaften und auf den großen Bällen ohne Beanstandung Quinze gespielt worden sei; er habe nun annehmen können, daß man zu diesem System der Toleranz zurückgekehrt (!) sei; nun aber, da er vom Gegenteil wisse, erkläre er, keine verbotenen Spiele mehr zu spielen; über mehr als zehn Jahre habe er zu viele Beweise für seine Ergebenheit gegenüber der Regierung erbracht und Respekt für ihre Entscheidungen gezeigt, als daß er ihren bekannten Intentionen zuwiderhandeln könnte.[206]

War es einmal zur Kollision mit dem Gesetz gekommen, versuchten einige Adlige, die Situation zu entschärfen und den finanziellen Schaden gering zu halten. Eine Möglichkeit bestand darin, anstatt der patentmäßig vorgesehenen Geldstrafe ein Pauschquantum anzubieten. Die Absicht dabei war, öffentliches Aufsehen zu vermeiden und das Prestige zu wahren. Bevor Baron Raimund Wetzlar sich 1796 bereit erklärte, die vorgesehene Strafe zu erlegen, hatte er »im Namen seiner Familie ein Pauschquantum von 500 Dukaten angetragen«. Die Behörde legte allerdings dieses Ansinnen zu Wetzlars Ungunsten aus, da er abgestritten hatte, daß gespielt worden sei. Wenn die vier Leute aus der Wetzlarschen Familie »nicht das Bewußtseyn des Vergehens gedrücket« hätte, hätten sie nicht das Pauschquantum antragen lassen und sich »hiedurch von der patentmässigen Strafe […] loskaufen wollen«. Außerdem erachtete man den angebotenen Betrag als zu gering. Zum Vergleich zog der Polizeiminister in einer Note an den Kaiser die Fälle des Vittorio de Pirola und eines Baron Andrassy heran: »diesen wurde nämlich um allen Weitwendigkeiten und Aufsehen auszuweichen, auferlegt, statt der patentmässigen Strafe ein Pauschquantum von 1000. Dukaten« zu zahlen. Da Wetzlar als Wohnungsinhaber 300 Dukaten Strafe zu gewärtigen habe, »würde dieses Quantum von 1000. Dukaten für 5 Personen aus dieser Familie nicht so drückend seyn«. Zudem wollte man im Fall Wetzlar ein »billiges Ebenmaaß« der Bestrafung zwischen den beteiligten drei Juden, denen der Kaiser später auf dem Gnadenweg die Hälfte der Strafe erließ, und der adeligen Familie hergestellt wissen.[207] Graf Geniceo wollte 1811 »eine sehr bedeutende Summe zu einem wohlthätigen Zweck erlegen«, um die Angelegenheit nicht bis zum Kaiser vordringen zu lassen. Zuvor hatte er allerdings noch einen Freund des Polizeiministers um Fürbitte ersucht.[208]

Die Bestrafung hatte nicht den Ruin der Inkriminierten zur Absicht. Während das landesfürstliche Patent vom Oktober 1696 Verlierer und Gewinner je nach Vermögensumständen »um etlich tausend Gulden dem Fisco zu appliciren, oder wohl schärffer gestrafft« werden sollten, war um 1800 die »gänzliche Zugrunderichtung« sogar »gegen den Geist des Spielgesetzes«. Daher wurden bei der Strafbemessung fallweise die finanziellen Verhältnisse der Betroffenen berücksichtigt. Gelegentlich kam es dabei zu einem regelrechten Kuhhandel zwischen den beteiligten Stellen. Graf Felix Bakowski aus Galizien hätte wegen Spielens von Stoß und Pharao sowie als »Unterstandsgeber" (sprich: Veranstalter) jeweils 300 Dukaten zu zahlen gehabt. Nach seinem Rekurs schlug die Polizeidirektion 400 vor, das Fiskalamt wollte 600, das Landespräsidium bestand auf den 1200 und in einer Note an den Kaiser wurde zu 300 Dukaten geraten. Der Grund für die öfters zutage tretende Unnachgiebigkeit lag sowohl im Erfolgszwang als auch im wiederholt geäußerten Problem der Beweisführung. Da man so weniger Spieler habhaft werden könne, hieß es in der Note an den Kaiser, solle man die Überführten nicht billig davonkommen lassen.[209]

Die Aufgabe des Spiels durch den Hof brachte Teile des Adels, die weiterhin spielten und damit gegen die Gesetze verstießen unter den Zwang, etwaige Loyalitätsbezeugungen durch den erklärten (Jablonowski) oder tatsächlichen (Geniceo) Verzicht kundzutun. Für einen Großteil schien dies jedoch weder nötig noch gangbar. Denn so wenig irgendein Adelsrang vor Verfolgung und Bestrafung durch den Staat schützte, so wenig ließ sich der Adel durch drohende Sanktionen vom Spiel abhalten. Indem er diese eingeübte Verhaltensweise beibehielt, die im sozialen Umgang einen hohen Identifikationswert und durch die Ökonomie der Verausgabung Exklusivität garantierte, markierte er seine Rangposition. Zum einen entzog er sich dadurch im 18. und im frühen 19. Jahrhundert den Disziplinierungsversuchen des Absolutismus, zum anderen kompensierte er damit eine gesellschaftliche Funktion, der er nach und nach verlustig ging. Das Glücksspiel des Adels symbolisiert ein Oppositionspotential, eine ritualisierte Reminiszenz an die feudale Verselbständigung.

Militär und Glücksspiel

Bis in die erste Hälfte des 20. Jahrhunderts wird das Glücksspiel mit der Sozialgruppe des Militärs assoziiert. Das Stereotyp setzt sich aus ikonographisch und literarisch vermittelten Ideologemen und tradierten Vorstellungen zusammen. Der Bogen reicht von den im Mittelalter »erfundenen«, um den Rock Jesu würfelnden (vorher und in der schriftlichen Überlieferung losenden) Legionären über das Bild der frühneuzeitlichen Söldner beim Würfelspiel, die bei Hans Sachs selbst in der Hölle ihr Unwesen mit »umbschanzen«, also dem Würfelspiel, treiben, zu den Landsknechten, deren Spiel vor allem Grimmelshausen in einem vielzitierten Kapitel des »Simplicissimus« (1668) festschrieb; von Gemälden und Zeichnungen, die das Lagerleben als wahre Karawanserei mit Spiel, Trunk und Faulheit darstellten, über die Literatur des 18. und 19. Jahrhunderts bis hin zu Arthur Schnitzlers Leutnant Wilhelm Kasda im »Spiel im Morgengrauen« (1926).[1] In der einschlägigen Literatur zum Spiel wird das Lansquenet/Landsknecht, vom 16. bis ins 18. Jahrhundert eines der verbreitetsten Glücksspiele, zu Unrecht als Erfindung deutscher Landsknechte dargestellt.[2] Diese Interpretationslinie wurde im 18. Jahrhundert um eine Facette angereichert, die strukturelle Analogien zwischen Spiel und soldatischen Kapazitäten herstellte. Johann G. I. Breitkopf schrieb 1784 in seinem »Versuch, den Ursprung der Spielkarten … zu erforschen«, Lansquenet sei »ein Glücksspiel, darzu keine große Erfindung gehörte, von dem geringsten Soldaten leicht gefaßt werden konnte, und viel Aehnliches mit dem ihnen schon gewöhnlichen, eben so leichten Würfelspiele hatte«.[3] Krünitz' »Encyclopädie« übernahm diese Beurteilung und stellte zudem einen Zusammenhang zwischen dem auf schnellen Gewinn oder Verlust ausgerichteten Leben der Krieger, ihrem »wilden stürmischen Charakter« und der »Gewinnsucht« sowie den einfachen Glücksspielen her.[4] Es wird ein Nexus von spezifischen Bedürfnissen und ihrer Befriedigung durch Glücksspiele konstruiert, dessen gemeinsamer Nenner die Einfachheit ist. Bei Christian Garve sind Soldat und Berufsspieler der täglichen Gefahr ausgesetzt, »in Mangel und Schande zu geraten«, und beiden ist die Außerachtsetzung von »Betrachtungen der Klugheit, oder der Pflicht« gemeinsam.[5] Friedrich Buchholz konstatierte in seiner »Gallerie Preussischer Charaktere« (1808) »die größte Aehnlichkeit« zwischen einem Farospieler und einem Soldaten, denn für beide gelte die Devise »horae momento aut cita mors, aut victoria laeta!«. Und:

»In dieser Hinsicht könnte man, ohne im mindesten paradox zu seyn, sogar behaupten, daß das Faraospiel eine sehr angemessene Beschäftigung für den Soldaten sey; es vergegenwärtigt ihm nämlich sein Metier unaufhörlich, und erhält ihn folglich in der Stimmung, worin man sich befinden muß, wenn man mit Erfolg Soldat seyn will.«[6]

Gewiß hat das Söldnertum durch Konzentration und schnellen Umlauf von Geld sowie Schwankungen der Einkünfte dazu beigetragen, sowohl die Teilnahme am Glücksspiel zu begünstigen als auch seine Wahrnehmung zu beeinflussen.[7] Bis ins 19. Jahrhundert ist eine direkte Abhängigkeit der Spielbereitschaft und -frequenz von berufsbedingten finanziellen Veränderungen festzustellen. 1856 berichtete der Polizeiminister von Venedig über das hohe Spiel unter den in Verona stationierten Truppen nach Wien:

»Im Caffè Militare [...], welches der gewöhnliche Versammlungsort der Hr. Offiziers der Garnison war, wurde besonders seit dem Jahre 1848, wo die Kriegsverhältniße die finanzielle Lage derselben wesentlich verbeßerte, immer viel und hoch gespielt.«[8]

Mit der »kostspieligen Existenz eines einmonatlichen Nomadenlebens« in Manöverlagern verband sich eine erhöhte Bereitschaft zum Spiel.[9] Die romantisierende Sichtweise, wie sie mehrere Biographien des militarisierten 19. Jahrhunderts prägt, griff die tradierten Bilder wieder auf und machte aus dem soldatischen Glücksspiel das »alte Landsknechtlaster«, das mit zu jenen »Freiheiten« gehört habe, die man sich herausnahm.[10] Zu jener Zeit offiziell verpönt, genoß das Spiel unter Militärs im Mittelalter[11] und in der frühen Neuzeit tatsächlich Freiheiten. Heinrich Knaust zitierte 1575 einen kaiserlichen Text: »Das Würffelspiel / ist ein alt ding / vnd den Kriegsleuten erlaubt vnd zugelassen / Wann sie sonst im Lager müssig sein / vnd nicht zu schaffen haben.«[12] 1599 beobachtete Thomas Platter die in Antwerpen und Dünkirchen stationierten spanischen Soldaten auf Plätzen und Straßen beim Würfeln, Kegeln und Ballspiel.[13] 1691 verbot ein französischer *Arrêt du Conseil* verschiedene Glücksspiele ausdrücklich »même dans ses Armées et Places Frontières«.[14] Autoren des 18. und 19. Jahrhunderts (aber auch schon H. Knaust) begründeten die Notwendigkeit von Spiel und anderen Unterhaltungen mit der zeitweise herrschenden »Langeweile« infolge Kasernierung und anderer erzwungener Untätigkeit.[15] Doch schon Grimmelshausen, der die ausdrückliche Duldung des öffentlichen Spiels erwähnt, deutete das zugrundeliegende Motiv der Verantwortlichen an: Das (kontrollierte) Spiel sei nach mehrfachen Verboten schließlich wieder zugelassen worden, um »Unheil, so sich etwa ereignen möchte«, – Gewalt, Verlust von Waffen, Ausrüstung und sogar »Kommißbrot« – durch die Hauptwacht begrenzen zu können.[16] Duldung als Mittel der Kontrolle war ja stets ein Argument der Befürworter des öffentlichen Glücksspiels. Daß man es als Instrument zur Disziplinierung einsetzte, mag paradox anmuten, wurde es doch hauptsächlich für Streit und Unordnung verantwortlich gemacht. Für einen Verteidiger der

Spiele stellte es indes noch im Jahr 1770 das kleinere Übel dar, weil es die Vorteile der zentralisierten Kontrolle biete. Als Antwort auf die Frage, warum in allen Winterhauptquartieren großer Generäle die Glücksspiele geduldet würden, zitierte er einen »vornehmen Officier«:

> »Durch solche Hasard-Spiele lockte man die jungen Officiere aus ihren kleinen Gesellschaften und zum theil aus den Winterschenken und andern gefährlichen Häusern. Man hätte sie bey einander unter den Augen des Generals und anderer hoher Officiere.«[17]

Im Rahmen der gar nicht oder noch ungenügend staatlich legitimierten Heere dieser Zeit mag der Mangel an einer über den Kriegsdienst hinausgehenden Loyalität die Kommandierenden in solchen Überlegungen bestärkt haben. Gerade unmittelbar betroffene ranghohe Chargen waren bedingt geneigt, die gültigen Strafgesetze den allgemeinen militärischen Zielsetzungen unterzuordnen und das Glücksspiel als Bagatelle zu betrachten. Während 1795 ein österreichisches Armeekorps im Breisgau stand, erfuhr und monierte der Polizeiminister Graf Pergen, daß im Hauptquartier Freiburg während des Casinoballs im Gasthof zum Pfauen Pharao gespielt worden war bzw. wieder gespielt werden sollte. Der Gouverneur rechtfertigte sich in diesem Sinn: Da die Spieler

> »lediglich k. k. Herren Staabs- und Oberofficiere, oder andere der Militärbehörde unterstehende Personen waren, und mir den Zeitumständen nun gar nicht angemessen schien, die gute Stimmung bey der k. k. Armee, an welcher dem Staate besonders in dem gegenwärtigen Zeitpunkte so äußerst vieles gelegen seyn muß, durch strenge gesetzliche Einschreitungen und Strafverhängnisse in einer Nebensache, wie hier das Hazardspiel ist, zu unterbrechen. So fand ich nicht gut, in der Sache eine förmliche Untersuchung zu veranlassen, sondern durch andere, der Sache mehr angemessene Mittel abzustellen«.

Weitere Untersuchungen hätten »Mißmuth und üble Stimmung« hervorgerufen, und daher habe er sich mit dem Feldzeugmeister ins Einvernehmen gesetzt, der durch Klugheit und Einsicht das Spiel im Casino habe abstellen können.[18]

Das tolerierte Glücksspiel im Miltär entwickelte frühzeitig ausdifferenzierte Organisationsformen. Thomas Platter beschrieb im September 1599 »rotten spangischer Soldaten« vor dem Stadthaus und auf dem großen Marktplatz von Dünkirchen und in Nieuport, »die mit einanderen auf der gaßen auf sonderbahren, darzu bereiteten glatten, mitt einer aufrechten leisten umbgebenen dischen stetigs wirflen, kärtlen unndt sonst spilen«.[19] Als Betreiber fungierten zweifelsohne jene seit dem Mittelalter dokumentierten »Scholderer«, die auch bei Grimmelshausen Tische und Würfel gegen Gebühr verleihen und das Spiel kontrollieren. Seit dieser Zeit macht sich ein tiefgreifender struktureller Wandel bemerkbar, der die Scholderer verdrängt und die Organisatoren aus den eigenen Reihen rekrutiert. Grimmelshausen verweist bereits auf beteiligte Offiziere. 1657 erhielt der Hauptmann Lorenz Hörmann die Erlaubnis, in

Wien ein »Kugl Spüll« zu betreiben.²⁰ Damit wurde die verbreitete Erscheinung, daß »vertorbene Leuth und Soldaten« auf Jahrmärkten Spieltische aufstellten,²¹ obrigkeitlich kanalisiert. Doch waren es vor allem Spiele wie Pharao, bei denen höhere Offiziere im 18. und 19. Jahrhundert an prominenter Stelle agierten. Der größte Teil der Banquiers in den heimlichen Pariser Spielhäusern zwischen 1667 und 1789 stammte aus der Armee.²² 1720 wurde das spanische Glücksspielverbot ausdrücklich auf das Militär ausgedehnt, nachdem sich »Cabos Militares« dem Gesetz von 1716 widersetzt und weiterhin Spieltische und -häuser betrieben hatten.²³ 1753 wurde das kaiserliche Glücksspielpatent unter ausdrücklichem Einschluß der »hohen und niederen Militärpersonen, als welche gemeiniglich in den hohen Spielen mit interessiret sind«, erneuert.²⁴ »Interesse« bedeutet hier Anteil am Fonds der Bank, also finanzielle Mitverantwortung an der Organisation. Über solche Investitionen und unter teilweiser aktiver Teilnahme am Spielgeschehen wurden Militärpersonen, meist unter Hinzuziehung von »Associés«, zu prototypischen Trägern des privaten, vor allem aber auch des öffentlichen Spielbetriebs. Offiziere, die ja nach Ansicht des Hofkriegsrates »größtentheils arm« waren,²⁵ nutzten das verbreitete Glücksspiel als risikoreiche Chance zur materiellen Besserstellung. Es darf dabei aber nicht vergessen werden, daß Armut die Offiziere ebensogut vom Spiel abhielt.²⁶ Leopold Mozart hatte für die als Spielunternehmer tätigen Militärs nur Herablassung übrig. In einem Brief schrieb er über den Salzburger Magistratsball des Jahres 1786:

> »Und den Faro giebt – wer? – erstaunet! und lachet! das Chor der H. H. Officier, die 500 f den Kaufleuten schuldig sind, mancher keinen Bissen Brod zu Hauß hat, – und itzt die, welche gross genug thun wollen, und mit thun, ieder 50 f aufgenommen, um mit in die Banco Caßa zu tretten.«

Im Jänner 1787 verlor die Bank im Beisein des Erzbischofs auf der Redoute über 1000 Gulden: »der neue Vice Jägermeister und Major Dücker, und wer immer dabey etwas interessiert ist machten abscheuliche Gesichter«.²⁷

Wenn 1813 in einem wahllos zusammengetrommelten Korps die Offiziere pejorativ als »ganz nach Verhältnis: Pharaobanker, Cassierte, Pensionierte«²⁸ charakterisiert wurden, spiegelt dies ein typisches Profil der Sozialgruppe wider. Militärs galten so allgemein als Promotoren des Glücksspiels, daß sowohl Verbote darauf hinwiesen als auch das Fehlen einer entsprechenden Disposition besonders betont werden mußte. Daß 1798 in Schwaz »zum halb zwölf, so wie Faro-Spiel die Civilbeamte vom k:k:en Militar beigezochen werden – hat sich dermahlen /: ausser der Stadt Innsbruck :/ nicht wohl ergeben können, weil hier Kreises kein Militar einquartiret ist«, schrieb der Kreishauptmann; in Rovereto war es

> »vorhin [...] freilich das Militare, welches diesfalles mit dem üblen Beyspiele, nicht nur in den Privatwohnungen, sondern auch sogar in den öffentlichen Kaffeehäusern vergieng, und

unter dem Deckmantel des Militäres spielten [...]. Jetzt aber wird dieser Unfug öffentlich nicht mehr getrieben, da sich nur ein Bataillon Gränizer Freykorpes hier befindet, wovon die Offiziere den Hazardspielen nicht ergeben sind.«[29]

In Residenzen und besonders in den sich zu Spielbädern entwickelnden Orten fällt der hohe Anteil an Militärs auf. Das Tragen einer Uniform war mitunter die Voraussetzung zum privilegierten bzw. konzessionierten Bankhalten.[30] 1762 erhielt der Brigadier de Lucilly in Spa das erste ausschließliche Privileg zum Pharaospiel während der Saison. Unter den späteren Banquiers (in diesem Fall Bankhalter, Croupiers, Aufseher und finanziell Beteiligte) gibt es mehrere (pensionierte und aktive) Offiziere.[31] In Stuttgart hatte um 1790 ein Obrist das Pharao auf der Redoute und im großen Kaffeehaus in Pacht und verpachtete es wieder an andere ranghöhere Offiziere.[32] Im Schaumburg-Lippischen finden sich unter den Anwärtern (und dann auch Pächtern) auf die 1796 zur Verpachtung ausgeschriebene Pharaobank auf der »Klus« teilweise die gleichen Militärs (Leutnants, Rittmeister, Hauptmänner) wie seit 1808 in Bad Eilsen. Ein Leutnant Schönewolf, der 1796 die Konzession ersteigerte, wurde 1809 als Pächter der Pharaobank zu Geismar und Nenndorf sowie als Teilhaber an der Bank von Pyrmont genannt. Hauptpächter in diesem bedeutenden Spielbad war im Jahr 1810 ein Major bzw. Obrist Pape, der später auch in Schaumburg-Lippe aktiv wurde. Als 1799 ein Weinhändler die Bank pachten will, gibt er an, »daß er in seinem Hause zu Münster eine Faraobank halte und dabey mit dem General Herrn von Blücher interessirt sey«.[33] Der Hofkriegsrat beschäftigte sich 1797 mit den in und um Frankfurt und Mainz bestehenden öffentlichen Spielbanken: Hier hätten Vorgesetzte »an der Bank selbst öffentlich= oder heimlichen Antheil, und trage[n] kein Bedenken dem Subalternen sein Geld abzugewinnen«.[34] Auch im »böhmischen Saal« von Karlsbad waren um 1800 Rittmeister und Hauptmänner Betreiber der – hier allerdings in der Halblegalität operierenden – Bank.[35]

In den Jahren der Napoleonischen Kriege waren es vorrangig französische Generäle, die den Glücksspielbetrieb in weiten Teilen Europas unter ihrer Patronanz hatten oder Steuern darauf einhoben. Nachdem seit dem Winter 1801/02 der Vizepräsident der italienischen Republik dem offenbaren Bedürfnis und der materiellen Misere durch neuerliche Verpachtung der Hasardspiele Rechnung getragen hatte, kam es bald darauf zu Konflikten mit dem französischen Militärkommandanten. Dieser hatte in Mailand ein Spielkasino für französische Offiziere eröffnen lassen, sehr zum Nachteil des offiziellen Glücksspielpächters. Außerdem stand zu befürchten, daß der Kommandant in anderen Städten ein Netz von Kasinos aufziehen wollte. Der Vizepräsident beschwerte sich bei Napoleon, der die Schließung des französischen Kasinos anordnete.[36] 1809, während der französischen Invasion, waren es die französischen Militärmachthaber, die Wien und Graz öffentliche Spielbanken bescherten, an denen sie beteiligt waren. Die österreichischen Herren in Italien verstanden sich als solche auch im Bereich der Spielorganisation und profitierten von der Spielpacht. Für die »Befugniß zu Hazardspielen« in Ancona erhoben sie 1815 von den dortigen Spielunternehmern 300 Scudi (609 Gulden Conventions-Münze) als »Pachtschilling«. Davon erhielt der Platzkommandant 50 Scudi, die er jedoch etliche Jahre danach, als die Angelegenheit bekanntgeworden war, an die Kriegskasse abzuführen hatte.[37] Erzherzog Karl Ferdinand habe als General beim Landeskommando in Prag um die Mitte des 19. Jahrhunderts »eine förmliche Spielbank« organisiert.[38]

Die Grenze zwischen »Förmlichkeit« und informellen kleinen Kreisen ist nicht immer klar zu ziehen. Das Spiel in Kaffee- und Gasthäusern konnte ebenso fest etabliert und organisiert sein wie in eigens dafür eingerichteten Räumlichkeiten. Die folgenden Fälle fanden alle jenseits des Gesetzlichen statt und finden sich als Niederschlag in den Akten, in deren Sprache ohnehin alles Glücksspiel »heimlich« war. 1798 waren nicht nur Schwaz und Rovereto als Orte militärischer Glücksspielaktivitäten ins Gerede gekommen. Ein historisch vorgeprägtes Feld – und eine Hypothek für den Hofkriegsrath – stellten vor allem die neueroberten italienischen Regionen dar:

»Äusserst befremdend kömmt es nun zu vernehmen, daß in den nun aquirirten Venezianischen Staaten, vorzüglich aber zu Venedig, die Hazardspiele sehr überhand nehmen, und gewissermassen durch das Militare theils durch Connivenz, theils durch eigene Theilnahme begünstiget werden.«[39]

1812 teilte die Polizei aus Lemberg (Lwow) mit: »Ein Unfug, den sich seit einiger Zeit das Militär ziemlich ungescheut erlaubt, ist das Spielen der Hazardspiele, auch in öffentlichen Kaffeehäusern.« Unter ihnen seien drei, »welche von den Offizieren stark besucht werden, vorzüglich bemerkbar«. Ein Major von Strauch und ein Major von Ligne »hielten in Gesellschaft PharoBanken«.[40] Im dortigen Kaffeehaus der Frau Dombrowska gebe es, »vorzüglich zur Nachtzeit und bei verschlossenen Thüren, unter dem Schutze der Officiere«, Pharao und andere Glücksspiele, bei denen sich »auch mehrere Civilpersonen und Spieler von Profession sich einfinden«, hieß es 1815.[41] In einem anderen Fall ließen hohe Offiziere das Spielzimmer in einem Kaffeehaus durch Wachen vor Fremden und der Polizei abschirmen.[42] Während des Krimkrieges wurde das Spiel anfänglich in den von Offizieren besuchten Speiselokalitäten betrieben, konzentrierte sich dann in einem Restaurant und später im eigens dafür eingerichteten Salon eines »Casinos«. Wurde im Restaurant »im ganz intimen Kreise ein sehr bescheidenes Macao« geboten, so war der Spielsalon des »Casinos« der Ort für hohes Spiel – dem der General allerdings fernblieb.[43] Im »Caffè Militare« von Verona war 1856 das Glücksspiel unter Offizieren bis zum Oberst bereits seit Jahren so etabliert, daß sich ein Umfeld aus Geldverleihern gebildet hatte, »welche den erhitzten Spielern gegen die enormen Zinsen von 30 bis 40% bereitwillige Hilfe leisteten«. Ein kurzfristiger Boykott des Lokals wurde in einem anderen Café und in Privatquartieren überbrückt.[44]

Partikularistische Organisationsformen des Spiels

Das Glücksspiel in Kaffee- und Wirtshäusern, in Privatwohnungen, auf Soiréen und in Gesellschaften ist in der biographischen Literatur ebenso bezeugt wie in einigen Akten des Hofkriegsrates und der Polizeihofstelle. Abendliche oder nächtliche Soupés mit anschließendem Spiel unter adeligen Offizieren entsprachen dem Besuch öffentlicher Lokale mit integrierter Spielpartie aller Chargen. Hier wie dort konnte der Spielverlauf dazu beitragen, das latente Aggressionspotential in die Tat umzusetzen.

Am 17. April 1810 kam der 24jährige Fähnrich Joseph Smegal »wie gewöhnlich« mit anderen ins Wirtshaus zum goldenen Löwen in Neu-Gradisca zum Souper. Smegal, ein 18jähriger und ein 24jähriger Berufskollege blieben nach dem Essen sitzen. Weiters waren zwei Handelsreisende anwesend, die hier abgestiegen waren und nun »zum Zeitvertreib das Halb-Zwölfspiel« vorschlugen. Mindestsatz und Obergrenze der Sätze (15 Kreuzer) sowie die Höhe der Bank wurden festgesetzt, das Spiel begann:

> »Die Handelsleuthe hielten die Bank zu erst, und als die Reihe den Fähnrich Schlatovics traf legte auch er 5f. [in die Bank] ein. Diese war biß auf 2f geschmolzen, um sie zu sprengen, setzte jeder der beyden Handelsleuthe die Hälfte derselben, als sie nicht ferner [Karten] kauften, schlug Schlatovics seine Karte auf[,] die eine 8 war, dieses schien ihm zu wenig, er kaufte noch eine 3, und gewann sohin mit 11 Point, gegen beyde Handelsleuthe.«

Unvermutet kam es jedoch zum Konflikt in dieser bis dahin friedlichen Partie:

> »Ungeachtet Lieutenant Papus [23], u. Fähnrich Smegal für dieses mahl gar nicht mitgespielt hatten, sprang doch ersterer so gleich auf, und beschuldigte den Fähnrich Schlatovics [18], daß er die Karte vorher angesehen und mithin die Handelsleuthe betrogen hätte, weil er sonst auf eine 8 nicht weiter gekauft haben würde. Schlatovics verneinte dies, und ungeachtet die beyden Handelsleuthe und Fähnrich Smegal darauf bestanden, von einem solchen Betrug nichts bemerkt zu haben, entstand zwischen ihnen ein Wortwechsel, bei dem Schlatovics dem Papus vorwarf, daß er sich kranck gemeldet, um beym Exerciren nicht zu erscheinen, aber doch die Wirtshäuser besuchen könne, wodurch Papus so erbittert wurde, daß, da weder er selbst noch Smegal ein Seitengewehr bey sich hatte, er jenes des Schlatovics von der Wand riß, den Säbel zog, und dem Schlatovich mit der Fläche 5 bis 6 Streiche von denen vermög ärztlichem Bericht die Merkmahle noch am 26ten darauf sichtbar waren über den Rücken und die Arme versetzte, ihn darauf um die Mitte packte, in das Bett warf, und mit Fäusten schlug.«[45]

Als einer der Handelsmänner zum Aufhören mahnte, zog der bislang unbeteiligte Smegal gegen ihn den Säbel. Da der Kutscher in der Zwischenzeit die Patrouille gerufen hatte, wurde Ärgeres verhindert.

Es unterstreicht den alltäglichen Stellenwert dieser Art von außerdienstlicher Zeitgestaltung, wenn 1851 einige Offiziere ihrem des Falschspiels überführten Kameraden die Verpflichtung abverlangen, »nie mehr im Regimente zu spielen«.[46] Als Substrat der Geselligkeit diente es sogar zur Regulierung von Konflikten. 1813 hielt ein Kapitänleutnant Stiff im Wohnzimmer einer Gastwirtin eine Halbzwölfbank. Er sei dazu aufgefordert worden, um nach einem Streit zwischen Offizieren die Ruhe wiederherzustellen.[47]

Sowohl unter Spielern als auch Betreibern fällt ein hoher Anteil an pensionierten Militärs auf. Eine lebensgeschichtliche Zäsur konnte durch Beibehaltung schichtspezifischer Umgangsformen ausgeglichen und die Erfahrung des Spiels für eine zweite »Berufskarriere« genutzt werden. Bei einer Leutnantspension von 200 Gulden versprachen Spiele, wo bis zu 100 Gulden gesetzt wurden, eine bedeutende Einnahmequelle.[48] Der Fall des ausgetretenen Rittmeisters Baron Nicolaus Lopresti ist ein deutliches Beispiel dafür. Daß Lopresti zu jener Familie gehörte, die um die Mitte des 18. Jahrhunderts im Wiener Hoftheater das Glücksspiel zu etablieren versuchte, mag zusätzlich als Indiz für die sozialisationsbedingte Disposition zum Glücksspiel gedeutet werden. Der Baron hatte sich auf das Spiel spezialisiert und erscheint in den Akten als bekannter Spieler im Zusammenhang mit einer Gruppe von Gleichgesinnten. Im Jänner 1809 versuchte die Polizei, ihn wegen seiner »Spielerabsichten« zu beobachten und ihn zu überführen. Lopresti richtete sich nach dem Angebot, das er vorwiegend in Badeorten fand. 1810 fiel er in Bartfeld mit zwei Kollegen auf, als ein Fürst Kraschalkovitz 100 000 Gulden an die »vereinigte Pharao-Partie« verloren hatte. Im selben Jahr wurde vom Saroser Comitat gegen ihn eine *actio fiscalis* wegen Hasardspiels anhängig gemacht. 1811 nannte ihn die Polizei im Zusammenhang mit den Spielpartien um den Grafen Geniceo in Wien. 1813 stand er im Verdacht der Fälschung von Spielkarten, wurde in Eperies verhaftet und seines Rittmeister-Charakters »simpliciter entsetzt«.[49] Der »unternehmende Geist« eines pensionierten Hauptmanns Triangi, der ihn nach Karlsbad und in andere Kurorte treibe, um »im Verborgenen hohe Spiele zu unternehmen«, sollte im Jahr 1800 nach Wunsch des Grafen Wratislaw dadurch unterbunden werden, daß er »irgendwo eine leichte militärische Anstellung erhalte«.[50]

Die im Jahr 1809 vom französischen Militär betriebene Spielbank in Wien war in der Wohnung des ausgetretenen k. k. Offiziers Baron Bärenbrunn etabliert. 1811 tauchte er in Polizeiberichten als »Urheber« von Glücksspielpartien auf, an denen der junge Sohn eines griechischen Handelsmannes, ein Sachwalter, ein Referendar der vereinten Hofkanzlei, der ebenfalls als Veranstalter genannte Spediteur Bittermann und ein Lizentiat der Rechte über mehrere Monate hinweg teilnahmen. Die Spieler wurden in einem Wirtshaus in der Leopoldstadt und im Theater angeworben, Bärenbrunn lud »die Gesellschaft zu einem auserlesenen Wein und Speise« bei sich ein. Über das Motiv des Barons argwöhnte die Polizei: Bärenbrunn und der Sachwalter hatten »geringe Beträge in der Kasse, ein offenbarer Beweis, daß sie auf Gewinn rechneten«.[51]

1829 beschäftigten sich die Zivilbehörden mit den Glücksspielen in Hollingers Kaffeehaus in Preßburg/Bratislava, wo »alle Nacht Maccau gespielt« werde. Die »Haupt

Person dabey ist der Pensionirte Hauptmann Vanderstetten als Bankier, der den Andern ihr Geld abgewünnt«. Vanderstetten sei

> »seit vielen Jahren in der Pension, mit einer Gräfin Deseöffy [...], die ihm einiges Vermögen zugebracht hat, verheurathet, macht keinen Aufwand, und ist auch sonst als guter Hausvater bekannt. Aber schon während des letzten Landtages stand er immer à la tête der Hazardspieler, und giebt auch in letzterer Zeit ungefähr ein Jahr mit dem privatisierenden Anton Moga [...] geheime Faro-Banken [...]. Die Gesellschaft bestehe meistens aus pensionirten k.k. Officieren, und alten bemittelten Bürgern«.[52]

Zu ihnen gehörte der 1815 wegen einer Schußwunde mit 200 Gulden pensionierte Oberleutnant Dukek. »Vermögen besitzt er keines und da er von seiner Pension leben kann; so sucht er das Fehlende durch Spiel zu ersetzen.« Bereits 1824 wollte ihm das Wiener Platzkommando das Spielen an öffentlichen Orten unter Androhung der »Abschaffung« verbieten. Seit jener Zeit besuchte er sommers die Badeorte, reiste öfters nach Preßburg und Pest und spielte 1827 mehrmals im Hugelmannschen Kaffeehaus in der Wiener Leopoldstadt, wo er mit »seines Gleichen« zusammenkam.[53] In dem als »Spielernest« verrufenen Fünfkirchen/Pécs, wo es unter den dort »zahlreich [...] ubicirenden pensionirten Officiers [...] allerley Connexionen« auch mit der Zivilbevölkerung gebe, hatte über Jahre hinweg »eine förmliche sehr gefährliche Spielerbande« bestanden, an der Militär- und Zivilpersonen beteiligt waren. Die Gruppe soll täglich in einem Kaffeehaus hinter verschlossenen Türen Pharao gespielt haben. »Durchreisende Officiere und wohlhabende junge Leute sollen dahingelocket, und ausgeplündert« worden sein. Ein besonders krasser Fall beschäftigte die Behörden längere Zeit: 1815 stieg ein ausgetretener vierzigjähriger Leutnant, verheiratet und Vater dreier Kinder, in der Stadt ab, um eine Wirtschaft zu erwerben. Ein Rittmeister, der vorgab, ihm dabei behilflich zu sein, brachte ihn in die Spielgesellschaft im Hinterzimmer eines Kaffeehauses und schlug vor, »à la Moitié /: deutsch zur Hälfte des Gewinnstes :/ Karten zu spielen«. Dort werde nur klein gespielt, jedoch sei »etwas von reicheren mitspielenden Civil Personen zu gewinnen«. Im Laufe eines Monats verspielte der Leutnant die 3000 (eher 1400) Gulden seiner Frau bis auf 100 Gulden, beim Pharao und an der Schneidebank, teils als Pointeur, teils als Bankhalter. Um eine Klageschrift der Gattin an den Kaiser abzuwenden, boten die Beteiligten einen Ersatz von 800 Gulden, den die Frau schließlich annahm.[54] Einer der Spieler, der pensionierte Hauptmann Ignaz Desoulmonstier, dem ein starker Hang zum Spiel attestiert wurde, war bereits im Jahr 1811 in Wien als Mitglied einer überwiegend aus Militärs bestehenden Spielervereinigung aufgefallen.[55]

Die starke Präsenz des Militärs bei privaten und öffentlichen Glücksspielen erklärt sich sowohl aus einem gleichsam »gewohnheitsrechtlichen« Usus als auch aus der adeligen Qualität der ranghöheren Protagonisten.[56] Offiziere galten in Wien seit 1751 als hoffähig.⁵⁷ Als Attribut einer noblen Lebensführung war das Spiel ja nicht zuletzt von den Höfen bestätigt worden. Speziell Wien hatte hierin den Militärs einen zusätzlichen Freibrief ausgestellt. Das Chancenmonopol wurde im zentral kontrollierten Raum zum Annex des Gewaltmonopols. Im Zuge der Etablierung des Pharaospiels am Wiener Hoftheater im Jahr 1760 erhielten Militärpersonen vom Obristen aufwärts per Gesetz das Privileg zum Bankhalten. Auch im »Grand Théâtre de Bruxelles« war das Taillieren beim Pharao den »Officiers de l'Etat Major, actuellement au Service de Sa Majesté« vorbehalten.⁵⁸ Die Gunst bedeutete aber in diesem Fall auch eine – nicht exekutierbare – Einschränkung. Im Jänner 1765 erfuhr der Kaiser, »daß einige Zeit zur Zeit allhier anwesende Officiers in den Behausungen verschiedener particuliers nicht nur das Hazard-Spiel Pharaon genannt spielen, sondern auch selbsten dabey tailliren, und groppiren« – also Bank halten. Nun wurde das Recht dahingehend gedeutet, daß außerhalb des Theaters niemand taillieren dürfe, »und unter dieser Verordnung das Militare allerdings miteinbegriffen ist«.⁵⁹ Im gleichen Jahr fand das Intermezzo allerdings sein Ende, und im Dezember wurde das erneuerte Glücksspielverbot auch dem Militär zur Kenntnis gebracht, da die bestehenden Verbote »allenthalben übertretten werden«.⁶⁰ Bis ins 19. Jahrhundert gab es Veranlassung, »der Generalität die strenge Uiberwachung des Vollzuges dieses Gesetzes einzuschärfen, und dieselbe für die Duldung einer Uibertretung desselben verantwortlich zu machen«.⁶¹

Eines der größten Probleme in den Heeren des 18. Jahrhunderts war die Desertion. Mit der tiefergehenden Formierung des Staates und der Herausbildung stehender Heere zur Durchsetzung absolutistischer Herrschaftsansprüche unterwarfen die Machthaber das Militär einer strengen Disziplinierung. Mit der Professionalisierung des Krieges (A. Farge) veränderte sich auch die Haltung gegenüber den Vergnügungen der Offiziere. Die strengeren militärischen Anforderungen verlangten eine rigorosere Disziplin und brachten Unordnung, Spiel und Mätressen in Mißkredit. Die Disziplinierung erwies sich als um so schwieriger, als die Offiziere selbst kein Vorbild waren, die Zwangsrekrutierung auch die ärmsten Schichten der Bevölkerung betraf und die materielle Lage der Soldaten äußerst dürftig blieb.⁶² Gerade in diesem Zusammenhang ist die soziale Relevanz des Phänomens Glücksspiel unverkennbar. Seine Brisanz lag in der Unvereinbarkeit von Verhaltensmustern, die der vermögenden und unabhängigen Aristokratie allenfalls zugestanden, bei den unteren Chargen aber wegen ihrer Bedürftigkeit als Gefahr wahrgenommen wurden. Es mutet vor diesem Horizont geradezu widersinnig an, wenn 1783 einige Salzburger Gerichte anregten, »Bauern und Burschen«, die hoch spielen, zur Abschreckung und Strafe zur Armee zu verpflichten.⁶³

Der Hofkriegsrat erörterte 1797 das Problem. Die Ursache und den »wahren Anlaß« für die einreißende Desertion erblickte er in der

Partikularistische Organisationsformen des Spiels

>»Uibertrettung des wegen Glücks- und Hazard-Spielen ergangenen Verbots: Die Offiziers sind größtentheils arm, und leben blos von der Gage, sie wagen solche, und verliehren das einzige Mittel ihrer Subsistenz; in der absichtlichen Hoffnung ihr Geld wiederum zurück zu gewinnen, machen sie Schulden, oder greiffen die ihnen anvertrauten Löhnungs-Compagnie-Bataillones oder Regimentsgelder an, der wiederholte Verlust, und die ihnen wegen Angriff und Abgang der anvertrauten Gelder bevorstehende Strafe bringt sie vollends zur Verzweiflung, und sie suchen sich mit der Flucht zu retten, wobey wie schon mehrere Fälle beym Hof-Kriegsrath vorgekommen sind, manche auch noch den – ihnen in Handen gebliebenen Uiberrest des anvertrauten aerarischen Guts diebisch enttragen haben«.

Die Nachteile für den Ruhm der Armee und die dienstliche Disziplin lägen nur in den Hasardspielen, »wobey der Offizier nicht immer lediglich seine Subsistenz, sondern rücksichtlich auf die Folgen in Effectu öfters seine Ehre und Reputation, Leib und Leben auf eine Karte sezet«. Bei der Begründung und den Umständen kamen mehrere Punkte, die die Grenzen der Disziplinierungsmaßnahmen absteckten, zur Sprache: Unmittelbarer Anlaß der Erörterung war das Spiel der in der Nähe der deutschen Spielbanken stationierten österreichischen Truppen, die angeblich davon ausgingen, daß die bestehenden Verbote während ihrer Anwesenheit außer Kraft gesetzt wären. Ahndung sei selten, weil »der Vorgesezte, der strafen soll, sich in dem nämlichen Fall befindet«, solche von hohem Rang durch ihr »üble[s] Beyspiel« die übrigen bestärkten und Denunziation als unehrenhaft erachtet werde.[64]

Im Laufe des 19. Jahrhunderts trat offenbar das Problem der Desertion hinter das der häufigen Verschuldung zurück, wobei diese allerdings bereits 1753 den Militärpersonen durch ein Patent erschwert worden war. Das Glücksspiel zählte naturgemäß zu den offensichtlichsten Ursachen finanzieller Unregelmäßigkeiten. Hingegen sollte die gesicherte pekuniäre Lage zumindest der Offiziere ein ordentliches Funktionieren der Armee garantieren. Zumal bei der prestigeträchtigen Elite war die Ökonomie stets durch kostspielige Anschaffungen – ein Pferd kostete mehrere hundert Gulden – und luxuriöse, statuswahrende Verpflichtungen zur Repräsentation bei geringfügig steigenden Gagen bedroht. Zum vielzitierten »glänzenden Elend in Uniform« trug aber auch die Orientierung am Leitbild des adligen Grandseigneurs bei, für den Geld keine Rolle zu spielen schien. Weiters stellte die Diskrepanz zwischen materiell gesicherter Ausbildung und freiem, manchmal ungewohntem Umgang mit Geld zumal für jüngere Offiziere einen Risikofaktor dar.[65] Sogenannte »schmutzige Schulden« – solche bei nicht standesgemäßen Personen – wurden besonders geahndet, weil sie als ehrverletzend galten. Zudem ermöglichte das Spielpatent vom November 1765 auch dem Offizier, sein verlorenes Geld einklagen zu können. Da dies jedoch mit einer Anzeige verbunden war, lief es dem internen Codex zuwider und geschah daher so gut wie nie. Standesbewußtsein erforderte einerseits statusgemäßes Verhalten und erschwerte andererseits regulierende Eingriffe von außen.[66]

1811 fälschte ein Kordonsleutnant nach Verlusten beim Halbzwölfspiel Bankozettel, um seine Schulden ohne Wissen seines Vaters bezahlen zu können; 1812 verlor ein Husarenoffizier 600 Gulden samt Pferd und Wagen im Würfelspiel; 1818 verspielte ein Unterleutnant Verpflegungsgelder in der Höhe von über 2000 Gulden; 1825 erfolgte eine polizeiliche Anzeige, wonach auf dem Zimmer eines Leutnants Halbzwölf gespielt wurde, »bey welcher Gelegenheit ein Jäger Officier sein ganzes Geld, über 2000 fl. Münze sitzen ließ«; 1852 verlor ein Oberleutnant gegen einige Kollegen die ihm anvertrauten Kompagnieverpflegungsgelder in der Höhe von 180 Gulden; 1855/56 wurden mehrere Unglücksfälle im Umfeld des Militärcafés von Verona genannt. Unter anderem hätten vier Offiziere ihre Stadt verlassen müssen, zwei weitere hätten wegen erlittener beträchtlicher Verluste Selbstmord begangen.[67] 1856 sah man im Besuch der deutschen Spielbanken (»Spielhöhlen«) die »Grundursache« für mehrere Vorfälle, »wo kk. Offiziere, nachdem sie mit übermäßigen Schulden sich belastet, unter Umständen verhaftet werden mußten, um der gerichtlichen Behandlung zugeführt zu werden, welche nothwendigerweise Aufsehen erregt haben«. Das Reichskriegsministerium wollte noch im Jahr 1867 »Spielhöllen« unter besondere Aufsicht gestellt wissen.[68] Es liegen allerdings beträchtliche Unterschiede sowohl zwischen den Einsätzen als auch ihrer Bewertung. Der pensionierte Leutnant Baron Uniatitzky aus Eperjes traf im Winter 1810 in einem schlesischen Kaufmannsladen auf eine kleine Gesellschaft beim Halbzwölf. Er setzte dreimal zwischen drei und sechs Kreuzer bei anderen mit, was ihn später dazu veranlaßte, das Spiel nicht als Hasardspiel zu bewerten.[69] Der Verlust der zwei- bis dreifachen Monatsgage konnte hingegen schon ein Anlaß zur Desertion sein.[70] Ein Sohn des Feldmarschalls Windisch-Graetz wiederum bezeichnete 1850 die 5000 Gulden, die er in zwei Jahren in adeligen Offizierskasinos verlor, zwar »als Anfang etwas viel«, aber doch »als Lehrgeld« erträglich. Trotz der Vorhaltungen des Vaters sprang dieser (wie auch andere) hilfreich ein und ersetzte den Verlust, um den Söhnen den Verbleib in der Armee zu gewährleisten.[71] Einer Anekdote der Fürstin Nora Fugger zufolge verlor ihr Bräutigam am Vorabend der Hochzeit (1887) eine beträchtliche Summe an seine neuen Regimentskameraden, was Begeisterung über seine »Noblesse« ausgelöst habe und als gute Einführung ins Regiment gewertet worden sei.[72]

Um das mehrfache Dilemma – Spielverluste und Veruntreuung, drohende Geldstrafe, Vermögenslosigkeit und daraus resultierende Dienstuntauglichkeit, Umwandlung der Geldstrafe in (wegen Unentbehrlichkeit im Dienst) nicht stattfindenden Arrest – zu lösen, hatte schon 1797 der Vorschlag des Hofkriegsrates zum Ersatz der kaum aufbringbaren Geldstrafe durch Kassation geführt. Das Begnadigungsrecht behielt sich der Kaiser vor.[73] Die Einführung der geheimen Conduitelisten im 18. Jahrhundert bildete ein zusätzliches wirksames Mittel zur Durchsetzung der Disziplinierung des Offizierskorps, dessen integrative Rolle der reformabsolutistische Staat unterstrich.[74] Um die Mitte des 19. Jahrhunderts betraf der Wunsch nach differenzierter Führung der Listen auch die Rubrik »Schuldenmacher und Spieler«. Es werde zwar »hoffentlich Jedermann das Wahre und Richtige zu verstehen wissen«, hieß es in der Anleitung. Man fand aber doch eine Erläuterung für angebracht, weil unter den Spielern »ein ebenso großer Unterschied« wie bei den Schuldenmachern herrsche:

> »Ein Officier, der in anständiger Gesellschaft sich aus Unterhaltung in ein erlaubtes Commerce-Spiel einläßt, besonders wenn es sich mit seinem Einkommen verträgt, kann gar nicht als Spieler aufgeführt werden, worunter nur Diejenigen zu zählen sind, die durch Leidenschaft und Gewinnsucht auf jedem Ort und in jede Gesellschaft, ohne Rücksicht auf ihren Stand und die bestehenden Verbote, dazu getrieben werden.«[75]

Zur Be- bzw. Verurteilung wurden stets diese Listen konsultiert. Wer »übel und als ein Spieler«, als »habitueller« oder »angewohnter Spieler« beschrieben war, hatte mit Strenge zu rechnen.[76] Eine entsprechende Zielrichtung hatten die Milderungsgründe. Wenn Offiziere nur unter sich, »ohne Skandal und Verführung anderer Gäste, zudem nicht im öffentlichen Wirthshause, sondern im Wohnzimmer der Wirthin und ohne Gewinnsucht gespielt hatten, waren dies erhebliche Begnadigungs Gründe«. Fehlte offenbare »Gewinnsucht«, waren sogar die Obrigkeiten bereit, einem Hasardspiel Unterhaltungswert zuzuerkennen.[77] Erschwerend wirkte die Weigerung, Gewonnenes zurückzugeben.[78]

Vor allem aber ist die auch von der Obrigkeit geförderte Tendenz zur militärischen Exklusivität bemerkbar, die sich auf eine durch Symbole gekennzeichnete Ordnung stützte. Wenn 1841 ein Oberleutnant in einem Gasthaus mit einem Gerichtsdiener, einem Kellner und einem Fleischerknecht sich zum »Färbeln« an den Tisch setzte, »indem er seine Uniform mit den Worten auszog ›nun spiele nicht der Offizier, sondern ein Privater‹«, so zeigt dies zumindest das Unbehagen an der Rolle, die man als Offizier übernommen hatte, wenn man sich die Freiheit des Spiels mit Zivilisten herausnehmen wollte. Durch diese Art seines Benehmens, den Umstand, daß er »mit gemeinen, angeblich unbekannten Menschen spielte«, und seine Bemerkung hatte er in den Augen des Hofkriegsrates »den Offiziers-Karakter allerdings kompromittirt«. Der mit der Kassation Konfrontierte führt zu seiner Verteidigung unter anderem an, »er habe mit ordentlich gekleideten Leuten« gespielt.[79]

1867/68 folgte ein weiterer Regulierungsversuch. Zur Disziplinierung »inkorrigibler« Offiziere wurde nach preußischem Vorbild die Einrichtung von Ehrengerichten beschlossen. Zu ihren Anliegen gehörte an prominenter Stelle das »Spielen, wenn es zur Ausbeutung der Kameraden benützt oder zu einer Erwerbsquelle gemacht wird« oder öffentliches Ärgernis erregt hatte.[80] Es ging um die Wahrung des Prestiges, das heißt um die Aufrechterhaltung einer »Elitemoral« unter Ausschluß der Öffentlichkeit.[81] Sogenannte Verbal- oder Realinjurien waren vorrangig dazu angetan, den *point d'honneur* des Korps zu beleidigen, während das Spiel als Vergehen nachgesehen werden konnte. Duelle sind hingegen im Zusammenhang mit Spielaffären selten dokumentiert.[82]

Im Zuge von Begnadigungsanträgen machten die verschiedenen beteiligten Stellen immer auch Milderungsgründe namhaft: die geringe Höhe der Spielsummen, wenn sie den Vermögensumständen der Spieler entsprachen und kein Ruin zu befürchten war; allfällige Jugend der Inquisiten, ihre Unerfahrenheit und Unkenntnis der Gesetze; das Spielen an nichtöffentlichen Orten; Alkoholisiertheit; Bewährung bei kriegerischen Aktionen; Rücksicht auf eine vielversprechende militärische Karriere, die man nicht verbauen wollte; die Einmaligkeit eines Vorfalls, durch den man einem Offizier nicht unbedingt die Existenzgrundlage rauben wollte; eine Verhältnismäßigkeit der Bestrafung im Vergleich mit involvierten Zivilisten. Durch Kassation war ein Offizier gebrandmarkt, die harte Strafe konnte die Existenz zerstören. Das wußten die Spieler so gut wie die Oberen.[83] Der Selbstmord des jungen Leutnants Wilhelm Kasda in Arthur Schnitzlers »Spiel im Morgengrauen« geschieht letztlich im Bewußtsein dieser Tatsache.

Zur generellen Unterdrückung durch die obersten Verantwortlichen kam eine individualisierende Einschätzung. Sie hob die Verbote zwar nicht auf, gestattete aber in Einzelfällen eine relativierende Nachsicht. Vom Appellationsgericht vorgelegte Milderungsgründe wurden in der Regel vom Kaiser per Begnadigungsrecht bestätigt. 1812 hatte ein 48jähriger pensionierter Kapitänleutnant in Schlesien bei einem Kaufmann Halbzwölf gespielt. Die Bank habe zwei bis drei Gulden betragen, er selbst habe bei anderen Spielern zwischen drei und sechs Kreuzern mitgesetzt. Der Hofkriegsrat war mit dem Obergericht einer Meinung, daß er folglich

> »ohne mindeste Gewinnsucht oder sonstige niedrige Absicht gespielt habe und die Grundabsicht jenes strengen Verboths, die verderblichen Folgen des hohen Glücksspiels, welches Ehre, eigenes und fremdes Vermögen dem Kartenfall opfert, hindanzuhalten, durch die vorliegende Uibertretung im Grunde nicht verletzt wurde«.[84]

In den Jahren 1853 und 1854 wurde in zwei Fällen darauf hingewiesen, daß »das Hazardspiel unter Offizieren die nachtheiligsten Folgen für den Allerhöchsten Dienst und das persönliche Wohl der Offiziere nach sich zieht, mithin mit aller Strenge hintangehalten werden muß«; doch ist gleichzeitig von der »Betrachtung« die Rede, daß das einem Leutnant zur Last gelegte Vergehen des Glücksspiels »an sich dem Offiziers-Charakter nicht abträglich«, nicht »ehrverletzend« sei.[85] Als Toleranz kann dies nicht gedeutet werden, allenfalls als Indiz für eine Verschiebung der Prioritäten.

Partikularistische Organisationsformen des Spiels

In den 1870er und 1880er Jahren registrieren die Verzeichnisse des Kriegsministeriums verschwindend wenig Glücksspielfälle – was selbstverständlich nicht bedeutet, daß kein Spiel mehr stattgefunden hat. Die publik gewordenen Fälle zeigen das Glücksspiel als eingeübtes Verhaltensmuster im Rahmen gruppenspezifischer sozialer Reproduktion zumeist unter Offizieren.[86] Möglicherweise hat mit der zunehmenden Konsolidierung des Heeres die Aufmerksamkeit nachgelassen, die ja ohnehin meist nur durch besondere Begleitereignisse oder Anzeigen erregt worden war. Ob sich die allmähliche Öffnung des Offizierskorps für breitere Schichten seit 1868[87] nivellierend ausgewirkt hat, muß dahingestellt bleiben. Karl Demeter, der 1965 das weitgehende Fehlen des Glücksspiels unter bayrischen Offizieren mit einem im Unterschied zum preußischen Heer »stärkeren bürgerlichen Einschlag« zu erklären versuchte, schreibt dem Spiel einen zu ausschließlich aristokratischen, »unbürgerlichen« Charakter zu.[88] Gewiß aber haben sich die Rahmenbedingungen gewandelt und ein verändertes Rollenverständnis des gesellschaftlichen Subsystems Militär bewirkt. Es hängt mit der im 19. Jahrhundert wachsenden Bedeutung des Heeres als der »einzige[n] wirkliche[n] gesamtstaatliche[n] Institution« der Habsburgermonarchie zusammen, deren integrative Rolle auch die Frage aufwirft, »ob der Militärapparat als kontrollierende Instanz im Übergang zur Massengesellschaft wirkte«[89] und dieser Prozeß über den Weg der Autozensur das Rollenverhalten des Militärs beeinflußte.

Nichtadeliges Spiel

Die nichtadelige Bevölkerung in ihrer Haltung zum Glücksspiel und beim Spielen selbst zu untersuchen bedeutet die Annäherung an ein gesellschaftliches Spektrum, das vom »zweiten Adel« (nobilitierte »Honoratiores« in der Diktion Johann Pezzls) beziehungsweise der »zweiten Gesellschaft« (Großhändler, Bankiers, Bildungsbürgertum, die »Intelligenz«) über die Industriebourgeoisie und das Kleinbürgertum der Handwerker, Händler und kleinen Beamten zu den eigentums- und besitzarmen bzw. -losen Unterschichten, dem »Volk« der Handwerksgesellen, Fabrikarbeiter, Taglöhner usw. reicht und die Bauern, Dienstboten und andere unterbäuerliche Schichten einschließt.[1] Eine simple Dichotomie Adel – Bürgertum ist hier um so weniger angebracht, als einerseits immer die »problematische Einheit des Bürgertums«[2] in Rechnung zu stellen ist, andererseits nicht alle der genannten Gesellschaftsschichten dem Bürgertum zuzuzählen sind. Wenig zielführend ist auch das statisch dualistische Konzept von Volk und Eliten, von Herrschenden und Beherrschten, das die neuere Forschung, ohne die Unterschiede aufheben zu wollen, zugunsten eines dynamischen Kulturbegriffs überwunden hat, der von Formen sozialer Aneignung und des Umgangs ausgeht.³ Die über die Aufklärung wirksam gewordene Abgrenzung von adeliger, stadtbürgerlicher und bäuerlicher Kultur war ebenso bestimmend wie die gegenseitige Beeinflussung und Übernahme von Elementen aus den jeweils anderen Kulturen.⁴ Norbert Elias zufolge ist die bourgeoise Kultur in ihrer Haltung gegenüber dem Adel zunächst von einer Assimilationsphase gekennzeichnet, in der sich die jeweils untere Schicht am Vorbild der oberen orientiert; auf sie sei eine Phase der Emanzipation gefolgt, in der die »wahren« bürgerlichen Tugenden als Gegensatz zu den als oberflächlich, »fremd« (auch im nationalen Sinn) und äußerlich empfundenen adeligen Verhaltensweisen betont worden seien. Daraus resultiere die spezifische Ambivalenz der mentalen Disposition des Mittelstandes im Verhältnis zur Aristokratie.⁵ Wie einseitig hegemonial ausgerichtet diese Theorie immer sein mag, sie liefert eine Basis für die von der gelehrten Schriftkultur tradierten Ideologie des bürgerlichen Selbstverständnisses. Dazu gehört die Entwicklung eines spezifischen Tugendsystems seit Beginn der frühen Neuzeit, die sich in den Rahmen eines Disziplinierungsprozesses stellt, wobei die aus der »Hauswirtschaft« herzuleitenden spezifisch »ökonomischen« Tugenden wie Ordnung, Fleiß oder Sparsamkeit seit dem beginnenden 18. Jahrhundert ins »Bürgerliche« transformiert und zur Kriminalisierung der Faulen, Müßiggänger und Bettler sowie zur Durchsetzung des »Produktionsfaktors Arbeit« durch den uniformierenden modernen Staat operationalisiert wurden.⁶

Die Quellenlage macht es ungleich schwieriger, diese Sozialgruppen über das Spiel zu identifizieren, als es bei Adel oder Hof der Fall ist. Über weite Strecken sind es die ideologisch-normativen Texte, in denen der Diskurs über das Spiel stattfindet. Polizei- und Gerichtsquellen bieten ein sehr diffuses und auch dünnes Bild, das kaum eine Systematik erlaubt, und die gedruckten Äußerungen nehmen selten explizit Bezug auf das Glücksspiel. Die in diesen Schriften erörterten Spiele sind so gut wie ausschließlich die sogenannten Kommerzspiele wie Hombre, Whist, Piquet, Tresette etc., was die Mehrzahl der Texte als Quellen für den Bereich der Glücksspiele nur bedingt brauchbar macht. Gleichzeitig orten zahlreiche theoretische und belletristische Werke, Reisebeschreibungen und Kulturstudien vom 18. bis in die Mitte des 19. Jahrhunderts den Bürger und die Bürgerin in notorischer Eindringlichkeit vor allem beim Kartenspiel. In der auffälligen Zunahme der Schriften sowohl zum als auch über das Spielen äußert sich der Reflex auf eine verbreitete soziale Praxis. Der Bürger als Spieler, so wie es der Adlige war oder zumindest zu sein schien, verursachte eine Verstörung, die auf dem Widerspruch zwischen normativem Anspruch und gelebter Wirklichkeit basierte und nicht zuletzt die von Norbert Elias namhaft gemachte Ambivalenz des Mittelstandes illustriert und bestätigt. Denn die Ideologie des sich artikulierenden Bürgertums in bezug auf das Spiel im allgemeinen ist durchaus ambivalent und schwankt zwischen Ablehnung und Inanspruchnahme. Es wird zu einem sozialen »Bedürfniß« erhoben, »insonderheit jetzt, da jeder Ort so gesellschaftlich« sei, schrieb beispielsweise Pastor

Witting 1788.[7] Zentren dieser Geselligkeit sind die Städte und hier die Gesellschaften »höheren Standes«. Wer in ihnen bestehen will, muß die Regeln der gebräuchlichsten Spiele kennen, denn das »Spielen ist gegenwärtig eine so gemeine und in der artigen Welt so nothwendige Sache worden, daß man kaum den Namen eines gesitteten Gesellschafters behaupten kan, wenn man in der Spielkunst ganz unerfahren ist«. Wer die Welt sehen und auf Reisen fortkommen will, muß spielen können.[8] Das Spiel ist ein Surrogat der »Conversation« und dient, anders als diese, zur Verwischung von Ungleichheiten und somit als Medium der nivellierenden Annäherung des Bürgertums an den Adel, weil man sich mit ihm »auch in Gesellschaft von Unbekannten vergnügen« kann.[9] So fand, wie Joseph Richter spöttelte, die Frau Hofrätin es nicht mehr unter ihrer Standeswürde, mit der Gemahlin des Konzipienten eine Partie Woyta zu spielen und ihr die Dukaten abzugewinnen.[10] Die Pluralität der Meinungen und Standpunkte wird in das Regelwerk der Spiele transponiert und durch dessen allgemeine Verbindlichkeit aufgehoben. In diesem Sinn sind Geselligkeit und Spiel Kennzeichen der »Verfeinerung«, die sich der Bürgerstand zu eigen gemacht hat.[11] 1756 kleidete der anonyme Verfasser einer Ode »An die Spiele überhaupt« die nachahmende spielerische Zugehörigkeit des Bürgers zur feinen Welt in anmutige Verse:

> »Der Bürger winkt dem Abend-Stern, / Und legt die Sorgen auf die Seite; / Folgt in der Lust dem Hof und Herrn, / eilt zur Gesellschaft und zur Freude. / Wenn er den Kummer lindern will; / Hohlt er, ermüdet von Geschäfften, / Bey dem am Hof beliebten Spiel / Sich wider neu geschöpfte Kräften.«[12]

Wenn nun das Spiel in seinen kultivierten Formen Ausdruck einer besonders zivilisierten Verfassung der Gesellschaft war, so gab es doch einen über diesem stehenden allgemeinmenschlichen, egalitären Anspruch. Ihn leiteten bürgerliche Schriftsteller aus einem im 18. Jahrhundert verstärkt vertretenen, an das Naturrecht angelehnten Konzept des Spiels als überzeitliches und universales Erbe der Menschheit ab, als eine über alle Zeiten und Standesgrenzen hinweg zu beobachtende anthropologische Konstante[13] – eine Auffassung, von der die meisten Theorien zu ludischen Phänomenen bis in die Gegenwart geprägt sind. Die Grenzen des Egalitarismus waren jedoch eng und wurden vor allem nach unten gezogen. So sehr das Spiel »allgemein beliebt bei Hohen und Niedern«[14] war, so gab es doch »die eigentliche Klasse«, für die es bestimmt war: »Dies sind eigentlich Männer, die den ganzen Tag sich um das Wohl des Staates, um die Wohlfahrth der Bürger, um das Wohl ihrer Gemeinde sich bekümmern, und unablässig dahin sich bemühen, Glückseligkeit zu verbreiten«, hieß es 1788 wohl im Hinblick auf die Klasse der Honoratioren und den Bürger aus der oben zitierten Ode. Während aber im ersten Fall (1756) die Abhängigkeit von höfischen Gewohnheiten als vorbildlich dargestellt wird, unterstreicht das zweite Beispiel von 1788 ein höheres Maß an bürgerlichem Selbstbewußtsein, das auf der individuellen

Leistung im Dienst der Allgemeinheit fußt. Für den Handwerker hingegen hielt der Autor von 1788 das Kegelspiel »angemessener«, weil er weniger Kopfarbeit leiste, folglich weniger Erholung als Ruhe nötig habe und allenfalls seinen Körper üben und stärken könne.[15] So bleibt der Diskurs hauptsächlich auf die gehobene, ökonomisch gesicherte und um gesittete Bildung bemühte Bourgeoisie beschränkt. Sie ist sich bei allen Assimilierungstendenzen der Unterschiede zur Aristokratie bewußt und setzt gesellschaftlichen Defiziten eigene Qualitäten entgegen. Wenn der Adel wegen seines Reichtums sorglos spielen kann, so darf sich der Bürger nur unter Beachtung vielfältiger Kautelen an den Spieltisch setzen – »mäßig und mit Vorsicht«, ohne Pflichtversäumnis, um wenig Geld und nicht in großer Gewinnabsicht, ohne seinen Wohlstand zu ruinieren und ein schlechter Mensch zu werden.[16] Unter diesen Voraussetzungen, der rationalen Beherrschung des schwer Kontrollierbaren, geriet das Spiel nachgerade zur Schule der Tugendhaftigkeit. In ihm können Ehrlichkeit, Uneigennützigkeit und Standhaftigkeit im Unglück gezeigt und geübt werden, meinte Christian Garve.[17] Unter der Oberfläche dieser teils kultischen Hymnen auf den Stellenwert des Spiels liegt ein anderes, genuin bürgerliches Motiv verborgen, das meist aus der Negation hervortritt. Garve sprach es deutlich aus: »Im Spiele, wie in Geschäften, gewinnt der Eine, indem der Andre verliert.«[18] Spiel ist nichts anderes als ein vergnügliches Geschäft,[19] und da dieses eine Domäne des Bürgertums ist, kann es auch hier seine Qualitäten unter Beweis stellen. Trotz des empfohlenen Verzichts auf Eigennutz machte Garve klar, wie sich die ökonomische Orientierung im Spiel spiegelt.

> »Es setzt nähmlich die beyden großen Triebfedern des Gemüths, die alles Interesse im menschlichen Leben erregen, in Bewegung, den Eigennutz und den Ehrgeiz. Es gewährt uns zugleich das Vergnügen eines Sieges: – es mag nun unser besseres Glück, oder unsere größere Geschicklichkeit seyn, welche denselben davon trägt.«[20]

Der kompetitive Grundzug dieses Programms scheint demnach Voraussetzung für den Erfolg, ob dieser nun das Glück des Tüchtigen ist oder Produkt der undurchschaubaren Marktmechanismen des Kapitalismus.[21] Hinfort wurde es nicht nur bei Ökonomen üblich, das Marktgeschehen in Metaphern des Spiels auszudrücken.[22]

Der Bürger prädestiniert zum Spieler? In dieser Eindimensionalität gewiß nicht. Denn in zahlreichen Schriften trat die bürgerlich-zivile Elitenkultur[23] als Gegner des Spiels auf, zum Teil in einfacher Umkehrung der Argumente, die seine Verteidiger hervorbrachten. Nicht zuletzt anhand dieses Themas grenzte die bürgerliche Kultur ihre Position gegenüber der ökonomischen Irrationalität der sowohl im adeligen als auch im Spiel der Unterschichten georteten Geldverachtung ab und verwarf es als unproduktiven Luxus und Verschwendung. Unter diesem Gesichtspunkt übten Bürgerliche – über das Medium der moralischen Wochenschriften – auch Kritik an »Renegaten« aus den eigenen Reihen, den Neuadligen, die sich Titel gekauft haben und dennoch

Bürger bleiben, denen Trunk und Spielschulden noch ungewohnt und äußerlich sind.[24] Lobten die einen das Kartenspiel in den Gesellschaften des bemittelten Bürgertums als Ersatz der Konversation, kritisierten es die anderen als deren Zerstörer. Es macht die Spieler in der Überzeichnung zu Fremden und sprachlosen Automaten und prägt die Gesellschaften durch öde Langeweile, in der kein Räsonieren mehr stattfindet.[25] Es kollidierte mit dem Bildungsanspruch des Bürgertums, wenn Literaten und andere »mit anstrengenden Geistesarbeiten« Beschäftigte viele Häuser »unzugänglich und ungenüßbar« finden, »weil man jeden dort eintrettenden sogleich mit den Karten in der Hand überfällt«.[26] In den Augen aufklärerischer Denker konterkarierte das Spiel die geforderte Grenzziehung zwischen Geschäft und Umgang, die die Voraussetzung für »Humanität«, die »Vereinigung des geselligen Wohllebens mit der Tugend« bilden sollte. Es ist hier noch einmal Immanuel Kant zu zitieren, für den es trotz gegenteiliger Beteuerungen ein

> »Erwerbsmittel war, wo Affekten stark bewegt werden, wo eine gewisse Konvention des Eigennutzes, einander mit der größten Höflichkeit zu plündern, errichtet und ein völliger Egoism, solange das Spiel dauert, zum Grundsatze gelegt wird, den keiner verleugnet«.[27]

Das galant-räuberische Verhalten der Angesprochenen steht dem Ziel der »vollkommen gerechten bürgerlichen Verfassung« entgegen, in der laut Kant zwar die »Privatgesinnungen einander entgegenstreben, diese einander doch so aufhalten, daß in ihrem öffentlichen Verhalten der Erfolg ebenderselbe ist, als ob sie keine solche bösen Gesinnungen hätten«. Es wäre dies die Überführung der *private vices* in *public virtues*, die auf der Grundlage der Fiktion einer dem freien Warenverkehr innewohnenden Gerechtigkeit postuliert wird.[28]

War die öffentliche Meinung ein Palliativ gegen schädliche Privatneigungen, so mußten diese in geschlossenen Zirkeln desto ungehinderter wirken. Ernst Brandes kritisierte die in den 80er Jahren des 18. Jahrhunderts als Gegenbewegung zu den gemischten Gesellschaften entstandenen Männerclubs und nannte an erster Stelle der nachteiligsten Folgen ihrer Ausbreitung und Frequenz

> »die zunehmende Wuth des hohen Spiels: Die Spielsucht, unter allen Leidenschaften die selbstischste, diejenige, die Geist und Herz am meisten vertrocknet, am dürftigsten macht, den ökonomischen Zustand am stärksten zerrüttend, erhielt durch Beispiel, Eitelkeit, Langeweile, eine Ausdehnung und Höhe, die ihr in der Maaße nur durch die Clubs zu Theil werden konnte. Ganz etwas anderes war es, wenn Einzelne durch viel seltener sich darbietende Zufälligkeiten der Sucht des hohen Spiels erlagen, und sie unbemerkt im Kämmerlein befriedigten; anders, wenn sie offen ihrer Leidenschaft folgten, durch Beispiel und Eitelkeit, auf junge Männer besonders so influirend, der fürchterlichen Krankheit die möglichste Verbreitung ertheilten.«[29]

Der pathologische Befund zeigt den Widerspruch zum geforderten Gemeinwohl und Gemeinsinn, in dem idealtypisch die individuellen Ambitionen aufgehen sollten.[30]

In zwei Aspekten war jedoch eine Annäherung der ablehnenden und der befürwortenden Positionen möglich. Zum einen war es der Trend zu den sogenannten »kleinen« oder harmlosen Gesellschaftsspielen, die um so mehr Zustimmung fanden, als sie den Rückzug in den privaten oder familiären häuslichen Bereich, die »Familisierung der Freizeit«[31] förderten und keine oder nur unbedeutende Einsätze im Spiel waren. Mehr noch: Sie schienen das geeignete kulturelle Ausdrucksmittel, um den sozialen Ambitionen der Träger der neuen Reichtümer aus Handel, Gewerbe und Finanzkapital in einem nur scheinbar müßigen Bereich Geltung zu verschaffen. Deshalb hießen sie auch Kommerzspiele.[32] Dieser Orientierung liegt aber ein programmatischer Verzicht auf Glücksspiele zugrunde, mittels dessen auch Gesetzestreue und Loyalität demonstriert werden konnte. Die 1756 in Wien und Nürnberg gedruckte umfangreichste deutschsprachige Spielregelsammlung des 18. Jahrhunderts beschränkte sich darauf, »von einer erlaubten Sache, auch erlaubte Regeln mitzutheilen« und enthielt sich daher, »von den blosen von der weltlichen Obrigkeit so scharf und [...] billig verbottenen Glücks- oder Hazard-Spielen einige Regeln, oder nur die geringste Anleitung zu geben«.[33] Denn, und das ist die zweite Gemeinsamkeit, Glücksspiele lagen für die weitaus überwiegende Zahl der bürgerlichen Theoretiker jenseits aller Akzeptanz: »Diese gehören in die sittenverderbende, namenlos elend machende Rubrik menschlichen Unsinns«, urteilte 1788 ein Befürworter des Kartenspiels, weil sie nicht »vernünftig, nach festgesetzten Grundsätzen« gespielt werden können.[34] Das bürgerliche Programm hieß Mäßigung, die Ökonomie des Hasardspiels jedoch bedeutete potentielle Entgrenzung. Es schien vor allem dazu angetan, unmäßige Leidenschaften zu erregen, Betrug, Gier und Gewinnsucht zu fördern und stand damit diametral zum bürgerlichen Werte- und Normensystem, das auf Ausgeglichenheit, vernunftmäßiges und berechenbares Verhalten zielte.[35] Es bedrohte das Vermögen, wie denn auch umgekehrt seine Gefahr aus dem Reiz zu gewinnen resultierte. Wie durch unmäßige Lektüre (»Lesewuth und Spielwuth« waren dem »Journal des Luxus und der Moden« die »zwei Furien des Luxus«) bestand die Gefahr einer berauschenden Vorstellungswelt, die »eine enorme Selbstbeherrschung, eine regelrechte neue Sozialisation« erforderte.[36] Wo sie nicht gegeben ist, kann das Spiel zur fundamentalen Gefährdung des Kapitals und damit der nationalen Ökonomie führen. So lehnte der Wiener Kommerzienrat 1767 einen Antrag auf Etablierung des Glücksspiels zur Finanzierung des Triester Theaters ab, weil Untersuchungen erbracht hätten, daß »das berüchtigte Falliment des Handlungs-Hauses Limburger, und Lutyens« auf das Spiel zurückzuführen sei; durch »Spielunternehmer« und Glücksspiel entstehe eine »Unwirthschaft, welche dem redlichen Handelsmanne, und dem Bürgerstande das mit seinem Fleise erworbene Vermögen haufenweis abzujagen trachten«.[37] Als Folge der eingerissenen Spielleidenschaft sei es in Bern, Fribourg, Lausanne und Luzern zu Bankrotten reicher Bürger gekommen, schrieb Daniel Detrey, Mitglied des Großen Rates, 1799. In einem Augenblick seien zuerst ihre großen Vermögen zusammengeschmolzen, dann die der Kreditoren.[38] Ein österreichischer Beamter bezeichnete 1828 die Glücksspiele als »eine Pein für die bürgerliche Gesellschaft«.[39] In Friedrich Schlegels tendenziell »antibürgerlichem« Roman »Lucinde« (1799) wird die Erfahrung des Pharaospiels des jungen männlichen Protagonisten zum Raster sowohl sozialer als auch lebenszyklischer Distanzierung.[40] Dagegen schrieben die einer pädagogisch motivierten Volksaufklärung verpflichteten Autoren gegen das Spiel als Antipode nützlich umzusetzender Ideale an. Entscheidend dabei ist, daß in der moralischen Ökonomie des Bürgertums Ideale, Tugend und Glückseligkeit quantifizierbar sind. In Christian Gotthilf Salzmanns herrnhuterisch beeinflußtem Roman »Carl von Carlsberg« (1783–88) hat der Protagonist bereits entsprechende Verluste gemacht, als er seine Betrachtungen dem Spiel zuwendet: Es sei ein »zeitverderbender«, falsch verstandener Zeitvertreib, der die »Kräfte« der Menschen von guten und nützlichen Taten abzieht, und es wäre leicht zu »berechnen [...], wie viele Glükseligkeit unserm lieben Vaterlande, blos durch das Kartenspiel, entzogen werde!«.[41] Unter umgekehrten, nämlich republikanischen Vorzeichen schlug Ludwig Börne in die gleiche Bresche: »Wenn man alle die Kraft und Leidenschaft, [...] die jährlich in Europa an Spieltischen vergeudet werden, [...] zusammenspare – würde es ausreichen, ein römisches Volk und eine römische Geschichte daraus zu bilden?« Vor allem Glücksspiele, aber auch andere kulturelle Institutionen (Gesellschaftsspiele, Romane, Opern, elegante Zeitungen, Casinos, Teegesellschaften, Lotterien, Lehr- und Wanderjahre etc.) seien eingeführt worden, um den als Römer (= Republikaner) geborenen Menschen »zu entrömern« und damit »die überflüssige Kraft unmerklich verdünste«.[42] Von dieser frühen Theorie des Spiels als Ventilfunktion sozialer und politischer Energien war es ein kleiner Schritt zum nationalpolitisch motivierten Kampf des liberalen Bürgertums gegen das öffentliche Glücksspiel. Die bürgerliche Publizistik des 18. und 19. Jahrhunderts richtete sich gegen verschiedene Glücksspiele und vor allem gegen die deutschen Spielbanken als Produkt des nunmehr auch national »Fremden«, indem sie sie – fälschlicherweise – als französische Importe desavouierte.[43] Und warum hätten sich die Gegner dieser Einrichtungen dermaßen ereifern sollen, wenn nicht zumindest ein Teil des deutschen Adels und Bürgertums im Glücksspiel eine angemessene Betätigung gefunden hätte?

Die rigide Abwehrhaltung der in Auswahl herangezogenen programmatischen Schriften verdeckt ein auch im bürgerlichen Milieu schon vor dem 19. Jahrhundert ausgebildetes[44] und eingeübtes soziokulturelles Verhaltensrepertoire. Immanuel Kant verlieh in seiner »Anthropologie« (1798) dem Bürger ein Profil als Glücksspieler. Indem er die Spiele »des Mannes im Schach- und Kartenspiel« neben die »des Bürgers, der in öffentlichen Gesellschaften mit Faro oder Würfeln sein Glück versucht«, stellt,[45] be-

Nichtadeliges Spiel

Abb. 3: Pharaospieler, Abbildung aus dem »Almanach für Karten- Schach- und Pharaospieler auf das Jahr 1804«.

nennt er eine soziale Qualität in einem bestimmten sozialen Raum durch eine spezifische kulturelle Praxis. Wie eine Bestätigung dieser fast beiläufigen Selbstverständlichkeit liest sich die Beobachtung des Verfassers eines Schreibens an den Hamburger Senator Westphalen aus dem Jahr 1795: Eine der genannten Pharaobanken sei jene, »alwo die hiesigen Bürgers täglich zum Spielen gehen«.[46] 1752 sprach das Gesetz in Österreich von dem »unter dem Adel als Bürgerstande« betriebenen Glücksspiel.[47] 1758 beobachtete der Obersthofkämmerer Khevenhüller das Glücksspiel als in Wien endemisch. Man habe der Kaiserin »so offt und nachdrucklich zu erkennen gegeben, wie die Excessen dissfahls täglich zunehmeten, also zwar, daß sogar in denen offentlichen Caffé und Wirtshäusern, ja bei denen Burgern und Handwerckern fast den ganzen Tag über Pharaon gehalten wurde«.[48]

Damit stellt sich erneut die bereits mehrfach angeschnittene Frage nach der Abhängigkeit des bürgerlichen vom adeligen Glücksspiel. Laut Khevenhüller betrieben Bürger und Handwerker das Pharao unter dem Einfluß des Hofes. Bereits 1743 habe man vernommen, »daß man sich in der Statt auf das Schönbrunner Beispill steiffen und offentlich Pharaon und andere verbottene Spill introduciren wollen«. Trotz des erneuerten Verbots sei es nicht möglich gewesen, es gänzlich »abzustellen, weillen das Lansquenet und Pharaon bei Hoff dennoch continuiret wurde«.[49] 1758 hingegen habe man es »des gutten Beispills wegen« aufgegeben. Die These vom Transfer kultureller Formen von der Spitze der gesellschaftlichen Hierarchie zu ihrer Basis beeinflußte schon im 17. Jahrhundert die Einschätzung des Glücksspiels in nichtadeligen Schichten. Colbert meinte 1671, wenn das Hoca ein Spiel des Pariser Hofes werde – was der Fall war –, würde es alsbald auch eines der Bürger, Händler und Handwerker werden.[50] Ludwig Hartmann schrieb 1678, junge Adlige brächten die Gewohnheit zu spielen vom Hof »mit nacher Haus, wo sie andere ihres gleichens / oder auch geringere burgerlichen Stands damit« ansteckten.[51] Unter Hinweis auf das öffentliche hohe Spiel im Wiener Hoftheater prangerte Friedrich Nicolai die Nachahmung durch den »leonischen Adel« an.[52] Ein anderer Reisender deutete zur selben Zeit an, daß vormals »Negocianten« mit »Verlieren im Spiel« sich hervorgetan hätten; nun schäme man sich dessen und es bleibe kaum mehr als »eine glänzende Tafel«.[53] Andere bürgerliche Schriftsteller wurden nicht müde, bürgerliches Spielen als Fehlverhalten anzuprangern, durch das der Luxus der Vornehmen und Großen, »welche keine andere Art von Beschäftigungen in Prunkgesellschaften anständig für sich halten«, nachgeahmt werde.[54] Tatsächlich glich die Gestaltung der Abendgesellschaften des Wiener Bürgertums in der ersten Hälfte des 19. Jahrhunderts der des Adels.[55] Darin spiegelt sich das Zusammenrücken der »zweiten Gesellschaft« und der Aristokratie.[56] Es ist demnach eine aristokratische Haltung, die im Spiel zur Schau gestellt werden kann, die soziale Valorisierung des Geldverkehrs bzw. die Monetarisierung der Werte, worauf schon im Kapitel über das höfische Spiel hingewiesen wurde. In einer von Wilhelm L. Wekhrlin für Wien aufgestellten Luxustabelle rangiert hinter der »Kunst, Tafel zu geben« und der Anzahl der Domestiken die »Kühnheit zu spielen«.[57] Mitunter diente das unter dem Adel verbreitete Spiel Bürgerlichen wirklich zur Rechtfertigung. 1792 gab ein 37jähriger Hamburger Bürger und Rentier an, er habe das Spiel in einer Pharaopartie »nicht strafbar geglaubt, weil es bekannt sey, daß die vornehmsten Leute hier in der Stadt wohl mahl nach dem Abendeßen ein weit beträchtlicheres Faro oder Hasardspiel machen«.[58] 1800 berichtete die Vormundschaftliche Kammer von Bückeburg, daß das Hasardspiel unter Bürgern, Bauern und der »niedrigeren VolksClasse« in den Schenken und Wirtshäusern »sehr großen Eingang gefunden« habe, daß aber »von Obrigkeitswegen, solange ein privilegirtes Spiel zur Clus existirt, nicht gar füglich wird Einhalt geschehen können«.[59] Zweifelsohne haben höfische und aristokratische Gewohnheiten auch das Repertoire an Umgangsformen, Gesten und Ritualen anderer Bevölkerungsschichten beeinflußt. Kants »höfliche« Plünderer und die oben zitierte Ode an das Spiel von 1756 weisen beispielsweise darauf hin. In diesem Sinn dient die Abhängigkeit von den herrschenden Schichten und Klassen sowie deren »zivilisierter« Elitenkultur als Form des »abgeleiteten Klassenbewußtseins« auch zur Realisierung von Distinktion.[60] Von einer simplen Nachahmung der Spielvorlieben ist aber nur bedingt zu sprechen, wenn denn das Urteil Sigismund Schwabes im 16. Jahrhundert zutrifft: »Nicht allein gemeine schlechte Leute / sondern auch fürneme Leute« hätten Karten und Würfel in Gebrauch.[61] Ebenso in Umkehrung gängiger Ansichten hieß es in einer »Dissertatio moralis de ludis« von 1678: »Ludus chartarum est plebejus et vilis.«[62] Auch Colbert war offenbar nicht hinreichend informiert, denn schon 1659 lagen die gedruckten Regeln des Hoca mit dem Hinweis vor, daß es in Paris täglich außer an Sonn- und Feiertagen öffentlich zugänglich sei.[63] Man könnte daher von einer osmotischen Distribution bestimmter Glücksspielformen und -gewohnheiten zu gewissen Zeiten ausgehen, wobei die Höfe, die selbst dieser Dynamik ausgesetzt waren, als Katalysatoren wirken konnten. Davon können bestimmte Spiele und vor allem die dem Hof oder der Aristokratie näherstehenden Schichten betroffen sein.

Seit der Mitte des 18. Jahrhunderts waren zusätzlich andere Faktoren im Repertoire bürgerlichen Spielverhaltens wirksam. Gerade das privilegierte Lotto di Genova, das die Spielsehnsüchte der Bevölkerung kanalisieren und disziplinieren sollte (E. Saurer), zog, angeblich zu seinem eigenen Schaden, in den sechziger und siebziger Jahren des 18. Jahrhunderts teils private, teils öffentliche Ausspielungen von Waren aller Art nach sich. Nicht nur in Österreich setzten Spieler sowohl auf die im Zahlenlotto gezogenen Nummern als auch in besonderen Lotterien auf mehrere Zahlen und veranstalteten Würfellotterien. Wie es hieß, soll in Einzelfällen der Lottopächter im Einvernehmen mit den Veranstaltern gestanden haben.[64] Die Beschwerden, die er führte, und das Interesse des Staates an den Steuereinnahmen deuten aber auf das Gegenteil hin. Noch in den Jahren 1840–1843 waren im Riesengebirge Kommissionen im Einsatz, um die »blaue Lotterie«, verbotene Privatlotterien vor allem in den Grenzregionen Böhmens, zu untersuchen.[65] In Wien benutzten die Lottospieler das Traunlspiel (auch Kakelorum) mit 90 Nummern, das »in jedem Lotterieladen« stand, um die zu besetzenden Zahlen zu ermitteln.[66] Was hier zum gewünschten Lottospiel beitrug, war anderswo als Glücksspiel verboten.[67]

Ungeachtet der relativ dünnen Quellenlage kann man für Wien ebenso wie für andere große Städte von einem ständigen Angebot an mehr oder weniger zugänglichen Glücksspielgelegenheiten ausgehen, die nicht nur Adligen vorbehalten blieben. Die Grußformel des Patents vom 22. Dezember 1723 (und desjenigen von 1730) galt »absonderlich aber denen, die allhier öffentlich Spill und Banco halten«.[68] Daneben wurde stets »das heimblich-hohe Winckel-Spielen« mit Bassette, Trente Quarante, Landsknecht erwähnt. Die verschärften Strafbestimmungen des Patents vom 15. März 1707 verdeutlichen, daß kommerzialisierte Spielmöglichkeiten bestanden. Unter Bezugnahme auf das Bassette galten differenzierte Strafsätze für den Tailleur bzw. Bankhalter (1000 Dukaten), die Spieler (1000 Reichstaler) und den Haus- oder Quartierinhaber, »aus dessen Konevenz und Zulassung dergleichen verbotenes hohes Spiel geschieht«.[69] »Stehende Banquen«, wie sie Ende des 18. Jahrhunderts in Hamburg bezeugt sind, heimliche Hasardspiele in einigen Häusern von Triest 1799, »täglich sich vermehrende Faro Banquen« in Gast- und Kaffeehäusern wie 1807 in Pest, wo 1811 von »immerwährend zwey förmliche[n] Pharao-Banken« die Rede ist, die 1807 in der jüdischen Gemeinde (»im Tempel«) von Prag entdeckte Pharaogesellschaft oder die 1828 »ohne Scheu« getriebenen Hasardspiele in den Kaffeehäusern von Preßburg/Bratislava[70] sind vereinzelte Schlaglichter in den Polizeiberichten vorab des 19. Jahrhunderts. Meist sind sie nur sehr vage, oft bleiben sie in Anzeigen, Andeutungen und unbewiesenen Verdächtigungen stecken, ohne gerichtliche Handlungen zu dokumentieren und fast nie so angelegt, daß die Spieler zu Wort kommen.

Die Spieler einer 1811 von einem Offizier, einem Spediteur und einem Juristen organisierten Partie wurden in einem Wiener Wirtshaus und im Theater angeworben. In einem Zeitraum von zwei Monaten spielten sie insgesamt elfmal Zwicken und Halbzwölf bei einem Mindestsatz von 3 Gulden, der sich auf 20 bis 30 erhöhen konnte und Verluste von bis zu 400 ermöglichte.[71] Private Spielbanken gaben 1810/11 der »bekannte Spieler« Gilczewsky in der Wohnung eines Jägeroffiziers, der mit einem Major, einem Hauptmann, einem Kammerdiener und einem nur namentlich bezeichneten Juden zusammenarbeitete.[72] Die Polizei war informiert und untersuchte verdächtige Wohnungen nach Vorräten an Geld und Spielkarten.[73] 1817 bemerkte sie, daß in Wien »eine eigene Gesellschaft für Pharao« bestehe, in der beträchtliche Summen zirkulierten. Möglicherweise handelt es sich um die »Pharobank in der Weinburggass'n« (wohl Weihburggasse), die der »Eipeldauer« 1816 mit anderen »Winkl-Pharotischen« nannte.[74] Als Betreiber bzw. Wohnungsinhaber wurden der Großhändler Callmann und ein Baron Heller Bertram genannt.

> »Von dem hiesigen Großhändler Callmann behauptet man, er hätte längst schon Crida ansagen müssen, wenn er sich nicht durch die großen Summen, welche derselbe in Hazardspielen, die bey ihm in Geheim gemacht werden, gewinnt, zu helfen wüßte. Die Spiel-Conventikeln würden sich erweitern und immer dreister. Der Unfug nehme so sehr über Hand [...], daß schon in manchen Zirkeln davon mit Befremden gesprochen wird. Callmann, so hieß es 1818, habe den ganzen letztverflossenen Winter hindurch Nachts in seinem Hause eine Pharobank unterhalten [...], durch welche manche Familien Väter, u. junge Leute zu Grunde gerichtet worden seyen.«[75]

Ein Kallmann taucht noch zehn Jahre später im Zusammenhang mit Glücksspielen in Preßburger Kaffeehäusern auf.[76]

Es gebe »auch [!] unter den Bürgern viele Hazardspieler«, hieß es 1825 aus Wien. Konkret wurde die Polizeioberdirektion »über statt findende Hazard-Spielen die unter den hiesigen Bürgern, ins besonders in der Wohnung des Gastwirthes zum Eychhof, List, statt finden sollen«, informiert. Der Wirt gebe »im 2. Stock oft solche Banquen; Rouge et noir, Pharao, Onze et demie etc. Spielgäste sind unter andern ein gewisser Baum«, der von anderen Spielpartien bekannt war, ein Schätzmeister Meyer, ein Leutnant und andere. »Auch der Wirth Mahl in der Leopoldstadt zum Schwane in

Abb. 4: »Erheiterung am Abend«. Kupferstich von W. Jury.

Gesellschaft mit dem Kaufmann Müller«, einem Leinwandhändler und anderen »haben permanente sogenannte Halbzwölf Parthien. Gewöhnlich fahren sie nach Heiligenstadt in eine Mühle, wo erst unlängst der Kaufmann Müller 5000 fl. CM. verlohren hat«.[77] Neben Billard und Schach an öffentlichen Orten sowie Whist und Boston in Gesellschaften gab es »einige heimliche Pharao-Bänke, die natürlich nicht ohne Mitwissen der geheimen Polizei bestehen können«, hieß es 1827.[78] Leopold Graf von Schirnding ging so weit, das Spielen verbotener Spiele ironisch als eine der »Freyheit[en]« des österreichischen Bürgertums im »Vormärz« oder »Biedermeier« darzustellen.[79] Es ist nicht anzunehmen, allerdings auch schwer zu belegen, daß die von Schirnding namhaft gemachte »Freyheit« des Spielens verbotener Spiele nach der

Revolution von 1848 wesentlich zurückgegangen ist. Die Quellen sind aber für die zweite Hälfte des 19. Jahrhunderts deutlich schweigsamer als davor. Als die »Theaterzeitung« 1856 die Wiener Spiellandschaft auslotete, schilderte sie die Glücksspiele in den Spielbanken der Badeorte und meinte, daß dergleichen Spieler und solche Spiele in Wien »wenig oder gar nicht anzutreffen« wären. Hier gebe es »von Spielen um Verlust und Gewinn: das Börsen-, das Lotto-, das Karten-, das Billard-, das Schach-, das Domino-, das Kegel- und das Würfelspiel«.[80] Da es dem Verfasser des Artikels darum ging, die Machenschaften von Berufsspielern beim Billard zu enthüllen, präzisierte er weder das Kartenspiel noch das Würfeln. Und weil die Publizistik dieser Zeit sich hauptsächlich mit dem öffentlichen Spiel in den deutschen Spielbädern beschäftigte, gerieten private Glücksspielpartien in Österreich in den Schatten dieser zumeist als Skandalon dargestellten Institutionen. Mit dem letzten Drittel des Jahrhunderts beginnt dann die intensivere Beschäftigung der Tagespresse mit dem Phänomen Glücksspiel auch ein dichteres Bild zu vermitteln.

Die populärsten Formen nichtadeligen Spiels seit der frühen Neuzeit waren Würfeltische und die sogenannten »Trähe Prendten« (Drehbrenten; Drehbretter), die beispielsweise 1654 in Wien vor dem Schotten- und dem Kärntner Tor die Spieler anzogen.[81] Seit 1642 mehrfach ausdrücklich verboten bzw. durch kaiserliches Privileg konzessioniert, kam es im August 1690 zu einer von der niederösterreichischen Regierung angeordneten Bestandsaufnahme der in den Wiener Vorstädten »seithero der [Türken-]Belagerung, Neu aufgebrachten« öffentlichen Spiele, die zumeist im Zusammmenhang mit Kegelbahnen, aber auch als eigene Spieleinrichtungen auf offener Straße betrieben wurden. Der Rumorhauptmann Georg Raab fand zehn Betreiber, denen ihr unbefugtes Treiben »eingesagt« wurde. Es gab bei der Kirche St. Ulrich »auf den Pergl vndt offentlicher gaßen, bey der Langen Köglstätt Ein Trähe Spill«; oberhalb des Zaunerischen Hauses das »Trähe vndt WürffelSpill«; beim »Schottischen Garten, auf der gassen, Ein Lange Köglstatt vndt darbey Ein TräSpill; Bey der gulten Kandl« im Wirtshaus »ex parte […] bey der Langen gedekhten Köglstatt« das »Trähe Spill«; im »Krobathen Dörffel« und bei Mariahilf »auff offener gaßen« eine lange Kegelstatt und zwei Drehspiele; auf der Laimgrube bzw. Windmühl an der Straße eine lange Kegelstatt und ein Drehspiel; in der Leopoldstadt auf offener Gasse ein Drehspiel; auf dem »Spörken Püchl« neben einer langen Kegelstatt ein Drehspiel; unter den Weißgerbern bei einer langen Kegelstatt ein Dreh- und ein Würfelspiel. Einige der Spieltische waren an »Schollerer« (Spielunternehmer) verpachtet, in Mariahilf war es der Richter, der die zwei Drehspiele an sie »vmb gewissen Bestandt verlaßen« hatte. In der Leopoldstadt wurde das Drehspiel von einem »Spiller Nambens Schäzel auffgerichtt«.[82] Damit war nur ein Teil der Spielgelegenheiten erfaßt. Denn der Rumorhauptmann erwähnte, »waß sich Etwan innoch anderen Häumblichen Orthen, vndt

Wünkheln befündten möchten«. Im März 1696 ordnete die Regierung an, daß Drehspiele und Brenten wie die unweit des Getreidemarkts aufgestellten abgeschafft werden sollten.[83] Abraham a Sancta Clara hielt die Attraktivität dieser Einrichtungen fest, schrieb ihnen aber einen jahreszeitlich geprägten Charakter zu: »Die gemeinen Leuthe fliehen in dem Sommer in die Gärthen, Brenthen und Kegelstädt aus.«[84] Das Runde-Kugel-Spiel wurde in den 1720er Jahren den ganzen Sommer hindurch auf dem Glacis vor dem Burgtor betrieben.[85] »Banco= oder Würffel Tisch« waren neben »Brendten mit Bredtspill, Karten, Würffel«, Ballhäusern, Billards und Kegelstätten immer noch die Orte, »wo Jederman vmb sein geldt nach belieben spillen kan.«[86] Diese Möglichkeiten, die »jedermann« je nach sozialer Zugehörigkeit unterschiedlich zur Verfügung standen (die Brenten der »gemeinen Leute« gegen die Billards in den Kaffeehäusern), wurden allerdings durch die laufend erlassenen Glücksspielverbote drastisch beschnitten. Glücksspiele wurden von der Straße verdrängt und vermehrt im institutionalisierten Rahmen von Gaststätten und anderen begrenzten Freizeiträumen integriert.

Vor allem für die nichtadelige Bevölkerung ist die Topographie des männlich dominierten Spiels die der öffentlichen Lokale. 1714 wollten vier Wiener Kaffeesieder, deren Räumlichkeiten für Billardtische zu klein waren, von der Regierung die Erlaubnis für die »geringen und zuer Zeitvertreib zuelässige Kartten- und Würffelspill« erwirken. Das Ansuchen wurde jedoch als kaschierter Versuch interpretiert, verbotene Spiele zuzulassen – bedurften doch »zuelässige« Spiele keiner Bewilligung.[87] 1745 wurde den Kaffeesiedern gestattet, Billards zu führen, mit der Einschränkung, daß diese zu ebener Erde (also nicht im ersten Stock, wo oft auch andere Spielpartien stattfanden und – wie beispielsweise in Aachen – die Pharaobank etabliert wurde!) oder in einem Nebenzimmer, ebenfalls mit Fenstern, die auf die Gasse führten. Abends und nachts durften »nur inwendig die Vorhänge an denen Fensterläden« zugemacht werden,

> »allermassen auf solche Weis die hohe und unerlaubte Spill, oder einschichtige Zusammenkünfften ganz füglich aufgehobe werden, und die aller Orthen angestelte Wachten so gar ohne besondere Visitirung nur im Vorbeygehen anmassenden also gleich beobachten, folgsam dieses zum vornehmenden Eingriff, und alsdann fürkehrenden Bestraffung des Spillhalters, und Spillern anzeigen können«.[88]

Die rigiden Spielverbote richteten sich auch an die Wirte. Ihnen war es im 18. Jahrhundert untersagt worden, »bei verschlossner Thür die Gäste spielen, oder sitzen zu lassen«. Bei wiederholter Übertretung, das hieß »mit Ziehung eines Vortheiles sträflichen Unterschleif geben, oder [...] auch nur dulden«, drohte der Entzug der Gewerbeberechtigung. Wirts- und Schankhäuser sollten nach der »Gesindeordnung« von 1784 regelmäßig von der Polizeiwache auf straffällige Wirte und Spieler überprüft werden. Spielverbote hatte in Wien angeblich »fast ein jeder Würth in seiner GastStuben«

ausgehängt, sie waren außerdem »bey allen Thören offentlich angeschlagen«.[89] In Freistadt wurde 1802 nach einer Spielverhandlung in jedem Gasthaus die Verordnung von 1792 angebracht, was aber noch lange ein Desiderat blieb. Für das oberösterreichische Mühlviertel schien es 1841 »wünschenswerth«, jedem Gast- oder Kaffeehaus ein gedrucktes Exemplar des Regierungsdekrets gegen die Glücksspiele »nach Thunlichkeit« zukommen und es überdies dreimal in die Provinzzeitungen einschalten zu lassen.[90] 1854 wurde Viktoria Zaillenthal wegen Gestattung des Kartenspiels und Nichtaffizierung des Verbots verurteilt.[91] Die Frau war vermutlich Besitzerin einer Branntwein- oder Surrogat-Kaffeeschenke, wo seit 1835 das Kartenspiel und seit 1857 jegliches Spiel verboten war, weil hier das lange Sitzen beim Spielen vom Trinken begleitet war.[92]

Seit der frühen Neuzeit waren außerdem religiös legitimierte Mandate zur Kontrolle und Disziplinierung von Zeit und Ökonomie des Kirchenvolks wirksam.[93] Spiele in öffentlichen Lokalen waren seit 1772 an Sonn- und Feiertagen auf dem Land vor 15 Uhr, in den Städten vor 16 Uhr verboten. Das Verbot wurde 1785 bekräftigt und 1795 allgemein auf 3 Uhr gemildert.[94] Daraufhin (1796) baten die Wiener »Wasserbrenner« und Kaffeesieder, an Sonn- und Feiertagen »gleich nach dem Mittagsmahl spielen lassen zu dürfen«.[95] Seit 1798 galt für Niederösterreich, daß man nach geendigtem Gottesdienst spielen dürfe.[96] Der allgegenwärtige Polizeiblick und die gewünschte Transparenz der Spielerwelten zeitigte jedoch nicht die beabsichtigte Wirkung. Am 31. Februar 1772 erging an die niederösterreichische Landesregierung die hohe Verordnung gegen das in »Wirths- Bier- Caffee- Traiteurs- und anderen Leutgebs Häusern in Schwung gehende Würflspillen«. Den Gewerbsleuten wurde die baldigste »Kundmachung an ihre Mitbrüder und Subalterne« und ein Jahr später die Zustellung an die Hausinhaber der Schankbetriebe mittels eines gedruckten Avertissements unter Strafandrohung aufgetragen.[97] Anläßlich des 1788 verbotenen »jüdischen Spiels O[c]ka oder Gespenst« verwies das »Patriotische Blatt« seine Leser in die Kaffeehäuser, wo man »Bürger, die von ihrem Gewerbe kaum den Unterhalt sich, und ihren Familien verdienen können«, ganze Tage am Spieltisch sitzen sehen könne.[98] 1803 verbot man den Studierenden den Besuch jener öffentlichen Orte, »wo Verführung zum Spiel nahe ist«.[99]

Wirte hatten ein kommerzielles Interesse am Spielbetrieb, weil das Spiel zu einem der wichtigsten Motive für den Besuch eines öffentlichen Lokals wurde. Der Wirt einer Hamburger Weinschenke meinte 1792, wenn er die ohnehin wenigen Gäste wegen eines unbedeutenden Pharaospiels wegweise, »so gehet der Bürger dahin, wo er Spiehl findet, welches ihm nicht schwer werden wird, da dieses durchgängig im ganzen Publico statt findet«.[100] 1811 beklagte sich der Wirt der »7 Churfürsten« in Pest, daß man den Gastgebern und Kaffeesiedern Spielgesellschaften verboten und den »Herren Cavaliers eingeraumt« habe.[101] Die ungesetzliche »Duldung« des Spiels seitens der

Wirte ist somit die eine Voraussetzung der symbiotischen Beziehung zu den Spielern. Es gehörte zu den traditionellen Funktionen der Wirte, Licht, Karten und Würfel bereitzustellen sowie den Spielern Geld zu leihen. 1732 hieß es über den Heckenwirt Frank im bayerischen Ansbach, es

> »gehe das spielen bey [ihm] so starck, daß öfters an dreyen tischen zugleich gespielet werde, und habe der würt oder die würtin von jedem spiel einen halben gulden sogenanntes schollergeld, bringe auch öfters so viel und mehr schollergeld zusammen, als einer und der andere gewonnen oder verspielt haben«.[102]

Der Wirt des Beutlerschen Kaffeehauses in Fünfkirchen/Pécs, wo sich seit 1817 eine aufsehenerregende Partie etabliert hatte, habe für ein Paket Karten zwischen fünf und zwanzig Gulden erhalten und so »einen schönen Nutzen gezogen«.[103] Diese Beträge können aber nur durch eine Art regulärer Spielpacht bzw. durch eine an den vergleichsweise hohen Spielsummen orientierte »Risikoversicherung« zustande gekommen sein. Da überdies bei einigen Kartenglücksspielen, wie eben beim Pharao im genannten Kaffeehaus, die Karten ständig erneuert wurden, ließ sich durch ihre Bereitstellung wesentlich mehr Geld machen als durch die Einnahmen aus erlaubten Spielen. 1792 hatte jeder Spieler in Wien für Piquet- und Tarockkarten tagsüber 7 Kreuzer und nachts 10 Kreuzer zu erlegen; 1804 wurden für ein Kartenspiel 12 bis 17 Kreuzer pro Person verlangt.[104]

Gaststätten als Spielorte hatten sich zumal im Wiener bzw. urbanen Raum stets gegen kommerzielle Konkurrenten zu wehren. Um die Wende zum 18. Jahrhundert gab es privilegierte öffentliche Spielhäuser, in denen auch noch nach den vermehrt einsetzenden allgemeinen Glücksspielverboten solche Spiele stattfanden. Ein großer Teil der im Spiel zirkulierenden Gelder kam ihren Betreibern, den »Spillhaltern«, kraft »Spill regal« über Abgaben der Spieler zu.[105] Diese Spielhäuser sind noch im Glücksspielpatent von 1730, danach aber nicht mehr erwähnt und auch sonst nicht mehr nachzuweisen. Gastwirte werden von ihrem Verschwinden profitiert haben. Denn ungeachtet der allgemein konstatierten und in allen Schichten beobachteten »Spielsucht« war die Nachfrage begrenzt und der Markt nicht beliebig ausdehnbar. Wohl auch deshalb hätte das 1719 von einem Antonio Hazzi vorgeschlagene Spielhaus (Ridotto) nur bei gleichzeitiger Abstellung des Spiels in öffentlichen Lokalen und Privathäusern betrieben werden sollen.[106] Von der Ausbeutung der begrenzten Spielökonomie waren das gesamte Spektrum der Spiele, die unterschiedlichen Gaststätten ebenso wie das Zucht- und Arbeitshaus betroffen, dessen Einnahmen auch aus den Gebühren der konzessionierten Spiele stammten.[107] In den 1770er Jahren stellte der Prater mit seinen Spielmöglichkeiten eine neue Bedrohung für die herkömmlichen Einkünfte der Wirtshäuser dar.[108]

Partikularistische Organisationsformen des Spiels

In dem Maße, wie sich Kaffee- und Gasthäuser tendenziell zu zentralen Spielorten entwickelten, wehrten sich ihre Besitzer nunmehr gegen eine neue Freizeitinstitution. Das erste dieser hauptsächlich vom Adel und der »zweiten Gesellschaft« genutzten Wiener Casinos (Casini) war das 1784 im Trattnerhof errichtete.[109] 1789 werden solche Gesellschaftslokale nach italienischem adeligem Vorbild in Hütteldorf, Meidling und Baden erwähnt.[110] Die Proteste richteten sich gegen den Ausschank von Kaffee und Wein, Mißtrauen erregte aber auch das Spiel. Dies geschah 1797/98 in Wien, wo ein Franz Geiger um die »Ertheilung eines Kasinobefugnisses« ansuchte. Obwohl die Polizei die Einwendungen der Wirte und Kaffeesieder »keineswegs hinreichend« fand, die möglichen Vorteile der Errichtung eines Casinos besonders für die »Mittelklasse« außer kraft zu setzen, war ihr Gutachten negativ: Die ganze Anlage des Casinos scheine »nur in einen privilegirten Klubb für Spieler von Profession auszuarten«.[111] Ein Jahr später suchte Geiger erneut um die Bewilligung an. Diesmal hatte die Polizeioberdirektion keine Bedenken mehr, möglicherweise weil Geiger in seinem Casino diesmal ausdrücklich »distinguirte Personen mit allerley erlaubten Spielen unterhalten, und mit verschiedenen Speisen, Getränken, und Erfrischungen bedient« haben wollte.[112] Dem Bedürfnis nach solchen Einrichtungen setzten die Behörden jedoch enge Grenzen. In einem Reservatsbericht vom 24. April 1800 hieß es: »Spiel= Casino- und Laster Häuser sollen nicht vermehret, und derley neue Concessionen nur äußerst seltsam, und bey einthretenden ganz besonderen Umständen verliehen werden.«[113] Die Sorgen schienen berechtigt. Im Geigerschen Casino in der Singerstraße befand sich 1809 eine der beiden öffentlichen Glücksspielbanken, die das französische Militär in Wien eingerichtet hatte.[114]

Besonders lukrativ müssen für die Wirte diverse lottoähnliche Spiele gewesen sein, die nicht nur im österreichischen Raum vor allem in der zweiten Hälfte des 18. Jahrhunderts virulent wurden – nicht zufällig zur selben Zeit, wie das privilegierte »Lotto di Genova« sich über Europa ausbreitete. In Wien und anderen Städten etablierte sich das einfache Lottospiel und das Lotto-Dauphin in Schank- und Kaffeehäusern, wo es – wohl zur Unterscheidung vom privaten Gebrauch – ausdrücklich verboten wurde.[115] In Hamburg spielten Handwerker, Bediente und Bürger von früh bis spät in Wirts-, Wein- und Kaffeehäusern, Schenken und Krügen »Zahlen Lotterie – noch 1000 mahl doller als die rechte Zahlen Lottrie«, hieß es 1789. Die Wirte würden dadurch »steinreich«, daß sie von jeder Ziehung, die nur 5 oder 6 Minuten (einem anderen Bericht zufolge eine Viertelstunde) dauerte, 3ß erhielten, was täglich 5–6 Reichstaler ergebe.[116] Im Oktober 1793 (und 1823 neuerlich) verbot man das Lotto-Dauphin, im Dezember das »einfache Lottospiel« in Österreich an den genannten Orten (und nur hier!), letzteres wegen der »häufigen Unfüge, ersteres weil schon verschiedene Exzessen [...], theils durch zu hohe Preise, theils auch durch wirkliche Betriegereien, die bei dieser Spielgattung ganz leicht auszuüben sind, getrieben werden, darüber schon im Publiko

Abb. 5: Gastzimmer im 1. Stock des Gasthauses zur Schnecke, Wien 1772

Klagen zu hören gewesen«.[117] Im Jänner 1794 verteidigten es (oder sich) mehrere Wiener Vorstadtkaffeesieder mit dem Hinweis auf die geringen Summen und den gesteigerten Konsum während der Spielzusammenkünfte – an denen immer der Inhaber »oder seine Gattin« aktiv teilnahmen.[118] In den Kaffee- und Schenken ersetzte man das Lottospiel durch das »ihm nur der äußeren Gestalt nach unterschieden[e] Tartel« oder »Bogel-« bzw. »Vogelspiel«, was 1795 zu einem entsprechenden Verbot führte.[119] In diesem Jahr beschrieb der »Eipeldauer« ein »Lotteriespiel« in einem Kaffehaus der Vorstadt, dessen Wirt finanziell beteiligt sei: »da sitzen gnädige Herren und Schnipferbubn unter einander auf allen Tischen herum. Und da habn s' […] Tafel mit Numeri vor ihnen liegen, und so oft eins gezogen wird, decken sie's mit ein Glasel zu […]«,[120] was wohl auf einen Trunk hinweist. 1823 verbot man in Salzburg erneut das Lotto-Dauphin.[121]

1816 bat die Salzburger Kaffeesiederin Francisca Augustini um Bewilligung ihres mit hohen Investitionen angeschafften Apparats, »eine Art Billard /:unter dem Namen Hanserl bekannt:/ errichten [zu dürfen], so wie es in Wien, und in Linz in dem Coffeehause der Mad: Muerai, und andern bestehet«, weil sie sich davon eine Verbesserung ihrer kargen Existenz als Cafetier versprach. Schon 1806, unter österreichischer Herrschaft, habe sie dieses Spiel aufgestellt, und erst 1810, unter der bayerischen Regierung, sei es ihr vom Polizeidirektor Lenz verbothen worden.[122] Das Gesuch warf beträchtliche Probleme auf, weil über die Eigenschaft des Spiels Unklarheit herrschte und zuerst zu klären war, ob es sich nicht um das verpönte Hanserlspiel handelte. »Hanserl-Bäncke« gab es seit den 1770er Jahren im gut besuchten Prater.[123] Ein als Hanserlspiel auf Kegelbahnen bezeichnetes Spiel war als Hasardspiel bei der »Bürgerclasse« schon seit 1798 hintanzuhalten, 1817 jedoch laut niederösterreichischem Regierungsdekret nicht als Zufallsspiel erkannt. Allerdings werde dabei hoch gewettet. Nun versuchte die Polizeioberdirektion, mit Unterstützung des Stiftsgerichts Schotten und des Wiener Magistrats ein Verbot an öffentlichen Orten durchzusetzen.[124] 1847 entging ein Kaffeesieder, der bereits zum drittenmal das Hanserl- oder Handzielspiel um Geld durch Dienstboten und Taglöhner gestattet hatte, dem Gewerbentzug nur auf dem Gnadenweg.[125] Es fand in Kaffeehäusern und anderen Gaststätten besonders des Praters statt, wo 1848 Arbeiter und Soldaten gegen den Willen des Bürger-, Nationalgarden- und Studentenausschusses solche »Spielbanken« besuchten und »ihr weniges, schwer verdientes Geld« verloren.[126] Auch später, um 1865 offenbar schon nicht mehr, war es in den Branntwein- (wo jedoch in der Regel keine Billardtische standen) und Kaffeehäusern der Wiener Vorstädte unter der pauperisierten Bevölkerung so verbreitet, daß ein einschlägiges Werk über das »Volksleben« den Typus der »Hanserlspieler« zeichnete – »Leute in zerlumpten Röcken und mit von Branntwein gerötheten Gesichtern«, nach Ansicht des Autors »Gesindel« und Kriminelle.[127] Die Kaffeehauswirte kassierten statt des gewöhnlichen Billardgeldes einen einfachen Satz (z. B. 20 Kreuzer), wenn der Kugel»scheiber« dreimal rot getroffen hatte. »Auf solche Weise kann dann ein Hanserlspiel, dem Kaffeesieder, in 6–8 Stunden, 20 u. noch mehrere Gulden tragen.«[128] Unter dem Namen »Zupferlspiel oder Trommelmadame« war ebenfalls 1798 in den Kaffeehäusern, »und besonders im Prater«, eine sofort zum Hasardspiel erklärte Vorrichtung in Gebrauch. Da jedoch kein Verbot erging, untersagte im Jahre 1814 die niederösterreichische Regierung anläßlich einer entdeckten Spielpartie den Wirten, das Spiel zu dulden.[129]

Um Glücksspiele ausüben zu können, waren Vorsichtsmaßnahmen, Heimlichkeit und Tarnung erforderlich. Ein Polizeikonfident berichtete 1855 über Kaufleute und Handwerker, die in einem Gasthaus der Wiener Leopoldstadt angeblich unter dem Vorwand, das als »Gesellschaftsspiel« deklarierte »Glocke und Hammer« zu spielen, »im Würfelspiele hazardirn«. Wenn schon seine Wahrnehmung nicht zwangsläufig mit der Realität übereinstimmen muß, so spricht sie doch stellvertretend für die Sichtweise der Obrigkeit:

> »Der Bankhälter [Der sogenannte Kassier] hatte einen Teller voll 6 kr. und 1 kr. Stück, Gesammtsumme ungefähr 8–10 fl., [eine bedeutende Quantität an Sechskreuzerstücken und

Kupfermünzen] ausserdem war sowohl unter dem Teller, als bei einigen unvorsichtigen Spielern auf dem Schoos oder in der linken Hand 1–5fl. Banknoten zu sehen. Die Auszahlung der Gewinste geschah ziemlich vorsichtig aber doch immer zum Gewahrwerden.«[130]

Um dieses zu verhindern, fanden »stehende« Glücksspielpartien zunehmend ausschließlich in eigens dafür vorgesehenen Räumen statt. Sicherheitsvorkehrungen, wie beispielsweise Wachposten oder Alarmanlagen, schützten den Bereich des Spiels vor dem Zugriff der Staatsgewalt. Die hermetisch abgesicherten Hinter- oder Extrazimmer wurden bis in die Gegenwart zum Synonym für das organisierte Glücksspiel. Wo »der Stoß rennt«, bezeichnet zumal in Wien den Ort und die der »Unterwelt« zugeschriebenen Betreiber des institutionalisierten, illegalen Glücksspiels, das sich tendenziell auf Orte mit Prostitution (Gürtel, Pratergegend) und Märkte konzentrierte.[131] Die räumliche deckt sich hier mit der gesellschaftlichen Separation und Marginalisierung.

Eine zusätzliche Hypothek lastete auf den Spielbedürfnissen der Unterschichten. Das paternalistische Denken der Obrigkeit zog hier gesetzliche Grenzen, die im 19. Jahrhundert auch den Horizont des politisch mächtig werdenden Bürgertums mitbestimmten. Ein »getreuer Hofmeister« solle dem Gesinde das Karten- und Würfelspiel »eyfferig verbieten«, riet 1666 Johann Wegner in seinem »Tugendt=Spiegel der Hoffbedienten«.[132] Mittels der in der frühen Neuzeit herausgebildeten Polizeibestimmungen war die Grenze zur Straffälligkeit durch die sozioökonomische Stellung der Spieler definiert.[133] Im letzten Viertel des 18. Jahrhunderts erhielten die Strafbestimmungen gegen das Spiel eine in ihrer Ausschließlichkeit neuartige Gewichtung. Anstatt der ständisch gegliederten Restriktionen der frühen Neuzeit und zusätzlich zu den generellen Verboten hoher oder Glücksspiele waren nun jene Teile der Bevölkerung vermehrt von speziellen Regelungen betroffen, die in hausrechtlicher Abhängigkeit standen. In deren Dienstverhältnisse griff der absolutistische Staat im späten 18. Jahrhundert verstärkt ein.[134] Der Begriff »hohes Spiel«, der ursprünglich die Glücksspiele umschrieb, bedeutete seit 1766 die Unverhältnismäßigkeit von Gewinn bzw. Verlust und Vermögen bzw. Einkommen. Darauf bezugnehmend, verbot die Niederösterreichische Regierung 1775 dem Dienstgesinde, bei dem »vorzüglich« die »Spielsucht« – also frequentes Spielen – »neuerdings einzureissen anfange«, jegliches Spielen um Geld (und das Wetten), das, wenn es durch Dienstboten geschah, als »Winkel- und hohe Spiele« angesehen wurde; ausgenommen waren das Kegelspiel »in den Gärten« und das Spielen um die Zeche.[135] 1776 wurde die Verordnung auf Handwerksgesellen (damit auch auf Taglöhner und Lehrjungen) ausgedehnt.[136] Die gesetzliche Unterdrückung des Geldspiels unter den Dienstboten konzentrierte sich besonders auf die Gasthäuser.[137] Wie weiter unten an den Verhältnissen in der Zeit des Vormärz ausführlicher zu zeigen sein wird, sind die auf die abhängig arbeitenden Schichten gerichteten Disziplinierungsversuche auch Zeichen einer ökonomischen und sozialen Krise. Vor diesem

Horizont erschien 1781 eine anonyme Verteidigungsschrift des zünftischen Handwerks. In ihr wird die mangelnde Kontrolle über Lehrlinge und Gesellen unter anderem an deren Geldspiel verdeutlicht.[138]

Im Zweifelsfall gewährten diese Gesetze und Verordnungen eine praktikable Handhabe gegen den allseits beklagten Müßiggang der Unterschichten. 1827 erfuhr das Mühlkreisamt von einem dort »unter dem Landvolke überhandnehmenden Spiel, das ungemein zur Geldverschwendung besonders für die ledigen Pursche, und der dienenden Klaße hinreisset«. In Wirtshäusern und, wenn es da nicht geduldet würde, in Privathäusern »oder wohl gar an abgelegenen Orten« würde darauf gewettet, wieviel von einer Anzahl in die Höhe geworfener Silberstücke (»gewöhnlich Zwanziger«) nach dem Niederfallen »das Brustbild zeige[n]«. Da oft die gesamte Barschaft verloren werde, wollte der Kreishauptmann das Spiel abgestellt wissen, ohne daß er eine Verlautbarung für notwendig erachtete, weil das hohe Geldspiel »für diese Gattung Menschen überhaupt verbothen sei«.[139] Nachdem im August 1831 der Polizeidiener des Pfleggerichts Obernberg (OÖ) um halb elf Uhr nachts in einem Wirtshaus einen Schneider (46), den alten Schmied (62) und den Wirtsknecht (49) beim Kartenspiel angetroffen hatte, konnte in der folgenden Untersuchung nicht erwiesen werden, daß sie das verbotene Zwicken gespielt hätten. Deshalb wurde nur der Knecht wegen Kartenspiels um Geld (und Übertretung der Sperrstunde) zu einer eintägigen Arreststrafe verurteilt.[140]

Die allgemein beklagte, »bey der unteren Volks-Classe einreißende Irreligiosität und Sittenlosigkeit« betraf in den Augen der moralischen Autoritäten auch die Jugend bzw. den unverheirateten Teil der Bevölkerung. Präventiv ging es hier vor allem darum, Arbeitskräfte frühzeitig zu disziplinieren wie auch um den Versuch, den Widerspruch zwischen ihrem Status und ihrem finanziellen Gebaren mittels Repression aufzuheben. Zu Beginn des 18. Jahrhunderts war ja die Rede von den Spielern, die »quâ Spiller fast keine Vnterthanen zu nennen sey /: zu verstehen die ledige pursch in öffentlichen spillorthen, So noch niemahlen dem landtsfürsten etwas contribuiret haben«.[141] Das Salzburger Landgericht Deisendorf wollte 1783 den Kindern und jungen Burschen unter 16 oder 18 Jahren jedes Spielen um Geld ausdrücklich verbieten, während Golling riet, den jungen Buben »auch um das kleinste Geld zu spielen bei Ruthen Strafe zu verbietten, damit das Spielen nicht zur Gewohnheit würde«.[142] Auf Anzeige des bischöflichen Konsistoriums, das sich auf Berichte von Seelsorgern und selbst vorgenommene kanonische Visitationen stützte, sah sich die oberösterreichische Regierung 1795 veranlaßt, das Spielen junger Leute per Verordnung hintanzuhalten.[143] 1808 meldete der Ortsrichter von Weißenbach (Oberösterreich), daß die Jugend beim sogenannten »Stökel Spiel [Stoßbudelspiel?] ihre Pahr Kreutzer die Sie dann und wann von ihren Eltern als Geschenke bekomen, auf eine liederliche Arth versplitern, und am Ende grose Lumpen und Diebe werden könten«.[144] Bei jugendlichen Studierenden in den Städten wollte 1803 ein Hofdekret den Besuch jener öffentlichen Orte einschränken, »wo Verführung zum Spiele nahe ist«.[145] In den achtziger und neunziger Jahren des 19. Jahrhunderts bildete »das nächtliche Spielen« einen wesentlichen Aspekt des studentischen Lebens des Mittzwanzigers und angehenden Arztes Arthur Schnitzler. Poker, Macao, Naschi-Waschi und Zwicken, aber auch Domino und Ecarté waren die Ursache, daß er »nie in finanzieller Ordnung« war. Gelegentliche selbstauferlegte Einschränkungen begründete Schnitzler vor allem mit Notwendigkeiten des Studiums.[146] Bemerkenswert ist indes, daß nie auch nur der geringste Hinweis auf das Verbotene seines Spielens zu finden ist.

Die Klassengesetzgebung blieb während des ganzen 19. Jahrhunderts in Kraft und wurde noch 1912 von der böhmischen Statthalterei erneuert. Dies provozierte den demokratisch geschulten Unmut des Redakteurs und Abgeordneten O. Hillebrandt, der in einer Interpellation die Ausnahme des Dienstgesindes und der Handwerker als einen »Skandal« und »eine derart dreiste Verhöhnung der im Staatsgrundgesetz gewährleisteten Rechtsgleichheit aller Staatsbürger« bezeichnete, daß man sich dagegen verwahren müsse.[147]

Im Bestreben, öffentliche Glücksspiele zu unterdrücken, versperrten die Obrigkeiten den unteren Bevölkerungsschichten den Zugang zu einer verbreiteten Spielgelegenheit. In Kösters »Deutscher Encyclopädie« von 1787 hieß es, daß Glückstöpfe und Scholdertische, »wo durch Würfel dem gemeinen Mann in die Augen fallende Sachen sollen gewonnen werden können«, Gegenstand der Polizeiaufsicht seien, weil »Unmündige, die den grösten Theil eines jeden Volkes ausmachen«, den hohen Grad der Unwahrscheinlichkeit, etwas zu gewinnen, oder den verdeckten Betrug »nicht einzusehen imstande sind«.[148] Die Kluft zwischen der Rationalität gelehrten Wissens im Dienste der disziplinierten Ökonomie (Wahrscheinlichkeit) und dem unmittelbaren Reiz des Gewinnens entspricht dem Gegensatzpaar Verbot und Aufklärung.

Kartenspiele, die von der »minderen« oder »gemeinen Volksclasse« gespielt wurden, erklärte man, zumal wenn sie einem verbotenen ähnelten, besonders gern zu Glücksspielen.[149] Die Obrigkeiten waren bestrebt, die Spiele zu erfassen und zu kategorisieren, um effizienter in den Alltag der Spieler eingreifen zu können. 1783 wurden die Spielgewohnheiten in Salzburger Gerichten registriert.[150] In Niederösterreich waren die polizeilichen Behörden seit 1812 verpflichtet, »für den Fall als sich Hazardspiele unter dem Volke verbreiten sollten, welche bisher noch nicht unter den genannten verbothenen aufgenommen wurden«, bei der Regierung das Verbot solcher Spiele zu beantragen.[151] Bei aller Unnachgiebigkeit wurden unbekannte Spiele eher mit Verbot belegt, wenn sie das »Hasardieren« erleichterten oder gar nur vermehrt wahrgenommen wurden (»sehr im Schwunge« seien) – während im gegenteiligen Fall sogar Zurückhaltung zu beobachten ist.¹⁵² Im August 1828, wenige Tage nach einem Zwischenfall (mit vorgeworfenem Betrug und anschließender Schlägerei) im Wirtshaus des oberösterreichischen Lambrechten erging vom Pfleggericht Obernberg eine Currenda an alle Pfarrobleute:

> »Dieselben haben sich binnen 8 Tagen hierorts schriftlich zu äussern, ob ihnen nicht das sogenannte Schlageln, oder ›besser Roth=Spiel‹ bekannt ist. – Dann im Falle, ob dasselbe ein Hazardspiel sey, ob dasselbe stark im Gange ist, und überhaupt die näheren Bestimmungen dieses Spieles, ob man bedeutend gewinnen oder verlieren kann, ob es auf Geschicklichkeit oder nur auf Glück ankommt und mit welchem Spiele es die meiste Ähnlichkeit habe, genau anzuzeigen.«

Nachdem das Spiel nirgendwo bekannt war, befragte das Gericht die Zeugen. Es ergab sich, daß das Spiel zwar nur vom Glück abhänge, in diesem Fall aber nur zum »Spaß« gespielt worden sei, »um ein Paar übrig gebliebene Groschen noch zu gewinnen oder zu verlieren«; somit liege keine absichtliche Gesetzesübertretung im Sinne schwerer Polizeiübertretung vor. Unter diesen Umständen wolle es das Spiel »keineswegs« als Hazardspiel ansehen.¹⁵³ Außerdem erkannten einige von ihnen durchaus den Unterschied zwischen einem Spiel wie Pharao, das in der Regel einer beträchtlichen Bank bedurfte, und beispielsweise dem in Stadt und Land verbreiteten Zwicken, das 1792 in der Steiermark, 1794 in Böhmen und 1807 durch ein Hofkanzleidekret für sämtliche Kronländer verboten wurde.¹⁵⁴ Da dessen Regeln durchaus gewisse Strategien zulassen, beweist sein Verbot deutlich, daß dabei soziale und ökonomische Erwägungen die spieltechnischen überlagerten. Selbst in der Ironie Joseph Richters, sonst loyal gegenüber obrigkeitlichen Entscheidungen zumal in bezug auf das Spiel, meint man gewisse Zweifel erkennen zu können:

> »Das sogenannte Zwicken, oder Lafeten, wie's d'Lakey und Kutscher gnennt habn ist jüngst neuerdings verboten worden, weils unter die wirklichen Hasardirspiel ghört, und weil sich viele dadurch z'Grund gricht habn, und weil vielleicht mancher Kutscher den Habern verspielt hat, den seine Pferd hätten kriegn sollen.«¹⁵⁵

Der Wiener Magistrat erkannte den Hintergrund und wurde bei der Hofkanzlei vorstellig, damit die seiner Meinung nach »zu harten« Strafen von 900 Gulden »für die Hazardspiele dieser Gattung, und welche nur um geringe Geldbeträge von der gemeinen Volks-Classe gespielet werden, gemildert werden möchte[n]«. Die Hofkanzlei fand im Einklang mit der Hofkommission für Gesetzessachen eine Abänderung »nicht räthlich«, zumal die Richter – wenigstens bis zur Jahrhundertmitte – die Strafe »nach den Umständen des zu Bestrafenden« modifizieren könnten und außerdem bei »rücksichtswürdigen Umständen« der Gnadenweg die Möglichkeit einer weiteren Milderung biete.¹⁵⁶ Es ist in der Tat kein Fall aktenkundig, in dem auf die patentmäßige Strafe erkannt worden wäre – eine Folge der sozialen Zugehörigkeit bzw. Mittellosigkeit der Spieler. Mehrere Handwerker, die im Mai 1791 beim Freistädter Wirt Johann Schäffer Zwicken gespielt hatten, verurteilte das Kreisamt nach der Höhe des Einsatzes: diejenigen, die um drei Pfennige gespielt hatten, zu einem achtundvierzigstündigen, diejenigen, die um einen Groschen gespielt hatten, zu einem eintägigen Arrest.[157] In Galizien lautete im Jahr 1800 ein Urteil auf drei Tage Arrest als Ersatz für die Geldstrafe.[158] 1808 verurteilte das Ortsgericht der Herrschaft Steyr einige Spieler aus Weistrach, »sonst von gutem Rufe, keine Spieler von Profeßion«: den 50jährigen Leinenweber Andreas Stockinger, weil in dessen »Hofstadt«, dem »Weberhäusl«, gespielt worden war, zu einem dreitägigen Arrest, einen 30jährigen und einen 50jährigen Bauern zu je 10 Gulden (bei letzterem wegen Unvermögenheit in zweitägigen Arrest umgewandelt) und drei Dienstknechte (im Alter von 20, 24 und 28 Jahren) zu je zwei Tagen Arrest.[159] Einem Bauernknecht, der im Jahre 1830 in einem Wirtshaus in Aurolzmünster einmal Rauschen und einmal Zwicken gespielt zu haben gestanden hatte, drohte die Strafe von 900 Gulden bzw. wegen Vermögenslosigkeit strenger Arrest zwischen einem und drei Monaten. Das Pfleggericht Obernberg führte als mildernden Umstand den »sehr geringen Einsatz«, als erschwerend das zweimalige Spielen, anfängliches Leugnen sowie einige Vorstrafen und erkannte auf eine Strafe von fünf Wochen strengen Arrests.[160] Die »Unvermögenheit« dreier Tischlergesellen in Wien war der Grund, ihre Geldstrafe in einen viertägigen, zweimal »durch festen verschärften Arrest« umzuwandeln.[161] Die Verbotspraxis beeinträchtigte die eingeübten Spielgewohnheiten zusätzlich, wenn eifrige Büttel unverzüglich daranginen, den neuen Gesetzen Geltung und sich ein Zubrot zu verschaffen. Nachdem im September 1807 das allgemeine Verbot des Zwickens publik gemacht worden war, erstattete der Landgerichtsdiener von Weistrach im Dezember eine entsprechende Anzeige, von der er sich das Strafdrittel erhoffte. Einer der Einvernommenen gab an, zwar gewußt zu haben, daß es erst unlängst verboten worden sei, er aber noch nach dem Verbot den Ortsrichter beim Spielen gesehen habe.[162]

ABSEITS DER METROPOLE

Obwohl die bisherige Darstellung die urbanen Grenzen schon mehrfach überschritten hat, soll dem nichtresidenziellen Sozialraum ein eigener, eingehender Abschnitt gewidmet werden. Eine gezielte Untersuchung und selektive Bestandsaufnahme, die der Stadtrichter der Handelsstadt Wels 1766 mit einer Anzeige verursachte, wirft ein Schlaglicht auf die mögliche Palette der Spielformen in Städten, Märkten und Dörfern abseits der Metropole: In Wels würden in dem einen oder anderen Haus Würfel- »und dergleichen« Spiele vorkommen; der bürgerliche Gastgeber Geymayr in der Vorstadt, bei dem auch der Graf von Schaumburg einkehrte, wußte bezüglich bei ihm stattge-

Partikularistische Organisationsformen des Spiels

fundener verbotener Spiele »gar nichts«; Joseph Reisinger, Wirt der »Blauen Weintraube« in der Stadt, nannte »kleine Spiele«, nämlich Brandeln um höchstens einen Kreuzer, so daß das Spiel nie höher als sieben Kreuzer gehe, und Labet um einen Heller; Hasardspiele seien bei ihm nie gespielt worden; ein Handwerksgeselle gab allerdings an, dort mit einem Feldwebel und einem fremden Handwerksburschen Trischak gespielt zu haben; der Wirt im Aigen, unweit von Wels, gab an, es werde gekegelt und sehr selten dabei um einen Kreuzer gewettet, »wer 3 Kögl schiebet; die Soldaten aber haben unter sich selbst öffters um 1 X: in die Schanz gewürfflet«; Max Huebner vom Stuckwirtshaus stellte nicht in Abrede, daß er bei Übernahme des Hauses ein Drehbrett gefunden habe, auf welchem einmal die Weberburschen um einen Kreuzer gespielt hätten; der Postwirt in Wels, der Wirt in Pennewang, der Bräumeister in Lindach und der Fischerwirt in Lambach, die ebenfalls beschuldigt wurden, konnten nicht einvernommen werden.[163] Von 32 Salzburger Gerichten, die 1783 aufgefordert waren, über das »hohe Spielen der Bauersleute« zu berichten, erwähnten zehn Kartenspiele (Zwicken, Aufkarten, Stichbrandeln, Labet, Brandeln), drei das Würfelspiel, eine die Drehscheibe (Drehbrett) und sechs das Kegeln. Alle – außer Zell im Zillertal – äußerten sich jedoch positiv zu Reformmaßnahmen bei der Bestrafung, setzten also, ohne es zu benennen, das »hohe Spielen« voraus.[164] 1796 beschrieb Lorenz Hübner die gewöhnlichen Spiele in 15 Salzburger Pfleg- bzw. Landgerichten: Während in fast allen Orten Kartenspiele vorkommen, ist es nur dreimal ausdrücklich das Zwicken (einmal mit Trischaken) und in Thalgau das Kleineln mit der speziellen »Thalgauer Karte«, »zum Theile ein Glücksspiel; bedarf aber auch großer Aufmerksamkeit und Spielkunde«.[165] In der Monarchie galt seit 1752, daß auf dem Land alle Hasardspiele verboten waren.[166]

Welchen Stellenwert hatte das Glücksspiel für Handwerker, Bauern und unterbäuerliche Schichten? In welchem Kontext und unter welchen Bedingungen geschah es? Einige erhaltene Gerichts- und Verhörsprotokolle, hauptsächlich aus dem ländlichen Raum Oberösterreichs, erlauben eine vorsichtige summarische Analyse, die jedoch immer die besondere Quellenlage, d. h. die permanente Verteidigungshaltung, in der sich die Befragten sehen mußten und die ihre Antworten beeinflußten, in Rechnung zu stellen hat.

Das Spiel fand so gut wie ausschließlich in Wirtshäusern statt. Gaststätten waren Zentren der Kommunikation, die bevorzugten Orte, an denen soziale Kontakte zustande kamen und gepflegt wurden. Ein Medium des sozialen Umgangs der männlichen Mittel- und Unterschichten war das Spiel, ob das Lokal nun in privaten Absichten oder – wie es häufig der Fall war – aus beruflichen Gründen aufgesucht wurde, oder »weils halt ein Wirtshaus ist«.[167] Fuhrleute beispielsweise galten im Jahre 1810 als Protagonisten des Zwickens und Häufelns auf der Landstraße und »vorzüglich in den

Einkehr-Gasthäusern«.[168] Im Februar 1844 kam der 26jährige Leinwandhändler bzw. -träger (»Hausirer«) Joseph Konkol wieder einmal in ein Ludwigsthaler (Militärgrenze) Wirtshaus, um dort zu übernachten. Hier schloß er mit einem Schneiderburschen Bekanntschaft, begann mit ihm zu trinken und das Halbzwölf, an dem sich im Laufe des Abends mehrere Bekannte beteiligten (Wirt, Bäcker, Fischer), zu spielen. Der Hausierer versetzte im Laufe des Abends Leinwand im Wert von 97 Gulden, die er verspielte, und begab sich nach Karlowitz, »weil er sich vor den Schlägen seines Herrn fürchtete und dort einige Forderungen eintreiben wollte«. Ein Bote brachte ihn von dort zurück. Konkol wurde zu einem achtwöchigen Stockhausarrest in Eisen verurteilt.[169]

Man spielte gelegentlich mit Unbekannten, in der Regel aber fand das Spiel auf der Basis von bereits bestehenden Beziehungen statt, unter »Nachbarsbuben halt«.[170] Es ist ein bestimmender Faktor der Soziabilität, der sozialen Reproduktion in dörflichen und kleinstädtischen Lebenswelten. Nach den Aussagen von Spielern hätten sie »wegen der Kameradschaft halt«,[171] »aus guter Bekanntschaft« oder »aus Gesellschaft mitgespielt«.[172] Selbst die Obrigkeit sprach von »Spielkameradschaften«.[173] Ein gewisser Schwinold, ein Wirt und ein Bäcker seien »so sehr aneinander gewehnet, daß, wann der Schwinold oder ein anderer von ihnen zu dem [Wirt] Francken komme und die spiel-compagnie nicht beysammen seye, alsdann gleich ein bod ausgeschicket werde, umb die andern herbey zu holen«, schilderte 1738 ein Zeuge aus dem bayerischen Ansbach eine überdurchschnittlich festgefügte Spielergruppe.[174] Der Konsens zum Spiel kam in konfliktfreier Geselligkeit zustande: »Da wir unter einander wohlauf waren fiengen wir um einen Pfenning zu spielen an«, gab 1809 ein 24jähriger Hafnergeselle in Weinberg an.[175] Diese harmonische Konstellation schloß jedoch keineswegs aus, daß gerade über die Aufforderung zum Glücksspiel mentale Dispositionen wie Mut zum Risiko oder Selbstvertrauen provoziert und zur Schau gestellt werden konnten. In Obernberg forderte 1828 ein Dienstknecht (34) einen Bauern (29) heraus: »du, um was gelts, ich bekomme eine bessere rothe Farbe als du. Ich erwiderte ihm, daß ich es nicht glaube, und wir setzten einen Groschen.«[176]

Daß die Spieler im Spiel einen eigenen, freien Bereich schufen, unterstreichen die Aussagen bezüglich seiner Funktion. Ein 29jähriger Bauer antwortete im Jahre 1790 auf die Frage, was im Wirtshaus geschehen sei: »Wir haben halt ein Bissel gespielt, aus Rekreation haben wir halt gespielt.«[177] Inwieweit solche und andere Begründungen (»aus Zeitvertreib«, »aus Spaß«, »aus Kinderey«[178]) als Beschwichtigungsstrategie gegenüber den Gerichten zu interpretieren sind, läßt sich nicht bestimmen. Es scheint aber doch, daß die Spieler – entgegen den vielfach geäußerten Unterstellungen – im allgemeinen nicht zu Lasten der Arbeit spielten. Das Spiel bedeutete in der Mentalität der ländlichen Bevölkerung sowohl einen positiv besetzten Gegenpol zur Arbeit als auch eine von ihr abhängige Tätigkeit. Daraus erwuchs die Selbstverständlichkeit der

Inanspruchnahme. Die Erfahrung der Arbeit und der Entbehrung setzte externe Normen außer Kraft oder relativierte sie in den Grenzen der eigenen Bedürfnisse. Dies räumten selbst spielfeindliche Theoretiker ein. 1677 hielt der Prediger Melchior Kronmeyer den Spielern ihre Verteidigungsargumente vor: »So finden sich manche, die meinen, es sey das Spielen nicht verbothen, man gönne nur sonst den Leuten keine Freude etc. [...].«[179] Das Argument diente zur Festigung der eigenen Position. Ein Bauer (50) unter der Herrschaft Steyr (»nicht arm, aber nachdem er zweymahl durch die Feinde gelitten, auch nicht vermögend«) gab im Jahr 1807 dem Gericht gegenüber zwar zu, um das Verbot des Zwickens gewußt zu haben, »allein er habe gedacht daß ihm doch auch erlaubt wäre, wann er den ganzen Tag gearbeitet, sich des Abends mit Spielen zu erhollen«.[180] Daß dabei gelegentlich die streng kontrollierte Sperrstunde überschritten wurde, brachte das Spielen ans Licht der Ordnungswächter und machte es zu den unerwünschten »nächtlichen Zusammenkünften«.[181]

Hier lag ein bedeutendes Konfliktpotential. Mißachtung lokaler Vertreter der Obrigkeit, zumal wenn ihre Funktion mit der Identität als Bekannte oder »Nachbarn« aus dem Kreis der Dorfgemeinschaft zusammenfiel, und das Beharren auf freigewählter Gestaltung der arbeitsfreien Zeit zeigten die Grenzen der Disziplinierungsmaßnahmen. Ein krasses Beispiel ist aus der ersten Hälfte des 18. Jahrhunderts aus Weidling (Klosterneuburg) erhalten. Paul Vogelmair sitzt mit dem Richter abends bei einem Trunk, als dieser ankündigt, »wegen das Spillen« zum Kurtzmair zu müssen. Vogelmair bietet an, das für ihn zu übernehmen und »ein gueths Regimendt« zu führen. Offenbar nimmt Vogelmair dem Kurtzmair zwei Gulden (Strafe wegen des Spielens?) ab, verspielt sie aber selbst bis drei Uhr früh. Er erhält einen Verweis und erklärt, daß man ihn bestrafen könne, wenn es bekannt werde, daß er noch einmal auch nur einen Kreuzer »wird heüffeln« oder »spillen«. Bald darauf sitzt Vogelmair mit Wolf Fasching, Stephan Gruber und Benedikt Kurtzmair (letzterer als Leutgeb) beim Häufeln um einen Groschen. Vogelmair soll in den Stock gelegt werden, was aber die anderen nur zulassen wollen, wenn sie alle mitgehen. Nun werden die drei in den Stock gelegt, »aber nit versperdt allß nachbarn«. Weil jedoch die Angelegenheit nicht zur Ruhe kommt, schlägt jemand vor, die drei erneut in den Stock zu legen und zwei Schlösser anzubringen. Nachdem Wolf Fasching erklärt, er wolle eher kein »Nachbar« sein als im Stock zu bleiben, läßt man sie frei. Fasching ereifert sich dennoch, beginnt zu schelten und über den Richter zu spotten, der ihn daraufhin in Eisen legt und in »die Stuben hengt«. Der Berichterstatter verläßt das Haus wegen des unaufhörlichen Schimpfens des Fasching und begegnet auf der Gasse Stephan Gruber. Der »schilt mit hunderth daussendt sackhermend«, sagt, er lasse sich das Spiel nicht verbieten (»nit wern«), und geht zusammen mit Vogelmair in das Wirtshaus. Fasching wird nun aus dem Eisen gelassen mit dem Auftrag, nach Hause zu gehen: »so ist er aber nit gangen vnd ist auch witterumb in das wirdtshauß gangen vnnd haben die gantze nacht witterumb gespilt mier noch Zue einemb Thrutz«.¹⁸² Wie in anderen Auseinandersetzungen mit den obrigkeitlichen Sittenreformern und -wahrern kommt auch hier eine selbstbestimmte Gruppenkultur und -identität innerhalb des dörflichen Herrschaftsrahmen zum Ausdruck.¹⁸³

Mehr noch als die Tagesarbeitszeit, zum Teil aber auch in Verbindung damit, prägte der Wochenzyklus das Spielgeschehen. Beinahe alle im oberösterreichischen Raum dokumentierten Fälle von Glücksspiel fanden am Wochenende, vorzugsweise am Sonntag statt. Der von den Obrigkeiten vermittelte Eindruck, daß das Spielen »fast zur täglichen Gewohnheit«¹⁸⁴ werde, läßt sich auch hier nicht bestätigen. Auf die Frage nach der Spielfrequenz in einem Wirtshaus bei Steyr gab ein Leinweber an: »Unter der Woche wüßte ich nicht, daß jemand im Spielen dahin käme.«¹⁸⁵ Vor allem die Handwerkerschaft machte »traditionelle Rechte« auf arbeitsfreie Tage, die über Trinken und Spielen zur Festigung der sozialen (genossenschaftlichen) Identität genutzt wurden, geltend. In der bereits herangezogenen Schrift über Handwerk und Zünfte lautet der Vorwurf an die Gesellen, daß sie »das wenige Geld, was die Woche hindurch verdient worden, [...] den Sonntag verspielt, vertanzt, vertrunken, oder sonst schlecht und liederlich durchgebracht werden« müsse.¹⁸⁶ Diese Wochenendgestaltung brachte den Angesprochenen einen populären Vorwurf ein. Ein »Eipeldauerbrief« aus dem Jahr 1796 nennt berufliche Zugehörigkeit, den Ort und die Zeit des Spiels sowie den anstößigen Punkt. In einem Kaffeehaus säßen Handwerksburschen beim Labet/Zwicken »alle Sonntag, und da spieln s' oft Tag und Nacht zwey Täg nacheinander fort, bis der letzte Kreuzer weg ist; und das nennen s' den blauen Montag machen«.¹⁸⁷

Im ländlichen Raum blieben noch andere Gewohnheiten wirksam. Außer den Sonntagen waren es die Feiertage, die zu Wirtshausbesuch und Spiel führten. Johann Wegner empfahl 1666 den Hofmeistern der Herrschaften, an Feiertagen selbst der Vesper beizuwohnen und auch das Gesinde dazu anzuhalten, »denn sonst gehet es zum Trapeliren oder Treschacken / oder zum Kegeln vmb ein Jausen«.¹⁸⁸ Das Beharren auf diesen arbeitsfreien Tagen und ihrer selbstbestimmten Gestaltung verdeutlicht ihre Bedeutung als festliche Zeit im Jahreslauf und war vor allem seit der Abschaffung zahlreicher kirchlicher Feiertage unter Joseph II. auslösendes Moment für obrigkeitliche Interventionen und Konflikte – die weltliche Forderung nach erhöhter Arbeitsleistung verband sich hier mit der kirchlichen nach lückenloser Frömmigkeit.¹⁸⁹ Der 24. Februar 1790 war beispielsweise ein Mittwoch, und an diesem Tag wurde in einem Wirtshaus eine Gruppe von Spielern beim Zwicken betreten. Alle Einvernommenen bekräftigten, daß dieser Tag vor allem ein »Aposteltag, auf dem Lande ein Feurtag« war.¹⁹⁰ Die Behörden reagierten auf den Widerstand mit dem Auftrag, besonders »an abgebrachten Feyertagen« Nachschau nach Spielern in Wirtshäusern zu halten.¹⁹¹ Sonn- und Feiertage als hauptsächlich genutzte Zeiten zum Spiel und ihr Zusammenhang mit traditionell verankerten öffentlichen Spielgelegenheiten – besonders im

Rahmen von Jahrmärkten und Kirchtagen als Bestandteil der Festkultur – werden weiter unten noch einmal zur Sprache kommen.

Die von den Obrigkeiten namhaft gemachte Geldverschwendung und die Bedürftigkeit der abhängigen Bevölkerung, die sie auf deren Spielgewohnheiten zurückführten, läßt sich angesichts der moderaten Beträge, um die in ländlichen Regionen normalerweise gespielt wurde, nicht verallgemeinern. »Exzessives« Spielen ist kaum dokumentiert, und die 90 Gulden Verlust des Leinwandhausierers sind ebenso enorm wie selten.[192] Hier handelte es sich zudem um das Verspielen anvertrauten Geldes. Dieser Vorwurf gehörte vor allem in bezug auf das Lottospiel zum Standardrepertoire der Kritiker an der Treulosigkeit des Dienstpersonals gegenüber ihren Herren, denen ständiges Mißtrauen und Kontrolle angeraten wurde. Einzelne Fälle, in denen fremdes Geld beim Würfeln im Wirtshaus verloren wurde, sind aus dem ländlichen Raum dokumentiert.[193]

Die Spieler wußten offenbar sehr genau, in welchem ökonomischen Rahmen sie sich bewegen konnten. Sie setzten das Spiel in ein rationales Verhältnis zu Zeit und Ökonomie und gaben auf Befragen gewonnene und verlorene Beträge in Relation zu bestimmten Zeiteinheiten ziemlich genau an. Ein 46jähriger Schneider und Söllner, Vater von sechs Kindern, beschrieb 1831 das dem Zwicken ähnliche Abhacken oder Aufzeiseln (Abzeißeln; Anzeißeln) in der Pfarre Geinberg (Pfleggericht Obernberg): »Bey diesem Spiel verliert man in 2 bis 3 Stunden kaum mehr als 6 Kreuzer; und es ist daher bey weitem nicht so rauch /:kostspielig:/ als das Zwicken und das Wallacheln.«[194] Beim Zwicken konnte in einer halben Stunde, wenn mehrere »gezwickt« worden waren, der Stammsatz von drei Pfennig auf fünf Groschen steigen.[195] Die angegebenen geringen Einsätze, Gewinne und Verluste dienten den Beschuldigten zur Bestätigung, daß sie zum Zeitvertreib gespielt hatten, und zur Abwehr ihnen vertrauter Klischees – wohl im Wissen um die dem Glücksspiel eigenen Entgrenzungsmöglichkeiten. »Keiner von uns liebt das Spiel aus Gewinnsucht«, sagte der Besitzer der Fischerhofstatt in St. Martin (OÖ) aus. Einer der Mitspieler erklärte, sie hätten den Willen geäußert, »daß nie einer den anderen um nichts bringen wollte«.[196] Wenn einer einmal bei einem Spiel mit dem fast durchwegs üblichen Einsatz ausdrücklich nicht mitspielte, »weil ihm das Spiel zu niedrig war«,[197] ist dies eine Ausnahme. Die gespielten Beträge (wenige Keuzer, einige Groschen, selten »24iger«) waren, verglichen mit Einkommen und Vermögen, keineswegs dazu angetan, die häuslichen Verhältnisse zu gefährden. Ein Verlust oder Gewinn von drei Gulden wäre für einen Bauernknecht, der im Jahr 12–13 Gulden verdiente (1790), tatsächlich »ein hohes Geld« gewesen – kam aber in seinem Kreis kaum vor.[198]

Eine Besonderheit im Umgang mit Glücksspielen ist in allen Schichten und teilweise bei öffentlichen Spielen zu beobachten: die Differenzierung zwischen verschiedenen Glücksspielen oder zwischen »Kommerz-« und Glücksspielen. »Spielgeld« aus

»großen« wurde in »kleinen« Spielen verwendet oder Geldbeträge aus »gewöhnlichen« Spielen zum »Glücksspielgeld« gemacht. Die Entscheidung, überhaupt ein Glücksspiel oder ein anderes zu spielen, setzte demnach eine zweite Stufe der Disponibilität voraus. Ein Dienstknecht beschrieb dies 1828: »Wir spielten [das erlaubte] Stichbrandeln, und da blieben uns ein paar Groschen übrig, die wir aus Unterhaltung noch verwetten wollten.«[199] Dieses Phänomen ist auch in gehobeneren bürgerlichen Schichten zu beobachten.[200] Zudem wurde der Spielgewinn oft als zusätzliches Mittel der sozialen Reproduktion reinvestiert. Geldausgaben im Spiel haben im Rahmen gesteigerten Konsums an arbeitsfreien Sonn- und Feiertagen auch diese Funktion. Gewinner pflegen, wie es 1709 hieß, »gemeiniglich zu verschidenen andern luxuriösen verwendungen freygebig zu seyn«, was in einer anderen Lesart des gleichen Dokuments die Neigung zu »allerhand verschwendung, und beym gemeinen Volckh zum luederweesen« hieß.[201]

Der Vorwurf der Geldverschwendung durch Spiel in arbeitsfreien Zeiten richtete sich auch gegen das Freizeit- und Konsumverhalten der Arbeiterschaft im 19. Jahrhundert.[202] Die dem extraordinären Konsum eigene Rationalität lag jedoch im Übergang zum Kapitalismus gerade in der schichtspezifischen Sinnhaftigkeit der verhältnismäßig kurzfristigen Umsetzung von eher ungewohnten und unsicheren Geldeinkünften (die das Sparen als nicht sinnvoll erscheinen ließen) in der Sphäre sozialkultureller Reproduktion, des sozialen Austauschs.[203]

Grundsätzlich aber bestimmten die ökonomischen Verhältnisse die Möglichkeiten und Grenzen des Spiels. Die Erkenntnis der Hofkammer von 1709, daß es Untertanen gebe, die »ohne dem kein geld zum Spillen haben, und demnach gar ni[ch]t spillen, oder nur vmb was ringes«,[204] ist so banal wie bezeichnend. Anläßlich der 1783 angeordneten Bestandsaufnahme über das Spiel der Bauern hieß es aus Zell am Ziller, »das hohe Spielen hätte schon lange von selbst aufgehöret. Herr Pfleger schließt daher den Bericht mit dem Wunsch: Wann nur auch Vermögen dazu wäre«.[205]

Die Option für ein Glücksspiel deutet auf eine bestimmte Bedürfnisstruktur hin. Der Unterschied war den Spielern klar. Um ein bestimmtes Glücksspiel als »Kinderey« abzutun, stellte es ein Knecht in Gegensatz zu solchen, mit denen ein »ordentlicher Spieler« sich abgebe.[206] Neu aufgetauchte Spiele wurden gelegentlich durch den Vergleich mit dem allgegenwärtigen Zwicken beschrieben, das neben dem erlaubten Brandeln dominierte, mit diesem zuweilen parallel auftauchte, ihm aber auch vorgezogen wurde. Ein Wirt gab im Jahr 1807 an, er habe gehört, daß das Zwicken erst unlängst verboten worden sei, und es daher bei sich eingestellt. Statt des Brandelns habe man wieder mit dem Zwicken angefangen, weil es andernorts und selbst vom Ortsrichter gespielt worden sei.[207]

Die meisten Spieler der untersuchten Fälle stellten in Abrede, vom Spielverbot gewußt zu haben. Nur wenige gestanden ein, die Spielverbote zu kennen und sie zu ignorieren. In der Nacht des 1. Mai 1794 spielten beim Freistädter Gastwirt Geram der Dienstknecht Michael Führlinger, ein gewisser Hofer »vom Glückshafen« und ein Nagelschmied bis zwölf Uhr nachts Zwicken. Sie kannten das Spielverbot und wurden mit dreitägigem Arrest bestraft. Am 13. November 1796 zeigte der Nachtwächter/Wachtmeister an, daß sich beim Plaßlbauer bei verschlossener Tür und verhängten Fenstern bis drei Uhr früh Spieler aufgehalten hätten. Am 20. habe er neuerlich, ohne es zu melden, Musik gehalten. Um ein Uhr entdeckte der patrouillierende Wachtmeister sieben Spieler: einen Haus-, einen Ochsen-, einen Roß- und einen nicht näher bezeichneten Knecht, den Schneidermeister von Leopoldschlag sowie zwei Taglöhner. Einer von ihnen war Michael Führlinger. Die Spieler gaben unumwunden zu, »gezwickt« zu haben. Der Einsatz habe nur einen Groschen betragen und »sie glaubten, daß sie nicht so strafmässig seyen, und bitten um Nachsicht der Strafe«. Der Gastgeber, der schon einmal wegen verbotenen Spielens verurteilt worden war, sollte fünf Gulden in die Polizeikasse zahlen mit der Androhung der »Leibesstrafe« im wiederholten Übertretungsfall. Die übrigen Spieler hatten 30 Kreuzer, Führlinger aber, »da er schon öfters in verbottenen Spielen betretten, und gestrafft worden«, einen Gulden zu zahlen. Ihm wurde ebenfalls die körperliche Strafe angedroht und im weiteren Betretungsfall das Vorgehen nach dem Glücksspielpatent.[208]

Sowohl diejenigen, die im Wissen um das Verbot gehandelt hatten, als auch diejenigen, die vom Verbot nichts gehört oder gelesen haben wollten, verwendeten häufig eine Phrase wie folgende: »Es wird niemand von mir sagen können, daß ich ein Trinker oder Spieler bin.«[209] Geringe Summen, Freizeitverhalten, okkasionelles Spiel und ähnliche Argumente dienten zur Abgrenzung von der sozialen Kategorie »Spieler«, die gleichermaßen von den gelehrten Wortführern als auch weltlichen Obrigkeiten und bürgerlichen Theoretikern zur Benennung sozialer Devianz instrumentalisiert wurde – und in den Gerichtsverfahren immer auch gegen die Einvernommenen verwendet zu werden drohte. Man wollte nicht als »Liebhaber des Spiels« gelten, sondern stellte es als etwas Außerordentliches dar, um desto deutlicher den Normalfall »Arbeit« zeigen zu können. Ebenso verwehrte sich ein Wirtssohn dagegen, daß eine Frau sein Gasthaus »ein Spielhaus geheissen hätte«.[210] Gleichzeitig lassen sich individuelle Dispositionen, persönliche Vorlieben erkennen, wenn etwa ausgesagt wurde, daß ein Glücksspiel stattfand, »je nachdem sich gewisse Gäste dort sammeln, welche dieses Spiel [Zwicken] lieben«.[211]

Die Einordnung dieser Aussagen in Wertesystem und kulturelle Praxis der Betroffenen läßt mehrere Deutungen zu. Ihre Position als Beschuldigte verlangte ihnen Verteidigungsstrategien ab, die in der negativen Wertung des Handelns zur sprachlichen Konvergenz zwischen Rechtsnormen und Selbstdarstellung führten. Die in den gesichteten Quellen immer ohne entsprechende Fragen der Verhörenden geäußerte rigorose Abwehr stereotyper Klischees (»Spieler«, »Spielhaus«) mag auch auf internalisierten Normvorstellungen beruhen. Damit zusammenhängend unterstreichen die Äußerungen der Verhörten ein Selbstverständnis, das sie als von Arbeit geprägte Menschen auszeichnet, die ein Recht auf freie Selbstbestimmung beanspruchten und lebten.

Das Glücksspiel und mit ihm die Ökonomie des Zufalls hatten also auch im ländlichen und kleinstädtischen Raum einen Stellenwert, den ihm die Forschung bislang nicht eingeräumt hat.[212] Die neuere historische Spielforschung ging davon aus, daß harte Arbeit, spärliche Kommunikation und Mangel an Zeit und Geld Spielformen begünstigt habe, die auf den häuslichen Bereich beschränkt blieben.[213] Und die Volkskunde hat sich hauptsächlich mit den kollektiven Spielen beschäftigt, weil sie sich gut in das Bild vom ländlichen »unverdorbenen« Menschen als Gegensatz zum Stadtbewohner oder zum adeligen und bürgerlichen Rekreationsverhalten fügten. Die Ideologeme der traditionellen Volkskunde lesen sich als Festschreibung einer literarisch-ästhetischen Reaktion. Schiller hatte im berühmten 15. Brief seiner »Briefe über die ästhetische Erziehung« Kritik an der Einförmigkeit in den Spielen »der feineren Welt« geübt und die Vielfalt in den »Volksspielen« gewürdigt, dem »wahren« Spiel allerdings ohnehin jedes materielle Interesse abgesprochen. Deutlicher ist jedoch der Nachhall, den die konservative Ausprägung der Romantik gefunden hat. Wilhelm Hauffs »Das kalte Herz« (1828) illustriert die Erfahrung des »Fremden« am Gegensatzpaar Stadt – Land, Handel – industrielle Produktion. Das verderbliche Glücksspiel kommt mit dem »Holländer-Michel« und den am ausländischen Vorbild geschulten »Holzherren« jenseits der Grenze in die Selbstgenügsamkeit der Glasmacher und erregt dort Neid.

SUBSISTENZSPIEL

Mit dem Bedürfnis nach Spiel, das vorrangig an Sonn- und Feiertagen befriedigt wurde, hängt ein Teil der von Unter- und Mittelschichten betriebenen Spielformen zusammen, die besonders für die Außenzonen Wiens dokumentiert sind. 1799 registrierte die Polizeioberdirektion, daß an diesen Tagen verbotene Spiele zu Ottakring, Baumgarten und Breitensee »ungescheut« gespielt würden.[214] Die genannten Orte sind geprägt von der Nähe der unmittelbaren Stadtgrenze, der »Linie«, an der ein reger Austausch zwischen der urbanen und der ländlichen Bevölkerung stattfand. Für die Stadtbewohner gab es hinter dieser Steuergrenze ein um bis zu zwei Drittel billigeres Angebot an Lebensmitteln, das sie hauptsächlich an Sonn- und Feiertagen nutzten. Es ist ein sozial, ökonomisch und politisch äußerst sensibler Bereich, wie nicht zuletzt die Ereignisse des Jahres 1848 zeigten.[215]

Die Schmelz, eines der Felder vor dem Linienwall, war besonders seit den 1820er

Jahren ein Zentrum des von Unterschichten getragenen Glücksspiels. Neben dem Fingerhütchenspiel erregte besonders das sogenannte Mariandlspiel, das nach dem Lottogefällsgesetz geahndet wurde, Aufsehen. Beide waren, wie die Behörde zu Recht festhielt, die »besonders an den Kürchweihfesten auf dem flachen Lande so sehr beliebten Spiele«.[216] Nun hatte sich unmittelbar vor der Linie, aber auch in der Brigittenau[217], wo der größte Wiener Kirchtag abgehalten wurde, eine derartige Spielkultur etabliert, die zumeist an Sonn- und Feiertagen gepflogen wurde. 1846 hieß es, daß an den stark begangenen Wegen der Schmelz am hellichten Tag bis zu 20 Spieltische aufgeschlagen seien.[218] Schon 1835 wollte die niederösterreichische Regierung solche Spiele, »besonders mit Würfeln, öffentlich und unter den Augen der Polizeiaufsicht«, nicht mehr dulden.[219] Ihre Betreiber waren neben »vorzüglich Weibspersonen in größerer Anzahl«[220] männliche Taglöhner, Bandmachergesellen oder Hausierer.[221] 1843 bezeichnete sie ein Wiener Autor bereits als »Mariandlweiber« und berichtete, daß gerade elf von ihnen verhaftet worden seien.[222] Über die Lage der kriminalisierten Frauen informierte die Polizeioberdirektion 1843: »Das Mariandlspiel wurde in letzterer Zeit meistens von gebrechlichen, oder reichlich mit Kindern gesegneten Weibern aus der untersten Volksklasse [...] betrieben.«[223] Eine der im Jahre 1847 in der Brigittenau Verhafteten, eine 62jährige aus Mähren stammende Holzkohlenhändlerin, gab an, sie habe das Spiel unternommen, »da ich zu keiner anderen Arbeit tauglich bin wegen meines Alters«.[224] Auch die »Spielhälter« des Fingerhutspiels wurden als bedürftig geschildert:

> »Diese Individuen sind meistentheils hieher zuständig, theils mit Kindern belastet, und auch nicht arbeitsscheu, indem sie mit Ausnahme der Sonn und Feiertage, an denen sie sich dem Unfuge hingeben, ihrem ordentlichen Erwerbe nachgehen, und daher auch nach ihrer Abstrafung wieder entlassen werden müssen.«[225]

Die Frauen stellten ihre Spieltische dort auf, wo an den genannten Tagen (aber auch darüber hinaus) große Menschenmengen zusammenkamen, von denen sie aufgrund des festtäglichen Charakters erhoffen konnten, daß sie in ihre Konsumabsichten auch das Spiel einrechnen würden. Bei einem Einsatz von einem Kreuzer gab es Flaschen, bemalte Trinkgläser oder 5 Kreuzer zu gewinnen.[226]

Im Spiel trafen zwei ökonomische Welten aufeinander, deren gemeinsame Nenner Bedürftigkeit und Not waren. Mit dem Blick eines Sozioökonomen erkannte dies der Polizeioberdirektor:

> »Uibrigens nimmt von Jahr zu Jahr die Bevölkerung und im gleichen Masse der Pauperismus zu, und bestimmt manche Individuen, an Sonn und Feiertagen, wo gewöhnlich derlei Spiele abgehalten werden, sich auf eine leichte Art einigen Nebenerwerb zu verschaffen.«[227]

Beim gewöhnlichen Mariandlspiel behielt die Betreiberin, wenn sich der Gewinner für den Geldbetrag entschieden hatte, einen Kreuzer zurück und kam so in einem Fall auf 15 Kreuzer.[228] Eine 45jährige verwitwete Mutter von vier Kindern gab 1823 an, sie könne »an einem ganzen Nachmittag, wenn das Geschäft gut läuft, höchstens 6,7 Groschen gewinnen. Am letzten Sonntag [...] verdiente sie nicht 10 Kreuzer«.[229] Die Frequenz der genützten Subsistenzquelle scheint ein Reflex auf die Konjunkturschwankungen dieser Krisenzeit gewesen zu sein. Die Polizei stellte fest, daß das Spiel seit Jahren »periodisch zu und auch wieder abgenommen« habe.[230] Nicht nur ökonomisch ist das Glücksspiel der Armen an die Welt der Arbeit gekoppelt, auch der Ort des Spiels hängt mit ihr zusammen: in der Nähe befanden sich Manufakturen.

Den Anlaß zu den Ausführungen der Polizei bildete ein Konflikt, der von einigen bürgerlichen Seidenfabrikanten und Webermeistern aus Schottenfeld und Fünfhaus ausging. Unter der Führung des »befugten Trödlers« Anton Keßler inszenierten sie »Streifungen« gegen die Spielunternehmer, wobei es zu Tätlichkeiten kam. Die Unternehmer sahen ihr Gewerbe in Gefahr, weil der »Klupp Spielmenschen« auf verschiedenen Plätzen

>»und vorzüglich auf dem Weg von der Mariahilferlinie über die Schmelz nach Neulerchenfeld das Passieren erschwerten [sic!], daß selbst sogar die Wege zum Fahren als Gehen durch die Masse Menschen, welche theils darauf zu spielen, und theils blos zu sehen, dadurch gehemmt waren«.

Ein Paradebeispiel für das auch vom Staat intendierte Freihalten der Straßen zugunsten des störungsfreien Handelsverkehrs.[231] Schwerwiegender aber und das eigentliche Anliegen Keßlers war, daß die Spielgelegenheit offenbar verlockender war als die geforderte Arbeitsdisziplin. Durch das organisierte Spiel würden

>»nicht nur gesittete Menschen, sondern sogar junge Leute, die entweder sich noch in der Lehre befinden, oder sonst zur Mithilf als die sogenannten Steckenbuben, die wir Weber und Fabrikanten unumgänglich brauchen, zu diesem Spiele so verleit[et werden], daß durch deren Verlust von verheuratheten Zeug- und Webergesellen oft Weiber und Kinder vor Hunger darben, wir Weber und Fabrikanten aber durch den Leichtsinn unserer Arbeitsleute, und namentlich der besagten Steckenbuben gehindert sind, die Arbeiten zu vollführen«.[232]

Es sind nicht mehr nur die traditionellen Kräfte der politisch-weltlichen oder kirchlichen Obrigkeiten, die die Konfliktgrenze zwischen Spiel und Arbeit, Unordnung und Anpassung bestimmten. Wie im 18. Jahrhundert im zünftischen Gewerbe, stößt nun das Spiel (wie auch das gesamte ökonomische und moralische Gebaren) vor allem der Unterschichten auf den Widerstand der ökonomisch und politisch handelnden Schicht der bürgerlichen Manufaktur- und Fabrikbesitzer, die sich die weitgehende moralische und ökonomische Kontrolle über ihre Arbeitskräfte anmaßten. Damals oblag es dem Meister, zur Wahrung seiner Autorität darauf zu achten, daß der Lehrjunge bei dem »Hin- und Herschicken« seine Zeit nicht auf der Gasse »verstreicht« und sich durch die »Gelegenheit zu allerlei Liederlichkeiten und Ausschweifungen« ans »Nichtsthun und Herumlaufen« gewöhne.[233] Denn die Straße barg Attraktionen und war der relevante soziale Raum: »Beköммt er etwa hie und da ein Trinkgeld, wenn er Arbeit nach Hause trägt, und findet liederliche Gesellschaft von Kameraden, so wird das Geld vernascht oder verspielt.«[234] Nun wollten sich Handel und Industrie beim Versuch, ihren Interessen Geltung zu verschaffen, die Repressionsmaßnahmen des vormärzlichen Staates zunutze machen.[235] Das Spiel war auch dabei ein Indikator für die Probleme im Disziplinierungsprozeß der Arbeitswelt.

Die Spielunternehmer auf der Schmelz leisteten Widerstand. Sie wußten ihrerseits, ihre Interessen zu wahren, zeigten Stärken der Organisiertheit und machten die Schwächen des gesetzlichen Vorgehens deutlich. Aus der Nähe der Linie vertrieben, stellten sie ihre Spieltische auf den Feldern von Ottakring, Breitensee und Penzing auf, also dort, wo sich schon 1799 notorische Zentren des Spiels befunden hatten. Trotz Polizeirazzien und Amtshandlungen kehrten sie auch wieder zurück, um »ihr unbefugtes Gewerbe mit der größten Vorsicht durch Aufstellung von Aviso=Posten« fortzusetzen.[236] Der Druck des Staates auf die Unterschichten nahm zu, die Weigerung, ihm nachzugeben, blieb aufrecht. 1846 wurden die »Strickbuben« auf der Schmelz in Augenmerk genommen und in Sechshaus eine Untersuchungskommission für schwere Polizeiübertretungen eingerichtet. Im gleichen Jahr befaßten sich die Behörden erneut mit dem Mariandl- und Würfelspiel vor der Mariahilferlinie. 1849 erschien im »Oesterreichischen Courier« (»Wiener allgemeine Theaterzeitung«) ein Artikel, demzufolge das Mariandlspiel rund um den Schmelzerfriedhof »mehr im Flor [ist], als es jemals der Fall war«. An den Spieltischen würden sich »fahle Burschen, lüderliche Dirnen, Vagabunden und Taugenichtse« versammeln. Es gebe »viele Arbeiter und Gesellen, ja Meister [...], welche den sauererworbenen Wochenlohn und Verdienst Sonntags zu solch einem Spieltisch tragen«. Die »kahle nackte Wirklichkeit« sei indes »weit grauenhafter«, als es der Autor zu schildern vermöge.[237] Im Juni 1848 war es das Hanserl- und Mariandlspiel im Prater gewesen, vor dem der »Ausschuß der Bürger, Nationalgarden und Studenten« die Arbeiter und Soldaten warnte. Sicherheitswache sowie jede Garde wurden ermächtigt, »eine solche Spielbank augenblicklich aufzuheben, und gegen die Uebertreter dieses Gesetzes nachdrücklich einzuschreiten«.[238] Auf die materiellen Bedürfnisse der dort massenhaft Beschäftigung Suchenden hatten die politischen Veränderungen der vorübergehenden Machthaber keine Auswirkungen.

In einem Fall aus dem ländlichen Raum hingegen, der ebenfalls das Glücksspiel unmittelbar in der nichtspielerischen Ökonomie der Handelnden verankert, mußte sich der Beschuldigte den neuen gesetzlichen Bestimmungen fügen. 1807 hatte sich der

26jährige Bäckermeister Joseph Nömayer aus Kleinzell vor der Polizei zu verantworten, weil er an Sonn- und gebotenen Feiertagen auf drei Tischen um Brot hatte spielen lassen. Zwar sei auch um Geld gespielt worden, doch stand das *Brod=Ausspielen* im Zentrum der Untersuchung. Die Distribution von Waren durch Spiel, zu dem die Spielenden nach der Kirche gekommen seien, habe dem Bäcker an manchen Sonn- und Feiertagen bis zu 4 Gulden gebracht. Der unter großen Ausgaben Leidende behauptete dem Gerichtsdiener gegenüber, daß diese Ausspielung bereits sein Vater betrieben hätte. Nachdem es diesem einmal verboten worden sei, habe er nach einem Prozeß sogar die Bewilligung dazu erhalten. Nun wolle sich der Sohn, auch wenn es ihm schwerfalle, des Spielens enthalten.[239] Es handelt sich nicht um den Einzelfall eines gewieften Geschäftsmannes, sondern um die verbreitete Erscheinung, Überproduktion in die Sphäre des Spiel zu transferieren und so einen begrenzten Bereich des Warenverkehrs dem Prinzip Zufall zu überantworten – wie es ja in den Glückshäfen in institutionalisierter Form seit langer Zeit der Fall war. Es ist dies ein Phänomen, das Ludwig Hartmann in seinem »Spielteuffel« (1678) als Skandalon an vielen Orten beobachtet haben wollte. Wenn die Bäckerknechte ihr Brot nicht verkaufen könnten, setzten sie sich in die Wirtshäuser, Mühlen und andere Orte, »haben meistens Karten bey sich und trachten ihre Wecken zu unverantwortlichem Mißbrauch zu vertreiben«.[240] Im Frankenburg sprach die Marktordnung des Grafen Franz Christoph Khevenhüller 1632 davon, daß »gar umb das liebselige prot oder wein« gespielt werde.[241] Die Banntaidings- und Poizeiordnung der Herrschaft Steyr (1712–1759) verbot »das liederliche brod- und fleischspillen in paurnhäusern«.[242] Bei Sebastian Leithner, Bauer in Götzendorf, fing im Winter 1843 das Kartenspielen an, »wozu der Umstand Anlaß gab, daß wir im vorigen Jahre sehr viel Obst erhielten, und durch dessen Ausspielen einiges zu veräussern suchten«.[243]

Die erwähnten Subsistenzspielformen, die Lotto/Lotterien, Glückshäfen und anderen Warenausspielungen nahestehen und im Zusammenhang mit öffentlichen Spielen zu festlichen Gelegenheiten zu sehen sind (vor allem Kirchweihen und Jahrmärkte, auf die noch einzugehen sein wird), wurden bislang von der Forschung fast gänzlich vernachlässigt. Auch die Öffentlichkeit beschäftigte sich seit der Mitte des 19. Jahrhunderts eher mit den öffentlichen Spielcasinos und allenfalls mit der Grauzone der Spielzusammenkünfte in den Städten. Deren Klassifikation nahm ein »Signor Domino« in einem 1886 in Breslau erschienenen Werk vor. Der Autor macht drei Schichten namhaft: Cercles und Clubs der aristokratischen Welt, geheime Spielgemeinschaften des höheren und mittleren Bürgerstandes, der jungen »Cavalierswelt« und der Offiziere, auch der »Demi-Monde« in Hotel- oder Privaträumen und das Spiel der »unteren Volksschichten in Kneipen«.[244]

Für Wien ist in den Jahren 1877 bis 1889 nachzuweisen, daß die letzte Gruppe den zahlenmäßig größten Anteil aller belangten Spieler stellt. Bei durchschnittlich 152 Fällen pro Jahr (zwischen 73 und 234) sind Landwirte (naturgemäß), Adlige und Beamte (höhere Dunkelziffer in privaten Veranstaltungen) sehr gering und nach 1884 gar nicht mehr vertreten. Durchschnittlich ein Fünftel der Anzeigen (zwischen 12% und 29%) ging zu Lasten von Gewerbetreibenden. Dagegen machten Gewerbsgehilfen, Taglöhner und Dienstboten die Masse der Delinquenten aus. Erstere stellten das größte Kontingent und waren immer zu mehr als einem Viertel vertreten (1882: ca. 50%, 1885: 70 von 141 = 50%, 1888: 44 von 73 = 60%). Taglöhner und Dienstboten waren abwechselnd stark vertreten, wobei der Anteil der Dienstboten öfters überwog. Die nicht näher spezifizierten »sonstigen Stände« stellten, bei großen Schwankungen, in den Jahren 1885 und 1889 die zweitgrößte Gruppe.[245] Zumindest unter dem Aspekt der Polizei- und Gerichtsaktivitäten war das Glücksspiel ein Phänomen der Mittel- und Unterschichten. Daß durchschnittlich 44% aller Betroffenen aus Böhmen oder Mähren stammten,[246] also den sozial und ökonomisch benachteiligten Gruppen zuzuordnen sind, bestätigt diesen Befund. Für Wien gibt es zusätzlich Anzeichen für eine soziale Topographie des Glücksspiels. In der Verhandlung wegen einer Partie am Brunnenmarkt hielt es der Richter für selbstverständlich, daß der angeklagte Markthelfer wisse, was »Naschi-Waschi« ist.[247] Die Unterstellung ist nicht unbegründet: Die Lokale in der Nähe der Wiener Märkte waren bis in die zweite Hälfte unseres Jahrhunderts Zentren des Stoßspiels.

AUSBLICK

Das übrige (legale) Geschäft mit den in Lokalen betriebenen Spielen wurde zudem einerseits von der Gesetzgebung eingeengt und verschärfte andererseits die gewerbliche Konkurrenz. Als im Juli 1898 in einem Wiener Kaffeehaus eine aus fünf Männern bestehende Pokerpartie ausgehoben wurde, kommentierte die »Neue Freie Presse«: »Durch diesen Vorfall ist von neuem die für Kaffeehausbesitzer und Kartenspieler nicht unwichtige Frage acut geworden, ob das Pokerspiel ein Hazardspiel sei oder nicht [...].«[248] Renommierte Cafetiers wurden in diesen Jahren als Gerichtssachverständige beigezogen. Ein Spiel, wie es nach mehrjährigen ministeriellen Interventionen beim Booky-Domino (auch Sechser-Domino, auf dessen Ausgang bei einem Bankhalter [»Booky«] gewettet wurde) der Fall war, als Glücksspiel zu erklären, konnte durchaus den ökonomischen Intentionen der Kaffeehauslobby dienen – auch wenn vordergründig das »Ansehen des Kaffeehaussiedergewerbes« auf dem Spiel stand.[249] In diesem Fall intervenierte sogar die Kartenindustrie. Die Wiener Spielkartenfirma Piatnik verlangte 1913 vom Justizministerium ein Verbot, weil sie den Rückgang des Verbrauchs an Spielkarten auf die »Verbreitung des stets zunehmende[n] Spiel[s]« zurückführte. Dies schade nicht nur der Spielkartenindustrie und den damit zusammenhängenden Gewerben, sondern auch dem Staat, der weniger Erträge aus dem Spielkartenstempel ziehen könne. Diesem Argument schloß sich das Finanzministerium an, zumal es die Besteuerung von Dominosteinen ablehnte.[250]

Mit Maschinen und Apparaten drang indessen ein anderer Zweig der Industrie in den Spielbetrieb öffentlicher Lokale und beeinflußte diesen nachhaltig. Seit dem Ende des 19. Jahrhunderts beschäftigten die ersten modernen Glücksspielautomaten die österreichischen Behörden. 1896 wiesen Innen-, Finanz- und Justizministerium darauf hin, daß der Würfelspielautomat »Monaco« ein Glücksspiel sei, und erreichten auf diesem Weg seine Unterdrückung.[251] Im Juli 1912 berichtete die Oberstaatsanwaltschaft Innsbruck dem Justizministerium, daß in den letzten Jahren die Einführung von Geldspielautomaten in öffentlichen Lokalen, »namentlich in Gastschänken niederen Ranges, in Nachtkafés und dgl. ungemein zugenommen« habe. Zum einen seien die Automaten eine »Erwerbsquelle der Wirte«, zum anderen werde das Geld »hauptsächlich aus den Taschen der niederen Schichten« genommen.[252] Um 320 Kronen hatte 1913 der Geschäftsführer der Istrianer Weinhalle in Wien einen »Glücksautomaten« mit Roulettescheibe erworben, an dem bei einem Einsatz von 20 Hellern zwei Gäste 12 bzw. 30 Kronen »binnen kurzer Zeit« verloren hätten.[253] Wie die Staatsanwaltschaft weiter ausführte, trage mancher Automat »in einer Nacht 200 K[ronen] und mehr« ein, »insbesondre an den Abenden der Samstage, an welchen die arbeitende Klasse den erhaltenen Lohn noch in der Tasche hat«. Es seien »fast ausschließlich Arbeiter, Soldaten und Kinder, welche sich zum Spiele verlocken lassen und hiebei Einbussen erleiden, die diesen Gesellschaftsklassen sehr empfindlich sein müssen«.[254]

Die unteren und mittleren Schichten nutzten zum Spiel überwiegend den außerhäuslichen Bereich der öffentlichen Lokale. Das gehobene Bürgertum hingegen organisierte sich beim Spiel – bei allen Separationstendenzen, die dabei zu berücksichtigen sind – auch in gesellschaftlichen Sphären, in denen sich Adlige bewegen konnten. Dies geschah vorrangig im privaten Kreis, in Gesellschaften, und zunehmend im Rahmen der Freizeit- und Ferienkultur im Zusammenhang mit dem sich ausweitenden Tourismus – in Bädern und anderen Ferienorten. Adel und gehobenes Bürgertum zusammen stellten ja das Hauptkontingent des in größerem Stil betriebenen Glücksspiels.

Abb. 6: Eduard Swoboda: Va banque. (1849)

Männer und Frauen

Eine Zusammenfassung des bisher Untersuchten muß unter dem Aspekt der geschlechtspezifischen Präsenz von einem deutlichen Ungleichgewicht ausgehen. Der soziale Genus des Glücksspiels ist, so könnte man vermuten, maskulin.[1] Vor allem in bezug auf inkriminiertes Spiel, wie es sich aus den Polizei- und Gerichtsakten ergibt, haben wir es so gut wie ausschließlich mit Männern zu tun. Bei aller Vorsicht, die gegenüber dieser Art von selektiven Quellen angebracht ist, läßt sich die These aufstellen, daß das Glücksspiel als Medium der Soziabilität und der materiellen Chancensuche grundsätzliche Mißverhältnisse in der Rollenzuweisung, im Rollenverständnis und ihrer Wahrnehmung widerspiegelt und verstärkt. Die Polarisierung der Geschlechterrollen prägt auch den – von Männern dominierten – gelehrten Diskurs zum Spiel. Wie aber Arlette Farge und Natalie Zemon Davis im Zusammenhang der Frauengeschichte hervorheben, sind Diskurs und Realität komplementär und interaktiv, reziprok.[2] Im traditionellen Rollenklischee, selbst wenn es negativ besetzt war, spielte der Mann zum Leidwesen der Frau, der Familie und des Haushalts. Eine Graphik aus der frühen Neuzeit zeigt zwei Frauen, »bewaffnet« mit Spinnrocken, Spindel und (Mist?)gabel, die zwei Männer mit Trinkgefäßen, Karten und Würfeln mit den Worten vertreiben: »Pfui / hnauß mit dir du fauler Man / Waß soll ich doch nur mit dir than!« Die Männer entgegnen: »In Essn / trinckn / wurffl / kartn vnd Bretspiel / Hab ich mein frewd vnd kurtzweil viel.«[3] Das dem bürgerlichen Arbeitsethos verpflichtete Bild schreibt fest, daß »typische« männliche Faulheit auf Trinken und Spielen reduzierbar sei.

Doch im Ensemble der gesellschaftlichen Szenerie ist die Frau auch auf ludischem Gebiet präsent[4] – wenngleich anders als der Mann. 1557 kritisierte Eustachius Schildo in seinem »Spilteufel« die spielende Frau als zeitgenössisches Phänomen, versuchte aber gleichzeitig, ökonomisch und sozial zu präzisieren. Man könne erleben, »das vil Fürstin und Frawen vom Adel / vil reicher Weiber der Kaufsleut und Burger / das Spil hefftig üben und treiben / etlich hundert Taler und Gulden verspilen dorffen«.[5] Frauen der Oberschicht genossen das Privileg zu spielen, doch wurde es ihnen von den Männern nur gewährt.[6] Die Grundlage dafür war ökonomische Verfügungsgewalt, der jedoch die gemeinsame Haushaltung unterzuordnen sei. Und wenn es Schildo zufolge auch oft geschehe, daß »das Weib jhren Mann […] hette reich gemacht«, habe sie kein Recht zu sagen: »Du Bettler / ich spiele umb das meine / es ist mir unnd nicht dir sawr worden / darumb wil ich spielen unnd dich nicht ansehen«. Steht zwar in den Augen des studierten Kantors Schildo Mann und Frau gleichberechtigt die Kontrolle über das als gemeinsam erachtete Vermögen zu (ein theoretisches Idealbild, das nicht den geschilderten Spielern entspricht, die ihr Geld verspielen und den Besitz ihrer Frauen unter Androhung von Prügeln versetzen), so rät er angesichts der weiblichen Anmaßung am ehesten zu Schlägen (ein Mittel, das der Frau natürlich nicht zugestanden wird), wahlweise auch zu Argumenten.

Tatsächlich ist es trotz der tendenziösen Front männlicher Spieltheoretiker und Moralisten relativ leicht, das Spiel von Frauen aus der Aristokratie zu belegen. Immerhin widmete die Sorbonne 1697 eine »Resolution sur le jeu de Hazard« einer *dame de qualité*.[7] Die höfischen und adeligen Umgangsformen der Männer glichen denen der Frauen. Denn beim Adel, wo die Bildung der Söhne und Töchter gleichermaßen darauf hinausgehe, »eine Rolle in der Gesellschaft zu spielen, sehe der Mann keine Gesellschaft, mit welcher nicht auch Frau und Tochter in Verbindung stehen«, schrieb Christian Garve.[8] Dementsprechend verbrachte eine gebildete und weltgewandte Dame im Paris des 18. Jahrhunderts ihren Tag. Wenn sie alleine war, las und schrieb sie (Briefe), wenn sie Gesellschaft hatte, wurde gespielt.[9] Und doch sind geschlechtsspezifische Unterschiede auszumachen, die sich schon im vordergründigen Verhalten zeigen. Baron Poellnitz berichtet vom Spiel am französischen Hof, daß am Spieltisch im Zimmer der Königin alle Frauen saßen, die Männer aber standen.[10] Die Geschlechterhierarchie drückte sich darin aus, daß Frauen mit einem »kleinen« Spiel Reverenz erwiesen werden konnte. In Savoyen wurde 1430 diese Art der höflichen (oder höfischen) Ungleichheit sogar im Gesetz festgeschrieben. Das sonst verbotene Kartenspiel war den Frauen »zur Rekreation und wenn sie mit Männern spielen« erlaubt.[11]

Diese Grenzziehung beeinflußte das Spielverhalten. Elisabeth-Charlotte (von der Pfalz) begründete ihre Abneigung gegen das Spiel am französischen Hof unter anderem mit finanziellen Schwierigkeiten. Am 30. April 1709 differenzierte sie jedoch: »Spillen liebe ich nicht und könte es auch nicht außstehen: niemandts will klein spiel spiellen undt große spiel kommen meinem beüttel zu hoch.« In der Zwischenzeit hatte sie ihre strikte Haltung vorübergehend aufgegeben und erklärte am 30. November 1711 ihre neuerliche Abstinenz: »Ich liebe das spiellen gar nicht mehr zu meinem glück, denn ich bin nicht reich genung, wie andere meiner gattung zu spielen, undt zu kleinere spiel hette ich keine lust.« Sechs Jahre später machte sie deutlich, daß durch die soziale Dimension des Spiels (»wie andere meiner gattung«) eine »Gender-Kluft« geht. Am 9. September 1717 beschrieb sie das Hoca: »Wir spiellen kein hoch spiel, aux dix sols, aber bei dem König hatt man es allezeit mit Louis d'or gespilt.«[12] Wenngleich nicht eindeutig zu belegen, ob das »Wir« einen weiblichen Spielkreis bezeichnet, so gibt es doch Hinweise auf adeliges Spielverhalten, die nahelegen, daß das kleine Spiel die Frauen von den Männern trennt. Maria Theresia ist sicher kein Beispiel dafür. Am Wiener Hof waren jedoch ähnliche Dynamismen wirksam. Auch hier setzt die ökonomische Potenz Grenzen, die zuerst die Frauen betreffen. Im April 1755 äußert die Herrscherin den Wunsch nach einer Partie Lansquenet, in aller Eile werden *Coupeurs* gesucht, berichtet der Oberhofmeister: »[...] und da das Spill anfänglich sehr moderat und mehr zu einem Amusement sein sollen, so wollte auch meine Frau du nombre sein, um ihre Cour zu machen.« Bald wird, wie bei Glücksspielen üblich, aus dem Spaß Ernst und das Spiel »so hoch getrieben, daß nicht allein sie, sondern auch andere noch austretten müssen«.[13] Männer und Frauen unterscheiden sich im Spiel als Medium ökonomischer Souveränität. Die einen repräsentieren das »ernste«, das hohe und riskante Spiel, die anderen das Spiel zum Amüsement. Davon war nicht nur die höfische Aristokratie betroffen. Giacomo Casanova legte 1760 in einem Gasthof in Aix-les-Bains eine Bank auf; und »zur Unterhaltung für die Damen verlangte ich außer den fünfhundert Louis [...] noch hundert Taler zu sechs Francs«. Bei einer anderen Gelegenheit legte ein Teilhaber 25 piemontesische Pistolen in die Bank, »dazu etwas Silbergeld zur Unterhaltung für die Damen«.[14] Im ungarischen Badeort Rank habe im Sommer 1813 der Vizegespan Szent Imrey »einer Frau zu Gefallen« und »aus Scherz« eine unbedeutende Bank gegeben.[15] Auf einem Freiball, den die Pariser Pachtgesellschaft der Glücksspiele 1803 in einem ihrer Spielhäuser gab, beobachtete Johann F. Reichardt zwar »eben so viel Damen als Herren« beim Hasardspiel. Doch schien besonders »eine Art Lotto [...] für die Damen sehr anziehen zu seyn«.[16] Ein Vergleich drängt sich auf: Selbst das weithin für das Glücksspiel offene Las Vegas sah Mitte des 20. Jahrhunderts für weibliche Besucher die weniger attraktiven Spiele wie die lottoähnlichen Keno und Bingo oder die Spielautomaten vor. John Findlay zufolge zeigt sich darin eine Grundstruktur der amerikanischen Gesellschaft, in der Individualismus wie Glücksspiel traditionell maskuline Züge trägt.[17]

Die unternehmerische Rolle von Frauen, zumal in den österreichischen Quellen, tritt dagegen klar zurück. Das einzige Beispiel aus privaten oder halböffentlichen Glücksspielen betrifft den ungarischen Hochadel. Aus Preßburg wurde 1829 berichtet, daß »selbst Frauen der Magnaten und Ablegaten« Pharao spielten, »und manche von ihnen halten sogar Bank«.[18] Ist die Banquière eine tendenziell singuläre Erscheinung, so nahmen Frauen auf einer anderen Ebene der Spielorganisation ihre Chancen wahr und beteiligten sich am Kapitalfonds. Lessings Minna von Barnhelm kommt zu ihrem Spielgewinn, indem sie den Mann spielen läßt und auf prozentuellen Gewinn der Bank hofft: »Daß ich sehr gern gewinne; sehr gern mein Geld mit einem Manne wage, der – zu spielen weiß. – Wären Sie wohl geneigt, mein Herr, mich in Gesellschaft zu nehmen? mir einen Anteil an Ihrer Bank zu gönnen?«[19] Diese Form der Beteiligung war vor allem in Paris verbreitet. Zahlreiche Spielpartien fanden in Häusern und Wohnungen von Frauen statt. Von den heimlichen Spielhäusern zwischen 1678 und 1789 wurden 75% von Frauen gehalten.[20] F. Freundlich kam bei 76 untersuchten Fällen zwischen 1715 und 1800 auf 90%. Die meisten stammten aus höheren Gesellschaftsschichten, auffallend ist der hohe Anteil an Militärswitwen oder -gattinnen. Etwa ein Dutzend bezeichnete sich als *ouvrière*. Zu über 50% zwischen 26 und 45 Jahre alt, stammten zwei Drittel aus Provinzstädten. 44 von 76 gaben an, ökonomische Gründe hätten sie zum Halten von *tripots* veranlaßt. Das Spiel hatte jedoch nicht die Funktion, das Überleben zu gewährleisten, war keine Substitution anderer Einkunftsquellen, sondern eine den Zufällen ausgesetzte Ergänzung.[21] Zur Zeit des Direktoriums war das Bouillottespiel in den Gesellschaften des *bon ton* eine »Goldgrube der Damen« und eine Erwerbsquelle für manche Häuser und Salons. Aber, gab ein Autor im Journal »London und Paris« zu bedenken, die Bouillotte war »noch zu wenig Hazardspiel«, um mit den Spielhäusern und den dort gebotenen Glücksspielen konkurrieren zu können.[22] Frauen der obersten Gesellschaft Neapels gaben um die Mitte des 18. Jahrhunderts brillante und zahlreich besuchte Gesellschaften, in denen auch Pharao und Lansquenet gespielt wurde.[23] In den Londoner »Zirkeln der Damen von Ton« gab es Pharobanken, deren Kapital aus den Gewinnen der EO-Tische stammte. »Damen-Spielhäuser« waren eine der vier Kategorien von Spielhäusern dieser Stadt.[24]

Ganz andere Voraussetzungen lagen bei den Betreiberinnen jener Glücksspiele vor, die vor dem Wiener Linienwall und an den Kirchtagen um geringe Sätze und bei bescheidenen Gewinnmöglichkeiten angeboten wurden. Bei den von der populären

Literatur als »Mariandlweiber« bezeichneten Unterschichtfrauen ist das Motiv ihres Tuns die Not.

Das Bild der spielenden Frau diente seit der frühen Neuzeit einerseits als besonders abschreckendes Beispiel für die Verbreitung des Lasters, andererseits zur Illustration einer spezifischen Verwerflichkeit, die die gesamte Gesellschaft als dekadent erscheinen ließ. Spielende Frauen galten den Vertretern extrem spielfeindlicher Positionen als Ausdruck einer gestörten Hierarchie, als Sinnbild einer verkehrten Welt. Ein spanischer Autor sah 1623 den Unterschied zwischen Männern und Frauen im Spiel darin, daß letzteren keine Karten zustehen. Denn der Anblick einer kartenspielenden Frau sei wie der eines Soldaten mit Spinnrocken oder der eines wilden Tiers mit menschlichen Werkzeugen – für den anständigen Christen teils ein Betrübnis, teils ein Ärgernis.[25] Jean Barbeyrac behauptete zu Beginn des 18. Jahrhunderts, daß der Müßiggang das Spiel »unter den Frauenzimmern so stark im Schwange gebracht« habe. Es führe »an manchen Orten wo das Spiel unter dem Frauenzimmer sehr gemein worden, [...] nicht mehr zu Beleidigung der Ehre einer Frau oder Tochter wenn man sage, sie spiele so starck als eine Manns-Person und brauche keine grössere Behutsamkeit dabey«. Das Spiel ist für Barbeyrac nur der Katalysator einer »anwachsende[n] Freyheit«, eines eingeschlichenen »unordentliche[n] Wesen[s]«.[26] Johann Pezzl blickte 1785 auf ein »altes Wien« mit Müttern zurück, die »wirthschaftlich, treu etc.« gewesen seien, während die Mütter des »neuen« Wien »Spielerinnen, voll Galanterie« seien.[27] Johann Richter meinte, die »Spielsucht« habe Frauen »von der Bettelnoblesse an, bis zum hohen Adel hinauf«, aber auch »die gemeinen Weiberköpfe« erfaßt. Das Spiel ziehe »meistens Unordnung in den Finanzen, schlechte Kinderzucht, und die Störung ehlicher Eintracht nach sich; denn eine habsüchtige Spielerin kann unmöglich eine gute Haushalterin, eine gute Mutter, und fast schon gar nie eine rechtschaffne Gattin seyn«.[28] Bittermanns »Spielgesellschaft von Wien« bestand gar nur noch aus Frauen – für ihn das Resultat einer fehlverstandenen Aufklärung.[29] Denn in den Augen der kritischen Ideologen sollte das Bürgertum seinen Führungsanspruch nicht zuletzt durch einen speziellen Tugend- und Verhaltenskanon legitimieren, der auch konträre Rollenzuweisungen implizierte. Anders als beim Adel ziele die bürgerliche Erziehung bei den Männern auf Arbeitsamkeit und Geschäfte, bei den Frauen auf Häuslichkeit und »Wirthschaft«.[30] So waren spielende Frauen ein Beispiel für die pervertierte Emanzipation. »Weiber, ihr habt gewonnen! Ihr seid da – zum Spiel«, führte der »Teutsche Merkur« 1777 an.[31] Im Zeichen der Aufklärung würden vernünftige Frauen gar nicht spielen, da sie wüßten, daß Spielerinnen noch abscheulicher seien als Spieler.[32] Auf der anderen Seite förderte die Schilderung erwünschter Verhaltensraster leicht die Sicht einer ungestörten Ordnung. Das Spiel diente somit zur paradigmatischen Charakterisierung und Festschreibung eines sozial und geschlechtsspezifischen Rollenverhaltens und -klischees. Die männlichen Einwohner der Residenzstadt Mannheim »gehen gewöhnlich auf Kaffeehäuser oder in Spielgesellschaften, die Weiber amüsieren sich untereinander mit Stadt- und Theaterneuigkeiten«, hieß es 1792.[33]

Das von bürgerlichen Theoretikern entworfene Konzept der Frau ging zunächst vom Postulat unterschiedlicher »natürlicher« Anlagen aus. Barbeyrac meinte – übrigens wie viele andere auch –, »die Schwachheit[,] so dem schönen Geschlechte anklebet«, mache es empfänglicher für alle Passionen und unfähiger, sie zu meistern. Frauen unterlägen aber auch mehr dem Aberglauben, der sie dazu verleite, in den Unwägbarkeiten des Zufalls eine besondere Vorsehung zu erblicken.[34] Christian Garve hielt dafür, daß vorzüglich Frauen für das Spiel, »als Spiel, eine leidenschaftliche Neigung durch den Umgang« bekämen. Bei Männern hingegen entstehe »diese Leidenschaft selten anders, als wenn sie sich mit hohem Spiele abgeben«.[35] Mit anderen Worten: Frauen korrumpierten das »echte« Spiel. Daher (er)fand Garve auch den Titel der »Spielschwestern«, deren Charakter nichts anderes sei

> »als Leerheit der Seele, Gleichgültigkeit gegen alles Ernsthafte und den Verstand Beschäftigende, selbst gegen diejenigen Neuigkeiten des Tages, welche die Aufmerksamkeit aller Welt auf sich ziehn, und eine Anhänglichkeit an Personen gleiches Geschmacks, von denen sie immer mehr in dieser Denkungsart befestiget werden«.[36]

Französische Autoren postulierten, daß die spielenden Frauen dafür verantwortlich seien, wenn aus dem Spiel, einem ernsten Amüsement, ein Verbrechen werde.[37] Die bipolare Konstruktion der Geschlechterrollen, nach der die Frau Natur und der Mann Kultur sei,[38] prägt die Verstörung, die der Stellenwert des Spiels verursachte. Erst ab den 70er Jahren des 18. Jahrhunderts setzten sich vermehrt Ansichten durch, die das vermeintliche Fehlverhalten von Frauen auf eine falsche Erziehung zurückführten.[39] Justus Möser führte das wachsende Bedürfnis der Frauen nach allen Arten von Spielen, Assembleen und Soupers auf den gleichen Zwang der »Umstände« zurück, die ihre »in Bedienungen« stehenden, vormittags beschäftigten Männer der urbanen Oberschicht zu solchen »Ergötzlichkeiten« nötige.[40] Das biologistische Modell blieb jedoch bis in die Gegenwart wirksam.[41] Wenn es darum ging, die Korruption bürgerlicher Ideale im Spielverhalten zu illustrieren, verband sich das »natürliche« Defizitkonzept mit dem edukativen und wurde zum gesamtgesellschaftlichen Befund. Geradezu in Umkehrung der Prämissen sozial wirksamer Konstrukte von Virilität, ansonsten die Grundlage von Selbstkontrolle,[42] resultierte nun das Unwürdige des Spiels aus seiner inhärenten Unmännlichkeit. Im »Hannoveranischen Magazin« war bereits 1768 folgende Diagnose der Effeminierung der Gesellschaft über das Spiel zu lesen: »Ein Zeitalter, das durch eine so durchaus nichtswürdige weibische Sache, als das Kartenspiel, seine Rauhigkeit verloren, wird sanfter geworden seyn, aber auch unmännlich und entkräftet.«[43] Ein Blick auf die mittleren und unteren Gesellschaftsschichten hätte den Autor allerdings zu einer anderen Diagnose führen müssen. Hier war das Kartenspiel eine unbestritten männliche Domäne und fand am männlichen Ort der Soziabilität, hauptsächlich im Wirtshaus, statt.[44]

Der gesamte Diskurs des 18. Jahrhunderts muß jedoch dahingehend relativiert werden, daß er sich – obwohl meist nur implizit – überwiegend auf strategische oder sogenannte Kommerzspiele bezog. Das einzige namentlich erwähnte Glücksspiel in Bittermanns »Spielgesellschaft« ist Macao, und das schätzte der Autor als »ein dummes Hazardspiel ein«.[45]

Eine neue Dimension ermöglichten die öffentlichen Spielbanken, die allerdings noch durchaus »traditionellen« Beschränkungen unterlagen. Über Schlangenbad und Schwalbach hieß es 1738, daß es den Prinzessinnen »gestattet« sei, zehn Sols zu setzen, sogar an den Tischen, wo man mehrere Handvoll Gold oder Silber spiele, weil sich hier wegen der zahlreichen Höflinge viele Spieler einfänden. Die Prinzessinnen spielten überall ein bißchen und ließen manchmal das Geld ihren Cavaliers, die für sie setzten.[46] Es war noch länger üblich, daß adelige Frauen Männer für sich setzen ließen, während sie selber aus geringer Distanz das Spiel beobachteten.[47] Offenbar hatte sich bis zum Ende des Jahrhunderts weder die aristokratische Prägung noch die männliche Dominanz geändert. Ernst Moritz Arndt analysierte gegen Ende des 18. Jahrhunderts das Publikum der Pariser Spielhäuser und fand: »Auch wohl einzelne alte reiche Weiber der alten Zeit – denn in der neuen sind wohl eben die alten Weiber nicht reich geworden – waren mit ihren schützenden Begleitern am Spieltische zu sehen.«[48]

Der Aufschwung der deutschen Spielbäder im 19. Jahrhundert ging einher mit der Heranziehung eines möglichst großen Spielpublikums, benötigte aber in bezug auf Frauen noch die älteren Leitbilder. Karl August Varnhagen von Ense, ständiger Gast in Homburg, berichtet im Juli 1845 von einem Artikel der »Allgemeinen Zeitung«, in dem behauptet wurde, »daß die Pächter ein paar vornehme Damen für Rechnung der Bank spielen ließen, um andren Damen den Zutritt zu erleichtern«. Eine Gräfin bezog »diese Schmähung« auf sich und war entrüstet.[49] Gleichzeitig hatte der leichtere Zugang zum Spiel eine neuerliche reaktionäre Gegenbewegung hervorgerufen. »Auch hierin ist es nicht mehr wie in alter Zeit, man staunt nicht mehr wie sonst alles an, was die Großen und Reichen thun, und eine Dame am Rouge et noir wird mit einiger Verachtung angesehen und laut getadelt.«[50]

Die meisten Beschreibungen und Genreskizzen aus den Casinos ähneln sich in der Folge darin, daß sie die Präsenz von Frauen an den Spieltischen bekritteln. Es sind meist ältere, denen entweder Seriosität oder ehrfurchtsvoller Ernst vor dem Spiel mangelt, oder es sind junge, entweder aus gutem Haus oder der Halbwelt.[51] Karl Marx kritisierte nicht, er begründete aber auch nicht, worin die Attraktivität des Spiels in Monte Carlo für Frauen liegen soll: »Doch begreife ich, daß es namentlich *le beau sexe*

Abb. 7: Spielerin im Casino Semmering

lockt; *les mondaines,* wie nicht minder die *demi-mondaines,* wie *school-girls,* wie Bürgerinnen, *all push on,* wovon hier Augenzeugen ringsum.«[52]

Die Spielbank wird zum institutionalisierten Bereich, in dem tendenziell sowohl die soziale als auch die geschlechtsspezifische Segregation aufgehoben scheint. Diese war und ist ja stets Garant für Gruppenkohärenz und -identität, die – was das Spiel betrifft – von Männern inszeniert wird. Am sinnfälligsten wird der Unterschied im Vergleich zwischen der Teilnahme von Frauen am Spiel in Casinos oder genauer ihrem Besuch (der mit annähernd 40% allerdings immer noch nicht ihrem zahlenmäßigen Anteil an der Bevölkerung entspricht, sondern eher Ausdruck der herrschenden Benachteiligung ist) und der quasi Non-Existenz in den Strafstatistiken.[53] Lokale und Clubs sind nicht nur hauptsächliche Orte des illegalen Glücksspiels, sondern auch Zentren der männlichen Halböffentlichkeit, von der Frauen weitgehend ausgeschlossen sind. Dies betraf und betrifft die eigentliche »Unterwelt«, bei deren Stoßpartien in den Hinterzimmern Frauen keinen Zugang haben und hatten.[54] Das wird weiters deutlich durch die systemerhaltende sozialkommunikative Funktion solcher Orte in Gesellschaften, wo Frauen auf den häuslichen und engeren familiären Bereich verwiesen sind – wie eine Studie über das Glücksspiel unter türkischen Männern zeigt.[55]

Das Glücksspiel ist ein distinktives Merkmal in der Rollenzuweisung der Geschlechter, ein Medium und Katalysator in der Wahrnehmung, Erfahrung und Umsetzung symbolischen Kapitals, von vermeintlich spezifischen Eigenschaften mit Signalwirkung für Virilität, Macht, Risikobereitschaft etc. So wie der männliche Teil der von Clifford Geertz »dicht« beschriebenen balinesischen Gesellschaft seine Werteverbindlichkeiten im »deep play« des Hahnenkampfes reproduziert und symbolisch aufs Spiel setzt, sind Frauen und sozial gering Geachtete auf die belachten »simplen« Glücksspiele verwiesen. Dieser Trennlinie entsprach beispielsweise im 18. Jahrhundert jene zwischen hohen Glücks- (im englischen Sprachraum »deep play«!) und »harmlosen« Karten- und Würfelspielen. In heutigen lateinamerikanischen Casinos wirkt die Chancendiskriminierung als Teil des Machismo nicht nur auf die Spieler, sondern auch auf das Personal: Frauen betreuen dort höchstens Spiele wie Boule, das vereinfachte Roulette, das »ernste« Spieler nicht für ein »ernstes« Spiel halten.[56]

Grenzgänger

Drei Arten von »Störfällen« begleiteten das Glücksspiel je nach Umständen dauerhaft: Berufs- und Falschspieler sowie die Exekutivorgane der staatlichen Obrigkeiten (ein vierter wäre der aus dem Spielverlauf entstehende Streit unter Spielern). Die einen nutzten das System des Spiels, die anderen waren angehalten, es zu verhindern oder zu zerstören. Grenzgänger sind die einen deshalb, weil sie nicht in das Konzept des Spiels als einer von materiellem Interesse freien Tätigkeit paßten, die anderen, weil sie die Gesetze des Spiels mißbrauchten, und die dritten, indem einige von ihnen sich ins Spiel begaben, um seine Aufhebung zu ermöglichen. Theoretische (juristische, moralische Traktate) wie praktische (Spielanleitungsbücher) Texte zum Spiel haben sich diesen Aspekten in einem Ausmaß gewidmet, das es nahelegt, darin ein strukturelles Phänomen zu sehen.

MASKE UND MANIPULATION – PROFIS UND BETRÜGER

Die weitverbreitete Bereitschaft zum Glücksspiel war die Voraussetzung für den Erfolg jener, die sich bar jeder Illusion über Zufallsentscheidungen die Möglichkeit verschafften, materielle Chancen durch professionelles und/oder manipuliertes Spiel wahrzunehmen. Der vermeintlichen Chancengleichheit der Spieler setzten sie individuelle oder organisierte Strategien zur weitgehenden Eliminierung des Zufalls entgegen oder versuchten, den ohnehin bestehenden Vorteil des Bankhaltens an sich zu ziehen. Die Grenze zwischen professionellem und betrügerischem Spiel ist nicht immer leicht zu ziehen, weil die Tradition der Quellen suggeriert, daß der *aleator*, also jener, der sich durchs Spiel ernähre und ein »Gewerbe« daraus mache, ohnehin fast zwangsläufig zu betrügerischen Machenschaften greife und somit nichts anderes als ein »Spitzbube« sei.[1] Die Gleichsetzung von Gruppen, die als sozial deviant klassifiziert wurden, mit dem Gebrauch betrügerischer Spielpraktiken äußert sich im Wort »Gauner«, das ursprünglich das Karten- und Würfelspiel, über das Rotwelsch aber das betrügerische Spiel bezeichnete.[2] Der Jurist Heinrich Knaust meinte im 16. Jahrhundert, wenn man von Würfeln rede, heiße das »gemeiniglich / falsche Würffel vnd Knippen derselben«.[3] Dahinter steht das Konzept vom Spiel als einem Mittel zur Rekreation, das jede Gewinnabsicht läugnet. Schon hohes Spiel galt manchen als *commerce*.[4] Traf die Spieler demnach ein doppeltes Verdikt, so galt dies ganz besonders für die Glücksspiele. Da es bei ihnen, den »Geldpresser[n] und Rupfer[n]«, bloß um den Gewinn gehe, seien sie zum »Eigenthum der Spieler von Profession« gemacht worden.[5] So waren »Spieler von Profession« diejenigen, die ausschließlich vom Spiel lebten – gleichgültig, ob sie sich dabei diverser Kunstgriffe und Betrügereien bedienten oder nicht.[6]

Diejenigen, die Druckwerke und Archivquellen vor allem im 18. Jahrhundert mit diesem zweischneidigen Terminus bezeichnen, sind die eigentlichen Promotoren des Glücksspiels außerhalb privilegierter, konzessionierter und abgabenpflichtiger Spielstätten.

Die sich formierende bürgerliche Gesellschaft erhob ein Gewinnstreben zum Prinzip, das auf ehrbarer Leistung gründete. Gleichzeitig spricht aus allen Kommentaren das Wissen um den Reiz eines schnellen Gewinns, der im Spiel möglich ist. Der Naturrechtler Barbeyrac beschäftigte sich zu Beginn des 18. Jahrhunderts mit der Problematik. Das Spiel in »Gewerbsabsicht« sei unehrlich und werde höchstens von »Holuncken« betrieben, die von »allen wohl polirten bürgerlichen Societäten« verachtet und allenfalls wie Kurtisanen geduldet würden. Es sei eine »übel-berüchtigte Lebens-Art«, deren Gefährlichkeit in ihrem Beispielcharakter gründe. Außerdem würde es jedem »gemeiniglich leichter fallen, das schwerste Spiel zu erlernen als das leichteste

Handwerck«. Schließlich würde der Gewinn »kräfftig anreitzen sich darein zu mengen«. Selbst wenn es nur eine limitierte Zahl von Spielprofessionisten gäbe, hätte die Gesellschaft keinen Nutzen davon, denn ein solcher Erwerb wäre gegen alle Billigkeit.[7] Es ist vor allem der eingeforderte Nutzen jeder bürgerlichen Tätigkeit für den Staat, der Theoretiker des 18. Jahrhunderts professionelle Spieler ausgrenzen ließ. Carl F. Bahrdt unterschied 1789 in diesem Sinn:

> »Also macht das bloße geschäftig sein, den rechtschaffnen Bürger noch nicht aus. Der Spieler von Profession, der Marktschreier mit seinen Harlekin u.d. lassen sichs auch oft sauer genug werden. Aber deswegen bleiben sie doch verwerfliche Glieder des Staats, und gehören unter die Zahl der geschäftigen Müßiggänger.«[8]

In dem Maße, wie der Staat systematisch daranging, seine Bürger zur Arbeit zu schicken und in weite Lebensbereiche dirigierend einzudringen, wurden diese Menschen für ihn zu »bestimmungslosen Abentheurern«[9], die sich systematisch der obrigkeitlichen Disziplinierung entzogen. »Spieler von Gewerbe« gehörten nach Ansicht von Joseph Sonnenfels mit Bettlern, Goldmachern und Schatzgräbern zu der »Zahl derjenigen, die sich auf eine der gemeinen Wohlfahrt nachtheilige, und den Sitten gefährliche Art zu ernähren pflegen.«[10] Loen setzte das Treiben der »Herren Spieler« mit Diebstahl gleich, der unter dem Deckmantel der »freyen Künste« betrieben werde.[11] Es sind gerade die professionellen Spieler, die das Konzept vom irrationalen Glücksspielgewinn durch ihre Rationalität konterkarieren.

Als Außenseiter ohne festen (oder allenfalls wie das Spiel flüchtigen) ökonomischen Ort gehörten sie zum Typus des »Abenteurers«, der die Literatur des 18. Jahrhunderts bevölkert. Abenteurer oder »Chevaliers d'industrie« waren eine soziale Erscheinung, die die in Bewegung befindliche Gesellschaft charakterisierten, indem sie sowohl vertikale als auch horizontale Mobilität, Instabilität und Spekulation personifizierten – »alwaies in extreams, alwaies in a storm«[12]. Bürgerliche Theoretiker wie Knigge setzten materielle Basis und Lebenskonzept der »Aventuriers« in eins. Kernpunkt ist die Abhängigkeit vom Zufall und Planlosigkeit.[13] Abenteurer sind nach Georg Simmel, als Kontrapunkt der »gesichertsten bürgerlichen Unternehmung«, »Gegenwartsmenschen«.[14]

Es zeigen aber selbst die gegnerischen Autoren, daß mitunter sehr wohl ein beträchtlicher Aufwand betrieben wurde und Planung, Strategie und Konzepte unerläßlich waren – sie ließen »sichs auch oft sauer genug werden«. Um erfolgreich agieren zu können, mußten sich die Akteure nach den Rahmenbedingungen richten, die nach Zeit, Ort, ökonomischer und sozialer Lage verschieden waren und sich änderten. Hunger und Kummer litt der Spieler und »Spitzbub« Clas Würffel in einem Fastnachtspiel von Hans Sachs im Winter; der Sommer hingegen, »da ich im Veld die Wandergsehln / Mit falschem spil thu vberschnelln«, versprach Profite.[15] Mitte des

Grenzgänger

Abb. 8:
»Der Spieler«
(Kupferstich von Endner;
Frontispiz zur
deutschen Übersetzung von
C. Goldonis gleich-
namigen Stück)

17. Jahrhunderts haben sich Spielgesellschaften bereits in einem Ausmaß etabliert, das neue Arbeitsbereiche ermöglichte. Der Spieler liebe den Winter mehr als den Sommer, »because it affords more Gamesters«, und Weihnachten, wo zumal in England das Spiel traditionell etabliert war, sei seine Lieblingssaison.[16] Über die günstigsten Zeiten urteilte im Juli 1811 ein Rapport aus Ofen: »Indessen, da jetzt alles in Bädern und auf dem Lande ist, geht die Spieler Profession äußerst schlecht; die Märckte, der Winter, und Fasching pflegt ihnen meistens günstig zu seyn.«[17] Krisenzeiten wirkten sich unmittelbar auf die Lebensumstände aus. Im Juni 1813 berichtete ein Polizeikonfident über die in Pest bestehenden Spielzusammenkünfte. Da aber »nun bey dießen Zeitumständen, selten ein Tailleur sich vorfindet«, hätten »selbst diese Spieler [...] so wenig Fremde auszuziehen, daß sie sich selbst unter einander das bischen Geld abgewinnen müssen, und jetzt einen fühlbaren Mangel leiden«.[18] Einige Professionsspieler, unter ihnen zwei pensionierte Offiziere, der Edelmann von Malik, ein Graf Migarzi und ein Opernsänger namens Zimmermann »spielen nur, wenn ein, oder mehrere Fremde nach Pesth kommen, die Geld haben, und gerne spielen«, meldete ein Rapport aus dem Jahr 1821. Die Ankunft des Grafen Franz Palffy war nun ein Signal für erfolgversprechende Geschäftsaussichten: »[...] einige Spieler! die ihr Leben halb verlohren haben, richten sich wie die Fliegen im warmen Zimmer auf. man sieht bey einigen schon, daß der Kauf-Schneider für Frak, und Hoßen, Geld gelößt haben muß.«[19]

Ein ideales Betätigungsfeld bildeten die Höfe. Kapital war hier ebenso gefragt wie spieltechnische Fertigkeiten. Der Autor des »Adelichen Haus=Vatters« kannte einige *»joueurs de gros jeus [!]*, die niemals ohne Verdacht ihre Kunst von Hof zu Hof ziehen«, und urteilte: »Es ist mit diesen Spielern so weit kommen, daß ihrer drey und viere welche sich in der Kunst vor erfahren halten, eine Cassa, zum Exempel, von hundert tausend Thalern, legen, und hernach allezeit Gewinst und Verlust mit einander theilen.«[20] Giuseppe Affligio (Afflisio), der 1767 Impresario des Wiener Hoftheaters wurde, begegnet in Casanovas Lebensgeschichte des öfteren als (gaunerischer) Bankhalter und 1761 auch am Münchner Hof, wo »die Bankhalter anerkanntermaßen die geschicktesten von ganz Europa waren, wenn es galt, dem Glück nachzuhelfen«. 1765 betrieb er anläßlich der Kaiserkrönung in Frankfurt eine Pharaobank. Ein Nachruf aus dem Jahr 1796 bezeichnet Affligio, der auf der Galeere endete, als »Spiel-Märtyrer«.[21]

Hier zeigen sich die Widersprüche zwischen den erklärten Rekreationswünschen der Aristokratie, bei denen Geld vordergründig keine gebrauchswertige Rolle spielen durfte, und dem kommerziellen Interesse, das zwangsläufig die Bereitstellung der beträchtlichen Summen begleitete. Nicht zufällig war am Wiener Hof die Rede von der Bank des Grafen St. Julian und »seinen Associirten«[22] – unter diesem Titel traten auch die Geld- und Spielgesellschafter auf, die sich um die Pacht der öffentlichen Spielbanken bemühten. Die exklusive und unter dem Druck Maria Thersias gebildete Pharao-*Compagnie* litt darunter, daß das Spiel auf Wunsch der Kaiserin in Gang gehalten werden mußte. Die Gesellschaft hatte ihren »namhaften Fonds« jedoch nicht in der Absicht zu begründen, »einen großen Profit dabei zu ziehen«, sondern »villmehr die Königin zu amusiren«.[23] Den Finanzbedarf mußten aber öfters Außenstehende decken, die natürlich ein Interesse an Profit hatten. Sie werden bei Khevenhüller zu »unanständiger Spill Gesellschaft«, von der es die Herrscherin »abzuhalten« galt. Einige Jahre später erinnerte die Kaiserin ihre Tochter am Pariser Hof an die »mauvaise compagnie«, die das Glücksspiel nach sich ziehe. Da die Möglichkeit des Eindringens Hoffremder ins Spiel stets auch als Gefahr gesehen wurde, war man am Wiener Hof bemüht, trotz der tendenziellen Öffnung des Spiels, wie es im Theater geschah, Exklusivität zu wahren. Der Einlaß für nur redoutmäßige Personen diente, wie es 1762 in einer Denkschrift hieß, dazu, »vorsonderlich die gefährlichen fremden Spieler und die von dem Spiel Profession machenden fremden Aventuriers, wie es in jedem wohlregulirten Staat beobachtet wird, hintanzuhalten«.[24] Johann Pezzl beschrieb in diesem Zusammenhang die Folgen:

> »Diese elende Raserei [des allenthalben verbreiteten Glücksspiels] zog einen ungeheuren heillosen Schwarm von Abentheurern, Spielern von Profession, Glüksrittern, und Betrügern, vorzüglich aus Italien und Frankreich nach Wien: ihre Güter und Einkünfte bestunden in Karten und Würfeln; sie nährten sich von der Spielsucht des jungen Wienerschen Adels.«[25]

Die höfische und adelige Gesellschaft wurde zum potentiellen Opfer ihrer standesgemäßen Bedürfnisse.[26] 1787 hatte sich die Lage nach Ansicht des Autors geändert. Die Spielgesetze würden »scharf exekutirt« und »die Chevaliers d'industrie sind theils verjagt worden, theils von selbst verschwunden«.[27] Dem Problem war jedoch durch Gesetze nicht beizukommen. »Denn einer widersinnigen Gewohnheit zu Folge, nimmt der Adel oft selbst den Abentheurer, welcher ein großer und guter Spieler ist, in seine Gesellschaften auf.«[28]

Allfälliger materieller Erfolg bedeutete aber noch nicht sozialen Aufstieg. Mochte das Spiel auch »diejenigen vom Volke, welche etwa die Mittel haben, sich über die mittlern Stufen des bürgerlichen Lebens zu schwingen, in die Zirkel, wo Pharobänke, und andre Glücksspiele eingeführt sind«, bringen[29] oder »für Personen von mittlerem Stande zuweilen den Reiz gehabt [haben], daß es sie in den Umgang der Großen brachte«, wie Christian Garve um 1800 schrieb,[30] so basierte dieser Erfolg bei den »größten Herren« letztlich doch nur auf den Zufälligkeiten des Spiels, wie La Bruyère bereits im 17. Jahrhundert diagnostiziert hatte: »Freilich setzt das Glück des Würfels oder des Landsknechtes ihn oft wieder dahin, wo es ihn hergeholt hat.«[31] Wenn bürgerliche Theoretiker die Aufhebung von Standesgrenzen im Spiel beobachteten, versäumten sie selten, auf den illusorischen Charakter der vermeintlichen Gleichheit und die Mißachtung hinzuweisen, die man den mit Vermögen und Spielkenntnis ausgestatteten Spielern entgegenzubringen pflege.[32] Die Kritik zielte auf das Fehlverhalten des Adels, aber auch der Spieler, die keiner der beiden Klassen zuzuordnen waren, weil ihnen eine eindeutige Identität zu fehlen schien. Sie entwickelten und stellten vielseitige kulturelle Kompetenzen unter Beweis, die den um »Identität« beziehungsweise Abgrenzung Bemühten verdächtig erscheinen mußten.[33] Sie waren schwer zu erkennen, denn sie

> »geben sich nicht so leicht bloß: sie wissen ihre Absichten sehr fein und meisterhaft zu verstecken, welches ihnen, da sie meistens einen gebildeten Verstand, viel Welt- und gute Lebensart, und oft auch ausgebreitete Bekanntschaften unter den höhern Ständen haben, nicht schwer wird. Sie treiben ihr Gewerbe [...] auf eine heimliche und versteckte Weise«.[34]

Der professionelle Spieler in den Adelsgesellschaften »trägt beständig eine Maske«[35], um zu reüssieren. Das »Aeußerliche« und die »Verstellung« verheißen Erfolg. Falschheit ist das Rezept der erfolgreichen Ökonomisierung gesellschaftlicher Beziehungen. Dagegen sollten gerade in den Zeiten der »Empfindsamkeit« und der Entdeckung des »Herzens« in der Literatur des 18. Jahrhunderts die wahren Tugenden und Charaktereigenschaften den Wert des Menschen und Bürgers auszeichnen. Um diesen Preis gelingt den Spielern, was Bürgerlichen in der Regel verwehrt blieb: das Durchbrechen der Standesgrenzen, das »Vorrecht, unter den Großen zu erscheinen«.[36]

Die Strategien der Angleichung sind vielfältig. Wenn nicht unerläßlich, so war doch ein Adelstitel oder zumindest der Schein des Adelsstandes von Vorteil.[37] Gesten und Zeichen der adeligen Gesellschaft, der »gute gesellschaftliche Ton« mußten beherrscht werden. Der Spieler mußte ein guter Gesellschafter sein und die Menschen »mit Aufwand von Gefälligkeit und Artigkeit an sich ziehen«. Beobachtungsgabe, »ein physiognomisches Auge« und Sprachkenntnis wurden ihm ebenso attestiert wie eine »gewisse stoische Gemüthsruhe« und eine »beständige Gegenwart des Geistes«.[38] Seine einnehmende Art »verbreitet sogleich allgemeinen Frohsinn, allgemeine Lach- und Spiellust«.[39] Trotz der potentiellen Bedrohung, die von den überall anzutreffenden »Aventuriers« auszugehen schien und vor der auch Bürgerliche (zumal auf den zunehmend als notwendig erachteten Reisen) nicht gefeit waren, ist ein gewisses Maß an Bewunderung unverkennbar. Ihr *savoir faire* in Geschäften könnte »selbst der bessere Mann zum Theil von ihnen lernen«, hielt Knigge fest.[40]

Zum Erfolg einer Bank trug erkennbares Vermögen bei. Es bestand zum einen in der einsehbar aufgelegten Geldmenge, die großen Gewinn garantierte oder zumindest versprach. Denn »um eine Bank größer erscheinen zu machen, legt man [Bley Rollen] im Hintergrund hin«.[41] Ein simpler psychologischer Trick, der seine Wirkung nicht verfehlte. Als der 28jährige spätere Minister Theodor von Schön 1796 in Leipzig zum erstenmal in seinem Leben eine Pharaobank mit dem »großen Goldberge und einzelne frohe Gesichter mit Gewinn sich entfernen sah, da wandte mich die Lust an, mein

Glück zu versuchen«.⁴² In der moralisierenden Besserungsgeschichte »Der Gang vom rouge et noir« (1811) wird das »Herz« des Schneiderburschen Florian »stürmisch bewegt, als er die großen Haufen von Ducaten und die Rollen von Souveränd'ors erblickte«, die an der Bank des Wiener Spielhauses von 1809 auslagen.⁴³ Im Prinzip handelt es sich um eine Strategie, die sich auch öffentliche Banken zunutze machten.⁴⁴ Kapitalpotenz signalisierte aber auch das Erscheinungsbild der Personen, zum Beispiel durch offen zur Schau gestellten Luxus – was Kritiker des Spiels als schlagenden Beweis für die ungleichen Chancen, wenn nicht gar für unzweifelhaft betrügerische Machenschaften der Bank verwendeten.⁴⁵ Ludwig Schubart porträtierte 1810 einen idealtypischen professionellen Bankhalter:

> »Um seine Rolle als Banquier zu spielen, und die Augen der Neulinge und Pointieus zu blenden, geht er stattlich gekleidet, mit einem reich galonnirten Rocke, gestickter Weste, großer zierlicher Hemdkrause, schwarzen seidenen Beinkleidern, weißseidenen Strümpfen, und Schuhen mit goldenen Schnallen, und beim Spiele selbst blitzen an seinen Fingern ein Paar Brillantringe, deren Feuer nicht wenig die Gewinnsucht der Pointeurs reizt.«⁴⁶

Aufwendungen für Frack und Hosen entgingen, wie oben zitiert, auch den Augen der Polizei nicht. 1844 hieß es über einen ehemaligen k. k. Leutnant, der sich gerade in Wien aufhielt: »Noch treibt sich hier ein gewisser Dömöterfy de Nagyis herum, der mit Hilfe seines Namens, seiner Equipage und seines sonstigen Aufwandes Eintritt in bessere Gesellschaften hat und hier das Glück im Spiele korrigiert.«⁴⁷ Den zielgerichteten Investitionen entsprach im Gewinnfall ostentativer Konsum. Ange Goudar, einer der bekanntesten Abenteurer des 18. Jahrhunderts, bestätigte aus eigener Erfahrung, daß Spieler im allgemeinen Aufwand, Aufputz, Tafeln und Frauen liebten. Mit ihnen zu reisen sei bei den meisten eine Manie, die Goudar für die oft prekäre finanzielle Lage verantwortlich machte. Tauche in der Provinz ein Mann mit Federhut in Begleitung einer schönen Frau auf, sei dies nachgerade das Kennzeichen für einen ›Spielgauner‹.⁴⁸ Daß Frauen zur »Ausstattung« eines Berufsspielers gehörten, gehörte auch zum Standardwissen der Polizei. Im Jahr 1810 berichtete der Inspektionskommissar von Baden über den Mannheimer Händler Karl Schack, der sich an verschiedenen Banken beteiligte: »Er scheint im Gelde gar nicht verlegen zu seyn. Er lebt gut, und als ein wahrer Spieler zieht er auch mit einem gut gebildeten Mädchen herum.«⁴⁹ So wie aber traditionell das Glücksspiel mit anderen Lastern assoziiert wurde, brachten Spielgegner Frauen im Umkreis des Spiels in die Nähe der Prostitution. Sie werden zu »Buhlschwestern, die zugleich ein nöthiges Handwerksgeräthe der Spieler sind«.⁵⁰ Frauen bleiben bis in die Gegenwart passive Attribute einer von Männern dominierten Spielwelt, in der sie nur einen niedrigen Status genießen. Bei den Stoßpartien der Wiener Spiel-Unterwelt ist ihnen die direkte Anwesenheit untersagt. »Sie sind der Schmuck der am Stoßspiel beteiligten Männer und warten in anderen Räumen auf das Ende des Spiels.«⁵¹

Partikularistische Organisationsformen des Spiels

Zur allgemeinen Flexibilität gehörte (und gehört) ein ausgeprägtes Maß an Mobilität, das Knigge zum »Nomadenleben«[52] stilisierte. Was bei Falschspielern dem eigenen Schutz dienen mochte, nutzten die übrigen zur Wahrnehmung ihrer Geschäftsinteressen. Zeiten und Orte erhöhter Spielbereitschaft machten »Touren«[53] erforderlich, machten die Spieler aber auch zu »Fremden«, die das Interesse und den kriminalisierenden Argwohn von Polizei und Gerichten erregten. Wegen »Mangel eines ordentlichen Lebensunterhaltes« konnte jederzeit die Aufenthaltserlaubnis entzogen werden.[54] Eine Schrift aus dem Jahr 1669 betitelt sie als »Stratioten«, die von Markt zu Markt ziehen.[55] Für viele bedeuteten mobile Spielgelegenheiten vermutlich die einzige Existenzgrundlage. Der Staat unterband aber zunehmend solche Erwerbsmöglichkeiten und stellte beispielsweise im Jahr 1722 »im Lande herum streichende« Spieler, die auf Straßen und Gassen mit Würfeln, Riemstechen und kleinen Glückshäfen zum Ausspielen von Waren arbeiteten, in eine Reihe mit anderen vagierenden Gruppen wie Hausierern, Krämern und Quacksalbern und betrachtete sie als unerwünschte »Landstreicher«.[56] Die Praxis wurde aber wohl auch hier noch länger beibehalten. Im hessischen Friedberg und in Halle machte Friedrich Christian Laukhard Ende des 18. Jahrhunderts negative Erfahrungen mit unter obrigkeitlicher Bewilligung herumziehenden Krämern, die Waren mittels Würfelspiels in »Glücksbuden« ausspielten. Laukhard vermutete hinter der Bewilligung eine Politik des Ventils, »der Ableiter und Palliative«.[57]

Nach den Maximen des merkantilen Staates waren sie jedoch zweifach schädlich, wie Johann A. Philippi, Polizeidirektor von Berlin, 1771 postulierte: »Billig verwirft man hingegen die Duldung der ausländischen Spieler, so ein Handwerk daraus machen, und dieserhalb von einer Messe zur andern reisen.« Nach Ansicht Philippis bestand der Nutzen des Spiels umgekehrt darin, daß Ausländer »vieles fremdes Geld ins Land« bringen.[58] 1767 äußerte der Wiener Commercienrath die Gewißheit, daß durch »die feine Spieler, die den Triestinern das Geld abgewinnen sollen, [...] ansehnliche Geld-Summen ausser Land verführet werden«.[59] Johann P. Willebrand, dem Polizeidirektor von Altona zufolge liege der Polizei »die Erhaltung des Vermögens ihrer Bürger am Herzen«. Aus diesem Grund »sind ihre Unterofficianten und Knechte verbunden, die Messen, Märkte, Koffehäuser, Herbergen und Gasthöfe zu untersuchen, die Spieler von Profeßion daraus zu jagen und sie aus der Stadt zu schaffen«.[60] Auch der österreichischen Polizei war daran gelegen, »fremde Spieler« beziehungsweise »die aufs Spiel ausgehenden fremden Speculanten von hier ab[zu]schaffen«.[61]

Mit Messen und Märkten bildeten Bäder die Trias der Hauptbetätigungsorte professioneller Spieler. Hier, in den eigentlichen Entwicklungsorten des modernen kommerziellen Glücksspielbetriebs, fiel jeder Prätext für Versammlungen weg bzw. war er durch den Badebesuch bereits gegeben.[62] Die in zahlreichen Ländern erlassenen Mandate gegen Glücksspiele lenkten professionelle Spieler in die Bäder, was dort aber auch das Angebot erhöhte und die Konkurrenz verschärfte.⁶³ Es kam jedoch eher selten vor, daß »bekannte« Spieler aus Badeorten abreisten, weil sie »ihre Rechnung nicht gefunden hatten«.⁶⁴ Das Spiel in Bädern wirkte auf das in den urbanen Zentren, weil die saisonale Konzentration zum Rückgang des Spiels in den Städten führte. Im Juni 1815 berichtete die Polizei aus Pest: »Gegenwärtig ist das Spiel allhier ganz unterbrochen worden, weil die meisten der Spieler sich zu den Saurbrunnen nach Füred, und Bartfeld entfernt haben.«⁶⁵ Ein pensionierter Hauptmann Graf Triangi und der Canonicus Baron Leykam, »zwey schon seit langer Zeit berüchtigte Hazardspieler«, beabsichtigten im Jahr 1800 nach Karlsbad zu reisen, »um alldort bequemer und vorteilhafter ihr Unwesen treiben zu können«. Deshalb sollte ihnen der Zugang in die böhmischen Kurorte versperrt werden. Leykam findet sich 1817 als Unternehmer einer Pharao-Gesellschaft in Wien wieder.⁶⁶ Ein Baron von Berge aus dem preußischen Schlesien, der wegen Betrugs vom Wiener Magistrat belangt wurde, aber dort »entwichen ist«, wird im Badener Gestionsprotokoll von 1808 als »herumreisender Spieler von Profession und bestimmungsloser Mensch« bezeichnet, der längst zur »Abschaffung hätte behandelt werden sollen«. Im gleichen Jahr erscheint ein westfälischer Obrist von Kalinovsky in Baden bei Wien als einer der »ärgsten Spieler«. Ebenfalls im Jahr 1808 seien »unter den Pohlnischen die ärgsten Spieler weggereist«, nachdem der Hof sich nicht mehr dort aufhalte.⁶⁷ Der ausgetretene russische Major Völkersohn wurde um 1810 in Bartfeld und Pest als Berufsspieler bekannt, vom Palatin »abgeschafft« und bat nun um Rückkehr und Überprüfung des Vorwurfs, er habe beim Glücksspiel betrogen. Die Einreise wurde ihm gestattet, um bei der Aufdeckung einer »Spielerbande« behilflich zu sein.⁶⁸ Ein Kassier Remigius von Troyer stand wiederholt im Verdacht, Glücksspieler zu sein; im Oktober 1817, im Jänner und im Mai 1818 habe er einem Spiel-»Clubb« angehört, »wo Hazardspiele betrieben werden«; als er 1819 mit dem pensionierten Major Graf Praschma nach Karlsbad reiste, wurde nur der Gebrauch der Bäder bestätigt⁶⁹ – er könnte also ein typisches Beispiel für die Aufgeregtheit der österreichischen Behörden sein. Karlsbad, das im Vormärz immer mehr in Mode kam, meldete 1827 die Ankunft von vier Fremden, »welche als Spieler von Profeßion bekannt« seien. Da bedauerlicherweise mehrere österreichische »junge Kavaliers« öfters in deren Gesellschaft gesehen worden seien, wies Wien den Bade-Inspector an, die Jungen vor den Spielern zu warnen und »die Aufsicht auf die bezeichneten Spieler zu verdoppeln«.⁷⁰ Die Polizei kannte die zyklischen Bewegungen und warnte im Sommer 1844: »Mit dem Eintritt der Badesaison tauchen wieder Massen von falschen Spielern auf.«⁷¹

Mißtrauen und Verdächtigungen gegen mobile Spieler sind ein Phänomen in Ländern mit rigidem Glücksspielverbot. Wo öffentliche Banken etabliert waren, findet keine durchwegs pejorative Konnotation statt. Während beispielsweise in der Habsburgermonarchie professionell auftretende Spieler per se als »verdächtige« Menschen und kriminalisierte Randgruppen galten, achtete man in den Spielbädern auf den »redlichen Lebenswandel und hinreichendes Vermögen« der Bankiers.[72] Unter den Anwärtern auf die junge Spielbank in Bad Eilsen befand sich 1810 ein Capitain Drygalsky, »ein honetter Banquier«. Mit bezeichnender Selbstverständlichkeit äußerte sich im Juli der Referent der Rentkammer, daß er als verabschiedeter Offizier ohne festen Wohnsitz schwer zu finden sei »und jetzt von einem Spielorte und einem Bade zum andern ziehen mag«.[73] Im Juni 1831 konfiszierte die Polizei beim 54jährigen Hamburger Wirt Johann Schimper, bei dem auch Pharao gespielt worden war, ein Roulette. Dieses habe er erworben, weil er im Sommer das Spiel in Haffkrug »zu übernehmen gedachte«. Zu diesem Behuf hatte er bereits eine Spielerklärung drucken lassen und einem 50jährigen Hamburger angeboten, mit ihm zu reisen. Da die Badezeit vor der Türe stehe »und ich mit dem Roulettspiel hinreisen muß«, bat er dringend, die anhängige Gerichtssache »bald zu erledigen«.[74] Schimper gab an, schon früher mit einem Herrn von Wulffen Bäder besucht zu haben. Möglicherweise handelt es sich bei diesem um jenen pensionierten preußischen Rittmeister von Wulffen, den das Prager Oberstburggrafenamt im Februar 1811 als »Spieler von Profession« bezeichnete (was Fürst Lichnowsky bestätigte), der »in dieser Absicht die Reise nach Wien unternommen habe«. In Wien habe er sich denn auch »sogleich an die hier renomirten Spieler angeschlossen, habe Baarschaft bey sich, und auch 200 Dukaten mit der Diligence erhalten«.[75]

Das Beispiel des Johann Schimper verdeutlicht ein weiteres Merkmal professionellen Spiels: Um erfolgreich agieren zu können, waren in der Regel mehrere Personen notwendig. Es gab Kontakte unter Berufsspielern und Zusammenschlüsse mit Gehilfen und Partnern. Allgemein war professionelles Glücksspiel kein individuelles Unternehmen, sondern organisiert.[76]

Auf dem Feld des Falschspiels spricht Robert Jütte für die frühe Neuzeit von den »Anfängen der organisierten Kriminalität«, was Monika Spicker-Beck »angesichts einiger relativ harmloser Falschspieler« für eine übertriebene Einschätzung hält.[77] Kooperation war jedoch nötig, wo große Konkurrenz herrschte. Der Hauptgrund war ökonomischer Natur: Es galt, wie auch der »Adeliche Hausvater« erläuterte, die Mittel zur Errichtung einer Bank zusammenzubringen, was über prozentuelle Beteiligung geschah. Lessings berühmtem abgehaftertem Adligen und Falschspieler, Chevalier Riccaut de la Marliniere, gelingt es in der Komödie »Minna von Barnhelm« (1763), die Protagonistin für die Beteiligung an einer Bank zu gewinnen. In einem Gutachten über die Pariser Spielhäuser schrieb der Polizeiminister Sartine 1768, daß die Banquiers, die größtenteils der »Klasse« jener Leute angehörten, welche man *Chevaliers d'industrie* nenne, den Fonds des Spiels aus den Geldern der Mitinteressierten hielten.[78] In London wurden Ende des 18. Jahrhunderts die Profite aus dem EO-Spiel auf den Straßen hauptsächlich in Spielhäuser reinvestiert. Hauptakteure waren laut Patrick Colquhoun französische Emigranten, die auf diese Art einen völlig neuen kommerziellen Aspekt ins Spiel brachten: »Gesellschaftliche Vereinigung zu Glücksspielen, auf Grundsätzen von Handels-Etablissements gebracht.«[79] In diesem Sinne ist »der unternehmende Geist« des von der österreichischen Polizei beobachteten Hauptmanns und Spielers Graf Triangy wohl wörtlich zu verstehen.[80]

Was in den Bädern als *Associés* auftrat und unter diesem Namen Rechtsverbindlichkeiten bei der Spielpacht eingehen konnte, hieß in den Augen der österreichischen Behörden meistens »Clubb, Spielerbande« oder neutraler eine »vereinigte Pharaopank«. Unter den im Jahr 1807 vorab während des Landtags in Pest »täglich sich vermehrenden Faro Banquen« war die des »berüchtigten Spielers« Pirola (vermutlich jener Vittorio de Pirolla, der schon 1796 wegen Glücksspiels verurteilt worden war) für die Polizei von besonderer Wichtigkeit, weil er beabsichtigte, eine Bank von einer halben Million Gulden (!) aufzulegen. Zwei seiner Mitinteressenten seien bereits eingetroffen.[81] Der in Damenbegleitung auftretende Karl Schack habe auf seinen Handlungsreisen »verschiedene Spieler von Metier, und ihre Sammlungsplätze« kennengelernt »und widmete sich darauf ganz dieser Art von Erwerb«. In Wien hatte er im Jahr 1809 »mit Magin und Obbicini Antheil an der bekannten Spielbank«.[82] Eine »Gesellschaft« von 13 fast ausschließlich adeligen Spielern wurde 1811 in Pest namentlich bekannt. Veranstalter war der »Insurgenten-Obrist« Baron Pronay, der auch das Personal bereitstellte. Unter den Spielern war ein gewisser Reichenbach, der wiederholt wegen Glücksspiels belangt worden war, als »gefährlicher Spieler« auch »stark in Verdacht stand, falsch zu spielen«, dafür »die Karten mit Maschinen […] zuzurichten, und Spiel-Unterricht zu geben«, und »schon abgeschafft wurde«. Reichenbach war »Spielgefährte« des ebenfalls bei Pronay anwesenden und als Spieler bezeichneten Statthaltereirats Szent-Ivany. Beide standen in Geschäftsverbindung (»Spielerbande«) mit dem bereits erwähnten russischen Major von Völkersohn. Reichenbach stand 1819 im Verdacht, mit dem Kassier Remigius von Troyer, dem Großhändler Callmann, einem ungarischen Hofagenten und anderen »im Einverständnisse zu stehen, um andere Leute im Hazard Spiele auszuziehen«. Die meisten der Vorgenannten wurden bereits im Oktober 1817 und im Winter/Frühjahr 1818 »als Mitglieder eines Spiel-Clubbs, wo Hazard Spiele betrieben« und Leute »durch allerhand unrechtliche Kniffe um ihr Geld gebracht werden«, bezeichnet.[83] Der nämliche Reichenbach stand 1821 im Einvernehmen mit dem ebenfalls bei Pronay anwesenden »Edlmann« von Malik, einem Moriz Ehrenreich und einem Herrn von Sándor. In Pest fanden sie in Graf Franz Palffy und dem russischen Fürsten Kazlofszky vermögende Spielpartner. Ehrenreich sei mit dem Fürsten »so bekannt, daß er mit ihm Arm im Arm spazieren gieng«. Die Absicht hinter der Vertraulichkeit lag für die Behörden auf der Hand. Die Organisatoren des Spiels »getrauten sich nicht mehr in einem Gasthauß zu spielen, sondern gewannen dem Fürsten sein Geld in der Wohnung des Reichenbach […] ab, wo bei ebenfalls verschlossnen Thüren von halb zwölf Uhr mittags bis halb zwey gespielt ward«. Als der

Partikularistische Organisationsformen des Spiels

Fürst nach Wien reiste, folgte ihm Reichenbach nach. Reichenbach, Ehrenreich, ein französischer Fechtmeister namens Fréderic und andere bildeten in den Augen der Polizei eine »Rotte«, und zwar jene, die sommers aufgrund mangelnder Gelegenheit in Pest nach Bartfeld und Wien reisten.[84] Ehrenreich gehörte während der Versammlungen der Komitatsstände im Jahr 1815 zu einer als *Côterie* bezeichneten Gesellschaft aus Personen, »welche insgesamt vom Spielen Gewerb machen«, zuerst bei einem ehemaligen Advokaten ihren Stammsitz gehabt, sich dann getrennt und in der Neustadt wieder »établirt« habe.[85] Völkersohn wiederum, ein »Spieler von Profeßion« und bei den ungarischen Landtagen »immer à la Tête der Hazardspieler«, gab 1829 bereits seit einem Jahr mit dem »privatisierenden« Anton Moga geheime Pharaobanken im Hollingerischen Kaffeehaus in Bratislava/Preßburg. Letzterer war 1826 nach Angaben eines Polizeispitzels gesonnen gewesen, zusammen mit drei anderen »bekannten« Hasardspielern »eine Pharaobank mit der einstweiligen Einlage von 4 bis 5 000 fl. zu etabliren«. Die Idee dazu sei von Franz Mikos, Rat der königlich-ungarischen Tafel, ausgegangen, der sich auch verpflichtet habe, »die Spiellustigen zu liefern«.[86]

Etliche der professionellen Banquiers und Spieler waren in ihrer Funktion gut eingeführt und bildeten einen ebenso verläßlichen wie unerläßlichen Teil des Spielgeschehens. So ist es auch zu verstehen, wenn der böhmische Graf Wratislaw im Jahr 1800 meldete, daß der Todesfall des »bekannten Hazardspielers« Baron Carlowitz »eine Menge seiner Kollegen in Bewegung gesetzt [hat], seine Rolle zu übernehmen«. Bezeichnenderweise fand sich an prominenter Stelle der bekannte pensionierte Hauptmann Triangy.[87] Selbst beim notorischen Fehlen öffentlicher Spielbanken beruhte das Geschäft auf Gegenseitigkeit und wurden Verbindlichkeiten eingehalten.

> »Der Fürst Kraschalkovitz hat vor 10 Tagen der Schwester des Baron Lopresti hier in Wien den Rest der bartfelder Spielschuld mit 1800 Stück Dukaten in Gold, übergeben lassen. Der ganze Verlust des Fürsten gegen die vereinigte Pharaopank des Lopresti, Klischewsky, Mahomatzky p.p. beträgt über 100,000 fl.«[88]

Anhand eines Falles aus dem Jahr 1810 lassen sich wesentliche Merkmale professioneller Spieler, d. h. unternehmerischer Bankhalter aus oberen Schichten, verdeutlichen. Ein gewisser Foscarini, verheirateter Vater, aber von seiner Frau getrennt lebend, venezianischer Edelmann und Sohn (Neffe?) des ehemaligen Botschafters der Republik in Wien, ausgebildet im Theresianum, stand unter ständiger Beobachtung der Polizei. Foscarini sei ein Mann, »dessen Beschäftigung nur blos das Spielen zu seyn scheinet. Er reißet beständig, und etablirt in jedem Ort, wo er ankommt eine Pharo Banck«. Lange Zeit in Paris, befand er sich 1809 in Gesellschaft der Franzosen, »die, während der Invasion hier [in Wien] eine Bank errichteten, und durch die ganze Zeit ihres hiesigen Aufenthalts öffentlich fortspielten«. Foscarini soll als Teilhaber der Spielbank »gute Geschäfte gemacht haben«. In Wien lernte er einen gewissen Bevilacqua kennen, der nicht nur ihm als Kammerdiener, sondern auch der Polizei als Informant diente. Als Foscarini ihn bat, ihm einen zum Spiel erforderlichen »Apparat« zu beschaffen, meldete dies Bevilacqua unverzüglich und erhielt den Auftrag, Foscarinis Wunsch nachzukommen, »damit man selben seiner Zeit mittels der corpora delicti seines sträflichen Unternehmens überführen könnte«. Im Mai 1810 reiste Foscarini, »mit dem Nothwendigsten zum Spielen versehen«, mit dem ebenfalls als »Spieler« bezeichneten Venezianer Bianchi nach Karlsbad. Bevilacqua hatte ihm den Koffer gepackt, »wo das neu verfertigte Spieltuch im Grunde gelegt worden ist«. Das Spieltuch zum Spiel »Parfait Egalité« (oder Biribis) wurde allerdings bei der Gepäckskontrolle in Prag nicht mehr gefunden, was die Polizei mit Mißtrauen und Umpacken Foscarinis zu erklären versuchte. Die Polizei kontrollierte ständig seine Korrespondenz, aus der hervorging, daß er in Karlsbad nicht habe spielen können, weil er keine Gesellschaft gefunden habe. Wenn jedoch jener Rittmeister F.i., der in einer Schrift aus dem Jahre 1813 als einer der erfolgreichen Pharaobankhalter in Karlsbad genannt wird, mit besagtem Foscarini zu identifizieren ist (was durchaus möglich ist), so gilt die Beobachtung der Polizei nur teilweise. Foscarini erhielt Post aus den Spielbädern Pyrmont und Wiesbaden. Aus letzterem teilte ihm ein gewisser Guiglielmo mit, »daß auch dort für ihn und seines Gleichen nichts zu thun sey« – vermutlich, weil das Glücksspiel dort bereits verpachtet war. Aus seinen Briefen sei weiters zu ersehen, daß er »seine Hoffnung nicht aufgibt in Wien eine Spielgesellschaft zu sammeln durch den Beitritt eines sicheren Baron /:nemlich Stohlberg:/, welchen dieserwegen zu kultiviren Foscarini dem Bevilacqua dringend anliegt«. Am 12. Juli waren Foscarini und Bianchi in Wien. Hier wurde berichtet, daß Foscarini und Graf Franz Lodron den Grafen von Przeremski – »rechtschaffen und aus falschem Ehrgefühl zum Spiel verleitet«, daher bevorzugtes Ziel »aller Spieler« – »in Bearbeitung genommen« hätten. Przeremski habe bei Lodron im Prater schon mehrere tausend, in Baden sogar 90 000 Gulden (allerdings im Whist) verloren. Bei Lodron sei außerdem der Verdacht aufgekommen, daß Foscarini, »der sich an Pilatti's Parthie anschließt«, falsch spiele. Im November des Jahres berichtete die Polizeioberdirektion allerdings auch, daß Foscarini beim ungarischen Adeligen Döry 10 000 Gulden verloren haben soll. Foscarini, »un libertin affiché, un joueur, un homme perdu«, wurde mit der bizarren Logik des Polizeistaates ein Höchstmaß an potentieller Gefährlichkeit attestiert. Er verfüge nämlich über »Verstand, Erfahrung, und Gewandtheit genug[,] auch noch schädlichere Sachen, als blos das Spiel unternehmen zu können«.[89]

Über die innere Organisation ist aus den Quellen wenig bekannt. Einzelne Beispiele (Carlowitz, Völkersohn) lassen jedoch auf hierarchische Strukturen schließen. Vor allem bei den öffentlichen Banken ist Arbeitsteilung zu beobachten. Finanziers traten hier immer weniger als Spieler denn als reine Kapitalgeber auf und unterschieden sich deutlicher von den »Technikern«. Aus den selbständig unternehmenden Profis, die die

Spiele beherrschen, werden tendenziell Tailleurs und Croupiers, die einer zunehmenden, nun lohnabhängigen Professionalisierung unterliegen. Das institutionalisierte Spiel macht die »Maskeraden« überflüssig. Der gesellschaftliche Schein materialisiert sich in den Räumlichkeiten und Staffagen der Kursäle, Casinos etc. Dort, wo privates Spiel betrieben wird, hat der professionelle Spieler weiterhin eine Bühne. Noch im 20. Jahrhundert wird seine Rolle als »der Motor, der die ganze Maschinerie des Spiels in Bewegung setzt«, umschrieben.[90]

In den öffentlichen Spielbanken war auch das Falschspiel strukturell nur störend. Es kam eher vor, daß Pointeurs gezinkte Karten in Auftrag gaben (weshalb die Fabrikate in Pyrmont untersucht werden konnten), und es galt als ausgemacht, daß das eigene Interesse der Bank das öftere Wechseln der Karten erforderte.[91] Im Prinzip genügte der Vorteil der Bank, der den Gewinn bei massenhaftem Zulauf garantierte. Hingegen ist das Falschspiel in informellen Kreisen als Garant für sicheren Gewinn gesehen worden. Von dem als Spieler vorgestellten Szent-Ivany vermutete ein Polizeirapport, daß er kein Falschspieler sei, »denn sonst wäre er reicher als er ist«.[92]

Dabei war das Falschspiel offenbar der konstanteste Begleiter des Spiels, seine zweite Natur, wenn nicht gar »fast eine Seele des Spiels«[93], selbst wenn die wirkliche zahlenmäßige Bedeutung von Falschspielern nicht ihrem massiven Auftreten in der Literatur entsprochen haben mag.[94] Die Verstörung muß besonders bei den Glücksspielen groß gewesen sein, weil hier »Täuschungen« vorgenommen wurden, »die alle Wirkungen des Zufalls vom Spiele ausschließen, gerade, wo er dessen Seele seyn soll«[95]. Betrügende Glücksspieler standen bei allgemeinen Spielverboten unter doppelter Strafandrohung.[96] Mittelalterliche Rechtsquellen sahen teilweise empfindliche Strafen für Hersteller und Benützer falscher Würfel vor.[97] Die Warnung vor individuellen und organisierten Falschspielern macht einen beträchtlichen Teil der Literatur zum Spiel des 15. bis zum 20. Jahrhundert aus. Zu dieser Literatur gehört aber auch bemerkenswerterweise jene Gattung, die unter verschiedenen Kunststücken solche mit Karten und Würfeln erklärt und somit die technische Grenze zwischen »Hocus pocus« und Falschspiel verwischt. Was hier als besondere Geschicklichkeit gepriesen wurde, fand sich zum Teil wortgetreu als warnende Entdeckung betrügerischer Machenschaften wieder. Es würde Seiten füllen und wäre in diesem Zusammenhang auch nicht zielführend, die Vielzahl an psychologischen Strategien, Techniken und Tricks mit präparierten Würfeln, Karten und anderen Spielgeräten, wie sie seit dem Ende des 15. Jahrhunderts in der Literatur dokumentiert sind, vorzustellen.[98]

Da Falschspieler die Gesetze des Spiels systematisch unterliefen, verkörperten sie, wie auch die professionellen Spieler, die krasseste Bedrohung der sozialen Ordnung. Dabei verschweigen die Quellen gewöhnlich, daß sie selbst ein Symptom der Unordnung, der Brüche und Transformationsprozesse im wirtschaftlichen und sozialen Gefüge und eines daraus resultierenden Orientierungsmangels sein können. 1720 kamen der preußische König Friedrich Wilhelm und der hannoveranische Kurfürst George überein, einer »Bande von geflißenen Spielern und filoux«, die Richtung Hamburg unterwegs war, ihren Schutz zu versagen.[99] Sie »gefährden die Sicherheit der Gesellschaften und des sozialen Lebens«, hieß es in einer Schrift aus dem Jahr 1768.[100] 1788 behauptete ein Autor, daß »diese Gattung Spielgesindels […] der bürgerlichen Gesellschaft am schädlichsten und dem reichen Landjunker am allergefährlichsten« sei.[101] Implizit konnte natürlich durch solche Darstellungen Kritik an der »Vergnügungssucht« des Adels geübt werden. Zugleich aber betraf die Verunsicherung das Bürgertum selbst, weil bei ihm das Spiel zum sozialen Bedürfnis wurde. »Legionen von Falschspielern« drohten die diesbezügliche Unerfahrenheit ausnutzen zu wollen.[102] Besonderes Augenmerk genoß die bäuerliche Bevölkerung, der die paternalistisch gefärbte Restriktionspolitik ohnehin jegliches Spiel untersagte. Für sie waren die Städte und Märkte nicht nur Orte potentiellen Gewinns, hier waren sie auch der Gefahr ausgesetzt, an Unbekannte ihr Geld zu verlieren. 1791 erließ Böhmen eine Gubernialverordnung, nachdem ein Bauer in Prag eine ganze Ladung Hafer verkauft, sich dann in einem Wirtshaus zum Spiel »verleiten« lassen und seine ganzes Geld, 90 Gulden, verloren hatte. Man verwies auf das wiederholte Verbot, »sich in keine Spiele einzulassen, in welchem Leute, die Profession vom Spiele machen, dabei Unerfahrene zu hintergehen suchen«, und warnte die Bauern, »daß dieselben, wenn sie in die Städte kommen, sich von dem ohnehin verbotenen hohen Spielen enthalten sollen, da sie widrigenfalls gewöhnlich in die Hände falscher Spieler gerathen«.[103] Da in den Augen der gelehrten Welt des 18. Jahrhunderts der Großteil der Bevölkerung aus »Unmündigen« bestand, die sich durch ins Auge fallende Gewinnmöglichkeiten verleiten ließen und Unwahrscheinlichkeit oder verdeckten Betrug nicht einzusehen imstande wären, sollten sie von der Polizei vor Schaden geschützt werden.[104] Der spielende »Bauernfänger« wurde im 19. Jahrhundert als falschspielender »Kosak« oder »Zwickbruder« (auch »Koserer« oder »Granaten«) zur Chiffre der urbanen Fährnisse für die bäuerliche und allgemein ortsfremde Bevölkerung.[105]

Falschspieler traten organisiert und arbeitsteilig auf, wobei nicht immer festzustellen ist, inwieweit speziell das Glücksspiel betroffen war. Auf die »organisierte Kriminalität«, die im Spiel der frühen Neuzeit ihren Anfang genommen haben soll, wurde bereits verwiesen. Das an den polizeilichen Erfordernissen geschulte Auge des 18. Jahrhunderts[106] unterschied nach sozialen Aspekten sowohl der Akteure als auch der Betroffenen bzw. der Arbeitsstätten. Die oben genannten »Bauernfänger« lassen sich mit den »gemeinen« sogenannten Freischuppern in Verbindung bringen,

»welche größtenteils Handwerksburschen, […] vacierende Studenten, Schreiber und Kaufmannsdiener und zum Teil kostbar gekleidet sind; sie ziehen wie die Beutelschneider den Jahrmärkten, den Messen, Kirchweihen und anderen Feierlichkeiten nach und haben ihr

Wesen gewöhnlich in den Wirtshäusern, an Märkten, auf öffentlichen Marktplätzen mit Glücksspielen und, wenn sich eine Gelegenheit dazu anbietet, auch auf reiem Feld an den Landstraßen«.

Angeblich traten sie in Gruppen von vier bis sechs als »geschlossene Gesellschaft« auf.[107] Deutlich ist die Parallele zu jener legislatorischen Sichtweise, die einfache mobile Glücksspiele und ihre Betreiber unter das Phänomen »Landstreichertum« subsumierte (1722). Nun bediente sich die Polizei dafür des Begriffs des »Gaunerwesens«.

Im Zusammenhang mit Jahrmarktsattraktionen und öfters mit organisiertem Betrug und Gaunerei in Verbindung gebracht stehen zwei Spiele, die im 19. Jahrhundert in österreichischen Lokalen auftauchten: das Riemenstechen – obwohl 1830 als Glücksspiel verboten, eher dem Bereich der Taschenspielerei zuzuzählen – und das seit dem 13. Jahrhundert aktenkundige Ringwerfen – letzteres kein Glücksspiel. Aus Bruck an der Mur wurde im Juli 1844 das Bestehen eines »Falschspieler Klub[s]« gemeldet, der in Wiener Wirtshäusern agiere und »in den Provinzialhauptstädten Aussendlinge halten soll«. Die Polizeioberdirektion stellte Nachforschungen an und kam zu der Erkenntnis, daß es sich »lediglich« um die sogenannten Riemenstecher und Ringwerfer handle. Die »routinirtesten Gauner« gehörten zu diesem »Klub«, dessen »Hauptmitglieder« schon seit 1832 bekannt waren. »Rädelsführer« sei der bereits vorbestrafte »rothe Fritz«, der »sich ein bedeutendes Vermögen bereits erworben« haben soll. Weiters gehörten dazu der »Preßburger Michel, der große Schwab, der Juden Karl«, ebenfalls vorbestraft, der »oftmals wegen den bekannten Ringwerfen im Verhaft gewesene Webergeselle Pösch« und noch vier bis fünf andere. Ihren Tätigkeitsbereich fanden sie in den Wirts- und Branntweinhäusern außerhalb des Linienwalls. Im September 1844 führte die Polizei mehrere Spielbetreiber der Untersuchung zu, und im August 1845 waren es wieder zwölf Verdächtige. Die Polizeidirektion erklärte, daß solche Unternehmer »von Zeit zu Zeit« in Wien und Umgebung auftauchten, und ersuchte um Mitwirkung der Dominien von Meidling, Hietzing, Nußdorf, Simmering u. a.[108]

Ist im 18. und 19. Jahrhundert vom Falschspiel die Rede, so sprechen die gedruckten Quellen gerne von den »Grecs«, den »vornehmen« Falschspielern.[109] Ihre Typisierung entspricht zum Großteil jener der *Chevaliers d'industrie*, von denen sie die Literatur meistens nicht scharf trennt.[110] Ihre Tätigkeitsbereiche waren adelige und großbürgerliche Gesellschaften, vornehme Clubs, Bäder und Fremdenverkehrszentren. Über die soziale Herkunft der folgenden organisierten Falschsspieler geben die Quellen leider keinen Aufschluß.

Im Juni 1765 sollen zwei »Erz Spieler und Leut=Betrüger«, ein La Croix oder La Croe und ein Graf Ceru oder Ceruti, von München »flüchtig gegangen« sein, sich aber sofort mit einer »hin- und wieder befindenden – in 22. Köpfen bestehenden Banda« nach Innsbruck zum bevorstehenden »Hohen Beylager« begeben und sich bereits »mit praeparirten Spiel=Karten versehen haben«.¹¹¹ Im September wurden vier von ihnen (24, 39, 29 und 45 Jahre alt) ergriffen. Ihre Beschreibung entsprach annähernd dem Bild, das die Literatur von Bankhaltern in guter Gesellschaft vermittelte (s.o.): »Peruquen, blau seidenes Ober- und Unterkleid; dermalen ein schlecht weislecht=camelotenes Kleid, ansonst zerschiedene mit Gold ausgemachte Kleider; blau seidenes Kleid.« Die vier wurden – wie zu jener Zeit üblich – nach abgeschworener »Urphed« für eine Stunde mit angehängten Zetteln: »Falsche Spieler und Leut Betrüger« zur Schau gestellt und anschließend außer Landes gebracht.¹¹² Hätten sich die Behörden das Vokabular der Schriftsteller angeeignet, so wären sie vermutlich als »Grecs« bezeichnet worden. Eine weitere Assoziation war die eines gewissen Parászy, des »Oberhaupt[s] der falschen Spieler Ungarns«, der sich 1844 vorübergehend in Wien aufhielt. »Vorläufig übt er seine Künste bei der Stadt London und unternimmt kleine Entdeckungsreisen nach London; später hofft er dort im trüben mehr zu fischen.« Parázsy unterhielt Kontakte zu anderen Berufsspielern, was im Normalfall beinahe unerläßlich war. »Holz und Radl, notorische falsche Spieler, dürften sich mit ihm vereinigen; und es kommen dann jene Clubbs zu Stande, in denen verwichenen Sommer Graf Pongrácz alles verlor [...].«¹¹³

Falschspiel im Zusammenhang mit Glücksspiel ist in den Archivquellen nur in wenigen Fällen dokumentiert. Und auch hier handelt es sich meist um Mutmaßungen der stets argwöhnischen Polizei. Nachdem Graf Vincent von Khevenhüller 1808 vermutet hatte, daß er durch falsches Spiel »um sein Geld betrogen worden sey«, durchsuchte die Polizei die Zimmer der Bankhalter und Mitspieler. Bei zweien fanden sich Würfel, Karten und Briefe, »die sie als Spieler von Methier karakterisiren« – was hier wiederum Falschspieler bedeutete: Bei einem gewissen Vigny entdeckten die Polizisten Karten aus Breslau, die bei jedem Abheben eine Figur hervorbrachten, sowie »zwey meßigene machinen« zum Zuschneiden von Karten. Es entstehe daher der Verdacht, »daß die Karten mochten markirt, oder punktirt gewesen seyn«.¹¹⁴

Das verbotene Spiel zwang zum Konsens und damit zum Stillschweigen oder zu internen Lösungen. Meist ist Falschspiel ein dezisiver Störfaktor im Spielverlauf, der durch anschließende Gewaltakte eine neue Ebene sozialer Konflikte erreicht. Hier wird deutlich, daß Glücksspieler eben nicht zwangsläufig mit Falschspielern identifiziert werden konnten, sondern im Gegenteil daran interessiert waren, den Betrieb und Erfolg unter Eliminierung von geschäftsschädigenden Falschspielern zu sichern. Im wiederholt erwähnten Kaffeehaus Hollinger in Bratislava/Preßburg war das Glücksspiel in den 20er Jahren des 19. Jahrhunderts fest etabliert. Als im Mai 1826 ein Leutnant Paranyi mit dem pensionierten Oberleutnant Némes eine Macaobank gab und ihm bereits drei gesprengt worden waren, begann er gegen vier Uhr früh eine vierte,

»in welcher aber von den Mitspielern gleich nach dem ersten Durchmischen der Karten die Entdeckung gemacht wurde, daß Paranyi sich in einem Spiel Karten widerrechtlich eines eingeschobenen Pick-Zehner bedient hatte, um seine Gegner zu bevortheilen. – Paranyi wurde somit augenblicklich von 6–8 Individuen und Mitspielern angefallen, stark abgewürkt und endlich zur Thüre des Kafeehauses hinausgeworfen«.

Die betrogenen Mitspieler sprachen sich anderntags »laut« dafür aus, »diesen Betrüger sey das Zusammentreffen an was immer für einen Orte darob abzuriegeln«. Als im November des Jahres eine Pharaobank geplant war, sollte dem in Wien anwesenden Baranyi »diese Unternehmung verborgen bleiben, da er als ein verrufener Falschspieler der Erreichung des Zweckes nur hinderlich seyn würde«.[115]

Falschspieler standen nicht nur im Selbstverständnis der Glücksspieler am äußersten Rand, besser noch jenseits des Spiels. Auch die gesetzlichen Sanktionen trafen sie mit Maßnahmen, von denen gewöhnliche Glücksspieler nicht betroffen waren. 1770 wurde Franz Saagmeister in Wiener Neustadt »durch drey Täge, und zwar jedesmal durch eine Stund lang, vor der Schrane auf eine Bühn mit angehefteten Zettul des Innhalts: Wegen wiederholt=betrüglichen Spielens ausgestellet« und sodann in die Militärgrenze abgeschafft und aller Orte, wo sich das Hoflager befand, »auf ewig verwiesen«.[116] Selbst in den Augen der Spielgegner war der Schritt vom Berufsspieler zum Falschspieler erniedrigend.[117] Vor allem aber konnte an ihm die soziale Deklassierung und Kriminalisierung als beinahe unausbleibliche Folge des ständigen Spielens demonstriert werden. Ein Text aus dem Jahr 1655 postulierte diese verbreitete Anschauung: »Wann sie das Geld verspielen, und kein anders mehr nach zu setzen haben, gebrauchen sie offtmahls böse und verboten Practiquen.«[118]

DAS »TRISTE MÉTIER« – DIE POLIZEI

Ideologisch und im alltäglichen Bereich ist die Geschichte des Glücksspiels von Konflikten geprägt. Die »gute Polizey« als ökonomisch-politisches Leitbild des Staates griff mit ihren Exekutivorganen ins Spielgeschehen ein. Wie Johann A. Philippi 1771 darlegte, sollte der Einzelfall theoretisch paradigmatische Bedeutung haben:

> »Es ist zwar nicht zu läugnen, daß durch die Spiele [...] hin und wieder jemand in Armuth geräth. Es ist wahr, daß die Spiele zuweilen nicht nur zu Uneinigkeiten, sondern so gar zu Todschlägen, Gelegenheit geben: und dieses alles sollte ja wohl die Policey verhindern müssen. Allein diese Einwürfe halten keinen Stich: denn die Policey muß nie auf eines oder des andern Besten allein sehen; sondern sie sieht stets auf den ganzen Staat.«[119]

In moralisch-ökonomischer Hinsicht gehörten dazu »Dinge [...], die zum öffentlichen Ärgerniß, zur Verführung junger Leuthe und zum Verderb der Sitten gereichen«, schrieb Johann Heinrich Justi. Und er nannte konkret die Hasardspiele, die die Polizei »weder in Privat- noch in öffentlichen Häusern dulden« dürfe.[120]

Die Obrigkeit legte einen Großteil der Verantwortung in die Hände der Polizei, von der sie den gewünschten Erfolg erwartete. Um Spielende überführen zu können, waren Geständnisse oder Beweise erforderlich. Im Polizeialltag wurde jedesmal angeordnet, die »Grundhältigkeit« jeder einzelnen Anzeige zu überprüfen. Die Verhaltensanweisungen der Polizeihofstelle lauteten dabei wie folgende:

> »Die k. k. Polizeyoberdirektion hat die Einleitung zu treffen, daß besagte Spielgesellschaft, zur Zeit, wo sie beym Spiel dieses Hazardspieles beysammen ist, unvermuthet überfallen, und durch derselben Betretung im Spielen zugleich der Beweis ihres Vergehens hergestellt werden. Uiber den Erfolg ist mir Bericht zu erstatten.«[121]

Die Hauptakteure waren Polizeidiener und eine Vielzahl von »Konfidenten«. Polizeikommissäre hatten zu überwachen und die geforderten »Überfälle« vorzunehmen. Das Eindringen eines einzelnen Kommissärs war jedoch problematisch, weil dies noch keinen Beweis erbringen konnte. Deshalb ersuchte der Polizeikommissär Preßler, der im Mai 1808 zusammen mit dem Polizeifeldwebel Zucher im Prager Ghetto einer Anzeige wegen Färbelns nachging, einen Magistratsratsauskultanten, dem er auf der Straße begegnet war, »theils zur Herstellung [...] ergiebigen Beweises, theils aber wegen gemeinschaftlicher Betretung mitzugehen«.[122] Das Beiziehen militärischer oder Zivilassistenz war jedoch manchmal mit »Geräusch und Aufsehen« verbunden und warnte die Spieler. Wenn sich Aristokraten, zumal auf ihren Landgütern bei Jagd und Trunk »erhitzte Köpfe« geholt hatten, waren »stürmische Auftritte« zu befürchten, wie es im Jahre 1800 aus Böhmen erklärend und entschuldigend hieß.[123] Daß selbst ein vom Generalkommando mit dem Auftrag zu einem Überfall versehener Major in Ungarn riskieren mußte, »bey so einem Unternehmen derbe Schläge zu bekommen«, galt 1813 als ausgemacht.[124]

Aber auch ländliche Wirte und ihre Gäste zeigten manchmal nicht den gewünschten Respekt und wehrten sich gegen Eingriffe in ihre Freizeitgestaltung.[125]

In den dokumentierten Fällen von Eingriffen ist gelegentlich von Übergriffen die Rede. Graf Felix Bakowski aus Galizien beschwerte sich 1801 über das »unanständige Benehmen des Policeykommissärs Rohrer, [...] der ohne alle Schonung die Gäste des Recurrenten, die alle Edelleute waren, nebst seinen Domestiquen arrestiren ließ, obschon er Niemand beym Spielen angetroffen hatte«; in den Begründungen zur allfälligen Begnadigung führt die Note an, es sei »vorschriftswidrig« gewesen, daß Rohrer die Aussagen der Verhafteten aufgenommen und ihnen Fragen vorgelegt habe, »die auf frühere Fälle Bezug hatten, ihnen mit Schlägen, mit Abgebung zum Mil[itär?] drohte,

173

bald sie durch Verheiss[ungen zum Ge]ständnisse lockte«, kurz: das Geständnis »abgepreßt« habe.[126] »Sicherheit und gesellschaftliches Vergnügen«, die bei einer Kartenpartie (Hombre und Pharao) des Grafen Geniceo im Jahr 1811 geherrscht haben, standen in krassem Gegensatz zum folgenden Polizeiüberfall. Bemüht, seine adelige Qualität und ökonomische Integrität zu unterstreichen, stellte der Graf den Vorfall als »fürchterliche und beyspiellose Begebenheit« dar, die seine Ehre gekränkt und ihm Schmach zugefügt habe. Um Viertel vor ein Uhr nachts drangen vier Kommissäre der Polizeioberdirektion ein, laut Geniceo »eine Menge mir unbekannter fremder Menschen, die zum Theil in Uniformen mit Stöcken und anderer Wahre bewafnet ein ungewohntes, fürchterliches Ansehen darbothen«. Den Polizeirapporten zufolge hätten zwar alle geleugnet, Pharao gespielt zu haben, doch hätten sich die meisten der vierzehn Anwesenden ruhig verhalten. Graf Kaunitz habe das »Kreditiv« verlangt, das aber schon dem Geniceo vorgewiesen worden sei. Nur zwei, Graf Attems und Freiherr Johann Leykam, seien ins Nebenzimmer verschwunden, wo sie sich unter dem Bett versteckt hätten.[127]

Beseitigung der Spielgeräte, Zusammenraffen der Geldsätze und Flucht waren die häufig dokumentierten Reaktionen der Spielenden. So auch im Fall des Prager Ghettos, der nach Darstellung des Kommissärs ideal verlief. Die zwei Polizeifunktionäre und der Magistratsratsauskultant gelangten durch zwei Zimmer zum Ort des Spiels, traten unter die Spieler und beendeten das Färbeln mit den Worten: »Meine Herren, ich erinnere sie im Namen Hr. Hofraths im verbothenen Spiel betreten zu haben, und nehme Karten und Geld in Beschlag.«[128]

Kommissär Preßler wurde aufgrund seines Vorgehens »ehrenvoll« erwähnt. Hingegen sahen die oberen Behörden Übergriffen von subalternen Organen nicht einfach nach. So wurde der Gerichtsdiener der Herrschaft Weinberg mißbilligend erwähnt, nachdem er zusammen mit seinem Knecht, dem Marktrichter und Polizeikommissären im Oktober 1802 bei einer aufgetragenen Nachschau in den Wirtshäusern von Neumarkt um halb zwölf Uhr nachts im Hause eines Fleischhackers an drei Tischen Spieler angetroffen hatte. Nach eigener Aussage sei er mit den Worten, »daß es um jetzige Zeit nicht mehr erlaubt sey zu spielen«, an den ersten Tisch getreten und habe das Geld sowie die Karten ergriffen. Der Marktrichter habe sich jedoch der Spieler angenommen und geäußert, »daß es sich gar nicht schicke, daß man den Leuten das Geld wegnehme, und solche die dieses thun sind Räuber«. Da der Wirt ebenfalls (unter Androhung von Schlägen) die Rückgabe forderte, gab der Gerichtsdiener das Geld zurück. Das Distriktskommissariat Weinberg bat das Pfleggericht, dem Marktrichter sein »amtwidriges« Verhalten unter Androhung der Amtsenthebung künftig zu verbieten. Im Juni 1803 war der Gerichtsdiener nach einer Anzeige erneut beauftragt, die Wirtshäuser auf Spieler zu überprüfen. Diesmal verwies ihn der

Abb. 9: Die Aufhebung einer Spielhölle im Westen Berlins (Adolf Wald; Illustration in »Gartenlaube«, Jg. 1894)

Polizeikommissar von Neumarkt an den Marktrichter, der jedoch die Aufforderung, den Gerichtsdiener zu begleiten, zurückwies und den Polizeikommissar für zuständig erklärte. Das Distriktskommissariat klagte wieder über das »Stillschweigen«, mit dem der Marktrichter »die Polizeygebrechen seiner Bürger« übersehe, und bat um Aufstellung eines Polizeiaufsehers. Das Pflegamt Freistadt ernannte nun zwei Polizeikommissare.[129]

In Dörfern und Märkten flogen zahlreiche Spielpartien zufällig auf, wenn Polizei- und Gerichtsdiener die Einhaltung der Sperrstunde kontrollierten. Gelegentlich wurden Streifungen angeordnet, wenn Anzeigen vorlagen. Um aber die nötigen Informationen flächendeckend zu erhalten, schuf der Staat das System der »Geheimen Polizei« mit besoldeten »Konfidenten«. Als der Prager Burggraf 1800 die Wiener Polizeihofstelle darum bat, man möge dem pensionierten Hauptmann Graf Triangy den Zugang zu den böhmischen Kurorten verwehren, weil er dort als Spielunternehmer tätig sein werde, wies man dieses Ansinnen zurück:

»Weit thunlicher, und weit zweckmäßiger lassen sich die Hazardspiele durch empfindliche Bestrafung ihrer Unternehmer nach und nach abstellen, der bey einer wachsamen, und gut geleiteten Geheimen Polizeyaufsicht, vor welcher nichts Staatsschädliches verborgen bleiben soll, keiner entgehen kann.«[130]

Das System der »Geheimen Polizey« beruhte auf Mißtrauen und Verdächtigungen. Das allseits geortete »Staatsschädliche« bestand ja auch darin, daß in einem Kaffeehaus »zur Nachtzeit bei verschlossenen Thüren Gesellschaften /:der Zweck derselben mag nun was immer seyn:/ gehalten werden, was in polizeylicher Hinsicht weder geduldet, noch ungeahndet belassen werden darf«.[131] Spitzel drangen in die Strukturen des Spiels ein und wirkten, wie das Beispiel des Venezianers Foscarini gezeigt hat, bestimmend mit. Entweder selbst aus den Reihen der Polizei oder »informelle Mitarbeiter«, lieferten sie einen großen Teil der im Archiv erhaltenen Fälle von Glücksspiel. Gelegentlich widersprüchlich, sind ihre Aussagen auch deshalb problematische Quellen, weil mitunter übergroßer Eifer globale Verdächtigungen hervorbrachte. Daß Anzeiger, »angelockt« durch die Belohnung (das sogenannte Anzeigerdrittel), »unschuldige Menschen in Verlegenheit und das größte Unglück stürzen« könnten, gab Polizeiminister Graf Pergen dem Kaiser gegenüber im Jahre 1796 zu bedenken.[132] Berufsmäßige Spitzel stießen bei den Betroffenen um so mehr auf Verachtung. Fürst Jablonowsky reagierte im Jahr 1854 auf die Anzeige, daß im adeligen Casino von Wien immens hohe Hasardpartien stattfänden, degoutiert: Menschen, die das »triste *métier*« der Denunziation ausübten, erhielten und gäben oft falsche Informationen weiter, was natürlicherweise aus der sozialen Position herrühre, in die diese Leute verwiesen wären.[133] Die »Vertrauten« des Vormärz gehörten Leopold von Schirnding zufolge »fast allen und selbst den höchsten Ständen Oesterreichs an; gewöhnlich sind es arme Adelige, höhere Geistliche, pensionirte Officire u.dgl.m., die vom Staate ansehnlich besoldet werden, dafür aber auch einen verhältnißmäßigen Aufwand zu machen genöthigt sind«.[134]

Sie ergänzten die Tätigkeit der Polizei und waren dort vonnöten, wo entweder die Nähe oder die soziale Distanz zu groß war. 1794 hieß es in einem Reisebericht über die Spitzel der Wiener Geheimpolizei, daß sie ihrer Aufgabe, in Privatgesellschaften einzudringen, nicht nachkommen könnten, »weil dieses für Leute solcher Art bey grossen Häusern nicht angienge«.[135] Unter dem gleichen Dilemma litt die Polizei von Pest, die 1821 berichtete: »[...] die städtischen Districts Commissäre kennt jedermann, auch werden sie in keiner noblern Gesellschaft zugelassen.«[136] Deswegen, so der Reisebericht von 1794 weiter, machten sie sich an die »Bedienten und Hausofficianten« und würden mit ihnen trinken und spielen. Das Aushorchen der Bedienten lieferte tatsächlich in vielen Fällen »sachdienliche Hinweise«, die immer den Anlaß zum sofortigen Vorgehen oder Abwarten bildeten. So beispielsweise im Fall des über Jahre hinweg beobachteten Grafen Geniceo:

»Einer der Vertrauten hat sich die Bekanntschaft mit der Dienerschaft des Grafen verschafft – ohne daß er in seiner Eigenschaft erkannt wurde – diese Dienerschaft erzählte, daß in früheren Zeiten die Spielgesellschaften bey ihrem Dienstgeber viel Geld getragen habe; seit längerer Zeit her seyen diese Geschenke ganz ausgeblieben und der Jäger ist deßhalb jetzt Willens, seinen Dienst heimzusagen.«[137]

Eher selten scheint man auf Schwierigkeiten gestoßen zu sein. Ein Polizeibericht aus Baden hielt im Jahr 1808 fest, daß nur Polen und Russen spielen würden, diese aber niemanden in ihre Gesellschaften ließen und »ihre Bedienten aus Polen und Russen bestehen, die sehr schwer ins Vertrauen vermög ihrer sklavischen Treuheit zu ziehen sind«.[138]

Die wahren Grenzgänger aber waren diejenigen, die selbst spielten. Dabei ist die Unterscheidung zwischen taktischem Mißbrauch von Vertrauen (wie etwa im Fall des oben zitierten Spiels mit Bedienten) und mangelnder Loyalität nicht immer eindeutig. Die obersten Behörden reagierten aber empfindlich, wenn bestallte Gesetzeshüter die Grenze überschritten. Im August 1796 forderte die Polizeihofstelle eine strenge und rücksichtslose Bestrafung der Betroffenen, nachdem sie erfahren hatte, »daß in Krakau die Hazardspiele sehr im Schwung gehen, und sogar subalterne Polizey-Individuen sich damit befassen«.[139] Das größte Problem bestand indes in den eigentlichen Aufgaben und Bedürfnissen der Polizei. Unter den verschiedenen praktischen Hindernissen bei der Entdeckung und Überführung von Spielgesellschaften in Pest wurde im Jahr 1821 folgende genannt: »Nebstdem hat die stättische Behörde keinen Fond Denuncianten, die selbst Spieler sind, durch heimliche Belohnungen zu gewinnen.«[140] Denunzianten aus den Reihen der Spieler waren aber nicht nur erwünscht, sie konnten selbst zum Opfer werden. Ludwig Kilczewsky (auch Klischewsky) war 1807 bei der Entdeckung des Hasardspielers de Vigne in Baden beteiligt. Im Dezember 1810 stand er zwar immer noch »im diesseitigen Vertauen«, war aber auch in Bartfeld Teilhaber der »vereinigten Pharaobank« des Lopresti, Mahomatzky und anderer. Kaiser Franz, der diesen Widerspruch der Anzeige entnahm, befahl: »Wenn Klischewsky wirklich, wie aus der Anzeige des Major Stephing erhellet, sich mit Hazardspielen befaßt, kann und darf ihn seine Eigenschaft als Vertrauter nicht schützen, das gesetzliche Verfahren gegen ihn, woferne er in solchen Spielen betretten wird einzuleiten.« Ein angeordneter Überfall wurde jedoch nicht ausgeführt. Im Februar 1813 bediente sich die Polizei des Kilczewsky bei der Überführung des nämlichen Lopresti »wegen falscher Vorrichtungen zu Hazardspielen« und »entfernte« ihn im Oktober. Der Präsident der Polizeihofstelle beschrieb die Lage: »Baron LoPresti ist aber nunmehr über Kielczewski's Verrath um so mehr entrüstet, als er denselben eben so, wie er selbst ist, für einen Falschspieler und Hazard Spieler hält.« Kilczewsky »manoeuvrirt[e]« angeblich mit einem gewissen Tampa, »der durch das Spiel sich von Nichts zu einem sehr großen

Vermögen geschwungen hat«.[141] Als im Jahr 1826 in Preßburg der Plan der Errichtung einer Pharaobank bekannt wurde, schlug man der Polizeihofstelle vor, »daß der Vertraute der an ihn gemachten Aufforderung gemäß den Beginn dieser Gesellschaft allenfalls für einige Tage bei sich geschehen ließe«. Wien billigte die laufende Beobachtung und Berichterstattung, ordnete aber an, »sich in nichts einzulassen, was ihn oder den Vertrauten einer Indukzion verdächtig machen könnte«.[142]

Mußte in solchen Fällen stets potentielles Mißtrauen der Spieler gegeneinander herrschen und die Fragilität der Spielgesellschaften dauernden Belastungen ausgesetzt sein, so gab es doch auch zufriedenstellendere Beziehungen zwischen ihnen und der Polizei. Persönliche Verflechtungen und Geldzuwendungen ermöglichten den störungsfreien Ablauf der Glücksspiele. 1767 kritisierte der Wiener Commercienrat die bestehenden Partien trotz herrschenden Verbots in Triest: »Wahr und nur allzu wahr ist es jedoch, daß solchem einige Zeit durch die Finger gesehen worden [...] ist.«[143] Diesbezüglich scheint Giacomo Casanova ein unbestechlicher Zeuge zu sein. Er erzählt, daß die Pharaopartien einer Soubrette noch im Triest der siebziger Jahre den persönlichen Schutz des Polizeikommissars und späteren Polizeichefs der Stadt Pietro Antonio Pittoni genossen hätten, der sie nach einer Anzeige gewarnt habe.[144] Beim Saroser Komitat seien mehrere Beisitzer »Spieler von Profession«, die den übrigen Spielern »die sogenannte unvermuthete Untersuchung oft gar Täge voraus« ankündigten. Daher könne man die in Pest bestehenden Pharaobanken nicht aufheben, schrieb ein Informant 1811.[145] Eine Schrift aus dem Jahre 1827 enthüllt »einige heimliche Pharao-Bänke, die natürlich nicht ohne Mitwissen der geheimen Polizei bestehen können«.[146] Daß dieses Mitwissen entlohnt wurde, ist in einer Sphäre, wo zumeist viel Geld im Umlauf war, nicht weiter verwunderlich. Die Pariser Polizeikommissäre des 18. Jahrhunderts seien nie so reich gewesen wie zu Zeiten der Glücksspielverbote, meinte der Marquis d'Argenson.[147] Trotz der minuziösen Angaben der Spielzeiten werde es dem Senator von Hamburg schwerfallen, die seit langer Zeit bestehenden Pharaopartien zu überraschen, weil die Polizeikommissäre 60 Louis pro Monat für ihr Stillhalten und Warnen erhielten, informierte ein Anzeiger 1795.[148] Für den aus Pest im Jahr 1821 berichtenden Informanten »Y.Y.« war die Untätigkeit der Behörden nicht anders zu erklären, als daß die Spieler »durch freygebige Geld Verspendung sich allhier eine sichere Freystätte zu verschaffen wissen«.[149]

Angesichts solcher Probleme waren die Polizeibehörden gelegentlich zur Ohnmacht verurteilt: »Mann kennt daher die Spieler, ohne im Stand zu seyn, wider dieselben rechtsgültige Beweise aufbringen zu können.«[150] Ob die Spieler, verdächtigt, bespitzelt, überwacht und verfolgt, immer ihre Gegner kannten, ist kaum anzunehmen. Mit der Möglichkeit, daß ihr Tun entdeckt und sie dafür bestraft werden könnten, mußten sie

Grenzgänger

wohl des öfteren rechnen. Daher die Vorsichtsmaßnahmen und die Versuche, die Polizei durch Kontakte und Bestechung gefügig zu machen. Dennoch prägte das »obachtsame Auge« (und Ohr) der »Polizeikunst« das umfassende Überwachungs- und Bestrafungssystem nicht nur des absolutistischen Staates.[151] Die Polizei mußte sich Wahrnehmungsfähigkeiten und ein Wissen zunutze machen, denen das Erkennen und Deuten von Indizien aus der Welt des Spiels zugrunde lag. Der in Prag erfolgreiche Kommissär Preßler stellte dies unter Beweis:

> »An der Thüre dieses Zimmers blieb derselbe stehen, und hörte deutlich spielen, konnte sich aber nicht überzeugen, was es eigentlich für ein Spiel sey, er öffnete somit leise die Thüre und trat unbemerkt mit dem Magistratsratauskultanten und dem Feldwebel unter die Spielenden, wo er Zeit genug hatte deutlich zu bemerken, daß mehrere Personen an einem Tische das ihm wohl bekannte Ferbel spielten. Jeder aus der Gesellschaft hatte 2 Karten auf dem Tische und 2 in der Hand, und eben hat der am untern Ende des Tisches sitzende Jude seine Karte angesagt: er hatte eine Dame und einen Neuner und war eben im Begriff die liegenden Blätter aufzudecken, als ich im Namen des kk. wirkl. Hofraths einstimmig mit dem Rathsauskultanten diese Spielgesellschaft im verbothenen Spiele betreten zu haben erinnerte.«[152]

Das Bemühen der Polizei macht aus der Geschichte des Glücksspiels im wesentlichen eine Konfliktgeschichte. Die gesetzliche Kriminalisierung der Spieler nimmt über ihre Tätigkeit konkrete Formen an, die vor allem dort, wo Gerichtsprotokolle fehlen, Einblicke in Abläufe und Wahrnehmungsmuster gewähren. Leider ist nur allzuoft das Auge der Polizeiorgane der einzige Filter, durch den das Spielgeschehen in die Optik des Historikers gerät.

Reservate des Glücksspiels

Das Glücksspiel ist ein alltägliches Phänomen. Wie es aber seinem Wesen nach grenzüberschreitend, mit Überkonsum und Außerordentlichem verbunden ist, gibt es Sphären, in denen es zugleich als Kumulation und als etwas dem Alltäglichen Entgegengesetztes besonders prägnant stattfindet. Seit dem Mittelalter und der frühen Neuzeit gab es Versuche staatlicher und kirchlicher Obrigkeiten, den Glücksspielen solche zeitlich und örtlich exemte Räume zuzuweisen und damit Strategien der Toleranz, Lenkung und Kontrolle zu entwickeln, die neben den weithin herrschenden rigorosen Verboten bestanden. Gewisse Spiele erhielten den Charakter einer Ausnahmeerscheinung, die mittels feudal gewährter Privilegien zur reglementierten und gewährten »Freiheit« wurde. Daraus entwickelten sich frühmoderne Formen der Konzessionierung institutionalisierter Spielgelegenheiten für bestimmte Personen zu gewissen Zeiten an vorgegebenen Orten.

Der Rahmen für diese Erscheinungsformen der Spielkultur ist der des Festes. Dabei ist zunächst von einem qualitativ wie quantitativ erweiterten Festbegriff auszugehen, grundlegend bestimmt durch intensiven sozialen, ökonomischen und emotionellen Austausch, der im Fest seine zeitlich fest umrissene, rituell-geregelte Form erhält. Politisch-repräsentative Ereignisse im weitesten Sinne sind hier ebenso zu nennen wie Hochzeiten, Tänze, Sonn- und Feiertage (deren zentrale Bedeutung für das Spiel im ländlichen Raum bereits gezeigt wurde), markante Phasen des Arbeitsjahres, Bälle, Redouten und Theater, die Freiheiten für Tausch und Handel auf Messen, Jahrmärkten, Kirchweihfesten u. dgl., aber auch die Freigesetztheit und hohe Soziabilität in Badeorten, wo der zunächst saisonale Spielbetrieb über die Entwicklung des Tourismus in die modernen Formen des Glücksspiels mündete. Die Bedeutung des Festes, von Brauchtum, Geselligkeit und Feiern als einer wesentlichen Dimension des gesellschaftlichen Lebens der Menschen zumal der Frühmoderne (R. v. Dülmen) ist von der Forschung längst erkannt worden. Die Vielfältigkeit der frühneuzeitlichen Festkultur könnte Natalie Zemon Davis zufolge eine Liste ergeben, die länger wäre als die der 217 Spiele des Rabelaisschen Gargantua; sie entsprach der Dichte des Festkalenders, dessen Konturen vom Jahresablauf, der Arbeit, der Kirche oder bestimmten privat und öffentlich inszenierten Anlässen geprägt waren.[1] Die in vorindustrieller Zeit entstandenen Unterhaltungsgattungen bildeten Victor Turner zufolge »die ›ludische‹ Seite des Arbeit-Spiel-Kontinuums, das früher die ganze Gesellschaft in einen einzigen Prozeß verwickelte, der sakrale und profane, ernste und fröhliche Phasen im jahreszeitlichen Zyklus verband«.[2] Die Logik des Spiels basiert auf dem Nexus kultischer Zeitabschnitte, solenner Zusammenkünfte privilegierter Personen und entscheidender Phasen im Wirtschaftsleben.

Manche Feste bestanden in ihrem Kern aus eigentlich spielerischen Abläufen (z. B. der Florentiner Calcio[3] oder das Fest der »bachellerie« in französischen Regionen[4]). Bislang waren es diese Spielfeste, ritualisierte Inszenierungen, die das Interesse der Forschung auf sich gezogen haben, während andere ludische Erscheinungen höchstens als Marginalien aufschienen.[5] Der Grund für die Nichtbeachtung könnte sowohl im Wesen und dem Stellenwert dieser Spiele selbst als auch in einer (zunehmenden?) Polarisierung, die verschiedene Festformen instrumentalisierte, während sie gewisse Spiele ausgrenzte, zu suchen sein. So hat auch Clifford Geertz in seiner wegweisenden Untersuchung über den balinesischen Hahnenkampf den fundamentalen Unterschied zwischen dem »deep play« der »echten« Kämpfe und dem Geldspiel sowie den »flachen« Kämpfen betont. Während ersteres ein »Statusspiel« ist, bei dem es um Stolz, Einfluß, Gleichmut, Männlichkeit usw. geht, nehmen diejenigen, die »nur« um Geld wetten, eine gering geachtete soziale Stelle ein. Während das »soziale Drama« (Victor Turner) im Zentrum des Kampf- und Wettgeschehens stattfindet, müssen sich »die Allerärmsten, sozial Verachteten« (Frauen, Kinder, Heranwachsende und andere) »am Rande der Arena« mit einer ganzen »Reihe geistloser reiner Glücksspiele (Roulette, Würfeln, Münzendrehen, und so weiter)« begnügen. Geertz hält es für eine »grundlegende Tatsache […], daß Hahnenkampf kein Roulette ist«.[6] Auf der einen Seite konstituiert und unterstreicht »deep play« symbolisches Kapital und soziales Prestige, auf der anderen Seite verdoppelt sich soziale Marginalisierung in banalen, rein auf Gewinn abzielenden Glücksspielen. In unserem Zusammenhang sind aber gerade sie von Interesse, die zwar scheinbar nicht im Zentrum des kollektiven Festhandelns standen, aber dennoch integraler und konstitutiver Bestandteil des facettenreichen Geschehens waren und ein – wenngleich schwer zu bestimmendes – deutliches Maß an sozialer, ökonomischer und emotioneller Bedeutung transportierten. Für viele Menschen wird der Horizont des Festes auch der der Spielerfahrung gewesen sein, denn eine ganze Reihe von Spielformen hängt – vor allem in der frühen Neuzeit – fast ausschließlich mit Festen zusammen. Diverse Glücksspiele wurden über ihre Integration in Festformen dem Alltäglichen entäußert und tendenziell domestiziert. Das Verbindende ist dabei die Erfahrung des Außergewöhnlichen. So hat Michail Bachtin in seinen Studien zur Renaissancekultur die symbolischen Parallelen zwischen Spiel und Karneval aufgezeigt und hervorgehoben, daß es sich in beiden Fällen um »kleine Zeitinseln« handelte, »auf denen die Welt aus ihrer offiziellen Bahn herausgehen durfte«.[7] Es ist eine Art von »Schwellenerfahrung«, die Fest und Spiel verbindet und gleichsam den Eintritt in ein (profaniertes) ludisches Sanktuarium evoziert.[8]

Die zeitliche Exemtion der Spielpraxis steht in enger Verbindung mit kultischen Festformen. Ein in weiten Teilen Europas, in der christlichen wie in der jüdischen Kultur zu beobachtendes Phänomen ist die Außerkraftsetzung der Glücksspielverbote an den

Tagen um Weihnachten bzw. den Jahreswechsel (Ostern, der 1. Mai und Pfingsten genossen teilweise ähnliche Freiheiten).[9] Die Weistümer des niederösterreichischen Wildenhag (1454), von St. Andrä (1489), Werdern (1555) und Wolfpassing (15./16. Jh.) verboten »alle geverliche spill« bzw. jedes Spiel, »das pfenning drät«, aber »ausgenomen zu weinachten nicht vierzehen tag vor und nach«; Kirchschlag bestimmte noch Ende des 16. Jahrhunderts, es dürfe keiner »in seinem haus in dem atfent vor weinachten oder zu andern verpotnen zeiten« spielen lassen.[10] Die Toleranz der »libertates decembricae« gehört wahrscheinlich in den Kontext der römischen Saturnalien, einer Schwellenzeit mit starker Bindung an divinatorische Praktiken und einer (damit zusammenhängenden) besonderen Rolle des Würfelspiels. Im Filocalus-Kalender aus dem Jahr 354 zeigt das Monatsblatt Dezember einen Hirten mit Fackel neben einem Tisch mit Würfeln und Würfelturm; der Text erläutert dazu: »Nun, [Sklave,] ist es dir gestattet, mit dem Herrn zu spielen.«[11] Untersuchungen zum Spiel in Frankreich vom 13. bis zum 16. Jahrhundert haben ergeben, daß von allen Monaten der Dezember mit Abstand den höchsten Anteil an Würfelpartien aufwies, ohne daß wahrscheinlich den Spielern die ursprüngliche Bedeutung ihrer Geste bewußt war. Vielmehr dürfte es sich um hinterlassene kulturelle Elemente handeln oder, wie Jacques Heers es formulierte, um »Gesten« und »Dekor« bei Verlust der Bedeutung.[12] Es kam aber im Mittelalter zu anderen Lesarten bzw. Neuinterpretationen. Im »Guldin spil« des Predigers Meister Ingold (15. Jahrhundert) wird das ansonsten lasterhafte Glücksspiel der »geytigkeit« zu Weihnachten mit religiös motivierter »miltigkeyt« in Zusammenhang gebracht.[13] Rituell-symbolische Umverteilung im Sinne der christlichen Caritas auf dem Weg über das Spiel übte noch im 19. Jahrhundert der König von England, der am Dreikönigsfest mit den Granden des Hofes würfelte und den Gewinn den Armen zukommen ließ.[14]

Würfel verbanden in frühmodernen Gesellschaften auf einer formalen Ebene die Spielfreiheiten der römischen Saturnalien mit dem Karneval. Terminologische Gemeinsamkeiten beim Würfelspiel lassen dabei indoeuropäische Wurzeln erkennen. In der klassischen Antike hieß der schlechteste Wurf »Hund«. Im altindischen (vedischen) Opfer»spiel«, überliefert in den Liedern des Rig-Veda, war die übrigbleibende, verlierende Nuß ebenfalls der »Hund«. Es galt, in der dunkelsten Jahreszeit, nächtens und in lebensfeindlicher Umgebung einen Verlierer zu ermitteln, der gleichzeitig eine aus drei mal fünfzig Veda-Schülern gebildete, in Bünden organisierte Schar anführte. Sie lebten in der Wildnis, gemahnten schon äußerlich an Tote und versuchten, in etwa vier Jahren das Kapital für die Gründung eines Haushalts aufzubringen. Um die von ihnen ausgehende Gefahr abzuwenden, erhielten sie (Opfer)gaben. Eine Spur im Zusammenhang mit Spiel ist in englischen Quellen erhalten, nach denen die Poltergeister mit den besuchten Hauswirten um ihren Tribut würfeln.[15] Eine weitere Spur überliefert die Münsterische Chronik von 1565, die eine Form sozial verpflichtender, ritueller (aber wohl nicht nur symbolischer) Vermögensumschichtung über das

Abb. 10: »Fastnacht oder Spiel-Fest« (Kupferstich in P. Ch. Kirchners »Jüdisches Zeremoniell«, 1724)

Spiel durch organisierte Gruppen (Unverheiratete bzw. Jugendliche) beschreibt: Vermummte Knechte und Mägde zogen im Karneval von Haus zu Haus und nötigten den Wirt und seine Gäste zum Spiel (»und moste ihnen eine mummenschantze oder tzwe holten«). Es gab einen »Anführer«, der die Würfel trug und spielte: »[...] gewann der etwas, das war ihnen allen zum besten, verloer er ober, des lachde er nicht lude und wordt darzu beschinfet.«[16] Der Begriff Mummenschanz, eine Verbindung von »(ver-)mummen« und »schanz« (Chance), bezeichnete bis ins 17. Jahrhundert das gleichnamige Würfelspiel. Noch 1655 ist diese rituelle und schichtenübergreifende soziale Praxis für Brabant, Flandern, Frankreich (»Wälschland«) und andere Orte, »da der Fasten=Abend im respect ist«, bezeugt.[17] Bekannt sind die beiden verkleideten Würfler in Pieter Bruegels d. Ä. »Kampf zwischen Fasching und Fasten« (1559), wobei die tabellenartige Tafel auf divinatorische Praktiken hinweisen könnte. Die Fastnacht wird im Kupferstich zu Paul Christian Kirchners »Jüdisches Ceremoniel« (1724) zum eigentlichen »Spiel-Fest«.[18] Zu den Ungeheuerlichkeiten der Narrenfeste *(Fêtes des fous)* gehörte bis ins 16. Jahrhundert das Würfelspiel der Kleriker auf den Altären.[19]

Über die strukturelle und symbolische Verwandtschaft von Spiel und Karneval hinaus (s. o. Bachtin) gehörte der Fasching zu den bevorzugten Zeiten des erlaubten (Glücks)spiels.[20] *Alea jacta placet* lautet die Bildunterschrift zur emblematischen Darstellung charakteristischer Tätigkeiten für den Februar in Georg Philipp Harsdörffers »Gesprächsspielen« (1649).[21] Die historische Bedeutung des Karnevals als zeitlicher Rahmen für Glücksspiele liegt aber weniger in ihrer rituellen Institutionalisierung denn im Übergang zur kommerziellen und konzessionierten Nutzung. Protagonisten dieser Entwicklung waren nunmehr die gesellschaftlichen Eliten. Dabei scheint Italien nicht nur zeitlich eine Vorreiterrolle gespielt zu haben (1576 wurde in Mantua während des Karnevals das Spiel in einem »casello« autorisiert), sondern es hat mit der Etablierung des öffentlichen Glücksspiels im venezianischen Ridotto seit 1638 die moderne Entwicklung des Spiels entscheidend beeinflußt.[22] An anderen europäischen Höfen wurde der Kontext Karneval bis ins späte 18. Jahrhundert zu verschiedenen Ausprägungen privilegierter und konzessionierter Glücksspiele genutzt. Bälle, Redouten und das Theater (wo das Glücksspiel allerdings nach seiner Etablierung die zeitliche Bindung an den Karneval sprengte) waren die legitimen fastnächtlichen Anlässe zum Spiel von Avignon und Paris über Salzburg bis Wien und Warschau. Nicht nur der Pariser Polizeiminister Lenoir fand 1777 den entschuldigenden Vorwand für das einigen Häusern gestattete Glücksspiel in den seit alters her größeren Freiheiten des Karnevals; auch Marie Antoinette begegnete im gleichen Jahr den Vorhaltungen ihrer seit 1765 spielabstinenten Mutter damit, daß sie nur beim öffentlichen Spiel des Hofes spiele, das es von Dezember an bis zum Ende des Karnevals zweimal wöchentlich gebe.[23] Die Integration der Bereiche ging bei Zedler bis zur lexikalischen Gleichung: »An Höfen, und sonderlich zu Carnevals Zeiten, wird bey denen Spielen der Geld-Vorrath desjenigen, wider welchen gespielt wird, eine Banque genennet […].«[24] Der Fasching bildete auch noch im 19. Jahrhundert den Rahmen für festliche Veranstaltungen der oberen Gesellschaftsschichten, die ohne Spiele nicht vollständig schienen. In den 1820er Jahren gab der böhmische Landrat Ledwinka von Adlersfeld in Prag in dieser Periode (wie auch zu Namensfesten) gewöhnlich Abendunterhaltungen, »wobei nebst andern Kommerzspielen auch eine kleine Bank gegeben wird, wenn sich Liebhaber dazu finden«. Die 1825 in Anwesenheit der meisten Landräte sowie anderer Honoratioren von einem Hauptmann von Jenik aufgelegte Bank von 100 fl. WW. und der erzielte Gewinn von 80 fl. sollten verdeutlichen, daß es nicht um hohen Gewinn einer »ordentliche[n] derley Spielgesellschaft« gegangen, sondern eben ein periodisches Vergnügen gewesen sei. Statt Bestrafung schien eine Warnung zu genügen.[25]

Die herrschaftlich-personell und zeitlich definierte Freisetzungspraxis war nicht durchwegs auf den Rahmen kultisch-traditioneller Festformen bezogen, konnte aber ursprünglich noch beides verbinden. Das Hofrecht des niederösterreichischen Ybbsitz verbot 1484 Würfel- und Kartenspiel »zu aller Zeit«, mit Ausnahme des Jahrmarkts und

Reservate des Glücksspiels

Abb. 11: »Glücksspiel« auf einem Maskenball (Kupferstich von J. E. Nilson)

der Anwesenheit des Herrn von Seitenstetten, »alß zu H. drey khönig tag vnd bei dem hofwein«.[26] Die Anwesenheit hoher Herrschaften und politische Zusammenkünfte vereinten den zeremoniell-festlichen Charakter mit dem Privileg eines kostspieligen Dienstes und ökonomischer Verausgabung. Die Spielbank auf dem Heißenstein in Frankfurt am Main (ebenso in Mainz und Straßburg) war nicht nur während der beiden Messen, sondern auch zu Reichs- und Wahltagen geöffnet. Die Reingewinne, die die Stadt seit der Übernahme in eigene Verwaltung (1396) daraus zog, konnten allerdings nur in einem sehr bescheidenen Ausmaß zur Deckung der aus den diversen Verpflichtungen entstandenen Unkosten beitragen.[27] Die Stände, besonders die vornehmsten Prälaten auf dem Wormser Reichstag von 1521, sollen die meiste Zeit und namentlich die Fasten mit »Bankettieren« und Spielen zugebracht haben. Ein hoher Geistlicher habe in einer Woche 3400, ein anderer auf einen Sitz 60 000 Gulden »umgesetzt«. Vergleichsweise bescheiden nehmen sich dagegen die 58 Gulden Spielverlust des Herzogs Johann von Sachsen bei 2844 Gulden aus, die er in Worms ausgab.[28] Die Reichstagsordnung von 1576 gestattete »denen von der ritterschaft und adel, auch andern erbarn personen«, in Herbergen und Trinkstuben Glücksspiele zu halten[29] – möglicherweise als Kompensation für hohe Ausgaben und Spielschulden. Während des Wahlkonklaves von 1730 war das Pharaospiel gestattet und sicherte vielen Häusern eine wichtige Ressource.[30] J. M. Loen faßte den Stand um die Mitte des 18. Jahrhunderts anläßlich der Kaiserwahl von 1741/2 (Karl VII.) in Frankfurt zusammen und schildert gleichzeitig eine rituell anmutende Besonderheit des Glücksspiels:

> »Das Spiel ist eines von den Dingen, welche mit zu der Solennität einer Staatsversammlung gehören. Man spielt hier nicht nur in allen grossen und kleinen Gesellschaften, an den Höfen, bey dem Adel, bey den Bürgern und in den Gasthäusern, sondern man erzeiget den Carten auch die Ehre, sie mit auf das Rathhauß zu nehmen, und daselbst in einem besondern Zimmer so lange Banck zu halten, bis die Wahlversammlung zu Ende ist.«[31]

Die Herren auf den Landtagen in Mecklenburg würden Summen verspielen, »die weit in die Hunderte, wohl in die Tausende gehen«, schrieb 1787 das »Journal von und für Deutschland«, allerdings ohne zu sagen, an wen.[32] Dagegen berichtete die Wiener Polizeihofstelle 1807 über das Pharaospiel in Pest, wo insbesondere während der Landtage »der berüchtigte Spieler Birolla [Pirola] eine beträchtliche Bank halten wolle«.[33] Das »Streben« einer 1827 in Preßburg/Bratislawa beobachteten »Spielgesellschaft« gehe »meistens auf Landtags-Individuen«.[34] Spielunternehmern bot sich zumal in Ungarn, wo bei Gelegenheit der Versammlungen der Komitatsstände »häuffig gespielet« werde, wie es 1815 hieß,[35] ein aussichtsreiches Betätigungsfeld.

Unter den Festveranstaltungen im engeren Sinn waren die diversen Schützenfeste eng mit Glücksspielen aller Art verbunden. Die ältesten Belege betreffen die Freischießen und die ursprünglich von den veranstaltenden Kommunen eingerichteten Glückshäfen. Diese (zumeist Waren-)Lotterie stammt vermutlich aus Italien und gehörte beispielsweise – neben Tischen zu Schach-, Brett und anderen Spielen (üblicherweise mit Kugeln und Kegeln) – seit 1456 zu den Zürcher »Freischießen«.[36] 1475 zog die Stadt Wien aus einem beim Schützenfest veranstalteten Glückshafen über 226 Pfund Gewinn.[37] Wie die Glückshäfen, blieb eine andere Glücksspielart fast durchwegs an (vor allem Schützen-)Feste gebunden. Beim berühmten Vogelschießen auf der Dresdner Vogelwiese nahm die Stadt bzw. die später veranstaltende Schützengesellschaft 1554 den Betrag von 49 Gulden 41 Groschen und 9 Pfennig »von den Raßlern« ein. Aus den Raßlern, ursprünglich Inhabern von Würfelbuden zum Ausspielen von Zinnwaren (Rastelbank; »ins zinn spielen«), wurden spezialisierte Spielhalter mit Würfeltrichtern und Kugelspielen. Sie gerieten zusammen mit den »Dopplern« (Würfelspielern) aufgrund ihrer Tätigkeit und der angebotenen Spiele in gesellschaftlichen Mißkredit bei den Spielgegnern.[38] Im 17. Jahrhundert wurde den Grazer Schützen zur Finanzierung ihrer Feste erlaubt, Spieltische aufzustellen und diese auch bei Jahrmärkten zu halten. Es handelte sich vermutlich um Brenten, die der Rat als »schädlich« bezeichnete und zur Abstellung oder doch nur für die Dauer des Schießens zu halten empfahl.[39] Das Ausspielen von Zinn und anderen Waren durch Würfel blieb lange Zeit ein integraler Bestandteil der Ökonomie von Festen. Nachdem in Oberösterreich ein Pferd durch Würfel ausgespielt worden war, wurde das Verbot dieser Spielformen – sei es durch Würfel oder durch Lottoziehung – erneuert.[40] 1773 stellte das Mährische Landesgubernium den Antrag, »auf denen privilegirten Schüss-Stätten in denen königlichen Creis-Städten zur Zeit des Königs=Schüssens die sonst gewöhnlichen Zünn=Kriegelgeschirr, Lebzelt= und Wax=Waaren nach dem uralten Gebrauch auszuspielen«. Die Bewilligung erfolgte mit der Auflage, darauf zu achten, daß »unter dem Vorwand dieser Spiele, nicht etwa unerlaubte höhere Spiele um baares Geld betrieben würden«.[41] Unter die Zahl der angebotenen Spiele gehörten nämlich immer auch nicht-lizenzierte Glücksspiele. 1648 sollte der Rumormeister von Wien das verbotene Brentenspiel auf den beiden Schießstätten und an anderen Orten in und außerhalb der Stadt abstellen.[42] Außerhalb der Monarchie wurde hingegen die Palette der konzessionierten Spiele erweitert. 1737 gab es auf der Dresdner Vogelwiese vier Scheffel, und noch 1932 waren dort 34 Spiel- und 13 Würfelbuden zu finden.[43] Im Herzogtum Gotha war im 19. Jahrhundert für die Dauer des Vogelschießens das Hasardspiel gestattet. Zwischen der Regierung und den städtischen Behörden entwickelte sich ein Streit, als letztere die Annahme von 100 Talern, die die Unternehmer pro Jahr an die Armenkasse zu zahlen hatten, verweigern wollten.[44]

Zu verschiedenen Anlässen gestatteten die Obrigkeiten einiger deutscher Staaten Glücksspiele. Im Herzogtum Anhalt-Dessau durfte das Hasardspiel zumindest bis 1845 während der Viehmärkte in Zerbst stattfinden; Ende des 18. und Anfang des 19. Jahrhunderts gestattete man an den Parforcejagden das Pharaospiel in zwei Dessauer Gasthäusern.⁴⁵ Seit 1839 hatte das Komitee der Hamburg-Wandsbecker Pferderennen die Erlaubnis zum Glücksspiel. 1845 galt es (Roulette) als »Trabant des Rennens«, von einem Spielpächter gehalten und von den Wirten angestrebt.⁴⁶

Die Konzessionierung von Glücksspielen zu Vogelschießen und anderen festlichen Perioden des Jahres, zu denen auch verstärkter ökonomischer Austausch gehörte, an überwachten öffentlichen Orten diente der Steuerung des heimlichen Spiels⁴⁷ vor allem wegen der Sicherung des Monopols und der damit verbundenen Einnahmen.

Kirchweihfeste, Jahrmärkte und Messen

Clifford Geertz schloß seine Ausführungen zu den am Rande der Hahnenkämpfe auf Bali stattfindenden kleinen Glücksspiele mit der Einschätzung, daß mit ihnen »das Ganze den Charakter eines kleinen Jahrmarktes annimmt«.¹ Es sind demnach gerade diese einfachen Glücksspielformen charakteristisch für die Zuordnung eines Festes in die Gattung Jahrmarkt. Darauf hat schon der Volkskundler K. S. Kramer in seinen Untersuchungen zum »Volksleben« des 16. bis 18. Jahrhunderts hingewiesen, wenn er das Glücksspiel als eigentlich »typisch« für die Kirchweih hielt.² Kirchweihfeste, Jahrmärkte und zum Teil auch Messen sind an manchen Orten bis heute ohne diverse Glücksspielformen kaum vollständig, doch ist ihre Bedeutung bei weitem nicht mit jener zu vergleichen, die sie bis ins 19. Jahrhundert hatten. Vor allem die Kirchweih/Kirmes, Richard van Dülmen zufolge der Endpunkt im jährlichen Festkalender, entwickelte sich zum »zentralen Herbst- und Erntefest der Städte wie der Dörfer und verlor zusehends ihren kirchlichen Charakter«.³ Augenfällig ist der ökonomische Zusammenhang von Geldfluß und Gütertausch, Konsum und Verausgabung, Freiheiten und Privilegien.⁴ In der Amtssprache des 16. und 17. Jahrhunderts galt die Kirchweih als »freß-, sauf-, tanz- und spielfest«.⁵ Das Orgiastische legt den Schluß nahe, daß Kirchweihen die alte Tradition des Karnevals vertraten.⁶ Vor allem aber waren diese Feste Zentren der Sozialibilität, was ihr ludischer Charakter nur unterstrich.⁷

Bei den Spielen auf Märkten und Messen wurden zeitlich befristet ökonomische Ausgaben getätigt, die sich deutlich vom allgemein beschränkten materiellen Alltag abhoben und neben der Aussicht auf Gewinn ein wichtiges psychosoziales Moment der Geselligkeit und Kommunikation darstellten. Daher die allgemein konstatierte Bereitschaft zum Spiel, die sich zu diesen Zeiten zuspitzte und ausleben konnte. 1783 wurde aus dem salzburgischen St. Johann berichtet, daß an den Freimarkt-, Kirchweih- und Viehmarkttagen »alles Spielen […] am meisten übertrieben wird«.⁸ Das Element Spiel bestimmte bei der Definition dieser Festform wesentlich den frühneuzeitlichen

189

Erfahrungshorizont. Thomas Platter griff 1596 bei der Charakterisierung des Angebots an »kurtzweyl unndt spil« in einem französischen Badeort zum Vergleich »wie bey einer kirchweihe«.[9] Der »kulturelle Nexus« (E. P. Thompson) und die soziale Funktion eines Jahrmarkts wurde vor allem auch durch sein Unterhaltungsangebot, oft getragen von Spezialisten, unterstrichen. Auf dem großen Jahrmarkt von Beaucaire beobachtete der Basler Platter »allerley comoedianten, springer, gauckler unndt dergleichen abentheürer viel [...], wie es dann bey solchen weitberümpten jahrmärkten pflegt zubeschehen«.[10] Die große Pariser Messe von St-Germain verdankte ihre Berühmtheit dem Spiel, wie ein Beobachter im 18. Jahrhundert schrieb; die »Zeit, als auf den Jahrmärkten von Saint-Germain und Saint-Laurent noch Hasard gespielt wurde«[11], prägte sich im Bewußtsein zyklisch periodisierend ein. Neben eigens eingerichteten Kegelstätten handelte es sich bei den auf Jahrmärkten betriebenen Gewinnspielen vor allem um »das Topff-Spiel, oder den Glücks-Topff, ingleichen andere Gauckel-Spiele, Würffel- Stech- Kreisel- und dergleichen Buden und Tische, Riemen-Stecher und Hütgen- oder Schalen-Spieler, Dreh-E[i]sen, Scheffel-Trichter etc.«.[12] Sie gehörten zu den Attraktionen, mit denen die Marktschreier die Vorbeigehenden anlockten.[13] Um die feilgebotenen Waren leichter anzubringen, boten sie sie gegen einen bestimmten Preis an, »um zu würffeln / ob der Käuffer die Wahr ohne Geld wegnehmen / oder das Geld zurück [...] lassn und ohne Wahr davon gehen solle«, beschrieb Johann Jacob Schudt 1714 eine beispielsweise auf dem Jahrmarkt von St-Germain »sehr üblich[e]« Manier.[14] Einige der genannten Spiele gehören so gut wie ausschließlich in den Kontext dieser Feste. Durch sie prägt der Zufall in einem bislang nur unzureichend gewürdigten Maß die Ökonomie der Märkte und ihrer Besucher. Später vor allem auf Glückshäfen und Tombolas beschränkt, bildeten bis ins 19. Jahrhundert vielfältige Spielformen den akzeptierten Rahmen für die Möglichkeiten der Waren- und Geldzirkulation.

Die Entwicklung der Kirchweih zum »spielfest« beruhte auf institutionellen Grundlagen und obrigkeitlicher Reglementierung. Zu den vom allgemeinen Glücksspielverbot befreiten Zeiten gehörten bevorzugt Kirmes und Jahrmarkt, wie beispielsweise im Hofrecht von Ybbsitz von 1484. Verbote wiederum nennen manchmal ausdrücklich diese Gelegenheiten und bestätigen somit die normale Praxis. Die Polizeiordnung der Grafschaft Tirol von 1573 bestimmte, ähnlich wie die Landesordnung in Salzburg schon 1526, daß auf Kirchtagen und Märkten »kaine Spil noch Scholderplätz, mit Karten, Würffel, in die Prendten, oder annder Spill vmb Gelt oder vmb auffgeworffene Gwinnater« betrieben werden dürfen.[15] Gelegentlich sind auch diese Verbote nur Ausdruck des Schutzes privilegierter Personen, denen das ausschließliche Recht zur Abhaltung dieser Spiele gesichert werden sollte. Manchmal reflektieren sie aber auch eine allgemeine Unterdrückungspolitik. Und im Falle der landesfürstlichen Erlässe ist, wie im folgenden zu zeigen sein wird, ein langanhaltendes Oszillieren zwischen den beiden Motiven zu beobachten.

Bis 1642 waren in Österreich Würfel- und Brentenspiele auf Jahrmärkten zugelassen. Im November dieses Jahres erging ein kaiserliches Verbot, diese sowie »Gaugl: vnd andere leichtfertige Spill / auch Sayltantzen vnd Commedien offentlichen zu halten«. Das umfassende Generale präzisierte zwar allgemeine ökonomische Schäden und moralisch-religiöse Verfehlungen (das unvermeidliche Gotteslästern), doch handelt es sich auch um einen generellen Reglementierungs-, wenn nicht gar Unterdrückungsversuch populärer Festformen vor dem Hintergrund schwerwiegender politischer Verunsicherung.[16] Die Nichteinhaltung dieses Patents wurde zum Politikum zwischen der niederösterreichischen Regierung und der Stadt Wien. Im November 1648 teilte man der Stadt mit, daß auf ihren beiden Schießstätten unerlaubterweise Würfel- und Brentenspiel stattfänden. Daher habe man dem Rumormeister aufgetragen, diese Spiele hier wie auch anderswo nicht nur das ganze Jahr, »sondern auch an den öffentlichen Jahrmarkhten« einzustellen.[17] Im September 1653 ging es um die »abstellung des Prendtspil auf dem Khirchtag« der Wiener Vorstadt Wieden.[18] Im März des folgendes Jahres hatte der Profoßleutnant die Aufgabe, das Kegel-, Brenten- und Würfelspiel, das »ungeachtet dißer heilligen FastenZeit [...] vor dem Schotten, und Khärner thor [Kärntnertor] abermallen Einreißet«, abzuschaffen.[19] Der »Ungehorsam« der Spieler begnügte sich also nicht nur mit dem Festhalten an und Verteidigen von einst gewährten Freiheiten.[20] Er erstreckte sich darüber hinaus auf selbstbestimmte Zeiten und Orte, die mit den von den kirchlichen und weltlichen Autoritäten vorgegebenen Fristen und Grenzen kollidierten. So wies der Stadtrat 1726 darauf hin, daß das Runde-Kugel-Spiel (Rundelkugelspiel) »in denen Zimmern oder Gärthen« der Glacis vor dem Burgtor »den ganzen Sommer hindurch auf offentlicher Gassen ohne Bedencken forthgesezet« werde.[21]

Hinter den ständigen Mahnungen steckte jedoch auch ein Interessenkonflikt zwischen der Landesregierung bzw. dem Landesfürsten, der Stadt und Gebieten anderer Grundherrschaften. Tatsächlich hatte die Stadt Wien eine eigene Lizenzpraxis. Im November 1643 wurde in Wien dem Bernhardt Petschauer die Konzession für einen »Spilltisch«, im November 1651 dem Hauptmann Lorenz Hörman eine für das »Kugl Spüll« erteilt.[22] Diese Praxis war auch an anderen Orten üblich. So verlangte die Stadt Grieskirchen 1625, daß »sich auch die comedianten, sailfahrer, glückshafner, [Schau]-spiller, gaukler, springer, schollerer und arzt und bruchschneider umb verwilligung bei der herrschaft« anmelden.[23] Schon 1648 waren diejenigen »Gaukhler«, die ein landesfürstliches »Privelegia« vorweisen konnten, vom Verbot ausgenommen. Ob Spielhalter zu dieser Zeit ebenso über kaiserliche Privilegien verfügten, ist nicht bekannt. Am 26. Juli 1661 erhielt der Hofprofoß Martin Gürttinger auf sein Bitten für seine in langjährigem Dienst bewiesene Treue gegenüber dem Hof das »Privilegium auf die offentliche Spilltisch«, kraft dessen

»er allhier in unserer Kayl. Haubt= und Residenz=Statt Wienn und aller anderer orth in Stätten, Markhten und Dörffern, wo sich unsere Hoffstatt zu iederzeit befünden würdet, wie auch in Abwesenheit derselben in allen unseren Königreichen, Fürstenthümern und Landen auf den Jahr=Märckhten, Kürchtägen, und anderen tägen in allen und ieden Versamblungen das RomänischSpill mit drey Kugln, und daß gewöhnlich Trähen auf Zweyerley Tischen aufsezen, und zu ieder Männigliches Belieben auf offenen Plazen üben, darmit Spillen, und solches Spillen seiner Arth- und Gewohnheit nach, doch redlich und aufrichtig durch sich oder seine bestelte leuth frey sicher gebrauchen, und genüssen, soll und mag«;

zur Sicherung des Unterhalts seiner Frau und acht Kinder wurde ihm weiters das Recht auf den Verkauf und Ausschank von »landt- als Brandtwein, wie auch magen wasser« auf den Hofreisen eingeräumt. Ein Freibrief erlaubte ihm und einem seiner Söhne »sambt drey leuthen und zuegehörigen Sachen aller orthen und Enden, zu Wasser und Lande Frey Sicher, und ohngehindert durchkommen, Passieren, und repassiren« zu können und hielt sein ausschließliches Spielprivileg fest. Nach seinem Tod würde das Recht auf »Spillen und Leuthgeben« auf seinen älteren Sohn bis an dessen Lebensende übergehen.[24] Ob die in diesem offenbar ersten kaiserlichen Spielpriveleg genannten drei von ihm »bestelte leuth«, nur »Funktionäre« des Hofprofoß waren oder selbst Inhaber von (Teil-)Privilegien, ist nicht klar. Als am 31. August 1665 ein neuerliches Patent zur Klärung der Spielfrage erlassen wurde (Dreh- und andere öffentliche Spiele sollten nur an Marktzeiten gestattet sein), hieß es, daß »etliche personen« die kaiserlich gewährte Spielfreiheit genießen würden. Und in einem Begleitschreiben aus Oberösterreich wurde erklärt, dies betreffe »Insonderheit dero gewesten Seßltrager Dominicum Contradini, dan den Johan Guetsolden gewesten Leiblageyen, vnnd den Martin Gürtinger«.[25] Offenbar wurde das Privileg zu wörtlich gedeutet und das Angebot von den Spielern zu intensiv genutzt. Denn das Generale von 1665 verurteilte das fast tägliche Spielen auf öffentlichen Plätzen, wodurch

»die Bediente [...], nicht weniger der gemaine Handtwerckh: Hauer: vnd Pauersman, dahin bewegt wierdt, daß Er das einige was Er einen Tag mit harter mühe vnnd arbeit erwüerbt durch das schädliche spüllen widerumb hindurchlauffen lasset, vnnd also in Armuth, oder gar, wie öffters beschechen, mit verlassung Weib vnnd Kündt, in Verzweiflung geratten tuet«.

Daher sah man sich zur Einschränkung der schädlichen Verlockungen auf die traditionellen Zeiten veranlaßt und restringierte die »freyheit« der Lizenzinhaber dahingehend, daß sie sich ihrer ausschließlich auf öffentlichen Jahrmärkten und Kirchtagen, und zwar nur nachmittags (also nach der Messe) bedienen. Eine Reihe von Regierungsdekreten aus den Jahren 1666, 1689, 1690 und 1696 belegt die ungebrochene Präsenz und Popularität der Brenten und Drehwürfel in Wien, jedoch ohne Zusammenhang mit Markt- und anderen spezifischen Tagen.[26]

Die Betreiber der verschiedenen Spielarten traten als spezialisierte und abgabenpflichtige privilegierte ›Unternehmer‹ auf. Die Obrigkeiten verfolgten dabei eine

Politik, die einerseits von ordnungspolitischen Erwägungen, andererseits von finanziellen Interessen, die durch die Konkurrenz anderer Spielstätten beeinträchtigt schienen, geprägt war. Nachdem 1724 der Wiener Stadtrat die Spielhütten verboten hatte, erlaubte er fünf privilegierten »Geschirrhandler[n] oder Kriegl-Spieler[n]« das Ausspielen von Geschirr zur Marktzeit mit der Auflage, ihre Hütten nicht mit Brettern zu verschlagen, weil »in solch verhülten Kriegl-Hütten a potiori lauther herrenlos unnuz und liederliches Gesindel sich zu versamblen, und alda nicht so vill umb die Kriegl, als umb daß Geld zu spielen pflegen«.[27]

Die Ausspieler hielten sich auch später nicht an solche Einschränkungen. Der Freistädter »Krieglspiller« Johann Huber wurde im Juni 1777 vor die Linzer Polizeikommission zitiert, weil er sich bei seinem Spiel auch der Würfel bedient hatte.[28] Den Runde-Kugel-Spielern untersagte der Stadtrat 1725, ihr Spiel zu halten, weil es zu Raufereien gekommen sei.[29] Im April 1726 suchten ein Weinwirt vom Spittelberg, ein Übergeher im Arsenal, ein »Brotsitzer« von St. Ulrich und ein »Schuellerer« aus der Leopoldstadt um Erlaubnis zur Haltung des »Rundelkugel«-Spiels an. Der »Brotsitzer« führte an, daß »unßeres durch 18 biß 20 Jahr lang zu allen Marckt Zeiten allhier getribenes« Kugelspiel (auch »Kugelbreth«) harmlos sei, weil es »nur pur in einem sogenannten Schuller Kreutzer« bestehe.[30] Nun befürwortete die Stadt, die sich die jährlichen 600 fl. für das Zuchthaus nicht entgehen lassen wollte, das Ansuchen damit, daß dieses Spiel auf den nicht ihrer Jurisdiktion unterstehenden Vorstadtgründen den ganzen Sommer über und in der Vorstadt die »weithgefährlicheren« Spiele Brenten und »Trähworckh« (Drehbrett) getrieben würden. Die niederösterreichische Regierung gestattete das Spiel zur Marktzeit »in offenen und ohnverschlagenen Hütten« gegen eine zweimalige Abgabe von 50 Rthl. pro Jahr und Spieltafel.[31] 1744 suchten die »Runden Kugl=Spiller« erneut um eine Lizenz an. Den Bittstellern wurde geantwortet, daß Brenten, Molina, Kugel-, Würfel- »und andere dergleichen hohe [!] Spille« an keinem Ort, auch nicht »an denen allhier in= und vor der Stadt haltenden jahr Marckten, noch in denen Schießstätten« zu gestatten seien.[32] Eine Woche davor war die landesherrliche Verordnung gleichen Wortlauts ergangen, und die genannten Spiele fanden sich in der Folge in den Patenten als namentlich verbotene.

Unter Joseph II. vereinte sich die Bekämpfung des Glücksspiels mit der Beschneidung populärer Festformen.[33] Nachdem im Oktober 1786 allerhöchst befohlen worden war, »alle bisher an verschiedenen Tagen des Jahres gehaltenen Kirchweih-Feste künftighin [...] auf einen einzigen Tag, nämlich auf den dritten Sonntag im Monate Oktober« zusammenzuziehen, folgte im August 1787 auf eine Anzeige des Tiroler Landesguberniums hin das Verbot, »an den Werktägen der alten Kirchweihfesten wenigstens auf etwelche Jahre die Spiele, und Tänze in den Wirthäusern auf dem Land, und in den Städten allgemein in allen Ländern« abzuhalten; einen Monat zuvor waren »die

193

Errichtung eigener Tanzstätten, und das ohnehin schädliche Krügelspiel, bei welchem gemeiniglich auch das Wetten zu unterlaufen pfleget, an gedachten Tägen ohne weiters abzuschaffen«.[34] 1803 verbot man in Krems das Würfeln auf Kirchtagen.[35] 1804 wurden erneut »alle Glücksspiele ohne Unterschied auf den Jahrmärkten« verboten,[36] 1820 die öffentlichen Karten- oder ähnliche Spiele auf Kirchweihen und Jahrmärkten.[37]

Um die Verbreitung der Glücksspiele auf öffentlichen Festen näher beleuchten zu können, ist ein weiterer Blick auf die Organisation hilfreich. Nicht nur zwischen der Landesregierung und der Stadt Wien, sondern auch auf anderen Verwaltungs- und Exekutivebenen herrschten diesbezüglich Kompetenzstreitigkeiten, die im Beharren auf althergebrachten Rechten und der Abrogation derselben im Zuge veränderter Herrschaftsverhältnisse gründeten. Der »Kirchweyh-Schutz« kam gewöhnlich der niederen Gerichtsbarkeit zu. Ihr war damit auch »die Obsorge über die Spiel=Tische, Glücks=Häfen, Marcktschreyer, Sailtantzer, Fechter, Comödianten etc. obgelegen«.[38] In der Praxis kam die ökonomische Ausbeutung den Amtleuten, Pflegern und Richtern oder Subpächtern zu. Damit brach beispielsweise die Salzburger Landesordnung von 1526, wenn sie diesem Personenkreis bei schwerer Strafe verbot, »offen Spilplatz zehalten und darumb den scholder [die Abgabe aus dem Spiel] einzunehmen oder anndern zuverlassen und zugestatten«.[39] Im 18. Jahrhundert lag die Kompetenz zur Konzession beim Erbkammer- und Spielgrafenamt (Ludorum publicorum praefectus), der Personalinstanz für alle »fahrenden Leute« (Gaukler, Glückshafner etc.), die 1782 aufgehoben wurde.[40] Durch Privileg wurde beispielsweise 1725 dem Adam Bachinger erlaubt, auf allen Märkten und Kirchtagen entweder das Leudelspiel (?) oder eine Brente (»auf das Zönnl?«, ins Zinn?) aufzustellen, und den Herrschaften und Obrigkeiten aufgetragen, niemanden ohne Schein des Amtes spielen zu lassen und keinem Gerichtsdiener zu gestatten, vom Spielbetreiber »mehrer als die Gebühr vermag« abzufordern.[41] Noch 1826 erneuerte das böhmische Landesgubernium das Verbot aller Glücksspiele auf Jahrmärkten, nachdem es erfahren hatte, daß »umherziehende Personen« bei solchen Feierlichkeiten sogenannte »Glückskästen« mit Bewilligung der Ortsobrigkeiten gegen Entrichtung eines Betrages an den betreffenden Polizeikommissär betrieben. Ohne »vorläufige landesfürstliche Bewilligung« sei dies aber bei Strafe verboten.[42]

Die zunehmende landesfürstliche Reglementierung des Festgeschehens lief parallel zur privilegierten Vergabe von Spielfreiheiten. Das Salzburger und das kaiserliche (1661) Beispiel zeigen, wie die Zentralgewalten ganz im Sinne absolutistischer Tendenzen auch das Monopol der Chancen (Norbert Elias) an sich zu ziehen versuchten und als quasi-feudale Apanage privilegiert an Hofleute vergeben konnten. Diese Praxis übten einerseits bereits im 14. und 15. Jahrhundert die Grafen von Flandern, die zuerst subalternen Hofbediensteten (vom Hofzwerg über den Harfenspieler bis zum Falkner), dann aber wichtigeren herzoglichen Sekretären die monopolistische Konzession zum Halten von Glücksspielen erteilten.[43] Die Praxis unterscheidet sich andererseits im Kern nicht von der Gewährung des Pharaospiels durch Maria Theresia für Nostitz in Prag und Wagensperg in Graz. Diese Bestrebungen sind typisch für die gesamte Glücksspielgeschichte und entstammen ordnungspolitischen und fiskalischen Interessen. Die Verankerung der Glücksspiele in der populären Festkultur einerseits und die Macht lokaler Autoritäten andererseits erschwerten aber vorerst die Durchsetzung eines flächendeckenden staatlichen Monopols.

Die skizzierten Grundzüge bilden den Rahmen eines Konflikts, der die Behörden im oberösterreichischen Raum zu Beginn des 18. Jahrhunderts über Jahrzehnte hinweg beschäftigte. Im Zentrum stand der Streit zwischen Johann Andorfer, dem Wirt der Enklave Osternach, und Franz Andessner, dem ebenfalls der Probstei Mattighofen zugehörigen Amtmann von Retting, um die Befugnis zur Haltung des Drehbrettspiels im Amt Osternach (Innviertel).[44] Zur Klärung der schon länger schwelenden Differenz zwischen den beiden hatte der Wirt im Februar 1727 bei der Regierung um ein Attestat angesucht. Darin wurde ihm bescheinigt, daß in St. Martin der Krämer das Drehbrett mit herrschaftlicher Konzession auf Widerruf aufstellen dürfe; in den anderen Hofmarken seien es die Wirte, die aber dafür dem Amtmann jährlich eine gewisse Entschädigung zu geben hätten. Dem Wirt zu Osternach wurde nun das Aufstellen mit der Auflage bewilligt, sich mit dem Amtmann über die Abgabe gütlich zu vergleichen. Der Wirt hielt sich jedoch nicht an die Klausel, und einen Monat später legte der Amtmann auf Verlangen Schriftstücke vor, die laut Probstei bewiesen, daß in mehreren Orten, Herrschaften und Gerichten (Schärding, Griesbach usw.) bei Festen, Hochzeiten, Kirchtagen »vnnd anderen Tänzen« der Spieltisch und an einigen Orten »sogar die Kuglstäten, alleinig denen Landtgerichts: Herrschafft: vnnd Hofmarchsambtleithen Zuestendig: vnnd ohne der Würth geringsten Hindernuß: alle dauon fallente gewinnuessen einzenemben obrigkheitlichen erlaubt: vnd zuegelassen seyen«.

Wie der Amtmann erläuterte, habe das Recht zum Aufsetzen des Spiels in Osternach gewohnheitsrechtlich (»alzeit«) der Amtmann von Retting inne, weshalb er um Beibehaltung dieser Observanz bat. Die Probstei ordnete nun an, daß der Wirt, wolle er weiterhin spielen lassen, dem Amtmann dafür eine gewisse Summe zu zahlen habe. Wenn sie ihm zu hoch erscheine und er sich nicht dazu bequemen wolle bzw. keine Übereinkunft zustande komme, sei ihm das Aufstellen von Spieltisch und Drehbrett ein für allemal verboten. Gleichzeitig wurde dem Amtmann erlaubt, beim Hofmarkskrämer von Osternach »in: vnnd ausser dessen behaussung aufzesezen: vnd spillen zelassen«. Aus diesem Grund fügte sich der Wirt dem Schiedsspruch der Probstei nicht, setzte das Drehbrett auf und verweigerte dem Amtmann die Zahlung. Im Juni 1727 verbot ihm dies der Stiftsverwalter unter Androhung einer Gerichtsstrafe.

Der Wirt wählte nun eine andere Strategie. Er stellte das Spiel selbst ins Zentrum seiner Offensive, indem er es zur Ursache vieler Übel und als Chiffre der Unordnung machte. In einer Anzeige an die kurfürstliche Regierung machte er sich die Sprache der Obrigkeiten zu eigen und legte dar, wie »bey derley Spillen« Ausgelassenheiten, Fluchen und Gotteslästern vorkämen. Da der Amtmann fast immer abwesend sei und wegen der weiten Entfernung »khaum ainmahl bey diesem Spill erscheinet«, herrsche unter den »ledigen pursch ain vneingeschrenkhte freyheit zu ausyebung Ihres Muethwillens«, der sich in ihrem Spiel und in Winkelzusammenkünften äußere – was er in seiner Taverne wegen drohender Strafe nie dulden könnte. Das dargestellte Treiben der Tagwerker bewog die Regierung, die Abstellung des Spiels anzuordnen.

Der Konflikt war damit noch nicht beigelegt. Im Februar und März 1728 ist von dem durch den Amtmann konfiszierten Drehbrett und von Injurien die Rede. Der attackierte Amtmann klagte den Wirt und erhielt im Dezember 1728 in erster Instanz erneut das Recht zugesprochen, das Drehbrett aufsetzen zu lassen. Die Wegnahme wurde, weil sie obrigkeitlich angeordnet gewesen sei, gerechtfertigt. Die Probstei verfügte, daß keine Kinder unter 15 Jahren spielen dürfen, das Spiel nicht über die gebührende Zeit dauern solle und ohne »Sacramentiren: vnd Gottslestern« zu geschehen habe. Noch einmal wurde dem Wirt aufgetragen, sich mit dem Amtmann wegen des Spiels zu einigen. Der Wirt legte – wie die Sprache verrät, unter Beiziehung eines Juristen – bei der Regierung Berufung ein. Ein gewichtiges Argument gab ihm das Gesetz selbst in die Hand. Er berief sich auf die Landes- und Polizeiordnung, die das Drehbrett als verbotenes Spiel ansah und den Amtleuten die Einnahme des Scholders untersagte. Darauf solle gerade in Osternach geachtet werden, da es hier

> »laider berairs mit dem Spillen auf dem Trähtisch soweith gekommen, das die Ehrhalten mit Versäumbung der Arbeith nebst anderen Vnverheuratheten bey dem sich daselbstigen Cramer zuesammen rotten, vnnd mit denen Trähprettern manichs mahl bis in die Spatte nacht, vnnd zwar vmb zimblich hoches Geldt spillen, wo sodann auch bey fast jedermahlig sich eraigneten Verlust die Gewünnente allen Muethwillen zue treiben, entgegen aber die Verspühlende aus Vngedult in verschidene scheld, vnnd fluechwortt heraus zueprechen pflegen«;

das würden sie um so ungescheuter tun, als sie keine Anzeige und Strafe zu fürchten hätten,

> »dann wann die von dem Ambtmann zue disem Spill substituierte Schollerer derley Straffbahre worth nebst andern mit vnnderlaufenden Vngebührlichkeiten /: worzue deme jederzeit vermischet vorhandenen zweyerley Geschlecht bey denen zum ausspiellenden aufwerffende Lebzelten in einem heimblichen orth alle Gelegenheit an die Hand gegeben ist:/ wie schuldig anzeigenden, sohin der ansonsten durch das Schollern erhaschent Vnzuelässige gewin ihnen entzogen zue werden billich beforchten müssen, inmassen dann eben aus diser Vrsach zue Vorbringen derley der leedigen PaurnPursch höchst schädlich, vnnd gefährlich

kommende Gespiehl genzlichen, forderist in denen werckhtägen seind, bey welchem dann auch es sein vngeandtertes Verbleiben haben würdet, als ansonsten weder die starckhe zuesammenkonfft, noch auch das Spillen, vnnd die vnnderlauffende vngebührlichkeiten abgestellet werden«.

Mit dem zweiten Hauptargument enthüllte der Wirt den Kern des Konflikts. Er beschuldigte den Krämer des Verkaufs eingeschmuggelten Biers und Branntweins und brachte die Gelegenheit zum Ausschank mit dem Spiel in Verbindung. Dadurch würden nicht nur der Herrschaft Steuern entzogen, es leide auch seine Gerechtsame empfindlichen Schaden. Die ökonomische Ursache der andauernden Feindseligkeiten liegt auf der Hand. Zum einen mußte der Amtmann sein karges Einkommen durch zusätzliche Ressourcen aufbessern. Wie er bereits 1727 der Probstei gegenüber vermutete, zögen die Amtleute aus dem Spiel »ein weniges utile«, damit sie ihren vielfältigen Aufgaben desto leichter nachkommen könnten. Der Wirt mit seinem Ansinnen stellte für ihn eine Konkurrenz dar, weil der »sein gewerb habe, vnd mit selben sich stattlich nehren könne, ohne das Er Vrsach [habe,] mir das Stükhl Brodt, vnd Ehrliche Fortkhommen zu schmellern«. Der Wirt hingegen mußte es anders sehen. In der knappen Ökonomie des Fleckens empfand er die Monopolisierung und Konzentration des Spiels und den es begleitenden Konsum beim Krämer als Beeinträchtigung seiner Erwerbsmöglichkeiten. Mit seiner Bitte, daß das Drehbrett »aus dem wünckhl haus des Crämers gebracht, vnnd selbiges auf offenen plaz in denen Kürchweichfesten, gleich anderen orthen aufgesezet« werden solle, hätte er sich und seinem Konkurrenten eine traditionelle Einkommensquelle, die gleichsam zum Inventar eines Wirtshauses gehörte,[45] versagt.

Die kurfürstliche Regierung verbot das Spiel. 1735 fragte sie an, warum die Probstei es trotzdem wieder gestattet habe. Der herbeizitierte Amtmann erklärte, daß man in Suben und Ried auf der Schießstatt Spieltische aufgestellt habe und er hätte dies, zumal es ihm der vorige Verwalter erlaubt habe und weil sein Einkommen gering sei, am Kirchtag und zu Hochzeiten in der Wirtsstube von Osternach auch getan. 1741 zeigte der Wirt des Nachbarortes St. Martin den Amtmann wegen Aufstellung des Drehbretts beim Osternacher Hofmarkswirt (!) an. Die kurfürstliche Regierung befahl die sofortige Abstellung. In seiner ausführlichen Verteidigungsschrift beschuldigte der Amtmann zunächst den Kläger selbst, zwar nicht Drehbrett, aber Karten und Kegel »vmbs theüre Gelt« spielen zu lassen und selbst »der Erste« dabei zu sein. Die Anzeige gegen ihn und andere Amtleute geschehe nur, damit »bey ihme das Spillen desto mehr angehen solte«. Daß ganze Tage und Nächte und sogar Knaben mit zwölf Jahren gespielt hätten, sei eine Unwahrheit. Vielmehr sei das Drehbrett nur an der Kirchweih und bei Hochzeiten »exponirt« gewesen. Vor allem aber sei er

»wider die gnedigste Befelch und Verbott nit der Erste geweßen, so derlei SpillTisch aufzusezen vnderfangen, sondern, wie die Experienz gibet, so siechet man an denen KirchTägen:

und Jahr-Märckten, sowohl in Stätt: und Märckht: als auch auf dem Landt hin: und wider, daß von denen Ambtsleüthen im Gerichts: und HofmarchsDistrict, ihre von alters hero habente Spill-Tisch: oder Träpröth aufgesetzt: vnd noch biß dato, der alten Observanz nach so gehalten werde«.

Folglich bat er – zur Kompensation der weiten Wege, die er dienstlich ohne einen Kreuzer Bezahlung zurückzulegen habe –, in der Hofmark Osternach das Drehbrett wieder aufsetzen zu dürfen, denn »so lang ein Osternachischer Vnderthon gedenckht, solcher SpillTisch passirt: und aufgesezt worden, und der Ambtman daruon den Genuß gehabt«. Dies gewähre auch der Prälat von Reichenberg seinen drei Amtmännern. – Nun schweigen die Akten für einige Zeit. Dann wurde im Dezember 1773 (!) der Amtmann wegen Gestattung des verbotenen Spielens in Osternach erneut beschuldigt und diesmal durch Regierungsresolution zu 15 Gulden Strafe verurteilt. Ein Generalmajor der Commandantschaft Braunau erhielt (als Anzeiger) ein Drittel der Strafe.

Die ausführliche Darstellung des Falles zeigt nicht nur das Glücksspiel mit dem Drehbrett als verbreiteten Bestandteil von Kirchweihen, Jahrmärkten, Freitänzen und Hochzeiten. Althergebrachte Usancen und lokale oder regionale Herrschaftsgewohnheiten gerieten in Konflikt mit landesfürstlichen Nivellierungstendenzen. Als 1766 der zu Passau gehörige Markt Obernberg wirtschaftlich mit Bayern gleichgestellt wurde, war dem kurbayrischen Zehentamt daran gelegen, dem dortigen Amtmann als Pächter des Drehbrettspiels die Bewilligung zu entziehen, andernfalls man höchsten und hohen Orts um Hilfe ersuchen würde.[46] Wie auch der Wirt von Osternach anführte, würde der Amtmann mit seiner Klage einen in den Landrechten verbotenen Gewinn geltend machen. Beide Streitparteien beriefen sich aber im Grunde auf eine Form des Rechts, deren prägende Kraft auf die Gestaltung populärer Festkultur evident wird – im negativen wie im positiven Sinn. Dagegen scheint die Rolle der Spielenden nur indirekt über die Anzeige durch. Ledige Burschen und Taglöhner nutzten das Spiel im Rahmen festlicher Geselligkeit. Als Verteidiger der Spieltradition treten sie allerdings nicht in Erscheinung. Die Darstellung verdeutlicht auch die ökonomische Bedeutung, die das Spiel dem Fest verleiht bzw. aus ihm zieht. Es fördert den Konsum (auch über die zu gewinnenden Lebzelten) und ist für manche eine unverzichtbare Einnahmequelle. Der Fall illustriert vor allem auch die herausragende Bedeutung, die den Amtmännern im organisierten Spiel nicht nur auf den beschriebenen Festen zukam, und ihre Hintergründe.[47] Die meisten dieser schlechtbesoldeten Amtsträger dürften aber durch die Spieleinnahmen kaum zu jenen »Capitallisten« geworden sein, als welche die Wiener Hofkammer im Jahre 1702 etliche »Spillhalter« bezeichnete.[48]

Eine der größten Attraktionen eines Jahrmarktes war zweifellos der bereits angesprochene Glückstopf oder Glückshafen, die aus dem Mittelalter stammende Form der öffentlichen Waren- und gelegentlich Geldausspielung, die noch zu Beginn des 18. Jahrhunderts mit Lotterie gleichgesetzt und sogar als Lotto bezeichnet wurde. In Österreich bestand eine lange, durch zeitweise Verbote unterbrochene Tradition staatlicher und privater Ausspielungen, die bis zum Beginn des 19. Jahrhunderts dauerte.[49] Obwohl ein Teil der Profite den Armenanstalten zufloß, hielten die staatlichen Autoritäten die ökonomischen, sittlichen und politischen Übel für größer. Die Attraktivität auch für weniger bemittelte Schichten ließ sich nicht mit der Armut des durch Steuern stark belasteten »gemeinen Mannes« vereinbaren, der das wenige Verbliebene für die Haushaltung benötige, hieß es bereits 1582 von den niederösterreichischen Ständen.[50] 1720 und erneut 1765 durften sie nur mit besonderer Erlaubnis des Hofes errichtet werden. Seit 1750 war sogar die kaiserliche Bewilligung erforderlich. Das Spielgrafenamt sollte keine weiteren Konzessionen mehr erteilen.[51] Die Attraktion der Glückshäfen bedrohte ganz offensichtlich den Gewinn aus dem seit 1752 etablierten Zahlenlotto. Sein erster Pächter, Graf Ottavio Cataldi, klagte der Kaiserin beispielsweise 1762, daß Glückshäfen und Lottos aller Art in Graz, Laibach, Linz und Klagenfurt »in Schwung gehen, wordurch dem allhiesigen Lotto di Genova einen beträchtlichen Schaden zugefüget, und in die Dicadenz zu verfallen beginnete [sic!]«, wenn nicht beizeiten solchen Beeinträchtigungen Einhalt geboten werde. 1765 bat er darum, daß bis zur Erlöschung seines Privilegs »all- und jeden so privilegirt= als imprivilegirten GlücksHäfnern auf denen Jahr-Märkten, und zu all-anderen Zeiten die GlücksHäfen und Looszihungen gänzlich eingestellet werden möchten«. Daraufhin wurde den sechs Antragstellern (Porzellanhändler) die zuvor erteilte Bewilligung zur Ausspielung durch Glückshafen, Los- und andere Spiele entzogen.[52]

Zu den letzten großen Glückshäfen in Wien zählten die beim Jubilate-, beim Leopoldstädter-, Margarethen- und Allerheiligenmarkt des Jahres 1807 abgehaltenen. Sie wurden angeordnet, um dem Armenfonds finanzielle Mittel zu verschaffen. Zum Jubilatemarkt öffnete die Hütte am Graben am 13. April und blieb noch acht Tage nach Ablauf der Marktzeit, ausgenommen Sonn- und Feiertage, von neun Uhr früh bis abends um sieben Uhr geöffnet. Der Glückshafen schloß am 14. Mai, »nachdem alle gewinne gezogen waren«. Der Leopoldstädter Glückshafen war im Juli sechs Tage vor, zwölf Tage während und sechs Tage nach der Marktzeit offen, der Glückshafen am Margaretenmarkt fand im Oktober statt. Alles, auch die finanzielle Gebarung stand unter polizeilicher Aufsicht und Kontrolle. Polizeidirektor Ley übertrug die Einrichtung der Lose und des Glückshafens dem Ratsherrn La Roze, zu Glückshafendirektoren bestellte man den Großhändler Etzelt, den Galanteriewarenhändler Sieber, den Silberarbeiter Kern und den Kaffeesieder Kaiser. Ein Goldarbeiter, zwei Silberarbeiter und ein »Nürnbergerwarenhändler« hatten als Schätzleute die Preise zu bewerten.[53] Am Jubilatemarkt gab es zwei verschiedene Lostöpfe mit Losen zu einem Gulden, die ausschließlich Trefferlose waren, und Lose zu zwölf Kreuzern.[54] Das Guldenlos garantierte einen Treffer im Wert von mindestens 30 Kreuzern. Wer einen Gewinn in diesem Wert nicht behalten wollte, konnte ihn zurücklegen und um zusätzliche 30 Kreuzer ein weiteres Los aus dem »Guldentopf« ziehen oder ziehen lassen. Die beiden Töpfe enthielten laut gedruckter Ankündigung mehr als 20.000 Treffer. [55] Was die Spieler vorerst nicht wissen konnten, war das Verhältnis zwischen Losen und Gewinnen, die Gewinnwahrscheinlichkeit. Beim Glückshafen in der Leopoldstadt betrug sie 1:239 (5000 Gewinne, 1.196.555 Nieten), wenngleich später davon die Rede ist, daß man übrige Nieten wegen ihrer Menge nicht zählen konnte, sondern wiegen mußte! [56] Um die Spielbereitschaft dennoch zu erhöhen, lockte das Plakat zum Jubilatemarkt mit den Gewinnen. Es gab Gold- und Silberwaren, Schmuck, Münzen, Wand-, Spiel- und Taschenuhren, Porzellanwaren, Porträts der kaiserlichen Familie und sogar einen »halbgedeckten modernen Wagen mit reicher Plattirung, nebst zwey geschmackvoll angeschirrten schönen fehlerfreyen Pferden«. Was das Plakat verschwieg, stieß auf öffentliche Kritik der Spieler. Wie der Polizeioberdirektor berichtete, sei die »etwas auffallende Disproportion« zwischen Treffern und Nieten dadurch »gemildert« worden, daß aus der Reihe der Gewinne »jene werthlosen und verlegenen Waaren« ausgeschlossen wurden, die bei der ersten Ziehung die »Unlust des Volkes erregt hatten«. Hingegen beeilte sich der Präsident der Polizeihofstelle, dem Kaiser sowohl im Mai als auch im August über die große Freude der Gewinner der Herrscherporträts zu berichten.

Die Gewinnerwartung war hoch und ließ sich an Zahlen ablesen. An einem Tag wurden Lose im Wert von 20.494 Gulden verkauft. Der Einlagewert eines Glückshafens betrug 184.085 Gulden 29 Kreuzer. Die laut Selbstdarstellung »menschenfreundliche[n] Bürger«, die die Einrichtung und Leitung besorgten und »die ganze Gefahr eines Verlustes auf sich genommen« hatten (Ankündigung), blieben von einem solchen verschont. Der Gewinn des Jubilateglückshafens belief sich auf 43.874 Gulden 43 Kreuzer. Die täglichen Einnahmen waren beträchtlich. Sie stiegen von 4000 auf 8000 und über 12.000, beim Leopoldstädter bzw. Margarethenmarkt von 8000 auf 20.000 Gulden. Für die Verantwortlichen der Glückshäfen waren die hohen Losverkaufszahlen Ausdruck der »Spielwuth«. Ihre Motive lagen in den unmittelbaren Lebensumständen der Spieler, der Krise und Geldentwertung zur Zeit der Napoleonischen Kriege. Noch nie sei mit solchem »Eifer und Ungestümm« gespielt worden, wie in diesem Jahr 1807, hielt Polizeioberdirektor Ley fest. Zum erstenmal sei es vorgekommen, daß ein Glückstopf vor dem Ende der Marktzeit ausgespielt wurde. Die Ursachen müßten darin gesucht werden, »daß die meisten Menschen Geringschätzung gegen das Papiergeld zeigen, daher solches mit größerer Leichtigkeit dahin geben und es gerne gegen die zufällige Aussicht vertauschen, aus dem Glückstopf Silber, Gold, und Präziosen einzuheben«.[57] Der Erfolg des Spiels ist ein Zeichen des Mißtrauens gegen die Ökonomie des Staates und der mentalen Verankerung in manifesten materiellen Werten.

Wer war nun von dem »gläntzende[n] Reitz dieser Glücksbuden« geblendet? Aus Untersuchungen zu Glückshäfen des Mittelalters und der frühen Neuzeit wissen wir, daß Handwerker, Amtleute, Handwerksgesellen, städtische Lohnarbeiter und Dienstpersonal die größte Personengruppe bildeten, gefolgt von Adligen, die größtenteils aus dem lokalen Einzugsbereich stammten, Studenten, Geistlichen und Konventualen sowie Schülern. Auffallend ist die hohe Quote begleitender Verwandter und von Frauen.[58] Für das Wien des Jahres 1807 liegen keine detaillierten Quellen vor. Dem Polizeioberdirektor zufolge war es besonders »die gemeine Volksklasse«, die der Macht des Reizes »nur selten widerstehen kann«. Jeder habe beobachten können,

> »mit welcher Begierde besonders die ärmsten Menschen die hier ausgestellten Gewinne anblicken und sich in diesem Anblick gleichsam verlieren. Es war die gemeinste Volksklasse, die großen theils die Spuren höchster Dürftigkeit an sich trug, sich täglich mit Ungestüm hinzudrängte, und diese Hütte auf einen weiten Umfang den ganzen Tag hindurch umlagerte.«

Doch nicht nur die augenscheinlich Pauperisierten spielten, auch Dienstboten, Lehrburschen, Handarbeiterinnen und »selbst Personen von besserer Bildung« machte die Polizei aus.[59] Andere gaben an, daß mancher Familienvater »aus eigensinn oder in der hoffnung seine umstände zu verbessern« spiele.[60] Die Spielbuden brachten zwar die äußersten Pole der Gesellschaft im lebhaften Drängen nach Glück in einer durch das Spielgeschehen definierten Öffentlichkeit zusammen, doch gab es eine klare soziale Grenze zwischen Außen und Innen. Der Ansturm machte es allerdings schwer, der Distinktion immer Geltung zu verschaffen. Da der vordere Eingang zum Glückstopf »durch das ungestümme Zudringen« nicht für jeden zugänglich war, mußten »Standes= und andere Personen besserer Gattung« in die Hütte gelassen werden. Aber besser gekleidete Menschen konnten nicht immer nach ihrem Namen und Stand (»Karakter«) gefragt werden, so daß »auch minder redliche Leute den Zutritt in die Hütte erhalten haben«.[61]

Obwohl Glückshäfen die Spielkultur auf Jahrmärkten u. ä. regulativ kanalisierten, versinnbildlichten sie Unordnung. In einer Stadt, deren Polizei selbst die kleinsten »volksversamelungen hindan zu halten« suchte, war das Treiben rund um die Glücksbuden suspekt. Ein Bürger beschwerte sich über das »so lermende durch so viele wochen anhaltende getos«, das Trommeln, den Zulauf und »lärmendes Pöwel« von der Früh bis in die späte Nacht. Nicht einmal während der französischen Besetzung Wiens habe so viel Lärm geherrscht.[62] Zu diesem vordergründigen Unmut eines Wieners gesellten sich schwerwiegendere Bedenken. Bereits im Mai 1807 war von den Glückshäfen als Ursache vielfältiger Nachteile die Rede. Delinquenz und Verarmung bildeten die Hauptpunkte der Kritik. Zum einen kam es im Umfeld des Spiels zu diversen Delikten: Wie der Bürgermeister bestätigte, wurden im Gedränge mehrere Personen bestohlen; laut Polizeioberdirektion rekrutierten sich die Diebe aus dem zahlreich anwesenden »müssige[n] Gesindel«.[63] Die in die Glückshütte eindringenden »minder redliche[n] Leute« wurden dafür verantwortlich gemacht, daß mehrere gewonnene Gegenstände nicht mehr vorgefunden wurden; ein Grieche hatte in seinem Ärmel ein Körbchen versteckt, das er nach dem Griff in den Lostopf gefüllt zurückzog; ein friaulischer Tuchhändler wurde verhaftet, weil er Gewinnlose hatte nachstechen lassen.[64] Vor allem aber gab das Spielverhalten der einheimischen Bevölkerung Anlaß zur Sorge. Die als trügerisch bezeichnete Hoffnung auf Gewinn und späteren Rückersatz habe besonders Dienstboten, Lehrlinge und Arbeiterinnen dazu verleitet, ihnen anvertraute Gelder zu setzen, Waren zu veräußern oder sogar zu stehlen, um spielen zu können.[65] Die meisten »Vorstadtbürger«, so der kritisierende Wiener, getrauten sich deswegen nicht mehr, ihre Lehrjungen oder Dienstleute während der Zeit des Glückshafens mit Aufträgen in die Stadt zu schicken.[66] So sei das Glücksspiel die erste Stufe zum Verbrechen sonst unschuldiger Leute. Der zweite große Kritikpunkt war eine neue Verarmung, die die Autoritäten den unverhältnismäßigen Ausgaben der Armen für das Spiel zuschrieben. Die hohen Profite der Glückshäfen konnten zwangsläufig nur aus dem Verlust der vielen spielenden Armen stammen. Das Mittel, der Armenanstalt Gelder einzubringen, konterkarierte den Zweck dieser Einrichtung. Nicht zuletzt wurde gegen die Glückshäfen ein Argument vorgebracht, das die Diskussion um das Glücksspiel nachhaltig prägte. Nicht nur ziehe das Verweilen beim Glückstopf die Leute von der Arbeit ab und verursache Verdienstentgang. Die Hoffnung auf »ein plötzliches Glück« über den bequemen Weg des Spiels untergrabe auch den für das Staatswohl so fundamental wichtigen »Trieb zu Fleiß und Geschicklichkeit«.[67] Der Glückshafen wurde zum Opfer seiner Attraktivität, weil der Staat seine Hand auf die moralische Ökonomie der Bürger legte. Im April 1808 entschied der Kaiser nach den ihm vorgelegten Berichten, daß er keine Fortsetzung der Glückstöpfe »zum Besten der Armen« wünsche.[68]

In der ersten Hälfte des 19. Jahrhunderts vermehrten sich privat organisierte Glücksspielformen, die besonders in und um Wien virulent wurden und als «Subsistenzspiel» charakterisiert werden können. Obwohl nicht ausschließlich an Kirchtage u. ä. gebunden, hingen sie deutlich mit ihnen zusammen. Im Unterschied aber zu den oben dargestellten Verhältnissen in Oberösterreich und Wien fehlte hier jeder obrigkeitliche Schutz. Ihre Betreiber unterlagen vielmehr der Einschätzung als Kleinkriminelle.[69] Dazu kam, daß ihre Spiele (wie die Glückshäfen) strukturelle Ähnlichkeiten mit dem privilegierten Zahlenlotto hatten, deshalb als Konkurrenz empfunden und besonders verfolgt wurden. Sollte doch das monopolisierte Lotto das Spielgeld der Armen auffangen. Zu diesen Spielen gehörten private Glückshäfen, Tombolas und Warenausspielungen aller Art sowie das Biribis oder 36er-Spiel und seine Variante, das Mariandlspiel.[70] Letzteres wurde im vormärzlichen Wien vor allem auf dem bekannten Brigittenauer Kirchtag und auf Plätzen vor dem Linienwall unter großem Zulauf betrieben. Neben Wirts- und Tanzhütten, Buden der Taschenspieler, Marionettentheater, Seiltänzern oder »gymnastische[n] Possenspieler[n]« gab es »mathematische Wagen, Glückshafen im Kleinen, Spieltische für Würfel«.[71] Friedrich Reimann schilderte 1839 das Spiel in der Brigittenau, bei dem auf Bilder gesetzt wurde:

> »›Wer setzt auf die Mamsell? All's her! Der Hirsch ist leer!‹ So kreischen zwanzig alte Vetteln durch einander, die am Saume eines Wäldchens ihre Hazardbanken en miniature auf kleinen Tischen und Tragbuden, auf defecten Strohstühlen aufgeschlagen haben, in einem fort mit den Würfeln klappern, die Würfelbecher hart aufstoßen und, um Gewinnlustige herbeizulocken, auch selbst mit einsetzen. Ihr Gewerb ist verboten, aber der Polizeimann steht selbst vor dem Tisch, guckt eifrig zu und freut sich, wenn die Würfel fallen und ein Glücklicher ein Kinkerlitzchen gewinnt, das er mit drei= bis vierfachem Einsatze theuer genug bezahlt.«[72]

Das Spiel funktionierte über optische und akustische Signale, Kürzel, die den Spielern vertraut waren. Das System von Zeichen galt im Rahmen der Gewinnhoffnungen, die der distanzierte Beobachter ironisch belächelt. Die Vertreter der Obrigkeit scheinen bei derartigen Gelegenheiten zumindest teilweise Verständnis gezeigt zu haben. 1835 wurde der »Unfug« getadelt, daß an Sonn- und Feiertagen an den Linien Wiens und auch auf dem flachen Land besonders an Kirchtagen verbotene Spiele (mit Würfeln) öffentlich »und unter den Augen der Polizeiaufsicht gespielt werden«.[73] Die Kontinuität ist evident. Ebenso die Parallele zu den im Abschnitt über das nichtadelige Spiel dargestellten, ebenfalls in diesen Jahren betriebenen Spielen an den Wiener Linien. Auch hier waren es Frauen, die mit diesem Armutsspiel ihre Existenz zu sichern suchten. Manche von den »Mariandlweibern« der Wiener Schmelz nutzten denn auch die sich ihnen bietende Gelegenheit, ihr Spiel auf Wallfahrten und zu Kirchtagen mitzunehmen.[74] Ein männlicher Hanserlspieler, Taglöhner und Vater von sechs Kindern, der in den 1820er Jahren üblicherweise in Gaudenzdorf bei Wien agierte, ging sommers »auf die benachbarten Kirchtage und läßt dort spielen«.[75] Es wurde in diesem Zusammenhang aber auch schon darauf hingewiesen, daß bei aller Orientierung am traditionellen Festkalender die Transformation der populären Spielkultur in der Annäherung an die Arbeitswelt (die Manufakturen in der Nähe der Linie; das Spiel der Lehrlinge, Gesellen und sogar Meister) zu sehen ist.

Wie im Kapitel über professionelle und betrügerische Spieler ausgeführt, waren Jahrmärkte, Kirchweihfeste und Messen ein bevorzugtes Betätigungsfeld für diese. Als Spiel»unternehmer« genossen sie einen anderen Ruf als die vielzitierten »Chevaliers d'industrie« der höheren Gesellschaftsschichten und wurden auch nie so bezeichnet.

Aber auch sie waren der gesellschaftlichen Diskriminierung ausgesetzt, wobei nicht immer genau zu erkennen ist, inwieweit sie auf tatsächlichem Betrug beruhte oder ob die Sicherung des Lebensunterhalts durch Spiel nicht mit der allgemeinen Diskreditierung des Glücksspiels zusammenhängt. Betroffen waren zuerst die Glückshafner, aber auch andere Glücksspielorganisatoren auf Festen blieben nicht davon verschont.[76] Wenn »spiler auff ein iarmarck kommen«, taten sie dies einem Gedicht von Hans Folz vom Ende des 15. Jahrhunderts zufolge in betrügerischer, bauernfängerischer Absicht.[77] Das Generale von 1642 hatte vom betrügerischen Würfelspiel auf Jahrmärkten gesprochen, und 1665 wurden die privilegierten Brentenspieler ermahnt, »sich auch alles falschen spillens vnnd betrugs« zu enthalten. »Prentner« standen in Zedlers Lexikon 1741 bereits synonym für »renommirte Spieler oder Spitzbuben«.[78] Die kriminalisierende Wahrnehmung gesellschaftlicher Randgruppen verstärkte sich im Verhältnis zu einer rigideren Arbeitsmoral und zur Ächtung unerwünschter (geographischer wie sozialer) Mobilität. Die Randständigkeit definiert sich als Ausgliederung aus der festgefügten sozialen Ordnung, das Unrechtmäßige der Tätigkeit als Antithese zum zulässigen Erwerb. Die Ausgrenzung als sozial Deklassierte, die Sigismund Schwabe (Suevus) 1581 gegenüber den Glückshafnern vornahm, betraf wohl auch andere Glücksspielbetreiber und vermutlich generell die Professionalisten der Jahrmärkte:

> »Die Stiffter vnnd Anrichter der Glückstöpffe / seind gemeiniglich solche Leute / die etwan in Hoffediensten mit vngnaden abgesattelt / oder in Kauffmanns Hendeln / oder andern gewerbden vmbgeworffen vnd außgespannet haben / vnd durch anrichtung der Glückstöpffe / im schein des rechten / mit frembden Gut wider an vnnd einspannen [...].«[79]

Die Bemerkung ist vor dem Hintergrund der seit der zweiten Hälfte des 16. Jahrhunderts einsetzenden Kommerzialisierung der Glückshäfen zu sehen. Seitdem private Unternehmer mit Glückshäfen von Stadt zu Stadt zogen, erhob sich Kritik an diesem Spiel und den Betreibern, die ihren Beruf angeblich zum Nachteil der heimischen Gewerbetreibenden und Kaufleute ausübten.[80] In einer Ökonomie der begrenzten Mittel mußten jene, die mittels Glücksspielen Waren und Geldgewinne offerierten, als mißliebige Konkurrenten gelten. Zu Beginn des 18. Jahrhunderts besagte eine Theorie über den Ursprung des aus dem Mittelalter stammenden Würfelzolls, der Juden auferlegt wurde, daß umherziehende jüdische Händler stets Würfel bei sich getragen hätten, um ihre Waren ausspielen zu lassen – wie es noch auf dem Jahrmarkt in St-Germain üblich sei.[81] Der Staat wiederum hatte ein kommerzielles Interesse an protektionistischen Regelungen des Verschleißes von Waren bestimmter privilegierter Gewerbe. So behielt er sich auch nach der Einführung des Lottos das Recht vor, Silberglückshäfen durch die Kommerzial-Kassa in Hauptstädten veranstalten zu lassen, während Ausspielungen, die sich an den Ziehungen des Lottos orientierten, auch weiterhin mit Bewilligung des Lottopächters stattfanden.[82] Gelegentlich gesellte sich dazu sozialer Neid auf den Erfolg. Jener anonyme Wiener Bürger, der sich 1807 beim Bürgermeister über den Glückshafen beschwerte, nannte mehrere Glückshafenbetreiber des 18. Jahrhunderts, die durch das Spiel »ein sehr grosses Vermögen gemacht« hätten; besonders der ehemalige k. k. Büchsenspanner Strasner habe sich durch den von Joseph II. verpachteten Hafen zum reichen Güterbesitzer, »Herrn und Landmann geschwungen«.[83] Im Betreiben von Glücksspielen lag die Möglichkeit, ökonomische und berufliche Zäsuren zu überwinden. Der Zufall des Spiels wurde zum Korrektiv existenzieller Unwägbarkeiten. Insofern trifft die Einschätzung Sigismund Schwabes zu. Dem Beispiel der bei Hof in Ungnade Gefallenen widerspricht jedoch die Begründung der landesherrlichen Privilegierung etwa eines Martin Gürttinger oder anderer kommerzieller Betreiber von Glücksspielen. Die soziale Verschiebung ist aber richtig erkannt. Gürttinger stand ebenso in Hofdiensten wie die mit ihm privilegierten »gewesten« Sesselträger und der Leiblakai. Gegner des Spiels verankerten ihre Kritik denn auch gerne vor dem Hintergrund einer erwünschten festen berufsständischen Ordnung. Wer aus dem Spiel ein »Handwerk« machen und sich damit ernähren wolle, handle wider die göttliche Ordnung, lautete 1669 das Urteil eines rigorosen Moralisten. Dabei dachte er an »Seiltantzer / Gauckler / die mit Glückstöpfen und Drehrädern umbher ziehen«, seiner Definition nach »Stratioten, [die] von einem Marckt zum andern / von einer Stadt in die andere ziehen«.[84] 1711 rief Paul Jacob Marperger nach einer Verordnung, um »das unnütze Gesinde / welches sich auf solchen öffentlichen Messen und Jahrmärkten gemeiniglich einzufinden pfleget« – gemeint waren Komödianten, Seiltänzer, Glückstöpfer, Marionettenspieler, Quacksalber und »Spiel-Tischler« –, abzuschaffen oder zumindest ihr Treiben einzuschränken. Vor allem aber seien die öffentlichen Spieltische, »da allerhand Lumpen=Gesinde etliche wenige Groschen oder Kreutzer zu verspielen aufsetzen«, bei hoher Strafe zu verbieten. Vorbildlich sei dies schon in Holland geschehen.[85] Die sächsische Marktregelung, von Richard van Dülmen als »beispielhaft« für eine »strenge Ordnung« bezeichnet, hatte solche Forderungen schon 1666 erfüllt.[86] Die Mißachtung traf damit alle »Marktschreyer«, für J. Wekhrlin »privilegirte Vaganten« und »die allerverächtlichste aller Gattungen der bürgerlichen Gesellschaft«.[87] 1782 hieß es in einer Beschreibung der Kirchtage in den Wiener Vorstädten: »Fast in jeder Gasse findet man das sogenannte Krügelspiel; eine Reihe Vagabunden wirfelt betrügerisch unter einander [...].«[88] Gegen die »gewöhnlichen Auswürflinge und Geschwüre der Jahrmärkte, Gauner und Herumstreicher«, die mit den Betreibern der nicht »galanten« Hasardspiele Biribis und Scheffel *Moitié* machen, geiferte 1768 eine Schrift über Praktiken der Falschspieler.[89] Eine detaillierte Kategorisierung organisierter Spielunternehmer aus lohnabhängigen Schichten als Gauner und Banditen, deren Treffpunkte Messen und Märkte seien, lieferte 1793 der schwäbische Pfarrer Johann Ulrich Schöll.[90] Die Spiele boten denen, die sich darauf spezialisiert hatten, eine Möglichkeit des Überlebens, denn »Gewerbe,

Armut und ›Kunst‹ folgten [...] dem Geld«[91], und dieses war in Städten, in Bädern und allgemein auf Festen mit ihren Menschenansammlungen zu finden.

Der Kampf gegen die verschiedenen Veranstalter auf Jahrmärkten hängt mit der allmählichen Trennung dieser Feste von anderen zusammen. Mit der Dissoziation der Glücksspielformen und ihrer Orte scheinen Spiele auf Kirchweihen und Jahrmärkte immer ausschließlicher dem »gemeinen Mann« und der Landbevölkerung vorbehalten geblieben zu sein.[92] Doch bevor sich Höfe, Theater und noble Badeorte zu privilegierten Glücksspielzentren herausbildeten, waren die Attraktionen der Buden und Spieltische keineswegs nur dem nichtadeligen Publikum angemessen. Wenngleich in Anekdotenform, so wird doch von einem »Edelmann« erzählt, der im 16. Jahrhundert beim Jahrmarkt in Esslingen »eine grosse Summa Gelts verspielt« habe.[93] Georg Philipp Harsdörffer ist nicht die einzige Quelle, die Henry IV. als notorischen Spieler auf der Pariser Messe von St-Germain zeigt.[94] Im 18. Jahrhundert empfand es der Hof als nicht mehr standesgemäß, sich in St-Germain aufzuhalten, und veranstaltete eigene Messen bzw. Jahrmärkte (foires).[95] Die englische Landaristokratie hingegen nahm auch im 18. Jahrhundert an Kirchweihfesten teil,[96] und in Wien zeigten sich Adlige und Mitglieder des Hofes noch im 19. Jahrhundert auf dem Brigittenauer Kirchtag,[97] beschränkten sich aber schon früher auf die Rolle von Zusehern.[98] Da jedoch im 18. und 19. Jahrhundert vor allem Ärmere die Glücksspielformen auf »ihren« Festen nutzten, griff hier die Einflußnahme auf das Festgeschehen am deutlichsten. Auf der Basis des kirchlichen Kampfes gegen Festformen und der intendierten Kontrolle über Zeit, Körper und Seelen der Untertanen,[99] waren es hauptsächlich obrigkeitliche Einwände gegen das unangemessene materielle Gebaren ihrer Untertanen, die Glücksspiele und andere Festelemente in eine umfassende gesetzliche Reglementierung geraten ließen. Hier setzte der Kampf von Staat und Ökonomie gegen die als unproduktiv bezeichnete Kultur der niederen Stände an.[100] Durch eine »sinnvolle« Nutzung der »Freizeit«, die sich im Zuge der Industrialisierung deutlicher von der Arbeitszeit abzugrenzen begann, sollte die zunehmend der Proletarisierung und Urbanisierung ausgesetzte Landbevölkerung leichter kontrollierbar gemacht werden. Es haben aber auch geänderte Arbeitsbedingungen und die Herausbildung einer neuen, rationaler und politisch radikaler eingestellten Arbeiterschicht zum Wandel innerhalb der populären Festkultur und, wie beispielsweise in England, zum Niedergang bzw. zur Transformation der Kirchweihen beigetragen.[101] Nachdem die deutsche Aufklärung einen Zusammenhang zwischen der moralischen und politischen Verfassung eines »Volkes« und seinen Spielen postuliert hatte (Christoph Martin Wieland stellte 1781 die rhetorische Frage: »Worin spiegelt sich der Karakter einer Nazion aufrichtiger ab als in ihren herrschenden Ergetzungen?«),[102] wurde die Festkultur zum Agitationsfeld nationaler Ideologen. Wenn manche Feste besonders geeignet schienen, im Sinne der seit dem 18. Jahrhundert propagierten »Nationaltugenden« zu echten »Volksfesten« zu werden, so auch um den Preis der Aufgabe einiger traditioneller ludischer Formen. Der lange Kampf gegen Glücksspiele war stets auch mitgetragen von der Propagierung statthafter und schicklicher Spiele. Unter ihnen rangierten sportliche kompetitive Unterhaltungen an oberster Stelle. Um das Vogelschießen »zu einem wahren, Herz und Sinne befriedigenden Volkfeste zu machen«, empfahl daher Friedrich Reimann 1839 den Ersatz der Glücksspiele durch »andere, das Volk unterhaltende, ohne daß sie es um sein Geld bringen«, wie z. B. Wettlaufen, Wettrennen, Wettklimmen, aber auch Pferde- und Ochsenrennen, Baumsteigen, Sacklaufen etc.[103] Ein Aspekt dieses Prozesses ist die Instrumentalisierung des Festes zur Stabilisierung von Herrschaftsverhältnissen, seine vor allem im urbanen Raum zu beobachtende Transformation in Erhöhungszeremonien für monarchische, munizipale oder kirchliche Autoritäten.[104]

Die Nationalisierung und Politisierung der Kirchweihfeste hingegen war schwieriger. Daß sich hier Glücksspielformen länger hielten, ist wohl auch auf den ökonomischen Charakter dieser Feste zurückzuführen. 1841 bezeichnete ein Autor das Roulette als auf schweizerischen Jahrmärkten »einheimisch«.[105] Roulette, Tourniquet und andere Glücksspiele wurden 1853 in Frankreich auf Jahrmärkten, Messen und anderen öffentlichen Festen verboten.[106] In verschiedenen deutschen Staaten gab es im 19. Jahrhundert auf kleinen Wochenmärkten kleine Roulettes oder sogenannte Scholder-Tische, für deren Zulassung Scholdergeld an öffentliche Kassen zu entrichten war.[107] 1912 wies der österreichisch-böhmische Abgeordnete und Redakteur Oswald Hillebrand auf einen substantiellen Widerspruch hin: Während nach einer Verordnung von 1837 Würfel und Lotto verboten seien, würden diese Spiele doch bei Volksfesten, Wohltätigkeitsveranstaltungen etc. von den k. k. Behörden »nahezu regelmäßig ausdrücklich bewilligt!«.[108] Bis in die sechziger Jahre unseres Jahrhunderts waren auf niederösterreichischen Kirchtagen von der lokalen »Burschenschaft« und unter Leitung eines »Schullerers« (Scholderer) organisierte Würfelspiele gegen Abgabezahlungen an die Veranstalter üblich.[109] Fadenziehen, Stoppelziehen und Glücksrad wurden noch 1976, anläßlich der Novellierung des Glücksspielgesetzes in Österreich, als »traditionelle Schaustellergeschäfte« bezeichnet. In Wien scheinen zwar Jahrmärkte seit dem letzten Viertel des 18. Jahrhunderts weniger an Attraktivität eingebüßt zu haben, als Gerhard Tanzer annimmt, doch wurde hier ihre Aufhebung (1872) von den Fortschritten des überregionalen Handels und von der Konkurrenz, die Joseph II. mit der Vergnügungsstätte Prater und der dort gebotenen »Perpetuierung der Genüsse« ermöglicht hatte, begleitet.[110]

Im Zusammenhang mit Messen drückt sich deren herausragende ökonomische Bedeutung auch in einer anderen Ausprägung des lizensierten Glücksspiels aus als während der in der Regel kleineren Jahrmärkte und Kirchweihfeste.[111] Hier ist vor allem an die im 14. Jahrhundert zur Meßzeit in Frankfurt a. M. er- und geöffnete Spielbank zu denken. In Leipzig bestanden während der Messe im 18. Jahrhundert neben den Spielbanken heimliche Glücksspielgelegenheiten in Jahrmarktsbuden, die Fernand Braudel zufolge ebenso viele Besucher anlockten wie die gestatteten.[112] Noch im 19. Jahrhundert gab es zu dieser Zeit etablierte Pharaobanken in den Hotels de Bavière und de Saxe, während man unter den Buden auch an einer Art Würfellotterie teilnehmen konnte.[113] Das Spiel hatte alle Merkmale der Professionalität. Johann Albrecht Philippi wollte 1771 jene »ausländischen Spieler, so ein Handwerk daraus machen, und dieserhalb von einer Messe zur andern reisen«, nicht dulden.[114] Bei den Messen in den deutschen Gebieten standen die Banken zur Verpachtung durch die Wirte aus. Die Menge der Banquiers, »die alle Messen aufstehen«, war wegen des zu erwartenden Vorteils groß, die Konkurrenz folglich bedeutend und die gebotenen Pachtsummen steigend.[115] Schon in den dreißiger Jahren des 18. Jahrhunderts sah ein Autor in den »Herumstreichern« *(coureurs),* die den Messen des Reichs folgten, die gleichen, die nach Schwalbach zum Taillieren, also zum Bankhalten, kämen – Sachsen und Piemonteser, geschickt und gewandt in allen Gattungen des Spiels.[116] Gewiß keine singuläre Beobachtung. Ebensowenig wie jener »K.l«, der zu Beginn des 19. Jahrhunderts in Wilhelmsbad spielte, dort Bank hielt und später während der Leipziger Messe im Hotel de Saxe »sein« Spielzimmer hatte.[117] Es sind dies strukturell bedeutsame Anhaltspunkte. Der Glücksspielbetrieb während der großen Messen wurde von den gleichen Leuten getragen, die in den Spielbädern als Banquiers agierten. Und dabei herrschten mit Pacht, Konkurrenz und angestrebter Monopolisierung die nämlichen Bedingungen. Perrin, Generalpächter der Pariser Glücksspielhäuser unter Napoleon, forderte 1806 zur Kompensation der Einbußen im Gefolge der Kriege das Recht zum Glücksspiel nicht nur in den Messestädten, sondern auch eine kostenlose Bevollmächtigung für die Bäder Spa, Aachen, Plombières usw.[118] 1809 meldete die »Wiener Zeitung« aus Kassel: »Seit langer Zeit zum erstenmal hat nun auch die Pyrmonter-Bankgesellschaft hier in der Meßzeit eine Pharaobank und ein Rouletspiel errichtet.«[119] Wichtig ist die strukturelle Übereinstimmung, durch die der Glücksspielbetrieb zu Meßzeiten Teil der modernen Entwicklung ist, die sich in den Bädern vollzieht. Auch hier gestaltete sich das Leben (der Gäste) unter den Bedingungen des Nicht-Alltäglichen.

Das Glücksspiel in den Bädern der Habsburgermonarchie

Bevor, im Anschluß an die skizzierten Parallelen der Verhältnisse auf großen Messen und in Bädern, das institutionalisierte Spiel in letzteren zu analysieren ist, soll ein geographischer Rahmen ausgeleuchtet werden, der sich der angedeuteten modernen Entwicklung des Glücksspielbetriebs systematisch versperrte. Die Rede ist von den Bädern auf dem Boden der Habsburgermonarchie, wo das Spiel weitestgehend illegal stattfand. Sie bilden eine Kontrastfolie, die jedoch von der Spielkultur in anderen Badeorten nicht unbeeinflußt blieb und deshalb auch Gemeinsamkeiten aufweist.

Kaum eine literarische Quelle beleuchtet den Stellenwert des Glücksspiels in Bädern besser als die folgenden Sätze aus E. T. A. Hoffmanns Erzählung »Spielerglück«. Sie beziehen sich zwar auf das bereits institutionalisierte Spiel in Pyrmont, dürfen aber allgemeine Gültigkeit beanspruchen:

> »Wer weiß es nicht, daß – zumal zur Badezeit an Badeörtern, wo jeder, aus seinem gewöhnlichen Verhältnis getreten, sich mit Vorbedacht hingibt freier Musse, sinnzerstreuendem Vergnügen – der anziehende Zauber des Spiels unwiderstehlich wird. Man sieht Personen, die sonst keine Karte anrühren, an der Bank als die eifrigsten Spieler, und überdem will es auch, wenigstens in der vornehmen Welt, der gute Ton, daß man jeden Abend bei der Bank sich einfinde und einiges Geld verspiele.«

Die Analyse, wenngleich literarisch, so doch von der kritischen Öffentlichkeit ernst genommen,[1] nennt wesentliche Aspekte des Komplexes Glücksspiel und Kur- bzw. Badeort: den zeitlich, örtlich und sozial exemten Charakter, die Abgehobenheit vom Alltäglichen, die noble Konnotation und – dadurch bedingt – den Stellenwert des ritualisierten Vergnügens als sozial-kulturelle Reproduktion. Die umrissene Situation war das Produkt einer Entwicklung, in der sich zum einen der mittelalterliche ungezwungene Badevorgang zu einem luxuriösen Brunnengang wandelte und zum anderen im Zuge der adeligen Segregation das Element des Vergnügens auf Kosten der medizinisch-therapeutischen Absicht weitgehend dominant wurde. Dieser Prozeß begann sich bereits im Mittelalter abzuzeichnen und war Ende des 16. Jahrhunderts gefestigt. Thomas Platter beobachtete 1595 in Balarue-le-Vieux »viel seltzame spil (wie schier in allen bäderen)«.[2] Für das gegen Ende des 18. Jahrhunderts vermehrt in die »gefragten« Badeorte einreisende Bürgertum war zwar »Geselligkeit« ein Hauptmotiv, seine kommunikativen Bedürfnisse zu befriedigen, doch begünstigte das »Bad als sozial eximierter Bereich« (Kuhnert) gerade für die sich emanzipierende Schicht das Durchbrechen gewohnter Verhaltensmuster. Dabei konnte im Bereich der privaten Lebensführung mit gelockerter Moral, Glücksspiel und anderem Distanz zur eigenen »normalen« Existenz gewonnen werden. Es ist allerdings hervorzuheben, daß, wie Kuhnert am

Reservate des Glücksspiels

Abb. 12: Spiele in einem Gemeinschaftsbad (Schützentafel 1759, Ausschnitt)

Beispiel Pyrmont gezeigt hat, die »nicht« zur adlig-bürgerlichen ›Crème‹ zählenden und von ihr im allgemeinen streng separierten Bevölkerungsschichten zusammengenommen die Mehrheit der Besucher ausmachten.[3] Die hier interessierende Dynamik erhielt aber ihre wesentlichen Impulse von der Minderheit der vermögenden Besucher aus den oberen Schichten. Vor allem der Adel räumte ein, daß es im Bad ohne Spiel »unerträglich langweilig seyn würde«.[4]

Spiele bildeten einen Hauptbestandteil der »Freizeit«-Aktivitäten in den Bädern – für Adlige wie für Bürgerliche. Im ausgeprägten Bedürfnis nach Zerstreuung sah das »Journal des Luxus und der Moden« 1788 urbane Verhaltensmuster, die auf das Land transportiert würden. Gelangweilt und »mit sehnsuchtsvoller Ungedult« harrten die

210

Besucher der Neuankömmlinge, nur um dann »mit eben so viel steifen ängstlichen Ceremoniel, wie in der Stadt«, die Tafel zu decken; »eben so langweilig setzt man sich dann zum traurigen Spieltische«. Das Journal mußte – ein Jahr später – dennoch einräumen, daß Bäder von den meisten als »Plaisirörter« betrachtet und besucht würden, kritisierte aber, daß bei solchen »das Badereisen bloßer Luxus« sei: »Der größte Theil der Brunnen- oder Badegäste trinkt kein Wasser und badet nicht; ihre Absicht ist lediglich, eine Lustreise zu machen, Fremde kennen zu lernen, zu tanzen, zu spielen, sich zu zerstreuen u.s.w.«[5] Seit dem späten 17. Jahrhundert gehörte die Kritik am Luxus und an mangelnder medizinischer Motivation zum Standardrepertoire der Therapiebefürworter.[6] Johann Gottfried Herder dokumentierte beispielsweise mit seinem Desinteresse am Spiel in Pyrmont eine neue bürgerliche Wertschätzung der Natur und seine Abkehr von der »Welt«.[7] Dagegen ironisierte um 1730 der noble Badegast Baron Poellnitz die Kontraindikationen des Spiels. Musik und Spiel seien die einzigen Mittel zur »Vertreibung der Traurigkeit«, die man beim Gebrauch der Brunnen schlechterdings zu vermeiden habe. Indes sei nicht jeder ein Liebhaber des Spiels, von dem besonders denen »zum Schwindel geneigten« Badegästen abzuraten sei, weil das dabei entstehende »Gezänck« mit den aufsteigenden Dünsten des Wassers üble Reaktionen verursachen könne.[8]

Das Spiel war ein ebenso (wenn nicht eher) unverzichtbarer Bestandteil des Badelebens wie das Baden oder Trinken. Beide gehörten zum gutstrukturierten Tagesablauf auch jener Badegäste, welche nicht ausschließlich seinetwegen angereist waren. Nach dem morgendlichen Trinken folgte das Frühstück und anschließend wurde gebadet, spazierengegangen, ausgeritten, eingekauft oder bis zum Essen Karten gespielt. Spaziergänge, Landpartien und Picknicks, Konversation, Vorlesungen, Zeichnen etc. füllten den Nachmittag, und abends besuchte man Bälle, Maskeraden, Konzerte, Theater oder eben das Glücksspiel.[9]

Die »ungemeine Freyheit«, die laut Poellnitz in Spa herrschte, war auch in Bädern zu beobachten, in denen das Glücksspiel nicht öffentlich konzessioniert war. Beispielsweise in Kahla, wo 1791 »große Welt« geortet wurde, Adlige Bank hielten und Studenten aus Jena spielten:

>»Es werden dort alle möglichen Hazardspiele gehandhabt; freylich sind sie auch dort verboten, doch kann jeder, der Lust hat, sein Geld zu wagen leicht erfahren, wo die Sitzung gehalten wird. Die Polizey sieht dabei, wie man leicht denken kann, durch die Finger.«[10]

Ähnliches galt für Lauchstädt, das 1788 als wenig attraktiv beschrieben wird, aber »viel anziehendes für junge Leute [hat], die gern tanzen, und für solche, die gern hinter dem Spieltisch sitzen«. Glücksspiele würden wegen des Verbots »nur unter dem Dache des Tanzsaals getrieben«.[11]

Reservate des Glücksspiels

Die Entwicklung des Glücksspiels zu einer Hauptattraktion des Badelebens mußte in der Habsburgermonarchie wegen des hier herrschenden rigiden Glücksspielverbots zu einer besonders konfliktträchtigen und teilweise paradoxen Situation führen. Der Absicht, das Spiel zu unterdrücken, stand das Bedürfnis der Spieler und das allenthalben vorhandene und genützte Angebot der Bankhalter entgegen. Während anderswo Bäder exemplarisch als privilegierte Orte für alle Arten von Spielen galten,[12] agierten die Banquiers auf dem Boden der Monarchie im stillschweigenden Bewußtsein der Exemtion. Anders wäre es nicht zu erklären, daß 1811 die Stände in Preßburg das erneuerte kaiserliche Verbot der Glücksspiele begrüßten, daran aber den Wunsch anschlossen, es möge »auch« in den Bädern geltend gemacht werden.[13] Für Böhmen war dies schon geschehen. Im Mai 1800 erfolgte die Republizierung der Glücksspielverbote mit ausdrücklicher Geltendmachung für die böhmischen Badeorte, weil dort Hasardspiele gehalten würden.[14]

Bäder von europäischem Renommee wie Karlsbad und Teplitz sollten gegen den unübersehbaren Trend abgeschirmt werden. 1736 äußerte sich eine Beschreibung von Karlsbad über das Angebot an Unterhaltungen noch vorsichtig, wenn sie die schön erbauten »Lust=Häuser« erwähnte, in denen der Adel Gelegenheit zu Assembleen und Spielen wie »Biliart, Loumbre [Hombre] etc.« habe.[15] Bis nach dem Siebenjährigen Krieg muß der nicht genannte Teil der Spiele bedeutend zugenommen haben. Denn 1764 nannte ein französisches Werk unter den bekannten Bädern mit konzessioniertem öffentlichem Glücksspiel auch Karlsbad.[16] Quellen zur Bestätigung dieser Behauptung liegen nicht vor, von Konzessionen ist bislang nichts bekannt. Die Einschätzung war indes nicht ganz aus der Luft gegriffen. Während es 1797 hieß, daß der sogenannte »böhmische Saal« zu Billard, Bällen und »kleinen Parthien« eingerichtet sei, würden besonders im »sächsischen Saal« (auch »Auge Gottes« genannt), wo sich der Adel unter weitgehender Abgrenzung von Bürgerlichen versammelte, »viel und hoch« gespielt und »hin und wieder« Hasardspiele stattfinden. Es werde aber »nie öffentliche große Bank gehalten«, sondern alles geschehe heimlich und »immer mit einer Art von Behutsamkeit«.[17] Protokolle der Polizeigeschäfte in den Kurorten meldeten im August 1800, daß in Teplitz und Franzensbad »gar kein Hazardspiel«, in Karlsbad »wohl aber ein paar mal, immer aber, um der Aufmerksamkeit des Polizeykommissärs zu entgehen, in einem anderen Hause, und überhaupt im Vergleiche mit den verflossenen Jahren in diesem Jahre in allen Badeörtern am wenigsten gespielet« worden sei. Zwei als Spieler bekannte und unter Beobachtung stehende Personen, Graf Triangi und Baron Leykam, gehörten nicht dazu, da sie nur die erlaubten Kommerzspiele Whist und Hombre öffentlich unterhielten, dies aber zum Leidwesen und Ärgernis der Polizei so hoch, daß sie den Hasardspielen »ähnlich werden«, und unter Geheimhaltung der wahren Jetonwerte.[18] Mit Verwunderung registrierten nun Reisende, die in Karlsbad keine öffentliche Bank, keinen Pharaotisch »und das ihn begleitende

Das Glücksspiel in den Bädern der Habsburgermonarchie

Gefolge von Gaunern und Spielern von Profession« vorfanden, das Andersartige dieses Ortes. Julius W. Fischer ließ sich 1802 ob seines Erstaunens über die herrschenden Gesetze aufklären.[19] Allem Anschein nach ist dem Wahrheitsgehalt dieser Quellen nur bedingt zu trauen. Der große Zulauf von Fremden, von Reichen, von Handelsleuten so gut wie von Mitgliedern des böhmischen und österreichischen Herrenstandes förderten »Luxus, Pracht und Verschwendung«, zu denen selbstverständlich auch das Spiel gehörte.[20] Friedrich von Gentz hatte 1802 in Teplitz »nichts als vornehme Bekanntschaften gemacht, Diners, Soupers, Landparthien, Spiel« 1807 war er in Karlsbad »mit der ganz vornehmen Welt in endlose Genüsse und Frivolitäten versunken« und 1810 traf er in Teplitz »alle meine militärischen Tisch- und Spielgesellen« wieder.[21]

Im Allgemeinen Verwaltungsarchiv findet sich dazu ein bemerkenswertes Promemoria aus Leipzig.[22] Im Dezember 1811 klärte vermutlich ein Kaufmann L. Sintinis die Behörden über die Zustände in Karlsbad und Teplitz auf. Zwei österreichische »Minister«, darunter ein Graf Dietrichstein,[23] hätten das stille und ordentliche Glücksspiel in Karlsbad gelobt. Die Bank, deren drei Leiter genannt werden, habe nach Abzug von 14.000 Gulden »Unkosten«, darunter – »gewiß ganz irrsam« – 5000 Gulden für die Kurinspektion, einen Überschuß von 10.000 Gulden erzielt. Die gut eingeführte Bank (sie wurde von Rittmeistern und Hauptmännern gehalten[24]) sei jedoch nur eine »Filiale von jener des Czechtizky und Wratislaw zu Töplitz«, dessen Spiellandschaft der Verfasser ausführlich schildert. Früher sei hier nur im Gartenhaus eines Gasthofes und an einem zweiten Ort gespielt worden, kleine Partien, denen die Polizei »manchmal durch die Finger« gesehen habe. Nun aber habe der Besitzer des Hauses »zum Erzherzog Karl«, ein Denunziant, ein eigens erbautes Zimmer für einen Speziesdukaten pro Tag an zwei Herren, einen Juden aus Saatz und an einen kaiserlichen Verpflegsdirektor, zum Bankhalten vermietet. Herr von Wratislaw, Oberst von Czechtizky, ein Herr von Wruschowsky und Graf Paar hätten zu diesem Zweck die erste Etage im Posthaus gemietet. Diese Bank sei die sicherste gewesen, weil nebenan der Platzkommandant und vis-à-vis der Polizeidirektor bzw. Kreiskommissär Hoch gewohnt hätten. In einem anderen Gasthaus sei unter Leitung zweier kaiserlicher Offiziere die dritte Bank etabliert gewesen. Im Gegensatz zu Karlsbad sei es aber zu Betrügereien und Händeln gekommen, die nur Folgen des geheimen Spiels wären.[25] Die Behörden waren bemüht, die Behauptungen zu ihren Gunsten und die »Ordnung« in Teplitz als gebessert darzustellen. Graf Kolowrat berichtete dem Vizepräsidenten der Polizeihofstelle, es sei während der Anwesenheit der Gubernialkommission in Teplitz kein Hasard gespielt worden, sondern, wie Hoch angab, Piquet, Hombre und Whist um hohes Geld.[26] Der Besitzer des »Erzherzog Karl« sei allerdings vom Kreiskommissar gewarnt worden, und geheime Partien könne man nicht durchwegs verhindern.[27] Kolowrat und der um einen Bericht angehaltene Kommissär Hoch eröffneten aber auch eine ganz andere Perspektive. Hoch betonte nicht nur, daß die gehandhabte Strenge zu Klagen bei den Spielern geführt hätten, die den für den Kurort daraus entstehenden Schaden darstellten; er sei auch auf verschiedenen Wegen, insbesondere durch den Herzog von Weimar, angesprochen worden, »ob ich durchaus nicht von der strengen Handhabung meiner Vorschriften abzubringen sei«. Daß die Polizei durch Geldzuwendungen gelegentlich zur Nachsicht zu bewegen war und damit einzelne Banquiers indirekt privilegierte, bestätigt das Werk eines offensichtlichen Kenners, das sich 1813 auch über die Verhältnisse in den beiden Bädern äußerte.[28] Kolowrat hingegen teilte mit, daß der Gubernialrat selbst »auf die Bewilligung einer öffentlichen Pharaobank unter PolizeiAufsicht angetragen« habe.[29] Das Ansinnen wurde wegen seiner Ungesetzlichkeit zurückgewiesen, doch drückt der Vorschlag eine verbreitete Meinung aus. Kommissär Hoch berichtete im September 1813, daß »viele Fremde selbst vom hohen Range mir ihre Verwunderung darüber mittheilten, daß man die Hazardspiele hier nicht dulde, und den daraus entspringenden Gewinn gleichsam von sich stoße«. Der Prinz von Biron habe ihm gegenüber geäußert, »daß Teplitz der erste Badeort in Europa werden könnte, wenn man die Hazardspiele so wie in andern derley Orten erlauben, und gehörig benützen wollte«.[30]

Anstatt jedoch aus der ohnehin herrschenden Konkurrenz unter den Bankhaltern ökonomischen Nutzen zu ziehen, blieben die verantwortlichen Stellen bei ihrer Politik der Unterdrückung. Die dafür zur Verfügung stehenden Organe waren denn auch umfassend einzusetzen, weil das Glücksspiel nicht aufhörte. Während das offizielle Baden bei Wien im Casino und Redoutensaal sowie in den beiden Kaffeehäusern nur erlaubte Spiele sah, versuchte die Polizei vergebens, das Pharaospiel polnischer Adliger unter der Leitung eines westfälischen Obristen aufzuheben (1808), wußte von der Anwesenheit der namentlich bekannten »Hazardspieler« Foscarini und Bianchi, wollte aber alles aufbieten, »um die in Baden befindlichen Spieler verbothener Spiele auf der That zu ertappen« (1810), oder vernahm 1817, daß sich bereits im Sommer 1816 »Spielgesellschaften gebildet [hätten], wo die Hazardspiele [...] ohne Scheu getrieben werden«.[31] Die elegante Welt versammelte sich während des Wiener Kongresses bei Madame Feketé, Dietrichstein oder Graf Xavier Fuchs, um die »Partie ordinaire« zu spielen, bei der ein Friedrich von Gentz einmal durch einen einzigen »malheureux coup« über 300 Gulden, in seinen Augen eine beträchtliche Summe, verlor.[32]

Die Polizei erkannte, daß ein Badeort *der* erfolgversprechende Anziehungspunkt für professionelle Spielunternehmer war. So informierte sie im Mai 1800 den Oberstburggrafen in Prag über die Absicht zweier »berüchtigter Hazardspieler«, sich nach Karlsbad zu begeben, »ohne Zweifel um alldort bequemer und vorteilhafter ihr Unwesen treiben zu können«.[33] Die ungarischen Bäder auf dem Gebiet der heutigen Slowakei waren im 19. Jahrhundert immer wieder sowohl Objekte von Spielgesellschaften als auch der polizeilichen Überwachung. Im Trentschiner Bad (Trenčín) dauerten 1811 die Hasardspiele an,[34] und in Bartfeld (Bardejov) war es noch in den zwanziger Jahren allgemein bekannt, daß während der Badezeit Pharao gespielt wurde. Ein städtischer Fiskal habe es dort bereits 1805 »glücklich« zu spielen angefangen.[35] Zwischen den genannten Bädern sowie Füred (Tiszafüred), Pöstyen (Piešt'any) und dem Trentschiner »Töplitzer Bad« herrschte im Vormärz ein reger sommerlicher Reiseverkehr der als Bankhalter tätigen Spieler.[36] Sechs bekannte Spieler, »die in die Bäder reißen, um die Gäste die kein Profession aus dem Spiel machen außzuziehen«, meldete ein Konfident 1813 aus Bad Pöstyen und später im Trentschiner »Töplitzer Bad«.[37] Die Berufsreisen derer, die als Banquiers den Spielbetrieb in den Bädern garantierten, hatten zyklischen Charakter. Der saisonale Höhepunkt lag zwischen Messen, Märkten, der Faschingszeit, Schützen- und anderen Festen und bewirkte ein Nachlassen der Spielfrequenz im urbanen Bereich. 1815 war das Spiel in Pest »ganz unterbrochen«, weil die meisten der Spieler, die noch 1821 das Spielgeschehen dominierten, »sich zu den Sauerbrunnen nach Füred, und Bartfeld entfernt haben«.[38] Schlechter Geschäftsgang in den Städten wiederum war auf sommerliche Reisegewohnheiten des Publikums zurückzuführen.[39] Profit lockte nicht nur Banquiers, sondern auch Betrüger. Mit dem Beginn der Badesaison »tauchen wieder Massen von falschen Spielern auf«, warnte die Polizei 1844.[40] Wie in den Bädern, wo öffentliche Banken konzessioniert waren, zwang die Konkurrenz zur Organisation. Es kam zu Zusammenschlüssen, um das nötige Kapital leichter zusammenzubringen, das Risiko zu mindern und eine möglichst flächendeckende Nutzung zu ermöglichen. Überregionale, fast schon monopolartige Strukturen herrschten beispielsweise zwischen den Banken in Karlsbad und Teplitz. Eine Gesellschaft oder, wie es in der Polizeisprache hieß, eine »vereinigte Pharaobank« zog mit ihrer Kapitalkraft entsprechend potente Spieler an. So verlor im Sommer 1810 ein Fürst Kraschalkowitz in Bartfeld angeblich über 100.000 Gulden.[41]

Die Polizei verfolgte nicht nur einzelne Spielunternehmer, sondern beobachtete auch Anzeichen für konzertierte Aktionen. Beamte wurden eingesetzt, wie beispielsweise in Füred, wo im Juli 1813 ein Major und ein Polizeikommissar eingetroffen seien, »welche verdächtige fremde Badegäste, besonders aber die Herren Spieler im Auge halten«.[42] Nicht nur hier wurde dies einerseits gutgeheißen, andererseits darüber gelacht. Da Überfälle gelegentlich schwierig, wenn nicht unmöglich, und Zeugen schwer zu finden waren,[43] erwog man als probates Mittel, die als Spieler bekannten Personen nicht in die Kurorte zu lassen. Graf Wratislaw schrieb im Mai 1800 an den Oberstburggrafen in Prag, der pensionierte Leutnant Triangi zeige Lust, die Nachfolge des verstorbenen Spielers Baron Carlowitz anzutreten und deshalb nach Karlsbad und in andere Kurorte zu reisen. Wratislaw bat, dies durch die Zuweisung einer »leichte[n] militärische[n] Stelle« zu verhindern. In Wien allerdings hielt man die mit der Einschränkung der Reisefreiheit Triangis verbundenen Schwierigkeiten für zu groß, appellierte an die wachsame und gut geleitete »Geheime Polizey-Aufsicht« und forderte die empfindliche Bestrafung der Spielunternehmer.[44] Was bei österreichischen Militärs nicht möglich war, schien der Polizei bei ihren ausländischen Kollegen sowie bei in- und ausländischen Zivilpersonen kein Problem.[45] Schließlich wurde die Qualität des Ortes selbst zur Waffe gegen allfällige Spielabsichten gemünzt. Als Spieler bekannte Personen wurden beaufsichtigt, ob sie tatsächlich zur Kur in den Badeorten weilten, und über die Kurzeit hinaus nicht geduldet.[46]

Das Glücksspiel in den Kur- und Badeorten der österreichisch-ungarischen Monarchie erlebte in den ersten Jahrzehnten nach 1900 eine neue Dimension. Neben weiterhin bestehenden privat organisierten Partien an den noblen Reisezielen waren es zunehmend die Gemeinden selbst, die in der Etablierung öffentlicher Spielbanken nach dem Vorbild Monte Carlos sowie französischer, schweizerischer und italienischer Badeorte eine der erfolgversprechendsten Chancen sahen, der touristischen Entwicklung neue Attraktionen zukommen zu lassen und gleichzeitig von den Abgaben zu profitieren. Aber auch dieser zweite Versuch, Anschluß an die internationale Entwicklung zu finden, scheiterte vorerst.

Institutionalisiertes öffentliches Glücksspiel

Spielhäuser und Spielbanken – ein Überblick

Formen des institutionalisierten öffentlichen Spiels gab es vor allem im Zusammenhang mit Jahrmärkten, Messen, adeligen Bällen u. ä. Die Basis dieser Einrichtungen bildeten Konzessionen und Privilegien, die von Landesfürsten und Kommunen vergeben wurden. Der Trend zum Monopol ist ebenso deutlich wie, im Falle der landesherrlichen Politik, der personelle Faktor, durch den hofnahe Personen bevorzugt mit solchen Konzessionen ausgestattet wurden. Im Unterschied zu Spielhäusern handelte es sich aber in der Regel um mobiles oder stationär etabliertes Spiel, und nicht um seine Konzentration an einem Ort.

Die Haltung der Autoritäten gegenüber dem offiziell bzw. offizialisiert organisierten anstatt unterdrückten Spiel ist seit dem Mittelalter durchwegs ambivalent.[1] Die Gründe dafür liegen im Schwanken zwischen ordnungspolitisch-moralischen Bedenken und der Aussicht auf materiellen Nutzen. Besonders deutlich wird dieses Taktieren, dem nicht zuletzt die Vielzahl von Spielgesetzen und -bestimmungen zu verdanken ist, im Kastilien des 13. und 14. Jahrhunderts. Hier erließ der in der Geschichte des Spiels so prominente König Alfonso X., »el Sabio«, 1276 den vom Juristen Roldán verfaßten *Ordenamiento de las tafurerías*, das früheste Spielgesetz zur Regelung der noch 1268 verbotenen Spielhäuser.[2] 44 Artikel regelten das Spielgeschehen und die Verpachtung. Der König betrachtete sie als Monopol und verlieh den Spielpächtern das Monopol zum Halten von Glücksspielen in den *tafurerías*. Die Pacht wurde von königlichen Beamten verkündet und an den Meistbietenden vergeben – ein Verfahren, das die Spielpächter auch im 18. und 19. Jahrhundert durchlaufen mußten! Über die soziale Stellung der Spielpächter ist wenig übermittelt. Bekannt ist hingegen, daß die Stände in Einzelfällen gegen die königliche Verpachtungspraxis opponierten, und meistens waren es die *consejos* selbst, die die Spielhäuser führten und die Profite an sich zogen.[3] Obwohl nie formell aufgehoben, sind doch einige Bestimmungen des *Ordenamiento* durch spätere Gesetze außer Kraft gesetzt worden.

Italienische Kommunen profitierten vom Würfelspiel, indem sie seine Ausübung an privilegierten Orten und kommerzialisiert durch Pächter legalisierten. 1264 in Vicenza, bald darauf in Bologna und später auch in Lucca, Piacenza und Siena findet man solche Institutionen *(baratterie)*, die das Spiel wie die Prostitution in den Rahmen der öffentlichen Ordnung stellen. Im 14. Jahrhundert folgen mehrere norditalienische Städte diesem Beispiel.[4] In Venedig war – wie ein Dokument aus dem Jahr 1292 zeigt – das Glücksspiel möglicherweise seit 1172 unter freiem Himmel, zwischen den beiden Säulen der Piazzetta di San Marco, gestattet.[5]

Konzessionierte Spielhäuser, in denen sonst verbotene Spiele gespielt werden konnten, gab es im 14. und 15. Jahrhundert in Holland, in der Picardie, in Artois, Flandern, Brabant und im Hennegau.[6] 1335 vergab der Graf von Flandern die Konzession für eine »scole du jeu de dés et del eskeke« an seinen Hofzwerg. Das Monopol erstreckte sich über ganz Flandern mit Ausnahme von Brugge und Gent. Bis 1495 wurden immer wieder neue Konzessionen vergeben, durch die ein Netz von Spielhäusern *(dobbelscole)* entstand. Allgemein auffallend ist die gräfliche bzw. herzogliche Systematik: Bereits 1335 ist vom *office des jeux* die Rede, ein Indiz für den quasi-institutionellen Charakter.[7] Die Grafen von Flandern und später die Herzöge von Burgund wählten die Empfänger der Konzessionen aus dem Personenkreis des Hofes. Auch Frauen waren nicht ausgeschlossen.[8] Will man hierin feudale Gewohnheiten sehen, so bestätigt dies das Beispiel Würzburg, wo der Graf von Henneberg vom Bischof sowohl das Bordell als auch das Spielhaus zu Lehen bekam.[9] Übrigens darf es nicht verwundern, bei den konzessionierten Spielen das Schach neben den Würfeln zu finden. Denn dieses wie auch Kegel- und Kugelspiele wurde stets um Geld gespielt.

Seit 1379 verpachtete die Stadt Frankfurt am Main das Recht zum Halten von Würfelspielen während der beiden Messen. 1396 übernahm sie das Spielhaus »zum Heißenstein« in eigene Regie und öffnete es bis zu seiner Schließung im Jahre 1432 auch an den Reichstagen.[10] Nach Frankfurter Vorbild verpachteten Bürgermeister und Rat der Stadt Mainz 1425 für die Dauer von zwei Jahren gegen einen jährlichen Pachtzins von 300 Gulden in Gold das Spielhaus an fünf Mainzer Bürger. Vermutlich lief das Spiel im Mainzer »heißen stein« auch noch 1462.[11] Die Pächter profitierten nicht nur vom Monopol des Spiels im Stadtgebiet bzw. innerhalb des Burgbanns, sie sicherten sich auch ein Drittel allfälliger Geldstrafen wegen nicht-konzessionierten Spielens.[12] 1441 ist in Straßburg die Rede von einem während der Meßzeit geöffneten Spielhaus, das man auch den »Heißen Stein« nannte und die Trinkstube der Schneider bildete.[13] In Köln gehörten die Einkünfte aus den Spielhäusern dem Erzbischof.[14]

Umfassende Studien zur konzessionierten Vergabe von Spielhäusern im 16. Jahrhundert fehlen. Einzelne Hinweise betreffen Italien, wo die Kommunen im Laufe des 14. Jahrhunderts vom System der verpachteten öffentlichen Spielorte abgegangen waren. In Mantua verlieh der Marchese Gonzaga 1522 einer jüdischen Witwe auf Lebenszeit das ausschließliche Recht zum Halten des Spielhauses der Stadt. Weitere Konzessionen liegen aus den Jahren 1527, 1576 und 1593 vor.[15]

Ein Sonderfall, der gleichzeitig »traditionelle« und »moderne« Züge aufweist, ist der berühmte venezianische Ridotto, der 1638 als ausschließlicher Ort des Glücksspiels eröffnet wurde und europäische Bekanntheit erlangte.[16] Die Serenissima konzentrierte das Spiel während des Karnevals, der bis zu neun Monaten dauern konnte, im Palazzo Dandolo und gestattete einer Gesellschaft von Adligen, dort Bank zu halten. Es handelte sich um die finanziell minderbemittelten *barnabotti*, die das nötige Kapital bei

Privaten aufbrachten.[17] Das Spiel war streng reglementiert und von einem *Maestro del Ridotto* überwacht. Die Bankhalter hatten Robe zu tragen, während jeder Besucher der Maskenpflicht unterlag. Gespielt wurde hauptsächlich Bassette. Pilati di Tassulo sprach noch in den siebziger Jahren des 18. Jahrhunderts von »Bassetteakademien«.[18] Kaum ein Reisender versagte sich einen Besuch im Ridotto. Johann Caspar Goethe beschrieb 1740 die Säle, »die alle mit Spielern angefüllt sind«, und die »mit Gold und Silber überhäuft[en]« Tische der Nobili.[19] Carlo Goldoni zufolge lockte der Ridotto die Spieler aus allen vier Weltteilen an,[20] und in Zedlers »Universal Lexicon« galt er (allerdings in der Pluralform) als »fast das Vornehmste bey diesem Venetianischen Carneval«[21]. Johann Albrecht Philippi ging so weit, zu behaupten, ganz Venedig ruhe weniger auf Pfählen als auf Karten; das Glücksspiel aufzuheben und Venedig zum Nichts zu machen, wäre eins.[22] Der internationale Ruf des Ridotto, der dem eifrigen und erfolglosen Besucher steht im Zusammenhang mit der touristischen Entwicklung des zunehmend kommerzialisierten venezianischen Karnevals.[23] Auch insofern kann man im Ridotto das erste Spielcasino im modernen Wortsinn sehen, obgleich die Bindung des Bankhaltens an eine soziale Schicht durchaus noch vormodern ist. Trotz der ökonomischen Bedeutung verfügte 1774 der *Consiglio dei Dieci* per Dekret seine Schließung.[24] Giacomo Casanova spöttelte über die Entscheidung des Rates,[25] und das »Journal des Luxus und der Moden« ließ mit diesem Datum den »Verfall« des venezianischen Karnevals beginnen.[26]

Schon vor 1654 vergab der Herzog von Savoyen an einzelne Personen Privilegien zur Profitierung von Glücksspielen, die 1661 in ein veritables Monopol umgewandelt wurden.[27] In diesem Zusammenhang ist natürlich auch an die öffentlichen Glücksspiele in italienischen Theatern zu denken. In England gerieten die öffentlichen »Gaming-Houses« Anfang des 18. Jahrhunderts unter Druck. Sie verfügten bereits über ausdifferenzierte arbeitsteilige Strukturen. Seit 1745 machten sich Spieler und Besitzer strafbar. Ende des 18. Jahrhunderts und zu Beginn der Viktorianischen Regierungszeit gab es jedoch in London zahlreiche kommerziell genutzte Spielhäuser.[28]

Bis zum Ende der österreichischen Herrschaft im Jahr 1735 brachte die Verpachtung der Glücksspiele in Neapel dem königlichen Ärar ungefähr 20.000 Dukaten jährlich ein.[29] Die Konzessionsvergabe der zahlreichen Spielhäuser teilten sich der Generalreferendar des Heeres und das Vikariat. Die seit 1735 herrschenden spanischen Bourbonen hoben die Würfelspielhäuser des Vikariats auf und reduzierten die vom Militär lizenzierten auf 14. 1753 verzichtete Karl III. auf die mittlerweile 40.000 nunmehr als moralisch verwerflich erkannten jährlichen Dukaten und verbot die öffentlichen Spielhäuser.[30] Mit den französischen Revolutionstruppen erhielten die Glücksspiele wieder eine obrigkeitlich bewilligte Form. Giuseppe Napoleone verbot das private Glücksspiel, um das öffentliche zu ermöglichen, das von 1806 bis 1820, dem Jahr der österreichischen Militärintervention, zuerst in einem Haus stattfand. Einer der beiden Mailänder Pächter war Domenico Barbaja, Stendhal zufolge ein Mailänder *garçon de café*. Mit ihm kam es zur Neuauflage der Verbindung von Theater und Glücksspiel, die während des 18. Jahrhunderts in mehreren italienischen Städten geherrscht hatte. Seit 1809 Impresario der vier königlichen Bühnen, ließ er seit 1811 in verschiedenen Theaterhäusern und ab 1815 ausschließlich im Spielsaal des San Carlo spielen – zur Freude des Staates und der Theaterbesucher, die indirekt von den Abgaben und Subventionen aus den Spieleinnahmen der 20 Spieltische profitierten.[31] Franz Grillparzer, der 1819 in Neapel war, fand das Spielhaus (eigentlich das Foyer des Theaters) »viel grandioser« als das in der Pariser Rue Richelieu, wo er 1836 spielte.[32]

Die bourbonischen Könige Frankreichs, obwohl im Prozeß der Staatsbildung geschickt operierend, zeigten offenbar weniger Ambitionen als die Herzöge von Valois, ihre staatliche Stärke auch auf dem Gebiet der politischen oder materiellen Nutzung des Spiels systematisch zu üben. Über den Status der mittelalterlichen französischen Spielhäuser ist wenig bekannt, wahrscheinlich weil die meisten heimlich waren.[33] Auch der notorische Spieler Heinrich IV. scheint keine Organisation der Spielhäuser gefördert zu haben. Zu seiner Zeit vermehrte sich indes ihre Zahl, nunmehr als *Académies* bezeichnet, unter Protektion und zum Profit höherer Verwaltungsbeamter allein in Paris auf 47.[34] Ludwig XIV. autorisierte im ersten Drittel des 18. Jahrhunderts einzelne Personen zum Halten von Spielen – als Entschädigung für kostspielige militärische Dienste, die sonst durch Pensionen hätten abgegolten werden müssen.[35] Franz Rakoczi, Fürst von Transsylvanien, eröffnete 1716 ein großes Spielhaus, das »Hôtel de Transylvanie«, das sein Nachfolger bis 1724 betrieb. Einem Mustapha-Aga, der sich für einen ottomanischen Prinzen ausgab, gestattete man 1719 in seinem Haus das Spiel wegen seiner kriegerischen Hilfe. Als 1721 sein Betrug aufflog, wurde er verjagt. Bis 1727 genossen einige Private, vor allem Offizierswitwen, das Privileg, in Paris Roulette zu geben. Die zwei größten und bekanntesten Spieletablissements, das »Hôtel de Gesvres« und das »Hôtel de Soissons«, waren von 1723 bis 1741 geöffnet. Ihre einflußreichen Besitzer waren der Herzog von Tresmes, Gouverneur von Paris, und Madame de Carignan, die das Haus an ihren Sohn weitergab. Den »Considérations« von 1764 zufolge spielte man dort Pharao und in einem für »Domestiken« und Leute geringeren Standes *(gens de la basse classe)* vorgesehenen Teil das »kleine Roulette«, angeblich eine Art Passe-dix. Das große Roulette sowie Lansquenet gab es beim Herzog von Gesvres, Sohn und Nachfolger des Duc de Tresmes; er erhielt als Entschädigung für die Schließung eine Pension von 20.000 Livres und die Summe von 100.000 bar.[36] Von den zahlreichen in Paris existierenden Spielhäusern genossen viele den bezahlten Schutz der Polizei. Seit ungefähr 1770 flossen die ergiebigen Abgaben in eine spezielle Kassa.[37] Die heimlichen Spielhäuser zentrierten sich in der zweiten Hälfte des 18. Jahrhunderts im Viertel um den Palais-Royal und nicht zuletzt – mit stillschweigender Erlaubnis – in diesem.[38]

Der Palais-Royal verkörpert die topographische Kontinuität zwischen dem Glücks-

Abb. 13: Französ. Spielsaal um 1800 mit Roulette und Rouge et Noir (aus J. C. Mortier: A bas tous les jeux!)

spiel des 18. Jahrhunderts und der modernen Organisation des folgenden. Sein Besitzer, Philippe von Orléans, hatte aus der Anlage durch Vermietung ein kommerzielles Unternehmen gemacht, das neben einer Vielzahl von Geschäften im Jahr 1791 bereits über 100 Spielsalons und -zimmer beherbergt haben soll.[39] Nunmehr Palais-Égalité, erfuhr das Pariser Zentrum des Spiels und der Prostitution auch während der Revolution trotz gelegentlicher Razzien und zahlreicher publizistischer und legislatorischer Versuche kaum einschneidende Beeinträchtigungen. Ein zeitgenössischer Beobachter meinte, für die Spieler habe es keine Revolution gegeben. 1797 schließlich sah sich das krisengeschüttelte und finanzgeschwächte Direktorium nicht nur zur Wiedereinführung der Lotterie genötigt, es stimmte auch der Verpachtung der Spiele zu *(Ferme des jeux)*. Die große Zeit der potenten Spielpächter begann. Dem laut Napoleon vagen Zustand zwischen eigentlichem Verbot der Glücksspiele und Verpachtung durch die Polizei (in manchen Regionen kam noch die Konkurrenz des Militärs dazu) sollte das kaiserliche Dekret vom 24. Juni 1806 ein Ende bereiten. Mit ihm wurde ein System eingeführt, das bis 1837 Bestand hatte.[40] Aufgrund dieses Gesetzes, das im ersten Absatz die Spielhäuser verbot und in Punkt 4 den Polizeiminister zu Ausnahmeregelungen in Badeorten während der Saison und in Paris, bis zur Restauration auch in Lyon, Bordeaux und Nîmes ermächtigte, gab es in der Hauptstadt zuerst neun, später sieben Spielhäuser,[41] in denen Trente-et-un, Roulette, Biribis, Craps und Passe-dix gespielt wurden (nicht mehr das »aristokratische« Pharao!).[42] Sie erlangten europäischen Ruf und gingen in die Literatur ein (Honoré de Balzac: *La Peau de chagrin* [1831] und *Le Père Goriot* [1835]). Zu den prominenten Besuchern gehörte Franz Grillparzer, der 1836 dem »Frascati« in der Rue de Richelieu, »dem ersten hier«, im Vergleich zum Spielhaus in Neapel nichts abgewinnen konnte: »Huren und Silbergeldspieler.«[43] Ludwig Börne hingegen glaubte sich in den zwanziger Jahren beim Besuch in einem »Spieltempel« am Hofe Philipps II., »so feierlich, so ernst, abgemessen und anständig« fand er alles.[44] 1819/1820 erhielt die Stadt Paris das Recht zur Verpachtung des Spiels an Privatunternehmer unter der Bedingung einer Abgabe von 54 Millionen Francs jährlich an den Staat. In der Folge griff die Verwaltung zu restriktiven Maßnahmen. Sie schloß gewisse Personen vom Besuch aus (11.300 im Jahr 1835), beschränkte die Spielstunden und -tage, verbot die zu niedrigen Einsätze, das Spielen auf Kredit usw. Die Einnahmen sanken von 11 Millionen Francs netto (1835) auf 7,7 Millionen Francs brutto (1836). Die bürgerlichen Vetreter der Kammer des *Juste milieu* beschlossen 1836 zuerst die Aufhebung der Lotterie und dann die Schließung der Spielhäuser, die am 31. Dezember 1837 erfolgte.[45] Ein großer Teil des Personals und der Spieler wandte sich den deutschen Bädern zu, wo einige der Spielpächter und Teilhaber bereits ein neues Terrain geschaffen hatten oder sich dazu anschickten. Nun entwickelten sich die betreffenden deutschen Gebiete zu europäischen Zentren des öffentlichen, institutionalisierten Glücksspiels, bis auch diese Banken 1872 geschlossen und von Monte Carlo abgelöst wurden.

Spielhäuser in Österreich

Das organisierte öffentliche Spiel war in Österreich zu Beginn des 18. Jahrhunderts gut etabliert. Eine Denkschrift aus dem Jahr 1709 nennt als Orte, »wo Jederman umb sein geldt nach belieben Spillen kan, die Ballhäuser, Billiarten, Lange Taffeln, Banco= oder Würffel Tisch, lange= und kurtze Kegelstätten, Brendten, mit Bredtspill, Karthen, Würfel, oder Waßerley Instrumenten«; als Betreiber werden »Spillhalter« genannt, die »Nutzen und Spillregal« einfordern und genießen können; manche von ihnen seien »zu Capitalisten« geworden, und die meisten würden sich dabei »wohl befinden, auch ganze Haußhaltungen dardurch bestreithen«; denn die Erfahrung zeige, daß die Gewinnenden oft sehr freigebig den Forderungen der Spielhalter nachkommen; zur Organisation des Spiels standen ihnen »Marquierer und Schullerer« (Scholderer) zu Diensten.[1] Das Wort Spielhaus kommt in diesem Spielsteuerprojekt nicht vor. Die Rede ist von möglicherweise zu errichtenden »Reduten, alß gewisse örther mit Spill-Instrumenten [...], wo man bestellten Comissarien was gewisses zu zahlen hätte, alßdan frey spillen könte«. Als aber 1719 ein gewisser Antonio Hazzi einen solchen »Ridotto«, nämlich »ein offenes Spielhaus«, in Wien unter der Bedingung errichten wollte, daß das Spiel in Kaffee-, Wirts-, Bier- »und allen anderen dergleichen Häusern gänzlichen abgestellet und verbothen seyn« sollten, lehnte dies die Stadt ab, weil aus einem solchen »Seminarium« nur »ohnbezahlbare übelthatten erwachsen, und denen dienstlosen Leithen die Gelegenheit zum Mussiggehen nur mehrers an Hand gegeben wird«.[2] So bezeichnete das Wort »Spielhaus« in Wien einen öffentlichen Ort zum Spielen erlaubter Spiele. Die Wirklichkeit sah freilich anders aus. Einem Dekret des Stadtrats aus dem Jahr 1726 ist zu entnehmen, daß in Spielhäusern Brenten, »Trähworck [Drehbrett] und dergleichen« gespielt würden.[3] Und die Patente von 1721, 1724 und 1730 sprechen davon, daß eine Reihe verbotener Glücksspiele »sowohl bey offentlichen Spielhaltern / in denen Caffé- und Spiel-Häusern« als auch privat gespielt werde.[4] Glücksspiele können aber an diesen Spielstätten nicht konzessioniert gewesen sein. Diese waren höchstens zur Marktzeit in den zuerst geschlossenen, dann offenen Hütten der Geschirrhändler oder der Kriegl- und »Runde-Kugel-Spieler« gestattet, wenn auch nicht um Geld (was ständig der Fall war), sondern um Krüge.[5] Für das restliche 18. Jahrhundert ist nichts bekannt, was tolerierten oder verpachteten Spielbanken gleichkäme. Abgesehen von dem nur wenige Jahre dauernden Pharaospiel im Wiener Hoftheater, zu dem der Zugang beschränkt war, fand das Glücksspiel im illegalen oder höfischen Bereich statt.

Erst völlig geänderte politische Verhältnisse brachten neue Aspekte in die österreichische Spiellandschaft. Am 8. Juni 1809, etwa einen Monat nach der Einnahme Wiens durch französische Truppen, erging aus dem kaiserlichen Hauptquartier zu Schönbrunn eine »Polizey-Ordnung für die Armee in Deutschland«, die das Glücksspiel bei der Armee sowohl für »Militär- als bey der Armee angestellte Individuen« unter strenge Bestrafung stellte; außerdem sah diese »Polizey-Belehrung« vor, daß jeder, »der ein Glücksspiel halten will, [...] von der Armee weggejaget werden« sollte.[6] Eine gute Woche später wurde die Wiener Polizei-Ober-Direktion aufgefordert, auf »Winkelhazardspiele« zu achten und sie der französischen Behörde anzuzeigen.[7]

Die französischen Anordnungen dienten nicht der moralischen Besserung. Sie sind als flankierende Maßnahme zur Durchsetzung und Monopolisierung des privilegierten öffentlichen Spiels zu deuten. Denn die Revolutions- und später kaiserlichen Armeen zogen über die eroberten Gebiete ein dichtes Netz an öffentlichen Spielhäusern. Generäle und Kommandanten förderten ihre Errichtung, indem sie das Spiel konzessionierten bzw. verpachteten.[8] Damit nahmen sie eine quasi traditionelle Einkunftsquelle wahr, die sie beispielsweise in einigen französischen Provinzstädten gegen die Konkurrenz und Expansionsbestrebungen der neuen, bürgerlichen Spielpächter von Paris zu verteidigen suchten.[9] Unter der Patronanz der Militärs, in manchen italienischen Städten auch im Einklang mit den und zum Nutzen der zivilen Regierungen, agierten Unternehmer, die, anders als ihre Pariser Kollegen, direkt aus der Welt des Spiels und des Theaters kamen. Der mächtigste unter ihnen war der Spiel- und Theaterunternehmer Domenico Barbaja, dessen Wirken in Neapel bereits vorgestellt wurde. Zusammen mit anderen Mailändern und Piemontesen, bald Konkurrenten, bald Assoziierte und Unterpächter, beherrschte er zu Beginn des 19. Jahrhunderts die öffentliche Spiel- und Theaterszene Italiens und der österreichischen Gebiete[10] – wie in Graz, aber mit Ausnahme Wiens, wie es scheint.

Hier eröffnete vor dem 21. Juni 1809 in der Wohnung des Baron Bernbrunn in der Plankengasse ein öffentliches Spielhaus.[11] Ein weiteres existierte im Geigerischen (vormals Munier) Casino in der Singerstraße. Besonders die Stadtkommandanten Meriage und Denkel sowie »das ganze Platzpersonal« hätten daran »vorzüglichen Antheil« gehabt. An diese wie auch an den General-Polizei-Kommissar Charles seien »grosse Summen Geldes als Erlaubnißtaxen« gezahlt worden. Später allerdings heißt es, Platzkommandant Denkel habe die Unternehmer gegen eine tägliche Gebühr von 20 bis 24 Louisdor »ganz allein in Schutz genommen«. Einer anderen zeitgenössischen Quelle zufolge hatte die Bank (in der Plankengasse) dem Generalgouverneur monatlich 50.000 Gulden Konventionsgeld zu entrichten.[12] Sollte also tatsächlich das Militär die Bank allein privilegiert haben, so wäre mit der oben am Beispiel Frankreich und Italien erwähnten Konkurrenz zwischen Polizei und Militär zu rechnen. Dadurch ließe sich auch eine im Bericht der Polizeioberdirektion geschilderte Episode erklären. Ungefähr zur gleichen Zeit, als die Spielbank in der Plankengasse aufgehoben wurde, intervenierte Charles durch einige Gendarmen in einer kleinen Pharaogesellschaft in der Leopoldstadt, wo sich »vorher immer mehrere Leute« aus seinem Bureau eingefunden hatten. »Charles schien mit der dabey vorgefundenen Summe von ungefähr

4000 fl. zufrieden, und es wurde nicht einmal der Kaffeesieder zur weiteren Verantwortung gezogen, sondern selber ward blos mit Androhungen von Arrest und von Geldstraffen einige Zeit hindangehalten.«[13] Offenbar holte sich die Polizei, nachdem der Schutz des Militärs erloschen war, ihren Anteil am Spielvermögen kraft ihrer Befugnisse, die sie auf dem Gebiet des Spiels ja auch in Paris lukriert hatte.

Die Unternehmer der beiden Spielbanken seien laut Polizeioberdirektion aufgrund der Zahlungen »förmlich privilegiert« und »nur Franzosen« gewesen. Österreicher wären nicht in Frage gekommen, denn »die Indolenz des französischen Militärs von höherm Range war damals zu groß, als daß ein Anderer ausser Ihnen so etwas hätte wagen dürfen«.[14] Über die Identität der Betreiber, die »mit der Armee wieder abgezogen sind«, ist leider so gut wie nichts bekannt. Wahrscheinlich gehörte Charles Schulmeister dazu, dessen bewegte Karriere ihn unter anderem 1805 zum Generalkommissar der Polizei im französisch besetzten Wien gemacht hatte; ihm sagte man nach, daß sein Vermögen vor allem aus dem Spiel in Wien stamme, an dem er dank der Protektion durch Minister Savry beteiligt war. Schulmeister, 1809 bei der Armeepolizei, war übrigens Partner des Pariser Spielpächters Bernard.[15] Ein weiterer Beteiligter gilt in den Polizeiberichten als »Spieler von Profession«, eine Berufsbezeichnung, die in diesem Zusammenhang den Kern der Sache trifft. 1810 meldete der Polizeiinspektionskommissar von Baden den Kuraufenthalt eines gewissen Karl Schack. Schack sei ein »Particulier aus Mannheim, eigentlich ein Negociant«, der auf seinen Reisen »verschiedene Spieler von Metier und ihre Sammelplätze« kennengelernt und sich ganz »dieser Art von Erwerb« gewidmet habe. Im letzten »grossen Preussen Kriege« sei er »aus diesem Grunde« mit der französischen Armee herumgezogen und schließlich nach Wien gekommen. Hier habe er mit einem Magin und einem Obiccini (die der Polizei bekannt gewesen sein müssen!) »Antheil an der bekannten Spielbank« gehabt. Nach dem Abzug der Franzosen »trieb er sich in den Kaffeehäusern in Wien herum, und machte Commerzspiele«. Im September wurde Carl Schack zusammen mit einem als Spieler bezeichneten Friedrich Marschand aus Baden relegiert.[16]

In Graz bot sich ein anderes Bild. Hier drangen das Glücksspiel und seine Organisatoren mit den französischen Armeen von Italien her vor, und anders als in Wien ist hier der enge Zusammenhang von Theater und Spiel wirksam. Am 20. August 1809 erhielten Carlo Balochino und Giuseppe Crivelli von General Baraqui d'Illier die Spiele in den Städten Triest, Ljubljana, Fiume, Görz, Klagenfurt und Graz gegen die tägliche Zahlung von 63 Louis (1260 Francs) in Pacht. Balochino war Theaterimpresario des Fenice in Venedig, später in Mailand, Florenz und im Wiener Kärntnertor, 1812 und 1818 Stellvertreter Barbajas in Neapel. Crivelli galt als Spekulant mit wenig Kapital, scheint sich immer mit Theater und Spiel beschäftigt zu haben und war Impresario in Turin, Mailand, Venedig und Florenz. Am 1. Dezember erhielt Pietro Poli, ein ehemaliger, entlassener Angestellter Crivellis, gegen dessen Protest vom italienischen Vizekönig die Spielpacht für diese Städte auf die Dauer von einem bis vier Monaten um insgesamt 4000 Louis (8000 Francs).[17] Poli, der 1811 auch die Spiele in Trento und Rovereto pachtete, eröffnete Anfang Dezember 1809 in Graz eine Spielbank. Der Stadtkommandant verständigte bereits am 1. Dezember den Polizeidirektor der Stadt und wies darauf hin, daß die Bank mit Erlaubnis des Vizekönigs und von Marschall Jarente autorisiert etabliert sowie unter seiner Aufsicht stehen werde. Der Spielbetrieb muß sehr bald danach angefangen haben. Vom Platzkommando durch gedruckte französische Anschlagzettel angekündigt, fand er – dem italienischen Usus entsprechend – in den ans Theater anstoßenden Sälen statt.[18]

In Wien hingegen war es nicht dieser höfisch geprägte Spielort, was vermutlich darauf zurückzuführen ist, daß hier der Pariser Einfluß stärker war (siehe Charles Schulmeister). Das Geigerische Casino, das den einen Glücksspielbetrieb beherbergte, bot sich als spezialisierte Spielstätte fast zwangsläufig an. Die Spielbank in der Plankengasse befand sich in der Wohnung des Baron Bernbrunn. Nicht zufällig. War doch der ausgetretene k. k. Offizier in Wien, Baden und Preßburg polizeibekannt und stand im Jänner 1809 wegen seiner »Spielabsichten« unter Beobachtung.[19] 1811 stellten ihn Polizeiberichte als schillernde Figur dar und sprachen von seinem »Hang zum verbothenen und falschen Spielen«.[20] Das geschäftliche Verhältnis zwischen Bernbrunn und den Spielunternehmern ist nicht dokumentiert. Der Zusammenhang zwischen der biographischen Prägung und der öffentlichen Ökonomisierung des Spiels ist jedoch evident. Die Bank in der Plankengasse war »die bedeutendste, und mit dem meisten Aufsehen verbunden[e]«.[21] Spätere Beschreibungen vermitteln das Bild aristokratischen Lebensstils mit kostbarer Ausstattung, Empire »à la Parisienne«, Luxus und Überfluß, gut organisiertem Spiel und freier Bewirtung der Gäste.[22] Es seien aber auch Klagen über Betrügereien laut geworden.[23] In diesen Dimensionen hatte die überwiegende Mehrheit der Bürger Wiens jedenfalls noch kein, und schon gar kein öffentliches Glücksspiel gesehen. Der Rechnungsbeamte Mathias Perth notierte in sein Tagebuch:

> »Abends begab ich mich in die Plankengasse in die Pharaobank, und sah eine Zeitlang dem Spiele zu. Ich muß es aufrichtig bekennen, ich sah in meinem ganzen Leben noch nie so viel Geld in Gold und Silber beysammen, als hier. Zwanzig bis dreyßigtausend Gulden stehen immer.«[24]

Ein krasser Gegensatz zur herrschenden Not.[25] Perth gibt keinen Hinweis darauf, daß er sich etwas vom Reichtum erspielen wollte. Wenn sich aber zum Staunen die Verlockung und die Hoffnung auf Gewinn gesellte, dann mußte dies in den Augen der Obrigkeit jene brisante Lust zum Spiel ergeben, die sie auf keinen Fall dulden wollte – unter den herrschenden politischen Verhältnissen aber mußte. Zeitgenossen registrierten das Sensationelle des Spiels in einem Umfeld politischer und ökonomischer

Verunsicherung als Substrat der Instabilität. Der spekulative Teil des Wirtschaftsgeschehens verdoppelte sich im Mikrokosmos der Plankengasse und spiegelte sich in der Spiellust der Einheimischen.[26] Die »Eipeldauerbriefe« ironisierten das Phänomen aus dem Blickwinkel des kleinen Mannes: Es gebe

> »jetzt auch eine Pharobank z'Wien. Dort wird bsonders das rusch e noar (nämlich roth und schwarz) gspielt. Da ist ein schrecklicher Zulauf, und da finden sich manche patriotische Spekulanten, die ihren Gift an den französischen Goldstücken auslassen wollen, und bsonders d'Herrn ein, die schon ein Paar Mal ein Krida gmacht habn, um entweder reich z'werden, oder ein drittes Kriderl z'machen«.[27]

An der öffentlichen Bank trafen Vertreter der Krisenwirtschaft und die Welt der adeligen Ordnung in einem Bedürfnis zusammen. Die Polizeioberdirektion erklärte die Teilnahme von Inländern damit, daß »die Leidenschaft des Spielens noch immer unter die der galanteren Welt gehört«. Österreicher hätten die Bank »größtentheils aus Neugierde« besucht. Daß aber Beamte gespielt hätten und »dieser oder jener hiesige Kavallier […] bedeutende Summen verloren« habe, tat sie als Gerücht und »leeres Geschwätz« ab. Dagegen habe der Stadtkommandant Meriage, immerhin Profiteur des Spielbetriebs, und die Capitains Collet und Perin große Summen verloren.[28] Mathias Perth berichtet in seinem Tagebuch, der Sekretär des Stadtkommandanten habe »ungeheure Summen«, an einem Abend sogar 20.000 Gulden, verspielt; die französische Polizei sei aufmerksam geworden, habe seine Wohnung durchsucht und Dokumente gefunden, die ihn als feindlichen Spion auswiesen; ein Kriegsgericht verurteilte ihn zum Tode.[29] Der Hauptanteil der Spieler scheint tatsächlich beim französischen Militär gelegen zu haben.[30] Auch spätere Autoren, wie Franz Gräffer 1845, waren bemüht, die »Ehre« der Wiener zu retten, indem sie ihre Teilnahme auf die Zuschauerrolle zu beschränken versuchten.[31] Ob aber das Bild so anders war als in Graz, mag bezweifelt werden.[32] Bereits am 8. Dezember meldete der dortige Polizeidirektor, daß am Spiel fast alle Einwohner »von allen Klassen« teilnehmen und die Anzahl der Spieler täglich zunehme. Selbst Studierende würden sich dort »häufig« und sogar mit ihren Erziehern einfinden.[33] Vor allem die Polizeihofstelle war daran interessiert, die Loyalität der österreichischen Untertanen zu überprüfen, und wollte wissen, welche Inländer, »und vorzüglich Beamte, wo nicht als Unternehmer, doch als Spieler Theil genohmen haben«.[34]

Auf dem Weg in den vormärzlichen Polizeistaat hatte sie allen Grund, jede mögliche Störung der Ordnung im Keim zu ersticken oder zu ahnden. Das aufrichtige Bekenntnis des Wieners Perth vermittelt etwas von der Anfälligkeit des bürgerlichen Bewußtseins, das dem Reiz des offen aufliegenden Geldes und der Aussicht auf Gewinn offenbar ebenso erliegen konnte wie es Strafsanktionen fürchten mußte. Ihre intransigente Haltung begründete die Behörde gerade mit der Absicht, daß »die Oesterreichischen Unterthanen von dieser Pesth der Gesellschaft nicht ergriffen werden«.[35] Das Spielen der einheimischen Bevölkerung betrachtete man als strafwürdige, anarchoide Eskapade, da »damals überhaupt für manche Gattung Menschen eine gesetzlose Zeit bestand, die sie des Verboths des Spielens sich nicht besinnen ließ«.[36] Die Grazer dagegen hatten sich mit der neuen Ordnung arrangiert.

> »Sie suchen die Sträflichkeit dieser Handlung unter sich dadurch zu rechtfertigen, daß dieses Spiel öffentlich gegeben, und durch gedruckte französische Anschlagzettel authorisirt werde, ohne daß von Seiten der politischen Behörden Verbothe oder Warnungen dagegen erlassen worden.«[37]

Vor allem nach dem Friedensschluß von Schönbrunn (14. Oktober 1809) sahen sich die alten staatlichen Autoritäten wieder uneingeschränkt am Ruder. Dies machte etwa ein Graf Bissenz dem Marschall Macdonald bereits am 1. Dezember, also am Tag der Ankündigung des Spiels, klar. Die Studiendirektion des Gymnasiums in Graz wurde gewarnt und an die bestehenden Verbote erinnert, die besonders den Studierenden seit 1803 »überhaupt alles Spielen in öffentlichen Belustigungsorten« verbot.[38] Alle Zivilisten sollten der gesetzlichen Bestrafung zugeführt werden.

Nach dem Friedensschluß machten die österreichischen Behörden auch politisch Druck. Die Erklärungen des Grafen Bissenz fanden bei Marschall Macdonald Gehör. Er wollte die österreichischen Verbote für Zivilisten auch auf das Militär ausdehnen, so daß die Grazer Bank bald von selbst schließen werde, weil dann wenig oder gar keine Spieler mehr kämen.[39] In Wien hatte der neue Gouverneur Andreossy bereits am 20. Oktober, am Tag des bekanntgewordenen Friedensschlusses, die Aufhebung der beiden Spielbanken angeordnet. Sie wurde Anfang November auf seinen Befehl hin von der französischen Polizei exekutiert. Die Order, alle Anwesenden zu verhaften, sei nicht ausgeführt worden, weil die meisten eben französische Militärs gewesen seien. Also wurde »blos das auf dem Tisch vorhandene Geld in 1.200 Stück Louis d'or und 20tausend Gulden Bankozettel bestehend« konfisziert. Was mit dem Geld geschehen und wie die Sache weiter verlaufen sei, ist nicht bekannt.[40]

Die Wiener Spielbank(en) prägte(n) sich in der schriftlichen Erinnerung als »öffentliches Spielunwesen« ein,[41] blieb(en) aber in der Sache folgenlos (sieht man von den nichtdokumentierten inländischen Gewinnern und Verlierern ab). Spätere bekannte Glücksspielpartien (wie jene Pharaobank in der Weihburggasse, von der der »Eipeldauer« 1816 spricht) stehen in keinem erkennbaren Zusammenhang mit dem öffentlichen Spielbetrieb von 1809. Auch das 1814 erneut angetretene italienische ›Erbe‹ hatte keine Chance auf Bestand. Dem provisorischen Zivil- und Militärgubernium von Venetien wurde im Sommer dieses Jahres die Errichtung eines privilegierten Ridotto in Venedig gegen die jährliche Zahlung von 180.000 Lire vorgeschlagen. Der Wiener Hof billigte die Zurückweisung dieses Projekts.[42] Daß weitere Anträge zur Gestattung der Glücksspiele an den Theatern von Mailand und Venedig das gleiche

Schicksal erfuhren, wurde schon gezeigt. Der Unterdrückungsapparat der Restauration funktionierte so gut, daß fortan der Spielbetrieb wieder in die Illegalität abgedrängt wurde. Um die Entwicklung des öffentlichen Glücksspiels im 19. Jahrhundert zu verfolgen, muß man sich anderen Gebieten und hier besonders den deutschen Bade- und Kurorten zuwenden.

Spielbäder

Hier ist an die allgemeinen Ausführungen zur gesellschaftlichen Bedeutung der Badeorte anzuschließen und an die prominente Rolle des Luxus und des geselligen Vergnügens sowie an die aristokratisch geformte Vorstellung vom Badeleben zu erinnern, die seit dem Dreißigjährigen Krieg die weitgehende Emanzipation der Unterhaltung vom gesundheitlichen Aspekt begünstigte.[1] Bäder galten als bevorzugte, in einem allgemeinen Sinn privilegierte Orte des Spiels, dem im Rahmen der »Brunnenfreiheit« am ehesten »eine offene Freystatt«[2] gewährt wurde. Im Laufe des 18. Jahrhunderts hatte es bereits solche Ausmaße angenommen, daß seine Nachfrage fast zwangsläufig zur ökonomischen Nutzung führen mußte. Wie Johann Bergius 1774 feststellte, nehme man es an vielen Orten gleichsam als »einen Grundsatz an, daß weder Messen noch Bäder und Gesundbrunnen ohne Hazardspiele bestehen können«.[3] In den 1770er Jahren förderte der Fürstbischof von Fulda die Entwicklung Brückenaus zum »Modebad«, indem er es mit Privilegien und Monopolen zum Glücksspiel und Verkauf von Weinen ausstattete.[4] Um dem zitierten »Grundsatz« genügen zu können, bedurfte es der Kanalisierung der Profite, d. h. der Einschränkung der individuellen Spielfreiheit und der personellen sowie räumlichen Konzentration des Angebots. Für die Badeorte, in denen dies geschah, gilt weitgehend, was eine Schrift aus dem Jahr 1787 über Spa, eine der berühmtesten Spielstätten des 18. Jahrhunderts, festhielt: Das Leben dort gebar die Glücksspiele, die Spiele ließen ihre Duldung entstehen und ihre Duldung brachte die exklusiven Privilegien hervor.[5] Dieser Prozeß verlief nicht so zwangsläufig und geradlinig, blieb nicht unangefochten und hat sich deutlich erst nach der Mitte des 18. Jahrhunderts gefestigt.

SPIELPACHT UND KONZESSION

Versuche der ausschließlichen Bewilligung gab es bereits früh. In Italien lassen sich die Anfänge sogar bis in die Zeit der Kommunen zurückverfolgen.[6] Im August 1703 erteilte ein Marquis de Sourdis, unter anderem Militärkommandant der Provinz und Gouverneur von Bordeaux, dem Limonadier Jean Vignaut, genannt Chevallier, das exklusive Recht, im Pyrenäenbadeort Bagnères-de-Bigorres Würfel- und Lansquenet-Banken halten zu lassen.[7] Das Privileg war offenbar nicht von Dauer. Bagnères war vor 1764 das Ziel zahlreicher Berufsspieler, was der Versammlungsfreiheit der Badegäste zugeschrieben wurde. Eine Order vertrieb die Bankhalter in nahegelegene Orte – zum ökonomischen Schaden der Bürger, die auf die Gestattung der Spiele drängten.[8] In Bath gab es seit 1708 Glücks- und andere Spiele in den »Lower Rooms« des Gesellschaftshauses. Richard »Beau« Nash, Master of Ceremonies und treibende Kraft hinter dem Aufschwung des Badeortes, ließ 1728 ein zweites Haus bauen, das er vom Besitzer des ersten leiten ließ. Nash versuchte, das soziale Leben unter Kontrolle zu bringen, indem er privaten Festen opponierte. Er war nicht nur in Bath mit 25% an den Spieleinnahmen beteiligt, sondern auch an jenen im Gesellschaftshaus von Tunbridge Wells (33%). Das endgültige Verbot der Glücksspiele und Spielhäuser ließ in Bath nur noch Whist und ähnliche Kommerzspiele um geringes Geld zu und leitete Nashs finanzielles Desaster ein.[9]

Sieht man von Spa (auf dessen Entwicklung noch näher einzugehen sein wird) oder Bath ab, sind es aber besonders die Badeorte einiger deutscher Kleinstaaten, in denen mit der exklusiven Bewilligung und Konzentration des Glücksspiels im 18. Jahrhundert die Basis für den modernen Spielbetrieb in den Spielbanken des 19. Jahrhunderts entstand. Dazu mag beigetragen haben, daß das Badeleben in deutschen Gebieten angeblich einen höheren Stellenwert besaß als etwa in Frankreich.[10]

Im kurmainzischen Teil des seit 1700 aufstrebenden Schlangenbads erhielt der italienische Krämer Pietro Varena 1709 die Erlaubnis der Regierung, auf seine Kosten »eine bequeme Hütte von Holz zur Exercierung allerhand honetten Divertissementen« aufzuschlagen. In diesem »Spielsaal« gab es Spieltische, Billards und zeitweise, wie auch an anderen Badeorten, Glückshäfen. 1721 ging er in das Eigentum des Mainzers Martin Cetto über und fungierte als öffentlicher Saal, in dem man sich bis zu seinem Abbruch (1740) zu Konversation und Spiel versammelte. Über die Organisation des Spiels in Schlangenbad ist jedoch kaum etwas bekannt. Es scheint aber relativ frei gehandhabt worden zu sein, denn 1762 waren hier 12 bis 14 Spieler/ Bankhalter aus Schwalbach tätig. 1775 zeigt ein Situationsplan einen nunmehr auf hessischer Seite gelegenen »publique[n] SpielSaal«.[11]

Inwieweit das Glücksspiel um 1700 in Pyrmont, wo es um diese Zeit schon blühte, organisiert bzw. privilegiert war, ist nicht bekannt.[12] Ein Vertrag, der 1724 einen gewissen Cazal aus Braunschweig zur Beteiligung an den Baukosten für das geplante Ballhaus verpflichtete, räumte diesem dafür das Privileg zum Aufstellen von Spieltischen, die Eintrittsgelder für Bälle und Komödien und den Verkauf von Kaffee, Tee und Kuchen ein. Der Bau kam aber erst 1727 zustande.[13] 1768 als ausschließliches Privileg dem Rat und Agenten J. A. Tabor verliehen, gab es 1784 zwei große privilegierte Pharaobanken.[14]

Zwar fanden sich in Schlangenbad Aristokraten der näheren Umgebung, hohe Beamte und Militärs, Frankfurter Finanzgrößen, die höhere Geistlichkeit von Mainz und später zahlreiche ausländische Gäste ein, doch war hier das Badeleben von strengerer Etikette und rigoroserer Einhaltung der Standesgrenzen geprägt und das Spiel unbedeutender als im nahegelegenen (Langen-)Schwalbach, das 1608 »wegen der vielerlei des Volks einem kleinen Frankfurter Meßlein zu vergleichen« war.[15] Schon 1732 wurde über das Spiel im großen Saal geschrieben. 1738 gab es im Assemblée-Saal, der 800 bis 1000 Leute gefaßt haben soll, bereits bis zu 30 Spieltische aller Art, darunter mehrere für Pharao, wo von zehn Sols bis zu Händen voll Gold tailliert werden konnte.[16] Insgesamt spielte man zu dieser Zeit in drei verschiedenen Sälen, so etwa auch im »Ketten-« oder »Judensaal«, der einem Zeitgenossen zufolge ziemlich weit vom Brunnen entfernt lag. In ihm arbeiteten 18 bis 20 Bankhalter, und die kleineren Spieler konnten 12 bis 24 Kreuzer setzen. Zu Beginn des 18. Jahrhunderts gehörte der »Kettensaal« einem Landhauptmann, um 1730 einem mit dessen Witwe verheirateten Major und später einem Posthalter. Dieser berief sich 1764 auf seine »wohlhergebrachte Befugniß, alle Hazardspiele daselbst treiben zu dürfen«. Die Regierung hob von den einzelnen Banquiers Abgaben ein (beim kleinen Spiel im »Judensaal« 5 fl., im großen »Alleesaal« 1-3 Carolin pro Pharaobank), bis 1795 ein Hauptmann die alleinige Spielkonzession für 1100 fl. pro Jahr erwarb und diese später auf den zweiten Saal ausdehnte. Zu dieser Zeit ließ der Pächter des »Judensaals«, ein Mainzer Cafétier, von verschiedenen Juden kleine Banken machen. Schon zuvor hatte es den Versuch einer Konzentration des Spiels gegeben. Im Sommer 1764 übertrug der hessen-rothenburgische Amtmann das ausschließliche Recht zum Glücksspiel einem Rittmeister und dessen Kompagnons gegen jährliche 100 Speciesdukaten. In den drei Sälen hätten nur je zwei Banken gehalten werden sollen, alle anderen wären mit 100 Reichstalern zu bestrafen gewesen. Die Regierung in Kassel erlegte nach Protesten dem Amtmann wegen eigenmächtiger Monopolisierung eine Strafe von 20 Reichstalern auf und erklärte den Vertrag für ungültig.[17]

Diesen späteren Verhältnissen stand das individuelle Spielhalten des frühen 18. Jahrhunderts gegenüber. Im großen Assembléesaal Schwalbachs taillierten Sachsen und Piemontesen, die sonst auf den Messen des Reichs Bank hielten und vermutlich organisiert waren.[18] Das Spielrecht war also zunächst an den Ort bzw. seinen Eigentümer gebunden. Die Pächter der Gasthöfe erhoben von den Spielern oder Bankhaltern Gebühren, ohne daß sie selbst am Spielbetrieb teilnahmen. Das 1696 in Bad Ems erbaute Kurhaus (»fürstlich hessisches Assembléehaus«) wurde 1720 an einen Jean Cotterau um jährlich 15 fl. verpachtet. Nach dessen Tod ging es an seine Witwe und dann bis 1758 an deren zweiten Gatten. Cotterau durfte mit obrigkeitlicher Bewilligung im seit 1741 so genannten Spielsaal von jeder Partie Billard einen, von jedem Spieltisch mit Karten zwischen 12 und 20 und von jedem Brettspiel »von Ein bis zwey

Stunden« 10 Albus einheben.[19] In Baden-Baden erhielten 1748 einige Gastwirte vom Markgrafen die Konzession, in ihren Nebenräumen Spieltische aufzustellen. 1765 erhielt der Besitzer des neuerbauten Promenadenhauses eine Glücksspielkonzession. Noch 1801 besaßen mehrere Hotels Spielzimmer. Das konzessionierte Spiel wurde von markgräflichen Kommissaren überwacht, die Bankhalter hatten einen Pachtzins zu entrichten, der in den Badfonds floß (108 Louisdor im Jahr 1804). Noch bis etwa 1823, nachdem die Regierung schon beschlossen hatte, das Glücksspiel zu monopolisieren und eine einzige Bank mit einem Exklusivprivilegium zuzulassen, gab es in Baden-Baden zwei öffentliche Banken (im Konversationshaus und im Promenadenhaus) und daneben die Hotel-Spielsäle.[20]

Neben Ems, Schlangenbad und Schwalbach, Aachen, Spa und Pyrmont war Wiesbaden einer der Orte, wo einem Werk aus dem Jahr 1764 zufolge öffentlich in einem privilegierten Café gespielt werden konnte und sich während der Saison zahlreiche Passions-, aber noch mehr Professionsspieler einfanden. 1771 erhielten fünf Gasthöfe, die eine Pacht von 200 Gulden jährlich zahlten, Spielkonzessionen.[21] Aachen hatte seit 1764 eine »also genante Banque zum hônneten Amusement deren in der Wasserkur sich dahier einfindenden Stands' Personen und Fremden« im oberen großen Saal des »Grand Café«. In diesem Jahr verpachtete die Stadt die Spielberechtigung. 1778 verlegte der Pächter den Spielbetrieb in die Ketschenburg, ließ aber auch in der Alten Redoute und bei zwei Gesellschaften spielen. Nach dem Bau der Neuen Redoute (1786) lief dort das Spiel unter der Kontrolle der städtischen Polizei. 1774 erhielt der Gastwirt Dubigk das Privileg für Bälle, Schauspiele und Glücksspiele im neu erbauten Komödienhaus und Vauxhall auf kurpfälzischem Gebiet. Der sogenannte Bever diente als Gasthof und Ausflugsort, an dem außer der Pharaobank auch kleinere Hasardspiele, aber getrennt voneinander zugelassen waren. 1788 scheint dort zum letztenmal gespielt worden zu sein. Dagegen erteilte die Äbtissin von Burtscheid 1779 gegen den Protest Aachens ein *privilegium exclusivum* zur »öffentlichen Betreibung der sogenannten Hazardspiele«. 1832 gehörte die Bank in Aachen einer Aktiengesellschaft von Aachener Bürgern, und 1841 übernahm sie die Stadt in eigene Regie. Ein Vertrag mit der neuen preußischen Regierung bestimmte, daß die Verwaltung des Spiels unter der Leitung eines Stadtrates durch festbesoldete Beamte geschah, »welche bei dem Gewinn oder Verlust völlig unbetheiligt sind«.[22]

Diese partikularistische Spiellandschaft geriet im Laufe des 18. Jahrhunderts in zunehmendem Maße unter den Druck einer monopolisierenden Vereinheitlichung. Entscheidend war dabei der Einfluß kommunaler oder staatlicher Obrigkeiten, deren Interesse es war, das profitable Glücksspiel, das als Bedürfnis der Gäste erkannt wurde, bestmöglich zu lukrieren und gleichzeitig den Spielbetrieb zu kontrollieren und nach den herrschaftlichen Vorstellungen zu gestalten. Sie hatten nicht nur das überall existierende private bzw. heimliche Glücksspiel weitestgehend zu unterbinden, um den

Spielbäder

Geldfluß der Spieler in ihre Kassen zu dirigieren, es mußten auch Bestrebungen unterschiedlicher Amts- und Machtträger hintangehalten werden, die den exklusiven Privilegien ihr Recht absprachen oder selbst solche installieren wollten. Der gescheiterte Versuch des hessischen Amtmannes, 1764 die drei Schwalbacher Spielsäle kraft monopolisierter Konzession unter einem Spielpächter zu vereinigen, zeigt die Dimension des Problems als einer Art »feudalanarchoider« Zersplitterung. Dazu kam die Konkurrenz der zahlreichen Anwärter auf den Betrieb öffentlicher Glücksspiele, die bei unzureichender juristischer Fundierung des Bankhaltens Verwirrung stiften konnte. 1768 erhielt der Rat und Agent Tabor die alleinige Lizenz für den öffentlichen Spielbetrieb, weil angeblich bei der fürstlichen Verwaltung Beschwerden über »allerhand verdächtige Spieler und darunter sogar Juden« eingegangen waren, »so die Spieltische einnehmen, Banque halten und zum Verdruß der Fremden eben dardurch eine Hinderung machen, daß diese an dem Vergnügen des Spiels keinen Theil nehmen können«. Daß ökonomische Interessen am Aufschwung eines Badeortes hinter den Entscheidungen stehen konnten, schloß solche Sichtweisen nicht aus. 1767 hatte ein Bericht empfohlen, dem Rat die ausschließlichen Spielbankprivilegien für Pyrmont zu erteilen, »da dieser dafür vielleicht ein Badehaus errichten wolle«.[23] Nach Konflikten zwischen diversen Bankhaltern in Bad Eilsen verfügte die Kammer 1810, daß die Pacht »ausschließlich auf einen Pächter, oder auf eine Societät, deren Mitglieder aber einer für alle oder alle für einen haften«, zu übertragen sei. Jedes nicht von Pächtern betriebene Spiel »ist verbothen und soll gehindert werden«, alle Assoziierten seien namentlich anzugeben, damit kein Fremder sich das Spiel anmaßen könne.[24] Die Überwindung des für Bankhalter und Staatskasse unbefriedigenden Zustandes verlief auf dem Weg personeller und räumlicher Konzentration des Kapitals und der Chancen.

Paul Bertholets herausragende Analyse des Glücksspiels in Spa zeigt die Entwicklung dieser europäischen Bademetropole zur »Residenz aller Hazardspiele« im 18. Jahrhundert.[25] 1735 fanden Reisende im *Coffee-haus* einen mit vielen Pointiers besetzten Pharaotisch und einen zum Würfeln.[26] Um 1750 legte das Ausmaß des Bade- und Vergnügungsbetriebs die Kontrolle sowohl der Gästefrequenz als auch der Glücksspiele nahe. 1751 wurde die Freiheit der Besucher dahingehend eingeschränkt, daß Johann-Theodor von Bayern einem Denis-Joseph Dubois die ausschließliche Bewilligung erteilte, beim Schotten Alexander Hay Pharao und andere Spiele zu halten. Hay hatte in die touristische Infrastruktur Spas investiert und schon 1738 ein Gebäude errichten lassen, in dem Bälle, Theater und öffentliche Spiele stattfanden. 1762 erhielt die Gemeinde den Auftrag, ein Theater und einen Versammlungssaal zu erbauen, sowie das exklusive Privileg für Glücksspiele. Beides übertrug die Gemeinde 1763 an zwei Private, die auf eigene Kosten die sogenannte *Redoute* errichteten und mit mehreren anderen eine Gesellschaft bildeten.[27] Hay ignorierte die fürstbischöfliche Autorität und bestand auf seinem alten Privileg. Er wurde angeklagt und arrangierte sich, indem er bei sich keine Glücksspiele mit Bankhalter mehr spielen ließ, dafür aber Crebs (Crabs). Dieses Spiel war »derer Engelländer ihr Leib-Spiel«, die 1766 – nicht zufällig bei Hay – den berühmten »Club des Anglais« gründeten, eine Vereinigung von mehreren nicht nur englischen Adligen, in die man eingeführt werden mußte.[28] Zu einem noch größeren Konkurrenten der florierenden und einträglichen Redoute (ein *Redoutist* verdiente in einem Jahr so viel wie ein gelernter Arbeiter in 25 Jahren) wurde das 1770 von mehreren Beteiligten eröffnete Waux-Hall (Vauxhall). Der 1772 neu gewählte Fürstbischof gewährte ihm Spielfreiheit, nicht zuletzt, weil er mit 30% am Spielertrag beteiligt war (übrigens auch an der Redoute). Die Versuche der Vaux-Hallisten, am Privileg zu partizipieren, gelangen 1774. Von nun an waren die Banken gemeinsame Sache, zu einer echten Fusion kam es aber nicht. 1784 investierte der einflußreiche Geschäftsmann Levoz sein Kapital in den von ihm gegründeten gleichnamigen Salon. Trotz Verbots wurde dort bald gespielt. Levoz erhielt Unterstützung vom Club anglais, der damals die privilegierten Spielhäuser boykottierte, vor allem aber von Vertretern des Adelsstandes (Etat Noble), denen unter den letzten Fürstbischöfen nach und nach Anteile aus dem Spiel streitig gemacht bzw. entzogen worden waren. Anteile hätten sie als Schützlinge des Salon Levoz jedoch lukrieren können. Vor dem Hintergrund einer allgemeinen Konjunkturschwäche und Unzufriedenheit geriet die Affäre Levoz und Glücksspiel zum Angelpunkt eines politischen Konflikts, der konstitutionellen Auseinandersetzung zwischen Etat Noble, der auf seinen Rechten und Privilegien bestand, und dem Fürsten, der seine Souveränität beeinträchtigt wähnte. Der Streit um das Spiel bei Levoz, nunmehr eine allgemeine Freiheitsfrage der bürgerlichen Unternehmer gegen die feudale Herschaft, zog sich mit teilweise martialischen Auswüchsen bis in die Revolutionsjahre. 1794 von den Franzosen beendet, begann das Spiel 1801 unter geänderten Bedingungen in gänzlich anderer Form als während des Ancien régime.[29]

Die Regierungen des 18. und 19. Jahrhunderts griffen bei der Vergabe von Konzessionen und Privilegien zum traditionellen Mittel[30] der Pachtversteigerung als einem Mittel zur Gewinnmaximierung für Kommunen oder Herrscher und tendierten zur versachlichten Ausbeutung des Spielbetriebs. Seine totale Durchsetzung scheiterte jedoch teilweise an außerrechtlichen Gewohnheiten der Privilegierung. Während der politischen Unruhen (»Mäkel«), die Aachen 1786 erfaßten, warf die »neue« Partei der bisherigen Verwaltung vor, den Spielpächter Richard Reumont eigennützig und zum Nachteil der Stadt, nicht nach öffentlicher Ausbietung, sondern unter der Hand begünstigt zu haben. Die Gegner erwiderten, daß nicht nur die anderen Gebote niedriger gewesen wären, sondern auch die Person des Pächters nicht gleichgültig und vor allem dessen »integritas morum et vivendi ratio« zu berücksichtigen sei.[31] Obwohl noch länger persönliche Präferenzen die Wahl beeinflußten und etwa 1809 »ein honetter Bankier« wie der Capitain von Drygalsky vom Kammerrat dem Fürsten für die

Spielbank in Bad Eilsen empfohlen wurde,³² war das finanzielle Interesse, also das Angebot des Meistbieters, in den meisten Fällen schließlich ausschlaggebend. Im Gegensatz zur Praxis, Glücksspiele aufgrund persönlicher Abhängigkeiten vom Herrscher, als Apanage oder als Korrektiv sozialer und ökonomischer Krisenfälle zu vergeben, entschieden zunehmend fiskalische Kriterien. Die allmähliche Emanzipation vom Herrschaftsverband ist ein Indiz für die Entwicklung zum kapitalistischen Unternehmen Glücksspiel. Zur selben Zeit, da Maria Theresia einem Graf Nostitz und einigen anderen auserlesenen prominenten Aristokraten das Pharao gestattete, schlug die hessische Regierung vor, den Assembléesaal samt den Spielen öffentlich *per licitationem* versteigern zu lassen (1765).³³ Während am Wiener Hof unter dem Druck der Spielwünsche des Kaiserpaares hochadelige Pharaogesellschaften das nötige Spielkapital zusammenbrachten, fungierten Adlige neben Bürgerlichen als Anteilhaber und Profiteure der öffentlichen Bank in Spa.³⁴

Die neue Orientierung spiegelt sich im Gebrauch der Medien. 1772 wollte man die Verpachtung des Assembleesaales von Ems in den Zeitungen bekanntgeben.³⁵ Als Fürstin Juliane von Schaumburg-Lippe 1796 beschloß, daß im Gasthof auf der sogenannten Klus – einem kleinen Ort um das gleichnamige 1794 angelegte Lustschloß, an der Heerstraße, eine Stunde von Bückeburg und Minden gelegen und Sammelpunkt der Offiziere aller umgebenden Garnisonen – »künftig nur eine Faro-Bank [...] gehalten werden möge«, wurde die Bekanntgabe der Verpachtung an zwei Stellen der Klus öffentlich angeschlagen. 1798 inserierte man die Einladung zur Versteigerung auch in den Zeitungen Hamburgs und Altonas.³⁶

Die Verpachtung der Banken an den bzw. die Meistbietenden war eine Folge der Konkurrenz unter den Bankhaltern und sicherte die größtmöglichen staatlichen Einkünfte. In Bad Ems stiegen 1766 die Gebote für den Assembléesaal von 21 auf 41 Gulden jährlich. Dem Amtsverweser zufolge sei die Sache aus Mißgunst »wohl über den wahren Wert getrieben worden«. 1772 hatte der Pächter keine Konkurrenz mehr zu fürchten und bot 15 fl. Erst nach der Ankündigung eines Inserats einigte er sich mit der Regierung auf 30 fl. 1783 bot ein Kellner 35 fl. Der Pächter überbot seinen Konkurrenten mit 63 fl. 1786 zahlte der neue Pächter 70 fl., ging mehrere Verpflichtungen ein, erhielt aber dafür ausdrücklich das »ausschliessliche Privilegium, aller Arten von Hazard- und Commerzien-Spiel, Billard, Concert und Bälle halten zu dörfen«. Nachdem ihm 1796 bis 1798 die Pachtzahlung infolge der Kriegsereignisse ganz, 1809 um ein Drittel und 1811 um die Hälfte erlassen worden war, zeigte das Renommee des Badeortes seine Wirkung. 1820 stiegen die Angebote von 1075 auf 2000 Gulden. 1834 schließlich wurden fast 6000 fl. geboten.³⁷ Für die Spielberechtigung in Aachen hatte der Pächter 1764 800 Reichstaler zu zahlen. 1765 waren es 1.000, 1768 1200, 1775 und 1776 1833, 1777 4000 Rtlr. jährlich. 1793 kostete die Pacht, nunmehr als »Goldgrube« bezeichnet, 25.000 Rtlr. pro Jahr.³⁸ Die kleine Spielbank auf der Klus, die indirekte

Vorläuferin der Bank von Bad Eilsen, war am Tag der Versteigerung im Juni 1796 dem ersten Bieter 15, dem letzten 50 Reichstaler wert. Die Kammer hielt das Angebot angesichts des zu erwartenden Erfolgs für zu gering, als ein Referendar 20 Pistolen (= 100 Reichstaler) offerierte. Die Fürstin, die den vorigen Meistbieter bevorzugte, meinte, dieser müßte doch etwas mehr geben. Im Februar 1797 war die Fürstin gewillt, dem an der Bank interessierten Pächter des Gasthofes die Spielerlaubnis um 30 Louisdor (= 150 Reichstaler) zu erteilen. 1798 stiegen die Anbote bei der öffentlichen Versteigerung von 45 auf 100 Pistolen (= 500 Reichstaler). Im März 1799 schienen dem »Cammeral Interesse« diese 100 Louisdor »angemessen«. Der Fürst betrachtete im April 1800 diese Summe als »eine bedeutende Einnahme« der Kammerkasse. Den gleichen Betrag verlangte man 1809 vom Pächter der neu eingerichteten Bank in Bad Eilsen. Da sie aber noch unbedeutend war, gab die Kammer seinen Einwänden nach und setzte 400 Reichstaler fest. Bereits im August 1810 war das Bad schon so zahlreich von Spielern frequentiert, daß bei der Lizitation 800 Reichstaler geboten wurden. 1853, die Bank war bereits geschlossen, offerierte ein Interessent die jährliche Pachtsumme von 3000 Reichstalern.[39]

Wer waren die Spielpächter beziehungsweise die Anwärter? Ihre soziale Herkunft und Zugehörigkeit scheint mit der Entwicklung und Organisation des öffentlichen Spiels zusammenzuhängen und kann grob in drei Gruppen beziehungsweise Etappen eingeteilt werden, die sich jedoch zeitlich überschneiden können.

Wo die Erlaubnis zum Spiel an die Pacht einer Örtlichkeit (Gasthof, Assembléesaal etc.) gebunden ist, ist kein zwingender Zusammenhang zwischen einer bestimmten Sozialgruppe und dem Spielen auszumachen. Der erste Pächter des Emser Gesellschaftssaales wird zwar 1749 als »Billard-Halter« genannt, doch hob er offenbar nur Gebühren von Bankhaltern ein. Von seinem Nachfolger, einem französischen Strumpffabrikanten und Hoflieferanten, hieß es, daß seine Tätigkeit in Ems (1758–1785) nur ein Nebenerwerb sei. Wie er das Spiel organisierte, ist nicht bekannt, wohl aber, daß er an die Spieler Karten verkaufte. Zu den Mitbewerbern seiner Zeit gehörten der älteste Sohn des Emser Brunnenmeisters, Oberkellner im »Schwarzen Bock« zu Frankfurt a. M., vermögend und »ein tüchtiger Untertan«, dann der »fürstlich gemeinschaftliche Schultheiß« zu Ems, der den Saal durch einen *Marqueur* (die damals für Billards zuständig waren) versehen lassen wollte, und ein Kellner aus Ems, der den Schutz des fürstlich-nassauischen Badeverwalters genoß und bald danach unter Hinterlassung hoher Schulden verschwand.[40] Die Pächter der Gasthöfe und Säle, in denen gespielt werden durfte, überließen anderen das Bankhalten auf dem Weg der »Afterverpachtung«. Dies war teilweise auf der bückeburgischen Klus und in Schwalbach der Fall. Auf der Klus übernahm der Bankier die Bank für zehn Louisdor monatlich; der Wirt lieferte die Karten, »und zwar jedesmal 4 bis 6 Neue Spiele nebst den erforderlichen Pointir Büchern«, war für Möblierung, Reinigung, Beleuchtung und Heizung des

Zimmers verantwortlich und bekam dafür »jedesmal wann gespielt wird zwey Laubthaler Carten Geld«; der Pächter, ein Hauptmann Henkel, nannte seine Assoziierten, die in seiner Abwesenheit in seinem Namen spielen durften; nach beendetem Spiel oder wenn die genannten Herren nicht kamen, durften andere nur nach Absprache mit dem Wirt spielen.[41]

Diese Bankhalter rekrutierten sich aus dem Bereich des Spiels selbst. Sie traten aber auch selbst als eigenständige Pächter und Spielunternehmer auf. Den auffälligen Anteil von Adligen und/oder Militärs unter diesen bankhaltenden Pächtern erklärt die strikte Abhängigkeit der Konzessionsvergabe von Fürsten und anderen Herrschern. Die prominente Rolle von Offizieren als Banquiers im Absolutismus erhellt, wie bereits gezeigt, aus der Zulassungsbeschränkung an den Pharaotischen der höfischen Theater Wiens oder Brüssels. Viele Bankhalter in den privilegierten Spielhäusern von Spa waren alte oder pensionierte Offiziere fremder Armeen.[42] Die Zeit der Napoleonischen Kriege scheint Offiziere in ihrer Funktion als Bankhalter besonders begünstigt zu haben. Ein Obrist Payen (Payer), der 1809 den Spielbetrieb in der Baden-Badener Konversation und ab dem gleichen Jahr (mit Teilhabern) das Recht zum ausschließlichen Spielbetrieb in Schwalbach besaß, erhielt den Titel eines *Colonnel d'hassard*.[43]

Militärs beherrschen Ende des 18. Jahrhunderts den Spielbetrieb auf der Klus zwischen Bückeburg und Minden. In diesem Fall ist dies auch auf die in der Nähe stationierten preußischen Truppen zurückzuführen. Etliche Bankhalter waren Regimentskollegen des ebenso dort spielenden jungen Freiwilligen und Dichters Friedrich de la Motte-Fouqué, wie überhaupt die Truppen und das Personal des preußischen Kommissariats das Hauptkontingent der Spieler stellten.[44] Damit erschöpft sich jedoch die Bedeutung des Militärs bei der Gestaltung des öffentlichen Glücksspiels in Bade- und Kurorten nicht, könnte doch das Beispiel der Klus nur ein Sonderfall der vergnügungsgewohnten adeligen Militärs gewesen sein. 1801 endete dort das Spiel auf fürstliche Anordnung und begann 1808 in Bad Eilsen. Zu den aussichtsreichsten Bewerbern um die Pacht gehörten die gleichen Offiziere, die das Spiel schon auf der Klus betrieben hatten. Die Militärs arbeiteten als professionelle Spielunternehmer. Das wird durch verschiedene, vor allem personelle Zusammenhänge deutlich. Ein Leutnant Schönewolf, als Bankhalter Favorit der Fürstin (die anfangs allerdings auch einen Hauptmann Weissich und einen Leutnant Fanck in Erwägung zog), war 1796 der Meistbietende bei der ersten öffentlichen Versteigerung der Pharaobank auf der Klus. Dort trat er zusammen mit dem fürstlich-hessischen Hauptmann Henkel als *Associé* auf. Zu dieser Zeit war ihr Hauptarbeitsgebiet die Bank von Nenndorf, wo sie im Juli aufgrund des ansehnlichen Zuwachses der »Brunnen Gesellschaft« bessere »Aussichten für ein gutes Spiel« witterten und sich zum Bleiben gezwungen sahen. Als sie dennoch weiterhin Interesse zeigten, betitelte sie die Fürstin als »die Nenndorfer Herren«. 1809 ist Schönewolf Pächter der Pharaobanken von Nenndorf und Geismar und hat Anteile an der Bank von Pyrmont. Leutnant Möller, ein bevollmächtigter Neffe Schönewolfs, verhandelt über die Bank in Bad Eilsen, für die Schönewolf noch 1810 als Anwärter auftritt.[45] Hauptmann Henkel bewarb sich bereits nach Ablauf der ersten Pachtsaison offenbar alleine um die Bank auf der Klus. 1797 trat er als bankhaltender Unterpächter des dortigen Wirtes auf und erklärte gleichzeitig, daß er nur mit den Herren Lettow, Loebell und Flotow assoziiert sei. Alle drei sind Offiziere der in der Nähe stationierten Regimenter.[46] Rittmeister Lettow, der sich auf der Klus einmal der nicht verpachteten Schneidebank »angemaßet« haben soll, hielt dort üblicherweise die Pharaobank, ließ aber im März 1798 durch den Rittmeister von Seelhorst um Überlassung der Pacht bitten. 1799 war Lettow noch mit Henkel und Loebell sowie dem Oberstallmeister Gilsen assoziiert. Im März 1800 bewarb er sich um die Pacht, »solange das Preuß. Commissariat in Minden sein wird«. In diesem Jahr tauchte ein preußischer Leutnant von Düring als Verbündeter auf.[47] Dieser strebte im Juli 1807 als erster die noch gar nicht sichere Bank in Bad Eilsen an. Nach einer Besprechung mit dem Kammerdirektor wies er diesen darauf hin, daß der Fürst noch kein Privileg erteilen wolle; er schlug deshalb vor, daß er, wenn er in Eilsen spiele, »von Seiten der Polizey keine Molestirung zu erwarten habe, dieses könte unter der Hand geschehen, und die Sache würde unter dem Scheine / ich riskire es / seinen […] Fortgang haben; dafür legte ich für jedesmahliges Spielen 1½ Pistolen in die Brunnenkasse. Der Kammerdirektor lehnte ab. 1808 hielt Düring mit seinem Bruder, einem Hauptmann, die Bank.[48] 1809 pachtete sie ein Capitain von Drygalsky, verabschiedeter Offizier und selbst Kurgast in Bad Eilsen, mit seinem Bruder. Die Kammer lobte ihn und seine Art zu spielen. Drygalsky sprach sich 1810 mit einem Doktor Meixner und dessen Bruder, einem Kaufmann, ab, in Bad Eilsen »in Compagnie« Bank zu halten. Nachdem sie acht Tage gespielt hatten, erschienen die »Banquiers« Leutnant von Kinsky und ein Herr Thiele mit einem schriftlichen Vertrag, mittels dessen ihnen Drygalsky die Bank unterverpachtet hatte. Nach entsprechender Bestätigung durch Drygalsky wurden sie »in den Besitz des Spiels« gesetzt.[49]

Die Chancenkumulation eines Schönewolf ist typisch für das Monopolisierungsstreben einzelner oder assoziierter professioneller Bankhalter. 1799 ließ ein Comte de Laage, »welcher die Silberbank in Pirmont hat«, für das Pharao auf der Klus bis zu 100 Pistolen bieten. (In Pyrmont gab es eine Silberbank im Kaffeehaus und eine Goldbank im Kurhaus des Ballhauses. Sie waren getrennt, hatten aber denselben Hauptpächter. Der geringste Satz bei der Silberbank war 1 Spezies, bei der Goldbank 1 Dukaten.)[50] Der »junge Herr von Ruxleben«, der sich 1809 für die Pacht in Bad Eilsen interessierte, ist wahrscheinlich ident mit dem Freiherrn H. A. von Ruxleben, der 1832 als ehemaliger Pächter der Pyrmonter Bank um jene in Bad Ems ansuchte.[51] Ein Major/Obrist Pape stand 1809 auf der Liste der potentiellen Spielhalter. Er trug den Titel *Banquier*, war »Hauptpächter« in Pyrmont und besaß offenbar 1814/15 bis 1820 die Bank in Bad

Eilsen.⁵² Pape hatte den Rittmeister, Assessor und späteren Justizrat Stölting, Mitpächter in Pyrmont, zum Associé. Dieser hatte schon 1796 mit guten Aussichten auf die Konzession der Klus mitgesteigert und bewarb sich 1810 um Bad Eilsen. Seine Spielerfahrungen sowie die des Pyrmonter Sekretärs Schröder, ebenfalls Mitpächter in Pyrmont, beeinflußten den Wortlaut des Pachtvertrages maßgeblich.⁵³

In den genannten Fällen wurzeln die einschlägigen Spielerfahrungen in bereits etablierten, florierenden Spielbanken (Nenndorf, Pyrmont). Die als Bankhalter aktiven Spielprofis hatten aber auch andere Stationen einer Spielkarriere vorzuweisen. Im Oktober 1795 wurden beim Hamburger Wirt François Girard ungefähr 50 Personen, größtenteils Franzosen, beim Pharao entdeckt. Im Laufe der Untersuchung gab der Wirt zu Protokoll, die zwei Banquiers schon vor zwei Jahren in Aachen »eine große Bank haltend gesehen und auch gewußt zu haben daß sie daselbst privilegirt waren«. Einer von ihnen hieß Bellfroid und war ungefähr um diese Zeit Bankhalter in Spa – wo er mit durchschnittlichen 20 bis 25% am Gewinn profitieren konnte.⁵⁴ Im März 1799 äußerte ein Weinhändler aus Münster den Willen, das »Hazardspiel zur Kluß, als das Faraon- Rouge und Noir- Biribi- Parfait Egalite- Roulet-Spiel oder wie selbiges sonst Nahmen habe«, auf ein Jahr mit exklusivem Privileg zu übernehmen. Er halte in seinem Haus eine Pharaobank und sei dabei mit dem General von Blücher »interessiert«. Der um seinen Profit fürchtende Kluswirt beeilte sich die Kammer zu informieren, daß der Weinhändler aus Aachen emigriert sei und »bisher eine berüchtigte Caffé Schenke« betrieben habe.⁵⁵

Ein hervorstechendes Merkmal dieser frühen Phasen des öffentlichen Bankhaltens ist die saisonale Mobilität ihrer Unternehmer, ein Kriterium, das sie mit den nichtautorisierten Bankhaltern teilten. Von Bad Eilsener Pächter Capitain Drygalsky hieß es im Juli 1810, daß er als verabschiedeter Offizier schwer zu finden sein werde und »jetzt von einem Spielorte und einem Bade zum andern ziehen mag.«⁵⁶ Einige der »Nenndorfer Herren« führten die verlockenden Spielaussichten während der Saison auf die Klus. Der aus Frankreich gebürtige Koblenzer Bürger Pierre Nicolas Huyn, Mitinteressent des Aachener Redoutensaales und der dortigen Bank und von 1786 bis 1820 alleiniger Pächter der Emser Spielbank, unternahm wie seine Schwalbacher Kollegen Reisen, um Bank zu halten. Im Winter 1798 war er zu diesem Zweck in Rastatt.⁵⁷ 1801 vermerkte ein Reisebericht, daß der Spielpächter aus Kassel in Pyrmont angekommen sei – »und mit dem Ende der Brunnenzeit geht er wieder ab«.⁵⁸ Zur »Bankzeit« besuchte der 54jährige Hamburger Wirt J. A. Schimper zusammen mit einem Herrn von Wulffen die Bäder. Nachdem dieser gestorben war, machte Schimper 1831 einem anderen, der »von seinem Geld« lebte und früher wegen des Spiels in die Bäder gegangen war, den Antrag, ihn zu begleiten. Auf die Frage, »ob er die nöthigen Sachen dazu habe«, zeigte ihm Schimper einen Roulettetisch. Das Spiel hatte er von einem »Grützmacher« erworben, der es als Pfand von einem französischen Obristen zurückbehalten hatte. Schimper ließ das Roulette reparieren und eine Spielanleitung drucken. Nun gedachte er, »das Spiel in Haffkrug zu übernehmen, wohin ich diese Tage abzureisen willens war«. Da Tage zuvor bei Schimper Pharao gespielt worden war, schritten Polizei und Gericht ein und vereitelten den Plan, indem sie die Geräte konfiszierten.[59]

Der Kreis der »Pachtliebhaber« blieb nicht auf Militärs und/oder Adlige beschränkt. Zunehmend drängte bürgerliches Kapital in die Spielbanken, manchmal zusammen mit adeligem. Traditionell bevorzugte Spielunternehmer erkannten in diesem sozioökonomischen Wandel eine Bedrohung ihres Status und versuchten, dagegen zu opponieren.[60] Wie bereits angedeutet, begleitete den Prozeß eine mentale Neuorientierung der Regierungen. Während noch 1799 der Wirt der Bückeburger Klus verpflichtet wurde, Rittmeister Lettow und Hauptmann Henkel vor anderen Spielbankanwärtern zu bevorzugen, war man seit 1808 in Bad Eilsen schon flexibler und achtete mehr auf den ruhigen Spielverlauf. Letztlich aber entschieden die Eigenschaften und Vermögensumstände der Banquiers bzw. Pächter:

> »Was die Person des Pächters der Bank betrifft, so wird derselbe, wenn er nicht sonst der Kammer hinlänglich bekannt ist, sich und seine Associirte, in Betreff deßen redlichen Lebenswandels und hinreichenden Vermögens, durch glaubhafte Zeugniße legitimiren.«[61]

Es war besonders das Kapitalvermögen eines P. N. Huyn, das 1786 den hessischen Hofkammerrat und Badeverwalter dazu bewogen hatte, den Mitpächter in Aachen nach Ems zu bringen.[62] Nun wurde es auch üblich, eine Kaution zu stellen.[63]

Der Aufschwung der Spielbäder trieb nicht nur die Pachtsummen in die Höhe, sondern hing auch mit hohen infrastrukturellen Investitionen zusammen, die teilweise die Spielpächter zu tragen hatten. Zum finanziellen Ausgleich gab es die Privilegien. Bald nach der Eröffnung der kostspieligen Redoute von Spa erlaubten die Spieleinkünfte die Selbstfinanzierung des Etablissements, obwohl den Eigentümern nur ein Viertel des Gewinnes zukam.[64] Im Falle von Bad Ems zeigte sich eine Mischung von feudaler Privilegienwirtschaft und unternehmerischem Kapitalismus. Der *Banquier* P. N. Huyn erhielt 1786 gleichzeitig mit der Pacht des Assembléesaales und der Auflage, dort Verbesserungen vorzunehmen, das ausschließliche Privileg aller Arten von Glücksspielen. Als er 1787 eine Vergrößerung des Saales und Neubauten auf eigene Kosten vorschlug, erbat er sich dafür die Verlängerung der Pacht auf 15 Jahre (die Regierung gewährte 25 Jahre!), die kostenlose Lieferung von Steinen und Bauholz durch die Herrschaft und die Fuhr der übrigen Materialen durch Emser Bauern »in der behörige übliche Frohn«.[65] Das Angebot oder zunehmend auch die Verpflichtung, zusammen mit der Spielpacht zur touristischen Entwicklung eines Badeortes beizutragen, charakterisiert vor allem die Zeit der prominentesten Pächter deutscher Spielbäder des 19. Jahrhunderts. Namen wie Chabert, Bénazet oder Blanc, die nachgerade zum Synonym für Wiesbaden, Baden-Baden und Bad Homburg wurden, stehen für den neuen Typus des bürgerlichen Unternehmers, der seinen Aufstieg den ökonomischen Bedingungen des postrevolutionären Frankreich verdankten. Antoine Chabert war Armeelieferant, der Jurist Jacques Bénazet hatte in eine Reedereifamilie eingeheiratet und betrieb in Paris Spekulationsgeschäfte; durch solche waren auch die Brüder Louis und François Blanc reich geworden.[66] Alle investierten mit ihrem Kapital in Spielbetriebe. Chabert war angeblich Mitpächter einer der Spielklubs im Pariser Palais Royal, die Blancs betrieben 1838 in Luxemburg einen privaten Spielklub und Jacques Bénazet war seit 1824 der wohl einflußreichste der drei *Fermiers généraux des jeux*, der Hauptspielpächter Frankreichs, und somit Kontrolleur und Profiteur der Pariser Spielhäuser.[67]

Während die tendenziöse politische Publizistik des vormärzlichen und nachrevolutionären Deutschland die französische Präsenz als Folge der Schließung der Pariser Spielbanken (31. Dezember 1837) darzustellen beliebte, gab es schon früher Verbindungen zum dortigen Spielbetrieb. Zur Zeit der Napoleonischen Kriege übernahmen Franzosen in den besetzten Gebieten bereits bestehende Banken (1803/04 wurde die Aachener Spielbank Perrin unterstellt[68]) oder errichteten neue. Die Person des Jacques Davelouis ist ein Beispiel für die kontinuierliche Präsenz französischer Spielbetreiber in deutschen Staaten. Hatte dieser noch 1801 eine Broschüre »Sur les jeux de Paris« veröffentlicht, so war er 1803 bis 1805 selbst mit Kompagnons Pächter der Pariser Spiele und bot 1814 und 1818 bei den Versteigerungen mit. Seit 1822 Pächter in Aachen, war er gleichzeitig (bis 1827?) im Schlangenbader und Schwalbacher Spielbetrieb tätig.[69] Somit war Davelouis Vorläufer Antoine Chaberts, der bereits 1824 einziger privilegierter Spielpächter Baden-Badens wurde und 1834 (Verhandlungen seit 1832) auch noch die Konzession für die Glücksspiele in Wiesbaden, Ems, Schlangenbad und Schwalbach, also für das Herzogtum Nassau, erhielt. 1847 trat Chabert seine Rechte an Ems und Wiesbaden (Schlangenbad und Schwalbach waren nach Verzicht und auf Anordnung der Regierung 1845 geschlossen worden) an zwei Herren aus Haguenau und Straßburg ab, galt aber in der Öffentlichkeit noch länger als Spielpächter.[70] Seine Pacht in Baden-Baden hatte der finanzstarke Jacques Bénazet schon 1838 übernommen, während die Brüder Blanc die seit 1830 bestehenden Pläne zur Etablierung des Glücksspiels in Homburg erst 1840 für sich nutzen konnten.[71]

Um die erforderlichen Ausgaben tätigen zu können, sich gleichzeitig die Pacht zu sichern und das Verlustrisiko zu streuen, schlossen sich Spielpachtanwärter zusammen. Richard Reumont, der vermutlich schon 1764 die Spielberechtigung für Aachen erhielt, vergrößerte immer wieder seinen Betrieb bei ständig steigender Pachtsumme und assoziierte sich seit 1766 mit verschiedenen Finanzpartnern.[72] Dabei ist der Trend zu flächendeckenden Konzessionierungen evident. P. N. Huyn und sein Sohn einigten sich 1821 mit den Vertretern der Wiesbadener Gesellschaft, einem Major von Fechenbach und Carl Friedrich Zollmann, gegen andere Mitbieter über die gemeinsame Pacht der Emser Spielbank, die sie bis 1834 behielten. Fechenbach war 1802 bis 1807 als Mitglied eines Konsortiums Pächter der Schwalbacher Spiele gewesen und hatte sie 1808 gemeinsam mit einem Partner in zwei der dortigen Säle übernommen. 1819 bis 1821 besaß er zusammen mit dem herzoglich-nassauischen Kommerzienrat Johann Michael Hyenlein die Schwalbacher Konzession für den »Alleesal«. Hyenlein hatte noch als Kaufmann von 1800 bis 1821 die Pacht der Wiesbadener Spielbank inne und gehörte zu jenem Konsortium, das 1802 bis 1807 das Schwalbacher Spiel leitete. (Als Kopf der Gruppe erschien ein Frankfurter Kaufmann, unter den Teilhabern waren die Wilhelmsbadener Spielpächter Kohl und Gimpel.) Nach 1814 erhielt Hyenlein von der kurhessischen Rentkammer den Spielsaal in Schlangenbad nebst Kaffeehaus, Gallerie »mit dem herrschaftlichen Billard« und zwei Wohnungen auf acht Jahre für 50 fl. jährlich. Hyenlein, Fechenbach und Zollmann pachteten zwischen 1821 und 1834 neben einigen anderen die Spielbank im Kursaal von Wiesbaden.[73]

Die modernste Ausprägung kapitalistischer Zusammenschlüsse erfuhr die Nutzung des Glücksspiels seit der Mitte des 19. Jahrhunderts durch die Bildung von Aktiengesellschaften. Da jedoch in keinem der betreffenden Länder damals ein Aktienrecht existierte, wurden die Gesellschaften jeweils vom Landesherrn genehmigt.[74] Bereits 1807 und 1809 erging der nassauische Aufruf, zum Bau des Kurhauses in Wiesbaden eine Aktiengesellschaft zu gründen, der auch die Genehmigung für das Glücksspiel erteilt werden sollte.[75] Eine Aktiengesellschaft hätte 1830 Kurhaus und Glücksspiel (als »Gerechtigkeit«) in Homburg errichten und übernehmen sollen. Der Plan scheiterte an den Ereignissen der Julirevolution, ein zweiter Versuch 1836 an der Weigerung des Bankhauses Rothschild, zu einer in Frankreich spielungünstigen Zeit ein Darlehen zu gewähren. Die Brüder Blanc, die das Spiel 1841 in Eigenverantwortung einführten, konnten erst 1847 die anonyme Gesellschaft der »vereinigten Pachtunternehmungen des Kurhauses und der Mineralquellen zu Homburg« (das Spiel wurde nicht erwähnt) bilden. Hauptaktionäre waren die Brüder Blanc selbst, während die passionierte Spielerin Gräfin Kisselew, von Dostojewski in seinem Roman »Der Spieler« (1867) einschlägig berühmt gemacht, 1851 immerhin 189 der 1600 Aktien besaß.[76] In Nauheim begann der Spielbetrieb 1854 unter der Regie der »Société des fermes réunies du Kurhaus et de la Banque de Nauheim, Hesse-Electorale«.[77] Langjährige Interventionen von Bürgern gegen die Geschäftsführung der Spielpächter führten 1856 zur Gründung der »Gesellschaft zum Betriebe der Cur-Etablissements in den Badeorten Wiesbaden und Ems«, die bis 1872 die Spiele pachtete. Das Gesellschaftskapital von 2,5 Millionen Gulden verwalteten zwei Wiesbadener Bankiers. Als Generaldirektor fungierte Baron Dr. jur. Jules de Wellens aus Brüssel, davor seit 1847 Gesellschafter und Spielbankdirektor in Homburg.[78] Eine Ausnahme von dieser Entwicklung im großen Spielbetrieb blieben Jacques Bénazet und sein ihm nachfolgender Sohn Edouard in Baden-Baden. Während Jacques bei aller bürgerlichen Herkunft mit aristokratischer Aura auftrat, offene Tafel und Mätressen, einen Troß livrierter Diener, Pferde und Jagdhunde hielt und sich in der Pose eines absoluten Herrschers abbilden ließ, stellte sein Sohn den – nicht minder autokratischen – kühl rechnenden Unternehmer im Frack, der »bürgerlichen Standestracht« dar.[79] Allerdings kaschierte auch in Homburg die Aktiengesellschaft die Macht eines François Blanc nur dürftig. Bei seinen Gegnern hieß Blanc wegen der finanziellen Abhängigkeit des Landesherrn der »regierende Landgraf von Hessen-Homburg«.[80]

ELEMENTE EINER NEUEN SPIELKULTUR

Die Absichten der für die Spielbäder verantwortlichen Regierungen ging fast überall nicht nur dahin, das Spiel nach Möglichkeit in *eine* Hand (Person oder Gesellschaft) zu geben, sondern ihm auch einen fest umrissenen Ort zuzuweisen. Den architektonischen Ausdruck fand die topographische Konzentration in den seit dem 18., besonders aber im 19. Jahrhundert systematisch errichteten Kur- und Konversationshäusern.[81] Der Wandel entspricht dem Übergang vom Kur- zum eigentlichen Spiel-, Mode- und Luxusbad. Genügten der Nachfrage von Spielern unter bescheidenen Verhältnissen noch schlicht eingerichtete Spielzimmer bei hauptsächlicher Orientierung auf kurtechnische Bauvorrichtungen,[82] so bewirkte die Intensivierung des Spiels eine spezifische Bautätigkeit. Die Kurhäuser mit ihren großen und repräsentativen Sälen waren die polyfunktionalen Nuklei der Bedürfnisse des vornehmen und müßigen Publikums (das zunehmend zum »gemischten« wurde), Amüsier- und Unterhaltungsviertel, wie es das Pariser Palais Royal war.[83] Das Ensemble erweckte den Eindruck eines mit nobler Aura umgebenen Refugiums, eines Reservats abseits alltäglicher Erfahrungen. Johann Peter Hebel, der den Kontrast zwischen Tafelfreuden und »große[m] Spiel« einerseits und abendlichen Bierhausbesuch »unter den Kutschern und Lakaien der Grafen und Barone« andererseits genoß, beschrieb 1811/12 das Baden-Badener Konversationshaus: »Man ist in einer ganz andern Welt, überall Glanz, Wohlleben, Müßiggang, Geldspiel, Könige, Fürsten, Grafen, Professoren, Juden, Komödianten untereinander.«[84]

Nach allgemeiner Übereinstimmung waren das Spiel bzw. die aus dem Spiel in die Kommunalkassen fließenden Erträge und die mitunter beträchtlichen Aufwendungen der Spielpächter wie Bénazet oder F. und L. Blanc die ökonomische Basis der Prosperität der großen Bäder, ihrer kulturellen und gesellschaftlichen Einrichtungen und Veranstaltungen.[85] Die Kehrseite dieser neuartigen strukturellen Dimension des Glücksspiels bildeten Bemühungen, die gegenseitige Abhängigkeit von Spiel und

Wohlstand der Spielorte zu kaschieren, das Spiel von seiner gesellschaftlichen Brisanz zu entschärfen, es als »Nebensache« darzustellen und als selbstverständlichen Bestandteil des allgemeinen Amüsements der Privilegierten und Reichen zu legitimieren. In Monaco, wo man seit 1856 spielte, drängte 1863 Eynaud, der Anwalt des Fürsten, seinen Herrn nicht zuletzt deswegen zum Vertragsabschluß mit dem neuen Anwärter François Blanc, weil dieser Homburg »mit größtem Geschick zur Höhe geführt habe und er ein Meister in der Kunst [ist], das grüne Tuch des Spieltisches unter den Schleiern prachtvollen Glanzes und eleganter Vergnügungen zu verbergen«.[86]

Wenn schon das Glücksspiel nie ganz seinen odiosen Charakter ablegen zu können schien, so machte man im Gegenzug seine Öffentlichkeit zum Garanten des Verläßlichen. Diese Haltung vertraten die Staaten, in denen öffentliche Banken etabliert waren. Der Gesandte Hannovers vor der Bundesversammlung begründete dementsprechend den Widerstand gegen die diskutierte Aufhebung des öffentlichen Glücksspiels:

> »Seine Majestät sind indeß von der Ueberzeugung durchdrungen, daß Hazardspiele von Badeorten, wo eine Anzahl wohlhabender und zur temporären Unthätigkeit genöthigter Personen sich vereiniget findet, niemals zu verbannen seyn werden, daß eine Aufhebung öffentlicher, unter polizeilicher Aufsicht stehender Spielbanken mithin keine anderen Folgen haben werde, als, wie solches vielfache Erfahrung gelehrt hat, die des Spiels an geheimen uncontrolirten Winkelbanken; daß, wenn die Zahl der Theilnehmer an dem letztern geringer seyn möge, die intensive Gefahr desto größer und augenfälliger sey, namentlich wegen des Mangels aller Sicherung gegen Betrug und wegen des Wegfallens der Scheu vor der öffentlichen Meinung.«[87]

In den Grenzen der »allgemeinen Meinung« schien mäßiges Spielen selbst an öffentlichen Banken dem Standesbewußtsein der privilegierten Schichten zumutbar, weil sich hier, im Gegensatz zu privaten Zirkeln, »die Galerie [die Spieler bzw. Zuschauer] keineswegs untereinander zu verbrüdern pflegt«.[88] Doch konterkarierte gerade die Öffentlichkeit alle Bemühungen um soziale Segregation. Und so war es für Karl August Varnhagen von Ense – angetan von den Anlagen und Einrichtungen in Homburg aber mit Abscheu vor »dem verfluchten Spiel, das alle Gauner und Tagediebe der Umgegend anzieht« – ein »widerwärtiger Anblick«, 1844 den Kurfürsten von Hessen in Homburg »unter dem Spielervolk« zu sehen.[89] Der diskriminierende Blick des Schriftstellers reflektiert auch auf das Interesse der Nichtreichen und Nichtprivilegierten am Spiel. Die Verantwortlichen der Spielbanken waren ebenso wie die Regierungen seit der Etablierung des öffentlichen Glücksspiels bestrebt, gewisse Schichten auszuschließen: Minderjährige und Unselbständige jeder Art, namentlich Handwerks- und Handelsgehilfen, Studierende, Bauern, Dienstboten, untere Militärchargen.[90] In Bad Eilsen sollten »keine Livrée Bediente, geringe Leute, Bauern, im Spielzimmer geduldet werden«.⁹¹ Die ganze Strategie der Brüder Blanc zielte darauf ab, Homburg zu *désencanaillieren*, also schlecht gekleidete Leute, Bauern und Arbeiter, »die Juden von Homburg« sowie das »Gewürm von Spielprofessoren und Leuten, die am trockenen sitzen«, von den Spieltischen auszuschließen – nur um desto intensiver »Propaganda« zu machen, »aber nur bei hervorragenden Personen«.⁹²

François Blanc versprach sich gleichzeitig ein neues Spielerpublikum, das die Eisenbahnlinie aus Paris und anderen europäischen Hauptstädten bringen sollte. Gerade die Eisenbahn aber bildete in den Augen vieler die größte Gefahr. Denn die neuen Verkehrsmittel erleichterten und verbilligten den Zugang zu den Spielorten.

> »So ist es natürlich, daß grade eine Classe von Spielern, deren Entfernung von den grünen Tischen vor Allem zu wünschen wäre, zunimmt. Bürger, Bauern, niedere Beamte, Studenten, Kaufmannsgehilfen sind jetzt mehr als früher der Verführung zum Spiele ausgesetzt.«⁹³

Die potentielle Spielercreme erblickte in der vermeintlichen Demokratisierung der Mobilität eine verstörende Bedrohung ihrer elitären Rolle. So äußerte sich 1856 ein k. k. Oberst über Offiziere, die die Spielbanken von Wiesbaden, Homburg und Wilhelmsbad frequentierten:

> »Es geht zum Glück keine Eisenbahn unmittelbar bis Homburg, und der, wie ich, von Bonames [ca. 10 km nördlich von Frankfurt] nicht in Gesellschaftswägen mit allen Gesindel weiter fahren will, der muß sich hier eine eigne Gelegenheit miethen. Meiner Meinung nach wird sich mancher Offizier auch scheuen im Militair-Anzuge mit den unteren Volksklassen zusammen zu fahren.«⁹⁴

Der Wunsch nach gesellschaftlicher Abgrenzung wurde stärker. Das Bezirksamt Baden-Baden warnte 1853 vor dem mit der Bahn aus Paris zu erwartenden anreisenden Publikum und ortete das »Bedürfnis [...], einige Lokalitäten zu haben, in welche nur eine ausgewähltere Gesellschaft Zutritt hat«.⁹⁵ Der sozialen Exklusivität wirkte die inklusive Dynamik der öffentlichen Spielbanken entgegen.

Es sind dies Indizien für eine weitere neue Dimension des öffentlichen Spiels. 1844 hatte die Direktion der rheinischen Eisenbahnen den Fahrpreis nach Aachen und retour an Sonntagen um die Hälfte verbilligt. Der Erfolg war, wie die Frankfurter Oberpostamts-Zeitung schrieb, daß es an diesen Tagen an der Aachener Bank »von Cölnern, und zwar meist aus der mittlern und selbst der Beamtenclasse« wimmle.⁹⁶ Die »Gartenlaube« beobachtete 1862 in Wilhelmsbad am Sonntag spielende »Kleinbürger, Handlungscommis und Fabrikarbeiter aus der Umgebung«.⁹⁷ Die zahlreiche Gesellschaft kam mit der Eisenbahn.⁹⁸ Der Sonntag war der große Tag der Emser Bank. An ihm fuhren »viele kleine Handwerker [von Koblenz] gewohnheitsmäßig« hin, um angeblich »den sauer ersparten Verdienst« zu verspielen; das Koblenzer Bürgertum stellte einen bedeutenden Teil des Sonntagspublikums. 1868 machte sich

Preußen per Gesetz an die Schließung der auf norddeutschem Bundesgebiet liegenden Banken. Besonders wichtig erschien der sofortige Wirksamkeit erlangende Passus, der das Spiel an Sonn- und Feiertagen verbot – zuerst in den drei preußischen, dann in den übrigen Banken, »weil die Voraussetzung nicht unbegründet erscheint, daß ein großer Theil der Spiellustigen, welche bisher Wiesbaden, Ems und Homburg an Sonn- und Feiertagen zu besuchen pflegten, sich nunmehr an diesen Tagen nach Nauheim wenden würden«.[99] Vielleicht kann hier die Romanliteratur als Korrektiv einer doch politisch motivierten, tendenziösen Sicht der Dinge dienen. In Thomas Manns »Buddenbrooks« (1901) bevölkern um 1870 Hamburger Kaufmannsfamilien, Konsuln, Senatoren, Polizeichefs, englische und russische Herrschaften das Seebad Travemünde, genießen die Ruhe, amüsieren sich und setzen »nach dem Essen die Roulette ein wenig in Bewegung«. Sonntags füllt sich das Bild durch »Eintagsfliegen aus dem guten Mittelstande«.[100] Die quantitative und qualitative Veränderung des Spielerpublikums, die vermutlich nicht überschätzt werden sollte, registrieren manche als störenden Verlust von Distanz. Dostojewski ärgerte sich 1867 am Homburger Roulette über die Gemeinheit der Deutschen:

> »Gestern war Sonntag, und all diese Homburger Deutschen mit ihren Frauen erschienen nach dem Mittagessen im Kurhaus. An Wochentagen spielen dort gewöhnlich die Ausländer und es herrscht kein Gedränge, gestern, Sonntag, war aber ein Durcheinander, eine Schwüle, ein Gestoße und ein Geschimpfe!«[101]

Der aristokratische Glanz des Spielbetriebs wurde durch die Entwicklung des internationalen bürgerlichen Tourismus vollends zur Illusion eines funktionslos gewordenen gesellschaftlichen Rituals. Nach der Schließung der deutschen Bäder entwickelte sich Monte Carlo zum Treffpunkt der (Finanz-)Aristokratie, der in dem Maße zur Kulisse abenteuerlicher und amouröser Gesellschaftsromane wurde, wie sich die »Elite« abschottete. Stefan Zweig hat diesen Wandel 1927 festgehalten und Monte Carlo als Mythos der »elenden Romane« entschleiert:

> »Und dabei war ja das Kasino vor zwanzig Jahren, als noch bares sinnlich sichtbares Geld umrollte, die knisternden Noten, die goldenen Napoleons, die patzigen Fünffrankenstücke durcheinanderwirbelten, unendlich anziehender als heute, da in der modisch neugebauten pomphaften Spielburg ein verbürgertes Cook-Reisepublikum seine charakterlosen Spielmarken langweilig verpulvert.«[102]

Der zeitliche Nachfrageschwerpunkt beeinflußte besonders in der Frühzeit wachsender Spielbäder das Angebotsverhalten der Pächter. Hauptmann Düring bezahlte 1809 für jedes Spiel in Bad Eilsen eineinhalb Pistolen, sonntags das Doppelte; Capitain von Drygalsky bot im selben Jahr für jeden Spieltag zwei, am Sonntag aber drei Pistolen. Der Domkapitular und Probst in Widenstein, Herr von Cornberg, meinte als potentieller Pächter im selben Jahr, »daß nur Sonntags auf Spiel zu rechnen wäre« und er deshalb nicht mehr als 70 Louisdor geben könne. Sonntags sollte die Wache vor dem Saal in Bad Eilsen mit auf das Spiel aufpassen.[103] Die Bank von Alexisbad lag immer nur, die kleine in Meinberg »gewöhnlich nur Sonntags« auf.[104]

Daß vor allem der Sonntag nun auch vermehrt von den traditionell nicht »urlaubenden« Schichten zum öffentlichen Spiel genutzt wurde, ist ein Zeichen für das allmähliche Aufbrechen einer privilegierten Domäne. Die Spielbank wird Teil einer freizeitlichen und (ausflugs)touristischen Infrastruktur. Es waren allerdings immer noch (und blieben es teilweise bis in die Gegenwart) die »großen« und »guten« Spieler, die durch hohe Einsätze das Renommee und durch bedeutende Verluste den Profit einer Bank bestimmten und von den Betreibern umworben wurden. Doch prägten zunehmend Aspekte der Massenhaftigkeit das Bild der Spielbanken. Nicht zuletzt ist das Angebot der Spiele und die Unterscheidung in »große« und »kleine« ein Hinweis für diese Entwicklung. Hier liegt auch der Ursprung der Erfolgsgeschichte des Roulette. Ende des 18. Jahrhunderts hatte der Pächter der Bückeburger Klus darauf hingewiesen, daß die Pharaobank »sicher das Mittel [ist,] die Clus mehr renommirt zu machen«. Die »Aufrechterhaltung des Commerces« erfordere, daß dem Publikum »jede Art des Vergnügens, und jedes Spiel, soviel zu prästiren, zu verschaffen« sei; dazu gehörten eben auch die »Nebenspiele«, durch die der »Verkehr« auf der Klus »klarerweise vermehrt« werde; und

> »weil durchaus Spiel sein muß, die große Banque aber nicht immer spielt, und selbst durch solche kleine Spiele, als Roulett, Biribi, Tableaux pp. Nutzen hat; weil dadurch das Commerce unterhalten wird, und große Spieler sich einstellen, wenn sie wißen, daß auch bey weniger Gesellschaft jemand ist, der Amusement giebt«.[105]

Damals war die Fürstin gegen die Verpachtung anderer Spiele als Pharao. Zehn Jahre später wies ein Berater des Schaumburg-Lippischen Fürsten aus Pyrmont schon darauf hin, daß ein Pächter »mit Nutzen nur Faro und Großes Roulet geben könne«, wobei dort beide »allenfalls an Sonntagen [!] zugleich gespielt werden«. Leutnant Schönewolf, Pächter der Pharaobank in Geismar und Nenndorf sowie Teilhaber in Pyrmont, schränkte sein Interesse an der Bank von Bad Eilsen mit folgenden Überlegungen ein: »da es am Sonntage im Saal zu voll sey, wolle er als denn im sogenannten Rauchzimmer das Spiel etablieren«, möchte dieses aber mit dem angrenzenden vergrößert haben, »indem dasselbe sonst zu klein sey, ein Rouletspiel darin aufzustellen«.[106] Programmatisch hieß es dazu aus Bad Ems, wo vormittags Pharao, nachmittags Trente et Quarante und vor und nach dem Abendessen Roulette gespielt wurde: »Sonntags ist der Unterschied, dass das Roulette neben andern Spielen beständig fortdauert.«[107]

Pharao, das vor allem im 18. Jahrhundert geradezu metonymisch für Glücksspiele stand, geriet immer mehr unter den Druck anderer. Den größeren Vorteil gewisser

Institutionalisiertes öffentliches Glücksspiel

Spiele und die Entscheidung für sie vor anderen bestimmte nicht (mehr) allein die aus den Spielregeln resultierende prozentuelle Überlegenheit des Bankhalters, sondern die Menge der Spieler und hauptsächlich der schnellere Umlauf der (auch kleineren) Einsätze. Daher war Rouge et Noir, das auch »nur bey einer großen Gesellschaft von Spiel=Liebhabern mit Vortheil statt haben« kann, den Banken günstiger als Pharao, und Roulette am profitabelsten.[108] Dazu verschoben sich die Präferenzen bei der Nachfrage nach bestimmten Spielen. Von Bad Ems hieß es nach der Mitte des 19. Jahrhunderts, daß das Pharao allmählich »in Verruf gerathen [war], zumal seitdem seine Verehrer, die Russen [...], im Gefolge der Ereignisse von 1848 ausblieben«.[109]

Allem Anschein nach hat ein stärker ausgeprägtes Bedürfnis nach Geschwindigkeit diesen Wandel beeinflußt. Pharao war ein langsames Spiel. Eine Beschreibung aus dem Jahr 1784 spricht von der »grossen Bedächtlichkeit«, mit der der Banquier die Karten abzieht.[110] Franz Grillparzer ärgerte sich 1819 beim Pharao in Neapel über »die zögernden Verbindungen des langweiligen Spieles«, während ihm das Rouge et Noir, »um ein stagnantes Dasein aufzurühren, [...] unter Umständen nicht übel« zu sein schien.[111] Manchen war dieses neue Tempo suspekt, konnte es doch nur dem Betrug dienen und die Summen immens erhöhen. Beim Rouge et Noir an öffentlichen Banken war es

> »notorisch, daß eine Taille von 21 Coups in 5 Minuten durchgejagt worden ist, was 252 in einer Stunde macht, folglich bei einer Gallerie von 20 sitzenden Pointeurs, da der geringste Satz überall ein Preuß. Thaler ist, in einer Stunde 5040 Thaler, aber Thaler, aber auch so viele Louisd'or gewonnen oder verloren werden können«.[112]

Die Attraktivität – und in den Augen der Gegner die größte Gefahr – des Roulette machten aber nicht zuletzt die geringen Einsätze aus. Bevor es in Bad Eilsen installiert wurde, wollte die Rentkammer, daß der Mindestsatz einen Gulden betragen müsse, damit »das Spiel auf eine der minder wohlhabenden Menschen Classe nachteilige Weise nicht zu sehr begünstigt werde«.[113] Weit davon entfernt, ein »demokratisches« Spiel zu sein, wurde dennoch sein »niederer Charakter« moniert. Die noblen Spieler des Pariser »Cercle des Etrangers« lehnten 1828 ein für sie von Bénazet vorgesehenes »elegantes und vergoldetes« Roulette wegen des zu vulgären Gebrauchs dieses Instruments ab. Der Apparat wurde in den Palais Royal transferiert – wo fast jeder spielen konnte.[114] – In neuerer Zeit, besonders auch in den Casinos der Gegenwart, erfüllen die Glücksspielautomaten auch quantitativ die Rolle eines schnellen Spiels mit geringen Einsätzen.

In Pariser und schon früher in Londoner Spielhäusern ist der nachhaltigste strukturelle Wandel in der Organisation des Spielbetriebs zu beobachten. Der wesentliche Unterschied zu früheren Spielunternehmern bestand darin, daß die neuen Pächter (Bénazet, Blanc) nicht mehr selbst spielten (Bank hielten bzw. taillierten) – was etwa noch ein

P. N. Huyn in Ems getan hatte. (Huyn war übrigens noch in anderer Hinsicht ein Spezialist in der Welt des Spiels: 1788 veröffentlichte er »La Théorie des jeux de hazard, ou Analyse du Krabs, du Passe-dix, de la Roulette, du Trente & Quarante, du Pharaon, du Biribi & du Lotto«.) Im Übergang zur modernen Unternehmensform trennten sich die finanziellen von den technischen Funktionen. Die eigentlichen Bankhalter gingen in der Rolle des Kapitalgebers auf, während der Spielablauf arbeitsteilig organisierten Lohnabhängigen übertragen wurde.

Die Person des Croupiers verkörpert diese Transformation besonders anschaulich. Um 1680 taucht das Wort in Frankreich im Zusammenhang mit dem Spiel auf. Es bezeichnet sowohl den Teilhaber als auch den Gehilfen des Banquiers – und zwar auch in einer weiblichen Form (*la crouppière*).[115] Im 18. Jahrhundert überwiegt immer noch die Bedeutung des »Teilhabers«, des unmittelbar Mitinteressierten.[116] Der Aufgabenbereich überschneidet bzw. deckt sich mit der des Banquiers bzw. Tailleurs. Es ist eine durchaus ehrenvolle Rolle, die in höfischen Kreisen Loyalität signalisiert. Am 31. Oktober 1757 speiste Obersthofmeister Khevenhüller-Metsch

> »bei Hof, taillirte Nachmittag, worbei mir der Herr Reichs-Vice-Canzler den Croupier machte, gleichwie ich es vorgestern gethan, da ich auch mittags bei Hof geessen und der Herr Obrist-Hofmeister tailliret hatte. Unsere Absicht hierbei ware, den Hof zu obligiren und honnoriren […]«.[117]

In der Spielordnung des Wiener Theaters von 1762 ist Croupier noch gleichbedeutend mit Tailleur. Dagegen gehören bereits 1722 zwei »*Crowpees*« zu den »*Offices Established in the Gaming Houses*« von London (nach dem »Commissioner/Proprietor«, dem »Director, who superintends the Room« und dem »Operator, who deals the Cards at […] Faroe«). Ihre Aufgabe: »[to] watch the Cards, and gather the Money for the Bank«.[118] In öffentlichen Spielhäusern festigt sich die Bedeutung des technischen Gehilfen, Croupier wird zum hochqualifizierten Beruf. Der aussichtsreichste Anwärter auf die Spielbank in Bad Eilsen rechnete im Jahr 1809 zu den »Unkosten und Auslagen« 200 Reichstaler für einen Croupier – den er allerdings als Vertreter für seinen verreisten Bruder benötigte.[119] Die Zeit des Übergangs der Emser Spielbank zum Großbetrieb ab 1821 fällt mit dem Dienst von Croupiers zusammen, für deren Geschäftshandlungen die Pächter verantwortlich waren und deren Beschäftigung der polizeilichen Genehmigung bedurfte.[120] Ihr spieltechnisches Geschick brachte angeblich nicht nur gute Entlohnung; es stand auch im Mittelpunkt der Kritik der Spielbankgegner an den »Spielhöllendiener[n], die dem Spielgötzen Tag und Nacht ihre Zeit und Kräfte opfern, und im Dienst einer so verderblichen und doch anstrengenden Geistlosigkeit ihr Leben hinbringen«. Die durchwegs männlichen Croupiers personifizieren das Spielgeschehen, repräsentieren die Bank und werden zum Objekt der Gewinn- und Verlustprojektionen der Spielenden.[121]

Die Erwartungen an den öffentlichen Spielbetrieb sind von einer zunehmenden ›Versachlichung‹ geprägt. Eine kleine Bank wie Bad Eilsen befand sich um 1810 allem Anschein nach noch in einer Übergangsphase. 1809 lobte die Bückeburger Kammer den Banquier Drygalsky: »Er reizt niemanden zum Spiel.« Und doch war das Verhältnis zwischen Spielenden und Banquiers noch sehr unmittelbar und konfliktträchtig geprägt. Ein Mitbieter Drygalskys sprach von seiner »Mühe und Gefahr« und bat die Kammer, »mich während der Baadezeit besonders in Ihren Schutz zu nehmen, indem der Banquier so manchen Unanehmlichkeiten ausgesetzt ist«. Trotz der stärker werdenden regulierenden Einflußnahme der Regierungen auf die Gestaltung des Spielverlaufs gab es Spieler, die ihren Spielwünschen persönlich Geltung zu verschaffen suchten. Am 16. Juli 1810, nachts um elf Uhr, hielt der Brunnenkommissar von Bad Eilsen den Marktmeister an, das Pharaospiel verordnungsgemäß aufzuheben. Einige der Spieler hatten ihren vorigen Gewinn gerade wieder verloren und »verlangten daher von den Banquiers fortzuspielen«. Da die Verordnung dies nicht gestattete, wurden die Spieler zuerst »aufgebracht«, dann »laut und ungestüm« und schließlich tätlich. Man brachte sie in den Arrest und ließ sie erst nach Intervention und Stellung einer Kaution frei. Konflikte dieser Art resultierten aus der Gewohnheit, daß nach Beendigung der »großen« Banken die Banquiers selbst oder andere kleinere Banken (z. B. das Schneiden) auflegten und ein Abweichen davon auf Widerstand stieß. Der Bereitstellung eines *Commissarius* stand die Kammer allerdings skeptisch gegenüber, da sie auf diese Art »leicht in alle Zwistigkeiten der Banquier und Spieler verwickelt werden« könnte und niemand dieses Amt übernehmen wollen werde. Für Militärposten, die das Spiel »bedecken« sollten, hatte der Banquier pro Mann »6 gute Groschen« (ungefähr 1/3 Gulden) zu bezahlen.[122]

Zur technischen Versachlichung trugen die Spielbestimmungen bei. Auf diesem Weg griffen die Regierungen regulierend und kontrollierend in den Spielverlauf ein. In Bad Eilsen sollte jedes Spiel »nach den allgemein angenommenen Regeln« gespielt werden (niemand hatte sich für die Spielregeln auf der Klus interessiert!). Der Banquier durfte »keine größere Vorteile für die Bank bestimmen, als an anderen Orten bei öffentlichen Spielen, und zwar insbesondere bei der Bank in Pirmont geltend sind«.[123] In Pyrmont gab es für Pharao und Rouge et Noir keine geschriebenen oder gedruckten Regeln. Nachfragen wurden traditionell kommunikativ beantwortet. »Kommt ein der Sache nicht ganz kundiger Pointeur an die Bank, so wird er entweder von seinem Nachbar oder von einem der Banquiers mit Höflichkeit unterrichtet.« Man habe aber immer angenommen, »daß jeder, welcher sich damit abgibt, davon Kenntniß habe«. Für das ›moderne‹ Roulette, »welches etwas verzwickter ist« und nach den in Paris üblichen Regeln gespielt werde, waren im »Cafféhaus« gedruckte Regeln angeschlagen. Nun sah die Kammer in Bückeburg die aus Erfahrung bestätigte Notwendigkeit, daß »zur Vermeidung von Streitigkeiten« in Bad Eilsen Abschriften der Pharao- und

Rouge-et-Noir-Regeln im Spielzimmer aufgehängt werden.[124] Im berühmten Spa – *en temps de Saison* zu haben – erschienen 1766 (Neuauflage 1776) die gedruckten Regeln für Craps und Billard.[125] Die Nachfrage stieg. Im 19. Jahrhundert nahm die seit dem 17. Jahrhundert florierende Produktion von Regelwerken beträchtlich zu und regte das lokale Buchdruckergewerbe an. So gab beispielsweise 1865 der Emser Buchhändler H. Fahdt die »Kurze Erklärung des Trente et Quarante- und Roulette-Spiels« heraus.[126] Und selbst spielfeindliche Werke wie das eines Dr. von Blaha fühlten sich bemüßigt, die Regeln der in den öffentlichen Spielbanken gebräuchlichen Spiele abzudrucken.

Mit der wachsenden Bedeutung der öffentlichen Banken änderten die Regierungen allmählich ihr finanzielles Interesse und das System der Besteuerung. Während sich Bückeburg im Februar 1809 mit fixen Abgaben zufriedengab (ein Teil floß offenbar wie früher in die *Extraordinarii*-Kassa, ein Teil kam der Badverwaltung zugute) und meinte, es sei »nicht Sache der Kammer, Notiz davon zu nehmen, ob der Banquier Vortheil oder Schaden habe«, mußten die Pächter in Pyrmont unter der Kontrolle eines Kommissars außer der Pacht zehn Prozent vom Gewinn abgeben. Eine Erhöhung der Pacht zog man, »nach Maasgabe wie Eilsen wächst«, in Betracht. Man ließ also die »Concurrenz« von Nachfrage und Angebot walten.[127] Der Vertrag F. Blancs mit Monaco (1863) sah hingegen eine mit dem Ertrag des Unternehmens *(Société anonyme des bains de mer et du cercle des étrangers à Monaco)* automatisch wachsende Pacht vor.[128] Von den Gewerbe- und Einkommenssteuern profitierten Länder und Gemeinden. Die Regierung der Landgrafschaft Hessen-Homburg bekannte 1845 offen, daß sie ohne die Zuschüsse der Spielbank nicht bestehen könne und hatte nicht einmal ein vorzeitiges Aufkündigungsrecht, und in Ems trugen (1867) die gesamten Steuern nicht so viel ein wie der Steuerbetrag der Spielgesellschaft allein.[129]

DIE SPIELBANKFRAGE

Zahlreiche Bäder und Kurorte, wie z. B. Wilhelmsbad, Hofgeismar, Nenndorf und Brückenau, wurden im 18. Jahrhundert teilweise systematisch gegründet, teilweise gefördert[130] und Orte des Spiels. Andere schlossen sich dem Erfolg an und etablierten das Glücksspiel. Bad Eilsen ist hier zu nennen (1808), Oldesloe (1818; weil »diese Spiele zu den gewöhnlichen Unterhaltungen der Badegäste gehören und früher in vielen deutschen Bädern eingeführt waren«), Kissingen, wo seit ca. 1830 gespielt wurde, Homburg (1840) und Nauheim (gegründet 1834, Spielkonzession 1853). Weitere Banken bestanden in Köthen (seit ca. 1820 bzw. 1840 im Bahnhof!), Alexisbad, Meinberg, Niederwildungen, Rehburg, Neuwied, Detmold und Helmstedt.[131] Nach dem Vorbild Englands und unter der publizistischen Mitwirkung G. Ch. Lichtenbergs (»Warum hat

Deutschland noch kein öffentliches Seebad?« [1793]) kam es seit dem Ende des 18. Jahrhunderts zur Gründung von Seebädern.[132] Spielbanken gab es in Doberan, Norderney und Travemünde (Kurhaus 1802). Gespielt wurde (wie am Beispiel des Hamburgers Schimper zu sehen war, wohl eher bescheiden) auch in Haffkrug, das jedoch als Bad bis 1890 ein »Schattendasein« führte.[133] Nicht alle der genannten Banken waren bedeutend. Der Vertreter des Fürstentums Lippe berichtete dem Bundestag 1845, daß die kleine Meinberger Pharaobank wegen der geringen Auslage (500 Reichstaler) »mehr die Natur eines unterhaltenden Commercespiels als einer Spielbank hat«. In diesem Jahr befahl die hessische Regierung die Aufhebung des Spiels in Schwalbach und Schlangenbad gegen Abfindung der Beteiligten.[134] Dennoch galt für alle Banken auf dem Gebiet des Deutschen Bundes, was den französischen Casinos zum Verhängnis geworden war: Sie wurden ein Opfer ihres Erfolgs und ihrer zu großen Sichtbarkeit.[135]

Nachdem die österreichischen und preußischen Höfe schon früher vertrauliche Beratungen über die öffentlichen Spielbanken geführt hatten, stellte die königlich-württembergische Regierung am 18. April 1844 vor der Deutschen Bundesversammlung den Antrag, die Spielbanken sowie die Klassenlotterien und das Zahlenlotto aufzuheben. Der zur Untersuchung gebildete Ausschuß stellte in einem Gutachten die Zunahme der Spielbanken und die Gewinnsteigerung der Pächter als eines der »charakteristischen Merkmale der jetzigen Zeit« dar, die einerseits durch Pauperismus, andererseits durch eine verstärkte Hinwendung zum Erlangen eines »plötzlichen mühelosen Gewinn[s]« in Glücksspielen, Lotterieanleihen, »Actienschwindel«, Zeitkäufen und selbst der überbordenden industriellen Produktion geprägt sei. Die Forderung, das öffentliche Spiel aufzuheben, bedeutete für ihn einen fortschrittlichen Zug. Da man den Regierungen keinen Vorwurf machen wollte und den »Uebelstand« als Produkt der »Vergangenheit« zu entschuldigen suchte, richtete sich die Kritik vornehmlich auf die Spielpächter. Im Unterschied zu Aachen, wo ja festbesoldete Beamte unabhängig von Gewinn und Verlust das Spiel verwalteten, würden sie, die an einem größtmöglichen Spiel interessiert seien, durch alle Mittel dazu »reizen«. (Man erinnert sich des Lobs für den Bad Eilsener Banquier, der niemanden zum Spiel reize!) Der Ausschuß beklagte, daß einige Orte durch teilweise bedeutende Antizipationen auf die Pachtgelder in bar oder durch öffentliche Bauten Schuldverhältnisse gegen die Pächter eingegangen seien, was die Aufhebung erschwere. In zwölf Punkten legte er soziale, ökonomische, moralische und politische Argumente und Maßnahmen dar, die die Schließung der Spielbanken einstimmig und für das gesamte Bundesgebiet zwingend machen würden.[136] Österreich konnte sich um so mehr dem Beschluß anschließen, als hier keine bestanden, dafür aber in seiner Stellungnahme der Frage des Zahlenlottos einfach auswich.[137] Die Anträge des Ausschusses fanden die benötigte einhellige Zustimmung naturgemäß nicht, und so kam es zu einem Beschlußentwurf: Die Regierungen sollten keine neuen Spielbanken mehr errichten lassen, keine neuen Verträge

Abb. 14:

mit Pächtern eingehen und die bestehenden nicht verlängern – und nach drei Jahren neuerlich beraten.[138]

In dieser Zeit fanden die Stimmen gegen die Spielbanken reichlich Unterstützung aus allen Sparten der vormärzlichen national(istisch)en Journalistik und Literatur (siehe z. B. Freiligraths Gedicht »Der Patriot«, 1844). Das Volkskomitee in Kassel hatte sogar »ein internationales Schutz- und Trutzbündnis gegen die Hazardspiele und Lotterien in allen europäischen Staaten« angeregt. Von den zahlreichen Petitionen führte eine zur Beratung in der Konstituierenden Nationalversammlung der Frankfurter Paulskirche. Mit den Anträgen zur Aufhebung der Spielbanken, Lotterien und des Lottos befaßte sich der mit der »Regelung der Arbeiterverhältnisse« und »Ergreifung von Maßregeln zur Steuerung der Volksnoth« betraute Ausschuß, weil die Glücksspiele »als untrügliche Mittel zur Beförderung des Volkselendes betrachtet werden«. Die Debatte, in der sich der Ästhetikprofessor F. Th. Vischer durch besondere Gehässigkeit und antifranzösische Ressentiments auszeichnete, stand im Spannungsfeld zwischen liberalen Positionen autonomer Selbstbestimmung und der Befürwortung staatlicher Regulierung der Wohlfahrt und kreiste um die Fragen, wie mit den bestehenden Verträgen zu verfahren und ob die Zentralgewalt ermächtigt und fähig sei, den souveränen Regierungen ihren Willen aufzuzwingen. Sie endete mit der Annahme des Gesetzesantrags, daß alle Spielbanken vom 1. Mai 1849 an in ganz Deutschland geschlossen und die Spielpachtverträge aufgehoben seien. Das Protokoll vermerkt »Sensation« und »allgemeines Bravo«.[139] Einige Banken fügten sich der angedrohten gesetzlichen Exekution und schlossen (Wiesbaden, Ems, Aachen, Kissingen, Baden-Baden) vorübergehend. Die Weigerung Homburgs führte zum Aufmarsch österreichischer Truppen, das Spiel wurde in ein leicht zugängliches »Fremdenkasino« verlegt. Nachdem die Ohnmacht der Nationalversammlung evident geworden war, erlaubte der Landgraf am 28. August 1849 die Wiederaufnahme des Spiels.[140] In Schaumburg beantragten die Landstände im Dezember 1848 bei der Regierung die Aufhebung der noch auf mehrere Jahre verpachteten Spielbank in Bad Eilsen, »indem sie es für unwürdig halten müssen, zu einem demoralisierenden Spiel, welches man den Inländern streng verbietet, die Ausländer anzulocken«. Die Rentkammer wollte zuerst die Schließung anderer Banken abwarten. Die Stände drängten und verwiesen auf die bereits eingetretene Aufhebung in Hannover und Preußen (?). Schließlich fügte sich der Fürst dem Gesetz der Nationalversammlung. Wiewohl kurzfristig in Erwägung gezogen, kam es nicht zur Wiedereinführung des Glücksspiels. Zwei Gesuche aus den Jahren 1853 und 1861 beschied man abschlägig.[141]

Die Opposition gegen die Spielbanken nahm indes zu. Vor allem die »Gartenlaube« versorgte das lesende Bürgertum mit abschreckenden Spielgeschichten und Reportagen vom schändlichen Treiben an den Spielbanken.[142] Wichtig war der »Centralausschuß für die innere Mission der Deutschen evangelischen Kirche«, der bereits 1854

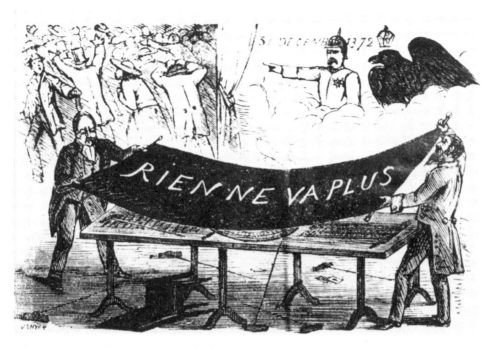

Abb. 15: »Rien ne va plus« (Karikatur zur Schließung der Homburger Spielbank am 31. Dezember 1872)

im Auftrag des Kirchentags einen Antrag für den Bundestag vorbereitet hatte und ihn beim Reichstag des 1866 gegründeten Norddeutschen Bundes einbrachte. 1867 erhielt die Petition angeblich mehr als 37.000 Unterschriften, und der Reichstag beschloß, sie dem Bundeskanzler zu übermitteln. Der mächtigste politische Gegner war Preußen, das die auf sein Gebiet gefallene Bank in Aachen immerhin noch bis 1854 duldete. Bis 1867 hatten dann Nenndorf, Wilhelmsbad, Hofgeismar und Doberan geschlossen. Das preußische Landesgesetz vom 5. März 1868 verfügte die Schließung von Wiesbaden, Ems und Homburg mit 31. Dezember 1872, ein Gesetz für das Bundesgebiet regelte das nämliche für Pyrmont, Wildungen, Nauheim und Travemünde.[143] Dies geschah an diesem Tag auch an den Orten, die zum neuen Deutschen Kaiserreich gehörten (Baden-Baden).

Spätere Autoren brachten die Entscheidung in Zusammenhang mit der spezifischen ökonomischen und politischen Situation und meinten, daß der Antrag auf Aufhebung »angesichts des bald darauf ausgebrochenen Börsentaumels [...] kaum noch gestellt oder acceptirt worden« wäre.[144] Bürgerliche Historiker (Schlosser) feierten das Ereignis als nationale Ruhmestat »der neuen Zeit«, die es wert schien, noch 1893 weltgeschichtliche Betrachtungen zu schmücken.[145] Schon 1864 hatte die »Gartenlaube« prophezeit: »[…] eine europäische Großmacht kann keine Spielhöllen halten, sonst hört sie auf, eine Großmacht zu sein«.[146] Insofern war Habsburg vorbildlich.

NACHHALL UND ÜBERGÄNGE

Das Spiel fand von 1872 an ausschließlich im illegalen oder halböffentlichen Bereich von Clubs und privaten Gesellschaften statt. In Österreich, wo dies traditionell der Fall war, scheiterten angebliche Versuche deutscher Spielbankpächter, öffentliche Banken zu errichten.[147] Bei den zumal in Wien periodisch beobachteten »Privat-Roulettes« prägte jedoch die deutsche Spielbankvergangenheit den journalistischen Wahrnehmungshorizont.[148]

Bereits 1863 hatte François Blanc das Glücksspiel in Monte Carlo übernommen. Seine monopolartige Stellung im Spielbankengeschäft des späten 19. und frühen 20. Jahrhunderts war 1849/50 durch die baldige Schließung von Aix-en-Savoye (Aix-les-Bains) und Verhinderung von Nizza (wobei Blanc persönlich im Königreich Sardinien interveniert hatte) sowie die 1877 erfolgte Aufhebung des Spiels im schweizerischen Saxon-les-Bains vorbereitet[149] und durch die nun einsetzende mediterrane Orientierung der touristischen Wirtschaft gefördert worden. Ganz entschieden dürfte Monte Carlo nach 1902 das (später wieder aufgehobene) Verbot des Roulettespiels in Spa und Ostende zugute gekommen sein.[150] 1899 hatten in der Schweiz acht Spielhäuser bzw. Kursäle geöffnet, in denen vor allem das rouletteähnliche Boule (Höchsteinsatz 2 bzw. 5 Franken, vorgeschriebene Spielgeschwindigkeit 5 Spiele in 2 Minuten, höchstmöglicher Verlust pro Stunde 750 Franken) sowie Petits chevaux und Baccarat bzw. Chemin de Fer gespielt wurden.[151] Bis zu ihrer gesetzlichen Unterdrückung in der zweiten Hälfte des Jahres 1912 existierten in den bekannten Bädern und Kurorten Italiens über 20 Glücksspielmöglichkeiten.[152] In Frankreich kam es 1907 zur gesetzlichen Regelung schon länger herrschender Verhältnisse. Cercles, wo vorzugsweise Baccarat gespielt wurde, und Casinos in zwölf Kur- und Badeorten durften während der Saison in speziell eingerichteten Lokalitäten gewisse Glücksspiele ausüben.[153]

Die Entwicklung der neuen »Kursaalspiele« beeinflußte auch den Raum der Habsburgermonarchie. Ein wegen über Jahre hinweg getriebenen Roulettespiels vor Gericht gestellter Wiener Selchermeister gab 1913 (wohl nicht ganz präzis) an, er »habe das Spiel, das unter den Augen der Behörden ganz offen in mehreren Badeorten, wie Abbazia, Grado, gespielt wurde, nicht für strafbar gehalten«.[154] In diesem Jahr wurde tatsächlich eine seit längerer Zeit bestehende Spielbank in Abbazia (Opatija) geschlossen.

Die österreichische Entwicklung

DIE »WILDEN« GRÜNDUNGEN

Zu Beginn des 20. Jahrhunderts suchten österreichisch-ungarische Kur- und Badeorte mit der Etablierung öffentlicher Glücksspiele Anschluß an die internationale Entwicklung. In einigen Fällen führten touristische Konjunkturabfälle auf diesen Weg zu neuen Finanzquellen, die manche sogar öffentlich als Mittel zum Ausgleich der Rückständigkeit der »österreichischen Adria« gegenüber der italienisch-französischen Riviera empfahlen.[1] Damit traten in der Habsburgermonarchie neue Spielmöglichkeiten neben die dem vermögenden Publikum vorbehaltene Reise in ausländische Spielbanken, den auf die Aristokratie beschränkten Jockeyclub oder ähnliche Vereinigungen, die nichtkonzessionierten »Spielhöllen« und das geheime Glücksspiel in öffentlichen Lokalen. Überall aber stießen die initiativen Gemeinden und Kurverwaltungen auf den Widerstand der übergeordneten Behörden, die mittels des traditionellen Arguments des Verbots sämtlicher Glücksspiele keine abweichende Ausnahmeinterpretation (z. B. Kursaalspiele nach Schweizer Vorbild) zuließen. Wie das Innenministerium 1912 festhielt, hatte der Staat »an sich kein wirtschaftliches Interesse, daß sich in den Kurorten Spielhöhlen [sic!] entwickeln«.[2] Schließlich sah er sich gegen das eine oder andere stillschweigend geduldete Spiel zum Einschreiten gezwungen, weil es zu Anzeigen gekommen war. So hatte der Wiener Rudolf Medak bei der Staatsanwaltschaft Triest die Betreiber des Spiels in Abbazia denunziert und angegeben, im Jänner 1911 ein Kaffeehaus gepachtet zu haben, das ihm nichts mehr einbringe, seit nebenan der Spielbetrieb eröffnet worden sei.[3]

Im Oktober 1913 wurde in Abbazia das Boule- und Petits-Chevaux-Spiel aufgehoben. Durch Zeitungsmeldungen aufmerksam gemacht, hatten Abgeordnete bereits 1911, 1912 und noch im Oktober 1913 in dieser Sache an die Innen- und Justizminister appelliert.[4] Dem »Berliner Lokalanzeiger« war »die jüngste der Spielbanken auf dem Kontinent« in der »Villa Amalia« bereits 1911 »ein offenes Geheimnis«,[5] und die am Spiel Interessierten konnten es 1913 beim österreichischen Monte-Carlo-Kenner Felix Czeipek, der unter dem Pseudonym Sidney Ready schrieb, in Buchform nachlesen. Czeipek bedauerte lediglich, daß man in Abbazia Boule anstelle des prestigeträchtigeren Roulette spiele.[6] Vergleiche drängten sich jedoch allen Beobachtern auf. Abbazia galt als »das kleine Monte Carlo«, habe aber, wie der »Lokalanzeiger« schilderte, »nichts von der Pracht und Eleganz ihrer großen Schwester«. Dafür biete es »das typische Bild der Spielsäle [...] förmlich clichirt«. Die Besucher, »überwiegend Ungarn, zu denen sich Polen, Slovenen, Italiener und Deutsche gesellen«, waren angeblich mit den Modalitäten eines Spielsaals gut vertraut.[7] Diese Bemerkung war ein dezenter Hinweis darauf, daß es ein Reisepublikum gab, das das Spiel zu seinen Bedürfnissen zählte.

Die Kurkommission in Abbazia erhielt vom Kasino jährlich vertraglich vereinbarte 125.000 Kronen.[8] Vor allem die finanziellen Aussichten müssen dafür ausschlaggebend gewesen sein, daß in den Jahren 1913 und 1914 in Portorož, auf der Mendel bei Bozen, in Gries, Meran, Grado, Bad Ischl, Karlsbad und Marienbad Spielbetriebe eröffnet hatten sowie Baden bei Wien, Vöslau, Gmunden (erlaubte Spiele), Salzburg, Igls und Arco in Verhandlungen standen.[9] Um sich einen Eindruck vom Spielbetrieb zu verschaffen, reiste der nachmalige Bürgermeister von Baden, Joseph Kollmann, 1912 nach Grado.[10]

Unter dem Titel »Casino des Etrangers« oder »Cercle privé« blieben die Spiele einem eingeschränkten Besucherkreis vorbehalten. In Meran, wo das nach dem Prinzip des Billard funktionierende »Troika« mit Genehmigung und unter der Kontrolle der politischen Behörde stattfand,

> »wurden in den Spielsaal nur Personen zugelassen, die sich vor dem Sekretariate legitimierten und eine Einlaßkarte erhielten, die den reicheren Gesellschaftskreisen angehören, hauptsächlich aus dem internationalen Publikum des Kurortes«.[11]

Besonders interessiert waren die Behörden an den Betreibern und Geldgebern. Zumeist waren es kapitalstarke Aktiengesellschaften, oft mit einschlägigen Erfahrungen im Spielbetrieb. Hinter dem Kasino von Abbazia stand die Allgemeine Verkehrsaktiengesellschaft (auch die Österr. AG der Hotels und Kuranstalten Abbazia, Rechtsnachfolgerin der k. k. priv. Südbahngesellschaft) beziehungsweise ein ungarisches Konsortium mit Graf Hardegg an der Spitze. Diese Gesellschaft war seit 1911 in einen politischen Skandal verwickelt, bei dem es um Spielbank- und Hotelbauten auf der Budapester Margareteninsel ging.[12] Auf der Mendel bei Bozen agierte die in Belgien eingetragene Bankgesellschaft »Réussite anonyme pour l'exploitation d'hotels et de casinos«. Angeblich stand sie in keinem Zusammmenhang mit den Casinos von Spa und Ostende, sondern sei ausschließlich zum Betrieb der Spielbanken auf der Mendel, in Gries und Meran gegründet worden.[13] Präsident des Vereins »Kasinoklub in Baden« war Prinz Alexander Solms zu Braunfels, zugleich Präsident des österreichischen Jockeyklubs; als geschäftsführender Präsident fungierte der Bürgermeister der Stadt, Franz Trenner. Die Geldmittel stellte ein Vertreter der belgischen Finanzgruppe, die die dort geschlossenen Spielbanken betrieb (andere meinten, die Gelder kämen von der in Budapest registrierten »AG zur Hebung und Förderung des Fremdenverkehrs in Österreich und Ungarn«).[14] Beim »Kasinoklub in Baden« sei es laut Bezirkshauptmann »notorisch« und vor allem schwerwiegend, daß er nur den »Rahmen für eine auswärts stehende, auf Gewinnst berechnete Finanzgruppe ist«.[15] Die Beteiligung ausländischen (französischen und belgischen) Kapitals beschäftigte nicht nur die Behörden, sondern weckte auch in vereinzelten Spielbankgegnern xenophobe und antisemitische Deutschfreundlichkeit.[16]

Die Unsicherheiten und unterschiedlichen Auffassungen bei der Beurteilung der Lage durch die diversen Lokal-, Bezirks- und Landesbehörden einerseits sowie andererseits das Drängen der Kurorte und Betreiber, bei ohnehin bestehendem Spiel eine abgesicherte Konzession zu erlangen, hatten die Ministerien in Wien lange beschäftigt und den Wunsch nach einer klaren Lösung hervorgerufen. Bereits 1912 empfand man es als »mißlich«, daß das Spiel unter den Augen der Behörden lief und die Beteiligten den Eindruck gewinnen mußten, nichts Verbotenes zu tun. Daher hielt man es

> »für das Beste, wenn endlich von maßgebender Stelle eine Entscheidung über das Gesuch um Bewilligung des Betriebs einer Spielbank getroffen würde, damit der gegenwärtige Zwitterzustand entweder eine rechtliche Unterlage erhält oder als verbotswidrig gekennzeichnet wird«.[17]

Nachdem der Versuch des Innenministeriums, das Boule als Ausspielung zu behandeln und es so gestatten zu können, am Finanzministerium gescheitert war, gab es kein Hindernis mehr, per Erlaß vom 2. September 1913 die Statthalterei Triest anzuweisen, den Spielbetrieb in Abbazia, Portorož und Grado nicht weiter zu dulden.[18] Das Kasino auf der Mendel stellte seinen Betrieb im Dezember 1913 ein, das in Meran wurde im Februar 1914 gesperrt, das in Gries gebildete Kasino hatte offenbar keine Tätigkeit entwickelt, und einem anfangs April 1914 neu gegründeten Verein drohte bereits das Einschreiten der Behörden. Argwöhnisch aber beobachtete man in Wien die Ankündigung des »Fremdenkasinos« in Baden, »Geschicklichkeitsspiele« einzuführen; ein solches *(billard d'adresse)* hatte die Kurkommission von Abbazia nach einem neuerlich geschlossenen Vertrag mit dem »Casino des Etrangers« zu Beginn des Jahres eingerichtet; der »Cercle des Etrangers« von Grado wurde wenige Tage nach der Wiedereröffnung im Mai 1914 geschlossen, weil man dort »Baraque« spielte; in Meran erfolgte bereits im März eine neuerliche Strafanzeige wegen des dort gespielten »Troika«; ein belgisches Konsortium machte der Gemeinde Vöslau angeblich den Vorschlag, ein Kasino zu eröffnen. Der Innenminister hatte am 30. März 1914 allen Grund anzunehmen, daß sich »die Zustände, wie seinerzeit beim boule-Spiel wiederholen«.[19] Bevor das Konzessionsgesuch zum Betrieb eines Kasinos in Bad Ischl erledigt werden konnte, hatte der Krieg angefangen. Nun verloren die Strafsachen an Bedeutung. Da hauptsächlich ausländisches, französisches und belgisches Kapital in Frage kam, sah das Justizministerium »die Gefahr eines Fortbestehens der Spielbanken oder ihrer weiteren Vermehrung [...] durch den Ausbruch des Krieges wohl auf längere Zeit hinaus beseitigt«.[20]

Mag der Kriegsbeginn für die Ministerien eine Zäsur auch in der leidigen Spielbankfrage bedeutet haben, für die Spieler war er keine. 1916 lagen in Marienbad Angebote zur Eröffnung einer Spielbank im Hotel »Esplanade« vor.[21] Der leitende Direktor des Kurhauses in Joachimstal (nördl. von Karlsbad) schlug im April 1917 vor,

»zur Hebung des Fremdenverkehrs nach Friedensschluss den Spielkasinos eine weitere Ausbreitung in den österr. Kurorten zu ermöglichen«. Das Ministerium für öffentliche Angelegenheiten begrüßte und wünschte – als einziges – die Einrichtung oder Duldung in dieser Hinsicht »auf das lebhafteste«.[22] Diese Zweckbestimmung deutet auf ein Umdenken, das schon früher, aber auch in diesem Zusammenhang zu beobachten ist. Die Betreiber und Spieler in Grado waren freigesprochen worden, weil zum Spiel »nur (vermutlich) reiche Fremde zugelassen« waren und der geringe Einsatz für die Spieler wirtschaftlich nicht ins Gewicht fallen konnte. Das Justizministerium allerdings stellte sich auf den Standpunkt, daß Glücksspiele die Sittlichkeit gefährden, weil sie die »Spielleidenschaft« bei den Spielern selbst weckten oder steigerten und bei anderen verbreiteten. Spielgesellschaften in Badeorten seien »ganz unzweifelhaft in hohem Grade geeignet, zur Verbreitung des Sittenverderbnisses beizutragen«.[23] Zur Förderung des Tourismus waren aber vor allem die Gemeinden bereit, reichen Fremden Spielrefugien zu schaffen und diese zu lukrieren. Der Konflikt zwischen den partikularen ökonomischen Bedürfnissen und der unnachgiebigen Haltung der Regierungen bildete den Kern der Diskussion um die nach dem Ende des Krieges sich häufenden Projekte zur Etablierung von Spielbanken in Österreich.

INFLATIONÄRES SPIEL

Die nach 1918 allenthalben beobachtete ungeheure Zunahme des Glücksspiels ist wohl nur vor dem Hintergrund der Krise zu verstehen, die in der Ersten Republik weite Bereiche des Lebens erfaßte. Eine tiefgreifende Verstörung prägte das politische, wirtschaftliche und soziale Gefüge, aber auch die Einstellungen der Menschen. Krisenzeiten sind davon geprägt, daß unmittelbare Kontinuitäten des Überganges zerreißen und die zufällige Bezogenheit von Teilsystemen aufeinander ins Bewußtsein der Menschen gedrängt wird.[24] Wenn nun Kontingenz, das Prinzip Zufall, zum Substrat des Bezugsytems wurde, mußte sich das auf die Haltung zum Glücksspiel auswirken. Der neue Reichtum, den die Kriegsgewinnler repräsentierten, entsprach nach Ansicht vieler der »Philosophie und Nationalökonomie von Glück und Zufall«.[25] Die zahlreichen Versuche dieser Zeit, die Disposition zum Glücksspiel zu erklären, ähnelten einander in vieler Hinsicht. Die Erfahrungen des Kriegs und seiner Folgeerscheinungen, der »Rolle, die Glück und Zufall in den Wechselfällen des Krieges spielen«, hätten den Hang zu Mystizismus, Fatalismus und Resignation, die »Angst vor dem Zusammenbruch« bei den Besiegten die »Alles-ist-hin«-Stimmung« verstärkt. So schrieb der Wiener Landesgerichtsrat Max Weiser 1919 in seinem Artikel »Der Kampf gegen die Spielwut«.[26] Weiser ortete auch die ökonomische Herkunft der Spieler:

»Der Kriegsgewinner, der als Reicher von heute bei dem Glücksspiele mit dem alten Reichtum in Berührung kommt, der vom Kriege nicht Begünstigte endlich, der durch Spiel die Mittel für den Mehrverbrauch erspielen will, sie alle stellen dem Hasardspiel ein großes Kontingent.«

Kriegsgewinnler wurde man aber nicht durch Fatalismus, und diese Haltung dürfte wohl auch nicht zum Spiel geführt haben. Vielmehr spricht das Nebeneinander von neuem und altem Reichtum dafür, daß gerade über das Spiel jene Haltung des ostentativen Konsums und der Geldverachtung, die von aristokratischen Spielgewohnheiten (Jockeyclub u. ä.) bekannt war und als typisch für diese Schichten galt, zur Schau gestellt und Kapital in soziales Prestige umgesetzt werden sollte. Im Baccaratduell, das sich Schnitzlers Leutnant Wilhelm Kasda und der aus dunklen Quellen reich gewordene Konsul in der Erzählung »Spiel im Morgengrauen« (1924) liefern, prallen jene beiden Welten aufeinander. Die rigorose Schuldeinforderung des *nouveau riche* kann als Bestätigung der Rolle des Parvenüs gesehen werden und als sein Triumph über die alte Ordnung, deren Ehrvorstellungen er sich angeeignet hat, ohne ihr anzugehören. Der von Max Weiser euphemistisch als »nicht Begünstigte« Bezeichnete, dem das Motiv der gesellschaftlich-symbolischen Interpretation des Glücksspiels natürlich nicht abzusprechen ist, scheint auch kein typischer Vertreter der Resignation zu sein, wenn er sich bemüht, seine materielle Lage durch das Spiel zu verbessern. »Heute spielten auch die Menschen, deren Natur das Spiel nicht lag, die, bequem und gelassen, gewohnt waren, Gelegenheiten abzuwarten und nicht sich ihnen entgegenzuwerfen.«[27] Indem sie das Risiko des Spiels einzugehen bereit sind, erweisen sich die Spieler als Entscheidungsträger und Handelnde in der Dynamik des Glücksspiels, die Bestandteil einer *culture of risk-taking*[28] ist. Das »hervorstechendste Merkmal« der Nachkriegszeit, wie überhaupt ein allgemeines Kennzeichen von »Zeiten kriegerischer und revolutionärer Atmosphäre«, sei »die Sucht, Geld, und zwar momentan und recht viel zu verdienen«, hieß es 1921 in einem Zeitungsartikel.[29]

Die im Gefolge des Kriegs zu beobachtenden umfassenden Veränderungen verstärkten sich mit der zunehmenden Inflation. Die materielle Krise zeitigte eine mentale, weil »mit dem schwindenden Wert des Geldes alle anderen Werte in Österreich und Deutschland ins Rutschen kamen«, schrieb Stefan Zweig.[30] Die Zeitgenossen erfuhren ihre Gegenwart als beschleunigt. Viel zitiert wurde das »Tempo« der Zeit, das keine Festigkeit erlaubte. Die Menschen würden »nur dem gesteigerten Genuß des Augenblicks leben«, wie es 1922 in einer Filmkritik zu Fritz Langs Romanverfilmung »Dr. Mabuse, der Spieler« hieß.[31] Längerfristig gestaltendes Planen konnte von einem Großteil der Menschen nicht (mehr) als sinnvoll erfahren werden, weil wenig konkrete Zukunftsperspektiven denkbar waren. Die ökonomische Moral beruhte auf der mentalen Disposition, daß »die politische und wirtschaftliche und selbst die soziale Vorausberechnung auch nur auf Wochen unmöglich« sei und diese Rahmenbedingungen

»jedes Arbeitsziel, über den Tag hinaus gesteckt, als riskantes [...] Unterfangen erscheinen lassen, in denen nur der Augenblickserfolg Augenblicksgewinn bringt«.[32] Die Transformation des Wertesystems veränderte die Haltung zum Spiel. Die vor allem vom Bürgertum entwickelte und transportierte Anschauung, in bestimmten, hierarchisch hoch eingestuften Spielen könnten Tugenden wie Tüchtigkeit, Geschicklichkeit oder geistreiche Kompetitivität unter Beweis gestellt werden, was das Spiel erst zum Spiel mache, wurde obsolet. Der Wiener Polizeipräsident Schober meinte 1924: »Die Leute wollen nicht spielen, das heisst, sie wollen nicht eine geistige Anregung durch das im Spiele enthaltene Kampfmoment, sondern sie wollen einfach gewinnen.«[33]

Trotz oder gerade wegen der zeitweise irrwitzigen Inflation registrierte man eine allgemein verbreitete »Wut nach Geld«, wie Norbert Jacques den Hintergrund für seinen Mabuse-Roman beschrieb, dessen Protagonist nicht zufällig als Spieler agiert.[34] Unter diesen Umständen wurden »Tanz und Spiel mobil gemacht«. Denn »jeder fühlte, daß unter ihm der Boden wippte und schwankte«.[35] Oskar Laskes Gemälde »Das Narrenschiff« (1924) verdichtet eindringlich die Ereignisse und Erfahrungen der Inflationszeit. Am Rande des schwankenden Schiffs sitzen Leute um einen Spieltisch. Wo sich »von heute auf morgen [...] augenblicklicher Reichtum in nichts« wandeln konnte,[36] schien das Glücksspiel eine der Möglichkeiten, der allgemeinen Unordnung eine strukturierte Chance abzugewinnen. Denn seine Regeln waren durchschaubar. In Hans Falladas Roman »Wolf unter Wölfen«, der im Berlin des Inflationsjahres 1923 spielt, sind die Spielclubs, in die es den Helden fast täglich zieht, die einzigen Orte, die eine funktionierende Ordnung vermitteln und in der Orientierungslosigkeit der Hauptfigur einen – wenn auch irrwitzigen – Sinn bieten.

Die intensive Beschäftigung mit dem Thema ist auf eine nie dagewesene Zunahme des Glücksspiels zurückzuführen. Während die Zeitungen vor dem Ersten Weltkrieg eher gelegentlich über einige spektakuläre Fälle berichteten, lieferten sie in den ersten Nachkriegsjahren beinahe täglich Berichte über private Spielgesellschaften, »Spielhöllen« und »Spielsalons« in Wien und Baden. Bereits im Dezember 1918 registrierte die Presse in jedem einzelnen der inneren Bezirke mehrere davon, im März 1919 soll es in der Hauptstadt mehr als 150 Spielsalons gegeben haben, im Mai ist bereits die Rede von tausend.[37] Auch wenn diese Zahlen nicht überprüft werden können und die Statistik über Straftaten (Anzeigen und Verurteilungen) wenig aussagekräftig sind, ist mit einem quantitativen Wandel zu rechnen. In Berlin gab es vor allem nach dem Ende des Krieges eine enorme Vermehrung der Spielklubs, die legal gegründet werden durften. Allerdings legten sie ihren Charakter als geschlossene Gesellschaft bald ab, sofern er nicht ohnehin nur als Vorwand gedient hatte, und wurden zu profitorientierten Unternehmen.

»Man gründete Klubs, um sich aus den Kartengeldern der Klubmitglieder eine dauernde Erwerbsquelle zu verschaffen. Da man ein erklärliches Interesse an der Heranziehung mög-

Die österreichische Entwicklung

Abb. 16a (oben) und 16b (unten): Zwei Szenen auf offener Straße aus dem Berlin der zwanziger Jahre. Oben: eine Art Kegelspiel, wie es noch auf den Jahrmärkten zu sehen ist; unten: fliegender Würfeltisch.

lichst vieler Spieler hatte, war man in der Aufnahme der Klubmitglieder wenig wählerisch.[...] Fast alle nach der Revolution entstandenen Klubs waren reine Erwerbsunternehmen, gegründet von gewissenlosen Geldverdienern in der Absicht, den Spielleichtsinn ihrer harmloseren Mitmenschen [...] allabendlich auszubeuten.«

Neben den »eleganten Luxusspielstätten« gab es die zahlreichen kleineren Unternehmen, »die sich zwar an Eleganz der Aufmachung, an Qualität der Spieler und Höhe der Spielumsätze nicht mit den Luxusspielstätten der Lebewelt messen konnten, in denen aber mit nicht minderer Leidenschaftlichkeit dem Baccarat und dem Roulette-Spiel gehuldigt wurde«.[38] In Berlin scheint flächendeckend gespielt worden zu sein. Dem Spiel- und Gewinnbedürfnis der Armen dienten improvisierte Glücksspiele auf Straßen und Plätzen. Vor allem im ärmeren Osten der Stadt nutzten die Menschen jede denkbare Form der Lukrierung von Chancen.

»Irgendwo sammelte sich ein kleiner Kreis um einen Mann, der ein Tischchen vor sich hatte. Auf dem Tisch lag ein Wachstuch, auf dem mit bunter Kreide Quadrate gezogen waren, deren jedes eine Zahl enthielt. Ein kleines Holzrad lag gleichfalls auf dem Tisch, dessen Rand auch mit Zahlen beschrieben und mit aufrechtstehenden kleinen Stiften benagelt war, in die ein neben dem Rade befestigtes Stückchen Blech faßte. Das war ein primitives Roulette. Jeder, der sich am Spiel beteiligen wollte, legte seinen Einsatz auf das Quadrat, in dem die Zahl stand, die er setzen wollte. Wenn alles gesetzt hatte, brachte der Mann sein Rad in Bewegung, dessen Lauf durch die in die Drahtstifte eingreifende Feder gehemmt wurde, so daß es schließlich stehenblieb. [...] Hier konnte niemand behaupten, die Bank gesprengt zu haben – denn der Bankier zahlte höchstens sechsfach, während stets achtfach gesetzt wurde [...]. Übertriebene Hoffnungen auf großen Gewinn waren unmöglich. Aber die Zuschauer waren mindestens ebenso leidenschaftlich erregt wie die Spieler selbst. Doch der ›Bankier‹ war ein Pfennigfuchser: den höchsten Einsatz, den er annahm, war eine Mark. Ein Unternehmen für die kleinen Leute! Die Gäste dieser Spielbank, junge Burschen – Lehrlinge und Hausdiener, wollten schnell im Vorübergehen einmal das Glück versuchen. [...] Wie hier die Pfennige rollten, so flatterten ein paar Schritte weiter die Markscheine. Im Hause selbst, auf einem schmutzigen Treppenabsatz ward gemauschelt. Im Halbdunkel, das durch das staubige Flurfenster fiel, hockten hier Spieler am Boden [...]. Haus bei Haus hatte so seine Spielhöllen. Auf dem Hausflur, dem Hof, auf allen Treppenabsätzen, den Vorböden, den Stehbierhallen und Destillen, ja sogar in Wohnungen wurde gespielt.«[39]

Die Menschen verteidigten ihr Spiel gegen Eingriffe. Gelegentliche Razzien und Räumungsversuche fruchteten nichts. Im Gegenteil: Als ein Soldat, der im Spiel verloren hatte, den Unternehmer festnehmen wollte, »wurde die Menge rebellisch und schrie: ›Schlagt den Hund tot!‹«.[40] Die zahlreichen Neugründungen nach Kriegsende brachten im Mai 1919 eine vom Oberkommando Noske für Berlin erlassene Verordnung, nach der das Fortbestehen der Spielclubs nur mit Ausnahmeregelungen gewährleistet war. Als Folge davon wurden in Groß-Berlin 23 Spielclubs zugelassen und über 40 verboten. Es entstanden heimliche, so daß im September durch eine neue Verordnung Glücksspiele überhaupt verboten wurden. Hamburg und Sachsen erließen gleichgeartete Verbote. Nach Beendigung des Belagerungszustandes wurden die Klubs bald wieder aktiv. Nur Lokale, in denen angeblich Falschspiel festgestellt werden konnte, wurden geschlossen. Einigermaßen erfolgreich waren die Behörden lediglich im Kampf gegen das Spiel im Freien. Fortwährende Razzien verdrängten die Spieltische vom Alexanderplatz, die Spieler zogen sich auf andere Plätze und Straßen zurück. Heimliche Spielgesellschaften bestanden weiterhin vorab im reicheren Westteil der Stadt.[41]

Sogenannte *Gesellschaftsklubs* spielten in Wien nach Lage der Quellen nicht die Rolle, die sie im Berliner Spielerleben einnahmen. Ähnliche Organisationsformen gab es aber auch hier. 1920 soll im Lokal des humanitären Geselligkeitsvereins »Fraternität« vornehmlich von Naphthagrubenbesitzern Hasard gespielt worden sein. Viel besprochen wurde 1922 auch das Baccaratspiel in einem exklusiven Wiener Automobilklub. Ein größeres Ausmaß nahmen die Glücksspiele im Badner »Cercle des Etrangers« an, der im Sommer 1922 »mit großem Luxus« in der sogenannten »Kaiservilla« am Franzensring eingerichtet wurde. (Das Haus hatte zu dieser Zeit schon einschlägige Spielerfahrungen gemacht.) Der Club war behördlich genehmigt, veranstaltete auch Konzerte und war gegen Legitimation und Lösen einer Eintrittskarte oder durch Einführung zugänglich. Die Wiener Polizei hob den Club auf und erstattete Anzeige. Vor Gericht bestritten die meisten Angeklagten gespielt zu haben, während andere anführten, »daß sie nach der behördlichen Genehmigung des Klubs der Ansicht waren, daß dort gespielt werden dürfe«. Die Namen einiger Angeklagter finden sich auch im Zusammenhang mit anderen Spielpartien.[42] Das Problem, es in einem Club bei harmloser Geselligkeit zu belassen, war finanzieller Natur. Versuche, »in dieser oder jener Form ein neutrales Zentrum der Geselligkeit ins Leben zu rufen, seien gescheitert, und es wurde doch wieder ein Spielklub daraus, weil er sich anders nicht zu erhalten vermochte«.[43] Neben den exklusiveren Clubs (Wiener Casino, Wiener Cercle, Wiener Klub, Jockeyclub, Automobilklub u. a.) und abgesehen von den kleineren Zirkeln in unzähligen Kaffeehäusern bildeten sich zahlreiche andere (Royalklub, Parkklub, Cityklub, Wiener Ecarté- und Bridgeklub, Astoriaklub u. a.), die zum Teil das Kartenspiel als Vereinszweck anführen. Verarmte Adlige und »abgebaute« Militärs traten als Repräsentanten auf, während die Geschäftsleitung nach Ansicht des Polizeipräsidenten »in den Händen der bedenklichsten Elemente unter den polizeibekannten Spielern liegt«. Fast in allen Clubs hätte »jede zahlungsfähig erscheinende Person« mit oder ohne Eintrittsgeld Zutritt.[44]

Die Clubs traten seit dem Herbst 1932 im Zusammenhang mit der »Entdeckung« des Ecarté-Spiels neuerlich in Erscheinung. Dieses »Spiel der Kavaliere«[45] galt zwar nicht als Glücksspiel, doch war es üblich, bei einem Bankhalter auf die Spieler zu wetten (»Jouette«), und das bot den Behörden eine Handhabe zum Einschreiten wegen Übertretung der Gewerbeordnung. Ecarté-Jouette wurde im Jänner 1933 per Verordnung verboten, ein Bescheid vom 14. April schwächte jedoch diesen Standpunkt wieder ab. Das Verbot hatte immerhin die vorübergehende Schließung des prominenten »Exzelsiorklubs« ermöglicht. Über ihn und andere (»Union-Club« im Café de l'Europe, »Sport- und Kunstklub« in den Räumen des Jockeyclubs) informierte der Abgeordnete zum Nationalrat Max Werner den Innenminister: Der Zutritt stehe jedem frei, die Besucher zahlten einen Schilling Pauschale für Sperrgeld, Garderobe etc. »Gewöhnlich bringt ein Spieler den anderen mit und jeder kann sofort an dem Spiele teilnehmen. Es muss bemerkt werden, dass alle Unternehmer solcher Tripots, selbst den Spielerkreisen angehören und daher jeden Spieler kennen«. Das Publikum bestehe hauptschlich aus

> »Elementen, die entweder aus den besseren Clubs wegen irgend welchen Verfehlungen zum Austritte gezwungen oder ausgeschlossen wurden oder in anerkannten Clubs nicht aufgenommen werden konnten, ferner aus Berufsspielern – ähnlich wie beim Turf –, Schleppern, Zuhältern, Falschspielern, und auch Frauen, die selbst dem Spiellaster verfallen sind oder in Tripots Gelegenheit zum Anknüpfen von Bekanntschaften suchen. Auch Mitglieder anerkannter Clubs – Herren der besseren Kreise – frequentieren gleichfalls in den Morgenstunden solche Tripots.«

Das Bundeskanzleramt faßte die Besucherstruktur als »deklassierte Elemente« zusammen. Der oder die Unternehmer würden in der Gründung solcher Clubs eine Existenzmöglichkeit suchen. Als Präsidenten und Vorstandsmitglieder gewännen sie pensionierte höhere Beamte und Offiziere, die 100 bis 200 Schilling monatlich beziehen würden – laut Ministerium »eine bescheidene Bezahlung«.[46]

Auch das Spiel im öffentlichen Raum gab es in Wien offenbar weitaus seltener, als es beispielsweise für Berlin dokumentiert ist. Hier scheint die Sensibilität gegenüber der Öffentlichkeit der Straße um so größer gewesen zu sein, als diese wenig entwickelt war. In Wien erblickte 1919 ein Leserbriefschreiber bereits einen »Spielsalon auf der Straße«, wenn einige Halbwüchsige unter einem Stadtbahnbogen »Anmäuerln« um Geld spielten oder auf der Straße bei »Kopf und Adler« überrascht wurden.[47] Eine systematische Durchsicht der Tageszeitungen der Ersten Republik, die sonst jedes Ereignis penibel registrierten und besonders dem Glücksspiel große Beachtung schenkten, ergab einige spärliche Hinweise. Im September 1932 kam es zu einer Razzia in einem Park, wo Obdachlose und Bewohner eines Heims der Heilsarmee Stoß und Einundzwanzig gespielt haben sollen.[48] 1935 sollen sich die Fälle von »Kümmelblättchen«, dem bekannten Trickspiel mit drei Karten, im Floridsdorfer Inundationsgebiet gehäuft haben. Angeblich hatten größtenteils Arbeitslose mit Einsätzen bis zu zehn Schilling gespielt, während als Betreiber zwei Hilfsarbeiter festgenommen wurden.[49]

Die österreichische Entwicklung

Im Park des Bacherplatzes sollen 1937 häufig Stoßpartien von zumeist Jugendlichen unternommen worden sein. »Als Spieltisch diente ein Köfferchen, das ein Bursche auf seinen Armen hielt. Die Kasse des Bankiers befand sich in einer Sportkappe, die von einem zweiten Burschen gehalten wurde.« Die Zeitung, die diese Meldung brachte, stellte einen Zusammenhang zwischen der hohen Arbeitslosigkeit und dem Versuch der jungen Leute her, trotz der erzwungenen Untätigkeit einen Verdienst zu finden.[50]

Die meisten in Wien beobachteten Spielpartien fanden in Kaffeehäusern sowie in Privatwohnungen statt. Die vermehrte Einrichtung privater Spielsalons hatte ihren praktischen Grund im herrschenden Mangel, stellte ein anonymer Kriminalist im Dezember 1918 fest:

> »Die Sparmaßnahmen betreffs der Beleuchtung und Beheizung sowie das frühe Sperren der Kaffeehäuser hat diese Spielsalons gezeitigt. Leute, die früher immer in den Kaffeehäusern zusammenkamen und in dem einen oder dem andern durch ein eigenes Ueberwachungssystem sich vor Ueberraschungen zu sichern wußten, treffen jetzt in Privatwohnungen zusammen, wo sie sich die ganze Nacht hindurch bei ihrem Spiel sicher glauben.«[51]

Nach Maßgabe verfügbaren Raums war das privat organisierte Spiel offenbar profitabler. Bei 31 in den Zeitungen der Jahre 1918 bis 1922 ausführlich besprochenen Partien betrug die durchschnittliche Zahl der Anwesenden 25; an Spielpartien in öffentlichen Lokalen nahmen im Durchschnitt 13 Personen teil. Der zitierte Kriminalist nahm eine qualitative Typologie der Spielorte vor. »Spielhöllen seien Zusammenkunftsorte gewerbsmäßiger Spieler, für deren Besuch beinahe immer eine Reihe von Schleppern tätig ist«, während in »Spielsalons« Leute, »ohne selbst zu spielen, die Wohnungen für die Zusammenkünfte der Spieler gegen ein ziemlich hohes Entgelt für jede einzelne Nacht vermieten und überdies durch die Verabreichung von Speisen, Getränken, Rauchsorten und Erfrischungen aller Art einen reichlichen Gewinn erzielen«. Es war gerade der ständig kolportierte Luxus und Überfluß an Lebensmitteln, den die Presse angesichts der Nahrungsmittel- und Rohstoffknappheit als besonders gewichtiges Argument gegen die Glücksspiele anführte. Die Preise für Genuß- und Nahrungsmittel wurden teilweise als »horrend« angegeben, selbst unter äußerst bescheidenen Verhältnissen. In der Zimmer-Küche-Kabinett-Wohnung eines 22jährigen und seiner 21jährigen Lebensgefährtin seien 35 Spieler beim Stoßspiel zu »übermäßigen Preisen« bewirtet worden.[52] Andere Möglichkeiten boten die Berliner Spielklubs, wo man relativ billig und ohne Lebensmittelkarten zu essen bekam. Ein Beobachter der Szene sah darin das Motiv für den Besuch: »Hier entspringt die Spielwut dem Magen. Keiner von ihnen wird wiederkommen, sobald er wieder zu Hause für vier Mark Braten essen kann.«[53]

Veranstalter und Wohnungsbesitzer waren in Wien nicht immer klar voneinander zu trennen. Auffallend oft werden Frauen genannt. Als Vermieterinnen traten Verwit-

267

wete, Künstlerinnen, »Private« oder Adlige in Erscheinung. Die Möglichkeit, auf diesem Weg Not abzuwenden und zu Geld zu kommen, wirkte stärker als die Furcht vor Bestrafung, die man wegen Duldung von Glücksspielen oder wegen Mietwucher zu gewärtigen hatte. Eine Schauspielerin gab vor Gericht an, sie sei ohne Engagement und froh, durch Vermieten des Zimmers »ein Einkommen zu haben«.[54] Prominenteste Vertreterin war ihre Berufskollegin Else Ruttersheim, die mit ihrer Kollegin Mimi Marlow über mehrere Jahre hinweg unbeirrt Spielgesellschaften größten Stils inszenierte. Ihre Veranstaltungen trugen alle Merkmale eines professionellen Unternehmens, wobei zusätzlich enge personelle Verflechtungen im Spiel waren. Die größte bekanntgewordene Zusammenkunft fand 1919 mit 45 Personen in der Wohnung Ruttersheims am Kohlmarkt statt. Als die Frau mit den Gerichten in Konflikt kam, fanden sich laut Zeitungsberichten viele ihrer früheren Spielgäste bei einem ehemaligen Freund, dem 39jährigen Kaufmann Mandolfi (bzw. Mandolfo) zum Baccarat ein. Kennengelernt hatten sie sich angeblich in Gesellschaft eines Herzogs von Braganza und eines Barons Menasse. Ruttersheim war bald stadtbekannt und betrieb ihr Geschäft mit unnachgiebiger Konsequenz. Obwohl sie wiederholt wegen Duldung des Hasardspiels und Übertretung der Sparmaßnahmen verurteilt wurde, ließ sie es sich beispielsweise nicht nehmen, im Oktober 1920 den »in allen Spielsalons bekannten« G. Speetz auf Zahlung von 108.000 Kronen (eine andere Zeitung sprach von 308.000) zu klagen, die sie ihm im Laufe des Jahres geliehen habe. (Speetz klagte im Gegenzug auf Herausgabe einer Silberdose und eines Ringes, die er als Pfand auf die Schuld gegeben habe.) Nach ihrer Haftentlassung im März 1920 kursierte das Gerücht, sie werde in dem eigens für sie verfaßten Gelegenheitsstück »Die Spielhölle« auftreten. Ruttersheim nahm spätere Entwicklungen voraus, als sie bereits im Februar 1919 als Hauptbeteiligte einer privaten Spielbank in einem Hotel am Semmering fungierte, für die von den Veranstaltern ein belgischer Croupier engagiert worden war. Im Juli 1919 wurde sie als Eigentümerin einer der 20 in verschiedenen Badner Villen etablierten »Spielbanken« genannt. Gemeinsam mit der aus ihrer konfiszierten Wiener Wohnung vertriebenen Kabarettistin Mimi Marlow und einer oft genannten gewissen Straka, die für Marlow als Betriebsleiterin und »Zutreiberin« tätig war, betrieb sie in der sogenannten »Kaiservilla« ein florierendes Unternehmen, bei dem sie gar keine Heimlichkeit aufkommen ließ. Als eine Kommission, bestehend aus Wiener Arbeiterräten und Volkswehrleuten, in die Villa eindrang, um die Spiele aufzuheben, habe sie »gar nicht« geleugnet, »daß die riesige Villa, die sie bewohnt – es sind herrliche Räume –, eine Spielhölle sei«. Straka gab es sogar offen zu, wie die »Arbeiter-Zeitung« empört berichtete. Für eine andere Zeitung firmierte das Unternehmen mit »Stammhäusern und Filialen«, aber unter gemeinsamer Leitung und gemeinsamem Geld unter »Badner Hasard-G.m.b.H. alias Ruttersheim«.[55]

Baden bildete als Kurort und wegen seiner Nähe zu Wien den Rahmen für konzentrierte Spielaktivitäten. Als »Spielernest« verschrien, verhalf ihm Arthur Schnitzler zu literarischen Ehren. Sein »Spiel im Morgengrauen« (1924) findet im Café Schopf statt, das bekanntermaßen Glücksspielpartien beherbergte.[56] Wie vor und während des Kriegs taten sich nun zahlreiche Kur- und Badeorte wieder als Förderer des Spiels hervor. Badgastein geriet schon 1919 in die Zeitungen, ebenso wie Karlsbad und Marienbad.[57] In Deutschland erlebte das Spiel seit dem Sommer 1919 in allen größeren Badeorten wie Nauheim, Homburg, Baden-Baden, Bad Kissingen, Bad Elster und besonders an der Nord- und Ostsee einen enormen Aufschwung.[58] Anfang des Jahres trat der Semmering – wo schon 1913 Pläne zur Errichtung eines Spielcasinos »nicht neu« waren – mit einem richtungweisenden Projekt auf den Plan. Eine Abordnung von Fremdenverkehrsinteressenten sprach bei Staatssekretären und Staatsräten vor, um ihrer Absicht, im Hotel »Palace« ein »Fremdenkasino« mit Spielbank zu eröffnen, Nachdruck zu verleihen. Der Reingewinn sollte dem Staat zugute kommen, ein Vertreter der Regierung hätte das ganze Unternehmen zu überwachen gehabt. Um das Augenmerk vom Spiel abzulenken, war schon früher die Rede von einem »grosszügigen Vergnügungsetablissment mit Kunstdarbietungen ersten Ranges, gesellschaftlichen und sportlichen Veranstaltungen« gewesen. Während beispielsweise der Chef der Neunkirchner Sozialdemokraten das Projekt befürwortete und aus dem Gewinn Arbeiterwohnungen finanzieren wollte, mochte sich der Staatskanzler nicht in eine »Erörterung der ökonomischen, finanziellen und kommerziellen Frage« einlassen und meinte, daß die Zeit nicht danach sei, »derartige Projekte überhaupt in Erwägung zu ziehen«.[59]

Die zersplitterte Spiellandschaft schien ein klareres Profil zu bekommen, Casinoprojekte häuften sich »insbesondere in der Inflation- und Krisenzeit, in der man nach allem griff, was eine Besserung der Situation erhoffen ließ«.[60] Die Polizeidirektion Wien beklagte 1924 »die alljährlich wiederkehrenden Versuche«, auf dem flachen Land Spielbanken in den Kurorten zu errichten und nannte Baden, Badgastein, Hofgastein, Ischl, Innsbruck, Kitzbühel, Igls und das Achental (Maurach), Velden, Krumpendorf, Pörtschach und Millstatt. In Baden bestand neben der von der niederösterreichischen Landesregierung bewilligten Spielbank im Kursalon eine zweite, von der Gemeindevorstehung geförderte. Beide wurden unmittelbar nach der Eröffnung von der Staatsanwaltschaft geschlossen. Wie die Polizeidirektion vermutete, war die Gemeinde an den Spielen finanziell beteiligt.[61] Auf ein 1920 vorgestelltes Projekt zur Errichtung einer Spielbank in Badgastein ging der Bürgermeister nicht ein.[62] Als aber der im Juni 1923 gegründete »Fremdenklub« Chemin de fer spielen ließ, sicherte das Unternehmen der Gemeinde eine Milliarde und dem Badehospiz 250 Millionen Kronen zu. Die Aufnahme in den Club geschah nach Konsultation eines »Schwarzbuchs« mit den Namen von In- und Ausländern, die als Falschspieler, »Hasardspieler« oder Hochstapler bekannt waren. Der Verein wurde im September 1923 per Dekret aufgelöst. (Wenige Tage zuvor war der »Bund Oberland« aufmarschiert und hatte gedroht, die Spielbank mit 40 Mann »unter Assistenzleistung des hiesigen Gendarmeriepostens zu sprengen«, d. h. aufzulösen. Der Trupp traf mit den Zug ein, zog aber nach verweigerter Assistenz »zwar singend, doch ohne daß etwas besonderes aufgefallen sein dürfte«, ab.) Offenbar infolge der Ereignisse in Badgastein, zum Teil auch saisonbedingt, erfolgte die Schließung von Spielclubs in Hofgastein (Roulette, Baccarat; im Winter wieder Ecarté und Boule im Kursalon), Zell am See (»Sportingclub« im Hotel Krone) und St. Gilgen (Baccarat im »Fremdenklub«).[63] Die von der Staatsanwaltschaft bei der Gemeindepolizei Bad Ischl angeforderten Erhebungen über eine Spielbank des Sportclubs ergaben 1923 – »selbstverständlich« wegen der Unterstützung durch den Bezirkshauptmann und der beteiligten Gemeinde – ein so dürftiges Ergebnis, daß an ein Einschreiten nicht zu denken war.[64] Gmunden ging offenbar auf die 1921 von einem Konsortium gemachten Angebote ein und zog aus einem im Kurhaus untergebrachten Spielcasino bis zur Schließung im November 1922 zehn Millionen Kronen. Trotz eines im Jänner 1923 gefaßten Beschlusses verbot der Gemeinderat selbst im Mai den Betrieb. Ein Angebot der Bad Ischler Leiter fand dann 1924 auch keine Zustimmung.[65] In Tirol traten zwar Innsbruck, Maurach am Achensee, Kitzbühel und Igls in Verhandlungen mit ausländischen Konsortien, doch gab es nur in den beiden letztgenannten Gemeinden 1923 einen vorübergehenden Spielbetrieb.[66] In Velden organisierten 1922 zwei Rumänen im Schloßhotel Chemin de fer und Baccarat. Im August kam es zu ihrer Verhaftung wegen angeblichen Falschspiels, das Verfahren gegen sie und 16 Spieler war 1924 noch nicht beendet. Velden gestatte 1923 und 1924 erneut Spiele, jedoch ist nichts über Glücksspiele bekannt. In anderen Kärntner Gemeinden wie Pörtschach, Krumpendorf und Millstatt existierten 1924 ebenfalls sogenannte Spielbanken mit Duldung der politischen Behörden.[67] In Vorarlberg faßte man den Stand der Einstellungen anläßlich eines von Bundeskanzler Seipel an alle Landeshauptmänner ergangenen Erlasses vom 18. November 1924, die jährlich wiederkehrenden Versuche zur Etablierung von Spielbanken aufmerksam zu beobachten und durch sofortiges Einschreiten gegen Veranstalter und Teilnehmer zu unterbinden, dahingehend zusammen, daß nicht anzunehmen sei, daß sich im Land, »woselbst sich keine größeren Kurorte befinden, eine Spielbank, ein Spielklub o. ein ähnliches dem Hazardspiele dienendes oder dieses begünstigendes Unternehmen niederlassen bezw. bilden wird«. Für Vorarlberg galt: »Übrigens würde sich hierlandes kaum ein Bezirk oder Gemeinde finden, die ein derartiges Unternehmen dulden oder fördern würde.«[68]

In Salzburg verstummten die Gerüchte über Errichtung eines Spielcasinos nicht mehr, seit der Abgeordnete Clessin 1920 einen entsprechenden Gesetzesantrag eingebracht und die Gemeinde einen Kasinoausschuß gebildet hatte sowie in Verhandlungen mit den Konzessionsanwärtern getreten war.[69] Der Innsbrucker Bürgermeister

W. Greil nahm 1922 Salzburg zum Vorbild für seine Vorstöße in Richtung Spielbank. Waren frühere Angebote an die Stadt vom Gemeinderat noch einhellig als unmoralisch empfunden und abgelehnt worden, so zwang nun die »kolossale Finanznot« zu einer anderen Sichtweise. Greil hielt die moralischen Bedenken »nicht für sehr schwerwiegend«. Der sozialdemokratische Stadtrat Ertl sah zwar solche, wollte aber »die moralische Seite« angesichts der verbreiteten Bankenspekulation »nicht so tragisch [...] nehmen«. Schließlich ging es um Geld, das für dringliche Wohnbauten fehlte. Und hatte nicht Gmunden aus der Spielbank »riesige Erträgnisse« gezogen?, wie Dr. Peer von der Tiroler Volkspartei zu bedenken gab.[70] Konnte man sich angesichts der dramatischen Lage den verlockenden Angeboten wirklich verschließen? Die englische Finanzgruppe, die auch in Tirol Verhandlungen anbot, hatte Gmunden in der Tat Großartiges in Aussicht gestellt: Sämtliche Schulden der Stadt sowie der Nachbargemeinde zu tilgen, eine Kaution von 30 Millionen Kronen zu hinterlegen, einen Teil der Einnahmen an die Gemeinde abzuführen, die Bauten nach einer Frist von 60 Jahren in das Eigentum Gmundens übergehen zu lassen und jährlich etwa 1000 Kinder aus Wien und Linz in einem zu errichtenden Erholungsheim unterzubringen. (Interessant ist hier der Widerspruch zwischen der langfristigen Erfolgserwartung und der offenbar nicht zu erwartenden Besserung der Not.) Die 1922 an die Gemeinde abgelieferten zehn Millionen Kronen wurden immerhin dem Fonds zum Holzkauf für die Armen überwiesen.[71] In Innsbruck wären nach dem Stand vom April 1923 1,6 Milliarden Kronen in bar, der Mietzins für die vorgesehenen Räume im Stadtsaal sowie ein Drittel der Tagesbruttoeinnahmen zu erwarten gewesen.[72] Zur gleichen Zeit erhob sich ein massiver organisierter Protest, getragen vor allem von der Kirche, Bürgermeistern und dem Rektor der Universität. In einer Flut von (großteils standardisierten) Eingaben hielten sie die drohende Gefahr für das Land fest: »Die Halbwelt und die Abenteurer von halb Europa wohl würden in Innsbruck zusammenkommen und von da aus der Unmoral eine breite Straße bahnen.«[73]

Hoffnungen der Zukurzgekommenen spielten dabei keine Rolle. Bei der Innsbrucker Arbeitsvermittlungsstelle häuften sich im Juni 1923 bereits die Anfragen und Vormerkungen für Stellen im künftigen Spielbetrieb.[74] Manche ließen jede Vorsicht fallen und priesen sich nun mit ihrer individuellen Spielbiographie an, die sie als Vertreter der österreichischen Spielvergangenheit ausweist. So beispielsweise jener verheiratete Wiener Kaufmann, der auf Zeitungsmeldungen hin im Jänner 1922 bei der Salzburger Landesregierung seine Dienste im zukünftigen Casino anbot und seine Qualifikation darlegte: »Ich bin im Roulettespiel bestens versirt und habe des öfteren bei kleineren diversen Privatbanken als Croupier sowie Tischspielleiter gearbeitet.«[75] Die Projektanten gaben meist an, mit Konsortien in Verbindung zu stehen. Einige hatten offenbar zuvor auf eigene Faust gehandelt und spekuliert. So etwa jener in Wien wohnhafte Alfred Stehlik, der im März 1925 dem Finanzministerium schriftlich und mündlich das Interesse einer Gesellschaft bekundete, in Wien und einem Kurort ein Spielcasino zu errichten. Im April erhielt er die Absage.[76] Im Juni, informiert über neuerliche Verhandlungen zwischen Landesregierung und Gemeinde, schrieb er dem Bundeskanzler, er habe der Gemeinde Igls im Jahr 1924 140 Millionen Kronen für eine Bewilligung gezahlt, die »keine war« (in Igls gab es 1924 tatsächlich vorübergehend Spielbetrieb). Dadurch sei er »zu einem Bettler geworden«, und seine Frau habe einen Suizidversuch unternommen.[77]

Nach einer abschwingenden Phase der Projekte machte sich Ende der zwanziger Jahre ein neuer Zuwachs an Gründungsplänen bemerkbar. Im Juni 1930 erging noch einmal ein Erlaß des Bundeskanzlers an die Landeshauptmänner, allen Versuchen zur Eröffnung von Spielbankbetrieben entschieden entgegenzutreten.[78] Die wirtschaftlichen Verhältnisse beeinflußten die Risikobereitschaft aber auch negativ. Die zahlreichen Bewerbungen um eine Spielbankkonzession ließen mit dem Zusammenbruch der Creditanstalt (1931) »ziemlich« nach. Nur eine deutsche Gruppe machte weiterhin Angebote, die dem – nunmehr schon geneigteren – Finanzministerium allerdings zu wenig lukrativ war.[79] Auf der anderen Seite stieg mit der Not der Zwang, nach allem zu greifen, was sich bot, und die Hoffnungen wirklich aufs Spiel zu setzen. »Es werden allenthalben Bemerkungen laut, die sagen, dass eine Regierung, die mit der Kreditanstalt, mit dem Abbau der Beamtengehälter und mit neuen Steuererhöhungen belastet ist, eine besondere Angst wegen des Kasinopolitikums nicht mehr zu haben braucht«, schrieb der Hotelier Louis Wallner an den Abgeordneten und Präsidenten des Landesverbands für Fremdenverkehr in Niederösterreich, Hofrat Klieber im April 1932.[80] Klieber wandte sich auch an den Vorarlberger Landeshauptmann Otto Ender, um die dortigen Bestrebungen, im Strandhotel Lochau ein Casino zu errichten, zu einer konzertierten Aktion zusammenzuführen.[81] Noch während die unter einer »schweren Finanzkatastrophe« leidende Gemeinde Pörtschach auf die beantragte »grosse Spielbankkonzession« wartete, schloß sie im Juli 1932 mit dem Vertreter eben jener deutschen Gruppe (die übrigens auch am Semmering interessiert war) einen Vertrag zum Betrieb der Spiele »Uranus« und »Germania« im Kursaal des Parkhotels. Da »Uranus« als Glücksspiel erkannt wurde, schloß die Spielbank nach zwei Tagen.[82] Bereits 1930/31 ließ sich der frühere Spielgegner und nunmehrige Badener Bürgermeister Josef Kollmann von den wiederholten Angeboten der Gruppe um Bruno Wolff, Präsident der Kasino AG in Danzig, zu einer Reise nach Zoppot überreden. Dort stellte er nicht nur den ungeheuren Aufschwung fest, den das einstige Fischerdorf dank des Spielcasinos genommen hatte, er hatte auch »Gelegenheit zu sehen, daß meine Befürchtungen wegen der Wirkungen des Hasardspieles […] bei weitem übertrieben sind, und beobachtete, wie Leute ihr Geld ruhig verspielen, aufstehen, weggehen und wegfahren«. Nunmehr war er entschlossen, seine Bekehrung für die Gemeinde fruchtbar zu machen.[83] Alle Anzeichen konjunkturellen Aufschwungs wurden mit zielgerichteten

Abb. 17: »Monte Semmering« (Karikatur; Titelblatt der »Illustrierten Kronen-Zeitung«, 26. April 1931)

Investitionen in den Flair des Exklusiven verbunden. Das prominenteste Beispiel verkörperte der Finanzmagnat William D. Zimdin, der 1930 die Aktienmehrheit der »Panhans«-AG erlangte und mit der Einrichtung tourismuswirksamer Attraktionen und Propaganda die Führungsrolle des Semmerings im Reigen abgehobener Vergnügungen unterstrich und auf eine neue Stufe hob.[84] Neben Hallenschwimmbad und Sprungschanze richtete der »sagenhafte« Millionär und »König vom Semmering« im Dezember 1932 im »Panhans« das »Alpen-Casino« ein. Das dort angebotene »Quillette«, »das einzige elektro-automatische Gesellschaftsspiel«, war ein Tischkegelspiel mit beleuchteten Anzeigetafeln, »Spieler-Kontrolluhr« und automatischer Jetonkassa[85] – und bestach wohl mehr wegen seiner technischen Raffinesse als durch die finanzielle und mondäne Attraktivität, die ein Roulette oder Baccarat auszeichnete.

Entscheidend war, daß der Kampf zwischen leerer Tasche und voller Moral (so das »Neue Wiener Tagblatt« am 7. Oktober 1919) durch den Konflikt zwischen den partikularistischen Bestrebungen einzelner Gemeinden, den Ländern und der noch ablehnenden Haltung der Zentralgewalt überlagert wurde. Er bedeutete in der noch jungen Republik eine zusätzliche politische Hypothek. Wollte man also das Staatsgebilde nicht zusätzlich gefährden, konnte eine Lösung nur durch Zustimmung der maßgeblichen politischen und legislativen Instanzen erfolgen. Der erste Schritt des Gesetzgebers deutete aber in die entgegengesetzte Richtung. 1920 war mit der Novellierung des Glücksspielgesetzes das Strafmaß erhöht worden, auch um dem nunmehr ausschließlich strafwürdigen »gewerbsmäßigen« Spiel Einhalt zu gebieten.[86] (Übrigens hatte der Justizausschuß bei der Beratung dieser Novelle den Antrag des Abgeordneten Clessin auf Errichtung einer Spielbank in Salzburg abgelehnt.) Die Betonung des strengeren Strafens als eines wirksamen Mittels gegen das Glücksspiel verschleierte allerdings einen Aspekt, der in seiner Begründung angelegt war. Ein Journalist deutete den Gedanken – wohl eher unbewußt – an: »So zeigt uns die doppelte Buchhaltung, was verdient wird, wenn sich leichtes Tuch an das grüne Tuch setzt. Sollte da nicht das Strafgesetz gegen Hasard zu einem harten Steuergesetz werden?«[87] Unter dem ständigen Druck der Angebote von Konzessionswerbern und Ansuchen verschuldeter Gemeinden und Länder hatte das Finanzministerium seinen Standpunkt bereits 1925 deutlich in diese Richtung verschoben und begann, sich seiner Rolle als Monopolinhaber zu besinnen und das Ruder in die Hand zu nehmen.[88] Unter dem Eindruck besonders der Ereignisse in Pörtschach und aus Angst vor »Zufallsentscheidungen« in der Rechtsprechung bezüglich der Beurteilung von Glücksspielen hielt es im Dezember 1932 fest:

> »Wenn das Roulette in Oesterreich seinen Einzug halten soll, so darf dies wohl nicht auf solchen Wegen geschehen, sondern es müsste offen auf gesetzlichem Wege unter Festsetzung weitgehender Vorsichtsmassregeln, einer genügenden Ueberwachung und einer entsprechenden Monopolabgabe an den Bund erfolgen.«[89]

DAS GESETZ

Als Alfred Stehlik 1925 dem Finanzministerium seinen Vorschlag zur Errichtung von Spielcasinos unterbreitete, löste er eine qualitativ neue Stufe der Diskussion aus. Das Departement II enthüllte, daß es seit 1918 angeregt hatte, durch eine Spielbank verschiedene dringliche Finanzprobleme zu lösen (in zeitlicher Reihenfolge waren dies Invalidenfürsorge, Wohnungsmangel, Mieterschutzfrage und Realkredit, Kleinrentnerfonds). Trotz der konstatierten überwiegenden Opposition sprach sich das Departement für die Errichtung einer Spielbank in Wien unter Vergabe einer Monopolkonzession aus.⁹⁰ Wie gezeigt, lehnte das Finanzministerium das Ansuchen Stehliks ab. Die oben dargestellte Entwicklung der Verhältnisse führte aber 1931 zur Einsetzung eines Ministerkomitees, das sich mit den nicht abreißenden Angeboten befassen sollte und im Oktober 1932 tagte. Die dort vorgebrachten überwiegend ablehnenden Stimmen – lediglich der Vertreter des Handelsministeriums konnte sich eine Zustimmung vorstellen, wenn das Hotelgewerbe fünf Millionen Schilling aus der Monopolabgabe erhalten würde – hinderten den Finanzminister nicht, die Gespräche mit den (deutschen) Proponenten weiterzuführen.⁹¹ Lagen damals schon Anträge vor allem für den Semmering und Baden vor, so beeilte sich Salzburg im Anschluß an eine Denkschrift des Fremdenverkehrsvereins im August 1931 bei der Bundesregierung eine Konzession zu bewirken, um vor allem die für die Stadt »in dieser wirtschaftlich eminent wichtigen Frage die zeitliche Priorität vor anderen Bewerbern zu sichern«. Die Konkurrenz habe sich in letzter Zeit – nach der Tagung des Ministerkomitees – bedeutend vermehrt, Kärnten dränge, Kleßheim interessiere sich.⁹² In der letzten Fassung des Vortrags vor dem Ministerrat fiel Baden als möglicher Standort zugunsten des Semmerings aus dem Rennen. Dafür waren nicht nur die neuerlich vorgebrachten Klagen über den schlechten Geschäftsgang ausschlaggebend, sondern der Semmering erschien gleichsam als exterritoriales Gebiet, »seinem Wesen nach lediglich eine Kolonie von Hotels, Pensionen und Fremdenherbergen«, die »fast ausschließlich der Erholung und dem Vergnügen dient«; die Zahl der einheimischen Bevölkerung sei eine sehr geringe, der Ort abgelegen genug, um die Bewegung der Gäste besser kontrollieren zu können, und habe überhaupt nicht die spezifische Struktur einer Stadt.⁹³ Der Ministerrat vom 23. Dezember 1932 durchkreuzte diese Vorstellung, indem er keine Bevorzugung einer bestimmten Region wünschte und vorläufig keinen Standort genannt haben wollte. Schuschnigg äußerte allgemeine Bedenken, Vaugoins strikte Gegnerschaft beruhte nicht zuletzt auf opportunistischen Rücksichten gegenüber den Nationalsozialisten, und Rintelen wollte neben der deutschen auch die monegassische Interessentengruppe einbezogen haben. Schließlich stimmte der Ministerrat dem Antrag des Vizekanzlers Winkler zu, zuerst die allgemeine Geneigtheit zu sondieren und dazu die Äußerungen der politischen Parteien einzuholen.⁹⁴ Ohne daß in der Beschlußfassung die Rede davon war (im Ministerratsvortrag jedoch sehr wohl), schritt das Finanzministerium zur Ausarbeitung eines Gesetzes. Im Februar 1933 lag ein interner Entwurf vor.⁹⁵ Die Ausschaltung des Parlaments vereinfachte das weitere Vorgehen in mancher Hinsicht. Im Ministerrat vom 12. April drängte Rintelen auf Klärung der Frage. Sollten binnen kurzer Frist keine Einwände der Regierungsparteien vorliegen, möge das Finanzministerium im Einvernehmen insbesondere mit dem Justizminister die zur Schaffung der gesetzlichen Voraussetzungen erforderlichen Anträge vorbereiten.⁹⁶ Am 21. April fand der Antrag Rintelens, das Spielbankwesen auf dem Verordnungsweg auf der Basis des kriegswirtschaftlichen Ermächtigungsgesetzes von 1917 zu erlassen, Zustimmung. Man rechnete mit der Herausgabe nach dem 15. September.⁹⁷ Ein zusätzlicher Druck auf den Entscheidungsprozeß entstand durch die von Deutschland gegen Österreich gerichtete »1000-Mark-Sperre«, die den Fremdenverkehr beträchtlich belastete und durch die Einnahmen aus dem Spielbetrieb kompensiert werden sollte (8 Millionen Schilling).⁹⁸

Die deutschen Verhältnisse beeinflußten die Entwicklung in Österreich noch in anderer Weise. Auch hier drängten die Seebäder 1930 auf die Etablierung von Spielbanken.⁹⁹ Im Juli 1933 war das Gesetz über die Zulassung von Spielbanken unter bestimmten Bedingungen (im Prinzip kam nur Baden-Baden in Frage, Wiesbaden, Aachen und Reichenhall standen aber auch in Diskussion) erlassen worden. Der Vertreter der deutschen Finanzgruppe Koch/Weber informierte nicht nur die Ministerien über den nunmehr dringenden Handlungsbedarf, er wunderte sich angesichts der deutschen Nationalsozialisten auch über die Antispielbankpropaganda (zu der auch pseudonyme Drohbriefe gehörten) der Badener Nazis im Juni 1933. Bruno Wolff, Vertreter des Badener Konsortiums war Jude, was wohl auch sein Ausscheiden aus der Zoppoter Spielbankgesellschaft besiegelt haben dürfte. Nun sah der Bremer Rechtsanwalt Koch in einem Brief an den Semmeringer Hotelier Wallner die Möglichkeit, die Badener Proponenten »abzuschütteln«.¹⁰⁰ Koch wußte nicht, daß im Finanzministerium Vorbehalte gegen seine Angebote und Kapitalkraft wie auch politische Bedenken bestanden. Im Juli hieß es, es »müßte wohl auch in der heutigen Zeit alles vermieden werden, was etwa bei Gästen aus dem östlichen oder westlichen Auslande den Eindruck erwecken würde, daß die Spielbank sich vollkommen in reichsdeutschen Händen befindet«.¹⁰¹

In der Zwischenzeit hatten die publik gewordenen ministeriellen Schritte die Anzahl der interessierten Gemeinden ständig erhöht. Neben Salzburg, dem Semmering, Baden – das sich bezüglich Wolff, der sich allerdings später nicht mehr bewerben konnte, weil ihm die Ausfuhr von Kapital verboten wurde, »vollkommen intransigent« verhielt – wollten nun Pörtschach, Igls und Ischl ein Spielcasino.¹⁰² Der Vorsitzende der Fremdenverkehrsvereinigung und der Direktor des Touring-Reisebüros in Salzburg sprachen noch am 30. September beim Bundeskanzler mit einem Programm zur Beschleunigung der Spielbankverordnung vor. Die Erfüllung der Punkte sollte es ermöglichen, an Weihnachten zu spielen. Das zuständige Departement des Finanzministeriums glaubte ebenfalls, »dass nun ehestens die Verordnung erscheinen müsste, wenn man es nicht endgiltig aufgibt, dass vielleicht doch noch zu Weihnachten oder wenigstens im Fasching gespielt werden kann«.¹⁰³ Ganz gewiß lag hier keine Erinnerung an die historische Verbindung dieser Spielzeiten vor – die Bedürfnisse des Tourismus überlagerten jegliche Tradition.

Am 7. Oktober 1933 trat die »Verordnung über die Ausübung des ausschließlichen Rechtes des Bundes zum Betriebe von Spielbanken und Kursaalspielen (Spielbankverordnung)« in Kraft.[104] Errichtung und Betrieb von Spielbanken und Filialbetrieben konnten vom Finanzminister bewilligt werden. In der Konzession waren die sonst verbotenen Spiele, die nun gespielt werden durften, zu nennen und zu beschreiben. Die Dauer der Berechtigung betrug zehn Jahre, die Bundesmonopolabgabe gliederte sich in eine gestaffelte Bundes- bzw. Stamm- und in eine Länder- und Gemeindeabgabe. Von den Jahresbruttoeinnahmen kamen dem Bund 15% der ersten 100.000 Schilling zu, 20% von den nächsten 300.000 und bis zu 60% der Einnahmen über fünf Millionen. Die Länder und Standortgemeinden erhielten je 5% der im Gebiet der Gebietskörperschaft erzielten Einnahmen. Bis auf weiteres durften Bundesbürger, Ortsansässige und Personen unter 21 Jahre die Spielsäle nicht betreten – eine Bestimmung, die sehr bald aufgeweicht werden sollte. Kontrolle und Überwachung übernahmen die Dienststelle für Staatslotterien und das Finanzministerium auf Kosten der Unternehmer. Wer das sein sollte, war am 20. Oktober noch nicht entschieden, weil keiner als »seriös« galt.[105] Im Dezember stand fest, daß es die zu konstituierende »Oesterreichische Casino A.G.« sein würde. Anteile am Aktienbesitz, der sich immer wieder verschob, hielten die amerikanische »Over-Seas Trading and Finance Corp.« – hinter der angeblich Zimdin stand! – (49,9%), das Zürcher Bankhaus Brettauer & Co. (0,1%), Regierungsrat Konrad Fehringer (40%) und Kommerzialrat Hans Wancura (10% plus Stimmrecht auf 10% der »Overseas«).[106] Wancura, Rat der Stadt Wien sowie einer Karikatur der Zeitung »Der Morgen« zufolge »solid und außerdem arisch«, war nicht nur Eigentümer des Bankhauses Schellhammer und Schattera, sondern auch Präsident der Wiener Börsenkammer und des Österreichischen Lotteriestellenverbandes sowie Vizepräsident des Bankenvereins und wurde Präsident der AG. Fehringer führte den Titel eines Generalkonsuls und fungierte als Generaldirektor der Gesellschaft.[107] Der Rechtsanwalt, der Fehringer vertrat, war ein bekannter Heimwehrler. Der politische Einfluß der Konservativen und Reaktionären äußerte sich auch in der Wahl des Ortes, wo die konstituierende Sitzung stattfand: Laxenburg war der »Arbeiter-Zeitung« zufolge einer der »Lieblingsorte der Heimwehraristokratie«.[108]

Am 5. Jänner 1934 wurde der AG die Konzession mit dem Auftrag, bis spätestens 1. Juli das Spiel (Baden, Salzburg oder Semmering) in Betrieb zu setzen, erteilt.[109]

DAS SPIEL

Die Gesellschaft hatte schon geplant, den Spielbetrieb zunächst im Hotel Panhans am Semmering zu eröffnen, was am 3. Februar geschah.[110] Am 12. April folgte Baden, das mit 18 Roulette-, 2 Trente-et-Quarante- und 5 Baccarattischen Monte-Carlo-Dimensionen sprengte. Am 1. Juli eröffnete das Salzburger »Mirabell-Casino«. Im Sommer erfolgte die Inbetriebnahme des Boulespiels in Ischl, Pörtschach und Igls, und kurz vor

Abb. 18: Karikatur »Wo gewinnt man am meisten?« (Titelseite der »Illustrierten Kronen-Zeitung«, 7. Juni 1934)

Weihnachten begann das Spiel in Kitzbühel.[111] 1936 suchten St. Wolfgang und Villach erfolglos um Errichtung eines Spielbetriebs an.[112] Dafür erteilte der Salzburger Landshauptmann im Sommer 1937 die Genehmigung für Badgastein, nachdem die Casino AG der Zahlung von 200.000 Schilling für den Bau der Materialseilbahn Fuscherkarkopf zugesagt hatte.[113]

Das in Boulevardblättern als materialisierte Hoffnung gepriesene »Sanierungskugerl«[114] rollte unterschiedlich erfolgreich. Der Bürgerkrieg im Februar 1934 beeinträchtigte den Betrieb auf dem Semmering, dessen Ergebnisse allerdings schon nach einer Woche »täglich passiv« gewesen waren.[115] Die Jahresbilanz Fehringers für 1934 klang zurückhaltend optimistisch. Das Spiel auf dem Semmering habe zwar die Spesen gedeckt, aber keinen nennenswerten Gewinn gebracht. Zu einem Teil dürfte dafür Baden verantwortlich gewesen sein, das im ersten Jahr einen »guten aktiven Erfolg« gebracht habe und als einziger Ganzjahresbetrieb auch weiterhin den größten Anteil an den Einnahmen aufwies. Schließlich haben die Terroranschläge der Nationalsozialisten nicht nur den Semmering erneut in Mitleidenschaft gezogen; auch in Salzburg sei die kurz vor der Eröffnung »durch die politischen Ereignisse verursachte Fremdenflucht« Schuld am passiven Ergebnis dieses Casinos gewesen. Das Boulespiel in Igls, Ischl und Pörtschach werde wegen seiner Erfolglosigkeit nicht mehr aufgenommen. Trotz der anfänglichen Schwierigkeiten stehe die AG »als absolut gesund geführtes aufstrebendes Unternehmen auf gesicherter Grundlage« und habe einen Reingewinn von knapp zwei Millionen Schilling erzielt.[116] Nach den »schwerwiegenden Verlusten« Salzburgs 1934 betrugen die Einnahmen 1935 265.000 Schilling. Sie stiegen in der Saison 1936 um 42%. Ausfälle in Baden sollten durch Forcierung der Saisonbetriebe wettgemacht werden, da diese relativ gewinnbringender waren. So gab es im Juli und August das »Sommerspiel« am Semmering, das 1936 eine Einnahme von 191.000 Schilling brachte.[117] Die Bundesmonopolabgaben betrugen (inklusive der Abgabe an Länder und Gemeinden) 1934 rund 1.761.000 Schilling, 1935 rund 3.295.000, 1936 rund 3.787.000 und 1937 rund 3.015.000 Schilling. Die Bundeszusatzabgabe an Länder und Gemeinden bewegte sich 1934 um eine halbe Million, 1935 waren es ca. 670.000 und 1936 knapp über 800.000 Schilling.[118] Ein Vergleich mit den beiden anderen Ertragsposten aus den Staatslotterien ist aufgrund des unterschiedlichen Publikums problematisch und würde auf den ersten Blick die Spielbanken ins Abseits stellen. Klassenlotterie und Zahlenlotto brachten viel höhere Bruttoeinnahmen (1936: Klassenlotterie 26,7 Millionen, Lotto 24,7 Millionen). Die Klassenlotterie schüttete jedoch ca. 80% wieder aus, und beim Lotto verschlangen diverse Ausgaben und Gewinne etwa die Hälfte der Einnahmen, was bei den Spielbanken nicht der Fall war. Hier gab es 1936 Ausgaben von ca. 150.000 Schilling für die »Spielbankaufsicht«. In dem vom Rechnungshof ausgewiesenen Kassenerfolg der Staatslotterien für 1936 (Monopolsertrag 19.187.000) war die Spielbankabgabe mit mehr als 20% vertreten.[119] Der Finanzminister des Jahres 1938 sprach von »sehr hohen Gewinnen« der Gesellschaft und einem »verhältnismässig hohen Monopolsertrag« für den Bund.[120] 1936 erwartete Niederösterreich aus Spielabgaben 300.000 Schilling für das Jahr 1937. Die gleiche Summe sollte Baden erhalten.[121] Um die Relation zu verdeutlichen: 1937 wurde Fehringers Aktienanteil von 40% um den »auch bei den damals konsolidierten Währungsverhältnissen gigantischen Betrag von S 2,500.000.–« übernommen und sein Dienstvertrag nebst Kosten um 277.000 Schilling abgelöst.[122]

Ein weiteres Hindernis auf dem Weg der Gewinnmaximierung fiel bald nach der Eröffnung des Casinos Baden. Bereits im Februar 1933 wurde zum ersten Entwurf des Spielbankengesetzes vom Finanzministerium eingewendet, es könnte schwierig werden, inländische »Finanzkapitäne«, die ausländische Gäste ins Casino begleiten, »vom Spieltisch wegzuweisen«.[123] In der Verordnung war die Möglichkeit einer Regelung durch Kundmachung offengelassen worden. Im Februar 1934 wandte sich Fehringer an Bundeskanzler Dollfuß mit der Frage nach streng kontrollierter Zulassung von »wohlhabenden« Österreichern. Diese würden sonst ihr Geld »ohne staatliche Kontrolle« in den Clubs von Wien verspielen. »Über den Weg eines exklusiven Klubs« der Gesellschaft mit strengen Aufnahmekriterien (Ballotage) könne »der kleine Mann und der Angestellte vom Spiel gänzlich ausgeschlossen sein«. Der Bundeskanzler merkte an, das dieser Wunsch »vorauszusehen gewesen« sei. Im Mai schloß sich der Salzburger Landeshauptmann Rehrl dem Wunsch an.[124] Im Juni 1934 regelte eine Kundmachung den Besuch von Österreichern durch Aufnahme in den Verein »Österreichischer Cercle«. 1936 stellte das Finanzministerium »ziemlich weitgehende Mißstände« fest und führte strengere Kontrollen ein, weil Gastkarten ohne Überprüfung ausgegeben und Personen mit bloßen Besucherkarten zum Spiel zugelassen würden, »so daß zeitweise die Zahl der zum Spiel zugelassenen Inländer die der Ausländer weit übersteigt«.[125] Zeitungen und Politiker naher Gemeinden registrierten die große Attraktivität des Spiels und Fälle von hohen Verlusten mit Besorgnis und nutzten sie zu Klagen und Kampagnen. Besonders engagiert war die »Reichspost« im Fall der Klosterneuburgerin und städtischen Angestellten Anna Krottenthaler, die 65.000 Schilling veruntreut und verspielt hatte.[126] Wie der Bürgermeister von Liebenau 1935 berichtete, würden etliche Grazer Geschäftsleute und Private nach Baden oder auf den Semmering »›naschen‹ fahren, wie sie sich ausdrücken«. In den Kaffeehäusern bespreche man in letzter Zeit lebhaft Spielsysteme. Von Wien aus führen auch regelmäßig »kleinere Existenzen« sonntags nach Baden. »Angeblich befassen sich viele Hausfrauen mit dem Hasardspiel, welche ihr durch Kunststickerei und dergl. Nebenerwerb erübrigtes Geld restlos in Baden verspielen.« Der Bürgermeister machte die neue Erscheinung in der österreichischen Glücksspiellandschaft zur Konkurrenz für traditionelle Spielmöglichkeiten. Wiener und Badener Vertreter des Provinztrabrennvereins sollen darüber geklagt haben, daß die Aussicht auf unbesteuerten Gewinn in den Spielbanken den Trabertotalisateuren »die Spielgäste abjage«. Er selbst habe beim Grazer Herbstmeeting einen »altbewährten Sportsfreund« vermißt, der unter die »›Casinospieler‹ gegangen« sei.[127] Seiner Ansicht nach sei das Casino sogar noch gefährlicher als das Lotto, dessen Schädlichkeit zu beweisen ja die Kritiker seit dem 18. Jahrhundert nicht müde wurden. Angesichts der doch im Grunde deutlich unterschiedlichen Sozialstruktur des jeweiligen Spielerpublikums scheint dieser Vergleich jedoch unhaltbar.

Erwünscht und sogar vom Gesetz vorgeschrieben war die Integration von österreichischen Staatsbürgern als Beschäftigte des Unternehmens. Die ersten Leiter des Spielbetriebs waren in der Mehrheit Belgier mit einschlägiger Berufserfahrung. Im März 1934 war von der bevorstehenden Eröffnung einer Croupierschule zur Ausbildung österreichischen Personals die Rede, die Aufnahme der Anwärter war bereits in vollem Gang.[128] Offenbar kam »der eheste Ersatz der ausländischen Croupiers durch Inländer« auch den Sparmaßnahmen der Gesellschaft entgegen, die sie schon in der ersten Jahresbilanz für notwendig erachtete.[129] Männer im Durchschnittsalter von ungefähr 30 Jahren mit mittlerer bis höherer Schulbildung – »hauptsächlich Akademiker und Adlige«, wie sich einer der ersten Teilnehmer erinnert – »abgebaut« oder in wechselnder Beschäftigung, zum Teil auch Studenten in Ausbildung suchten hier einen lohnenden Dienst, den freilich längst nicht alle in befriedigender Weise fanden. Zu unsicher war die Stellung, deren Verhältnis von der patriarchalisch agierenden Unternehmensleitung geprägt war. Überdies waren die Entscheidungsträger der Gesellschaft dem autoritären politischen System verpflichtet. Im Juni 1935 hieß es, daß einem »Versprechen« der Regierung zufolge vorerst die im Spätwinter abgebauten Beamten, »soweit sie sich loyal verhalten haben«, wieder in den Dienst der AG zu übernehmen seien. Vor allem die Saisoncroupiers waren 1937 von einem massiven Abbau wegen »Überbelegung«, wie die Gesellschaft argumentierte, betroffen.[130] Mit Stand vom 1. Mai 1936 umfaßte das Unternehmen 250 Personen, davon 20 belgische Chefcroupiers und Lehrer. Der Rest rekrutierte sich aus österreichischen Staatsbürgern. 25 waren als Portiers, Chasseure, Elektriker, Monteure, Garderobistinnen oder Toilettenfrauen beschäftigt. 48 Personen vertraten den administrativen Bereich vom Generaldirektor bis zu den Kassieren. 157 Österreicher arbeiteten im spieltechnischen Bereich (davon 7 Chefcroupiers).[131] Protektion und eine nach den herrschenden Verhältnissen ausgerichtete politische Gesinnung ermöglichten oder förderten den Einstieg. 80% der Angestellten waren 1936 bei der »Vaterländischen Front«, die somit auch hier ihren bestimmenden Einfluß auf berufliche Chancen in der Ersten Republik unterstrich.[132] Als Folge einer großen Reform, die durch einen medienwirksamen Prozeß um die vollen Ansprüche der Angestellten an der Cagnotte eingeleitet wurde, stand den Beschäftigten kollektivvertraglich an fixen und garantierten monatlichen Mindest-Bruttoeinkommen zu: 800 Schilling den Croupiers, 900 den Spielchefs und Lehrern, 960 dem Baccaratchef, 1200 den Generalinspektoren, 1600 dem 1. Generalinspektor und 2300 dem Betriebsdirektor. Jeder Angestellte (außer den leitenden) hatte Anspruch auf einen Anteil an 75% der Gesamtcagnotte (25% gingen an den Staat), die im Normalfall den unverzichtbaren Hauptteil des Einkommens ausmachte. So hätte im Sommer 1935 ein Croupier 1600 Schilling monatlich aus der Cagnotte bekommen sollen.[133]

Die Nationalsozialisten waren 1938 an der Aufrechterhaltung des Spielbetriebs durchaus interessiert. Auf Weisung des Reichsstatthalters hatte jedoch die Öffnung der Saisonbetriebe Semmering, Salzburg, Kitzbühel und Badgastein zu unterbleiben. Diese und andere behördliche Maßnahmen, wie etwa die Einsetzung eines kommissarischen Leiters, führten zu einem Rückstand bei der Monopolabgabe und zu deren Einstellung im Juli 1938. Damit war der Vorwand geschaffen worden, der AG die Konzession zu entziehen. Zunächst übernahm sie der Reichsstatthalter (Landeshauptmann) Jury. Mit dem verbliebenen Vermögen bildete Jury 1939 den »Kasino-

Baden-Fonds in Niederdonau«. Das Casino Baden entsprach zwar nicht den Bestimmungen des Reichsdeutschen Spielbankrechts, doch erhielt es wie Zoppot einen Ausnahmestatus und blieb bis 25. August 1944 in Betrieb. Dann wurde es »im Zuge der Erfassung aller Arbeitskräfte für den Kriegseinsatz« geschlossen.[134] Die Nationalsozialisten hatten nach dem »Anschluß« sofort in die Personalstruktur des Betriebes eingegriffen. Politisch Mißliebige wurden ebenso gekündigt wie jene, die nicht den rassischen Wahnvorstellungen des Regimes entsprachen. Das Casino Baden scheint indes so einträglich gewesen zu sein, daß die zum Krieg Eingezogenen durch italienisches Personal ersetzt werden mußten. Einige Österreicher wurden unter Karenz der Bezüge, aber mit besseren Verdienstmöglichkeiten in das besetzte Warschau abgestellt, wo 1940 ein Spielcasino eröffnet hatte.[135]

Hatte die Erste Republik mit der Eröffnung des ersten Spielcasinos nur auf rudimentäre Erfahrungen zurückgreifen können, so ergaben sich mit den unmittelbar nach Kriegsende einsetzenden Bemühungen um Wiederaufnahme des Spielbetriebs sowohl personelle wie lokale Kontinuitäten und Erfahrungszusammenhänge. Der 1933/34 gesetzte Schritt war trotz gelegentlicher Einwände und Krisen irreversibel.

Zusammenfassung und Schluß

Das Glücksspiel hat sich als äußerst konfliktträchtiges Thema erwiesen, dessen Eckpfeiler Unterdrückung, Beharrung, Toleranz, Reglementierung, fiskalische Nutzung, Integration und Ausgrenzung sind. Es war vor allem der materielle Charakter der Glücksspiele und die Möglichkeit, sie professionell und industriell zu nutzen, der sie zu einem bevorzugten Objekt der Disziplinierungstendenzen seit der frühen Neuzeit machte. Als sichtbarster Ausdruck des zwar »geschäftigen«, aber unproduktiven und verschwenderischen Müßiggangs wurde das Spiel zwar allgemein zum Gegenpol der Verhaltensleitbilder wie Arbeit, Fleiß, Ordnung oder Sparsamkeit. Besonders prägnant schienen dies aber die Glücksspiele zu verkörpern, weil sie sich nicht in das Konzept der geforderten Erholungsfunktion fügten, sondern ausschließlich auf Veränderungen in den Vermögensverhältnissen abzielten. Daher waren sie in den Augen der meisten Moraltheoretiker die eigentliche Korruption des Spiels, des Vergnügens. Sie bildeten ein Verstörungspotential, weil sie durch den raschen Wechsel von Gewinn oder Verlust nicht nur Unordnung symbolisierten, sondern auch die den vorindustriellen und frühkapitalistischen Wirtschaftssystemen inhärenten Disproportionalitäten und Diskontinuitäten der Existenz und der moralischen Ordnung sinnfällig machten. Hier wie dort, im Spiel wie im Alltag, waren die Menschen Veränderungen ausgesetzt, die sie »bald reich und glücklich, bald arm und elend« machen konnten, wie es in moralisierenden Texten, aber auch in Gesetzen des 17. Jahrhunderts hieß. Wenn schon der im Spiel domestizierte und gesuchte Zufall oder die Losentscheidung seit dieser Zeit immer weniger ein religiöses Problem darstellte, so gründete seine Verwerflichkeit zunehmend in seiner Instrumentalisierung als ökonomisches Orientierungssystem. Das Medium Zufall bot nicht nur die Chance, aus wenigem mehr zu machen, es war die Instanz bei den Erwägungen zwischen dem Möglichen und dem Gewissen und prägte die Relation zwischen der Gegenwart und dem Zukünftigen. Eine elementare Kategorie blieb dabei auf der Strecke. Denn, wie Emile Auguste Chartier 1927 schrieb, das »Spiel macht [...] mit der gewichtigen Vergangenheit, auf die sich die Arbeit stützt, kurzen Prozeß«.[1] In den heftig geführten Diskussionen ging es stets auch um die unkontrollierten Vermögensverschiebungen, deren Verbindlichkeit zwar die Spieler im »Spielvertrag« anerkannten, deren Gültigkeit der Staat sich jedoch nicht zuletzt deshalb entgegenstellte, weil er steuerpflichtige und -fähige Untertanen benötigte – die ja nicht zuletzt die Spiele ihrer Herren finanzierten. Dabei stand er ständig vor der Frage, ob, für wen und in welchem Ausmaß das Glücksspiel zu tolerieren und zu lukrieren wäre, d. h., ob er bereit war, eine lenkende Hand auf die Geldflüsse im Spiel zu legen.

Unterstützt von einer ständig steigenden Publikationsflut, versuchten weltliche und geistliche Obrigkeiten mit einer Fülle normativer Maßnahmen, denen sie durch Verkündung von der Kanzel, aber auch durch Polizei, Gerichtsdiener, eingeschleuste »Vertraute« und Spitzel zur Durchsetzung verhelfen wollten, die allseits geortete Spielbereitschaft (»Spielsucht«) zu unterdrücken. Denn hier wurde auch ein Gefahrenpotential geortet, das – wie sich an einzelnen Beispielen gezeigt hatte – selbst die Spitzen der absolutistischen gesellschaftlichen Hierarchie und damit die Repräsentanten und Garanten der gottgewollten Ordnung bedrohte. Aus der Menge der erlassenen Verbote erhellt indes die kulturelle Bedeutung der sozialen Praxis des Spiels. *Der Spieler* wird zu einer sozialen Kategorie, die deviantes ökonomisches und soziales Verhalten idealtypisch bezeichnete. Seiner nimmt sich im 19. Jahrhundert die individualisierende Psychologie (auch vermittelt über die Literatur) und in unserer Gegenwart die Medizin pathologisierend an.

Paradoxerweise konnte aber gerade im hohen Spiel, das in der Sprache der Gesetze bis zur Mitte des 18. Jahrhunderts immer auch das Glücksspiel bezeichnete, eine Haltung zur Schau gestellt werden, die Prestige implizierte. Die Eliten der Gesellschaft nutzten das Spiel wie andere Luxusformen, um ihren Rang durch ostentative Geldverachtung, Mißachtung seines Gebrauchswerts oder Bereitschaft zum Verlust zu unterstreichen. Das Glücksspiel und das dabei zirkulierende Geld waren Mittel der sozialen Reproduktion, und sein Stellenwert erhellt aus der Selbsteinschätzung als »noble Passion«. Solange der Feudaladel sein Vermögen auf angestammten Besitz gründete und aus der Ausbeutung der Untertanen bezog, fiel die Wechselwirkung zwischen Arbeit und Geld nicht ins Gewicht. Daher greift die Theorie, wonach die Bedeutung des Spiels darin liege, daß es die durch Arbeit hervorgebrachten ökonomischen Werte gefährde,[2] hier nicht.

Zentren des aristokratischen Glücksspiels waren in ganz Europa die Höfe, wo sich die Konzentration der Chancen auch auf diesem Gebiet äußerte. Nach dem Vorbild Frankreichs bildete das Spiel einen institutionalisierten Bestandteil des ritualisierten Tagesablaufs, in dem es nach dem Willen und der Willkür der Monarchen zu funktionieren hatte und zu einer zwingenden Gunstbezeugung wurde, die teilweise beträchtliche finanzielle Anforderungen an die privilegierten Hofkreise stellte. Seit der zweiten Hälfte des 18. Jahrhunderts kam hier verstärkt ein Umdenken zum Tragen, das eine latente – bei manchen Gelegenheiten manifeste (es sei an Kaiser Franz Stephans achttägigen Versuch, seinem verlorenen Geld im Spiel hinterherzulaufen, erinnert) – materielle Pragmatik in den Vordergrund treten ließ. Neue ökonomische Verhaltensleitbilder führten zur allmählichen (in Wien aufgrund besonderer Umstände abrupten) Abkehr vom Glücksspiel; es verlor seine Bedeutung als Teil des höfischen Selbstverständnisses und herrscherlichen Rituals – auch deshalb, weil der Integrationsdruck auf den Adel nicht mehr wie früher notwendig war. Das Glücksspiel als distinktives Merkmal aristokratischen Lebensstils geriet unter Legitimationszwang, was beispielsweise in der Auseinandersetzung zwischen Maria Theresia, Joseph (II.) und Marie Antoinette über ihre Spielgewohnheiten deutlich wird. Adlige blieben aber weiterhin die prominentesten Repräsentanten des hohen Glücksspiels. In seltenen Ausnahmefällen dazu von den Regenten autorisiert, stellten sie sich in der überwiegenden Mehrheit gegen die absolutistischen Vereinnahmungs- und Disziplinierungstendenzen und bewahrten im Beharren auf dem Spiel, das im übrigen die Gefahr in sich barg, durch unmäßige Verluste das Vermögen und damit die Basis des sozialen Standes zu verlieren, einen zur gesellschaftlichen Notwendigkeit erhobenen Rest einstiger feudaler Macht. In welchem Ausmaß dies geschah, ist nicht auszumachen. Es ist jedoch immer in Rechnung zu stellen, daß eine selektive Quellenlage das wahre Verhältnis möglicherweise verzerrt.

Dies betrifft zu einem Teil auch die Sozialgruppe des Militärs. Diese soziale Formation wird, aus verschiedensten Quellensträngen gespeist, stereotyp mit dem Glücksspiel assoziiert. Es gibt tatsächlich frühe Hinweise darauf, daß die »Freiheit« des Glücksspiels im Militär und seine Nutzung eine der gewährten Kompensationen geleisteter Kriegsdienste war. Seit dem 18. Jahrhundert traten vor allem höhere Chargen als führende Vertreter und Betreiber des privaten und öffentlichen Glücksspiels in Erscheinung. In den höfischen Theatern von Residenzstädten, wo das öffentliche Spiel etabliert war (»Italien«, Brüssel, Wien, Dresden), wurden sie zum Bankhalten autorisiert bzw. privilegiert, was ihre Rolle in der gesellschaftlichen wie politischen Kultur des Absolutismus unterstrich. Gleichzeitig waren die Monarchen bestrebt, das Glücksspiel im Heer zur Durchsetzung der gestiegenen disziplinären Ansprüche an den Kriegsdienst einzudämmen. Aber noch im späten 19. Jahrhundert finden sich Hinweise, daß das Glücksspiel zu den aristokratisch geprägten Umgangsformen dieser Sozialgruppe gehörte. Zu dieser Zeit scheint aber besonders die zunehmende integrative Rolle des Heeres in Staat und Gesellschaft zum allmählichen Funktionsverlust des Glücksspiels beigetragen zu haben.

Waren Hof und Adel auch in herkömmlichen kulturhistorischen Untersuchungen die bevorzugten, zumeist sogar die einzigen gesellschaftlichen Segmente, die in ihrer Spieltätigkeit untersucht wurden, so haben die übrigen Schichten bislang im Zusammenhang mit dem Glücksspiel kaum Beachtung gefunden. Das liegt zum Teil daran, daß die sozial, ökonomisch und politisch sich profilierenden Vertreter des Bürgertums in ihrer Abgrenzung gegenüber dem Adel einerseits und den unterbürgerlichen Schichten andererseits als hauptsächliche Wortführer gegen das als unökonomisch und daher moralisch verwerflich erachtete Spielverhalten auftraten. Vor allem bürgerliche Theoretiker popularisierten die Anschauung, daß die Gefahr des Glücksspiels in seiner potentiellen Entgrenzung und der emotionalisierten Ökonomie lag, wo schwer kontrollierbare Leidenschaften über die Rationalität herrschten. Auf diese Art wurde der Blick auf das eigene Freizeitverhalten verstellt. Obwohl die entsprechende Quellenlage dürftig ist und das als gesellschaftliches Bedürfnis und unabdingbarer Faktor der Soziabilität erachtete Spiel vorrangig in Form der sogenannten Kommerz- und anderer »Gesellschafts«spiele in den Vordergrund stellte, ist die Beteiligung Bürgerlicher am Glücksspiel eine ständig präsente Tatsache – und zwar nicht eine erst im 19. Jahrhundert neue. In gewissem Maß handelte es sich um eine der Ausdrucksformen gesellschaftlichen Prestiges, die denen des Adels glich. Dabei ist die Frage, ob es sich um einen Transfer kultureller Muster von den Eliten in andere Schichten handelt, wohl nur in Einzelaspekten zu bejahen. Denn es ist zu berücksichtigen, daß die Zuschreibung bestimmter Spiele oder Spielusancen an Gruppen und/oder geographische Räume ein ambivalentes Bedürfnis nach Distinktion transportiert und als kulturelles Vehikel des Elitären, des Exotischen usw. fungiert.[3] Das Glücksspiel bot hingegen auch die Möglichkeit, Qualitäten wie Gewinnstreben, Geschäftssinn und Risikobereitschaft unter Beweis zu stellen, also Tugenden, die durchaus als bürgerlich gelten konnten. Wenn es opportun schien – wie im Fall des kaiserlichen und königlichen Lottos von Brüssel –, konnte sogar ein Glücksspiel einer ganzen Nation empfohlen werden, weil ihr seit jeher der Geist von Kalkül und Spekulation vertraut sei.[4]

Waren Gesellschaften, Clubs, Casini u. ä. des gehobenen Bürgertums zumeist auch Spielgesellschaften (was die aufgeklärte Opposition auf den Plan rief), so fand das Glücksspiel der mittleren und unteren Schichten (vorab der Männer) überwiegend in öffentlichen Lokalen, den Zentren der Kommunikation und Geselligkeit, statt. Nicht nur in den Residenzen, auch in Städten und Dörfern abseits der Metropole bildete es einen – aufgrund der Quellenlage quantitativ ungleich schwieriger zu bestimmenden – Teil des Umgangs auch von Handwerkern, bäuerlichen und unterbäuerlichen Schichten. Die Forschung hat diesen Aspekt bislang vernachlässigt, weil sie die kollektiven oder sportlichen Spielformen (Kegeln etc.) für signifikanter hielt. Sie folgte damit einem Modell, das spätestens im 18. Jahrhundert die »noblen« Hazardspiele von den »groben Karten« der Bauern unterschied.[5]

Zu der in der zweiten Hälfte des 18. Jahrhunderts einsetzenden und im Vormärz unvermindert weitergeführten rigiden Restriktionspolitik gegenüber dem Freizeitverhalten der mittleren und unteren Schichten (gespielt wurde vorzugsweise an Sonn-, Feier- und Festtagen) kam die Tendenz, die von diesen bevorzugten Spiele mit deutlicher Zufallskomponente (z. B. Zwicken) zu illegalisieren, indem ihnen Hasardcharakter attestiert wurde. Aus einer Reihe von gerichtsanhängigen Fällen wurde ersichtlich, daß die knappe Ökonomie das Glücksspiel dieser Sozialgruppen zwar meistens gering hielt, es aber auch hier ein monetarisierter Faktor der Soziabilität von Männern war. Bezüglich des Spielverhaltens der pauperisierten Unterschichten und des Industrieproletariats bieten die Quellen ein sehr pauschales Bild aller Arten von exzessiver Verausgabung, zu der auch das Spiel gehörte. Lediglich für Wien und seine Außenzonen läßt sich das Glücksspiel in der ersten Hälfte des 19. Jahrhunderts auf der Basis einer guten Aktenlage besser analysieren. In den sozial besonders brisanten (in der Nähe der Manufakturen) und ökonomisch intensiven Gebieten außerhalb der Stadtgrenze etablierte sich besonders mit dem populären Mariandlspiel, einer lotterieähnlichen Variante des in Italien und Frankreich – auch in öffentlichen Spielhäusern angebotenen – verbreiteten Biribis, ein wesentlich von Unterschichtfrauen getragenes Glücksspiel auf Straßen und Feldern. Dieses Spiel, bei dem mit einem Einsatz von einem Kreuzer Waren oder Geld zu gewinnen waren, kann als Subsistenzspiel bezeichnet werden, das seine Betreiber als einziges oder zusätzliches Einkommen nutzten. Es fand meist an Sonntagen statt und gehörte auch zum Festinventar der Kirchtage.

Diese waren zusammen mit anderen Feiertagen die bevorzugten Spielzeiten und -orte der Unterschichten. Für viele bedeutete der Horizont solcher Feste zugleich den Rahmen der ludischen Erfahrungen, auf deren Gestaltung die Obrigkeiten – durchaus in Konkurrenz zueinander – regulierend einwirkten. In der Habsburgermonarchie wurden im 17. Jahrhundert dem Hof nahestehende Personen mit exklusiven Privilegien zum landesweiten Betreiben diverser Glücksspiele auf Kirchweihen u. ä. autorisiert. Gleichzeitig setzten sich abgabenpflichtige Spielformen in eigenen Hütten durch, deren Betreiber das Spiel als Berufsbezeichnung führten (Krügel-, Rundelkugelspieler). Sowohl die Praxis, die Vorschriften zu umgehen und anstatt um Waren auch um Geld zu spielen, als auch der festgesetzte Einsatz von einem Kreuzer verweisen auf Kontinuitäten zu den oben erwähnten Glücksspielen der Armen im Vormärz.

Feste aller Art, vom Karneval/Fasching mit seinen Bällen bis zu den großen Messen beispielsweise von Leipzig, bildeten für alle Schichten die spielintensivsten Perioden. Das Glücksspiel gehörte zu den Freiheiten dieser zeitlichen und örtlichen Reservate. Einerseits wurde es daraus immer mehr verdrängt (1744 Verbot der auf Märkten und Festen gestatteten Brenten- u. ä. Spiele), andererseits fand es gerade in solchen exemten Rahmen die fiskalisch genutzte moderne Ausprägung in Form von öffentlichen Spielbanken. Abgesehen vom venezianischen Ridotto, dem Vorläufer aller modernen Casinos, der übrigens vom Karneval abhing, intensivierte sich diese Entwicklung im 18. Jahrhundert in Bade- und Kurorten. Sie gehörten schon im Mittelalter neben den Städten und Höfen zu den bevorzugten Zentren des Glücksspiels. Von Fürsten und Kommunen kontrolliert, wurde es über das System der Ausschreibung und Verpachtung zum Objekt der Konkurrenz zuerst zwischen Adligen und hohen Militärs, bald auch von Bürgerlichen und von Kapitalgesellschaften, die sich zunehmend zu Aktiengesellschaften formierten. Im Unterschied zu den feudal fundierten Glücksspielprivilegien, die an die Qualität der Person gebunden waren, entschied nun tendenziell die Kapitalkraft der Pachtanwärter über die Vergabe der Konzession. Die Industrialisierung des öffentlichen Spielbetriebs zeitigte eine deutliche Trennung und Spezialisierung zwischen Kapital und Spielpersonal mit Croupiers u. ä. sowie die architek-

Zusammenfassung und Schluß

tonische Umsetzung spezifischer Spielstätten. Dieser Prozeß bedingte den wohl einschneidendsten qualitativen Wandel: die Anonymisierung und Versachlichung des Spielgeschehens und -verhaltens. Im Zuge dieser strukturellen Veränderungen und im Zusammenhang mit der Ausprägung einer spezifischen touristischen Form entwickelten sich französische, vor allem aber belgische und deutsche Badeorte zu internationalen Zentren des Glücksspiels, das zum Motor und unabdingbaren Faktor der ökonomischen Prosperität dieser Orte wurde.

Die Habsburgermonarchie verschloß sich diesem Prozeß und hielt an ihrer Politik der Unterdrückung fest. So blieb auch der 1768 vom Pariser Polizeichef Sartine dem Wiener Hof gemachte Vorschlag, der im Rahmen einer Polizeireform auch die Gestattung von Nicht-Glücksspielen in öffentlichen Spielhäusern vorgesehen hätte, Papier. In den berühmten Kurorten wie Karlsbad oder Teplitz gab es zwar in der Zeit um 1800 bekannte, jedoch nie staatlich konzessionierte Banken. Seit dem Ende des 19. Jahrhunderts strahlte die internationale Intensivierung des Fremdenverkehrs jedoch auch in die Habsburgermonarchie aus. Touristische Konjunktureinbrüche sollten nach der Vorstellung einzelner Gemeinden durch die aus anderen Ländern bekannte Einrichtung von »Cercles des étrangers« mit der Attraktion von Glückspielen aufgefangen werden. Was einige renommierte Kurorte kurz vor dem Ersten Weltkrieg ohne lange Dauer verwirklichten, setzte sich in der Ersten Republik in einer Welle von »wilden« Gründungen fort. Die Erfahrung der Krisenzeit und einer allgemeinen Verunsicherung förderte den Zulauf zum schnellen Gewinn, wie er im Glücksspiel modellhaft zum Tragen kam. Die Verantwortlichen der Republik befaßten sich gleich nach Kriegsende mit der Möglichkeit, dem Staat durch legalisierte Spielbanken eine Einnahmequelle zu verschaffen, die das als Reiseland sich profilierende Österreich zur Sanierung der Staatsfinanzen nutzen konnte (»Sanierungskugerl«). Der schwierige Prozeß der »Konsens«bildung (die einer Kapitulation moralischer Bedenken der meisten Parteien vor den ökonomischen Notrufen von Kommunen und Ländern sowie Wirtschafts- und Tourismusverbänden gleichkam) erübrigte sich nach der Ausschaltung des Parlaments dadurch, daß aufgrund des kriegswirtschaftlichen Ermächtigungsgesetzes im Jahr 1933 die Spielbankenverordnung herausgegeben wurde, mit der 1934 am traditionsreichen Semmering das erste österreichische Casino den konzessionierten Spielbetrieb aufnehmen konnte. Hier blieb das Glücksspiel noch lange einer dünnen Schicht vorbehalten. Daneben bestand, zumal in Wien, das illegale Glücksspiel in seiner prominentesten Form als integraler Bestandteil der Kultur und Ökonomie der »Unterwelt« weiter.

Die Glücksspielkultur war geprägt von einem ständigen Nebeneinander von privaten, halböffentlichen und öffentlichen Elementen. Letztere standen allerdings in der Habsburgermonarchie unter permanentem Druck, der sowohl den Adel als auch die populären Formen der unteren Schichten betraf. Idealtypisch handelte es sich dabei um die Konkurrenz zwischen privaten Bankhaltern und dem Staat als potentiell oberstem Bankhalter, der sich der fiskalischen Nutzung durch Vergabe von privilegierten Konzessionen bis in die Erste Republik mit wenigen Ausnahmen verschloß und dies im Prinzip nur beim Lotto zuließ. Dieser Umstand und die quer durch alle Schichten zu ortende Spielbereitschaft waren vor allem im 18. und 19. Jahrhundert die Voraussetzung für die Erfolge und Karrieren professioneller Spieler und sogenannter *Chevaliers d'industrie*, die das Glücksspiel zur Erwerbsbasis machten und als Bankhalter strengere Strafen als andere zu befürchten hatten.

Die Literatur des 18. und 19. Jahrhunderts hat wesentlich dazu beigetragen, das Bild des Glücksspiels simplifiziert polarisierend darzustellen. Die Wahrnehmung beschränkte sich auf die Glückspiele, die den oberen Gesellschaftsschichten zugeschrieben wurden und als »noble« Passion oder gar »Kunst« (letzteres durchaus auch in Selbsteinschätzung der Eliten) galten. In letzter Konsequenz machte sie aus ihnen das Synonym für Spiel überhaupt. Wenngleich offenbar in unterschiedlicher Ausprägung und teilweise mit anderen Spielen, war jedoch die vermeintlich noble Leidenschaft eine Betätigung für alle Schichten. Selbst wenn das Glücksspiel als Reaktion auf eine relative soziale Permeabilität im 17. und 18. Jahrhundert von sozial Privilegierten als ein Mittel kritisiert wurde, das vermeintlich alle gleich mache (z. B. La Bruyère), blieben die Sphären in der Regel voneinander getrennt.

Am anderen Ende der Hierarchie stand das Lotto, dessen Klientel überwiegend in den mittleren und unteren Schichten geortet wurde. Es kanalisierte zwar einen Teil der Spielbedürfnisse und -potenz, doch war es nie ein wirkliches Substitut für andere Glücksspielformen, die ja wesentlich in den Alltag und den Wechsel von Arbeits-, Frei- und Festzeit eingebunden waren. In diesem Rahmen konstituierte sich ihre soziale Bedeutung und Brisanz. Die weitgehende Reduktion dieser Brisanz ist ein relativ spät einsetzender Prozeß. Er bahnte sich in einem deutlicher wahrnehmbaren Ausmaß gegen Ende des 18. Jahrhunderts an und hing mit der oben angedeuteten Versachlichung und Anonymisierung im Zuge der Etablierung öffentlicher Spielbanken unter dem Einfluß von Kapitalgesellschaften zusammen. Zwischen Spielpartien, wie wir sie beispielsweise von einem Giacomo Casanova kennen oder wie sie in privaten Zusammenkünften zu beobachten sind, und dem Spiel, wie es sich vor allem im 19. Jahrhundert in den Spielbanken ausprägte, herrscht ein wesentlicher Unterschied. Während dort das Verhältnis zwischen Banquiers und Spielern eine persönlich vermittelte agonistische Dynamik (die das von Roger Caillois etablierte Gegensatzpaar Agon und Alea konterkariert) mit teilweise sehr engen sozialen Zwängen auszeichnete, löste sich hier das Persönliche vom Materiellen. Die Bank wurde zur ständig verfügbaren und tendenziell unerschöpflichen Quelle, die von Angestellten verwaltet wurde, deren Aufforderungen zum Spiel zunehmend zur standardisierten, klischeehaften Formel gerann. Während die Banken permanent Revanche bieten, sind die Spieler dieser Konvention enthoben (in der totalsten Ausprägung ist dies beim mechanisierten Spiel an bzw. »gegen« Maschinen der Fall). Sich mit dem Gewinn einfach davonzumachen, hatte im 17. Jahrhundert noch ein eigenes Wort *(carabiner)*.[6] Dieses Verhalten wird nun zur strukturellen Normalität. Ein weiterer Aspekt, der die moderne Entwicklung kennzeichnet, ist die Gewährleistung größtmöglicher Sicherheit unter Ausschaltung betrügerischer Praktiken in Casinos und Spielhallen. Das Risiko wurde dadurch auf ein subjektives und spieltechnisches reduziert.

Dem Wandel ist schließlich die tendenziell umfassende Öffnung bzw. Integration eigen, die jedoch keine Demokratisierung, sondern eher eine Nivellierung impliziert. Daraus erklären sich die seit dem 19. Jahrhundert nicht abreißenden Klagen selbst bürgerlicher Autoren über den Verlust der aristokratischen Aura des Glücksspiels in Spielbanken. Die öffentlichen Spielstätten mit legalisiertem Glücksspiel entwickelten sich nach dem Zweiten Weltkrieg zu Bereichen, in denen Freizeit konsumiert werden kann. Es wurde zu einem Teil der sich ausbreitenden und diversifizierenden Freizeitindustrie.

Das ist freilich eine sehr modellhafte Darstellung einer nie einheitlichen und festgelegten Entwicklung, die überdies auf eine Minorität beschränkt blieb und wohl erst mit den gesellschaftlichen, ökonomischen und kulturellen Transformationen in der Zweiten Republik auf einer breiteren Basis tragfähig wurde und größere Akzeptanz fand. Bis weit nach 1955 blieb die Mehrheit der Spielwilligen ausgeschlossen oder verschloß sich den staatlich sanktionierten Glücksspielmöglichkeiten (die sich auf einige wenige Casinos beschränkten). In weiten Bereichen gaben sich Menschen, nicht selten in der kriminalisierten Marginalität, weiterhin der selbstbestimmten, identitätsstiftenden (Sub-)Kultur der Chance und des Risikos hin. Wie aber Kriminalstatistiken und andere Quellen nahelegen, kam es dabei seit 1960 zu einem deutlichen Einbruch.[7] Die Disziplinierung des ›Spielervolks‹ hat anscheinend dort gegriffen, wo die Zwänge und Interdependenzen der bürgerlichen Gesellschaft und Arbeitswelt die Tendenz zur Autozensur[8] unterstützten und förderten. Begleitet von »Störfällen« wie »exzessivem« Spielen, ist sie dort ›gelungen‹, wo das vom Staat geschaffene Angebot an tolerierten Frei-, nämlich Spielräumen, mit den gelenkten und kalkulierbaren materiellen Sehnsüchten der Gesellschaft konvergieren. Zu Praktikern der Wahrscheinlichkeitstheorie, die das gelehrte Wissen gegen die Glücksspiele ins Treffen führte, sind jedoch die wenigsten Spielerinnen und Spieler geworden.

Spiele

Das folgende Verzeichnis soll eine Orientierungshilfe sein und umfaßt nur die im Text genannten Glücksspiele bzw. die als Glücksspiel eingeschätzten, bezeichneten und verbotenen Spiele. Nach technischen und organisatorischen Gesichtspunkten kommen folgende Gruppen in Betracht:

1. Zufallsspiele, bei denen gegen a) eine feste oder b) wechselnde Bank gespielt wird (Würfel, Kugeln, Karten etc.) und der Gewinn und Verlust aus dem Aufdecken einer bestimmten zu erratenden Karte resultiert (Pharao) bzw. aus einer zu erreichenden und nicht zu überschreitenden Punkteanzahl aus mehreren Karten (Baccarat), der Augenzahl von Würfeln oder dem Zusammentreffen besetzter Nummernfelder mit den ermittelten (Roulette);

2. Spiele, bei denen eine bestimmte Karten- bzw. Würfelkombination über den Gewinn (zumeist ein »Pot«, keine Bank) entscheidet (Brelan, Poker etc.), ohne daß die einzelnen Karten gegeneinander ausgespielt werden, und

3. Stichspiele, bei denen der Gewinn aus der vom Geber aufgelegten Bank (oder Pot) nach der Anzahl der Stiche (auch mit Trumpf) bezahlt wird, die mit wenigen Karten nach Regeln zu machen sind, die mehr Zwang als Kombination beinhalten (Labet, Zwicken etc.). Diese letzteren gehören normalerweise nicht zu den »reinen« Glücksspielen.

Es geht in diesem Kapitel nicht darum, die Herkunft oder gar Entstehung der einzelnen Spiele darzustellen oder die Regeln erschöpfend zu behandeln, sondern um eine aus der Problematik des Themas resultierende Sicht, die die Regeln in einen Zusammenhang mit ihrem Gebrauch stellt. Spiele weisen in ihren Strukturen lange Kontinuitäten auf. So herrscht beispielsweise zwischen dem Lansquenet des 16. Jahrhunderts und dem Stoß der Gegenwart eine enge Verwandtschaft. Sie unterlagen gleichzeitig Transformationen, die als Dispersion einiger weniger Grundprinzipien zu interpretieren sind.[1] Manche Veränderungen betrafen mehr die Namen als die Spiele selbst. Dies geschah vor allem zur Umgehung der Gesetze. Inwieweit sich darin spezifische Bedürfnisse der Spieler ausdrücken, ist nicht eindeutig nachzuweisen und bedürfte detaillierter Forschungen. Bestimmte Vorlieben waren aber auch einfach Moden unterlegen. Spiele wurden eingeführt und angenommen, wie sie auch wieder abkamen. So bemerkte im Jahre 1901 der Abgeordnete Glöckner anläßlich der Abänderung des Glücksspielparagraphen in einer Anfrage an den Justizminister, daß die meisten der namentlich verbotenen Spiele unbekannt seien.[2]

ANBIETEN (FREIBIETEN; STICHELN)

»Das seit einigen Jahren besonders bei der niederen Volksklasse in Schwung gekommene hier ehemals nicht so sehr bekannte Kartenspiel« (1825), wurde von vier bis sechs Personen gespielt und sei »eigentlich wohl nichts anders als ein Zwicken um den letzten Stich«. Vier Karten wurden ausgegeben, die ausgespielte mußte bedient und wenn möglich überstochen werden.

»Derjenige nun welcher den vorletzten Stich gemacht hat, setzt auf seine verdeckte Karte jenach dieselbe gut ist 12 auch mehrere Kreutzer, und fordert die Mitspieler auf, ob sie ihn diesen Satz zu halten wollen, jedoch darf es die Summe des von Freybiether angebothenen Satzes nicht übersteigen, dem Freybiether aber steht es frey, so oft er will, sein Anboth zu wiederholen und so weit er will erhöhen, nämlich er biethet das erstemahl 12 kr, wenn er sieht, daß die übrigen im Spiel hitzig sind, setzt er noch 12 kr hinzu, und auf eine solche Art kann das Spiel sehr in die Höhe getrieben werden. Wenn nun niemand mehr setzen will so schlägt er seine Karte auf, wo sodann jener Spieler das ganze Geld einzieht, der den Anbiether seine Karte überstochen hat, oder der Freybiether, wenn ihn Niemand übersticht, den ganzen Satz einzieht, welches bei geübten Spielern gewöhnlich der Fall ist, indem selten der Freybiether verliert.«

Mit oberösterreichischer Regierungsverordnung vom 2. November 1825 verboten.[3]

ABZEISSELN (ANZEISSELN; AUFZEISSELN; ABHACKEN)

In Oberösterreich 1831 unter Handwerkern, Bauern und Unterbäuerlichen belegt. Mit drei oder mit vier Karten zu spielen. Ein Spieler gab zu Protokoll: »Es ist auf die Art wie das Zwicken, nur daß man, wenn man abgetrumpft wird, bey diesem Spiele 1/2 kr zahlt, während man beym Zwicken den doppelten Einsatz zahlt.« Daher und weil man in zwei odr drei Stunden nicht mehr als sechs Kreuzer verlieren könne, galt es ihnen als »bey weitem nicht so rauch /:kostspielig:/ als das Zwicken; und das Wallacheln. Es werde allgemein als ein erlaubtes Spiel angesehen«.[4]

BACCARAT (BACCARA)

Nach Ansicht der österreichischen Behörden (1912) »ein notorisches aus Südfrankreich herübergekommenes Kartenhasardspiel«. In Frankreich ist es 1851 nachzuweisen. B. zählt zu den besonders von der vermögenden Oberschicht der Spieler bevorzugten Spielen. Es sollte beispielsweise im »Casino des Etrangers« von Arco neben *Boule* und

Petits chevaux gespielt werden. In der Habsburgermonarchie 1913 »in allen vornehmen Klubs mit großer Vorliebe gespielt«, in den 1920er Jahren in Österreich angeblich das »verbreitetste« Glücksspiel, was – wenn man an A. Schnitzlers »Spiel im Morgengauen« denkt, für obere Gesellschaftsschichten zutreffend sein dürfte. In Casinos bis in die Gegenwart ein Spiel mit hohem Prestigewert. – Eine Variante heißt *Chemin de fer* (siehe dort).[5]

BARAQUE

Im »Cercle des Etrangers« von Grado 1914 angeboten. Ähnlich dem *Troika* bzw. *Billard d'adresse*.[6]

BASSETTE

Kartenspiel, bei dem der Banquier je zwei Karten aufdeckt, von denen die erste jeweils für die Bank, die zweite für den Spieler gewinnt, wenn sie besetzt sind. Seit der zweiten Hälfte des 15. und im 16. Jahrhundert in Italien belegt, wurde es seit 1638 vor allem *das* Spiel im venetianischen Ridotto und verbreitete sich Ende des 17. Jahrhunderts an den Höfen und unter der Aristokratie in West- und Zentraleuropa, wo es bald verboten wurde. 1679 und 1682 gelangte es durch Jean de Préchac zu literarischen Ehren. Die 1697 in Hamburg bei Benjamin Schiller erschienene Regelsammlung »Das königliche L'Hombre- und Piquet-Spiel, mit unterschiedenen neu erfundenen curieusen Karten und anderen Spielen« führte im Titel das B. an, ohne jedoch seine Regeln wiederzugeben. Unter dem Druck der Verbote änderte sich sein Name öfters, bis es kurz nach 1700 vom *Pharao*, das ihm sehr ähnelt, abgelöst wurde. Im deutschsprachigen Raum wurde B. Anfang des 19. Jahrhunderts mit *Schnitt* oder *Schneidebank* gleichgesetzt.[7]

BILLARD D'ADRESSE

In österreichischen Kurorten vor dem Ersten Weltkrieg eingeführtes Spiel. In einen Blecheinsatz mit 29 Öffnungen, die mit den Namen von neun Städten bezeichnet waren, wurde über die Billardbande eine Kugel gestoßen. Spieler und Wettende setzten eine bis zehn Kronen auf eine Stadt. Wurde die Stadt unter drei Stößen getroffen, gab es den achtfachen Einsatz sowie eine Prämie von fünf Kronen. Die Grenze zum Glücksspiel schien auch dem Ministerium sehr dünn und leicht zu überschreiten.[8]

BIRIBIS (WIRWISCH)

Die Spielsammlung »Palamedes redivivus« (hier Leipzig 1739) bezeichnete es als »galantes, lustiges und Zeitkürtzendes Spiel, wormit Manns= und Weibs=Personen in honetten Compagnien sich divertiren können«. Normalerweise agierte ein Banquier, wie beispielsweise in den Pariser Spielhäusern. In Preußen und Sachsen gab es in der ersten Hälfte des 18. Jahrhunderts öffentliche privilegierte Biribisbanken, in Turin gehörte es schon 1665 zu den verpachteten Spielen, im italienischen Alessandria war es bis 1769 während der zwei jährlichen Messen gestattet. In seiner bekanntesten Form (Italien, Frankreich, Deutschland) waren die entweder 70 oder 36 (auch 66) Nummern auf einer Tafel einzeln mit Namen beschriftet oder wurden in Kombination bezeichnet und besetzt: »So heißen zum B. die Nummern 2. 18. 32. 48. der Jäger, u.s.w. Ohne also iede Nummer besonders zu nennen, sagt der Spieler: Ich setze soviel auf den Jäger.« Zur Ermittlung der Gewinne wurden numerierte (ovale) Kugeln oder Kugeln, in denen numerierte Zettel steckten, von den Spielern selbst aus einem Sack gezogen. – Ende des 19. Jahrhunderts »nur selten gespielt«. In Österreich 1787 per Hofdekret als Hasardspiel und seit 1813 auch nach dem Lottopatent strafbar. Hier verstand man darunter ein »Lotto-Spiel, bei welchem mit Würfeln [!] mit auf einer Tafel angebrachten Zahlen oder Figuren entweder Waaren, Prätiosen und Effecten, oder bestimmte Geldbeträge ausgespielt werden« (Hofkammerdekret, 9. August 1826). In dieser Form wurde es im Vormärz vor der Liniengrenze Wiens von Pauperisierten gespielt und entspricht der Beschreibung nach dem *Mariandlspiel*, mit dem es auch von den Behörden gleichgesetzt wurde. Es sei nämlich kein Unterschied zu machen, ob die gewinnende Nummer durch Würfel oder durch ein Los, das aus einem Sack gezogen wird, bestimmt werde. Das eigentliche Biribis war hier auch unter dem Namen *36er-Spiel* bekannt. Ein 32jähriger Kleinhändler, der es 1844 auf dem Brigittenauer Kirchtag aufstellte, erklärte,

> »daß dieses aus 36 Zahlen, je zu 6 Ziffern in einer Reihe bezeichnete Spielblatt von den Spielern mit einem beliebigen Einsatze belegt u. sonnach wenn der Spielhälter dieselbe Summe daraufgelegt hat, aus einem mit 36 Loosen gefüllten Beutel 1 Loos herausgestochen wird. Dieses gezogene Loos gewint nur einzig allein, dagegen fallen die übrigen, wen auch nicht alle, mit Einsatz belegten Numern auf die Seite des Spielhälters. Bei dieser gewählten Eintheilung haben im vorliegenden Falle die Spieler nur 1 Zahl für sich, während der Spielhälter 35 für sich hat, u. der Spielende müßte selbst in Erwägung des Umstandes, als beim Herausstossen des zu gewinnenden Looses eine Geschicklichkeit zum Ziele führen könnte, nur besonders vom Zufalle begünstigt sein, um vis a vis des Spielhälters keinen Verlust zu erleiden«.[9]

BOULE

»Kursaalspiel« nach Art des *Roulette*. Ein Kautschukball wird in eine Scheibe mit 36, von 1 bis 9 numerierten Vertiefungen geworfen. Dem Zéro entspricht die 5.

Seit 1907 in Frankreich legal als *petit jeu* in Cercles und Casinos zu spielen, fand es auch in die Kursäle der Schweiz und Österreichs Eingang. Laut Czeipek fand es 1913 in dem »für die breiteren Gesellschaftsklassen bestimmt[en]« Casino von Beausoleil und besonders in Nizza in Theatern und Varietés während der Zwischenpausen »immer ein zahlreiches Publikum«. Mindesteinsatz war ein Franc (was ungefähr eine Krone entsprach), Höchstsatz bei doppelter Gewinnerwartung (vier Nummern) 100 Francs, in Abbazia 20 Kronen – und deshalb »kein bloßer Zeitvertreib«.[10]

BRELAN (BERLAN)

Bezeichnete in Frankreich im Mittelalter einen Spieltisch zum Würfeln, das Glücksspiel allgemein (vom spanischen *berlanga* = Glücksspiel), das (vielleicht ein bestimmtes) Würfelspiel, den Ort des Spiels (Spielhaus) und im 17. Jahrhundert (1608 belegt) ein Kartenspiel mit drei Karten, Kauf- bzw. Wechselmöglichkeiten und verschiedenen Kombinationen, wobei drei Asse die höchste bildeten. Eng verwandt, teilweise (1764) sogar gleichgesetzt mit *Trischacken* und Ende des 18. Jahrhunderts (1780 erwähnt) in Frankreich in der Variante *Bouillotte* in Mode. 1850 hieß es in Deutschland, Brelan sei »jetzt [...] als Bouillotte wieder sehr gewöhnlich«. In der Schweiz als *Oberland* (= [jouer] au berlan) im 18. Jahrhundert angeblich unter den Hirten stark verbreitet.[11]

BRENTEN (BRENDLEN U. Ä.)

Im 17. und 18. Jahrhundert sowohl ein bestimmtes Spielinstrument (»Spiel=Tisch, Würfl, und Brennten«) als auch Oberbegriff verschiedener, teils konzessionierter Glücksspielformen auf Kirchtagen, Jahrmärkten, Schützenfesten u. ä. In F. Nicolais österr. Idioticon schlicht für »Gaukelspiele«. Davor auch für (ein bestimmtes?) Brettspiel bzw. das Innere des Spielbretts verwendet. Brente ist nach Grimms Wörterbuch der Trichter (!?), »dardurch man die würfel wirft, wenn man in die brenten spielt«, im Wörterbuch der »bairischen Mundarten« die steirische Bezeichnung für einen Würfelbecher und nach Adelung eine lange Kegelbahn (bairisch; sehr unwahrscheinlich!). 1665 Bestätigung des Privilegs und gleichzeitiges Verbot des Dreh- und Würfelspiels (»Trä: vnnd Wüerfel: sonst ins gemain genanten Prentenspils«) außerhalb von Jahrmärkten und Kirchtagen. 1744 verboten. (Siehe auch *Drehbrett*.)[12]

CAVAGNOLE

Biribisähnliches Lottopiel, bei dem jeder Spieler mit einer nach Variante unterschiedlichen Zahl von Nummern versehene (und illustrierte) Tafeln erhält und die Nummern (auf Zetteln in »Oliven«) aus einem Sack zieht. – In Österreich nicht namentlich verboten und daher auch in das Spielregelbuch »Die Kunst, die Welt erlaubt mitzunehmen, in den verschiedenen Arten von Spielen« (1756) aufgenommen.[13]

CHEMIN DE FER

Eine Abart des *Baccarat*. Als es 1923 im Badgasteiner »Fremdenklub« gespielt wurde, herrschte Unsicherheit darüber, ob es zu den verbotenen Spielen gehöre. Beim Gendarmerieposten Badgastein meinte ein Anzeiger, die Spielleitung würde das Spiel nur anders nennen, »um wahrscheinlich die Spieler zu täuschen, daß dies nicht das verbotene Spiel Bakkarat« sei. Der Denunziant beschrieb das Spiel:

> »Der Bankier sowie die Gegner bekommen je zwei Karten. Jeder kann nach Belieben noch eine Karte hinzukaufen oder nicht. Die Augen der Karten werden zusammengezählt, es gelten aber nur die Einerzahlen. Hiebei zählt jede Karte nach ihren Punkten. – Wer 8–9 hat oder am nächsten dieser Zahl ist, gewinnt, im Falle der Bankier und ein oder der andere Gegner gleichviel Augen haben, gewinnt der Bankier oder das Spiel bleibt offen. Beim Spiel wird ein Schlitten verwendet, welcher auf dem Tisch herumgeführt wird.«

In der Berufung legten die Anwälte die Spielregeln des Clubs vor, denen zufolge nur das »Wiener chemin de fer«, und nicht das »französische (Hasard chemin de fer [!])« erlaubt gewesen sei, das »auch sonst in Oesterr. geübt wird«: Die Spieler machen einen Einsatz. Vier ausgeteilte Karten können durch bis zu vier dazugekaufte ersetzt werden. Mindestens vier Spieler müssen vor dem Nachkauf erklären mitzuspielen. Zehner und Figuren zählen ihren üblichen Wert (As = elf), die übrigen eins. Die jeweils ausgespielte Farbe ist Trumpf und zu bekennen. Mit vier Herzassen in der Hand zieht der Spieler alle Karten ein, vier Asse aller Farben bringen ein Viertel des Gesamteinsatzes. Wer 66 Punkte erreicht hatte, darf drei Viertel kassieren, der Nächsthöhere den Rest. Hat niemand 66, bleibt der Einsatz stehen.[14]

CRAPS (HAZARD; SEVEN-ELEVEN)

»Man kennt das Cresp [sic!]. Es ist ein Neumodspiel, welches aus England herübergekommen. Dieses Spiel wütet außerordentlich«, schrieb W. L. Wekhrlin 1780 über das

Würfelspiel, das in England auch unter dem Namen *hazard* bekannt war. Es galt als
»derer Engelländer ihr Leib-Spiel« und wurde vor allem im Club des anglais von Spa
gespielt, zumal 1765 bestätigt worden war, daß außerhalb der privilegierten Redoute
keine Glücksspiele mit Banquier und Fonds stattfinden durften. Bereits 1766 erschien
für die Spieler in Spa unter dem Titel »Le jeu de dez anglois« eine Broschüre mit den
Spielregeln; eine bestimmte Verlustkombination hieß Crabs (*cette perte s'appelle Crabs*).
Anfang des 19. Jahrhunderts wurde es im »Cercle des étrangers« von Paris *en banque*
und *à la ronde* gespielt. Beim *Krebs-Contre* hatten die Contre-Spieler nicht die Würfel.
Sie seien leidenschaftslos wie eine Bank, wie ein Lotterierad, berichtete die Polizei 1812
von dort. – Heute in vielen Casinos, besonders in den USA gespielt.[15]

DREHBRETT (DRANDLSPIEL; ZEIGERSPIEL)

Ein vor allem im ländlichen Raum vom 17. bis ins 19. Jahrhundert dokumentiertes,
verbreitetes Spielinstrument. Auf einem runden Brett sind verschiedene Würfel-
kombinationen oder Spielkarten aufgemalt. Mittels eines drehbaren Zeigers wird der
Gewinnsektor ermittelt.[16]

DREHWÜRFEL

Vier-, sechs- oder mehrseitiger Würfel, durch den eine Achse führt und dessen Seiten
Zahlen oder Buchstaben aufweisen. Bekannt im Zusammenhang mit dem jüdischen
Purimfest, aber auch allgemein sehr verbreitet. In Österreich mit anderen populären
Spielen auf Jahrmärkten, Kirchweihfesten u. ä. verboten.[17]

EINUNDZWANZIG

Siehe *Vingt-et-un*.

E-O

Gehört in die Familie des *Roulette*. Ein englisches Spiel des 18. Jahrhunderts, in Kneipen und auf Straßen Londons, zumeist sonntags und unter großem Andrang betrieben. Es soll von einem gewissen Cook »erfunden« und um 1730 im Assembléehaus in
Tunbridge Wells gespielt worden sein. »Beau« Nash stellte 1740 zur Umgehung der
Glücksspielverbote zwei Tische in Bath auf. 1745 namentlich verboten, soll es 1782 in

zwei Kirchspielen von Westminster 297, in der ganzen Stadt nicht weniger als 500 EO-Tische gegeben haben.

»EO Tafeln sind rund, und mit einem hohen Rande versehen; sie haben auf ihrer Fläche, in lauter Kreisbogen, eng aneinander flache runde Vertiefungen, die abwechselnd mit E [Even] oder O [Odd] bezeichnet sind, und einer mit Heftigkeit gestoßnen kleinen Kugel Gelegenheit geben, endlich auf einer von ihnen ruhen zu bleiben. Man wettet gewöhnlich, ob dieß auf einem E oder O geschehen werde.«

Andererseits zeigt ein Kupferstich aus dem Jahre 1786 eine Scheibe mit Drehkreuz (siehe *Roulette!*) und mit »E« und »O« bezeichneten Feldern. Indes waren für Colquhoun 1797 die »ausländischen Roulet und Rouge et Noir« Mitbringsel französischer Emigranten.[18]

FÄRBELN

Färbeln ähnelt dem *Poker*, bietet jedoch nicht die Möglichkeit des Kartentauschs und hat im Unterschied zu diesem einen Bankhalter. Anhand zweier Karten machen die Spieler ihre Angebote. Nach der Steigerung erhält jeder zwei weitere Karten. Der Wert der Karten entscheidet über Gewinn bzw. Verlust. Vier Asse sind die höchste Kombination (siehe *Grobhäusern*) – 1721 durch landesfürstliche Verordnung verboten.[19]

GLÜCKSKASTEN

Eine Art Glückshafen, wo verschiedene Gegenstände »mittels einer Glückskarte durch Würfel ausgespielt werden«. Auf dem Land üblich und hier vor allem durch umherziehende Betreiber auf Jahrmärkten und anderen Feierlichkeiten, oft mit Bewilligung der Ortsobrigkeit und gegen Zahlung einer Abgabe an die örtlichen Polizeikommissare gestattet. Wie alle Glücksspiele auf Jahrmärkten, vor allem aber ohne landesfürstliche Bewilligung in Böhmen 1826 verboten.[20] Mariandl- oder Raundlspiel (?).

GROBHÄUSERN

Was dem »Edlen« Tarock und Quadrille, sei dem Bauern *Contra* und Grobhäusern, heißt es 1776. Im Herzogtum Anhalt um 1800 »ein Nationalspiel«, aber verboten. – Mit zwei Karten wird gepaßt oder geboten, dann erhalten die Spieler zwei weitere

Karten. Nach neuerlichem Bieten (Erhöhen des Satzes) werden die Karten aufgedeckt. Die höchste Kombination sind normalerweise vier Asse, gefolgt von vier Königen usw. vier Karten einer Farbe ergeben, vom As abwärts, einen »Fluß« (41 Punkte). (Siehe *Färbeln*) – Das Grimmsche Wörterbuch führt die irrige Gleichsetzung mit »Lansquenet«, »manchenorts ›stoszen‹ [siehe *Stoß*] genannt« an.[21]

HALBZWÖLF

Siehe *Onze et demi*.

HANSERLSPIEL

Ein Spiel, dessen Identifizierung nicht leicht ist, weil verschiedene Spiele diesen Namen erhielten, so daß auch auf seiten der Behörden Unsicherheit herrschte. 1773 ist von »Hanserl-Bäncken« im Wiener Prater die Rede, 1798 sollte in den dortigen und anderen Kaffeehäusern das »als Hazardspiel gefährliche Hanserlspiel auf Kegelbahnen« hintangehalten werden. 1848 ist das Hanserlspiel – diesmal mit dem Mariandlspiel gleichgesetzt – im Prater (»Spielbank«) immer noch existent.[22]

a) 1804 unter der irreführenden Bezeichnung »Billard-Kegelspiel« in einem niederösterreichischen Regierungszirkular als »seit einiger Zeit üblich« beschrieben und verboten. In ein auf einem Billard liegendes, mit numerierten Vertiefungen versehenes Brett wurde eine Kugel geworfen oder durch eine Feder oder Maschine in Lauf gebracht. 1821 kamen bei den Kreisämtern Ried und Salzburg Zweifel auf, ob es das Billardspiel mit aufgestellten Kegeln sei (»erst seit wenigen Jahren bekannt«) oder – was bestätigt wurde – »das alte, früher unter dem Namen Hanserlspiel bekannte Billard-Kegelspiel« in der beschriebenen Art sei. 1829 auch in Illyrien verboten.[23]

b) Ähnlich, vielleicht ident mit a) ist das H., das 1841 von einem Beteiligten beschrieben wird: Es besteht

> »aus einem Kasten mit 23 roth oder schwarz numerierten Fächern [...], der an einem Ende des Billards aufgestellt wird, u. in welche Fächer mit einem 1/3 Zoll messenden elfenbeinernen Kügelschen geschoben werden muß. Die Nummern selbst machen keinen Unterschied im Treffen, sondern es wird dermalen bloß nur mehr gewettet, wenn von dem Scheibenden das rothe oder das schwarze Fach troffen wird; es scheibt daher gewöhnlich nur eine Person, u. alle übrigen wetten, ob selbe in das rothe oder schwarze Fach treffen wird, daher dann auch jederman welcher Geld hat, Theilnehmer des Spieles werden kann. Statt des gewöhnlichen Billardgeldes aber, wird von dem Kaffeesieder, wenn der Scheiber 3mal roth getroffen hat, ein einfacher Satz, z. B. wenn um einen 20ger gespielt wird, ein solcher abgenommen.«

Diese Art war die in Wiener Lokalen im 19. Jahrhundert verbreitete.[24]

c) Als Hanserl- oder *Hanswurst*-Spiel 1832 für Illyrien verboten. Der Beschreibung zufolge (der Ausgang hängt »blos von dem zufälligen Laufe der durch ein schneckenartig gewundenes Rohr geworfenen, und auf ein, mit 90 Nummern versehenes rundes Brettchen fallenden Kugel« ab) ist es das *Kakelorum,* das in Wien als *Traunl* bekannt war und im Vormärz »in jedem Lotterieladen« zu finden war. (Das für Tirol und Vorarlberg mit Gub.-Verordnung vom 30. November 1815 verbotene »Trandel« [?].)[25]

HÄUFELN

Es werden der Anzahl der Spieler entsprechende Kartenhäufchen verdeckt abgehoben. Eines ist für den Banquier, die übrigen werden beliebig besetzt. Beim Umdrehen gewinnen die Karten, die höher sind als die aus dem Häufchen des Banquiers. Hat der Bankhalter eine Sieben, so gewinnt er, wenn niemand eine Karte dieser Farbe aufgeschlagen hat. – 1789 allgemein verboten, galt »das Häufeln mit Karten« dem anonymen Autor von »Der glückliche Lottospieler« 1794 exemplarisch als Spiel, bei dem »es auf ein blosses Errathen ankömmt«. In der Wiener Region im Vormärz auch unter dem Namen *Meyern (Mayern)* bekannt.[26]

HOCA

Aus Katalonien stammend (*auca*, um 1600; noch Mitte des 19. Jahrhunderts als *Auca de los baladres* [Auca der Kaufrufer] populär und auf das Lotto angewendet) und trotz wiederholter Verbote um die Mitte des 17. Jahrhunderts am Hof und öffentlich in Paris gespielt. Die Spielregelsammlung »La maison academique« (Paris 1659) druckte seine Regeln. Wie beim *Biribis* und beim privaten *Lotto* wurden von den Spielern aus einem Sack 30 (in Katalonien auch 48) Kugeln (»Oliven«) einzelne mit einem »großen holtzern löffel« (eine spätere Einrichtung) gezogen, in denen Zettel mit den Nummern steckten. Auf einer Tafel wurde auf einzelne Nummern oder, wie beim *Roulette,* auf Kombinationen gesetzt.[27]

KRÜGELSPIEL

Besonders auf Jahrmärkten, Kirchweihfesten u. ä. seit der frühen Neuzeit öffentlich in eigenen Hütten gespielt und 1783 durch Verordnung in Österreich verboten. Zinngießer durften mit Zinn beschlagene Krüge und andere Zinnwaren ausspielen. Es bürgerte sich die Berufsbezeichnung Krügelspieler ein, von denen einer 1777 in Linz abgemahnt wurde, weil er sich der Würfel bedient hatte. Beim K. wurde oft um Geld gespielt und auch gewettet.[28]

KUGELSPIEL (ROMÄNISCH SPIEL MIT DREY KUGELN)

Im Zusammenhang mit Jahrmärkten u. ä. im österreichischen Raum genanntes Spiel (17. und 18. Jahrhundert: Rundekugelspiel [?]). (Siehe *Scheffel*.)

LABET (LA BÊTE)

Siehe *Zwicken*.

LANSQUENET (LANDSKNECHT; LANZKNECHT)

Entgegen oft kolportierter Meinungen weder von Landsknechten »erfunden« noch mit ihnen aus Deutschland exportiert, sondern erstmals in Frankreich kurz vor der Mitte des 16. Jahrhunderts belegt. Wahrscheinlich hat ein neues Spiel, das mit den sogenannten »Landsknechtskarten« gespielt wurde, ihm den Namen gegeben. Seine große Zeit begann in der zweiten Hälfte des 17. Jahrhunderts. Der französische Hof spielte es frenetisch und verbot es immer wieder. Gleichzeitig (1679) galt es als Spiel, das vorzugsweise in den Schenken und unter der Dienerschaft zu finden war. In Wien registrierten es die Behörden 1697 als dem Bassette »ganz ähnlich« und »vulgo *pro et contra* genant«; es wurde bald »ganz gemain« und 1701 verboten. 1775 schrieb Saverio Bettinelli, es sei ein *Bassette* oder *Pharao* unter anderem Namen. Der Wiener Hof spielte es unter Maria Theresia gerne und bezeichnete es nach Belieben sogar als Commercespiel. Im 19. Jahrhundert gehörte es in Deutschland zu den gebräuchlichen Glücksspielen.[29]

LAUDIEREN (HAUPTLAVET/HAUPTLABET)

1814 in einem Gasthaus in der Wiener Leopoldstadt alternierend mit dem *Zwicken* gespielt. In einem Bericht an die Polizeihofstelle heißt es, »daß mit dem Haupt Lavet oder Laudiren, welches zwar hierorts nicht als ein verbothenes Spiel bekannt, eben so, wie mit dem Zwicken Unfug getrieben wird, nachdem selbes mit diesem sich in nichts, als in der höheren Zahl von 4 Karten unterscheidet«. – 1822 in der Steiermark verboten.[30]

Spiele

LOTTO (ZAHLENLOTTO, ZAHLENLOTTERIE; TOMBOLA; VARIANTE: LOTTO-DAUPHIN)

Nicht das staatlich privilegierte *Lotto di Genova*, sondern das in der zweiten Hälfte des 18. Jahrhunderts in öffentlichen Lokalen betriebene Spiel. Ein Hamburger Gerichtsdiener beschrieb es 1789:

»Die Schank-Wirte hielten 90 Nummern, welche auf die Art einer durchgeschnittenen Eichel und von Holz gemacht wären. Auf die platte Seite wären die Nummern von 1 bis 90 mit Dinte geschrieben. Diese neunzig Nummern würden in einem Beutel gethan. Der Wirth hielte zu diesem Spiele 24 Billets; auf jedes Billet stünden 15 diverse Nummern, welche in allen 360 Nummern enthielten; so daß jedoch nur allemal die Nummern von 1 bis 90 lauteten, und 4mal vermehrt in den 24 Billeten diverse geschrieben stünden, [...] ergäbe, und auf vorgedachte Art die 24 Billeten, mit den darin enthaltenen 15 Nummern vermehret, auch 360 Nummern ausmachten. Nun setzten die Gäste auf jedes Billet 6d, 1ß, 2ß; auch könnten dieselben 4ß, 8ß. und mehr setzen, wenn die Spielende Gesellschaft solches alle bewilligten. Was nun auf jedes Billet zugesetzet würde, so viel genöße der Wirt von jeder Ziehung, welche nur eine 1/4tel Stunde dauerte. Wer nun von den Spielern 5 Nummern in einer Reihe auf sein genommenes Billet träfe, derselbe hat den ganzen Zusatz von sämtlichen Spielern zu genießen.«

Das »einfache Lottospiel« und das *Lotto-Dauphin* wurden auch in Österreich in öffentlichen Lokalen gespielt und dort (nicht im privaten Kreis) 1793 verboten. Im Lottopatent von 1813 wurde es auch unter Privaten, »wenn es zum Vortheile eines Bankhalters betrieben wird«, verboten. Dies galt auch für die *Tombola* (Zahlenlotterie mit Karten zu 15 Zahlen), die in Schauspielhäusern und in Sälen üblich war und besonders in den südlichen Landesteilen der Monarchie bis in die 1890er erlaubt und überwiegend zu wohltätigen Zwecken stattfand.[31]

MACAO

Eng verwandt mit *Baccarat*. Acht oder neun Punkte sind zu erreichen. Es kennt (wie das Baccarat) die Spieltermini »großer und kleiner Schlag[er]«. Über seine Herkunft (Ungarn, Italien) herrscht Unklarheit. – 1783 zum erstenmal erwähnt. In Bittermanns »Die Spielgesellschaft in Wien« verliert Frau von Etourdie (!) »ihren letzten Gulden im Mokau, einem dummen Hazardspiele«. 1836 hieß es:

»Wenn es der Zweck eines Hazardspieles ist, in möglichster Schnelligkeit zu gewinnen, oder zu verlieren, zu Grunde gerichtet zu werden, oder Andere zu Grunde zu richten, so giebt es kein Spiel, welches diesem Zweck besser entspräche, und mit größerem Rechte zu empfehlen wäre als Macau, welches italienischen Ursprungs und besonders in Piemont, wo ich dessen Bekanntschaft machte, sehr beliebt ist.«

1865 wurde in Wien das »edle« Wetten auf Rennen dem »gemeinen Makau« gegenübergestellt. – Im Patent vom 1. Mai 1784 zusammen mit dem *Wallacho* verboten. – Macao wurde auch mit Dominosteinen gespielt.[32]

MARIANDLSPIEL

1799 mit dem *Krügel-* und *Hirschelspiel* auf Kirchweihfesten u. ä. öffentlich gespielt und verboten. Für Carl Loritza »ein gewisses Spiel bei der gemeinen Volksklasse«. Seit 1832 war es – als dem *Biribis* verwandt und ihm sogar gleichgesetzt – nur nach dem Lotto-Patent (1813) strafbar. In den 1880er Jahren noch auf deutschen Märkten als *Jagdspiel* mit teils differierenden Bildern betrieben. – Eine Mariandlspielerin beschrieb das populäre Spiel 1830:

> »Es bestehet darin, daß auf einer Tafel von Wachsleinwand mit sechs Feldern, in welchen ein Hirsch, ein Haus, ein Jäger, ein Bauernmädel, eine Rose und ein Bauernbursch gezeichnet sind und das[s] eben so viele Teilnehmer auf jedes Feld etwas setzen. Ich neheme für ein Feld 1 Kreuzer W.W. Wenn alle Felder besetzt sind, so wird von einem der Mitspieler ein 6eckiger [!] Würfel, worauf die nehmlichen Figuren gemahlt sind, durch einen Pappendeckel geworfen, u. jene Figur so sich in der Höhe befindet hat gewonnen. Ich stellte dann dem Gewinner frei, ob er ein gemahltes Trinkglas oder den gesetzten Geldbetrag nehmen wolle, in letztem Falle behielt ich mir jedoch 1 Kr. W.W. zur Entschädigung.«[33]

MAUSCHELN (ANGEHEN; FRISCHE VIER)

Bis in die Gegenwart verbreitetes Kartenspiel. 1832 in manchen Gegenden der Steiermark »unter dem Namen Mauscheln, Tangeln, Chinesln, Prämeniren oder Häfenbinden häufig gespielt«. 1843 hieß es aus Steyr, es habe mit dem *Zwicken* und »Chineserln die größte Ähnlichkeit«. In beiden Ländern durch Kurrende verboten. Gehörte 1916 zu den vereinzelten Fällen von Spielen, die in Kärnten zu Strafverfolgungen geführt hatten (neben überwiegend *Färbeln* sowie *Banken* und *Einundzwanzig*). 1991 bestätigte der Oberste Gerichtshof in einem Erkenntnis das M. als Glücksspiel. – Mit vier Karten von bis zu fünf Personen gespielt, hat jeder Spieler einen Einsatz zu machen. Der aufgeschlagene Trumpf gilt, wenn ein Spieler »angehen« will. Bei allgemeinem Passen wird eine andere Trumpfkarte aufgeschlagen. wer »angeht«, muß zwei Stiche, wer mitgeht, einen Stich machen, sonst sind »Bêtes« zu zahlen. Die ausgespielte Karte muß überstochen werden. Für jeden Stich erhält man ein Viertel des Pots.[34]

Spiele

MOLINA

Ein Würfelspiel, das im Zusammenhang mit den auf Jahrmärkten verbotenen Spielen vorkommt. »Die Würffel betreffent, worunter meistens das Banco-Spiel und die Molina begriffen, ist ein schädliches und nachtheiliges Spiel […].«

J. V. Neiner rechnete 1734 »die sogenannte Molina« mit dem »à la Passeta-Spiel«, dem *Banco* und dem *Quindici* unter »die schärffste Spiel, bey welchen man sich wohl vorsehen kan, wenn sich die Mittel nicht erstrecken, und die Einkunfften nicht erklecken, daß man bald von dem Spanischen Rohr an den Bettl=Stab gelanget«, und unterschied es von den »geringere[n]«, nämlich »Häuffln, Labetten, Piquetten, Trischacken etc. etc.«. 1744 mit *Brenten* und *Kugelwürfel,* 1751 erneut zusammen mit privaten Glückshäfen, der sogenannten »Prennte« (Brente) und »all = andere gleiche Spiele« verboten.[35]

NASCHI-WASCHI

Böhmischer Name des *Stoß,* 1794 belegt: »So nennt z. B. der Böhme, daß Pharao, Nasse Wasse […].« 1896 wird »Naschy Waschy als russisches Produkt« bezeichnet, das »unsere – euere« bedeutet, und ziemlich vereinfacht das Spielprinzip der gesamten Familie ist. (In Deutschland hieß es im 19. Jahrhundert *Meine Tante, Deine Tante;* eine deutsche Übersetzung von Dusaulx' »De la passion du jeu« übersetzte das Barbacole des Originals, das mit dem Pharao in Zusammenhang gebracht wurde, 1781 als »Mein und Dein«). Seit dem Ende des 19. Jahrhunderts das vor allem von Unterschichten bevorzugte, in den späten 1880er Jahren aber auch von Arthur Schnitzler gespielte Kartenglücksspiel in Österreich (Wien).[36]

OKA (OCKA; OCKER; GESPENST)

Kartenspiel, als »jüdisches Spiel« 1788 für Galizien verboten. – Ocker sei Anfang des 20. Jahrhunderts besonders in Rußland gebräuchlich gewesen. Mit zwei verdeckt ausgeteilten Karten werden Einsätze getätigt und erhöht. Nach zwei weiteren, offen gegebenen Karten entscheidet die höchste Punktezahl. (Vgl. *Trischak.*)[37]

ONZE ET DEMI (MEZZODUODECI, HALBZWÖLF, HALBER ZWÖLF UHR)

Kartenspiel der Familie *Macao, Baccarat, Vingt-et-un, Black Jack* usw., bei dem 11½ Punkte zu erreichen sind. Von einer Partie, die 1842 zwischen einem Leinwand-

Hausierer, einem Fischer und einem Bäcker in einem Wirtshaus im ungarischen Ludwigstal stattgefunden hat, gibt ein Zeuge ein anschauliches Bild:

> »Die 3 spielten nun das Halbzwölf auf folgende Art: Pelcsan [der Hausierer] gab Bank mit 8+ W.W., weil er nicht mehr Kupfergeld bei sich hatte, er gab jedem eine Karte, wer eine Figur bekam, der sagte, daß er spiele, und setzte einen Kreuzer darauf; derjenige, welcher keine Figur erhielt, warf die Karte weg. Die Figur zählte ½ und es kaufte daher jeder noch ein oder mehrere Blätter. Hatte er genug, so sagte er: ich bleibe. Am meisten zählte, wenn man zu der Figur ein Aß kaufte, denn in diesem Falle habe Pelcsan als Bankier das Doppelte zahlen müssen; und wenn er ½12 zusammen brachte, mußte ihm auch das Doppelte bezahlt werden. Dieses Spiel hätten sie höchstens ½ Stunde gespielt, ohne daß einer von ihnen etwas gewonnen oder verloren habe.«

Nach der Mitte des 18. Jahrhunderts im österreichischen Raum dokumentiert (1766 in Wels), im Patent von 1784 (schon früher?) unter diesem Namen (auch *Mezzoduodeci*) mit *Macao* und *Walacho* verboten. Um 1800 in Karlsbad und Teplitz, hier »sehr hoch und leidenschaftlich«, gespielt. Halbzwölf (»halber zwölfe«) wurde in den Salzburger Gesellschaften von Mozart und seiner Schwester unter der auch anderswo anzutreffenden Bezeichnung »halber Zwölf Uhr« öfters gespielt.[38]

ÉGALITÉ

1809 wollte der Tuchhändler Calman Moses aus Pyrmont, wo es betrieben werde, das Spiel *Egalité* als eines »für jedermann, bey welchem man auch mit Einem oder Ein Paar Gutegroschen ankommen an«, in Bad Eilsen etablieren. Es wurde »mit 4 Würffeln gespielt, von den der Eine halb roth und schwarz ist. Es ist dabey gar keine Betrügerey möglich, indem die Würffel von jedermann besehen und untersucht werden können und durch einen Trichter geworfen werden.« Bekannter ist allerdings das Spiel *Parfaite Égalité* mit sechs Würfeln, das in Deutschland auf Jahrmärkten u. ä. angeboten wurde.[39]

PETITS CHEVAUX

Das *Pferdchenspiel* (Cavallini, Rösslispiel) existierte vor dem Ersten Weltkrieg als *Kursaalspiel* in den Spielsälen der Kur- und Badeorte. Mehrere an einer gemeinsamen Achse befestigte, numerierte Pferdchen werden durch eine mechanische Kraft in Bewegung gesetzt. In Abbazia war es 1906 dem Komitee des Wohltätigkeitsbazars um Sachpreise gestattet worden.[40]

Spiele

PHARAO (FARAON, FARO ETC.)

Das Kartenglücksspiel des 18. Jahrhunderts und vor allem in deutschsprachigen Ländern darüber hinaus. Teilweise wurde es metonymisch für Glücksspiele verwendet. Viel Ähnlichkeit mit *Bassette,* das von Ph. abgelöst wurde. Die Herkunft des Namens Ph. ist unklar, dürfte aber am unwahrscheinlichsten von dem zumeist zitierten Kartenkönig, der als Pharao dargestellt worden sei, herzuleiten sein – weil keine Hinweise darauf vorliegen, daß das Ph. mit einer bestimmten Karte gespielt worden ist. In Österreich wurde 1803 mit dem »›Schiffziehen‹ ein dem Pharao ganz ähnliches Spiel« verboten. Ph. gehörte zu den Spielen in öffentlichen Spielhäusern, wurde aber hier von *Rouge et Noir, Trente et quarante* und *Roulette* verdrängt – in Frankreich und England früher als in Deutschland. Dafür war es in den USA bis nach dem Zweiten Weltkrieg in Gebrauch. Der Usus, jedem Spieler ein »Büchel« (livret) von 13 Karten auszufolgen, aus denen er die zu besetzenden wählte, wurde noch vor 1840 und vermutlich in den öffentlichen Banken geändert, indem man die Bücher auf den Spieltisch malte. 1794 mit dem böhmischen Namen *Nasse Wasse* (siehe *Naschi Waschi*) belegt.[41]

PRENTEN

Siehe *Brenten.*

QUINZE (QUINDECI)

Kartenspiel, bei dem mit einzeln ausgegebenen Karten und ständiger Lizitation 15 Punkte zu erreichen sind. 1730 von Küchelbecker neben *Pharao* und *Bassette* als Hasardspiel genannt, 1734 in die Liste der verbotenen Spiele aufgenommen und noch während der Regierungszeit Franz' I. in den Wiener Gesellschaften und auf Bällen verbreitet. Das Spiel war in Spanien *(quince)* und Portugal *(quingo)* bereits im 16. Jahrhundert bekannt und wurde bis Japan *(kingo)* exportiert. – Quinze heißt auch ein Würfelspiel.[42]

ROUGE ET NOIR

Eine Form bzw. anderer Name des *Trente et quarante.* In öffentlichen Spielhäusern eingeführt, wie z. B. in Wien 1809, wo es eine Pharobank gab, in der »bsonders das rusch e noir (nämlich roth und schwarz) gespielt« werde. Grillparzer zog es dem Pharao vor:

»Rouge et noir mag man spielen, wenn man sich selbst trauen darf. Da ist nichts zu verlieren als Geld, und um ein stagnantes Dasein aufzurühren, mag es unter Umständen nicht übel sein.«[43]

ROULETTE

Während in Bordeaux schon 1716 von *roulette* als einer Glücksspieleinrichtung die Rede war, ist die uns heute geläufige Form mit Drehzylinder vermutlich erst gegen Ende des Jahrhunderts aus einer Synthese verschiedener Spiele (*Hoca/Biribis, Portique, Rowlet* oder *Rowley-Poley* »with Black and White Bar-Holes«; *E-O*) entstanden. In einer Petition vom Herbst 1798 wurde es in Paris als neue Erfindung, aber aus der Familie des *Biribis* (für einen anderen Zeitgenossen eine Kombination aus *Trente-un, Pair et Impair* und *Biribis*) beschrieben. In Chaudfontaine hatte ein Croupier Pläne entwickelt, aus einer Biribistafel einen Roulettetisch zu machen. Teile des Prinzips, mit Nummerfächern und rollender Kugel, finden sich in Glücksrädern des 18. Jahrhunderts (mit 90 Nummern), die Lottospieler zur Eruierung der Gewinnzahlen benutzten. 1813 beklagte eine »Note sur les jeux de hazard« seine Attraktivität für die unteren Klassen der Bevölkerung, die aus den geringen Einsätzen resultiere; der Finanzminister von Lucca hingegen sah 1810 den Grund für die Gefährlichkeit der *rollina* darin, daß, anders als beim *Pharao,* mehr Leute angelockt würden. Ob das 1817 in Böhmen und 1841 in Galizien verbotene *Rollet* (auch *Chamburin* oder *Dreh' dich Baberl*) das bekannte Roulette ist, kann nicht belegt werden. Neben dem bekannten R. gab es um 1800 auch kleinere *Roulette mechanique* mit 16 Fächern.[44]

RUNDE-KUGEL-SPIEL

Siehe *Kugelspiel* bzw. *Scheffel*.

SCHEFFEL

Ein Spiel bzw. eine Kategorie von Spielen am unteren Ende der von manchen Autoren vorgenommenen Werteskala des sozialen Ansehens bestimmter Spiele und zumeist im Zusammenhang mit Jahrmärkten u. ä. genannt.

>»Dieses Spiel enthält eine abgerundete und gehölte Tafel mit einer Bordirung, und macht die Nachahmung eines Scheffels [...]. In dieser Rundung laufen in Kreisen zu einem Mittelpunkte roth und blau [bzw. grün] angestrichene Grübchen, davon jedes eine Nummer führt. Der Mittelpunkt führt ein gelbes Grübchen, welches das Martschloch [auch

›König‹] heisset, das alles [›den gantzen Bodt‹] gewinnet. Will man nun spielen, so wirft man eine Billardkugel hinein, die in der Cavität so lange cirkelt, bis sie endlich matt in einem Grübchen ihren Ruhepunkt findet.« (1776)

Von den 60 Nummern wurde entweder auf je 30 Treffer oder Fehler oder danach, wer die höchste Nummer warf, gespielt. – Verwandt ist offenbar der *Scheffel-Trichter*, ein Spiel, das im 16. Jahrhundert vom französischen Juristen Etienne Pasquier als zur Gattung der *blanque*-Spiele gehörend beschrieben wurde. Es ähnelt dem vom Mathematiker Jacob Bernoulli (1655–1705) in seinen Wahrscheinlichkeitberechnungen dargestellten. Keiner der beiden benutzte allerdings den Namen *Scheffel-Trichter*. Bernoulli habe das Spiel einst zur Marktzeit gesehen, als Marktschreier mit ihm die Vorbeigehenden anzulocken versuchten: Durch einen auf einer Scheibe mit 32, mit I bis VIII numerierten Höhlungen befindlichen Trichter warf man vier Kugeln (bei Pasquier eine Kugel). Möglicherweise ist es das 1661 dem Hofprofoß Martin Gürttinger privilegierte »Romänisch Spiel mit drey Kugeln«. Eine ältere Form des Trichterspiels kommt im Zusammenhang mit Schützenfesten vor. Hier wurde durch einen Trichter auf ein Damebrett geworfen (1560: »schwartz und weiß durch einen Trächter«). In Comenius' »Orbis pictus« ist eines der beiden erwähnten Würfelspiele: »wir werffen sie durch den Trichter / an ein Bret / so mit Zahlen bezeichnet. und dieses ist ein Glückspiel der Spitzbuben (siehe Brente nach Grimm)«.[45]

SCHNITT (SCHNEIDEN, SCHNEIDEBANK, SCHNITT-BANK)

Gleichgesetzt mit *Bassette* und unter diesem Namen im 18. und 19. Jahrhundert vor allem in Deutschland und der Habsburgermonarchie gespielt. Es zählte zu den sogenannten »kleinen« oder »Nebenspielen« und war sozusagen ein »Trabant« großer Banken, aber auch deren Konkurrent. Es wurde, im Unterschied zu *Pharao*, *Biribis* oder *Rouge et Noir* nicht zu den Spielen gezählt, wo »einer« die Bank hielt. Ende des 18. Jahrhunderts gab es auf der Bückeburger Klus neben der von der Kammer verpachteten »Pharaobank« eine »Schneidebank«, die dort gewöhnlich von einem Juden gehalten wurde, nach dem Pharao auflag und »bis in die späte Nacht ja bis des Morgens 5–6 Uhr fortdaure«. In Pyrmont wurde das *Schneiden* während oder nach aufgehobener »Pharaobank« von den Banquiers selbst oder anderen angeboten, »wodurch der Bank oft viel Geld entzogen wird«. Aus diesem Grund gehörte es dort zu den verbotenen Spielen, obwohl es nur in kleinen Gesellschaften von wenig Personen gespielt werde. Deshalb überlegte man in Bad Eilsen, es in den Pachtvertrag aufzunehmen. »Die Regeln sollen übrigens dabey ganz einfach und unbedeutend seyn.«[46]

SCHOLDER (SCHOLLER)

bezeichnete seit dem Mittelalter verschiedene Arten des mit Abgaben belegten öffentlichen Glücksspiels (z. B. *Drehbrett*).

STOSS

Abart der *Bassette* bzw. des *Landsknecht,* manchmal mit ihnen gleichgesetzt. Die Bezeichnung stammt wahrscheinlich aus dem slawischen Sprachraum. 1768 in einem französischen (italienischen [?]) Werk belegt (*la Bassette ou Stose*). 1801 den österreichischen Behörden noch unbekannt, sei es »allenthalben in Rußland und Pohlen als das größte Hazardspiel bekannt«. In Michail Lermontows *Der Fatalist* (1839) spricht der Protagonist von »Bank und Stoß«. In New York ist vom letzten Jahrzehnt des 19. Jahrhunderts bis zum Ersten Weltkrieg *Stuss* oder *Jewish faro* nachzuweisen. Etwa um diese Zeit taucht der Name in Österreich auf, wo er meist im Zusammenhang mit den Spielgewohnheiten der Mittel- und Unterschichten genannt wird und bis in die jüngste Vergangenheit als Synonym des (organisierten) Spiels der (Wiener) Unterwelt galt (»Wo der Stoß rennt …«). – Die zu besetzenden Karten (7 bis As) werden durch schematische Zeichnungen auf dem Spieltisch ersetzt.[47]

TARTEL

Zwei verschiedene Kartenspiele, unter dem Namen *Vogel- oder Bogelspiel* auch eines, »welches mit dem Lottospiele ganz gleich und nur der äußeren Gestalt nach unterschieden ist« und mit niederösterreichischem Regierungsdekret 1795 verboten wurde. 1854 bemerkte die Polizeidirektion, daß es in Wien nicht mehr gespielt werde.[48]

TOMBOLA

Siehe *Lotto.*

TRAUNL

Siehe *Hanserlspiel* c).

TREIZE (SEPT-HUIT-NEUF; BLÜCHERN)

Der Banquier legt von einem Paket die Karten einzeln offen auf den Tisch und zählt dabei die normale Reihenfolge (As = 1 bis König = 13) mit. Er gewinnt, wenn Karte und angesagter Wert übereinstimmen. Die Spieler setzen eine bestimmte Summe gegen die Bank, die hier wechselt. – Die angebliche Vorliebe des Marschalls Blücher gab dem Spiel auch diesen Namen.[49]

TRENTE ET QUARANTE (TRENTA QUARANTA)

Im Patent von 1707 verbotenes Kartenspiel, bei dem zwei Reihen Karten aufgelegt wurden, die zwischen 30 und 40 Punkten aufzuweisen hatten. In Italien im 16. Jahrhundert bekannt (al trenta, al quaranta) und in der italienisierten Form *(Trenta Quaranta)* im Patent von 1697 neben dem *Bassette* in Österreich namentlich verboten. 1768 als öffentliches Spiel in Spa eingeführt, danach in den öffentlichen Spielhäusern Europas. – In Varianten bzw. ident als *Trent-et-un (Trentuno)* und *Rouge et Noir* bezeichnet.[50]

TRENTE-ET-UN

Trug wesentlich zum Niedergang des *Pharao* bei. *Pharao* werde in Spa zu einem abgeschmackten Spiel (jeu insipide) seit man *31* spiele, hieß es 1793. Nach 1781, dem Jahr seiner Einführung in Spa, erhöhte sich der Bruttoertrag der Banken von 250.000 auf 325.000 Gulden. 1782 überstiegen die Einnahmen aus dem *31* die aus dem *Pharao* um das Dreifache. Damals in Frankreich verboten. Dabei handelt es sich um jenes Trente-et-un, das eine Variante des *Trente-et-quarante* ist (bzw. in Frankreich so und in Florenz *Trente-et-un/Trentuno* hieß), während ein anderes Trente-et-un mit dem *Vingt-et-un* und ähnlichen verwandt ist (31 Punkte sind zu erreichen).[51]

TRICHTER

Siehe *Scheffel*.

TRISCHACK (DRISCHÄCKEN; TRISHAQUE; TRESCHAK; STRASCHAK-SINCERE [?])

Seit dem 17. Jahrhundert vor allem im deutschsprachigen und niederländischen (»Trisjooken«) Raum sehr verbreitetes (usitatissimus), nach Adelung »unter dem großen Haufen üblich[es]« Kartenglücksspiel mit strategischen Zügen, bei dem verschiedene Kombinationen (Fluß etc.) mit 4 Karten gewinnentscheidend waren und geboten werden konnte. »Trissaggen / [Ludere quatuor chartulis, duabus tectis, duabus inversis seu retectis].« Von J. Bernoulli 1718 beschrieben. Eng verwandt mit Brelan, *Primera (Primiera), Bouillotte* etc. – »Trischackhen« und »Labeten« galten 1709 als exemplarische Kartenspiele in Österreich. Hier 1721 verboten, wurde es in Bayern als »vermischtes« Spiel bezeichnet.[52]

TROIKA

Tauchte vor dem Ersten Weltkrieg in den »Casinos des Etrangers« österreichisch-ungarischer Kur- und Badeorte auf. – Für Gewinn oder Verlust entscheidend war es, in welcher von mehreren auf einem Billardbrett angebrachten Vertiefungen drei Kugeln stehenblieben. Da die Kugeln nicht von den Spielenden selbst, sondern von einem Angestellten der Bank »mit einer Art Krücke und zwar alle drei gleichzeitig in Bewegung gesetzt wurden«, war es für die Staatsanwaltschaft ein reines Glücksspiel. Dafür sprach auch der Umstand, daß die Kugeln sich in einer Art Wanne drehten, bis sie in einer der 18 Vertiefungen zu liegen kamen. In Meran spielten am 12. April 1914 40 bis 50 Personen, die an großen Tischen links und rechts vom Billard setzten. – Die Variante, nach der der Spieler selbst eine Kugel stieß, war in Nordböhmen verbreitet und galt nicht als Glücksspiel.[53]

URANUS
(Germania, Beoba)

Ein mechanisches, mit Lichtsignal und gegenläufig rotierenden Scheiben ausgestattetes rouletteähnliches Spiel, das eine deutsche Interessentengruppe 1932 in Pörtschach als angebliches Geschicklichkeitsspiel betreiben durfte, bis es als Glücksspiel deklariert wurde.[54]

Spiele

VINGT-ET-UN (EINUNDZWANZIG)

Kartenspiel der Familie *Halbzwölf, Macao* usw., in Spanien im 17., im deutschsprachigen und französischen Raum besonders seit dem 18. Jahrhundert bekannt bzw. belegt. 1768 in Lyon literarisch verewigt, galt es 1769 in Österreich als »stark im Schwunge« und wurde verboten. Um 1800 in Frankreich mit *Reversis* u. a. als *jeu de société*, 1885 als eine der angenehmsten Familienunterhaltungen bezeichnet. – Ein Vorläufer des *Black Jack*, auch unter dem Namen *17 und 4* bekannt.[55]

VOGELSPIEL (BOGELSPIEL)

Siehe *Tartel*.

WALLACHO

Im Patent von 1784 mit dem *Macao* als neues Spiel genannt und verboten, kam es 1797 zu Anfragen aus Oberösterreich, »ob diese Art von Wallacho, die hierlandes, und kaum so hoch, als ein erlaubtes Kommerzspiel gespielet werde, verbothen sey«. 1831 von einem Schneider und Kleinhäusler bei Obernberg exemplarisch mit dem *Zwicken* als »kostspielig« erwähnt. – Keine Spielbeschreibung auffindbar.[56]

ZUPFERLSPIEL (ZÜPFERLSPIEL)

Laut niederösterreichischer Regierungsverordnung vom 3. Juli 1798 als »neues Spiel« in Kaffeehäusern und besonders im Prater beobachtet. Es trage auch die Bezeichnung »Trommelmadame« (Trou-Madame?), welches dem als Hasardspiel verbotenen Rouge et Noir »völlig gleich komme«. 1814 wurden einige Personen in einem Gasthaus beim Z. betreten. Nun sollte seine Duldung durch Inhaber von Kaffee- und Schänkhäuser nach dem Vorbild des *Lotto-Dauphin* nicht mehr gestattet werden. – *Trou-Madame* gilt jedoch als Geschicklichkeitsspiel mit Kugeln, und »Rouge et Noir« ist normalerweise ein Kartenspiel. Allerdings wurden die Kugeln beim *Trou-Madame* auch durch einen vor dem (Billard-)Tisch, auf dem das Brett stand, aufgestellten Trichter geworfen, was das Zufallsmoment beträchtlich erhöhte (Abbildung auf einem von Georg Daniel Heumann [1691–1751] gestochenen Blatt).[57]

ZWICKEN (LABET)

Labet (Labeta; Labeten) ist im 17. Jahrhundert auch in höfischen Kreisen dokumentiert und fand seit 1659 als La Bête Eingang in die vielfach aufgelegte Spielregelsammlung »La maison academique« – mit dem Zusatz, daß es meist von drei, unter »les gens du commun« aber auch von fünf Personen gespielt werde. Zwicken erscheint im 18. Jahrhundert vor allem bei den mittleren und unteren Schichten in den Städten und auf dem flachen Land und wurde als Glücksspiel qualifiziert. 1709 nannte ein Dokument zur Regelung der Spielabgaben in Österreich »Labeten« und »Trischackhen« exemplarisch als die gebräuchlichen Kartenspiele Das bei Abraham a Sancta Clara am häufigsten genannte Spiel ist Labet. Unter den verschiedenen Gattungen von Spielkarten gab es (Mitte des 18. Jahrhunderts) auch eine große und eine kleine Labet-Karte. »Zwicken, oder Lafeten, wie's d'Lakay und Kutscher gnennt habn«, schrieb der »Eipeldauer« 1807 anläßlich des Verbots des Spiels, habe er ständig in einem Bierhaus von einer Gesellschaft von Kaufmannsdienern spielen sehen. Zwikken wurde 1783 in Golling als »in Schwung gefunden« und als »ein sehr kostbares Kartenspiel« (Neumarkt) eingeschätzt. 1787 vom Kreisamt des Mühlviertels durch Republizierung der Verordnung (Spielpatente) ausdrücklich – weil das »hohe Spielen«, und besonders das Zwicken, das »in allen Anbetracht als ein Hazart Spiel anzusehen ist, in Stadt- und Märkten, als auch auf dem flachen Lande [...] über Hand zu nehmen beginnt –«, 1792 in der Steiermark – wo es 1802 »seit einiger Zeit« wieder gespielt wurde –, 1794 in Böhmen und 1807 allgemein verboten. (»Das Zwicken= oder Labet=Spiel wird als ein Hazardspiel verbothen.«) – Der Geber setzt eine Summe, jeder Spieler erhält drei Karten, Trumpf wird aufgeschlagen (neben dem jeweiligen Trumpf-As kann Karo-Sieben die höchste Karte sein). Es ist Farbe zu bedienen, die höhere Karte oder Trumpf sticht. Jeder Stich wird mit einem Drittel des Einsatzes bezahlt; wer keinen Stich macht, »gezwickt« wird, zahlt den einfachen oder doppelten Einsatz. Die stehende Summe heißt auch Labet. (»Ich habe [...] nicht gesehen, daß ein grösseres Labeth oder etliche Kreuzer gestanden hätten«, sagt der Beteiligte einer Spielpartie im Jahr 1832 aus.) 1813 berichtete ein Denunziant von einer Partie unter fünf Personen in einem Leopoldstädter Gasthaus:

> »[...] der Einsatz war 1 fl und beym einfachen Satze mußte jeder spielen, um hohe bêtes zusammenzubringen. Das größte Hazard besteht darin, daß erlaubt ist, wenn man schlechte Karten hat, sich von den übrig bleibenden Karten andere zu kaufen, mit welchen man dann spielen muß, und wodurch man meistens sehr übel ankommt. Es waren oft bêtes über 1000 fl.«

»Labet« bezeichnete auch den Verlust. – Auch unter den Namen *Tippen, Pochen, Dreiblatt* und in diversen europäischen Varianten (z. B. »Loo« – das auch österreichische Adlige im 18. Jahrhundert spielten) bekannt.[58]

Anmerkungen

Einleitung

* Dieses Buch ist die beträchtlich überarbeitete Fassung meiner Dissertation »Banquiers und Pointeurs« (Wien 1990).
1 Jünger, Spiele, S. 9.
2 Huizinga, Homo ludens.
3 Ariès, Du sérieux au frivole, S. 7.
4 Vgl. Ortalli, Temi e percorsi per una ludicità da riscoprire, in: ders. (Hg.), Gioco e giustizia, S. 7.
5 Vgl. Ariès, Du sérieux au frivole, S. 7 f.; Ortalli, Temi (wie Anm. 4). Huizinga hat darauf hingewiesen, daß die Grenze zwischen Ernst und Spiel nicht eindeutig ist (Homo ludens, S. 14).
6 Vgl. Turner, Ritual, S. 44–61.
7 Vgl. Mehl, Jeux, sports et divertissements, S. 7 ff. Schon Caillois (Die Spiele und die Menschen, S. 185 f.) wies auf dieses Problem hin. Caillois und Huizinga korrigierte Calvet, Les jeux de la société, S. 11–19.
8 Turner, Ritual, S. 59. Turner führt, Max Weber aufgreifend, die Unterscheidung auf den Einfluß der »protestantischen Ethik« zurück. Ich halte jedoch die konfessionelle Zuschreibung nicht in diesem Maß für eindeutig.
9 Huizinga, Homo ludens, S. 58.
10 Bielinski/Taracha, Board games, S. 41.
11 Caillois, Die Spiele und die Menschen, S. 192 und 186.
12 Vgl. Ariès, Du sérieux au frivole, S. 13 f.
13 Auch in den Beiträgen des Ausstellungskatalogs »Mit Glück und Verstand. Zur Kulturgeschichte der Brett- und Kartenspiele. 15. bis 17. Jahrhundert«, Hg. von Christiane Zangs und Hans Holländer (Aachen 1994) fehlt das Glücksspiel. Das Schachspiel hat selbstverständlich eine viel höhere Aufmerksamkeit auf sich gezogen. An kleineren Beiträgen, die dem Defizit entgegenwirken, sind zu nennen: Blaschitz, Gertrud: Das Würfelspiel im Hoch- und Spätmittelalter unter besonderer Berücksichtigung der Würfelszenen in der Oldenburger Bilderhandschrift des Sachsenspiegels. In: Fansa, Mamoun (Hg.): Aus dem Leben gegriffen – Ein Rechtsbuch spiegelt seine Zeit. 2., verb. Aufl., Oldenburg 1995 [= Archäologische Mitteilungen aus Nordwestdeutschland, Beiheft 10], S. 307–323; ausschließlich auf normative Quellen gestützt und weitgehend deskriptiv: Mülleder, Gerald: Spielkarte und Würfel in den Österreichischen Weistümern. In: Unsere Heimat. Zeitschrift des Vereins für Landeskunde von Niederösterreich Jg. 62 (1991) H. 1, S. 3–16. Der Tagungsband »Spiel, Sport und Kurzweil in der Gesellschaft des Mittelalters«, Konstanzer Arbeitskreis für Mittelalterliche Geschichte (Protokoll der Reichenau-Tagung Mittelalterliche Geschichte, 334, angekündigt für 1994) lag mir bei Fertigstellung des Manuskripts nicht vor. Während der Drucklegung dieser Arbeit erschien das Buch von Dorothea Kühme: Bürger und Spiel. Gesellschaftsspiele im deutschen Bürgertum zwischen 1750 und 1850. Frankfurt/New York 1997.
14 Vgl. Schmitz, Spiel und Sammlung. Die Kölner Dissertation der Autorin (Kumar. Patronage und Klientel in der türkischen Glücksspielszene einer westdeutschen Großstadt; 1990) lag mir nicht vor. Vgl. auch Carola Schmid: Über Vergnügen und ›Sucht‹ von Spielern (Opladen 1994). Teilergebnisse in dies.: Eine soziologische Betrachtung von Glücksspielen. In: Homo ludens V (1995) S. 119–137. Wenig ergiebig hingegen die auf traditionellen Suchtdefinitionen aufbauende Arbeit von E. Raimund (Spielerkarrieren; 1988). – Damit hat die Soziologie immerhin einen qualitativen Sprung vollzogen. Denn für ihre traditionellen Vertreter stellte das Spiel noch kein Thema dar. Zumindest scheint es in dem von René König herausgegebenen »Handbuch der empirischen Sozialforschung« (Ausgabe 1977) unter »Freizeit« nicht auf.
15 Berg, Sozialgeschichte.
16 Vgl. Mehl, Jeux, sports et divertissements, S. 9 f.
17 Vgl. ebda., S. 5.
18 Auffallend und wahrscheinlich nicht zufällig ist übrigens die Übereinstimmung des Titels mit dem des Konstanzer Arbeitskreises (Anm. 13).
19 Die überaus ergiebige Arbeit teilt jedoch mit anderen Studien aus dem angloamerikanischen Raum den (in diesem Fall nicht schwerwiegenden) Schönheitsfehler, daß »gambling« nicht allein Glücksspiel bedeutet, sondern generell auf Geldspiele bezogen ist.

20 E. J. Hobsbawm: Die Blütezeit des Kapitals, S. 175. Zum Spiel der Gentry Virginias siehe Breen, Horses and Gentlemen.
21 Vgl. Mehl, Jeux, sports et divertissements, S. 10.
22 Farge, Das brüchige Leben, S. 12.
23 Vgl. Zollinger, Bibliographie der Spielbücher.
24 Jules Michelet, zit. nach Mehl, Jeux, sports et divertissements, S. 5.
25 So N. Schindler 1992 in: Die Welt der Spitznamen. Zur Logik der populären Nomenklatur. In: ders.: Widerspenstige Leute, S. 78–120, hier 98.
26 Bruckmüller, Sozialgeschichte Österreichs, S. 20. – Zur historiographischen Problematik »Österreich« vgl. Heiss, Gernot: Im »Reich der Unbegreiflichkeiten«. Historiker als Konstrukteure Österreichs. In: Österr. Zeitschrift für Geschichtswissenschaften 7 (1996) 4, S. 455–478.
27 Mongardini, Die Stellung des Spiels, S. 318. Mongardini verwendet den Begriff »Spiel« zur soziologischen Interpretation intensiver Interaktionen, »die die sozialen Prozesse ausmachen«.
28 Editorial zu: Historische Anthropologie 1. Jg. (1991) H. 1, S. 1 f.
29 Hans Medick: Plebeian culture in the transition to capitalism, in: R. Samuel u. G. S. Jones (Hg.): Culture, Ideology and Politics (London 1982), zit. nach Frijhoff, Kultur, S.27. In der deutschen Fassung ist der Nachdruck auf »Volkskultur« gelegt, und die Definition umfaßt »die symbolisch strukturierten Vorstellungen, Normen und Praktiken [...], über welche die Angehörigen der Unterschichten ihre gesellschaftlichen Beziehungen erfahren, definieren und in ihrem Handeln zum Ausdruck bringen« (Medick, Plebejische Kultur, S. 161).
30 Ich übernehme hier die Darstellung von Frijhoff, Kultur.
31 Duby, Wirklichkeit und höfischer Traum, S. 31.
32 Vgl. z. B. Olaf Haas (Das Ende der Aufklärung; 1984), der sich weitgehend auf die Thesen C. G. Jochmanns (Die Glücksspiele; 1837) stützt.
33 So die These von Th. Breen, Horses & Gentlemen, S. 242, Anm. 9.

Normen und Theorien

1 Zur Entwicklung der Theorien über das Spiel von den Kanonisten bis zum 18./19. Jahrhundert siehe Endemann, Beiträge.
2 Zum Begriff »alea« vgl. Johannes von Breitenbach (Repetitio perutilis. C. Lator de homici., Leipzig 1498: »ludus alearum et taxillorum sunt duo ludi. Nam ludus alearum dicitur cum luditur ad tabulas cum taxillis. Sed ludus taxillorum cum luditur ad mensam cum taxillis. sine alea seu tabula. Et vocatur talis ludus ad azardum.« [fol. BB5v]. Belege aus dem 13. Jahrhundert für »ludus azardum« und die Frage nach Geld bei Vallerani, »Giochi di posizione«, S. 31.
3 M. A. Majoragius: In Aleatores Oratio. Mediolani 1541, fol. Cij v. Frühere Texte, die das Problem des Geldspiels (»si viderunt ibi [scil. beim Spiel] pecuniam«) aufweisen, zitiert Vallerani, »Giochi di posizione«, S. 31.
4 J. Barbeyrac, Tractat, S. 109.
5 [Anonym], Dissertation touchant le divertissement convenable et bien-seant aux écclesiastiques. Paris 1684, S. 63.
6 Niedersächsisches Staatsarchiv in Bückeburg, Jüngeres Kammerarchiv (K 2), Verpachtungssachen (V) 1796–1809, Nr. 24, Nr. 9 (24. Februar 1798).
7 Die Formel »Monetarisierung und Kommerzialisierung des Vergnügens« übernehme ich von Hans Medick, der sie im Zusammenhang mit der Erörterung von Henry Fieldings Diskussion zum Glücks- und Wettspiel verwendet (Plebejische Kultur, S. 188).
8 Chézy, Die noblen Passionen, S. 181. Der Text erschien zuerst 1837.
9 Bertholet, Jeux de hasard, S. 93.
10 OÖLA, Weinberger Archivalien Bd.55, Nr. 44 (Wels): Aussage des Postwirts Geymayr, 1. September 1766.
11 Vgl. Breen, Horses and Gentlemen, bes.S. 242, Anm. 9.
12 Tonischi, Ragionamente, S. 125. Für das 19. Jh. vgl. Wilda, Lehre, S. 138: »(wiewohl man oft gerade an diese letzte Gattung bei dem Wort Spiel vorzugsweise zu denken pflegt)«.
13 Chézy, Die noblen Passionen, S.176.
14 Barbeyrac, Tractat, S. 396 f.

15 Köster, Deutsche Encyclopädie, 1787.
16 Aufgefangene Briefe, 1768, S. 9. Ähnlich der anonyme Druck »Der verrathene ... Spieler« (1776, 1. T., S. 71): »Unter die Hazardspiele zählet man, von den Angesehenen bis zu den Verächtlichsten hinunter, Pharo, Basset, Quinze, Grobhäusern, Berby [= Biribis], Scheffel, Fingerhütchen und Riemenstechen.«
17 KA, HKR 1821 Dep.W Prot. 547, fol. 4, 6 und 8r.
18 Vgl. Seelig, Glücksspielstrafrecht, S. 118. In der Polizeiordnung von 1686 (WStLA, Patente 41/1686) ist das »hohe Spielen« nur eine der zahlreichen Arten der Verschwendung (z. B. »Schau-Essen von Confectwerck«). 1664 hieß es in Christoph Weickmanns »New-erfundenes Grosses Königs-Spiel [...]« (Ulm): »das Würffelspiel (darunter auch billich die jenige Kartenspiel / wann mit denselbigen umb eine grosse Summa Gelds gespielet wird / verstanden werden)« (S. 98). – Zu den Luxusgesetzen vgl. Stolleis, Pecunia nervus rerum.
19 Kropatschek, Sammlung der Gesetze...Franz II., Bd. 9, Nr. 2790; das Patent: KA, HKR 1784, Präs. 44/141.
20 AVA, P.-H. 2228/1813, Fasz.2513: Präsidial-Vortrag
21 AVA, P.-H. 523/1800. Dasselbe Phänomen beobachtete L'abbé Richard um die Mitte des 18. Jahrhunderts in Rom, wo Hasardspiele streng verboten waren: »mais ce qu'il y a de remarquable, c'est que ceux qui sont chargés par l'état à l'éxécution de ces ordres, & qui aiment le gros jeu, ont porté le piquet à un si haut prix, qu'il equivaut pour la dépense aux jeux de hazard les plus forts« (Description, V, S. 165).
22 J.D. R., Considérations, S. 66 f. – Die Praxis einiger Spieler, beim Kartenspiel Reversis unter anderem die Asse exzessiv hoch zu bezahlen, hielt der anonyme Autor des 1748 in Amsterdam gedruckten »Le jeu du Reversis« für eine Denaturierung des Spiels und ein Mittel, daraus »presque un pur jeu de hasard« zu machen (S. 4 f.).
23 Schlözer, Briefwechsel, 1. Th., Nr. I–VI, 1776, S. 361. Dieser Ansicht war 1766 auch die Bayrische Akademie der Wissenschaften in einem Gutachten über das Lotto: »Das Pharao=Spiel richtet höchstens Leute zu Grund, die außer dem Gewerbsstande leben: das Lotto aber sauget das allerbeste Mark des Staatskörpers an sich, indem es gleichsam den Saft aus den Eingeweiden des gemeinen gewerbigen Volks herauszieht.« (zit. nach [Fetzer], Das Lotto, im wahren Gesichtspunkte betrachtet, in: ders.: Reine Wahrheiten, S. 187). 1801 wurde die »Liebe« des Londoner »Mittelstandes« zum Lotteriespiel dem adeligen Pharao entgegengesetzt ([Carl Ludwig Fernow ?:] Sittengemählde von London. [...] Gotha 1801, S. 135.).
24 Saurer, Straße; Zitat: Kanner, Lotto, S.13. Das Lotto sprach auch begüterte Schichten an. Die Frau des Obersthofmeisters Khevenhüller spielte bei der zweiten Ziehung im November 1752 um einen Gulden und gewann, inklusive eines Terno von 480 Dukaten, 2064 fl. (Khevenhüller, Tagebücher, III, S. 75 f.). Casanova berichtet, daß er nach der Einführung des Lottos in Frankreich (1758) in »vornehmen Häusern« Geld zum Setzen erhalten habe (Geschichte, 5, S. 60). Weber (Zwischen gesellschaftlichem Ideal und politischem Interesse, bes. S. 133 f. und 143) hebt in Abgrenzung von Saurer die Beteiligung aller Schichten am Lotto hervor.
25 Protocolle der deutschen Bundesversammlung, 1845, 5. Sitz., S. 132.
26 Auf den Widerspruch hat aufmerksam gemacht: Saurer, Straße, S. 310. Zur Aufhebung des Widerspruchs sollte der Kunstgriff dienen, Loskäufe als Hoffnungskäufe und »ordentlichen Kaufverträgen« zu machen (ebda.). Ähnlich argumentierte der Jesuit Claude F. Menestrier, um Lotterien von Glücksspielen zu unterscheiden (Dissertation des lotteries, Lyon 1700, S. 36). Als Beispiel für die Kritik: [Rautenstrauch], (Beylage zu den) Möglichkeiten, S. 25: »Wenn auch wirklich die Privat=Hazardspiele strenge verboten sind; so ist es doch unmöglich, den Untergang so mancher Familien zu verhüten, so lange die Lotterie diese teuflische Lockspeise privilegiert ist.« und ebda., 1.Teil, S.87. Die Unterscheidung zwischen Glücks- und anderen Spielen erfolgte explizit 1746 in einem Patent für Böhmen und 1753 im allgemeinen Patent; von Hazardspiel war im Privileg für das Burgtheater die Rede (Vgl. Seelig, Glücksspielstrafrecht, S. 131 f.).
27 »[...] sans qu'il en résultat nul désordre, ni le moindre tort au Lotto« (zit. nach Liebrecht, Histoire, S. 205).
28 Zum Spiel im Mittelalter vgl. allg. Mehl, Jeux.
29 Duby, Krieger und Bauern, S. 340 und 71.
30 NÖLA, Pat., 4. R., Ktn. 11, 20. November 1642.
31 Cod. austr. II, 305f. Fast Gleichlautendes konnte man bereits 1610 in der Schrift »Die Grewel des Arztes Hyppolitus Guarinonius« lesen (S. 338).
32 Vgl. Reichert, Pest.
33 Dülmen, Wider die Ehre, bes. S. 26 f.

34 Z. B. »Wie der würffel auff ist kumen.«, o. O.: Marx Ayrer 1489. Vgl. auch »Ein Erschreckliche vnd warhafftige Geschicht Von Dreyen Spilern Welcher einer mit Namen Vlrich Schrötter, Vom Teüffel sichbarlich hinweckgefürt. [...]« Nürnberg 1554. Diese Geschichte wurde bis ins 17. Jahrhundert immer wieder gedruckt und auch bildlich dargestellt. Ein kurioses Beispiel ist die »Nützliche Spiel-Karte für die Flucher« des Johann Prätorius (1671), in der Spielergeschichten durch Kupferstiche illustriert werden, die dem Schema eines Kartenspiels folgen. Die Intention des Werkes war: »Wie nemlich viel 1. hefftige Spieler / 2. sehr geflucht / und darüber 3. alsbald / auff mancherley Weise / von dem erzürnten Gotte abgestraffet worden seyn: Zur Erschrecknüß und Warnung der übrigen Doppler [= Würfelspieler] (ders., Gazophylaci Gaudium, 1667, S. 40).

35 Vgl. Guillaume, tu ne joueras point, und Calvet, Les jeux de la société, S. 54 ff.

36 Münch, Ordnung, S. 15.

37 Vgl. Tanzer, Spectacle, S. 224 f.

38 [Fritsch], Christliche Societät. Im Auftrag des portugiesischen Gesandten Carl Joseph Procop, Prince Seneshal de Ligne, wurde der Kaiserliche Kammerherr Graf Ferdinand Leopold von Halleweil ermordet. »Ganz Europa ist voll von dieser Geschichte«, schrieb M. Fuhrmann (Alt= und Neues Oesterreich, II, S. 533–541), der als Motiv weniger die eingeklagte Schuld als die persönliche Beleidigung des Botschafters wegen Nichteinhaltung des geforderten Stillschweigens des Grafen nennt. Graf Halleweil hätte sich »auch bey einigen Damen« seines Glücks gerühmt, weshalb ihm der Gesandte den Tod geschworen habe. Als Quelle nennt Fuhrmann »Ex Vita & Actis Leop. Caes.« – Während bei Fritsch von 12 Dukaten die Rede ist, spricht Fuhrmann von 50000 Gulden. Die steirische Redaktion des Patentes nimmt möglicherweise auf diesen Vorfall Bezug. Darin heißt es, daß das Spiel »nicht allein alt-Adeliche wohl-habende Familien und Geschlechter völlig zu Grund richte« (zit. nach Jaritz, Profane Volksbelustigungen, S. 93). Es könnte sich aber auch um den Reflex auf den Bankrott adeliger Familien handeln.

39 OÖLA, Stadtarchiv Freistadt, Polizeiwesen, 441.

40 Harsdörffer, Gesprächspiele. Achter und Letzter Theil. Nürnberg 1649, S. 560.

41 Laurentius von Schniffis, Lusus mirabiles, S. 122 f. – In Abraham a Sancta Claras »Wunderwürdiges [...] Narren-Nest« (Ausgabe Wien 1751, S. 111) müssen die Untertanen, Soldaten, Ämter etc. »Geld bringen«, weil die adelige »Närrin« sich zum Spielen »gebohren« fühle. Schon Ludwig Hartmann, Superintendent in Rothenburg-Tauber, wies in seiner Kritik des übermäßigen Spielens bei Hof darauf hin, daß es die ausgebeuteten Bauern finanzierten (Spielteuffel, Nürnberg 1678, S. 148 f.).

42 Zum einschlägigen Schrifttum seit dem 15. Jahrhundert vgl. Zollinger, Bibliographie der Spielbücher, Abteilung »Traktate«. Zum Mittelalter vgl. die Belege bei Wilda (Lehre vom Spiel) und Schuster (Das Spiel).

43 Den »weiten Umfang« konstatierte Seelig (Glücksspielstrafrecht, S. 148). Vergleichende Studien müßten zeigen, ob hier ein österreichisches Spezifikum vorliegt.

44 Seelig, Glücksspielstrafrecht, S. 137–143.

45 AVA, P.-H. 1134/1829.

46 Seelig, Glücksspielstrafrecht, S. 145–149.

47 Bart-Barthenheim, System, II, 2688 ff.

48 Vgl. die Patente in: Wienerisches Diarium, Jg. 1775; Barth-Barthenheim: System, II, S. 688; Kropatschek (Hg.), Sammlung der Gesetze ... Kaiser Franz II., 18. Bd., S. 482–485; Hofdekret vom 8. Mai 1803, zit. nach Kropatschek, Gesetze ... Franz II., Bd. 17, S. 176 f.

49 Briefe der Herzogin Elisabeth Charlotte von Orleans, II, S. 127 (Brief vom 9. September 1717 an Raugräfin Luise)

50 Verordnung des böhm. Landesguberniums vom 23. Sept. 1795, in: Kropatschek (Hg.): Sammlung der Gesetze ... Kaiser Franz II, 6. Bd., S. 147.

51 Regierungsverordnung vom 24. Juni 1810, zit. nach: Barth-Barthenheim, System, II, S. 671 f.

52 WStLA, Patente 190–1699, Nr. 1 (8. März 1697) und 1700–1709, Nr. 10 (7. Febr. 1701).

53 Ottonelli, Parenesi, S. 17.

54 AVA, P.-H. 567/1801.

55 Für Mailand: AVA, P.-H. 5010/1815; für Venedig: AVA, P.-H. 3694/1815.

56 Krünitz, Encyclopädie, Bd. 157 (1833) S. 200 (Art. »Spielgesellschaft«).

57 AVA, P.-H. 1904/1815; Sonnenfels, Grundsätze, I, S. 143.

58 KA, HKR 1821 Dep.W Prot. Nr. 547.
59 OÖLA, Herrschaftsarchiv Weinberg, Bd.20, A/14; Cod. austr. III, 619 ff. (Patent vom 20. Dezember 1710); WStLA, A.R. 18/1710 (Außzug verschidener Einwürff gegen das extra Spüllgewüns Collecta-Mitel, sambt etwelchen darüber vermuthlich erheblichen Erleutherungen); im Dezember wurde die mangelnde Durchführung des Patents beklagt (Cod.austr. III). Vgl. Tanzer (Spectacle, S. 248 ff.), der auf einen ähnlich lautenden Vorschlag des Kameralisten Wilhelm von Schröder (Fürstliche Schatz- und Rentkammer, 1744) hinweist.
60 Caillois, Spiele, S. 166.
61 Zit. nach: Armogathe, Jeux, S. 29.
62 Vgl. Ariès, Du sérieux, S. 7 f.
63 [Morton], Gaming-Humour, S. 24. »Sport« hier in der Bedeutung von »Vergnügen« oder »Unterhaltung«.
64 Barbeyrac, Tractat, S. 487.
65 Pöllnitz, Spa, 438 f.
66 Kant, Anthropologie, Reflexionen zur Anthropologie, Nr. 618.
67 Wilda, Lehre, S. 138.
68 Huizinga, Homo ludens, S. 22. Karl Groos hatte 1899 diese These popularisiert. (Spiele, S. 269).
69 Schwarzenberg, Memorial, fol. CXLIV.
70 Münch, Theorie, S. 515–518.
71 Garve, Versuche, 2. T., S. 298.
72 [Caillière], The Courtier's Calling, S. 222. Es handelt sich um die Übersetzug des 1661 erstmals auf französisch erschienenen Werks.
73 Casanova, Geschichte, Bd. 3, S. 150.
74 HKA, Lit.55, fol. 191 ff. (Vortrag des Commercien-Rathes vom 15. Oktober 1767).
75 Justi, Polizey-Wissenschaft, 2. Bd., § 304.
76 Art. »Spiel« in Krünitz, Encyclopädie, 157. Theil (1833) S. 547, 551 und 559.
77 Kant, Anthropologie, 1. T., 3. Buch, S. 88.
78 Z. B. Ebersberg, Mensch, S. 73 f.; Rotteck/Welcker, Staats-Lexikon, Bd.VI, Art. »Glücksspiele« und fast gleichlautend 1865 im »Staats- und Gesellschafts-Lexikon«.
79 Zit. nach Löhneyß, Aulica, fol. 266.
80 Locke, Erziehung, S. 388 f.
81 Barbeyrac, Tractat, S. 487, 490 f.
82 Emminghaus: Art. »Hazardspiele«, in: Ersch/Gruber, Encyclopädie.
83 Findlay, People, S. 144–148.
84 Foucault, Wahnsinn, S. 89.
85 Cod. austr. I, S. 152.
86 Zit. nach Grimm, Wörterbuch, s. v. »glücksspiel«.
87 Grundlegend zur Darstellung der Entwicklung des »bürgerlichen« Tugendsystems: Münch, Ordnung, S. 9–38; Hohn, Zeit, S. 157; Eichler, Spiel, S.35; zum »Verlorenen Sohn«: Solomon, Parabel; Renger: Lockere Gesellschaft. Beispiele für die ikonographische Entwicklung des Themas und seiner Transferierung ins »Profane« im kurzen Beitrag von N. Peeters: Het spel van zonde: kaarten op »Verloren Zoon-taferelen« bij Antwerpse schilders in de eerste helft van de zeventiende eeuw. In: Kontaktblad va het Nationaal Museum van de Speelkart, Turnhout, jrg. XXIV, nr. 1–2, maart–juni 1996, S. 1–4.
88 Dunkley, Gambling, S. 90.
89 Mehl, Jeux, S. 632.
90 OÖLA, Herrschaftsarchiv Weinberg, Bd. 20, A/14.
91 Habermas, Strukturwandel, S. 108 f.
92 Justi, Policey, S. 169; ähnlich argumentieren Sonnenfels, Grundsätze, S. 105 und Bahrdt, Handbuch, S. 186.
93 Barbeyrac, Tractat, S. 337.
94 Möser, Phantasien, I, Kap. XXVII.
95 Philippi, Staat, S. 307.
96 Protocolle der deutschen Bundesversammlung, 1845, 5. Sitzung, 61, S. 124 f.

97 Hirschmann, Leidenschaft.
98 Fröhlich, Classen, S. 9–27.
99 Dazu grundlegend: Saurer, Straße, S. 298–334.
100 Riehl, Arbeit, S. 163.
101 Seelig, Glücksspielstrafrecht, S. 6.
102 [Anonym], Die Kunst, Th. 1, S. 323.
103 Art. »Indüstrie« in: Krünitz, Encyclopädie, Bd. 29 (1792) S. 708 f.
104 J.D.R., Considérations, S. 154.
105 Sonnenfels, Grundsätze, I, S. 105.
106 Bahrdt, Handbuch, S. 186.
107 Albers, Ökonomie, passim.
108 Wilda, Lehre, S. 137 f.
109 Herman, Gambling, S. 104; McKibbin, Working-Class Gambling, S. 178. Die darin definierte Haltung bringt James Kelman in seinem Roman »Zocker« (Wien/Zürich 1993; engl. »A Chancer«, Edinburgh 1985) sehr deutlich zum Ausdruck.
110 Zit. nach Fülop-Miller und Eckstein, Dostojewski, S. 89.
111 Darauf wies beispielsweise Johann Jakob Fetzer in »Das Lotto, im wahren Gesichtspunkte betrachtet« (in: »Reine Wahrheiten«, S. 80–196, hier S. 110) 1786 hin.
112 Dusaulx, Gedanken, S. 309. Übersetzung des 1779 in Paris erschienenen Traktats.
113 Guarinonius, Grewel, S. 338. Das Patent von 1696 übernahm diese Formulierung: »bald reich/ und glücklich/ [...] bald arm und am Bettel-Staab«. Vgl. Zollinger, Glücksspielgesetzgebung, S. 306. Auf den Zusammenhang zwischen unsicheren Lebensverhältnissen und einer spezifischen Weise des Geldausgebens bei den Angehörigen der ungelernten Berufe wies auch H. Medick (Plebejische Kultur, S. 189) hin.
114 Art. »Spiel« in: Krünitz, Encyclopädie, Bd. 157 (1833) S. 557.
115 Loen, Ueber die Sitten der heutigen Welt, in: Kleine Schriften, 2, S. 123.
116 Zit. nach: Braun, Industrialisierung, I, S. 126 u. 225.
117 Fröhlich, Classen, S. 186.
118 Nicolai, Reisen, IV, S. 251 f.
119 Protocolle der Bundesversammlung, 16. Sitzung 1845, 160, S. 408.
120 Rotteck/Welcker, Staats-Lexikon, Bd.VI, Art. »Glücksspiele«.
121 Vgl. Hohn, Zeit, S. 142. Dostojewskij verglich sein Spiel mit der Existenz von Lohnabhängigen: »Ich habe nie in meinem Leben weiter als für sechs Monate gerechnet, so wie jeder, der nur von seiner Arbeit, vom Taglohn lebt.« (Zit. nach Fülop-Miller, Dostojewski, S. 98).
122 McKibbin, Working-Class Gambling, S. 162 f. Vgl. auch Hohn, Zeit, S. 156.
123 Multatuli, Millionen-Studien, S. 142.
124 Vgl. Pelz, Entstehung des neuzeitlichen Glücksbegriffs.
125 Torquemada, Hexameron, S. 405.
126 Ebda., S. 404 f. Daß die beiden Begriffe unterschieden werden, schließe ich aus der Formulierung »so wol zum glück als zufall«. Jean Molino zufolge ist diese Unterscheidung, die das Resultat eines aleatorischen Verfahrens mit einem qualifizierenden Werturteil verbindet, eines der kulturellen Interpretationsmuster dessen, was Zufall (hasard) genannt wird (Molino, Le sens du hasard, S. 143).
127 [Anonym], Vernünfftige= und Gesätz=mässige Bedancken von dem Spielen, S. 5. Der Autor verwendet allerdings gleich anschließend ohne Kommentar den Begriff »Glück«. Abraham a Sancta Clara unterschied »ewiges Glück« und »zeitliche Fortun« (Judas, 2. T., S. 7). – Zur Auseinandersetzung um Barbeyrac siehe Dunkley (Gambling) und die Literatur in Zollinger, Bibliographie der Spielbücher.
128 Vgl. Mauzi, Écrivains et moralistes, S. 228 ff. Am deutlichsten hat dies J. Barbeyrac (Tractat) vertreten (vgl. ebda., 345 f.). Zum Losbegriff: Leclerc, Betrachtungen; Barbeyrac, Tractat. Eine Zusammenfassung der zeitgenössischen Literatur bietet Haase, Diskussion.
129 Habermas, Strukturwandel, S. 108.
130 Boccardo, Memoria, S. 142. Vgl. dazu: Saurer, Disziplinierung, S. 151. Diese Bewertung stellt durchaus eine Zäsur

zu älteren Ideologien dar. Massillon galt Fortuna im Hinblick auf das Hofleben noch als »Gottheit der Mächtigen« (vgl. Groethuysen, Entstehung, II, S. 19 und Anm.14, S. 221 f.).

131 Pelz, Glücksbegriff, S. 314. Keith Thomas (Religion and the Decline of Magic; Harmondsworth 1980, S. 131) weist darauf hin, daß der Begriff und das Konzept »Glück« mehr den Lebensumständen der Unterschichten (»those at the bottom end of the social scale«) entgegenkam.
132 Pelz, Glücksbegriff, S. 314–25, 328 f. Abenteuer und Glücksspiel hatte schon Georg Simmel (Abenteuer) verglichen.
133 [Caillière], The Courtier's Calling, S. 225.
134 Wilda, Lehre, S. 140.
135 Guillaume, Tu ne joueras point, S. 11.
136 Roger Caillois These besagt, daß der Spieler bei »reinen Glücksspielen [...] wesentlich passiv bleibt« (Die Spiele und die Menschen, S. 192).
137 Khevenhüller, Tagebuch, Bd. 4, S. 31. Der Kaiser »embourbirte« sich, »en courant après son argent«.
138 Laurentius von Schnüffis, Lusus mirabiles, S. 21.
139 Art. »Glück« in: Krünitz, Encyclopädie, (1780), S. 209.
140 Ebda.; Barbeyrac, Tractat, S. 349.
141 Knigge, Umgang, S. 385.
142 Le Bras, Divination, S. 2–10.
143 Ebersberg, Mensch, S. 77.
144 Le Goff, Wucherzins, S.76 f.; Godelier, Rationalität, S. 48.
145 Z. B.: Leonhard Euler: Sur l'avantage du banquier au jeu de Pharaon. In: Hist. de l'Académie de Berlin, 1774. Knigge (Umgang, S. 385) schrieb, »man darf nur ein mittelmäßiger Rechner sein, um leicht zu kalkulieren, daß bei solchen Glücksspielen die Wahrscheinlichkeit immer gegen uns ist.« Zur Geschichte der Wahrscheinlichkeitsrechnung vgl.: David, Games.
146 Barbeyrac, Tractat, S. 133 f.
147 Lichtenberg, Betrachtungen.
148 Jochmann, Glücksspiele, S. 46; Cohen/Hansel, Glück, S. 143 f.
149 Jochmann, ebda.
150 Simmel, Abenteuer, S. 82.
151 Benjamin, Der Weg zum Erfolg, S. 351.
152 Ginzburg, Spurensicherung, in: ders.: Spurensicherungen, S. 104.
153 Blankenfeld, Monte Carlo, S. 210.
154 Vgl. Muchembled, Kultur, S. 81–85.
155 Zu den Traumbüchern vgl. Saurer, Straße; dies., Disziplinierung; Fabian, Card Sharps, S. 142–150.
156 »Journal« vom 7. April 1834, zit. in der von Gustave Aucoutier annotierten Ausgabe Paris: Gallimard 1974.
157 »Extract Deß Modi practicandi von Spill=Collecten Dritel« (1709): OÖLA, Herrschaftsarchiv Weinberg, Bd. 20, A/14.

Partikularistische Organisationsformen des Spiels

1 Vgl. Dülmen, Entstehung, S. 132 f. und 137 f.; Anderson, Entstehung; Veblen, Theorie, S.51–118; Brandes, Vergnügungen, S. 78 1; Stone, Crisis, S. 568–571.
2 Duby, George: Krieger und Bauern. Die Entwicklung der mittelalterlichen Wirtschaft ud Gesellschaft bis um 1200. (1973) Frankfurt a. M. 1984, S. 337.
3 Offiziell gab es beispielsweise in Frankreich im 16. Jahrhundert »académies«, auf denen die adeligen Zöglinge Reiten, Fechten, Voltigieren, Tanzen und »andere ritterspil« lernten. (Siehe Platter, Reisen, II, S. 453 und 581); vgl. Stone, Crisis, S. 571. Zu den »adeligen Exercitien« im Hause Windisch-Graetz vgl. Stekl/Wakounig, Windisch-Graetz, S. 42–45.
4 Depaulis, Héroard; vgl. auch Ariès, Kindheit, S. 132 f.
5 C. Freschot: Nouvelle relation de la ville et Republique de Venise (Utrecht 1709) S. 420, zit. nach: Fiorin, Ridotto, S. 91.

6 HHStA, Zinzendorf, Journal, Eintragungen vom 21., 26. und 27. Februar 1761. – Tricktrack ist eine Variante des Backgammon.
7 Casanova, Giacomo, Chevalier de Seingalt: Gesammelte Briefe, Bd. 1, (Berlin o. J.) S. 302: Brief vom 2. November 1777.
8 Kienecker, Fahrt, S. 120; Beispiele für Spielausgaben auf Kavalierstouren bei Schwarzwälder: Reisen, S. 334 f., 425 ff., 438, 460–76. »Negative« Beispiele in bezug auf Glücksspiele in höfischen Erziehungsinstruktionen sind der zwölfjährige Pfalzgraf von Sulzbach, dem 1671 auf seiner Reise nach Salzburg das Kartenspiel untersagt wurde, und die »Instruction« des Kurfürsten Maximilian, die 1646 bei der Erziehung des Kurprinzen Ferdinand Maria Wert auf »Ehrliche recreationes« legte. (Vgl. Többicke, Höfische Erziehung, S. 60 f. und 65–68.)
9 Vehse, Geschichte, Bd. I, S. 23; Vorsicht gegenüber Würfelspiel auch in der adeligen Erziehung französischer Adeliger im Mittelalter (vgl. Mehl, Jeux, S. 202–205).
10 Vgl. Luttenberger, Pracht, S. 229.
11 AVA, P.-H. 2125/1825.
12 Vgl. Dülmen, Entstehung, S. 254–257.
13 Benjamin, Passagen-Werk, I, S. 628.
14 Köster, Encyclopädie, Bd. 12 (1787) Art. »Glücksspiele«
15 Galanterien Wiens, S. 132.
16 AVA, P.-H. 680/1810.
17 Riesbeck, Briefe, S. 62 f. und 33.
18 Saint-Simon, Memoiren, zit. nach Elias, Gesellschaft, S. 305.
19 Garve, Ueber den Stolz, in: ders.: Versuche, 5. T., S. 444.
20 Zit. nach Dülmen, Entstehung, S. 139.
21 Casanova, Geschichte, Bd. 3, S. 271.
22 Vgl. Castan, Les figures du jeu, S. 236; Duchene, Sévigné, S. 228.
23 Loen, Ueber die Sitten der heutigen Welt, in: ders., Kleine Schriften 2, S. 123.
24 Moore, Abriß, S. 442.
25 Die Spielgesellschaft in Wien von Bittermann, in: Provinzialnachrichten 1783, S. 607.
26 Margolin, Jeux, S. 669.
27 Röpke, Wirtschaft, S. 16–20; vgl. auch Sombart, Luxus, S. 102–105.
28 Mauss, Gabe, S. 85, 119 und 157.
29 Bataille, Verausgabung, S. 19 f.
30 Garve, Über Gesellschaft und Einsamkeit, in: ders.: Versuche, 3. T., S. 270 f.; zum aristokratischen Umgang mit Geld im Glücksspiel und zum Bezahlen von Spielschulden vgl. auch Kiernan, Duell, S. 154: »a loser's unwillingness to pay his ›debt of honour‹ was a grave sin, not only because a gentleman's word ought to be his bond, but because it signified ignoble reluctance to part with money«.
31 [Fritsch], Eine Christliche Societät; Fuhrmann, Alt= und Neues Oesterreich, II, S. 533–541. In der steirischen Redaktion des Verbots ist ausdrücklich vom Schaden für »alt-Adeliche wohl-habende Familien« die Rede. (zit. nach Jaritz, Volksbelustigungen, S. 93.)
32 StLA, Repräsentation und Kammer, 1756-V-14 1/2
33 AVA, Oberste Justiz-Hofkommission, Alte Miscell. Kt. 154 (7–8), Patent vom 24. Mai 1762. Hofdekret vom 15. Juli 1762 (WStLA A.R. 192/ 15. 7. 1762).
34 Pezzl, Skizze, S. 120.
35 Moore, Abriß, S. 442.
36 Guillaume, Tu ne joueras pas, S. 18; R. Zur Lippe sieht im Glücksspiel der Aristokraten den Ausdruck dafür, wie ökonomisch äußerlich Geld und Rechenhaftigkeit dieser Schicht blieben. (Naturbeherrschung, II, S. 249).
37 [Richter], Wienerische Musterkarte, 4. Stück, S. 40.
38 Zit. nach Durant, Aufklärung, S. 403.
39 Vgl. Braudel, Handel, S. 525 ff.
40 Pezzl, Skizze, 2. H., S. 120 und 210–216; 5.H., S. 687.
41 Nicolai, Reise, S. 248.
42 Vgl. Sieghart, Die öffentlichen Glücksspiele, S. 200 ff.

43 AVA, P.-H. 43/1811.
44 Ebda., fol. 54.
45 La Garde, Gemälde, S. 290.
46 Schloßarchiv Maissau, Kt. 48, Fasz. 23, Nr. 12.
47 Vgl. Bruckmüller, Sozialgeschichte, S. 239 f. und 252 ff.
48 Riesbeck, Briefe, 2. Bd., S. 115 f. und 141.
49 AVA, P.-H. 523/1800; P.-H. 2680/1829; Briefe buntschäkigsten Inhalts, S. 121 f.; Stekl, Windisch-Grätz
50 Gentz, Tagebücher, S. 12 f., 26, 29, 60, 222.
51 Fournier, Geheimpolizei, S. 378.
52 Nicolai, Reise, S. 247. Laut Wilhelm Ludwig Wekhrlin (Denkwürdigkeiten, Zwote Parthie, S. 86) bestand der »leonische Adel« Wiens »aus Räthen, Sachwaltern, Aerzten, Negotianten, Agenten«.
53 Vgl. Guillaume, Tu ne joueras pas, S. 18.
54 Schirnding, Österreich, I, S. 236–245.
55 Wien wie es ist, S. 31.
56 Sylva, Spielbanken, S. 117 ff.
57 Aus dem socialen Leben Österreichs, in: Bilder aus Oesterreich, S. 20.
57a Vgl. dazu Hohendahl, Soziale Rolle.
58 Dusaulx, Passion, S. 56.
59 Pöllnitz, Briefe, II, S. 444.
60 [Guevara], Beschwerligkeit, S. 83.
61 Platter, Reise, I, S. 54. 1596 ist vom Spiel in Montpellier die Rede: »Nach dem Nachtessen besahen wir deß hertzogen hofhaltung in deß controlleurs behausung; sie spilten mitteinander; etlich dantzeten.« (ebda., I, S. 145). Im Juli 1599 berichtet Platter aus Orléans von einem Mittagsmahl mit anschließenden Würfelspiel durch Heinrich IV. (ebda., II, S. 539).
62 Kern (Hg.), Hofordnungen, II, S. 55, 76, 83, 161, 215.
63 Burke, Ludwig XIV., S. 129; Briefe der Herzogin Elisabeth Charlotte von Orléans, I, S. 66 (Brief an die Kurfürstin Ernestine von der Pfalz, Versailles, 6. Dezember 1682); Saint-Simon, Erinnerungen, S. 14 f. Mme. de Sévigné schrieb: »On joue des jeux immenses à Versailles.« (zit. nach Dusaulx, Passion, S. 77). Zu den gedruckten Spielbüchern vgl. Zollinger, Bibliographie der Spielbücher.
64 Saint-Simon, Erinnerungen, S. 15.
65 Vgl. Grussi, Joueurs, S. 61 ff.; Zitat: Saint-Simon, Erinnerungen, S. 87.
66 Pöllnitz, Briefe, II, S. 444; Dem englischen Botschafter zufolge habe Heinrich IV. den Hochadel veranlaßt, bei Hofe zu leben: »so können sie nicht andernorts Ränke schmieden, und durch Spiel und andere Verschwendung werden sie dort arm«. (zit. nach Burke, Ludwig XIV., S. 244 f.). Im 16. Jahrhundert ließ es ein ehrgeiziger Höfling wie Lord North zu, daß ihm die englische Königin monatlich 40 Pfund abgewann – »as an insurance against loss of favour« (Stone, Crisis, S. 569 f.).
67 Vgl. Kavanagh, Enlightenment, S. 29–66.
68 Bogatzky, Beantwortung, S. 5; Loen, Von den Ursachen des Geldmangels, in: ders., Schriften, II, S. 460 f.; Riesbeck, Briefe, S. 33.
69 Florinus, Haus=Vatter, 2. T., 1. Buch (1751) S. 136.
70 Khevenhüller, Tagebuch, Bd. 2, S. 323. Leopold I. spielte ebenfalls häufig mit den Granden des Reichs, wie z. B. Lodron, Dietrichstein u. a. (Vgl. Kalista, Korespondence, passim). Die Hofzahlamtsbücher verzeichnen öfters Auszahlungen von »Spielgelt«. (z. B. Nr. 232), besonders auf den Redouten.
71 Ebda., Bd. 1, S. 191.
72 Ebda., Bd. 2, S. 130; Bd. 2, S. 117 (»ware der gewöhnliche sonntägliche Kirchendienst zu Schönbrunn und abends Spillten II.MM. Pharaon, wie Sie es bei dermahligen kurtzen Tägen nach den Rosencrancz [...] mehrestentheils zu thun pflegen«, Oktober 1746); Bd. 3, S. 30.
73 Zedler, Universal-Lexicon, 38. Theil, Art. »Spiel-Zimmer«. Zur architektonischen Gestaltung absolutistischer Schloßbauten als »Ausdruck einer in allen ihren Äußerungen hierarchisch gegliederten Gesellschaft« vgl. Ehalt, Ausdrucksformen, S. 95.

74 Khevenhüller, Tagebuch, Bd. 2, S. 369.
75 Ebda., Bd. 5, S. 7.
76 Ebda., Bd. 4, S. 128, Bd. 2, S. 130, Bd. 3, S. 30.
77 Ebda., Bd. 3, S. 236. 1752 gewann Graf St. Julien bei einer Partie als Bankhalter ca. 2000 Dukaten (Eintragung vom 15. Februar 1752).
78 Ebda., Bd.4, S. 126.
79 Vgl. Hoffmann, Eduard: Von Johann Capistranus und vom Kartenspiel. In: Neues Wiener Tagblatt, 24. April 1921, S. 9; Zitat bei Wurzbach, Lexikon, 3, S. 117.
80 Zinzendorf, Journal, Eintragung vom 3. Juli 1761.
81 Khevenhüller, Tagebuch, Bd. 1, S. 203.
82 Ebda., Bd. 1, S. 237.
83 Ebda., Bd. 4, S. 16 und 31.
84 AVA, Hofkanzleiprotokolle für Niederösterreich, 1756, fol. 92v. In diesen Protokollen wurden die Transfers der Summen für die Spielbank festgehalten. Sie sind allerdings aufgrund des schlechten Zustandes (Brandakten) kaum nachzuvollziehen.
85 Khevenhüller, Tagebuch, Bd. 5, S. 60.
86 Ebda., Bd. 5, S. 85.
87 Briefe der Herzogin Elisabeth Charlotte von Orleans, Bd. 1, S. 269 (Brief vom 2. August 1705 an Kurfürstin Sophie); die Episode bei Pöllnitz, Briefe, II, S. 445 f.
88 Arneth, Maria Theresia und Marie Antoinette, S. 223 (Brief vom 5. November 1777); ders., Marie Antoinette, Joseph II., S. 11 (Brief vom 29. Mai 1777).
89 Florinus, Adelicher Haus=Vatter, 1. Buch, 2. T. (1751), S. 136.
90 Khevenhüller, Tagebuch, Bd. 1, S. 203: Eintragung vom 11. Jänner 1744.
91 Pöllnitz, Briefe, I, S. 344.
92 Arneth, Geschichte, Bd. 9, S. 407.
93 StLA, Repräsentation und Kammer 1756-V-14 1/2
94 Arneth, Geschichte, Bd. 9, S. 407.
95 Hartmann, Spielteuffel, S. 150 f. In der humanistischen Hofkritik war dieser Topos sehr verbreitet. Erasmus hatte geschrieben: »Unter einem Spieler spielt man überall mit Würfeln […].« (Die Erziehung des christlichen Fürsten. In: Ausgewählte Schriften, hg. von Werner Welzig. Darmstadt 1967. Bd. 5, S. 149.)
96 Khevenhüller, Tagebuch, Bd. 1, S. 190.
97 Brief Maria Theresias an Marie-Antoinette, Wien 5. Nov. 177 in: Arneth, Maria Theresia und Marie Antoinette, S. 223.
98 Marquiset, Jeux, S. 12.
99 Briefe der Herzogin Elisabeth Charlotte von Orléans, I, S. 229 (Brief an Raugräfin Luise vom 10. Dezember 1701).
100 Khevenhüller-Metsch, Tagebücher, 5, S. 30.
101 Arneth, Maria Theresia und Marie Antoinette, S. 223 und 225 f.
102 Arneth, Joseph II. und Marie Antoinette, S. 11; Ders.; Maria Theresia und Marie Antoinette, S. 226 (Übersetzung M. Z.).
103 HKA, HZAB Nr. 231 und 232 (passim): vom 1. Jänner bis zum 5. Februar machten die Summen für 4 Redouten 3540 Gulden (fast 50% der ihm aus dem Kameralzahlamt gelieferten Beträge) aus; der Kaiser empfand »pura langweil, perchè non ebbi meco persona che giocasse« (Brief an Conte Cernin vom 26. Mai 1661, in: Kalista, Korespondence, S. 87).
104 Tanzer, Spectacle, S. 230.
105 Rosselli, Governi, S. 347.
106 Hadamowsky, Theatergeschichte, S. 233; Zitat bei Teuber, Hofburgtheater, S. 95. Das Verdikt gegen das professionelle und gewerbliche Theaterwesen im Gegensatz zur Liebhaberei des Adels stammt von Franz Anton Graf Sporck zu Beginn des 18. Jahrhunderts (zit. nach Benedikt, Sporck, S. 121).
107 Vgl. Ehalt, Ausdrucksformen, S. 79 f. und 150.
108 Rosselli, Governi, S. 346–351.

109 Casanova, Geschichte, Bd. 8, S. 164.
110 Khevenhüller, Tagebuch, Bd. 1, S. 118.
111 Khevenhüller, Tagebuch, Bd. 2, S. 187; HKA, Kontrakte und Reverse Nr. 1660-C.
112 HHStA, St.K., Interiora, Kt. 86, fol. 117 und 60 f. Da im »Unterricht« auch das ausschließliche Recht zur Abhaltung von Maskenbällen auf die Redouten beschränkt und dies im Vertrag mit Lo Presti vorgesehen war, erscheint die Datierung nach 1747 begründet. Ebda., fol. 67: »Berechnung Über die bey der Kayserl. Königlichen Privilegirten Opern Societats Impressa von 28. February bis ultima 9bris eingegangenen und wider verwendeten Geldern«.
113 HHStA, St.K., Interiora, fol. 138 und 178 (Hofkommissionsgutachten).
114 Zechmeister, Theater, S. 41 f.; Arneth, Maria Theresia, Bd. 9, S. 269; Hadamowsky, Theatergeschichte, S. 210 ff.; Haas, Gluck, S. 10.
115 HKA, Litorale 55, fol. 2.
116 Khevenhüller, Tagebuch, Bd. 3, S. 268.
117 Teuber, Hofburgtheater II/1, S. 71; HKA, HZAB Nr. 342.
118 Willebrandt, Historische Berichte, S. 370.
119 Khevenhüller, Tagebuch, Bd. 4, S. 16.
120 Hadamowsky, Theatergeschichte, S. 205–208. Die Namensliste der Gesellschaft: HHStA, St.K., Interiora, Kt. 86, fol. 67 ff. und 143.
121 HKA, HZAB Nr. 348.
122 Vgl. Sapper, Zahlamtsbücher.
123 Zit. nach Teuber, Hofburgtheater II/1, S. 95 f.
124 KA, HKR 165/1765 (im Patent vom 7. Februar 1765).
125 AVA, Oberste Justiz-Hofkommission, Alte Miscell. Kt. 154 (7–8), Fasz. Lit.S (»Avertissement«). Die Denkschrift zit. nach Teuber, Hofburgtheater II/1, S. 71.
126 HKA, ZAB Nr. 371 und 367.
127 Antwerpen Stadsbibliotheek E 18497 (»Reglement Pour le jeu de Pharaon au grand Théatre de Bruxelles; homologué par Décret de Son Altesse Roïale, du 20. Avril 1764«). Pharao gab es auch in Dresden während der Aufführungen der italienischen Opern und der Komödien (Casanova, Geschichte, Bd. 10, S. 231).
128 Florinus, Adelicher Haus=Vater, 1. Buch, 2. T., S. 137.
129 Zinzendorf, Journal, 29. September 1761.
130 Der Fürstbischof von Lüttich schlug gelegentlich Banquiers für die Bank von Spa vor, zu deren Fonds er beitrug, um von ihren Gewinnen zu profitieren (Bertholet, Jeux, S. 123 f.).
131 Ebda., 15. Dezember 1761.
132 HKA, Generalkassadirektion, Rote Nr. 78, Fasz.55, fol. 38.
133 Hadamowsky, Theatergeschichte, S. 212–217; Zur Datierung und zur Summe: HKA, HZAB, Theatral-Cassa Nr. 366 und 371; zu Sporck: HKA, Generalkassadirektion, Rote Nr. 78, Fasz.55, fol. 19.
134 Reich, Burgtheater.
135 Ebda.
136 HKA, ZAB Nr. 356–371 (1759–1764).
137 HKA, Generalkassadirektion, Rote Nr. 78, Fasz. 55, fol. 35: Nota von Sporck, 26. Mai 1765.
138 Khevenhüller, Tagebuch, Eintragung vom 31. März 1766, zit. nach Grossegger, Theater, S. 245. Am 13. Jänner 1767 wies Khevenhüller erneut auf das Fehlen des Pharao hin (ebda., S. 255).
139 HKA, Litorale 55 ex 1767, fol. 191 ff.
140 Rosselli, Governi, S. 351.
141 Rath, Austrian Regime, S. 83 (Hager an Bellegarde, Wien, 16. August 1814).
142 AVA, P.-H. 5010/1815.
143 AVA, P.-H. 3694/1815.
144 In Österreich vor allem Joseph von Sonnenfels. Vgl. Haider-Pregler, Schaubühne.
145 Zit. nach Benedikt, Sporck, S. 122. Das Spiel ist hier fälschlich als »Casseta« transkribiert.
146 Sennett, Verfall, S. 31.
147 [Fritsch], Eine Christliche Societät, S. 11.

148 Fuhrmann, Alt= und Neues Oesterreich, II, S. 534.
149 Küchelbecker, Historische Berichte, S. 377.
150 Montagu, Briefe, S. 84 f.
151 Willebrandt, Anmerkungen, S. 365.
152 1696 war das Bassette verboten worden. 1697 tauchte das »Landt=KnechtSpill«, das dem Bassette »ganz ähnlich« ist, auf und war 1701 schon »ganz gemain«. (WStLA, Patente 1690–1699, Nr. 1 (8. März 1697) und Patente 1700–1709, Nr. 10 (7.Februar 1701); vgl. Zollinger, Glücksspiel. Zu den anderen Patenten: Wienerisches Diarium Nr. 179 (1705), Nr. 382 (1707), Nr. 1829 (1721), Anhang zu Nr. 2 (1724), Nr. 27 (1730), Nr. 4 (1734).
153 Küchelbecker, Nachricht, S. 381.
154 Keyßler, Fortsetzung, S. 922.
155 Abraham a Sancta Clara, Judas, 4. T., S. 453. Der französische Autor Denesle schrieb 1746 über den Zusammenhang zwischen Essen und Spiel: »Le jeu est un luxe qui suit ordinairement celui de la table (...).« (Les préjuges du public, S. 233, zit. nach Mauzi, Écrivains et moralistes, S. 235). Denis Diderot beschreibt den stereotypen Tagesablauf zwischen Lesen, Schreiben, Essen und Spielen auf dem Schloß des Barons d'Holbach in einem Brief vom 1. Oktober 1759 und vom 25. November 1769 (D. Diderot: Briefe an Sophie Vollmand. Leipzig 1986, S. 37 und 307).
156 Zinzendorf, Journal, Eintragung vom 9. November 1761. Ähnlich am 12. März, 25. Juni, 31. Juli, 15. und 17. Dezember 1761.
157 AVA, P.-H. 43/1811, fol. 54 ff. Metternich hatte schon 1798/99 während des Kongresses in Rastatt Glücksspielerfahrungen gemacht. (Vgl. Humbert Fink: Metternich. Staatsmann, Spieler, Kavalier. München 1989, S. 50 und Friedrich Hartau: Clemens Fürst von Metternich. Reinbek b. Hamburg 1977, S. 24.)
158 Nicolai, Reisen, S. 248.
159 Garve, Ueber Gesellschaft und Einsamkeit, in: ders., Versuche, 3. T. (1797) S. 193 f. und 244; ders.: Ueber die Maxime Rochefoucaults: das bürgerliche Air verliert sich zuweilen bey der Armee, niemahls am Hofe, in: ders., Versuche, 1. T. (1792) S. 340.
160 AVA, P.-H. 43/1811.
161 Pezzl, Skizze, S. 840.
162 Küchelbecker, Nachricht, S. 381.
163 Ebda., S. 382 f. In Text steht fälschlicherweise »Taron« für Faron bzw. Faraon.
164 Pöllnitz, Briefe, S. 446; Rautenstrauch, Schwachheiten, I, S. 54. Joseph von Sonnenfels beschrieb Spielgesellschaften, zu denen alle Zutritt hatten, die 2 fl. pro Tisch zahlten (Mann ohne Vorurtheil 2/4, 8.Stk., zit. nach Tanzer, Spectacle, S. 243).
165 Patent in Böhmen vom 8. Februar und in Wien vom 27. April 1746, zit. nach Kropatschek, Sammlung, 1, S. 28 ff.
166 AVA, P.-H. 43/1811.
167 AVA, P.-H. 567/1801.
168 AVA, P.-H. 43/1811.
169 StLA, Repräsentation und Kammer, 1756-V-14 1/2.
170 Pezzl, Skizze, S. 120.
171 AVA, P.-H. 797/1810.
172 Garve, Ueber den Stolz, in: ders., Versuche, T.5 (1802) S. 306. Egalisierungstendenzen im Spiel bemerkte z. B. Jean Paul im Jahre 1800. Er schrieb über die adeligen Freundschaften seiner zukünftigen Frau: »denn hier ist sogar in Geselschaften, wo es so viele Spielzimmer giebt als in andern Spieltische, die Verbindung zwischen Bürg[er] und Adel ohne Zeichen der Naht volendet«. (Eduard Berend [Hg.]: Die Briefe Jean Paul's. 4. Bd. 1800–1804. München 1926, S. 33.)
173 OÖLA, Weinberger Archivalien, Bd. 55, Nr. 14,9.
174 AVA, P.-H. 2680/1829.
175 AVA, P.-H. 932/1845.
176 AVA, P.-H. 1226/1848.
177 AVA, Oberste Polizei-Behörde, Präs.II, Nr. 3289 ex 1854 (Abschrift eines Schreibens an Fürst Jablonowsky)
178 KA, Nachlässe, B 995/14. Freundlicher Hinweis von Univ.-Prof. H. Stekl. – Zum allgemein bekannten Glücksspiel im Adelscasino in den 1860er Jahren vgl. Sylva, Spielbanken, S. 117 ff.

179 Sr. Domino, Spiel, S. 52–55. Hinweise, daß sich der Adel auf den Turfs zugrunderichte, und über »Wett-Associationen« sowie unerlaubtes Wetten der Jockeys im Zusammenhang mit einer Affäre des k. k. Regimentsoberarztes Dr. Gustav Kolischer (1884) in: Archiv der Polizeioberdirektion Wien, Schachtel St. 1, Z. 5073 ex 1892 und Sch.St. 2, 3959 ex 1888.
180 AVA, P.-H. 523/1800.
181 AVA, P.-H. 8647/1817.
182 Guillaume, Tu ne joueras point, S. 18.
183 Hamburger Staatsarchiv III–1 Senat: Cl VII Lit.Lb Nr. 32, Vol. 1 (b): »Kurze Propositiones zur Vollziehung des Spielmandats Ai 1764«.
184 Colquhoun, Polizey, S. 161 f.
185 Zit. nach Arneth (Hg.): Briefe der Kaiserin Maria Theresia an ihre Kinder und Freunde, 4. Bd., S. 330.
186 AVA, P.-H. 395/1796.
187 Wortlaut des Ansuchens bei Edel, Wetzlar, S. 265. Wetzlar betrieb die Lotterie von 1770 bis 1772 und verkaufte dann seine Anteile. (Edel, S. 150 ff. und 179). Offenbar bestand sie bis 1778, wie ein Index im Archiv Bratislava nahelegt.
188 Vgl. Bauer, Raimund Cordulus Wetzlar.
189 Vgl. die Tagebucheintragungen seiner Schwester Maria Anna (Nannerl) Mozart (Hg. Bauer/Deutsch), 15.–28. Sept. 1779 (II, S. 554) und 4. Sept.–31. Oktober 1783 (III, S. 284 ff.).
190 Bauer, Raimund Cordulus Wetzlar, S. 86.
191 Kraemer, Wer hat Mozart verhungern lassen?, S. 209 ff. W. Brauneis weist die These von den Spielschulden Mozarts nicht zurück und zitiert als Hinweis einen fiktiven Dialog zwischen Mozart und Schikaneder des Theaterinsiders Joachim Perinet (Theatralisches Gespräch zwischen Mozart und Schikaneder, Wien 1802). Mozart warnt: »Laß dich nicht ein, in das Pharaospielen [...].« (Brauneis, »...wegen schuldigen 1435 f 32 xr«, S. 162.)
192 Der ganze »Fall Geniceo« ist in einem umfangreichen Akt dokumentiert: AVA, P.-H. 43/1811. Die Darstellung folgt dieser Quelle.
193 1801 war in Lemberg Graf Felix Bakowski wegen Glücksspiels angeklagt. Er verteidigte sich damit, daß er, um seine Gäste »nicht aus dem Hause zu entfernen, auf die Gattung der Spiele weniger Rücksicht nahm, nicht immer zugegen war, auch nur um geringes Geld gespielet worden seyn müsse« (AVA, P.-H.567/1801).
194 AVA, P.-H. 2192/1814.
195 AVA, P.-H. 43/1811 (Siber an Hager, 4. Mai 1811).
196 AVA, P.-H. 43/1811.
197 AVA, P.-H. 523/1800.
198 AVA, P.-H. 7145/1821 (Polizeibericht Nr. 44).
199 AVA, P.-H. 11344/1829.
200 AVA, P.-H. 2488/1815.
201 AVA, P.-H. 43/1811.
202 AVA, P.-H. 7145/1821 (Polizeibericht Nr. 204).
203 AVA, P.-H. 7145/1821.
204 Ebda.
205 OÖLA, Weinberger Archivalien, Bd. 55, Nr. 14.
206 AVA, Oberste Polizei-Behörde, Präs.II, 3289 (bzw.2753) ex 1854.
207 AVA, P.-H. 395/1796 und 543/1796.
208 AVA, P.-H. 43/1811.
209 Codex austriacus II, S. 506; AVA, P.-H. 567/1801; ein weiterer Fall von Strafminderung für den Edlen Schalewsky ebda., 388/1799.

Militär und Glücksspiel

1 Die ikonographische Repräsentation des Losens durch Würfel beginnt im 10. Jahrhundert (Vgl. Mann, Missio sortis). Hans Sachs: »Gespräch Sanct Peter mit den Landsknechten« (1557), in: »Das erst Buch Sehr Herrliche, Schöne

und Warhaffte Gedicht [...] Kempten und Augsburg 1612, 5. Teil, S. 995. In Mauvillons »Die Spielsucht«, einem »Lustspiel« (Graz 1800), entstammen die spielenden Protagonisten alle dem Militär. Ein Fähnrich: »Ein Offizier muß zwey Tage und zwey Nächte hinter einander spielen können, und am dritten noch so munter im Dienste seyn, wie ein Vogel.« (I,1). In Nicolai Gogols »Die Spieler« ködern die Betrüger ihr Opfer mit dem Postulat, daß ein Husar ein geübter Spieler sein müsse. – Es ist in Betracht zu ziehen, daß die Rechtsgewohnheit, verurteilte Soldaten um Leben und Tod würfeln zu lassen, durchaus dazu angetan sein konnte, Glücksspiele und Heerwesen ineins zu setzen. Ein Fall aus dem Jahr 1649 in NÖLA, Schloßarchiv Maissau, Kt. 160, fasz. 52, Nr. 349. Das bekannteste Beispiel ist das »Frankenburger Würfelspiel«. – Vgl. auch Zedler, Universal-Lexicon, s. v. »Würffel=Spiel«. Ebenso wurde die Verpflichtung zum Soldatendienst durch »Spiel« (Würfel, Los) entschieden. Ein Niederschlag davon noch in Wilhelm Hauffs »Das kalte Herz« (1828). Zur Praxis der Konskription durch Losentscheid im 19. Jahrhundert vgl. Bozon, Michel: Apprivoiser le hasard. La conscription au XIXe siècle. In: Ethnologie française, nouv. série 17 (1987) n.2/3, S. 291–301. In Spanien beispielsweise wird über die Teilnahme am Militärdienst immer noch durch eine Art Lotterie entschieden.

2   In »Het wonderlijck proces tusschen drie edeluyden gebroeders« (Den Haag 1634; deutsche Übersetzung 1655 unter dem Titel »Lustiger Proces dreyer adelicher Brüder«), einer Geschichte, die im Kern auf Philippo Beroaldos »Declamatio de tribus fratribus« (1499) beruht, wird das »lants-knechten« als »soldatenspel« qualifiziert. Wie Thierry Depaulis erst unlängst gezeigt hat (Lansquenet), wird eine plausible Erklärung in einem Kartentypus, der dieses Spiel hervorgerufen und ihm den Namen gegeben hat, zu suchen sein. (Vgl. auch Art. »Spielkarte« in Krünitz, Encyklopädie, Bd. 158.) – Zur ikonographischen Darstellung des Lagerlebens vgl. Fargue, Fatigues, S. 55 f.

3   Breitkopf, Versuch, 1. T., S. 36.
4   Art. »Lands-Knecht«, in Krünitz, Encyclopädie, Bd. 64 (1794) S. 282; Art. »Spiel«, ebda., Bd. 157 (1833) S. 546 f.
5   Garve, Ueber den Stolz, S. 302 f.
6   Buchholz, Gallerie, S. 585 f. »horae memento ...«: »In kurzer Zeit entweder ein schneller Tod oder ein gewinnbringender Sieg!« Buchholz attackierte mit seiner Darstellung vor allem General Blücher – der gerne Glücksspiele betrieb – indem er zu zeigen versuchte, daß die Eigenschaften des Faro-Spielers, auf seinen Vorteil bedacht zu sein, »sich zu isoliren«, bei einem General großen Schaden anrichten könne (Ebda., S. 587). Buchholz' spieltechnische Überlegungen finden sich 1794 im Kern bei [Hesler], Farospieler, S. 92 f.
7   Das Fehlen von Karten und Würfeln in den Heeren wurde als etwas Außerordentliches beobachtet. So z. B. in der Armee des Prinzen von Condé während der französischen Fronde. (Raimund Fürst Montecuccoli: Trattato della Guerra. [1641] In: Ausgewählte Schriften, bearb. von Alois Veltzé, 1. Bd., Wien u.Leipzig 1899, S. 178.) – Über Söldnerwesen und die ökonomische und soziale Verstörung, die sie im Mittelalter hervorriefen, siehe George Duby: Der Sonntag von Bouvines. 27. Juli 1214. (Frankfurt a. M. 1996, franz. 1973) S. 102–112.
8   AVA, Ob. Pol. Beh., Präs.I, 442 ex 1856.
9   Fenner, Oesterreich, S. 18.
10 Angeli, Altes Eisen, S. 98.
11 Im Italien der Kommunen waren die den marginalen Schichten zugehörigen ribaldi, die auch Militärdienste ausübten, die privilegierten Betreiber des öffentlichen Glücksspiels (vgl. Taddei, Gioco d'azzardo, bes. S. 345 und 347 ff.).
12 Knaust, Spitzbuben, s. p.
13 Platter, Reisen, II, S. 682 und 768 f.
14 Zit. nach Grussi, Jeu d'argent, S. 62.
15 Vgl. Art. »Kriegs- und militärische Verbrechen«, in: Krünitz, Encyclopädie, Bd. 52 (1790) S. 400; Garve, Ueber den Stolz, S. 406 f.
16 Grimmelshausen, Simplicissimus, 1. Buch, 20. Kap.
17 [Jacobi], Vertheidigung, S. 32.
18 AVA, P.-H. 738/1795 und 605/1795.
19 Platter, Reisen, II, S. 768 f.
20 WStLA, H.A., Regierungsdekrete 22/1669.
21 Zit. nach Jaritz, Volksbelustigungen, S. 93.
22 Grussi, Jeux, S. 423; Freundlich, Monde, 83 f.

23 Das Gesetz zit. in Pedro de Calatayud y Florencia: Tratados, y doctrinas prácticas […] sobre el juego de naypes, y dados […], Toledo [1761], S. 121; die Spiele werden präzisiert mit »Bancas de faraon, Lance, Azár, Bazeta, y otros«.
24 Verordnung, Linz, den 20. Hornung 1753, zit. nach: Kropatschek (Hg.), Sammlung 1740 bis 1780, Bd. 2, Nr. 248.
25 KA, HKR 72/1797.
26 AVA, P.-H. 2321/1812 (Bericht des Herrn Majot Baron v. O'Naghten aus Bartfeld über das 3. Bataillon im Liptauer Comitat, 16. August 1812).
27 Mozart, Briefe, Bd. II, S. 496 (Brief an seine Tochter, 28. Jänner 1786); Bd. IV, S. 16 (26. Jänner 1787). Am 2. Februar gewann die Bank wieder 300 Gulden zurück, und im März war es offenbar wieder zu so großen Verlusten gekommen, daß ein neuerliches Unternehmen gefährdet schien. (Ebda., Bd. IV, S. 19 und 27.)
28 Zit. nach Schmidt, Fouqué, S. 282: Es handelt sich um eine 1813 gegen französische Truppen zusammengestellte »Legion«.
29 Tiroler Landesarchiv, Jüngeres Gubernium, Polizeisachen 1798, Fasz.3486. Verbote von 1731 und 1744 bezüglich Bassette, Lansquenet und besonders Pharao für hohe und niedere Offiziere bei Krünitz, Encyklopädie, Art. »Kriegs- oder militärische Verbrechen und Strafen« (Bd. 52).
30 Dies legt eine Episode aus dem ca. 1800 anonym erschienenen Werk »Les mystères de Pharaon devoilés« nahe: Zwei Herren, die beim Pharao im Bad N. (Nauheim?, Nennburg?) taillieren, hätten wegen des finanziellen Erfolges ihre Uniform abgelegt, »qu'ils portaient pour devenir Banquier de Pharao« (S. 109).
31 Bertholet, Jeux de hasard, S. 22 und 125 ff.
32 [Hesler], Farospieler, S. 240.
33 Niedersächsisches Staatsarchiv in Bückeburg, K 2 V Nr. 24–26 (Verpachtungs-Sachen 1796–1809, 1810–20); das Zitat in Nr. 24/34. – General B[lüche]r wird »als einer der größesten und leidenschaftlichsten Spieler« bezeichnet. (Spielerleben und Gaunerkniffe, S. 85) Nach Blücher wurde im 19. Jahrhundert das bereits existierende Glücksspiel »sept, huit, neuf« (auch »Treize«) umbenannt (vgl. Anton, Encyklopädie, S. v. »Blüchern«).
34 KA, HKR 72/1797.
35 [Anonym], Spielerleben und Gaunerkniffe, S. 73.
36 Rosselli, Governi, S. 355–377.
37 KA, HKR Prot.1818, Dep. I, Nr. 7342; HKR Prot. 1823, I 3216.
38 Sylva, Spielbanken, S. 119.
39 KA, HKR 299/1789.
40 AVA, P.-H. 4125/1812.
41 AVA, P.-H. 1904/1815.
42 Fenner, Oesterreich, S. 18.
43 Angeli, Altes Eisen, S. 99 f. Joseph Roth könnte im »Radetzkymarsch« für die Spielszenen unter den an der galizischen Grenze stationierten Einheiten diese oder eine ähnliche Quelle verwendet haben.
44 KA, HKR 1812, C 1–46/36. Zum Spiel des Militärs in Italien ab 1848 vgl. auch Gründorf, Memoiren, S. 223.
45 KA, HKR Prot. 1810 C, 1177. Siehe auch Prot. 1810 C 1124 (Session 40, 2.Oktober 1810).
46 KA, KM 1851 C 42–162/1.
47 KA, HKR 1813 C 360, 1–4/158.
48 KA, HKR 1821 Dep.W Prot. Nr. 547, fol. 15r und 8r.
49 AVA, P.-H. 29 w.w./1810; P.-H. 43/1811; P.-H. 641/1813; KA, HKR Prot. 1813 C 108 und Prot. 1813 C 172.
50 AVA, P.-H. 279/1800, fasz.XIV.
51 AVA, P.-H. 680/1810; P.-H. 286b/1809 (13. Jänner 1809); P.-H. 43/1811, fol. 106.
52 AVA, P.-H. 1134/1829.
53 AVA, P.-H. 911/1827.
54 KA, HKR Prot. 1821 W 547. Der Referent gab 3000 an, der Leutnant sprach von 1400 Gulden. Zur Frequenz der Glücksspiele in Fünfkirchen auch HKR 1819 W 210.
55 AVA, P.-H. 3023/1811 (Geschäfts-Protokoll der k.k. Polizey-Hofstelle, April 1811, Nr. 84, fol. 107.
56 Ähnlich J. Labbée, der 1803 seine Beobachtungen über Spielvorlieben beim Militär und deren berufsbedingte psychosoziale Dimension veröffentlichte: »[…] c'est parmi les militaires que je l'ai [scil.: »le goût du jeu«] vu régner

avec le plus d'éclat. En jouant aux jeux de hasard, ils ne sortent pour ainsi dire ni de leur profession, ni de leurs habitudes.« (»Des jeux de hasard au commencement du XIXe siècle. Paris 1803, zit. nach Marquiset, Jeux, S. 69.)
57 Khevenhüller, Tagebuch, Eintragung vom 10. September 1758. Vgl. Tanzer, Spectacle, S. 202.
58 Reglement Pour le Jeu de Pharaon au grand Théatre de Bruxelles (1764), (Antwerpen Stadsbibliotheek E 18497)
59 KA, HKR 165/1765.
60 KA, HKR 620/1765.
61 KA, HKR 1840 F 27/62.
62 Farge, Fatigues, S. 99, 55 f. und 106; Bruckmüller, Sozialgeschichte, S. 271 f.
63 Vorschläge zur Zwangsrekrutierung z. B. von Abtenau, Goldegg, Golling, Mittersill, Wartenfels [»Würde vorzüglich eine kundgemachte Bedrohung zur Aushebung zum Soldatenstand, wenn ein zu hoch spielender tauchlicher junger Bursch betreten würde, fast das beste Abhaltungsmittel sein...«], Windischmatrei (Salzburger Landsarchiv Hofrat Generale Nr. 39).
64 KA, HKR 1797 I 72. 1784 machte ein Major von Winterfeld ähnliche Mechanismen für die Desertion in der preußischen Armme geltend: »Nun mag das Spiel so geringe seyn als es will, so ist es für den Soldaten, der gar nichts zu verlieren hat, zu hoch. Wie leicht ist sein Sold auf einige Tage dahin! Und was bleibt ihm alsdann übrig, um nicht zu verhungern? Ich kenne nur 3 Dinge: zu betteln, zu stehlen, oder zu desertieren.« (zit. nach Art. »Kriegs- und militärische Verbrechen«, in: Krünitz, Encyklopädie, Bd. 52 [1790] S. 400). J. Barbeyrac hatte im »Tractat« (1740; S. 353) als Folge des Spiels angeführt: »Offiziere bringen das Geld der Compagnie von Abhänden.«. Weitere Beispiele zur Diskussion um den ursächlichen Zusammenhang zwischen Glücksspiel und Desertion bei Sikora, Disziplin, S. 198.
65 Vgl. Demeter, Offizierskorps, S. 233–237; Rumschöttel, Offizierskorps, S. 112–115; Schmidt-Brentano, Armee, S. 406 f., 434 und 477. Auch in Frankreich wurde das Problem, durch Schulden den Militärdienst nicht aufrechterhalten zu können, wahrgenommen – bei gleichzeitigem sozialem »Zwang« zum Spiel.(Vgl. Dunkley, Gambling, S. 45 f.)
66 Vgl. Rumschöttel, Offizierskorps, S. 193 f. das Patent zur Regelung von Rückklageforderungen in KA, HKR 1765, Nr. 620. Im einzigen aktenkundigen Fall einer Rückforderung hatte ein Oberleutnant gegen einen Generalmajor und einen Hauptmann über Jahre hinweg viel Geld verloren. Die Anzeige geschah allerdings von vierter Seite (KA, HKR Prot.1822 C 1133). In einem anderen Fall betraf die Rückforderungsanzeige Personen, die keine Offiziere waren, sondern als Bewohner der »Militärgrenze« der Militärgerichtsbarkeit unterstanden (KA, HKR 1823 I 4/64).
67 KA, HKR Prot.1811 F 1344; AVA, P.-H. 4125/1812; KA, HKR Prot.1818 C 437; AVA P.-H. 1243/1825; KM 1854 III/12–10/15; AVA, Oberste Polizei-Behörde Präs.I 442/1856.
68 AVA, Oberste Polizei-Behörde, Präs.I 1235/1856 und 1332/1856. Zu den »Spielhöllen« siehe Präsidial-Register des Reichs-Kriegs-Ministeriums 1867, s. v. »Spiel«; der betreffende Akt ist nicht mehr vorhanden.
69 KA, HKR 1812 C 1–46/36.
70 Fenner, Oesterreich, S. 18 f. Angeli (Altes Eisen, S. 102 f.) und Gründorf (Memoiren, S. 223) vermitteln dagegen keine Gefährdung durch Spielverluste.
71 Stekl / Wakounig, Windisch-Graetz, S. 143 (Brief Ludwig WG an Bruder Victorin vom 5. Jänner 1850). In einem Brief vom 15. März 1851 spricht er von einem Verlust (»gestern«) von 1000 Gulden.
72 Fugger, Glanz, S. 255–259. Die anschließende Hochzeitsreise führte übrigens fatalerweise nach Nizza und Monte Carlo.
73 KA, HKR 1797 I 72. – 1812 hieß es erläuternd: »der Geist des Gesetzes kann kein anderer beim Verboth [...] seyn, als daß dadurch die Offiziere nicht ihres Geldes verlustigt, und dadurch zum Dienst unbrauchbar, oder gar des Angriffs der ihn anvertrauten Aerarial Gelder schuldig machen« (KA, HKR Prot.1812 H 166, fol. 9).
74 Bruckmüller, Sozialgeschichte, S. 333.
75 KA, HKR 1845 G 22/6.
76 KA, HKR Prot. 1822 W 273; Prot. 1810 C 1177; auch HKR 1822 W 1–4/10, HKR 1842 H 3/11 (»dem Trunk und Spiele ergeben«) und als Beispiel für eine gute Beurteilung bei beanstandetem Glücksspiel HKR Prot. 1846 G 1331.
77 KA, HKR 1812 C 1–46/13; HKR 1813 C 360 1–4/158; HKR Prot. 1821 W 547, fol. 18; HKR 1842 W 3/42; KM 1853 III/12–42/91; HKR Prot. 1810 C 1177.
78 KA HKR 1854 III/12–10/15. Vgl. auch Gründorf, Memoiren, S. 224.

79 KA, HKR Prot. 1842 H 104.
80 Schmidt-Brentano, Armee, S. 428 und 441; Mader, Duellwesen, S. 96 f. KA, HKR 1842 G 67/1 (Preußische Verordnung über Ehrengericht vom 26.8.1843, §2,1,e: »Neigung zum Trunk oder zum Spiel, wenn Warnungen und Disziplinarstrafe ohne Erfolg geblieben sind, oder wenn dadurch ein öffentliches Ärgerniß veranlaßt worden ist.«).
81 Vgl. Rumschöttel, Offizierskorps, S. 185–190. Zur Beurteilung des Öffentlichkeitsaspekts als Milderungsgrund vgl. z. B. KA, KM 1854 III/12–42/58.
82 In einer Übersicht über Duelle bis 1893 findet sich von 50 Duell-Gründen lediglich ein Fall nach einem Streit beim Kartenspiel in Wien, und zwar aus dem Jahr 1682. In den Akten des Kriegsarchivs scheint 1851 ein allerdings stark formalisiertes Duell in einer Privatwohnung nach erwiesenem Falschspiel eines mitspielenden Offiziers auf und 1833 ein Duell mit tödlichem Ausgang, in dessen Zusammenhang auch Hasardspiel erwähnt wird, jedoch kein Verlauf aus dem Akt ersichtlich ist. In schwerwiegenden und aufsehenerregenden Fällen erkannte man auf die schwerste Strafe, wenn sich die Ansicht durchsetzte, daß der Delinquent »im Offiziers-Corps unhaltbar geworden« sei. Bei den ehrenrätlichen Verfahren zwischen 1909 und 1911, die den Verlust der Charge nach sich zogen, ist einmal die Anschuldigung wegen Falschspiels, bzw. das nicht rechtzeitige Reagieren auf diese Anschuldigung als Ursache genannt. (Mader, Duellwesen, S. 201 ff. und 221; KA, KM 1851 C 42-162/1; HKR 1833 H 3/24; HKR Prot. 1810 C 1177; Prot. 1839 C 3/33; KM 1853 III/12–42/91.)
83 KA, HKR Prot.1810 C 1177; HKR 1812 1–46/36; HKR 1842 W 3/42; KM 1854 III/12–10/15.
84 KA, HKR 1812, 1–46/36.
85 KA, KM 1853 III/12–42/58; KM 1854 III/12–10/69.
86 Beispielsweise in den Memoiren des Hans Mailáth-Pokorny (masch. Skript, KA, B/700, Nr. 2; bes. S. 24 ff.).
87 Bruckmüller, Sozialgeschichte, S. 448 f.
88 Demeter, Offizierskorps, S. 238.
89 Cole, Vom Glanz der Montur, S. 582 f.

Nichtadeliges Spiel

1 Vgl. Hann, Unterschichten, S. 54–80. – 1710 wurde im Vorschlag zur »Spiel-Collecta« die Unterscheidung in den »gemeinen Stand« (Handwerker, Bürger »und dergleichen«), den »mittlern Stand« (Hof- und Feld-Offiziere, Doktoren, Agenten, Wechsler, Niederläger und Ratsverwandte in vornehmen Städten) sowie die höheren Standspersonen als Kriterium unterschiedlicher Besteuerung zugrundegelegt (Cod.austr. III, S. 621).
2 Vgl. Kocka, Bürgertum, S. 21–63.
3 Zusammenfasssend unter Berücksichtigung der neueren Literatur in bezug auf die Diskussion der »Volkskultur« Schindler, Einleitung zu ders., Widerspenstige Leute.
4 Vgl. Lepsius, Soziologie.
5 Elias, Prozeß, II, S. 424 und I, S. 10–36.
6 Münch, Ordnung, S. 9–38.
7 Witting, Ueber die Moralität des Spiels, Sp. 1629.
8 Abhandlung vom Werth der Spiele und der Redlichkeit im Spielen, in: Der Redliche, 1. Bd. (1751), abgedruckt in [Anonym], Die Kunst, die Welt mitzunehmen, II, S. 387. Übereinstimmend die Aussagen J.W. v. Goethes in »Dichtung und Wahrheit« im 6.,8. und 9. Buch. – In Krünitz' »Encyclopädie« gibt es einen Artikel »Spielalmanach«, in dem die Literaturgattung der Spielregelbücher als »in der eleganten, als der gewöhnlichen Welt ganz heimisch geworden« und »nothwendiges Toilettengeschenk« bezeichnet werden. (Zu Spielbüchern vgl. Zollinger, Erlesenes Spiel.)
9 Garve, Versuche, 3. T., S. 289 und 193. [Anonym], Die Kunst die Welt mitzunehmen, II, Bl. 4 f.
10 [Richter], Bildergalerie weltlicher Mißbräuche, S. 181 f.
11 Garve, Ueber den Stolz, in: ders., Versuche, 5. T., S. 285.
12 [Anonym], Die Kunst die Welt mitzunehmen, I, S. [5].
13 Vgl. Garve, Versuche, 3. T., S. 288.
14 Witting, Ueber die Moralität des Spiels, Sp. 1630.
15 [Anonym], Ueber den Nutzen des Spiels, Sp. 890 ff. – Obwohl auch adelige Barockgärten Kegelbahnen hatten, galt das Spiel als Vergnügen der »Gemeinen« (Tanzer, Spectacle, S. 241).

16 Witting, Ueber die Moralität des Spiels, Sp. 1640 und 1657; [Anonym], Ueber den Nutzen des Spiels, Sp. 886.
17 Garve, Versuche, 3. T., S. 297.
18 Ebda., S. 298.
19 Der Text zu einem französischen Stich vom Ende des 17./Anfang des 18. Jahrhunderts besagt: »Aux Cartes comme au dez qui joüe heureusem[en]t / Fait vn agreable commerce.« (Paris, BNF, Kh 449 – fol. , Jeux, Tome 3).
20 Ebda., S. 288 f.
21 Vgl. Habermas, Strukturwandel.
22 Dies betrifft vor allem das Glücksspiel. Ein Beispiel für die historisch eher zweifelhafte Aneignung der metaphorischen Verwendung des Spielbegriffs im Rahmen kapitalistischer Entwicklung, vor allem der Spekulation, bietet Fabian, Card Sharps, bes. Kap.4: »Devils in Their Gambling Hells«, S. 153–202.
23 Der Begriff stammt von Hans Medick (Plebejische Kultur, S. 162).
24 Zur Kritik an Neuadeligen in den moralischen Wochenschriften vgl. besonders Martens, Tugend, z. B. S. 376.
25 Magnus G. Lichtwer: Die seltsamen Menschen. Lichtwers Text siedelt die Spieler, die »seltsamen Wesen« in einem Land jenseits der Huronen an. Als fremde Wesen kennzeichnet die Spieler auch Loaisel de Tréogate in »Dolbreuse« (1783; vgl. Mauzi, Écrivains et moralistes, S. 238). Pezzl (Skizze) verwendet den Begriff »sprachlose Automaten« im Zusammenhang mit Lichtwer, dessen Fabel er auszugsweise zitiert. Adalbert Stifter, Wiener Salonszenen. Kant spricht in seiner »Anthropologie« (S. 225) von der »sprachlose[n] Gesellschaft«, die aus Musik, Tanz und Spiel resultiere. Das Bild der Spieler als Automaten verwendet auch Walter Benjamin (Über einige Motive bei Baudelaire, S. 211). Zur Langeweile ohne Spiel vgl. Möser, Patriotische Phanatsien, S. 92.
26 Pezzl, Skizze, S. 122.
27 Kant, Anthropologie, S. 225.
28 Habermas, Strukturwandel, S. 134–137, Zitat Kant S. 135.
29 Brandes, Ueber den Zeitgeist (Periode von 1780–1790), S. 149–151.
30 Vgl. Martens, Tugend, S. 292.
31 Die These von der »Familisierung der Freizeit« sieht Tanzer (Spectacle, S. 277) im Zusammenhang mit der Separation von Freizeit, Arbeitszeit und Andachtszeit sowie der Ausdifferenzierung der modernen privatisierten Kernfamilie als untersuchungswürdig.
32 Vgl. Dusaulx, De la passion, II, S. 52.
33 [Anonym], Die Kunst die Welt mitzunehmen, II, Bl.[7] f.
34 »Ueber den Nutzen des Spiels«, Sp.886 und 882.
35 Vgl. Bausinger, Bürgerlichkeit.
36 Schrader, Formierung, S. 72. – Journal des Luxus und der Moden, 15. Bd., Jg. 1800, S. 623 ff.
37 HKA, Litorale 55, fol. 191 ff.
38 Detrey, Réflexions, S. 6.
39 OÖLA, Stadtarchiv Freistadt, Sch. 441, Fasz.5 (Note an das DistrictsCommissariat Freistadt, 15. Februar 1828).
40 Zu Schlegels »Lucinde« vgl. Frevert, Bürgerliche Meisterdenker, S. 33 f. und Anm.67. Zum Krisencharakter der Romantik vgl. Brunschwig, Gesellschaft.
41 Salzmann, Carl von Carlsberg, 5. Teil (1787), S. 304 f.
42 Börne, Das Gastmahl der Spieler, in: ders.: Sämtliche Schriften, II, S. 20–28. – Ich kann der Interpretation Walter Benjamins (Passagen-Werk, I, S. 641 und in der Schrift »Über einige Motive bei Baudelaire«, S. 211), der die Stelle als Beleg für das »Heroische im Spiel« zitiert, nicht folgen.
43 Die »Salzburger Zeitung« (LXXXVIII, 5. Juni 1784, S. 352) zitierte einen Artikel Bekers aus der »Teutschen Zeitung« zum Pharao: »Aus dem französischen Namen [!] sieht man wohl, das der ganze Unfug über den Rhein in das Vaterland gekommen ist.« Joseph von Eichendorff machte in seinem Roman »Ahnung und Gegenwart« (1815) die antinapoleonische Kritik an den deutschen Fürstenhöfen fest, die sich pro-französisch gerierten und dabei die »Nationalkraft in müßigem Spiele verliederten« (S. 176). Zur antifranzösischen Polemik gegen die deutschen Spielbanken im 19. Jahrhundert trug vor allem die »Gartenlaube« in zahlreichen Artikeln bei.
44 Walter Benjamin meinte, das Hasardspiel sei im Bürgertum erst »mit dem neunzehnten Jahrhundert heimisch geworden; im achtzehnten spielte nur der Adel. Es war durch die napoleonischen Heere verbreitet worden […]« (Über einige Motive bei Baudelaire, S. 211; siehe auch ders., Passagen-Werk, I, S. 613, mit Druckfehler »Nur« statt »Neu«).

45 Kant, Anthropologie, S. 221.
46 Staatsarchiv Hamburg 111–1, Senat Cl. VII Lit. Lb, Nr. 32, Vol. 5 (Hervorhebung M.Z.).
47 Hofreskript für Böhmen, 20. Mai 1752 (in Kropatschek, 1740–1780, 1, S. 358 f.).
48 Khevenhüller, Tagebuch, Bd. 5, S. 9.
49 Ebda., Bd. 1, S. 190.
50 Zit. nach Grussi, Joueurs, S. 121.
51 Hartmann, Spielteuffel, S. 150 f.
52 Nicolai, Reisen, S. 247 f. – Der »leonische Adel« Wiens bestehe aus »Räthen, Sachwaltern, Aerzten, Negotianten, Agenten«. ([Wekhrlin], Denkwürdigkeiten, 1777, Zweite Parthie, S. 86.)
53 Bemerkungen über Menschen und Sitten auf einer Reise durch Franken, Schwaben, Bayern und Oesterreich. Im Jahre 1792. (1794), S. 82.
54 »Immoralität und Schaden aus Spielsucht«, in: Salzburger Intelligenzblatt, XXVI.St., 25. Juni 1796, Sp.404–411 (hier 409).
55 Vgl. Normann [Gross-Hoffinger], Wien wie es ist, I. T., S. 21. Siehe dazu Stekl, Österreichs Aristokratie, S. 142 f.
56 Tanzer, Spectacle, S. 204 f.
57 [Wekhrlin], Denkwürdigkeiten, 1777, 3. Parthie, S. 159.
58 Staatsarchiv Hamburg 111–1 Senat Cl.VII, Lit.Lb, Nr. 32, Vol. 4.
59 Niedersächsisches Staatsarchiv in Bückeburg, K2 V Nr. 24/57.
60 Vgl. Medick, Plebejische Kultur, S. 162 und 172.
61 Schwabe, Glücks Töpffe, fol. B8v.
62 Gruber, Dissertatio (unpaginiert) – 1498 hieß es in Johannes von Breitenbachs »Repetitio perutilis c. Lator de homicidiis« (Leipzig bei Wolfgang Stöckel), »ludus Chartarum [...] qui ludus apud vulgares«. Damit wird die in herkömmlichen Kulturgeschichten (vgl. Gizycki/Gorny, Glück im Spiel) vertretene Ansicht, das Kartenspiel sei in seiner Frühzeit hauptsächlich von den oberen Schichten gespielt worden, zweifelhaft.
63 La maison academique [...], Paris 1659.
64 AVA, Hofkanzlei V C 5, 13 ex aug. 1762 (Maria Theresia an die Repräsentation und Kammer in Steiermark, Kärnten und Krain aufgrund der Beschwerde des Pächters Cataldi vom Juli 1762; ebda. 172 ex maio 1770; ebda. 102 und 258 ex maio 1772. Das Phänomen des privaten Setzens auf die öffentlichen Ziehungen des Zahlenlottos ist im 18. Jahrhundert auch in Hamburg zu beobachten. (Vgl. Predöhl, Entwicklung, S. 40 f.)
65 Saurer, Straße, S. 321. Die »blaue Lotterie« bestand noch Ende des 19. Jahrhunderts. Einsätze konnten von einem Kreuzer an und auch in Naturalien getätigt werden. (Sieghart, Die öffentlichen Glücksspiele, S. 150)
66 Loritza, Neues Idioticon, s. v. Traunl.
67 So 1832 in der Provinz Illyrien (Lützenau, Handbuch, II, S. 404 f.).
68 Cod. austr., Suppl. Pars II, fol. 156 f.
69 Cod. austr., III, S. 535.
70 Staatsarchiv Hamburg 111–1, Senat Cl.VII Lit. Lb, Nr. 32, Vol. 5; Verordnung des Triestiner Guberniums vom 5. Oktober 1799, in Kropatschek, Sammlung...Franz des II., Bd. 13, S. 486 f.; AVA, P.-H. 1264/1807; P.-H. 2440/1811 (Rapport aus Ofen, signiert Unser); P.-H. 3268a/1808; P.-H. 1134/1829.
71 AVA, P.-H. 43/1811, fol. 106.
72 AVA, P.-H. 3023/1811 (Geschäfts-Protokoll der k.k. Polizey-Hofstelle, April 1811, Nr. 78, fol. 104 und Nr. 84, fol. 107 f.).
73 AVA, P.-H. 3023/1811 (Geschäfts-Protokoll der k.k. Polizey-Hofstelle, Mai 1811, Nr. 102, fol. 130.
74 Eipeldauerbriefe, Jg. 1816, 7. Heft, S. 36. Die Vermutung liegt nahe, weil trotz des offenbaren Bekanntheitsgrades keine Polizeiberichte zu finden waren.
75 AVA, P.-H. 8647/1817; P.-H. 1290/1818.
76 AVA, P.-H. 1134/1829.
77 AVA, P.-H. 1243/1825.
78 Forstmann, Wien, S. 110.
79 [Schirnding], Österreich, S. 275 f.
80 »Das Spiel und die Spieler«, in: Theaterzeitung 50. Jg. (1856) Nr. 209, S. 847.

81 WStLA, HA, Regierungsdekrete Nr. 18/1654 (Dekret vom 3. März 1654).
82 WStLA, HA, Regierungsdekrete Nr. 32/1690; ebda. Regierungsdekrete 17/1648, 19/1666 und 40/1689.
83 WStLA, HA, Regierungsdekrete Nr. 24/1696.
84 Abraham a Sancta Clara, Gehab Dich wohl, S. 241.
85 WStLA, A.R. 11/1724 (Dekret vom 11. April 1726).
86 OÖLA, Herrschaftsarchiv Weinberg, Bd. 20, A/14: Extract Deß Modi practicandi Von Spill=Collecten Dritel.
87 WStLA, A.R. 113/1714. Vgl. Tanzer, Spectacle, S. 236 f.
88 WStLA, A.R. Berichte 1760 Febr. 4, Nr. 57. Das Verbot, im ersten Stock kein Billard halten zu dürfen, wurde mit Hofentschließung vom 21. Dezember 1781 aufgehoben (Hempel-Kürsinger, Übersicht, S. 462 f.).
89 OÖLA, Weinberger Schloßarchiv Bd. 55, Nr. 14,9 (1766).
90 OÖLA, Herrschaftsarchiv Freistadt, Sch. 284, VI, Fasz.32 (Schreiben des Pflegers vom Dezember 1802 und von Montecuccoli an das Mühlkreisamt vom Juli 1841). 1824 mußte für Ternberg die Affizierung des Verbots eingemahnt werden (OÖLA, Herrschaft Steyr, Sch.378, Fasz.233, Nr. 94).
91 AVA, Pergen-Akten, XVIII/A 2, H 12, fol. 275 f.; Dienstbotenordnung Josephs II., 27. März 1784, § 42; Barth-Barthenheim, System, II, S. 557 f. und 687 ff.; Verordnung vom 16. May 1804; NÖLA, Index der Abt. G (Akt nicht mehr vorhanden).
92 Hämmerle, Handbuch, S. 553 f. Das Verbot wurde 1857 wiederholt, weil es nichts gefruchtet hatte.
93 Z. B. Patent vom 31. Mai 1529: »Abstellung des Gotteslesterns und Besserung des lebens betreffend«: »... allen Wierten, Weinschenngkhen, vnd bey denen sich Gesellschafften enthalten, [...] gebietten, Das sy an den Sambstag nächten, vnd anndern heiligen Abendt, vnd hochzeytlichen Fessten, in jren heüssern, dem gemainen mann, khain sounder Spill vnd Gesellschafft zuhallten« (WStLA, Patente 1500–1599, Nr. 20). – Durch öffentliche Spiele aller Orten in Hamburg werde »öffters der Sabbath entheiliget« (Staatsarchiv Hamburg III–1 Senat Cl.VII Lit.Me, Nr. 11, Vol. 1 [vermutlich um 1712]).
94 Hempel-Kürsinger, Übersicht, s. v. »Spiele«; Jaritz, Profane Volksbelustigungen, S. 32. In Salzburg verbot man 1772 in den Kaffeehäusern und im Ballhaus Karten-, Würfel-, Schach, Billard- und Ballspiel an Sonn- und Feiertagen den ganzen Vormittag und nachmittags bis 4 Uhr. (Generale vom 4. Dezember 1772, zit. in Bauer, Spielkultur, S. 242.)
95 AVA, P.-H. 247/1796.
96 NÖLA, Index der Polizei-Sachen: G14/8479.
97 WStLA, A.R. Berichte 1773 Feb. 27, Nr. 90.
98 Patriotisches Blatt 4.H.(1788) S. 146.
99 Hofdekret vom 8. Mai 1803, zit. nach Kropatschek, Gesetze ... Franz II., Bd. 17, S. 176 f.
100 Hamburger Staatsarchiv III–1, Senat Cl.VII, Lit.Lb, Nr. 32, Vol. 4.
101 AVA, P.-H. 2440/1811: Polizeibericht aus Pest vom 27. Juni 1811, signiert Scherasmin.
102 Zit. nach Kramer, Volksleben Ansbach, S. 276.
103 KA, HKR 1821 Prot. W 547. Wirte als Promotoren des Spiels beispielsweise in der Übersetzung von Philippo Beroaldos »Declamatio« (Ein künstlich höflich Declamation [...] Nürnberg 1531, Vorrede [Übers. Sebastian Franck]): der »wirtstand« würde »dapfer darzu helffen würffel und karten aufflegen«. Ein Beispiel für Kartengeld und prozentuelle Beteiligung in [Hesler], Farospieler, S. 308.
104 Tanzer, Spectacle, S. 237. Das Tricktrack kostete 3 (nachts 6) kr., eine Partie Billard zwischen 1 und 4 kr bzw. – unter Joseph II. 8 bis 16 kr. pro Stunde (ebda.).
105 OÖLA, Herschaftsarchiv Weinberg, Bd. 20, A/14: Extract Deß Modi practicandi Von Spill=Collecten Dritel. – Spielhäuser bzw. öffentliche Glücksspielbanken waren bis zu einem neuerlichen Verbot um die Mitte des 18. Jahrhunderts auch in Amsterdam eine kommerzielle Konkurrenz für Kaffeehäuser u. ä. Dies legt ein gedrucktes satirisches Pamphlet »De klaagende Dobbelaars ...« (Amsterdam o. J.) nahe.
106 WStLA, A.R. 14/1719.
107 1773 stellten die Superintendenten des Zucht- und Arbeitshauses fest, daß zahlreiche Kegelstätten der Gasthausgärten in und vor der Stadt verödet wären, weil die Leute die vielen neu errichteten Spielgelegenheiten im Prater nutzten. Zur Sicherung der Einnahmen schlug man vor, die dortigen Kegelstätten, Billards und andere Spiele mit Abgaben zu belegen (WStLA, A.R. Berichte 1773, Juni 18, Nr. 309).

108 1760 wehrten sich die Wiener Kaffeesieder gegen den Antrag des Johann Michael Geiger, in seinem Bierhaus ein Billard aufstellen zu dürfen, weil sie Nachteile befürchteten (WStLA, A.R. Berichte 1760, 4. Febr., Nr. 57).
109 Tanzer, Spectacle, S. 214. Tanzer weist auf die Vermehrung von Casinos im Vormärz und eine mögliche ständische Trennung dieser Stätten in der Wiener Innenstadt hin (ebda., S. 215, Fußnote 390).
110 Ebda., S. 215, Fußnote 390. – Pilati di Tassulo (Reisen, I, S. 179 und 241) beschreibt die Casini der »Edelleute und reichen Cittadini«, »in welchen man spielet und alles thut, was man will«. Wenn man ein wenig bekannt sei, werde man dort eingeführt. Casanova mietete 1753 in Padua ein »casino«, »wo ich eine Pharaobank unter Halbpart-Beteiligung eines Berufsspielers auflegte« (Leben, 4, S. 19).
111 AVA, P.-H. H 127, fasz.I/1798: Im Dokument ist »Klubb« für »Tummelplatz« eingesetzt. – In London waren einige der Spielclubs des 18. Jahrhunderts aus Kaffeehäusern hervorgegangen (Rodenburg, Kaffeehäuser, in: Unsere Zeit. Monatsschrift zum Conversations Lexikon, N.F. 2.Jg. (1866) 2.H., S. 273). – Zu Einwänden von Kaffeesiedern und Weinwirten siehe den Fall des Kasinoinhabers Ernst Fillenbaum (1787) bei Tanzer, Spectacle, S. 214, Fußnote 387.
112 AVA, P.-H. 15/1800 (Nota vom 3. Dezember 1799).
113 NÖLA, Pol. Index G, 1800.
114 AVA, P.-H. 680/1810 (Bericht der Polizeioberdirektion an die Polizeihofstelle).
115 Verbot per Hofdekret vom 15. Oktober 1793 (Lützenau, Handbuch, II, S. 382).
116 Hamburger Staatsarchiv III–1, Senat Cl. VII, Lit.Lb, Nr. 32, Vol. 2b.
117 Hofdekret vom 15. Oktober 1793 und Hofkanzlei-Bescheid vom 20. Dezember 1793 (Lützenau, Handbuch, II, S. 382 f.).
118 AVA, P.-H. 42/1794; zum Verbot von 1823: Kurrende vom 26. September 1823 (OÖLA, Herrschaftsarchiv Leonstein, Bd. 13, Fasz.8a: Polizeisachen 1820–1849).
119 Niederösterr. Regierungsverordnung vom 17. Februar 1795, zit. nach Lützenau, Handbuch, II, S. 384.
120 Eipeldauerbriefe Jg.1795, 3.Heft, S. 22.
121 Lützenau, Handbuch, 2. T., S. 382 f.; K.-k. Kreisamt Salzburg, Cirkulare vom 3.Oktober 1823; NÖLA, G Fasz. 11 ex 1854, Zahl 40186.
122 Salzburger Landesarchiv, Hofcommission Nr. 662 ex 1816.
123 WStLA A.R., Berichte 1773 Juni 18, Nr. 309.
124 Lützenau, Handbuch, S. 385; Radlberger, Verbotene (Glück-)Spiele, S. 161 f. – 1804 und 1821 wurde es zur Unterscheidung vom Tischbillard mit aufgestellten Kegeln in Salzburg erneut untersagt: Zirkulare, Linz, am 30. November 1804; Cirkulare K.-k. Kreisamt Salzburg, 18. Juni 1821; Circular-Verordnung vom 4. April 1821 und Ob der Enns'sches Regierungs-Decret vom 24. Mai 1821 (Lützenau, Handbuch, II, S. 391).
125 Radlberger, Verbotene (Glück-)Spiele, S. 45.
126 Ausschuß der Bürger, Kundmachung, 25. Juni 1848.
127 »Die Hanserlspieler« ist eine Schilderung bei Münig (Skizzen, S. 15–26) betitelt. Zitat aus dem »Neuen Fremden-Blatt« (1.Jg., 28. Juni 1865, Nr. 45).
128 NÖLA, G7 ad 1068 (1841).
129 Lützenau, Handbuch, II, S. 385. Das Trou-Madame ist eher ein Geschicklichkeitsspiel.(Vgl. Lhôte, Histoire, s. v. »Trou-Madame«).
130 AVA, Oberste Polizei-Behörde, Präs.I, 25/1856 und 2289/1856.
131 AVA, P.-H. 1176/1827. Zum illegalen Glückspiel im Wien der 2. Republik vgl. vor allem Taschner, Adler, bes.S.138; Sprung, Schutzbehauptungen, S. 85; ders., Glück, S. 144. Zum Stoßspiel in der Praterstraße vgl. z. B. Neues Wiener Tagblatt, 25. 9. 1912, S. 14. In der 2.Republik: Österr. Zeitung, 24.4. und 1. 5. 1955; Arbeiterzeitung, 1. 5. 1955.
132 Wegner, Oeconomia Behemo Austriaca, S. 19.
133 Vgl. z. B. die Polizeiordnung Ferdinands I. vom 15. Oktober 1552 (und auch schon früher) in Cod. austr. II, S. 147. Beispiele für Salzburg, Tirol und Kärnten bei Schuster, Spiel, S. 220 ff. und Seelig, Glücksspielstrafrecht, S. 117–120.
134 Vgl. Bruckmüller, Sozialgeschichte, S. 314 ff.
135 Patent vom 25.2.1775, in Wienerisches Diarium, Nr. 21, 1775; Kropatschek, Sammlung, Bd. 7, S. 188; Gubernial-verordnung in Innerösterreich vom 24. Februar 1787, in: Handbuch aller unter der Regierung des Kaisers Joseph des II [...] ergangenen Verordnungen und Gesetze [...] vom Jahre 1787, 13. Bd., S. 236 ff. Unter die Klasse der

Dienstleute zählte die Verordnung des galizischen Landesguberniums vom 3. August 1810 »alle Livrée-Bediente, Stalleute, Hausknechte und sonstige geringere Dienstboten«, nicht aber höhere Privatbediente oder sogenannte Hausoffiziere sowie Handlungsbediente (Lützenau, Handbuch, II, S. 417).

136 Hofentschließung vom 29. Februar 1776 (Kropatschek, Sammlung...1740 bis 1780, Bd. 7, S. 498). Das Verbot von 1775 wurde durch Hofkanzleidekret vom 2. Juni 1792 an sämtliche Länderstellen (Hämmerle, Handbuch, S. 552: Hämmerles Wiedergabe des Textes ist irreführend, da er die Bestimmung, daß es sich um Geldspiel handelt, nicht erwähnt) und 1804 durch Verordnung der niederösterr. Landesregierung erneuert (Kropatschek, Sammlung ... Franz des II., 18. Bd., S. 482–485). Taglöhner und Lehrjungen waren bezüglich der Spielgesetze in der Verordnung des galizischen Landesguberniums vom 3. August 1810 den Gesellen gleich (Lützenau, Handbuch, II, S. 417). – Die Stadt Straßburg verbot 1628 den Taglöhnern, Handwerksgesellen, Knechten und Mägden, »Jungen Knaben und Mägdlin« das Spielen um Geld, aber nicht um ein Glas Wein. (Der Statt Straßburg PoliceyOrdnung, 1628, fol. 83.). Andere Länder waren in der ständisch definierten Einschränkung des Spiels noch rigoroser. Bern verbot 1764 den Knechten, Mägden und Taglöhnern »alles Spielen mit Karten« (Ordnung wider die Glücks=Spiel und das Hohe Spielen. Auf der Stadt Bern Teutsch= und Weltsche Städt und Land gerichtet. Bern 1764); Darmstadt verbot 1777 den »Bürgern und Bauersleuten [...] auch die sogenannten Commerzspiele mit Karten« (Fürstl. Darmstädt. Verordnung vom 27. Jänner 1777, zit. nach: Churbaierische Intelligenzblätter [Münchner Intelligenzblatt] Nr. 9, 8. März 1777, S. 82). – Nach der Enzyklopädie von Ersch und Gruber (1828) ist eine »uneigennützige erlaubte Erholung für Mitglieder der höheren Stände«, was für Bürger oder Bauern ein strafbares Hasardspiel sein kann.

137 Patent vom 25. Februar 1775, in: Lützenau, Handbuch, S. 378.

138 [Anonym], Uiber verschiedene Mißbräuche, S. 29 und 39 f.

139 OÖLA, Stadtarchiv Freistadt, Sch. 441, Fasz. 5 (Schreiben des Kreishauptmanns an das Commissariat Freistadt Stadt, 15. Oktober 1827). Bei dem Spiel handelt es sich möglicherweise um dasselbe, das 1781 in Gent angezeigt wurde: Es komme vor, daß »ontrent Kerken, Kloosters ende op andere Plaetsen binnen obre Stad de Tuysschen [Wetten? Hasardieren?] **met het opwerpen van Geld-Speciën**, midsgaders te spelen andere Tuysch-Spelen, waer door de **Kinderen** van de goede Inzetenen aengelokt ende misleyd werden«, 19. Februar 1781, gezeichnet P. van Alstein (Gent Universiteitsbibliotheek, Rés. 1640, doss.1) [Hervorhebung M.Z.]

140 OÖLA, Herrschaft Obernberg, Sch.486, fasz.20 (Polizeilicher UntersuchungsAct, 1831, No.193). Das Gesetz hätte allerdings einen dreitägigen Arrest vorgesehen.

141 OÖLA, Herschaftsarchiv Weinberg, Bd. 20, A/14: Extract Deß Modi practicandi Von Spill=Collecten Dritel. Vgl. die niederösterr. Regierungsverordnung vom 25. Juli 1795 gegen das Spielen etc. der jungen Leute (Kropatschek, Sammlung ... Franz II., 6. Bd., S. 443 f.).

142 Salzburger Landesarchiv, Hofrat Generale Nr. 39.

143 Kropatschek, Sammlung Franz II., Bd. 6, S. 443 f.

144 OÖLA, Herrschaft Steyr, Sch.387, Fasz.216, Nr. 58 und Nr. 29. Das Stoßbudelspiel ist eine Abart des Billardkegelspiel und war 1871 und 1900 Gegenstand von Untersuchungen. Es wurde »unter Umständen« als Glücksspiel erklärt (Seelig, Glücksspielstrafrecht, S. 173 f., 163 u. 153).

145 Ebda., Franz I., Bd. 17, S. 176 f. (Hofdekret vom 8. Mai 1803, kundgemacht vom Mährisch-Schlesischen Gubernium 21.Mai, vom Böhmischen Gubernium am 23. Mai und vom Tiroler Landesgubernium am 25. Mai).

146 Schnitzler, Tagebuch, 1879–1892, 1893–1902, 1909–1912, 1913–1916 (Index).

147 Sten. Prot. des Hauses der Abgeordneten, 50. Sitzung der XXI. Session, 5. März 1912 (Anhang III, 1434/I).

148 Köster, Deutsche Encyclopädie, s. v. »Glücksspiele«.

149 1825: Anbieten, Freibieten oder Sticheln (OÖLA, Herrschaftsarchiv Leonstein, Bd. 13, Fasz.8a); 1826: Lefeverln oder Ramschen (ebda.); 1828: Vierzehnerln (ebda.); 1832: Mauscheln, Tangeln, Chineseln, Prämeniren oder Häfenbinden (Lützenau, Handbuch, II, S. 392–395).

150 Salzburger Landesarchiv, Hofrat Generale Nr. 39.

151 NÖLA G.17 ad 10434 (1841).

152 1828 regte das Kreisamt an, das Vierzehnerln, das im Traunkreis »sehr im Schwunge« sei, »aus dem Grunde zu den verbothenen Spielen« zu zählen, wies aber die Bezirkskommissariate an, zu überprüfen, ob es ein »eigentliches und zu verbiethendes Hazzardspiel zu betrachten sey«. (OÖLA, Herrschaftsarchiv Obernberg, Sch.66, Fasz.31,

Schreiben vom 27. Juni 1828). Im Kreisamt Steyr war 1836 das »Herabschlagen« »seiner Beschaffenheit nach« als Hasardspiel erklärt worden. Das Traunkreisamt meinte, daß es »noch wenig bekannt« sei und fand es daher »weder an der Zeit, noch auch zweckmässig«, ein Verbot zu erlassen und »dadurch möglicher Weise mehr zu schaden, als zu nützen«. Hingegen tendierte der Magistrat Freistadt zu einem Verbot, weil er fand, »daß jedes Spiel es sey noch so unbedeutend gefährlich werden könne wenn selbes hazartirt und blos aus Gewinnsucht gespielt wird«. (OÖLA, Stadtarchiv Freistadt, Sch. 441, Fasz. 5: Schreiben an das Mühlkreisamt, 25. Juli 1836).
153 OÖLA, Herrschaftsarchiv Obernberg, Bd. 486, Fasz. 20, No. 125.
154 Seelig, Glücksspielstrafrecht, S. 175 f.
155 Eipeldauerbriefe, Jg.1807, 11.Heft, 3. Brief, S. 29.
156 Barth-Barthenheim, System, II, S. 675 (Hervorhebung M.Z.). Entscheidungen des Obersten Gerichtshofes ignorierten hohen oder niedrigen Einsatz und entsprechende Unterscheidung durch die Richter (Herbst, Entscheidungen, E. vom 23. Jänner 1852, G.Z.Nr. 49 und 106; E. vom 28 Februar 1855, Nr. 640).
157 OÖLA, Stadtarchiv Freistadt, Sch. 441, Fasz. 5 (16. Juni 1791).
158 AVA, P.-H. 651/1800: Ein Franz Nicsolowski hatte auf der Schießstatt Zwicken gespielt.
159 OÖLA, Herrschaft Freistadt, Sch.378, Fasz. 215, Nr. 70.
160 OÖLA, Herrschaft Obernberg, Sch. 486, Fasz. 20 (Referat No. 10). Ein anderer Fall (1807), in dem die Entschuldigung, daß um geringe Beträge gespielt wurde, zuerst keine »Würdigung« verdiente, dann aber doch Berücksichtigung fand: OÖLA, Herrschaft Steyr, Sch. 378, Fasz. 215, Nr. 79).
161 NÖLA, Abt.G, Fasz. 10, Zl. 4477/166, 28. Jänner 1846.
162 OÖLA, Herrschaft Steyr, Sch.378, Fasz.215, Nr. 70)
163 OÖLA, Schloßarchiv Weinberg, Bd. 55, Nr. 14 (Wels), 1766.
164 Salzburger Landesarchiv, Hofrat Generale Nr. 39.
165 Hübner, Beschreibung.
166 Patent vom 12. Dezember 1752 (Kropatschek, Sammlung … 1740–1780, I, S. 431).
167 OÖLA, Stadtarchiv Freistadt, Sch. 441, Fasz. 5 (1790). Zum Spiel im Wirtshaus als Ort der sozialen Identifikation vgl. Brennan, Drinking, S. 228–249.
168 Kropatschek, Sammlung Franz I., Bd. 27, S. 586 (Verordnung der niederösterr. Landesregierung, 24. Juni 1810). Friedrich Haider (Tiroler Brauch, S. 424 ff.) stellte der Abneigung »der« Tiroler gegen Glücksspiele die Disposition der Fuhrleute, »besonders wilde Gesellen«, zum Würfel- und Kartenspiel gegenüber.
169 KA, HKR H 762
170 OÖLA, Stadtarchiv Freistadt, Sch. 441, Fasz. 5 (1790).
171 Ebda.
172 OÖLA, Herrschaft Steyr, Sch. 378, Fasz. 261, Nr. 28 (1807).
173 OÖLA, Herrschaftsarchiv Götzendorf, Sch. 39, Fasz. 7 (1843).
174 Zit. nach Kramer, Volksleben Ansbach, S. 276.
175 OÖLA, Herrschaftsarchiv Freistadt, Sch. 284, Fasz. 32 (1809).
176 OÖLA, Herrschaftsarchiv Obernberg, Bd. 48, Fasz. 20, Nr. 125 (1828).
177 OÖLA, Stadtarchiv Freistadt, Sch. 441, Fasz. 5. 1802: Einige junge Bauernburschen spielten am Drehbrett, »blos um sich die Zeit zu verkürzen« (OÖLA, Herrschaftsarchiv Obernberg, Bd. 486, Fasz.20.
178 Z. B. OÖLA, Herrschaftsarchiv Neuhaus, Sch. 66, Fasz. 31 (1848); OÖLA, Herrschaftsarchiv Obernberg, Bd. 48, Fasz. 20, Nr. 125 (1828).
179 Kronmeyer, Predigt, S. 4.
180 OÖLA, Herrschaft Steyr, Sch. 378, Fasz. 42 (Fasz. 215, Nr. 70).
181 Ebda., Fasz. 42 (Fasz. 261, Nr. 28)
182 Stiftsarchiv Klosterneuburg K 595, Nr. 25: Verzaichnuß vnnd Beschreibung der nachbarn Zue weittling (undatiert).
183 Vgl. Schindler, Nächtliche Ruhestörung. Zur Sozialgeschichte der Nacht in der frühen Neuzeit. In: ders., Widerspenstige Leute, S. 215–257, hier S. 225.
184 OÖLA, Herrschaftsarchiv Freistadt, Sch..284, VI, Fasz. 32 (Schreiben des Pflegers von Freistadt, 11. Dezember 1802)
185 OÖLA, Stadtarchiv Freistadt, Sch..441, Fasz..5 (1790).
186 [Anonym], Uiber einige Mißbräuche, S. 40.

187 Eipeldauerbriefe, Jg.1796, 25. Heft, S. 38 f.
188 Wegner, Oeconomia Behemo Austriaca, S. 18. – *Trapelieren* (Trappola) ist ein nicht verbotenes Kartenspiel mit eigenen Karten (vgl. Parlett, Card-Games, S. 250 ff.).
189 Zur Bedeutung der Feiertage vorab auf dem Land vgl. Hersche, Wider »Müßiggang«. Vgl. die Berichte von Bischöfen über die sittlichen Verhältnisse in ihren Diözesen (1804–1833) in Michael Mitterauer: Ledige Mütter: Zur Geschichte illegitimer Geburten in Europa. München 1983, S. 115–142.
190 OÖLA, Stadtarchiv Freistadt, Sch. 441, Fasz.5. Spiel am Laurenzitag 1831 (OÖLA, Herrschaft Obernberg, Sch. 486, Fasz. 20), am Pauli-Bekehrtag 1848 nach dem Gottesdienst (OÖLA, Herrschaftsarchiv Neuhaus, Sch. 66, Fasz. 31).
191 OÖLA, Herrschaft Steyr, Sch. 378, Fasz. 261, Nr. 29 und 58 (Weistrach 1808)
192 1819 zeigte der Marktschreiber von Obernberg dem Kreisamt Ried an, daß sowohl im Markt als auch auf dem Land »100, auch mehrere 100 f in einem Sitz« verspielt würden (OÖLA, Herrschaftsarchiv Obernberg, Bd. 486, Fasz. 20).
193 Zwei Fälle aus den Jahren 1747 und 1757 im ländlichen Raum Kärntens bei Mayr, Kriminalität, S. 197.
194 Herrschaftsarchiv Obernberg, Sch. 486, Fasz..20, Nr. 193 [1831].
195 OÖLA, Herrschaftsarchiv Aschach-Stauff, Sch..79, Fasz..26: Übereinstimmende Aussage mehrerer Vernommener im Jänner 1832.
196 OÖLA, Herrschaftsarchiv Neuhaus, Sch. 66, Fasz. 31 (1848).
197 OÖLA, Herrschaftsarchiv Freistadt, Sch. 284, Fasz. 32 (1803).
198 OÖLA, Stadtarchiv Freistadt, Sch. 441, Fasz. 5 (1790).
199 OÖLA, Herrschaftsarchiv Obernberg, Bd. 486, Fasz. 20, Nr. 125 (1828). – Der Begriff »Spielgeld« stammt aus Quellen über den aristokratischen Bereich.
200 Das Phänomen ist im 18. wie im 19. Jahrhundert belegt. »Il y a des Banquiers qui, après avoir donné le Pharaon, donnent la Bassette pour enlever le peu d'argent qui reste aux Pontes«. ([Anonym], L'Antidote, S. 59). In einer Stellungnahme de Hamburger Ober-Polizei-Voigts aus dem Jahr 1832 hieß es: »Uebrigens finden solche Hazardspiele, als Pharao und Schneiden, erst dann unter den Gästen [der Wirtshäuser] Statt, wenn sie mit ihren Commerz=Spielen, als Whist, Solo, etc: zu Ende sind; dann geschieht es wohl, daß einer derselben einige Gulden auflegt, und sie dann, unter dem üblichen Ausdrucke, noch eines kleinen Zeitvertreibs zu genießen, ihre Taschen leeren.« (Staatsarchiv Hamburg, Polizeibehörde – Kriminalwesen C Jg. 1833, Nr. 170, Bestand 331-2). In »Spielerleben und Gaunerkniffe« (1813, S. 5 und 117) ist zweimal davon die Rede, daß man mit Geld aus anderen Spielen zum Glücksspiel überging.
201 OÖLA, Herschaftsarchiv Weinberg, Bd. 20, A/14: Extract Deß Modi practicandi Von Spill=Collecten Dritel. (1709).
202 R. Fröhlich schrieb 1851, der Arbeiter »spielt, verschleudert sein Geld, bis endlich nach zweitägiger Abwesenheit die Ermüdigung und Sättigung ihn in seine Wohnung treibt« (Classen, S. 52). Zur Bedeutung der Sonn- und Feiertage vgl. Braun, Fabrik, S. 331. Die Arbeiter bei den preußischen Eisenbahn- und Chausseebauten sollten 1846 durch ein Gesetz organisiert bzw. diszipliniert werden. Hasardspiele, Trunkenheit und Widersetzlichkeit wurde bestraft und mit Entlassung bedroht – ohne richtigen Erfolg. (Dohna-Schlobitten, Arbeiter, S. 90 ff.) Ferdinand Saars »Steinklopfer« (1874) der Semmeringbahn wagen Samstags »den eben erhaltenen Wochenlohn an ein Spiel Karten«. Die fromme Protagonistin der Erzählung sieht in den zugewanderten Arbeitern ein »Volk, das nur ans Trinken und Kartenspielen denkt«. Bei allen genannten Quellen ist festzuhalten, daß sie nicht zwischen Glücks- und Nichtglücksspielen differenzierten.
203 Medick, Plebejische Kultur, S. 168–173.
204 OÖLA, Herschaftsarchiv Weinberg, Bd. 20, A/14: Extract Deß Modi practicandi Von Spill=Collecten Dritel. Außzug verschiedener Einwür ff. (1709).
205 Salzburger Landesarchiv, Hofrat Generale Nr. 39: Auszug der durch Zirkular=Befehl vom 25. November 1783 von allen Pfleg-, Stadt- und Landgerichten anbefohlenen, und eingelangten Berichten das hohe Spielen der Baursleute betreffend.
206 OÖLA, Herrschaftsarchiv Obernberg, Bd. 486, Fasz. 20, Nr. 125.
207 OÖLA, Herrschaft Steyr, Sch.378, Fasz. 215, Nr. 70. Zur Präsenz beider Spiele: OÖLA, Stadtarchiv Freistadt, Sch. 441, Fasz. 5: »Es wird immer einmal gebrandelt um 1X, gzwickt um 1 Groschen.« [1790]).
208 OÖLA, Stadtarchiv Freistadt, Sch. 441, Fasz. 5.

209 OÖLA, Herrschaftsarchiv Freistadt, Sch. 284, Fasz. 32 (Aussage eines 18jährigen Knechts, 1803). Mehrere Beispiele in den benützten Akten.
210 OÖLA, Stadtarchiv Freistadt, Sch. 441, Fasz. 5 (Eidstättige Aussage vom 9. März 1790 des Bauernknechts Georg Dorninger).
211 OÖLA, Herrschaftsarchiv Freistadt, Sch. 284, Fasz. 32 (Tagebuch 1844: Verhörsprotokoll beim Distriktskommissariat der Herrschaft Schloß Freistadt).
212 Bauer (Spielkultur, S. 244) räumt dem Spielen der Salzburger Landbevölkerung einen wichtigen Platz ein und konstatiert die Dürftigkeit entsprechender Quellen.
213 Vgl. Dunkley, Gambling, S. 26 ff.
214 NÖLA, Index Abteilung G (Polizei). Akt nicht mehr vorhanden.
215 Vgl. Saurer, Straße, bes. S. 189–216.
216 NÖLA 12473 G17 ad 5123/1844. Das *Fingerhütchenspiel* ist das bekannte Trickspiel, bei dem die Position eines unter drei Hütchen o.ä. hin- und herverschobenen Kügelchens zu erraten ist. Es ist heute in vielen Metropolen Europas auf offener Straße zu beobachten.
217 Vogl: Kleinkriminalität, S. 273.
218 Stiftsarchiv Klosterneuburg Kt. 2147 (1846).
219 Niederösterr. Regierungsverordnung vom 24. Juli 1835, zit. nach Hämmerle, Handbuch, S. 554.
220 NÖLA 12473 G17 ad 5123/1844. Die von Vogl (Kleinkriminalität, S. 271) erfaßten Fälle in der Brigittenau betrafen auch einige männliche Taglöhner und einen arbeitslosen Schneidergesellen.
221 Stiftsarchiv Klosterneuburg Kt. 2352, K. 2528 (1823), Kt. 2545 (1825). Vgl. Radlberger, Verbotene (Glück-) Spiele, S. 64.
222 Komische Briefe des Hans=Jörgel von Gumpoldkirchen an seinen Schwager in Feselau über Wien und seine Tagesbegebenheiten. 12. Jg., 19. H., Wien 1843, S. 46 und 6. H., S. 39.
223 NÖLA 12473 G17 ad 5123/1844.
224 Zit. nach Vogl, Kleinkriminalität, S. 275.
225 NÖLA 12473 G17 ad 5123/1844.
226 Stiftsarchiv Klosterneuburg K 2295: Aussage Margaretha Friedrich (1830). Flaschengewinn beim »Hanserl- oder sog. Mariandlspiel« in Gaudenzdorf (Stiftsarchiv Klosterneuburg Kt. 2352, K. 2528).
227 NÖLA 12473 G17 ad 5123/1844.
228 Stiftsarchiv Klosterneuburg K 2295: Aussage Margaretha Friedrich (1830).
229 Stiftsarchiv Klosterneuburg Kt. 2352, K. 2528
230 Ebda.
231 Vgl. Saurer, Straße.
232 NÖLA 12473 G17 ad 5123/1844.
233 [Anonym], Uiber einige Mißbräuche, S. 40.
234 Ebda.
235 Vgl. Greif, Gefaehrliche Classen, S. 64 f.
236 NÖLA 12473 G17 ad 5123/1844.
237 NÖLA, Index Abteilung G (Polizei). Akt nicht mehr vorhanden. Johne, in: Oesterreichischer Courier, Jg.1849.
238 Ausschuß, Kundmachung in bezug auf verbotene Spiele vom 5. Juni 1848.
239 OÖLA Herrschaftsarchiv Neuhaus, Sch. 66, Fasz. 31.
240 Hartmann, Spielteuffel, Vorrede.
241 Österr. Weistümer, Oberösterr. Weistümer, 3. T., S. 311 f.
242 Österr. Weistümer, Oberösterr. Weistümer, 2. T., S. 281.
243 OÖLA, Herrschaftsarchiv Götzendorf, Sch. 39, Fasz. 7, Nr. 153 (Aussage S. Leithner).
244 Signor Domino, Spiel, S. 52–86.
245 Quelle: Die Polizeiverwaltung Wiens, Jg.1877–1889 (eigene Berechnungen).
246 Quelle: Die Polizeiverwaltung Wiens, Jg.1877–1889 (eigene Berechnungen).
247 Neues Wiener Tagblatt, 3. 8. 1913, S. 18: »Daß Sie als Markthelfer nicht wissen sollten, was ›Naschiwaschi‹ ist, glaube ich nicht.«

248 Neue Freie Presse, 15. Juli 1898, S. 6.
249 Neues Wiener Tagblatt, 14. und 27. September 1913, S. 16., Die Angelegenheit wurde ausführlich in der Presse diskutiert, das Booky-Domino schließlich verboten.
250 AdR, I K I 40, Fortl. Zl. 60/30a, Zl. 16737/1913.
251 AdR, I K I 40, Fortl. Zl. 60/12, Zl. 31.236/1911.
252 Justizministerium, Erlaß vom 6. Juni 1896, Just.Verw. Bl. Nr. 12 (Würfelspielautomat); AdR, Justiz, I K I-40, Zl. 60/30 (18. Juli 1912).
253 NWT, 12. Juli 1913, S. 16.
254 Justizministerium, Erlaß vom 6. Juni 1896, Just.Verw. Bl. Nr. 12 (Würfelspielautomat); AdR, Justiz, I K I-40, Zl. 60/30 (18. Juli 1912).

Männer und Frauen

1 Ich beziehe mich auf Louis-Jean Calvet (les jeux de la société, S. 185), der einem Spielbuch des 19. Jahrhunderts aufgrund der analysierten Oppositionspaare den ausschließlich maskulinen Standpunkt nachweist: »S'il y a dans ces lignes un monde (social) des jeux, il y a aussi un sexe des jeux, du moins peut-on le supposer.«
2 A. Farge und N. Z. Davis, Introduction, in dies. (Hg.), Histoire des femmes, 3, S. 14.
3 Das Bild befindet sich im Institut für Spielforschung an der Hochschule »Mozarteum«, Salzburg. – Beispiele für Frauen aus der jüdischen Kultur, die unter dem Spiel ihrer Männer leiden, bei Landmann, Gambling, S. 312–316. In den von mir untersuchten Beständen des OÖLA finden sich zwei Klagen von Frauen über das unmäßige Spielen und Trinken ihrer Männer.
4 A. Farge und N. Z. Davis, Introduction, in dies. (Hg.), Histoire des femmes, 3, S. 13. Leider ist die Rolle der spielenden Frau in keinem der Beiträge dieses verdienstvollen Werks berücksichtigt.
5 [Schildo], Spilteufel.
6 Anfang des 15. Jahrhunderts sprach der Prediger Giovanni Dominici vom Spiel der Frauen nur im Zusammenhang, daß es ihnen vom Ehemann erlaubt werde (vgl. Rizzi, Ludus/ludere, S. 124).
7 Resolution sur le jeu de hazard. Faite en Sorbonne le vingt-cinq Juin 1697. Lyon 1698. Zu dieser Zeit werden auch mehrere Bühnenstücke aufgeführt und gedruckt, die Spielerinnen gewidmet sind (vgl. Zollinger, Bibliographie der Spielbücher).
8 Garve, Ueber die Maxime Rochefoucaults: das bürgerliche Air verliert sich zuweilen bey der Armee, niemahls am Hofe. In: ders., Versuche, 1. Theil, S. 388.
9 Madame de* an Mr. de Mopinot, 18. April 1758, in Jean Lemoine, Louis, Louis le Bien-Aimé, correspondance amoureuse et militaire d'un officier pendant la guerre de 7 ans (1757–1765), zit. nach Farge, Fatigues, S. 120: »après mon café, je lis pendant une heure, ensuite j'écris jusqu'à six heures si je suis seule; si j'ai du monde je joue au trictrac«. Zur Person der Madame vgl. ebd. S. 113.
10 Poellnitz, Briefe, II, S. 445.
11 Statuta Sabaudia, zit. nach Depaulis, Jeux de hasard en Savoie-Piémont. – Der Zusatz »dummodo tantum fiat cum spinolis« weist laut persönlicher Mitteilung des Verfassers auf eine Art Jetons hin. Schreiber (Die ältesten Spielkarten, S. 78) nahm – ohne Beleg – ein »Spiel um Nadeln, wie es im Kreise der Damen am französischen Hofe üblich war«, an (S. 78). Weitere Beispiele für Ausnahmeregelungen bezüglich Frauen im 14. und 15. Jahrhundert ebda. S. 7. Schreiber zitiert die »Statuta Sabaudia« übrigens nach einer 1505 gedruckten Ausgabe mit der Jahreszahl 1470 (S. 78).
12 Briefe der Herzogin Elisabeth-Charlotte von Orleans, I, S. 229 und 310; II, S. 36 und 386.
13 Khevenhüller, Tagebuch, Bd. 3, S. 236.
14 Casanova, Geschichte, Bd. 6, S. 298 und 267.
15 AVA, P.-H. 2228/1813, Zl. 2513 (Präsidial Vortrag über den Spiel Unfug in Rank des Grafen v. Wallis an S. M., 6. September 1813)
16 Reichardt, Vertraute Briefe aus Paris, 3. T., S. 240.
17 Findlay, People of Chance, S. 61, 73 und 149.
18 AVA, P.-H. 1134/1829. – Bankhaltende Frauen in Warschauer Gesellschaften beschreibt Schulz (Reise eines Liefländers, 2. Theil, 1795, S. 9).

19 Gotthold Ephraim Lessing: Minna von Barnhelm, IV,2.
20 Vgl. Grussi, Jeu d'argent, S. 96 f., 167–175, 197–202. – Auf dieser Erscheinung beruht Jean de Préchacs Erählung »Les désordres de la bassette« (1682): »Je sçay mesme de trés-honnestes femmes qui n'aiment ni le jeu, ni la Bassette, & qui cependant sont ravies, d'en tenir une dans leur logis.« (S. 31).
21 Freundlich, Le monde du jeu, S. 81–91.
22 [Anonym], Spielsucht der Pariser, S. 62–67.
23 Richard, Description, IV, S. 227.
24 Colquhoun, Polizey, S. XLIII und XLVII. Die populäre Karikatur zeigt Darstellungen von Strafen für Frauen, die Pharaobänke hielten.
25 Remon, Entretemientos, fol. 21v, 22r.
26 Barbeyrac, Tractat, S. 390.
27 Pezzl, Skizze, S. 950 f.
28 [Richter], Wienerische Musterkarte, 3.Stück, Nr. 3, S. 16–19.
29 Bittermann, Spielgesellschaft, bes. S. 6–11.
30 Garve, Ueber die Maxime Rochefoucaults: das bürgerliche Air verliert sich zuweilen bey der Armee, niemahls am Hofe. In: ders., Versuche, 1. Theil, S. 388.
31 »Briefe über die Würkung des Kartenspiels in Europa«, in: Teutscher Merkur, Jänner 1777, S. 44. Der Artikel bezieht sich auf einen Brief Isaak de Pintos.
32 Detrey, Réflexions, S. 8.
33 »Briefe über Maynz und Mannheim«. In: Journal des Luxus und der Moden, hg. von F. J. Bertuch und G.M. Kraus, 7. Bd., Jg. 1792, S. 424.
34 Ebd., S. 391 f.
35 Garve, Versuche, 3. Teil, S. 295 f.
36 Ebda., S. 296.
37 Dunkley, Gambling, S. 132.
38 Crampe-Casnabet, Saisi dans les œuvres philopophiques, S. 336.
39 Vgl. Ebda., S. 145 f. Dunkleys Gewährsmann ist Dusaulx (»De la passion du jeu«, 1779).
40 Möser, Patriotische Phantasien, S. 97.
41 Vgl. z. B. Müller, Glücksspiel, S. 116; Kraus, Buch der Glücksspiele, S. 108 f.; Allan/Sprung, Glück, S. 14 und daran anschließend Eschenbach, Täterpersönlichkeit, S. 31.
42 Vgl. George L. Mosse: Nationalismus und Sexualität. Bürgerliche Moral und sexuelle Norm, München u. Wien 1985, zit. nach Siegfried Mattl: Geschlecht und Volkscharakter. In: ÖZG 7 (1996) 4, S. 499–515, hier S. 512.
43 Hannoveranisches Magazin, 69. Stück (26. August 1768) Sp. 1095.
44 Die zwei erhobenen Ausnahmen: 1832 spielten in Aschach Elisabeth Moser, »die Auszüglerin am Großmayrgut«, mit ihrem Dienstknecht und anderen Zwicken. (OÖLA, Herrschaftsarchiv Aschach-Stauff, Sch.79, Fasz.26). – 1856 wurden neun Männer und eine Frau aus dem Handwerkerstand in einem Gasthaus der Leopoldstadt beim Würfeln beobachtet (AVA, Oberste Polizeibehörde, Präs. II, 2289/1856).
45 Bittermann, Spielgesellschaft, S. 12. – Das Spiel wird im Text »Mokau« geschrieben.
46 [Merveilleux], Amusemens des eaux de Schwalbach, S. 38.
47 [Anonym], Des maisons des jeux de hasard, S. 13. Eine solche Szene schildert beispielsweise Stendhal 1817 (Rome, Naples et Florence, S. 339) aus dem Theater »San Carlo« in Neapel.
48 Arndt, Reisen, 1804, 4. T., S. 7.
49 Varnhagen, Tagebücher, S. 121.
50 Ebda., S. 122.
51 Vgl. Klapp, Homburg; Czeipek, Glücksspiele, S. 62; Blankenfeld, Monte Carlo, S. 83 f.
52 Karl Marx: Brief an seine Tochter Eleanor, Monte Carlo, 28. Mai 1882, in MEW, Bd. 35, S. 328 f.
53 Zu den Besucherzahlen vgl. die Jahresberichte der Casinos Austria A.G. – Im Zeitraum 1877 bis 1889 und 1924 bis 1976 lag die Strafquote der Frauen durchschnittlich bei 1%. (Quelle: Die Polizeiverwaltung Wiens; Kriminalstatistik; Statistische Nachrichten)
54 Girtler, Adler, S. 138.

55 Vgl. Schmitz, Spiel und Sammlung.
56 Vgl. Thompson, Cultural Values and Gaming, S. 537 f.

Grenzgänger

1 Lehmann, Vom Spiel, 1680. Meist unter Berufung auf Aristoteles und andere antike Autoren. Giacomo Casanova meinte ebenfalls, daß »alle, die vom Spiel zu leben genötigt sind, unweigerlich Gauner sein müssen« (Geschichte, T. 10, S. 106). Knigge (Umgang, S. 384 f.) hielt ehrliche Spieler von Profession für eine Ausnahme, die dennoch nichts an der »verächtlichen Lebensart« ändere.
2 Vgl. Jütte, Anfänge, S. 2 ff.
3 Knaust, Spitzbuben, A4.
4 Vgl. Barbeyrac, Tractat, 4. Buch, Kap.1. »Commerce« wird in der Schrift »Aufgefangene Briefe« (1768) durchwegs als Bezeichnung des professionellen Spiels gebraucht.
5 Art. »Spiel«, in: Krünitz, Encyclopädie, Bd. 157 (1833) S. 548–551.
6 J. D. R., Considérations, S. 154.
7 Barbeyrac, Tractat, S. 193–200.
8 Bahrdt, Handbuch, S. 186. Zum Gegensatz von leichtem Gewinn und hart erarbeitetem, kärglichem Lebensunterhalt vgl. [Hesler], Leben eines Farospielers (1794), S. 280 f.
9 AVA, P.-H. 7145/1821 (Polizeibericht Nr. 19, 3. September 1821).
10 Sonnenfels, Grundsätze, I, S. 104.
11 Loen, Adel, S. 397 (»Von Diebstahl und Rauberey«, 1752).
12 The Nicker Nicked: Or, The Cheats of Gaming Discovered. London 1669, S. 3 (zuerst unter dem Titel »LeatherMore: Or Advice Concerning Gaming. London 1668). Eine plastische Schilderung der wechselvollen Lebensbedingungen bieten die «Aufgefangene[n] Briefe« (1768) S. 27 f.
13 Knigge, Umgang, S. 382.
14 Simmel, Abenteuer, S. 37 und 31.
15 Sachs, Faßtnachtspil (1557), S. 26.
16 [Cotton], Gamester, S. 21 (The Character of a Gamester).
17 AVA, P.-H. 2440/1811 (Rapport vom Juli 1811).
18 AVA, P.-H.2315/1813.
19 AVA. P.-H. 7145/1821.
20 Florinus, Oeconomus prudens, 1. Buch, 2. Theil, S. 136.
21 Casanova, Geschichte, Bd. 2, S. 46 f., Bd. 3, S. 150 und S. 263 ff.; Bd. 8, S. 32; Gugitz, Affligio, S. 433–437.
22 Khevenhüller, Tagebuch, Bd. 3, S. 236.
23 Khevenhüller, Tagebuch, Bd. 1, S. 203.
24 Zit. nach Teuber, Hofburgtheater, II/1, S. 71.
25 Pezzl, Skizze, S. 120.
26 Vgl. auch Sgard, Tricher, S. 254, der allerdings hervorhebt, daß vor allem Betrüger die Aristokratie auf ihrem eigenen Terrain schlagen wollten.
27 Ebda., 5. H., S. 687.
28 Garve, Ueber den Stolz, S. 306.
29 Colquhoun, Polizey, S. 159.
30 Garve, Ueber den Stolz, S. 306. Über im Spiel geschlossene Freundschaften mit Fürsten im 16. Jahrhundert vgl. Cardano, Liber, in: Ore, Cardano, S. 188.
31 La Bruyère, Charaktere, S. 272 f.
32 Isaac de Pinto schrieb, »le jeu parait établir une égalité illusoire entre les joueurs« (zit. nach Armogathe, Jeux, S. 28); über die mangelnde Achtung vgl. Barbeyrac, Tractat, S. 206. Der Diskurs über die im Spiel statthabende »Gleichheit« ist einer der virulentesten in den Schriften des 17. und 18. Jahrhunderts.
33 Zur Diskussion um »Identität« und Abgrenzung, vor allem in territorialer Hinsicht, vgl. Löfgren, Leben.
34 [Posselt], Apodemik, 1. Bd., S. 292.

35 »Ueber die Betrügereyen im Spiele«, in: Hannoveranisches Magazin 70.Stück (1768) Sp. 1113–1117.
36 Garve, Ueber den Stolz, S. 307.
37 Hönn, Betrugs-Lexicon, S. 393 f.; Knigge, Umgang, S. 382.
38 Spielerleben und Gaunerkniffe, S. 77, 100 und 104; »Ueber die Betrügereyen im Spiele«, in: Hannoveranisches Magazin 70.Stück (1768) Sp. 1113–1117.
39 Ludwig Schubart: »Gemälde eines Banke haltenden Spielers«, in: Art. »Spieler«, in: Krünitz, Encyclopädie, S. 173–176.
40 Zum Reisen vgl. Kienecker, Fahrt; zur Bedrohung durch professionelle Glücksspieler auf Reisen siehe [Posselt], Apodemik, S. 291 ff.; Knigge, Umgang, S. 382.
41 Staatsarchiv Hamburg, Polizeibehörde-Kriminalwesen C Jj 1831 Nr. 280 (Bestand 331-2). Von den zahlreichen Belegen, die dieses Verfahren bestätigen, vgl. Rittler, Gaunerstreiche, S. 184. E. T.A. Hoffmann erklärte in seiner Erzählung »Spielerglück« den Zustrom und Erfolg der Bank des Chevaliers Menars auf diese (paradoxe) Art: »Wie es in der Natur der Sache liegt, strömten ihm, dem reichsten glücklichsten Bankier, auch die mehrsten Spieler zu.« (S. 168).
42 Schön, Aus den Papieren, I, S. 18.
43 [Anonym], Die Spieler im Glück und Unglück, S. 64.
44 Siehe die vorige Fußnote und die grundsätzlichen Überlegungen von Arndt (Reisen, 4.T., S. 7).
45 Les mystères de pharaon devoilés, S. 1 f.
46 Ludwig Schubart: »Gemälde eines Banke haltenden Spielers«, in: Art. »Spieler«, in: Krünitz, Encyclopädie, S. 173–176. Vgl. auch Lith, Steuern, S. 376: »Sie ahmen demnach den Personen von höherm Stande, in allen Gattungen der Üppigkeit nach.«
47 AVA, P.-H. 932/1845
48 [Goudar], Histoire, S. 7 und 269–272. Zum erhöhten Konsum vgl. »Spielerleben und Gaunerkniffe« (1813): »Bei denen in unserer Lage sind die Bedürfnisse auch vorzüglich ansehnlich, die Herren Wirthe, Restaurateurs, Schneider, Kaufleute, und was denen anhänglich ist, suchten wo sie wußten und konnten von dem leicht erworbenen Gewinnst so viel als möglich an sich zu bringen«. (S. 11)
49 AVA, P.-H. 790/1810.
50 Aufgefangene Briefe (1768), S. 20.
51 Girtler, Adler, S. 282.
52 Knigge, Umgang, S. 383.
53 Aufgefangene Briefe, S. 34.
54 So vorgesehen 1796 in Klagenfurt bei dem unter Daueraufsicht stehenden Baron Bernbrunn (AVA, P.-H. 407/1796).
55 Feinler, Triga Satanica.
56 AVA, Oberste Justiz-Hofkommission, Alte Miscellanea, Kt. 134, Nr. 6949 (Hofdekret vom 22. Januar 1722). Deutlich war der Zusammenhang von Glücksspiel und dessen (betrügerische) Betreibung durch »Herren= Dienst= und Gewissen=lose vagierende Leute« im Spielpatent vom 7. Februar 1714 ausgesprochen. (Cod.austr., Suppl., S. 732 ff.) Zur Mobilität als »konstitutiver Bestandteil einer Kultur der Armut« vgl. Kienitz, Vagierende Frauen.
57 Laukhard, Leben, II, S. 80 f.
58 Philippi, Staat, S. 305 f.
59 HKA, Lit.55, fol. 192 (Vortrag des Commercienrathes, 15. Oktober 1767).
60 Willebrand, Policey, S. 134 f.
61 AVA, P.-H. 286b/1809.
62 [Goudar], Histoire, t.II, S. 12.
63 [Anonym], Aufgefangene Briefe, S. 17: »Fast aller Orten sind uns die verzweifelten Mandate wider die Hazardspiele im Wege; und gehet man in die Bäder, so sind wir unserer das ganze Paquet da.«
64 Zwei Hauptleute seien deswegen aus Teplitz und den übrigen böhmischen Badeorten abgereist (AVA, P.-H. 3308/1812).
65 AVA, P.-H. 2488/1815 (Polizeibericht Nr. 12).
66 AVA, P.-H. 279/1800, Fasz.XIV; P.-H. 8647/1817.

67 AVA, P.-H. 2609a/1808; P.-H. 971a/1808.
68 AVA, P.-H. 48/1811 (Präsidial Vortrag Hagers).
69 P.-H. 8035/1819. Remigius von Troyer wurde schon im Februar 1811 als vermögender Mann bezeichnet, der ein »anständiges Haus führe, und gewöhnlich Abends kleine Spielgesellschaften für seine bekannten Amtscollegen halte« (P.-H. 3023/1811: Gecshäfts-Protocoll der k.k. Polizey-Hofstelle, Nr. 46) 1812 soll er sich mit Schmuggel abgegeben haben (P.-H. 2351/1812).
70 AVA, P.-H. 6162/1827.
71 AVA, P.-H. 932/1845.
72 Niedersächsisches Staatsarchiv in Bückeburg, K2 V Nr. 24/108 (1810).
73 Niedersächsisches Staatsarchiv in Bückeburg, K2 V Nr. 24/76 und 97.
74 Staatsarchiv Hamburg, Polizeibehörde-Kriminalwesen C Jj 1831 Nr. 280 (Bestand 331–2).
75 AVA, P.-H. 3032/1811 (Geschäfts-Protokoll der k. k. Polizey-Hofstelle, N.37, Hornung 1811, Nr. 45, fol. 75r).
76 Zu Zusammenschlüssen in den USA vgl. Findlay, People, S. 48, in Frankreich Grussi, Jeu d'argent, S. 447 und Sgard, Tricher.
77 Jütte, Anfänge. Spicker-Beck, Räuber, S. 50, Anm. 132: Die Autorin fand jedoch »ertappte Betrüger in zahlreichen Kriminalakten« und verwendet durchgehend den Begriff »Bande«.
78 HHStA, Sartine, Memoire, fol. 82r.
79 Colquhoun, Polizey, Vorrede zur 4. Auflage, S. XL–XLII.
80 AVA, P.-H. 279/1800, Fasz.XIV.
81 AVA, P.-H. 1264/1807, 395/1796 und 543/1796.
82 AVA, P.-H. 790/1810.
83 AVA, P.-H. 48/1811 und 8035/1819.
84 AVA, P.-H. 7145/1821 (Polizeibericht Nr. 19 vom 3. September 1821).
85 AVA, P.-H. 2488/1815.
86 AVA, P.-H. 1134/1829, fol. 12.
87 AVA, P.-H. 279/1800, Fasz. XIV.
88 AVA, P.-H. 49ww/1810.
89 AVA, P.-H. 797/1810. Zum Spiel bei Döry: P.-H. 3032/1811 (Geschäfts-Protokoll der k.k. Polizey-Hofstelle, November 1810, Nr. 288, fol. 11). Der Rittmeister F.i. wird genannt in »Spielerleben und Gaunerkniffe«, S. 73.
90 Ostwald, Spielertum, S. 6.
91 Niedersächsisches Staatsarchiv in Bückeburg, K2 V Nr. 24/113 (Promemoria, 19. August 1810) und 24/112 (Promemoria ohne Datum [August 1810]).
92 AVA, P.-H. 2440/1811 (Rapport aus Pest vom 25. Juli 1811).
93 [Anonym], Lustiger Process (1655).
94 Fröhlich (Classen, S. 38) meinte 1851, daß »der kleinste Teil« der Spieler »in die Klasse der Falschspieler und Betrüger zu rangiren« ist.
95 Aufgefangene Briefe (1768), S. 20.
96 Vgl. Die Polizey praktisch, 1797. S. 159.
97 Vgl. für Ungarn: Petényi: Games, S. 25–28: Den Delinquenten sollte ein Würfel durch die Hand geschlagen werden. Ähnlich drastische Strafen in den Weistümern. Vgl. Schuster, Spiel, S. 190 f. und Wilda, Spiel, S. 150. Die Praxis war im Mittelalter oft milder, peinliche Strafen traten gelegentlich subsidiär ein (vgl. Jütte, Anfänge, S. 19 ff.).
98 Zu den Tricks der frühen Neuzeit vgl. Jütte, Anfänge, S. 13–19. Im 18. Jahrhundert häufen sich die Schriften, die, selbstverständlich zur Warnung der Spieler, Falschspielertricks »enthüllen« (vgl. z. B. [Goudar], Histoire des grecs; Aufgefangene Briefe; Les mistères du Pharaon devoilés; [Karsten], Offenherzige Schilderung; Spielerleben und Gaunerkniffe). Die »Hocus Pocus«-Bücher des 17. und 18. Jahrhunderts zählen zu den drei Arten von »Kahrten=Künsten« auch diejenigen, die die »Betrieger, und das lose Gesindel« gebrauchen, »die täglich damit umgehen«. (Hocus Pocus kurtzweilige approbirte Kahrten=Künste, Kunstburg [Frankfurt?] 1669). Eine besonders ausführliche Darstellung von Falschspiel aus dem Jahre 1910: WStLA, LG für Strafsachen, A 11, Fasz.296/10701 ex 1910.
99 Staatsarchiv Hamburg III–1 Senat Cl VII Lit.Lb, Nr. 32, Vol1(b): Mandat Georg v. Hannover, 29. Dezember 1720).

100 Aufgefangene Briefe, S. 6.
101 [Karsten], Offenherzige Schilderung, 2. T., S. 22.
102 Patriotisches Blatt, 1. Jg. (1788) 4. H., S. 146. Unerfahrenheit der Spieler und darauf »beruhende Unfüge« in AVA, P.-H. 48/1811.
103 Sammlung der Gesetze ... Leopold des II., 4. Bd. (1791) S. 172 f.
104 Köster, Deutsche Encyclopädie /1787), s. v. »Glücksspiele«.
105 Darstellungen der »Kosaken« bei Ullmayer, Volksleben, S. 68 ff.; Neues Wiener Tagblatt, 14. Jänner 1869 (»Die Spelunken Wiens«). Laut Alfred Rausnitz, in den dreißiger Jahren des 20. Jahrhunderts Referent für internationales Spielerwesen im Wiener Sicherheitsbüro, bezeichne der Begriff »Bauernfänger« eine »sehr vielgestaltige Betrügerkategorie« (»Bauernfänger«, in Badener Zeitung, 13. Februar 1932, S. 1 f.).
106 Vgl. Grawert-May, Geschichte.
107 Johann Ulrich Schöll: Abriß des Jauner- und Bettlerwesens in Schwaben [....] (1793), zit. nach: Boehncke / Sarkowitz (Hg.), Räuberbanden, Bd. III, S. 38.
108 NÖLA G17, 43768 ex 1844 und G17, 50082 ex 1845. Das *Riemenstechen* in betrügerischer Absicht beschreibt ein Text aus dem Jahre 1768: »...so hat man einen nahezu eines Zolles breiten Riemen, dessen beide Enden zusammen genäht sind. Diesen leget man also gedoppelt in ein vier Falten, die an einander anliegen, und davon die Folgende immer kürzer auf der einen Seite, als die Vorhergehende ist; dann gesellet man ihnen noch ein fünf oder sechs Falten bey, und wickelt den Rest des Riemens vollends rund herum glatt an. Sodann hält der Spieler ihn so, daß der Daum und zween Finger die Weitung andrücken, welche durch die abfallende Verkürzung der Falten entstehet, wenn der übrige Riemen herum geleget wird, der mittelste Finger aber decket mit seiner Koppe den Hauptzipfel, von welchem man die Falten anfänget zu legen. Der einfältige Pointeur mag hernach in eines von den Augen oder Löcher der Faltenwinkel stechen, in welches er will, so sticht er allemal blind, weil er nothwendig allemal aussen und darneben fährt, und der Riemen nicht hängen bleibet. Das Loch, das der Hauptzipfel macht, ist der einzige Gewinn, den man aber besagter maßen, als wäre da keines, bedeckt halten thut.« (Aufgefangene Briefe, S. 80 f.) Eine ähnliche Beschreibung gab Johann Ulrich Schöll: Abriß des Jauner- und Bettlerwesens in Schwaben [...] (1793), zit. nach: Boehncke / Sarkowitz (Hg.), Räuberbanden, Bd. III, S. 39. Schöll unterschied es ebenfalls nicht von den Glücksspielen. Eine etwas abweichende Beschreibung in Siegmund A. Wolf: Wörterbuch des Rotwelschen. Mannheim 1956, Art. 4579. – Das Augsburger Stadtrecht von 1276 schützte Unmündige vor dem Verlust ihrer Einsätze beim Riemenstechen; 1483 gab es in Aachen einen aktenkundigen Fall von betrügerischen Machenschaften: »boelichen mijt riemgijnstechen«. (vgl. Schreiber, Spielkarten, S. 154 und Wilda, Lehre, S. 153.) Martin Andres von Memmingen, Anführer einer Falschspielerbande, gewann im Jahre 1550 einem Gesellen 3 Taler »mit dem Remen« ab. (Spicker-Beck, Räuber, S. 52, Anm. 143) Das Riemenstechen wurde per Patent vom 12. Dezember 1752 auf dem Land verboten und mit Niederösterreichischer Regierungsverordnung vom 18. November 1830 als Hasardspiel, auch wegen der leicht möglichen »uebervorteilungen und Betrügereien« verboten. (Lützenau, Handbuch, 2. T., S. 387 f.) – Das *Ringwerfen* ist entweder ein in den allgemeinen Spielbüchern des 19. Jahrhunderts beschriebenes Geschicklichkeitsspiel oder ein einfacher Betrug, der mit Spiel nichts zu tun hat. Zu dieser Variante vgl. Rausnitz, Alfred: Bauernfänger, in: Badener Zeitung, 13. Februar 1932, S. 1 f.
109 Rittler, Gaunerstreiche, S. 19. Berühmte Werke sind Ange Goudars »Histoire des grecs« (1757) und Robert-Houdis »Les tricheries des grecs devoilées« (1861). Die populärste Erklärung machte den Begriff an einem Griechen namens Apoulos fest. Im Italienischen (*greco*) ist jedoch die Konnotation »Betrug« bereits im 15. Jahrhundert nachzuweisen, im Französischen und im Englischen (*greke*) im 16. Thierry Depaulis (Note sur le mot »Grec«, in: L'as de Trèfle, N° 52 [Octobre 1993] S. 6) zufolge könnte der Wortgebrauch auf die Differenzen zwischen Franken und Byzantinern zur Zeit der Kreuzzüge zurückzuführen sein.
110 Als ein Beispiel von vielen zur Gleichsetzung von Professions- und Falschsspielern siehe Justi, Johann H.G.: Von den Spielen. In: Deutsche Memoires, oder Sammlung verschiedener Anmerkungen [...], Erster Theil, Wien 1761, S. 621–627.
111 AVA, Oberste Justiz, Tiroler Senat, Kt. 29.
112 StLA, Steckbriefe, 5. November 1765.
113 AVA, P.-H. 932/1845.
114 AVA, P.-H. 784/1810, Bericht vom 23. Jänner 1808.

115 AVA, P.-H. 1134/1829, fol. 11 f.
116 StLA, Steckbriefe 3. März 1770.
117 So in einem Rapport vom 25. Juli 1811 aus Pest über den als Berufsspieler bezeichneten Szent-Ivany.
118 Lustiger Process Dreyer Adelicher Brüder, o. O. 1655, S. 813 (Der Text ist eine Übersetzung aus dem Niederländischen und erlebte bis zum Ende des 17. Jahrhunderts mehrere Auflagen.). In einem im »Salzburger Intelligenzblatt« (XXVI.St., 25. Juni 1796, S. 407) nachgedruckten Artikel über »Immoralität und Schaden aus Spielsucht« heißt es: »So sind auch List und Betrug die unzertrennlichen Gefährten zerrütteter Spieler […].«
119 Philippi, Staat, S. 305.
120 Justi, Policey-Wissenschaft, S. 214 f.
121 AVA, P.-H. 3939/1813.
122 AVA, P.-H. 3268a/1808 (Bericht Preißler vom 7. Mai 1808).
123 AVA, P.-H. 523/1800.
124 AVA, P.-H. 48/g/1 ex 1813 (Rapport Nr. 72 vom 20. August 1813).
125 So wurde im August 1831 dem Polizeidiener der Pfarre Geinberg (Pfleggericht Obernberg) von einem Knecht angedroht, man wolle ihn hinauswerfen. Der Wirt habe gemeint, man könne ihm in seinem Hause nichts verbieten (OÖLA, Herrschaftsarchiv Obernberg, Sch.486, Fasz.20, Nr. 193: Polizeilicher UntersuchungsAct).
126 AVA, P.-H. 567/1811 (Die ergänzten Stellen fehlen infolge Brandes.)
127 AVA, P.-H. 43/1811 (besonders fol. 25–40, 59 f und 89 ff. Die Polizeihofstelle wollte von der Polizeioberdirektion wissen, ob die Kommissäre mir Stöcken bewaffnet gewesen seien und, wie der Geniceo behauptete, Lärm erregt und das Haus aufgeweckt hätten. Eine Antwort ist nicht dokumentiert [fol. 24]).
128 AVA, P.-H. 3268a/1808 (Bericht des Kommissärs vom 7. Mai 1808).
129 OÖLA, Herrschaftsarchiv Freistadt, Sch. 284, Fasz.32 (Verbotene Spiele 1787–1844).
130 AVA, P.-H. 279/1800, Fasz. XIV.
131 AVA, P.-H. 1904/1815 (Schreiben aus Lemberg: Der Verfasser schlug vor, diesen Umstand bei fehlender Beweisführung zur Bestrafung zu nutzen. Die Polizeihofstelle wies aber den gesetzlichen Weg an.)
132 AVA, P.-H. 395/1796.
133 AVA, Oberste Polizei Behörde, Präs.II, 3289 ex 1854 (Schreiben an Polizeiminister Kempen).
134 Schirnding, Österreich, I, S. 171 f.
135 Bemerkungen über Menschen, S. 202.
136 AVA, P.-H. 7145/1821.
137 P.-H. 2192/1814 (Bericht vom 11. August 1814). Im Fall Geniceo lieferte der Hausmeister, der ins Vertrauen gezogen war, Hinweise, zeigte sich aber auch gegen den »Vertrauten« mißtrauisch. (AVA, P.-H. 43/1811: Bericht des »Vertrauten« Seywald vom 4. Jänner 1811). Am 26 Mai hieß es in einem Vortrag der Polizeihofstelle: »Ein Diener aus dem Hause des Fürsten Moritz Liechtenstein hat dem Vertrauten in seiner Unschuld erzählet, daß Gf. Palffy und Gf. Dietrichstein die glücklichsten Spieler wären, und daß er sie öfters schwere Summen Geldes davontragen sehe.« (Ebda., fol. 54).
138 AVA, P.-H. 971a/1808 (Bericht vom 28. August 1808).
139 AVA, P.-H. 550/1796 (Schreiben vom 31. August an den Kgl. Einrichtungs Hofkommissar Baron v. Margelik in Krakau).
140 AVA, P.-H. 7145/1821.
141 AVA, P.-H. 29ww/1810 (fol.306: Relation des Major Stephing, 15. Dezember 1810; Notiz Franz II., 3. Jänner 1811); 641/1813 (Anonymer Brief vom 6. Februar 1813; Schreiben der Polizeihofstelle vom 10. Februar); P.-H. 641/1813 (Polizeidirektion an Polizeihofstelle, 19. Oktober 1813).
142 AVA, P.-H. 1134/1829.
143 HKA, Lit.55, 1767, Vortrag des Commercienrathes vom 15. Oktober 1767.
144 Casanova, Geschichte, Teil 12, S. 256 und Anm.2, S. 282.
145 AVA, P.-H. 2440/1811 (Rapport vom Juli 1811, gezeichnet Unser).
146 Wien, wie es ist, S. 110.
147 Dunkley, Illegal gambling, S. 134.
148 Staatsarchiv Hamburg III-1 Senat Cl.VII Lit.Lb, Nr. 32, Vol. 5.

149 AVA, P.-H. 7145/1821 (Polizeibericht Nr. 19 vom 3. September 1821).
150 AVA, P.-H. 7145/1821 (Polizeibericht Nr. 23 des »Z.Z.« aus Pest vom 6. September 1821). Ähnlich auch der österreichische Polizeidirektor von Venedig im Jahre 1815: »Die Polizei kennt die Oerter ihrer Zusammenkünfte, die Personen, welche sie besuchen, sie überwacht selbe; Es hat ihr aber noch nicht gelungen, die Spieler auf frischer That zu ertappen« (P.-H. 3694/1815).
151 AVA, P.-H. 369/1815. Der Begriff »Polizeikunst« stammt von Grawert-May (Geschichte). Allgemein zum System des Überwachens und Strafens vgl. ebda. und Foucault, Überwachen.
152 AVA, P.-H. 3268a/1808 (Bericht des Kommissärs vom 7. Mai 1808).

Reservate des Glücksspiels

1   Aus der Vielzahl der Literatur vgl. Dülmen, Kultur, 2. Bd., Kap.III; Chartier, Phantasie; Burke, Helden, bes. S. 192–218; Núñez Rodríguez (Hrsg), El Rostro y el Discurso de la Fiesta; zuletzt Metzger, Küchlein; Heers (Fêtes, S. 10 f.) kritisierte das anekdotenhafte Interesse der Wissenschaft am Fest, durch das es seiner sozialen Bedeutung entkleidet werde. Zum »enormen emotionellen Potential«, das in Feste und Feierlichkeiten investiert wurde, vgl. Thompson, Patrizische Gesellschaft, S. 182; Davis, Narrenherrschaft, S. 106. Davis spielt hier auf das berühmte 22. Kapitel des 1. Buches an, dessen Liste von Spielen übrigens in der deutschen Bearbeitung durch Johann Fischart (1575) um einiges vermehrt wurde.
2   Turner, Ritual, S. 58 f.
3   Vgl. Bredekamp, Horst: Florentiner Fußball. Die Renaissance der Spiele. Frankfurt a. M./New York 1993.
4   Vgl. Pellegrin, Jeux de la jeunesse. Die Autorin arbeitet vor allem den Prozeß der »Ludifizierung« dieser festlichen Spielformen heraus.
5   Sie fehlen z. B. völlig in Irsigler, Franz und Arnold Lassotta: Bettler und Gaukler, Dirnen und Henker. Außenseiter in einer mittelalterlichen Stadt. Köln 1300–1600. München 1989 (zuerst 1984).
6   Geertz, Deep play, S. 231–235. Der Begriff »deep play« wurde im 17. und 18. Jahrhundert für hohes und risikoreiches Spiel verwendet (vermutlich zum erstenmal in »The Arraignment, Trial, and Condemnation of Squire Lottery, alias Royal-Oak Lottery«, London 1699). Zum »sozialen Drama« vgl. Turner, Ritual.
7   Bachtin, Literatur, S. 76 u. 34; ders., Rabelais, bes. S. 238–319. Siehe auch Kaschuba, Ritual, S. 258.
8   Zur Schwellenerfahrung siehe Bachtin, Literatur, S. 73; das Bild des »sanctuaire ludique« bei Varenne/Bianu, L'esprit, S. 177. Walter Benjamin (Passagen-Werk, 1. Bd., S. 141) brachte das Spiel- und Unterhaltungsangebot in den Pariser Passagen ebenfalls mit dem Begriff der Schwelle in Zusammenhang.
9   Beispiele für Italien in neueren Untersuchungen: Rizzi, Ludus/ludere, S. 61 f. (in Neapel wird das Spiel zu Weihnachten im familiären Kreis immer noch praktiziert) und Taddei, Gioco d'azzardo, S. 339 f.; für Holland bei Humbeeck, Exploitation, S. 344; für England existiert ein Brief vom Ende des 15. Jahrhunderts, in dem berichtet wird, daß Lady Morlee zu Weihnachten keine »dysgysyngs« (Vermummungen), Musiken und andere laute »dysports«, sondern Brettspiel, Schach und Karten spielen ließ (zit. bei W. Gurney Benham: Playing Cards. History of the Pack and Explanations of its many Secrets. London o. J., S. 25); zu England siehe auch Schreiber, Spielkarten, S. 65 f.; für Frankreich und England bei Mehl, Les jeux des dés, S. 631 f.; für Straßburg in der 1. Hälfte des 15. Jahrhunderts siehe Vogler, Réforme, S. 645; für Spanien bzw. Kastilien Wohlhaupter, Rechtsgeschichte, S. 90 und 101, Carpenter, Fickle Fortune, S. 278; für Münster: Möser, Justus: Patriotische Phantasien, 2. Theil, in: Justus Möser's sämmtliche Werke, hg. von B.R. Abeken, 2. T., Berlin 1842, S. 313 f.; zwei Ausnahmen vom Kartenspielverbot zu Weihnachten unter Henry VIII nennt das ansonsten unergiebige und spekulative Buch von Nigel Pennick: Spiele der Götter. Ursprünge der Weissagung. (urspr. London 1988) Olten und Freiburg i. Br. 1992, S. 343; für Katalonien (1412/13) bei Wohlhaupter, Rechtsgeschichte, S. 90; zur Zeit des Alfonso »el Sabio« bei Carpenter, Fickle Fortune, S. 278. – Obwohl nicht ausdrücklich auf die Spielpraxis bezogen, verwendeten kirchliche Texte gerne den Begriff »libertates decembricae«. Siehe Heer, Fêtes, S. 120. – Im Zusammenhang mit dem jüdischen Chanukka war bis 14 Tage nach Weihnachten das Würfel- (mit dem eigens dafür verwendeten vierseitigen Drehwürfel oder Dreidel bzw. Trendel) und Kartenspiel erlaubt (Vgl. Kirchner, Paul Christian: Jüdisches Ceremoniel [...] Nürnberg 1724, S. 135 – mit deutlich antisemitisch geprägtem Deutungsversuch). Zu Glücksspiel und Exemtion in der jüdischen Kultur vgl. allg. Art. »Gambling« in: Encyclopaedia Judaica. Jerusalem 1971,

Vol. 7, Sp. 300, Landmann, Gambling, S. 42–49 und Purin, Bernhard: Über das Spiel im Judentum. Seminararbeit am Ludwig-Uhland-Institut für Empirische Kulturwissenschaft, WS 1986/87. Jehuda Arie (Leon) da Modena kritisierte in seinem »Der gelehrte und bekehrte Spieler« (Leipzig 1683, Erstausgabe 1595) diese Praxis: »Auch wenn die heiligen Feste des Herrn herbey kommen / preiset sich mancher gluecksselig / nur daß er zum Spiel desto eher gelangen kan / da es doch eine nichtige Freude ist / indem das Freuden-Fest denen meisten Spielern in einen Trauer-Tag verwandelt wird.« (S. 368).

10 Österreichische Weistümer, Bd. 9, S. 31, 39, 50, 62 ; Bd. 7, S. 9; für Ibbsitz: Kaltenbaeck, J.P.: Die österreichischen Rechtsbücher des Mittelalters. Erste Reihe: Die Pan- und Bergtaidingbücher. Wien 1846 / 49, II., S. 199.

11 Mehl, Les jeux, S. 233 f. Abbildung des Kalenderblattes nach einer Kopie aus dem 17. Jh. bei Schädler, Ulrich: Der römische Würfelturm. In: spielbox, Heft 1/1994, S. 30 ff. – Die Rolle des Würfels zu divinatorischen Praktiken erhellt aus den zahlreichen Los- und Orakelbüchern. Mehr als ein Zufall ist der Anhang zu »Ein New Loßbůch« (1529?), einem herkömmlichen Würfelorakel. Er enthält für die Jahre 1520 bis 1538 eine Tabelle »wie man mit zwen Würffel werffen mag alle Jar wie vil wochen sind zwischen Weyhennachten vnnd Herren Faßnacht«.

12 Mehl, Jeux, 234; Heers, Mummenschanz, S. 336 f.

13 Schröder, Edward (Hg.): Das Goldene Spiel von Meister Ingold. Strassburg: Trübner 1882, S. 56 f.: »Also sollen wir gaystlichen spielen mit dem kindlin Jhesus, und das ist uns yetz zů den weihenächten erlaupt [...].« Gegenstimmen wie die des Bernhard von Siena wollten das Würfelspiel zu Weihnachten verboten wissen, weil der Teufel das Glücksspiel zu dieser Zeit erfunden habe.

14 Möser, Phantasien, 2. T., S. 314 (wie Anm. 5).

15 Falk, Bruderschaft; ders., Gott des Chaos. – Zu Würfelspielen in der griechischen und römischen Antike vgl. Meurs, Graecia ludibunda, S. 7–12 (Astragalismos) und 34–41 (Kybeia); Art. »Würffelspiel« in Zedler, Universal Lexicon.

16 Zit. nach Böhnke, Fastnachtsbrauchtum, S. 13. – Die zitierte Stelle erinnert an Formen der Narrenherrschaft (vgl. dazu Davis, Narrenherrschaft). – In diesem Zusammenhang ist auf das Zusammenfallen von Fasching ud Handwerksjahrtagen in Salzburg noch im 18. Jahrhundert hinzuweisen. (Vgl. Ammerer, Notizen, S. 2156.) Das Mummeschanzen gehörte zum Brauchtum der Gilden im belgischen Poederlee. Vermummte Zunftbrüder mußten mit ihnen um Eier würfeln (vgl. Saabe, Maurits [Hg.]: Stichtelijk ende vermakelyck Proces tusschen dry edellieden ... (1658). Antwerpen 1926, Anm. S. 109).

17 Lustiger Proces Dreyer Adelicher Brüder, 1655. Ein Beispiel für Salzburg aus dem Jahre 1557 bei J. u. W. Grimm, Deutsches Wörterbuch, bearb. von M. Heyne, s. v. »mummen« und »mummschanzen«: »herzog Albrecht von Baiern hat 1557 am fasznachtabend um 9 uhr den erzbischof vermummt besucht, und ein mummschanz geschlagen«. 1597 erschien in London das anonyme Werk »Mihil Mumchance, His Discoverie of the Art of Cheating in false Dyce play, and other vnlawfull games«. Ein »Würfelspiel in eine Schüssel« wird als »Mummen« bezeichnet im Bocholter Recht (vgl.: P. Wig[and]: In: Archiv f Gesch d Altertumskunde Westfalens, 7. Bd., S. 7 (nach Schuster, Spiel, S. 89). Guarinonius (Grewel, S. 1261) nannte 1610 »Baschen / oder Vmbschantz« als charakteristisches Würfelspiel der »Faßnacht Narren« und »Spitzbuben«.

18 Kirchner, Jüdisches Ceremoniel; vgl. Lhôte (Histoire, S. 91), der den Drehwürfel in Zusammenhang mit dem Purim (= Karneval) in Verbindung bringt.

19 Heers, Mummenschanz, S. 207.

20 Die Mönche des Stifts Göttweig erhielten für zeitlich befristetes Kartenspiel während der Faschingszeit 3 bis 4 fl., die Diakone 2 fl. als Spielgeld; den Siegern übersandte der Abt 24 »große Guldenstücke« (Anton Gansberger: Das Jahr 1740 in den Prioratsaufzeichnungen der Stifte Göttweig und Melk. Ein Beitrag zum klösterlichen Alltagsleben im spätbarocken Österreich. Diss. Wien 1982, Bd. 2, S. 235 f. und 372 ff., zit. nach Tanzer, Spectacle, S. 255, Fußnote 581).

21 Abgebildet in Zollinger, Fest-Spiel-Zeit.

22 Der Hof von Mantua ließ 1576 verlauten, »che in questo tempo di carnovale siamo suoliti concedere, che in esso casello possano far giuocare« (zit. nach Romano, Gioco, S. 28). Der italienische Gouverneur in Avignon hielt Ende des 16. Jahrhunderts während des Karnevals öffentliches Spiel zum Profit der Edelknaben (Platter, Reisen, I, S. 123 und 126). Zum Ridotto vgl. Zedler, Universal Lexicon, 5. Bd., Sp. 898; eine gute Darstellung bietet Fiorin, Ridotto. Zur Kommerzialisierung von Ridotto/Glücksspiel und Karneval in Venedig vgl. Burke, Carnaval. – Im Ridotto durfte nur maskiert gespielt werden!

23 Zum Pharaospiel in Salzburg auf den Bällen des Magistrats mit fürsterzbischöflicher Bewilligung vgl. Bauer, Spielen in Salzburg, S. 142 ff.; Redoute und Pharao im Radziwillschen Palast in Warschau erwähnt [Schulz, Joachim Christoph Friedrich:] Reise eines Liefländers von Riga nach Warschau [...], Berlin 1795, 2. Th., S. 14; Beschreibung des Pharao auf dem Ball des Kurfürsten von Köln während des Karnevals 1760 bei Casanova, Geschichte, Bd. 6, S. 53f.; von einem Ball im Rathaus von Avignon mit Glücksspiel berichtet J.D.R., Considérations, S. 94 und S. 140: »Comme c'est un usage anciennement [!] établi de jouer les jeux de hazard pendant le Carnaval à Avignon [....].«; Lenoir: »On étoit dans le carnaval, et de toute ancienneté on a donné pendant cet intervalle de tems un peu plus de carrière au plaisir.« (zit. nach Grussi, Jeu d'argent, S. 101); Marie Antoinette: »je ne joue qu'au jeu public et d'étiquette de la cour, et à commencer de cette semaine jusqu'à la fin du carnaval il n'y aura jeu que deux fois la semaine« (Versailles, 19. Dez. 1777, zit. nach: Arneth, Maria Theresia und Maria Antoinette. Ihr Briefwechsel, S. 227).

24 Zedler, Universal Lexicon, Bd. 3, Sp.314, s. v. »Banco, Banque«.

25 AVA, P.-H. 2151/1825, Schreiben des Gubernienrats und Stadthauptmanns v. Hoch an die Polizeihofstelle, Prag, 8. März 1825.

26 Zit. nach Kaltenbaeck, Rechtsbücher, 1.R., II, No. 63 (wie Anm. 10). In Leyden war das Spielverbot am Faschingsdienstag, während der Messe und wenn der Comte in der Stadt war, aufgehoben (Humbeck, Exploitation, S. 344, Anm.107). 1852 wurden die Spielsäle in Schwalbach, wo die Spielbank seit 1845 geschlossen war, während der Anwesenheit der Kaiserin von Rußland in Schlangenbad geöffnet (Schüler, Gründung, S. 50).

27 Beckmann, Frankfurt, S. 125 (Tabelle X) und 127. Beckmann wies jedoch nach, daß der Stadt aus den Reichs- und Wahltagen keine erhebliche Belastung ihrer Finanzen erwuchs. Zur Spielbank in Frankfurt siehe auch Retriff, Hazardspiel, S. 10–15, Meier, Heißenstein und Isemann, Stadt, S. 148. Hier ist noch einmal an den angesprochenen kultisch-ökonomisch-politisch zeremoniellen Nexus zu erinnern. Während des Umschlags in Kiel ist er bis ins 19. Jahrhundert zu beobachten. Er fand um den Drei-Königstag statt, war die Gelegenheit zur Versammlung der Granden und die Zeit, an der das Pharaospiel gestattet war. (Art. »Messen-Recht« in Zedler, Universal-Lexicon, 14. Bd. [1733] Sp.1159; Protocolle der Bundesversammlung Jg. 1845, 21. Sitzung, S. 232.)

28 Lazarus Spengler an einen Ungenannten, zit. nach Deutsche Reichstagsakten, Jüngere Reihe (Reichstagsakten unter Kaiser Karl V.), bearb. von Adolf Wrede, hg. durch die Hist. Kommission bei der Königl. Akad. d. Wiss., Gotha 1896, Nr. 210/S.889 und Nr. 148, Anm.1/S.808. Zur teuren Verpflichtung und zu Verschuldungen vgl. die Schilderungen von Reichstagen in Voigt, Zwölf Briefe, S. 353–389 (ohne Quellenangaben).

29 Zit. nach Aulinger, Alltag, S. 264.

30 Poellnitz, Briefe, II, S. 249.

31 Loen, Ueber die Sitten der heutigen Welt, in: Kleine Schriften 2, S. 123. Zum Spiel der Ständevertreter in Frankreich um die Mitte des 18. Jahrhunderts siehe J.D.R., Considérations, S. 84.

32 Journal von und für Deutschland, 4.Jg. (1787) 8.Stück, S. 145.

33 AVA, P.-H. 1264/1807.

34 AVA, P.-H. 911/1827 (Schreiben aus Preßburg vom 26. Jänner 1827).

35 AVA, P.-H. 2488/1815 (Polizeibericht Nr. 12 des Y.Y. aus Pest, 14. Juni 1815).

36 Die beste und neueste Darstellung zu den Glückshafen des Spätmittelalters und der frühen Neuzeit bietet Kühnel, Glückshafen; vgl. auch Burgener, Jeux, S. 114; Wehrle, 500 Jahre, S. 8, nennt das Jahr 1472; ebda.: Abbildung der Ziehung von 1504; Alltag in der Reformationszeit. Ausstellungskatalog Zentralbibliothek Zürich 1984, S. 62 f. Mitte des 17. Jahrhunderts sprach die Schießordnung für die Schützengesellschaft am Hof des Fürsten Johann Christian von Eggenberg von den bei solchen Schießen stattfindenden anderen »Spüll vnd Kuertzweill«. (Schießordnung des Fürsten Johann Christian von Eggenberg von 1657, zit. nach: Schützenwesen und Schützenordnungen, in: Steiermärkische Geschichtsblätter, IV.Jg., 1883, 4.H., S. 205). Zu den Ausgaben auf dem Schützenfest der Dresdner Vogelwiese nach dem 30jährigen Krieg gehörten für »Kugell vnd Kögell« einmal 12 Groschen (Haßpacher, Vogelwiese, S. 66). Zu den Freischießen gehörten jedoch meist auch Glücksspiele. So z. B. 1590 beim Freischießen in Straßburg: »Hierzwischen wurden auch andere Spiel und Kurzweil auf dem Schießplatz angerichtet / nemblich umb schöne Schaupfenning mit viereckigten Kugeln / jtem / ein Kögelplatz / darauf ein silbern Becher das beste wer / darinnen man mit den Kugeln gworffen und sonst schwartz und weiß durch einen Trächter. Desgleichen einen Glückhaffen [...].« (Schadaeus, Continuatio Sleidani, Straßburg 1625, S. 375, zit. nach:

Fritz Behrend: Wolfhart Spangenberg. Dichtungen. In: Jb. f. Gesch., Sprache u. Lit. Elsass-Lothringens, 32 [1916] S. 35–62, hier S. 39.)
37 Lexikon der Stadt Wien, Art. »Glückshafen«.
38 Haßpacher, Vogelwiese, S. 66 (Einnahmen der »Reßler« aus dem Würfeltrichter und »uf der Kugel«); Schildo, Spielteufel (»Rastelbank« zum Auswürfeln von Zinnbechern u.a.); »spielt ins zinn« zit. nach Grimm, Wörterbuch, S. v. »brente«; zur Desavouierung der Raßler vgl. Weinreich, Alea, fol. G. Johann Comenius erklärte im »Orbis pictus« den Würfeltrichter: »Mit den Würffeln spielen wir / entweder der meisten Augen; oder wir werffen sie durch den Trichter/ an ein Bret/ so mit Zahlen bezeichnet, und dieses ist ein Glücksspiel der Spitzbuben.« (1. T., 2. Aufl., 1719, S. 277). Belege für die diskriminierende Bezeichnung der Raßler in Grimm, Wörterbuch, s. v. »Rasselbank« und »Rasseler. Raßler«.
39 Vgl. Jaritz, Profane Volksbelustigungen, S. 73 f.
40 OÖLA, Stadtarchiv Freistadt, Sch. 441, Fasz. 5 (Circulare an alle Dominien).
41 AVA, Hofkanzlei V.C. 5, 8 ex Julii 1773. Per Hofkanzleidekret vom 30. März 1804 wurde den Zinngießern das Ausspielen von Zinnwaren wie alle übrigen Glücksspiele auf den Jahrmärkten verboten (Kropatschek, Sammlung der Gesetze ... Franz des II, 18. Bd., S. 431).
42 WStLA, H.A., Regierungsdekrete 17/1648, fol. 1 und 3.
43 Haßpacher, Vogelwiese, S. 67 und 72. Von den Gewinnen auf der »bundten Glücks-Scheibe« während des Schießens berichtet Johan Ulrich König in der ersten Hälfte des 18. Jahrhunderts (Poetische Einfälle, Nr. 6–29).
44 Ersch/Gruber, Enzyklopädie, Art. »Glücksspiele«, S. 311.
45 Protocolle der Bundesversammlung, Jg. 1845, 21. Sitzung, S. 232; zu Dessau siehe Häuserbuch der Stadt Dessau, 7. Lief., 1978, S. 576 (freundliche Mitteilung des Stadtarchivs Dessau).
46 Illustrierte Zeitung, zit. nach Ersch/Gruber, Encyclopädie, Art. »Glücksspiele«, S. 310. Als 1836 ein Komitee um Abhaltung von Pferderennen in der Hamburger Dorfschaft Horn ansuchte, hieß es beruhigend, daß »namentlich auch die unerlaubte Hazardspiele u.s.w. gar nicht zu fürchten sind«. (Staatsarchiv Hamburg, Senat III–1, Cl.VII Lit.F 1 Nr. 13, Vol. 4 (Supplicate des Pferdrennen-Vereins, Fasz.2, Nr. 6271: Supplication und Bitte, 11. April 1836).
47 So etwa die Begründung in Sachsen-Altenburg seit 1824. Vgl. Protocolle der Bundesversammlung, 31. Sitzung, § 326, S. 788 (28. August 1845).

Kirchweihfeste, Jahrmärkte und Messen

1 Geertz, Deep play, S. 235.
2 Kramer, Volksleben Ansbach, S. 118.
3 Dülmen, Alltag, S. 137.
4 Auf die enge Verbindung von Handel und Vergnügen bei Jahrmärkten wies Malcolmson (Popular Recreations, S. 20 ff.) hin.
5 Kramer, Volksleben im Hochstift Bamberg und im Fürstentum Coberg, S. 118.
6 Reid, Interpreting the Festival Calendar, S. 129. M. Bachtin hat in seinem »Rabelais« diesen Gedanken vertreten (S. 194).
7 Für Galicia hat dies untersucht Saavedra (Consolidaciòn).
8 Salzburger Landesarchiv, Hofrat Generale Nr. 39. Abschrift freundlicherweise zur Verfügung gestellt von Prof. Günther Bauer.
9 Platter, Reisen, I, 150.
10 Platter, Reisen, I, 231.
11 Grussi, Jeu d'argent, S. 52 f., 372 ff.; Diderot, Denis: Jacques der Fatalist und sein Herr. In: ders.: Das erzählerische Werk, hg. von Martin Fontius. Übers. Christel Gersch. Berlin 1984, 3. Bd., S. 164.
12 Zedler, Universal Lexicon, s. v. »Spiele«.
13 Bernoulli, Ars conjectandi, S. 169.
14 J. J. Schudt, Jüdische Merckwürdigkeiten, T.II (Frankfurt a. M./Leipzig 1714) S. 280, zit. nach: Mentgen, Würfelzoll, S. 23, Anm.89.

15 Zit. nach Schuster, Spiel, S. 222. Die Polizeiordnung findet sich als Anhang zur Landesordnung. Die Salzburger Landesordnung in: Spechtler, Franz V. und Rudolf Uminsky (Hg.): Frühneuhochdeutsche Rechtstexte II, 1981 (= Göppinger Arbeiten zur Germanistik 305), S. 84. Zu Konzession und Verpachtung von Glücks- und anderen Spielen während der Jahrmärkte in Flandern im 14. und 15. Jahrhundert siehe Mehl, Les jeux, S. 383. Für den österreichischen Raum wären bezüglich der Konzessionsvergabe und -empfänger noch Studien zu leisten.
16 NÖLA, Pat., 4.R., Ktn.11, Generale vom 20. November 1642. Am 2. November 1642 hatte die schwedische Armee in der Schlacht von Breitenfeld über die Truppen von Piccolomini und Erzherzog Leopold Wilhelm gesiegt (vgl. Erich Zöllner: Geschichte Österreichs, 6. Aufl., Wien 1979, S. 218). Das Generale begründet das Verbot damit, daß »Wir ohne daß in einer betrübten Zeit stehen«.
17 WStLA, H.A., Regierungsdekrete, 17/1648 (26. November).
18 WStLA, H.A., Regierungsdekrete 8/1653.
19 WStLA, H.A., Regierungsdekrete 18/1654.
20 Für W. Kaschuba ist »die populäre Festgeschichte über weite Strecken eine Geschichte der Festverteidigung« (Ritual, S. 265).
21 WStLA, A.R. 11/1724 (Dekret vom 11. April 1726).
22 WStLA, H.A., Regierungsdekrete 22/1669 (»Specification Jener Personen, welche Glückshafen, Comoedien, und andere Spiel zu üben erlaubet worden«). Ein Drehbrett befindet sich im Wiener Museum für Volkskunde. Abb. in: Lust und Leid, Katalog, S. 329.
23 Österreichische Weistümer, 15. Bd.: Oberösterreichische Weistümer, III. T., S. 94.
24 WStLA, H.A., Regierungsdekrete 15/1661. Das Privileg ist von den Grafen Starhemberg und Sinzendorf gezeichnet.
25 OÖLA, StadtarchivFreistadt, Sch.441, Fasz.5 (Patent vom 31. 8. 1665; Schreiben des Herrn von Wildenstein vom 26. 11. 1665). Zum Inhalt des Gesetzes vgl. Schlager, Die Wiener Rufe aus dem siebzehnten Jahrhunderte, in: Wiener-Skizzen, 2. Bd., S. 268.
26 WStLA, H.A., Regierungsdekrete 19/1666, 40/1689, 32/1690, 24/1696.
27 WStLA, A.R. 11/1724 (Dekret vom 18. Mai 1724).
28 OÖLA, Stadtarchiv Freistadt, Sch.441, Fasz.5 (6. 6. 1777).
29 WStLA, A.R. 11/1724 (Bericht des Stadtrats vom 14. Mai 1725 und Dekret vom 11. April 1726).
30 WStLA, A.R. 11/1724 (Gesuch vom 1. April 1726).
31 WStLA, A.R. 11/1724 (Dekrete vom 11. April und 4. Mai 1726).
32 WStLA, A. R. 176/1744 (Verbot und Decret an die Schützen-Commissarien vom 21. November 1744; für Oberösterreich: OÖLA, Landschafts-Acten 874 (In diesem Druck ist in der Einleitung auch das Pharao genannt) und AVA, Oberste Justiz-Hofkommission, Alte Misc., Kt. 154, Fasz. Lit.S (7–8). Im August 1753 ging es um die »Verweigerung der Erlaubniß zur Erbauung von öffentlichen Spielhütten am Neuen Markt« (WStLA, Alte Registratur 1740–1759 [Stadtrat], 167/753). Vgl. auch Nr. 202/752: Dekret über Errichtung von Spiel- und Sailtanzerhütten. In beiden Fällen ist nicht klar, ob es sich um Glücksspiel- oder Schauspielhütten handelt.
33 Zu den Maßnahmen gegen Kirchtage vgl. Tanzer, Spectacle, S. 118 ff.
34 NÖLA, Normale 1787, 18475 / Fasz.G.6. Das Krügelspiel war das Ausspielen von Zinnwaren durch Zinngießer.
35 L. Schmidt, Volkskunde, 2. Bd., S. 271.
36 Kropatschek, Gesetze Franz des II., 18. Bd., S. 431: Hofkanzleidekret, kundgemacht in Böhmen (Lützenau, Handbuch, II, S. 410).
37 Hämmerle, Handbuch, S. 554.
38 Florinus, Oeconomus Prudens, 2. Theil, 1. Buch, S. 392.
39 Zit. nach: Spechtler, Franz V. und Rudolf Uminsky (Hg.): Frühneuhochdeutsche Rechtstexte II: Die Salzburger Landesordnung von 1526. 1981 [= Göppinger Arbeiten zur Germanistik, Nr. 305], S. 84.
40 Vgl. Amon, Spielgrafenamt (allerdings ohne Hinweis auf Spiellizenzen); Zedler, Universal Lexicon, s. v. »Spielgraf«; Seelig, Glücksspielstrafrecht, S. 25, Anm.1; zur Zuständigkeit für Glückshafner siehe Gesetz vom 12. Juni 1665 (Cod.austr.II, S. 303 ff.; (neuerliches?) Verbot der Konzessionierung von Glückshäfen durch Spielgrafenamt durch Verordnung vom 25. Juli 1750 (Spielgrafenamts=Concessionen=Abstellung, Cod.austr.V, S. 518); Aufhebung durch Hofentschließung vom 19. Oktober 1782 (Hempel-Kürsinger, Übersicht, S. 466 f.).

41 Stiftsarchiv Klosterneuburg, K. 2619. Das Schriftstück ist bezüglich der Brente »auf das Zönnl« nicht entzifferbar, doch wäre eine Zinnausspielung aufgrund der verbreiteten Praxis leicht vorstellbar.
42 Verordnung vom 10. Februar 1826, in Goutta, Fortsetzung, 52. Bd., S. 47 ff.
43 Humbeeck, Exploitation, S. 332.
44 Probsteiarchiv Mattighofen, Ordner 38, VII 77 (1727–1729) Streitsache zwischen Johann Andorfer, Wirt zu Osternach, und dem Probsteiamtmann Fr[anz] Andessner zu Retting wegen Aussetzung des Drehbrettes und unbefugten Bier= und Branntweinschenkens; Ordner 33 (1735); Ordner 21, A.VI. B.3., VI 126 (Das wiederholt abgeschaffte Hazardspiel und Drehbrett betreffend. /Hofmark Retting/ 1741–1753); Ordner 40. Für die freundliche Zurverfügungstellung des Archivmaterials bin ich Herrn Konsulenten OSR Franz Sonntag zu Dank verpflichtet.
45 1766 gab ein Wirt aus Wels an, er habe bei Übernahme des Gasthauses ein Drehbrett »oder Brenden« gefunden, auf dem auch bei ihm einmal gespielt worden sei (OÖLA, Weinberger Archivalien Bd. 55, Nr. 14: Schreiben von Hohenfeld an Landeshauptmann, 1. September 1766).
46 OÖLA, Herrschaftsarchiv Obernberg, Bd. 486, Fasz.20: Schreiben des Zehentamts an das Marktgericht Obernberg.
47 In dem zu Passau gehörigen Markt Obernberg wurde 1767 der Marktamtmann als förmlicher »Bachts Jnnhaber« genannt. (OÖLA, Herrschaftsarchiv Obernberg, Bd. 486, Fasz.20). – Im Spielbad Schwalbach hatte der hessen-rothenburgische Amtmann zu Hohenstein 1764 den Versuch unternommen, das Glücksspiel gegen Zahlung von 100 Speziesdukaten eigenmächtig zu verpachten. Auf die Klage des Besitzers einer der Spielsäle erklärte die Regierung in Kassel den Vertrag für nichtig und bestrafte den Amtmann. (Schüler, Entwicklung, S. 44–46) Möglicherweise handelte der Amtmann unter Berufung auf althergebrachte Rechte, kraft deren seinem Vorgänger die Rechte an der Quelle von Schlangenbad »erb- und eigentümlich« übertragen worden waren. Die Rechte hatte dieser jedoch wenig später an den neuen Landgrafen abgetreten. (Vgl. ebda., S. 8 f.)
48 OÖLA, Herrschaftsarchiv Weinberg, Bd. 20, A/14 (»Extract Deß Modi practicandi, Von Spill=Collecten Mitel«)
49 Vgl. Kühnel, Glückshafen, S. 343; Sieghart, Die öffentlichen Glücksspiele, S. 24–27 und 84–92.
50 Gutachten der Stände zit. nach Seelig, Die öffentlichen Glücksspiele, S. 24.
51 Vgl. Seelig, Die öffentlichen Glücksspiele, S. 24–28. In der Erlaubnis für David Levi hieß es 1704 »Lotto oder Glückshafen«.
52 Vgl. Seelig, Die öffentlichen Glücksspiele, S. 25; AVA, Hofkanzlei, V C 5, 13 ex Aug. 1762, sowie Jänner 1763, Sept. 1763, Oct.1765. 1769 klagte Cataldi erneut (47 ex Martio 1769). Der Konflikt zwischen Glückshafen und Lotto dauerte aber mindestens bis 1777 (vgl. 31 ex März 1778).
53 AVA, P.-H. 1225/1811: [Gedruckte] Nachricht von der Eröffnung eines Glückshafens zum Vortheile der Wohlthätigkeits=Anstalten, 10. April 1807; ebda., Berichte des Polizeidirektors Ley, 11. April und 6. Juli 1807; ebda., Sumeraw an Kaiser, 15. Msi 1807.
54 Zwei oder vier Groschen nannte ein Autor 1794 als die üblichen Lospreise ([Anonym], Der glückliche Lottospieler, S. 60).
55 Ebda., Nachricht.
56 Ebda., Bericht Ley, 6. Juli 1807.
57 AVA, P.-H. 4476a/1808: Bericht des Hofrathes und Polizey Oberdirektors Ley an die Polizeihofstelle, 21. Dezember 1807.
58 Kühnel, Glückshafen, S. 328 (nach Dorothee Rippmann: Bauern und Städter: Stadt-Land-Beziehungen im 15. Jh. [= Basler Beiträge zur Geschichtswissenschaft 159, Basel-Frankfurt a. M. 1990]).
59 AVA, P.-H. 4476a/1808: Bericht des Hofrathes und Polizey Oberdirektors Ley an die Polizeihofstelle, 21. Dezember 1807.
60 AVA, P.-H. 4476a/1808: Anonymes, undatiertes (1807) Schreiben eines Wiener Bürgers.
61 AVA, P.-H. 1225/1811: Bericht La Roze (Mai 1807).
62 AVA, P.-H. 4476a/1808: Anonymes, undatiertes (1807) Schreiben eines Wiener Bürgers.
63 AVA, P.-H. 4476a/1808: Gegennote des Bürgermeisters, 12. Dezember 1807; Bericht des Polizeioberdirektors Ley an die Polizeihofstelle, 21. Dezember 1807.
64 AVA, P.-H. 1225/1811, Bericht Sumeraw an Kaiser Franz, 15. August 1807.
65 AVA, P.-H. 4476a/1808: Bericht des Polizeioberdirektors Ley an die Polizeihofstelle, 21. Dezember 1807.

66 AVA, P.-H. 4476a/1808: Anonymes, undatiertes (1807) Schreiben eines Wiener Bürgers.
67 AVA, P.-H. 4476a/1808: Bericht des Polizeioberdirektors Ley an die Polizeihofstelle, 21. Dezember 1807.
68 AVA, P.-H. 4476a/1808: Vortrag der böhmisch-österr. Hofkanzlei, 6. April 1808 mit »Resolutio caesarea«.
69 Siehe Vogl, Kleinkriminalität.
70 Das Biribis war nach §30 des Lotto-Patents von 1813 verboten. (Franz des Ersten politische Gesetze …, 54. Bd., S. 80 f.).
71 Söringer, Der Brigittenauer Kirchtag, S. 9. Söringer schildert eine Szene. (1834 in Wien in der Liedersammlung »Weltliche Lieder«, 4. Bd., Nr. 44 unter dem Titel »Der Brigittenauer Kirchtag, ein Volkslied, nach der bekannten Melodie zu singen: Joseph und seine Brüder.« erschienen) – Die dazugehörige Strophe lautet: »*Andere treibt Sucht nach Gewinn,– / Ihr Glück im Spiele zu bestehen / Eilen hoffend sie dahin;–*« Die Funktion der von Söringer genannten »mathematischen Wagen« ist unbekannt. – Adolf Schmidl: Wien's Umgebungen auf zwanzig Stunden im Umkreise, 2. Bd., Wien 1838, S. 14, zit. nach Alltag und Festbrauch, S. 14.
72 Reimann, Deutsche Volksfeste, S. 181 f. Vielleicht ist das geschilderte Spiel mit dem 1796 als Hasardspiel verbotenen »Hirschenspiel« ident. (NÖLA, Polizeisachen, Index).
73 Hämmerle, Handbuch, S. 554.
74 Komische Briefe des Hans=Jörgel, 12. Jg. (1843) 6.H., S. 39 f. Es ist nicht ganz deutlich, inwieweit der Anlaß Wallfahrt in diesem Beispiel mit einem Kirchtag verbunden war.
75 Stiftsarchiv Klosterneuburg Kt. 2352, K.2528 (1823).
76 Gegen die Glückshafen und andere Glücksspiele beim »Vogel= oder Scheiben=Schießen« wandte sich beispielsweise Michael Freud: Gewissen=Fragen von Glück= und Gewinn=Spielen, Rostock 1684, S. 24; eine ausführliche Beschreibung der betrügerischen Machenschaften lieferte Tommaso Garzoni, Piazza universale (deutsch), Frankfurt 1619, S. 324 f.; Juristen beschäftigten sich ebenso mit dem Phänomen: siehe Christophorus Besoldus, Thesaurus practicus…, Ed. secunda et posthuma, hg. von J. J. Speidel, Augsburg 1641, fol. 358; ein ganzes Werk der Ablehnung ist Sigismund Suevus (Schwabe), Glücks Töpffe…, Freiberg 1581. Ausführlichere Zitate in meinem Aufsatz Fest-Spiel-Zeit.
77 Folz, Von eynem Spiler, [1485].
78 Zedler, Universal Lexicon, 29. Bd., 1741, Sp. 310.
79 Suevus, Glücks Töpffe, fol. Cv. Bereits in den »Inhibitiones« aus dem 15. Jahrhundert sind Würfelverleiher zusammen mit Gauklern und Musikanten aufgeführt. (Vgl. Tauber, Würfelspiel, S. 38 f.)
80 Vgl. Kühnel, Glückshafen, S. 343.
81 J. J. Schudt, Jüdische Merckwürdigkeiten, T.II (Frankfurt a. M./Leipzig 1714) S. 280, zit. nach: Mentgen, Würfelzoll, S. 23, Anm. 89. Schudt berief sich auf J.C. Wagenseil, dessen Theorie er allerdings verwarf. Mentgen geht nicht auf diese Theorie ein.
82 Lotto-Patent vo 13. November 1751; AVA, Hofkanzlei V C 5, 172 ex Maio 1770.
83 AVA, P.-H. 4476a/1808.
84 Feinler, Johannes: Triga Satanica, S. 43 f. und 51.
85 Marperger, Beschreibung, S. 208 f., 223 f.
86 Dülmen, Kultur und Alltag, S. 147 und 319, Anm. 2 (mit Wortlaut der Ordnung).
87 [Wekhrlin, J.:] Bestialitäten, in: ders.: Chronologen, 9. Bd., Frankfurt und Leipzig 1781, S. 49–62; hier S. 59.
88 Einzinger, Von den Kirchtägen, S. 11.
89 Aufgefangene Briefe, S. 9.
90 Abriß des Jauner- und Bettelwesens in Schwaben nach Akten und andern sichern Quellen von dem Verfasser des Konstanzer Hanß, in: Boehncke/Sarckowitz (Hg.), Räuberbanden, Bd. III, S. 38.
91 Hartung, Randgruppen, S. 63
92 Diese Zuschreibung ist in Kösters Deutscher Encyclopädie, Bd. 12, 1787, Art. »Glücksspiele« zu finden. 1799 meinte J.H. Fischer (Beschreibung, Erstes Bändchen, S. 10) über den Brigittenauer Kirchtag von Wien, »daß die Freunde dieser Unterhaltungen […] gemeiniglich nur zu den mindern Volksklassen gehören«. Zur Entwicklung und Diskussion in England vgl. Metzger, Küchlein, bes. S. 52 f. – Im spanischen Galicia hieß es um 1860, daß die Messen und (Jahr)märkte (ferias) für den Dorfbewohner das sei, was für den Stadtbewohner das Spiel sei (Alfredo Vicenti, zit. nach Saaveda, Consolidación, S. 294).

93 Zeiller, Martin: Exempel-Büchlein. 1660, S. 10. Als Quelle gibt Zeiller die 1598 in Eißleben erschienenen »Tragica, seu historiarum de poenis Criminalibus [...] libri 2« an. Die Geschichte hat natürlich moralisierende Absichten. Der Edelmann flucht ob seines Verlustes und wird vom Teufel geholt.

94 Harsdörffer, Georg Philipp: Die unglücklichen Spieler, in: ders.: Der Grosse Schau=Platz Lust= und Lehrreicher Geschichte. 3. Aufl., Frankfurt 1653, 3. T., S. 180. Der König soll eine mit Würfeltisch ausgestattete Loge besessen haben. (Vgl. Fournel, Le Vieux Paris, S. 83.)

95 Fournel, Le Vieux Paris, S. 87.

96 Vgl. Metzger, Küchlein, S. 55.

97 AVA, P.-H. 2574/1813: Der Polizeibericht hielt es für erwähnenswert, daß im Jahr 1813 (vermutlich wegen des schlechten Wetters) fast keine hohen Standespersonen und niemand vom Hof sich eingefunden habe.

98 Küchelbecker (Allerneueste Nachricht, S. 391 f.) beschrieb schon 1730 die Rolle der »Vornehmen« als passiv.

99 Für das span. Galicia, unter Berücksichtigung der Arbeiten von R. Chartier und R. Muchembled, vgl. Dubert García u. Fernández Cortizo, Entre el »regocijo« y la »bienaventuranza«, in: Núñez, Rodríguez (Hg.): El Rostro y el Discurso de la Fiesta, S. 246–249.

100 Greif, Gefährliche Classen, S. 75. Deutlicher im Zusammenhang mit Festen: Staib, Feste und Feiern.

101 Reid, Interpreting the Festival Calendar, S. 132. Über die Bemühungen in bezug auf das Proletariat in Deutschland gegen Ende des 19. Jahrhunderts vgl. Reulecke, »Veredelung der Volkserholung« und Friedemann, Feste und Feiern.

102 Wieland, Über die ältesten Zeitkürzungsspiele, S. 317.

103 Reimann, Volksfeste, S. 396 und 447–454. Über »Nationalgeist« und diverse »Nationalspiele« siehe auch Fischer, Beschreibung, 2. Bändchen, S. 59, passim.

104 Vgl. Metzger, Küchlein, S. 52 f.; für Galicia vgl. Dubert García und Fernández Cortizo, Entre el »regocijo« y la »bienaventuranza«, S. 239 (wie Anm. 146).

105 [Liebenau, Hermann von:] Das uralte und edele so genannte Karnöffel= oder Kaiserspiel zum erstenmale mit einer Vorrede gründlich erklärt in seinen Regeln und Beispielen. Luzern 1841, S. 1.

106 Vgl. Alte Spielverbote – Verbotene Spiele, Ausstellungskatalog, Salzburg 1995, S. 108 f.

107 Protocolle der Bundesversammlung, Jg. 1845, 5. Sitzung, S. 61; 16. Sitzung, S. 160.

108 Stenographische Protokolle des Hauses der Abgeordneten, 50. Sitzung der XXI. Session, 5. März 1912; Anhang III, 1434/I.

109 Galler, Kirtag, S. 35 f.

110 Tanzer, Spectacle, S. 120 f. – Der Brigittenauer Kirchtag wurde 1847 zu letztenmal abgehalten (Gleirscher, Volksfeste, S. 9).

111 Es ist allerdings zu beachten, daß etwa im Französischen »foire« und im Englischen »fair« sowohl Messe als auch Jahrmarkt bedeutet. In Deutschland führten einige große »Jahrmärkte« Ende der 1820er Jahre selbst den Namen »Messen« (vgl. Sombart, Kapitalismus, 2/1, S. 467.); siehe auch Art. »Messen-Recht« in Zedler, Universal Lexicon, 14. Bd. (1733) Sp. 1153–1164

112 Braudel, Handel, S. 86. In Heslers »Farospieler« heißt es 1794, daß während der beiden Messen in Leipzig »beinahe in allen Gasthöfen und Kaffeehäusern Faro gespielt wird« (S. 84).

113 Spielerleben, S. 3, 55 f. und 97.

114 Philippi, Staat, S. 306.

115 Spielerleben, S. 62.

116 [Solignac ?], Amusemens des Eaux de Schwalbach, S. 7.

117 Spielerleben, S. 97.

118 Marquiset, Jeux, S. 64.

119 Wiener Zeitung, Nr. 138, 21. Sept. 1809.

Das Glücksspiel in den Bädern der Habsburgermonarchie

1 Der Stuttgarter Prälat Kapff führte 1845 dieses Zitat in seiner Streitschrift gegen das Glücksspiel an (Kapff, Hazardspiel, S. 45).
2 Platter, Reise, I, S. 87.
3 Die beste Studie zur Entwicklung des Bades als sozialer Ort ist Kuhnert, Urbanität, hier S. 91, 125–128 und 146; wichtig auch Kienecker, Fahrt, S. 237–241; vgl. auch Rauers, Kulturgeschichte, S. 862.
4 [Meissner], Reise nach den Bade=Oertern, S. 175.
5 »Warum auf dem Lande nicht ländlich?«, in: Journal des Luxus und der Moden, 3. Bd. (1788) S. 473 und 4. Bd. (1789) S. 323.
6 Bereits 1688 wandte sich der Göppinger Arzt Martin Maskoski (»Im Namen Jesu! Das Göppingische Bethesda«) gegen Glücksspiele, aber auch Dame und Schach, und empfahl Spaziergänge, Schießen und Kegeln (vgl. Prignitz, Wasserkur, S. 85). Zur Kritik des Spiels im Hinblick auf den beabsichtigten therapeutischen Erfolg siehe z. B. Fischer, Reisen, Bd. 3, S. 148 ff.; das »gesunde« Gasteiner Wildbad spielte Spaur 1800 gegen die vergnügungssüchtigen Orte wie Spa, Ems und Schwalbach aus (Reise durch Oberdeutschland, S. 170 f.). – Zur Auseinandersetzung mit dem Thema »Gesundheit vs. Vergnügen« vgl. auch Bollé/Föhl, Baden-Baden. Als in den 40er Jahren des 19. Jahrhunderts die Diskussion um die Aufhebung der Spielbanken in den deutschen Bädern einen ersten Höhepunkt erreichte, griff man wieder auf diese Argumente zurück. Mohl (Polizei-Wissenschaft, Bd. 1, S. 575) schrieb 1844, es »ist eigentlich nichts Widersinnigeres, als in einer Heilanstalt die Leidenschaften aufzuwühlen – zum Besten der Wiedergenesung!« 1860 erschien von Heinrich Hoffmann, dem Autor des »Struwwelpeter«, eine relativ zahme Satire über Badeörter, in der er »Über die hohe therapeutische Bedeutung des Hasardspiels« witzelt. Kaum Bedeutung hatte hingegen dieses Argument in der Diskussion um die Etablierung von Spielbanken in Österreich.
7 »Daß Pyrmont, was die Spieltische u. bunte Alleenpuppen betrifft, für mich weniger intereßant gewesen, als wieder seine große, schöne, heilsame Natur, können Sie auch leicht denken.« (1772; zit. nach Kuhnert, Urbanität, S. 91).
8 Poellnitz, Amusemens des Eaux de Spa, S. 239 f.
9 Kuhnert, Urbanität, S. 181: Kuhnert folgt Marcards »Beschreibung von Pyrmont«, 1784 f.
10 »Fragmente über Jena und die dortige Universität«, in: Journal von und für Deutschland, 8.Jg. (1791) II, 8. Stück, S. 719.
11 Ebda., 5.Jg. (1788) 3. Stück, S. 260.
12 J. D. R., Considerations, S. 83 und 153 f.
13 AVA, P.-H. 79/1811, fol. 176 und 188.
14 AVA, P.-H. 79/1811, fol. 176 und 188.
15 Neu=verbessert= und vermehrtes denckwürdiges Kayser Carls=Bad (Nürnberg 1736, S. 32), zit. nach Schwetschke, L'Hombre, S. 15 f. Auch Pöllnitz (Briefe, I, S. 259) berichtete 1729 aus Karlsbad nur, daß man spiele und tanze.
16 J. D. R., Considerations, 153 f.
17 [Meissner], Reise nach den Bade=Oertern, S. 138 und 925.
18 AVA, P.-H. 523/1800.
19 Fischer, Reisen, 3, S. 148 f.; [Meissner], Reise nach den Bade=Oertern, S. 137 f.
20 Beobachtungen von Pöllnitz, Briefe, I, S. 259 f. (1729) und einer Beschreibung von Karlsbad aus dem Jahre 1788 (in K. Ludwig, Alt-Karlsbad, Karlsbad 1920, S. 118); Gentz (Tagebücher, S. 29 und 60) bestätigt die Vornehmheit des Karlsbader Publikums um 1800.
21 Gentz, Tagebücher, S. 29, 60 und 219.
22 AVA, P.-H. 483b/1812: Abschrift eines Promemoria, Leipzig, 17. Dezember 1811. Graf Kolowrat identifizierte den Autor als jenen Kaufmann Sintinis, der sich viel im Hause des Rates Eichler in Teplitz aufgehalten habe, und bezeichnete das »in einem anmaßenden Tone« gehaltene Schreiben als »Gewäsch« (ebda., Kolowrat an Hager, 23. März 1812).
23 Im Text steht »Graf W-s-r, Graf D-st-n«. Die Auflösung legt ein Polizeiprotokoll vom Februar 1811 nahe, in dem ein Graf Dietrichstein, Schwiegersohn des Grafen Saurau, als »Hauptspieler« neben anderen genannt wird. (AVA, P.-H. 3023/1811I: Geschäfts-Protokoll der k.k. Polizey-Hofstelle…in Polizey und Censurs-Angelegenheiten für den Monath Hornung 1811, fol. 69).

24 [Anonym], Spielerleben und Gaunerkniffe, S. 73.
25 In Teplitz seien Falschspiel und Raufhändel verbreitet – »eine in Karlsbad seltene Erscheinung«, bestätigt die anonyme Schrift »Spielerleben und Gaunerkniffe« (S. 75).
26 AVA, P.-H. 483b/1812, Äußerung Hochs, Leitmeritz, 8. Jänner 1812. Das Werk »Spielerleben« bestätigt auch diesen Umstand: »Wer gern hohe Commercespiele spielen will, der muß diesen Ort besuchen.« (S. 74)
27 Ebda., Kollowrat an Hager, Prag, 2. Jänner 1812
28 Spielerleben, S. 73.
29 AVA, P.-H. 483b/1812, Kollowrat an Hager, Prag, 2. Jänner und 23. März 1812 und Äußerung Hochs, Leitmeritz, 8. Jänner 1812. Ein an das vom Kreisamt Litmeritz an das Landespräsidium gerichtetes Schreiben vom 9. Jänner 1812 bestätigte, »daß die anwesenden Spieler über die neue Ordnung der Dinge daselbst sehr unzufrieden« seien.
30 AVA, P.-H. 3308/1812: Meldung des Teplitzer Inspektions-Kommissärs Hoch vom 3. September 1812 an Graf Kollowrat.
31 Geusau, Baaden, S. 29–32; AVA, P.-H. 971, a/1808; 790/1810: Gestionsprotokoll Nr. 128; P.-H. 8647/1817.
32 Gentz, Tagebücher, S. 301 (Eintragungen vom Juli und August 1814).
33 AVA, P.-H. 279/1800, fasz. XIV.
34 AVA, P.-H. 79/1811, fol. 176.
35 AVA, P.-H. 268o/1829. Zum Spiel in Bartfeld siehe auch P.-H. 29ww/1810, 641/1813, 2228/1813 und 7145/1821.
36 AVA, P.-H. 2228/1813.
37 AVA, P.-H. 2228/1813: Rapport vom 16. Juli 1813, gezeichnet von »G:G:«
38 AVA, P.-H. 2488/1815; 7145/1821.
39 AVA, P.-H. 2440/1811: Rapport aus Ofen, Juni oder Juli 1811: »Indessen, da jetzt alles in den Bädern und auf dem Lande ist, geht die Spieler Profession äußerst schlecht […].«
40 AVA, P.-H.932/1845.
41 AVA, P.-H. 29ww/1810, fol. 306.
42 AVA, P.-H. 2228/1813, Zahl 3118 in Fasz. 2821(=i): Rapport des Konfidenten »X.X.« vom 14. Juli 1813.
43 So beispielsweise Kommissar Hoch im Jänner und Graf Kollowrat im März 1812 (AVA, P.-H. 483b/1812). In Bartfeld würden, wie es im Sommer 1813 hieß, sich auch Comitatsbeamte in »Compagnie« der Spieler befinden, weshalb Bestrafungen nicht zu befürchten seien (AVA, P.-H. 2228/1813, Zahl 2513: Rapport Nr. 162 vom 12. Juni 1813).
44 AVA, P.-H. 279/1800, fasz.XIV, ein ähnlicher Fall in AVA, P.-H.6162/1827.
45 So reagierte die Polizeihofstelle auf einen Vorschlag des Grafen Kollowrath (AVA, P.-H. 483b/1812). 1810 wurde der Mannheimer Carl Schack und der Stralsunder Friedrich Marschand aus Baden »abgeschafft«. (AVA, P.-H. 790/1810, Nr. 125 und 128).
46 AVA, P.-H. 790/1810; 483b/1812 (Äußerung Hochs, 8. Jänner 1812: Hoch habe einen als Spieler bekannten Saazer nur so lange in Teplitz geduldet, als seine Kur dauerte).

Spielhäuser und Spielbanken – ein Überblick

1 Vgl. Mehl, Les jeux, S. 375 f. Mehl definiert Organisiertheit über »officialisation«.
2 Die immer noch beste Darstellung ist Wohlhaupter, Rechtsgeschichte, bes. S. 97–107; siehe auch Carpenter, Fickle Fortune. Im Auftrag des Königs wurde 1283 der prächtig illuminierte *Libro de los juegos de ajedrez, dados y tablas* geschrieben (Codex T I, 6 der Biblioteca del Escorial). *Tafur* oder *tahúr* bezeichnete den Spieler mit der Konnotation des vagierenden »Gauners« (vgl. Étienvre, Figures, S. 241–289 [»Le joueur et le tripot: tahúr et garito«]).
3 Bekannt ist die Eingabe an den König gegen einen Juden aus Barcelona (Wohlhaupter, Rechtsgeschichte, S. 109). Mehl, Les jeux, S. 377 (nach A. Rucquoi, Lieux de rencontre …, in: Sociabilité, pouvoirs et société, Actes du colloque, Rouen 1987).
4 Zdekauer, Sull'organizzazione, vgl. auch Rizzi, Ludus/ludere, S. 67–70. Über Organisation und Betreiber siehe die aufschlußreiche Studie von Ilaria Taddei (Gioco d'azzardo). Taddei arbeitete unter anderem heraus, daß es die Pacht der *barrateria* in Florenz nicht gegeben hat (S. 345 f.).
5 Crouzet-Pavan, Quando la città si diverte, S. 36 f.; Fiorin, Legislazione, S. 188 und 196.

6 Siehe Humbeeck, Exploitation, S. 329 und Mehl, Les jeux, S. 377.
7 Humbeeck, Exploitation, S. 329–333.
8 Ebda.; Mehl, Les jeux, S. 384 f.
9 Schuster, Spiel, S. 86.
10 Meier, Heißenstein: nach Meier bezeichnete »heißer Stein« den Gerichtsstein (S. 244); alle Darstellungen beruhen wesentlich auf Georg Ludwig Kriegk: Eine Frankfurter Spielbank im Mittelalter, in: ders.: Frankfurter Bürgerzwiste und Zustände im Mittelalter (Frankfurt a. M. 1862); die Höhe der Nettoeinnahmen der Stadt aus dem Spiel bei Beckmann, Frankfurt, S. 125.
11 Zink, Spielbanken, S. 25 f.
12 Laut Pachtvertrag bei Zink, Spielbanken, S. 108 ff.
13 Meier, Heißenstein, S. 248. Vgl. auch Schreiber, Die ältesten Spielkarten, S. 38.
14 K. Schiller und A. Lubben: Mittelniederdeutsches Wörterbuch, zit. nach Humbeeck, Exploitation, S. 329.
15 Romano, Gioco, S. 75–78. 1596 erfolgte das Verbot der Spielhäuser. Zur Aufgabe der Spielpacht vgl. Taddei, Gioco d'azzardo, S. 354.
16 Die beste Darstellung bietet Fiorin, Ridotto. Siehe auch Dolcetti, Bische, S. 71–76.
17 Über Zahlungen der Bankhalter ist nichts Verläßliches bekannt. Jean de Préchac, der indes einen einzelnen Spielpächter vermutete, sprach von 50000 Écus »Tribut« (La noble Venitienne, S. 117).
18 [Pilati di Tassulo], Reisen, I, S. 242. Der Plural (auch *Ridotti*) ist nicht logisch zu erklären.
19 Goethe, Reise, S. 44 f.
20 Goldoni, Memoiren, S. 236 f. und 32 ff.
21 Zedler, Universal Lexicon, 5. Bd. (1733) Sp.898.
22 Philippi, Staat, S. 305.
23 Burke, Carnaval, S. 55–63.
24 Fiorin, Ridotto, S. 92.
25 Casanova, Geschichte, 4, S. 76.
26 Journal des Luxus und der Moden, 5. Bd. (Mai 1790) S. 229 f.
27 Vgl. Depaulis, Jeux de hasard en Savoie-Piémont.
28 [Anonym], Account, bes. S. 36 f.; Barnhart, Gamblers, S. 43; Colquhoun, Polizey, S. XLVII; Chesney, Victorian underworld, S. 341 ff.
29 Ceci, Giuoco, S. 386.
30 Ebda., S. 389: »avendo rimirato con orrore una rendita che da così abominevol fondo ne proveniva«, hieß es im königlichen Erlaß. Ceci gibt allerdings noch eine Bilanz über Spieleinnahmen aus 23 Bassette-Spielhäusern von August bis Oktober 1754 an!
31 Stendhal, Rome, Naples et Florence, S. 318 und 339; Ceci, Giuoco, S. 395 ff. Siehe auch Rosselli, Governi, S. 359 ff. Barbaja (geb.1778) wurde auch Barbaia, Barbagia oder Barbaglia geschrieben. Siehe auch Dizionario Biografico degli Italiani, Bd. 6, Rom 1964. – J.D.R. (Considérations, S. 222) nennt mehrere Städte mit toleriertem Spiel (Turin, Verona, Padua, Mailand). Es handelt sich in der Regel um Glücksspiele in den Theatern (vgl. Zollinger, »König der Spiele«).
32 Grillparzer, Reisetagebücher, S. 236.
33 Vgl. Mehl, Les jeux, S. 379–381 und 381. Nur Franz I. hatte dies 1532 und 1538 mit dem Paumespiel, dem Vorläufer unseres Tennis, unternommen.
34 Dusaulx, Passion, S. 62 und 68 f. Die tägliche Abgabe soll eine Pistole betragen haben.
35 Grussi, Joueurs, S. 19.
36 Dunkley, Gambling, S. 29f; Grussi, Joueurs, S. 20 f.; J.D.R., Considérations, 26–33. Zur Spieldauer im Hôtel de Tresmes/Gesvres: Grussi nennt als Anfangszeit das Ende der Régence (1723), zitiert aber S. 37 eine Quelle, wonach schon während der Régence das Spiel dem Herzog 1000 livres pro Monat eingebracht haben soll.
37 Grussi, Joueurs, S. 34–37.
38 Freundlich, Monde, S. 77 f. Eine Liste der Spielclubs im Palais-Royal und ihrer Betreiber in »Denonciation faite au public«.
39 Barnhart, Gambling, S. 543.

40 Zur Geschichte der Spielhäuser von 1789–1837 vgl. Marquiset, Jeux; siehe auch Rosselli, Governi, S. 352 ff.; [Anonym], Liste des maisons de jeux, S. 4; sowie [Anonym], Histoire des jeux publics und Les jeux publics. Zum Palais-Royal siehe Barnhart, Gambling.
41 Wortlaut des Dekrets bei Marquiset, Jeux, S. 59 f.; Grussi, Joueurs, S. 221. Rosselli (Governi, S. 379 f.) spricht von der 1810 erfolgten Aufhebung dreier Spielhäuser in den »quartiers marchands« und dem Verbleib von elf.
42 [Anonym], Des maisons de jeux de hasard, S. 7. Zur Entwicklung des Pharaospiels im Verhältnis zu anderen Glücksspielen siehe meinen Aufsatz »Der ›König der Spiele‹«.
43 Grillparzer, Reisetagebücher, S. 236.
44 Börne, Schilderungen, S. 21–25.
45 Protocolle der Bundesversammlung, 5. Sitz., § 61, 6. Februar 1845, S. 126 f.; Marquiset, Jeux, S. 207–210.

Spielhäuser in Österreich

1 OÖLA, Herrschaftsarchiv Weinberg, Bd. 20, A/14 (Polizeisachen): Extract Deß Modi practicandi von Spill= Collecten Mitel.
2 WStLA, A.R. 14/1719.
3 WStLA, A.R. 11/1724 (Dekret vom 11. April 1726).
4 Patent vom 10. Februar 1721, in Wiennerisches Diarium, Jg. 1721, Nr. 1829.
5 WStLA, A.R. 11/1724 (Dekret vom 18. Mai 1724).
6 Kaiserliches Hauptquartier zu Schönbrunn, den 8ten Junius 1809. (Gedruckte) Polizey-Ordnung für die Armee in Deutschland.
7 Geusau, Tagebuch.
8 Die beste Darstellung, besonders für Italien, ist Rosselli, Governi.
9 So 1805/06 vor allem in Lyon, Bordeaux, Tarbes und Marseille. Vgl. Marquiset, Jeux, S. 57; Rosselli, Governi, S. 354 f. In Turin kam es nach der neuerlichen Besetzung zu einem regelrechten Krieg zwischen der Polizei des Generalkommissariats und der Militärpolizei. Einer der Hauptkonfliktpunkte war das Glücksspiel. Der »Sieg« ging an die Militärpartei (Rosselli, S. 376–378).
10 Rosselli, Governi, S. 360 f.
11 Der Terminus ante quem ergibt sich aus den Bemerkungen in Schimmer, Die Französischen Invasionen, S. 117. AVA, P.-H. 680/1810: Bericht der Polizeioberdirektion an die Polizeihofstelle vom 24. April 1810.
12 Perth, Tagebücher, Heft XXI, S. 129: Eintragung vom 11. Oktober 1809.
13 Ebda.
14 AVA, P.-H. 680/1810: Bericht der Polizeioberdirektion an die Polizeihofstelle vom 24. April 1810.
15 Marquiset, Jeux, S. 123–126.
16 AVA, P.-H. 790/1810: Bericht des Polizey Inspections Commissärs Schmid, Baden, 6. Juni 1810; GestionsProtokoll, 8.–16. September 1810, Nr. 125 und Antwort 125 vom 8. September.
17 Rosselli, Governi, S. 369 und 361. Balochino (1770–1850) wurde auch Balocco, Ballocchi oder Ballochin geschrieben.
18 AVA, P.-H. 559/1809. In der Note an den Polizeidirektor ist von Marschall de Jarente die Rede, in einem Schreiben des Grafen von Bissenz an den Marschall Macdonald heißt es »l'autorisation de Votre Excellence«.
19 AVA, P.-H. 286b/1809: Rapport an Hofrat von Schüller, 13. Januar 1809.
20 AVA, P.-H. 43/1811: Siber an Hager, 3. Jänner 1811 (fol.106); Hager an Siber, 6. Mai 1811: Bernbrunn habe sich im Josefstädter Theater als Schauspieler anwerben lassen und sei auch schon aufgetreten.
21 AVA, P.-H. 680/1810.
22 Gräffer, Memoiren, I, S. 110; Kisch, Straßen, I, S. 188.
23 AVA, P.-H. 680/1810.
24 Perth, Tagebuch, Heft XXI, S. 129: Eintragung vom 11. Oktober 1809.
25 Das Kontrastbild evoziert beispielsweise die Geschichte »Der Gang vom rouge et noir«, das auf die Wiener Spielbank Bezug nimmt. Der Schilderung des Reichtums setzt der Autor die Hoffnung auf Gewinn und den »damahligen Brodmangel« entgegen ([Anonym], Die Spieler im Glück und Unglück, S. 62–69).

26 Über die verbreitete Spekulation und den raschen Umlauf von Gütern auch im Alltagsleben berichtet Perth in seinem Tagebuch: Der Stephansplatz sei »der Sammelplatz aller Spekulanten« und werde deshalb »die Börse genannt«. (Eintragung vom 6. August 1809, Heft XX, S. 102.) Zu Ökonomie und Alltag in Österreich zur Zeit der Napoleonischen Kriege, zu denen auch eine »wahre Spielwut« gehörte, siehe Sandgruber, Inflationskonjunktur, S. 185. Sandgruber bezieht sich allerdings nur auf Glückshäfen und das Zahlenlotto. – Die allgemeine Krise mündete in das finanzpolitische Desaster der Bancozettel, die 1811 auf ein Fünftel ihres Wertes entwertet wurden (Sieghart, Die öffentlichen Glücksspiele, S. 203).
27 Eipeldauerbriefe, Jg.1809, 6.H., S. 37 f.
28 AVA, P.-H. 680/1810. Kisch (Straßen, S. 189) läßt ebenfalls französische Offiziers und österreichische »Cavaliers« Besucher sein.
29 Perth, Tagebuch, Heft XXI, S. 119: Eintragung vom 2. Oktober 1809.
30 Dies legt eine Beobachtung über den Tag der Aufhebung der Spielbank nahe, wonch die Anwesenden »meistens vom französischen Militär« gewesen seien (AVA, P.-H. 680/1810).
31 Gräffer, Memoiren, I, S. 110.
32 Im Kapitel »Der Gang vom rouge et noir« der anonymen Schrift »Die Spieler im Glück und Unglück« (1811) heißt es, daß »das Volk aus allen Ständen« dem Spiel zulief. (S. 62) Exemplarisch wird die Geschichte des Schneiderburschen Florian erzählt.
33 AVA, P.-H. 559/1809: Schreiben des Polizeidirektors Klar vom 8. Dezember 1809.
34 AVA, P.-H. 680/1810.
35 AVA, P.-H. 559/1809: Schreiben der Wiener Polizeihofstelle an Graf von Bissenz, 27. Dezember 1809.
36 AVA, P.-H. 680/1810.
37 AVA, P.-H. 559/1809: Schreiben des Polizeidirektors Klar vom 8. Dezember 1809.
38 AVA, P.-H. 559/1809: Schreiben des Polizeidirektors Klar vom 8. Dezember 1809 und Schreiben an die medizinisch-chirurgische, philosophische und theologische Fakultät des Gymnasiums zu Gratz, 8. Dezemer 1809.
39 AVA, P.-H. 559/1809: Extrait (einer Erlärung des Marschalls Macdonald).
40 AVA, P.-H. 680/1810. Laut Kisch (Straßen, I, S. 189) geschah die Aufhebung nach Abzug der Franzosen am 20. November.
41 Gräffer, Memoiren, I, S. 110.
42 AVA, Hofkanzlei, Karton 1515, IV Q 5.

Spielbäder

1 Vgl. Kuhnert, Urbanität, S. 33 f.
2 Den Begriff »Brunnenfreiheit« verwendete 1779 der anonyme Autor der »Beschreibung eines Aufenthaltes in Schlangenbad 1777« (Riga; zit. nach Schüler, Gründung, S. 36); Bergius, Policey- und Cameral-Magazin, S. 140.
3 Ebda.
4 Wegner, Brückenau, S. 267; [Anonym], Spielerleben, S. 75 f.
5 [Anonym], Observation, S. 2.
6 In den Bädern bei Pisa war das Glücksspiel wie in der Stadt selbst öffentlich organisiert (*baratteria*; vgl. Taddei, Gioco d'azzardo, S. 343).
7 Nicht veröffentlichtes Dokument, Sammlung Th. Depaulis, Paris. Zum Wortlaut siehe Depaulis, Lansquenet.
8 J. D. R., Considerations, S. 83 und 186.
9 Barnhart, Gamblers, S. 15–43.
10 Dies legt zumindest die anonyme Schrift »Le Philosophe nègre, et les secrets des Grecs« (London und Frankfurt 1764) nahe: »La passion pour les eaux minérales est en Allemagne beaucoup plus forte qu'en France même.« (S. 179) – Den frühesten Beleg für das Wort »Spielbank« fand ich in der deutschen Übersetzung von Guevaras »Von Beschwerligkeit vnnd vberdruss deß Hoflebens« (1599).
11 Schüler, Gründung, S. 19 und 42 f.; [Solignac?], Amusemens, S. 37. Glückshafen gab es 1740 in Schwalbach (Schüler, Gründung, S. 42) und wahrscheinlich schon vor 1750 in Bad Ems (Bach, Emser Spielbank, S. 6). – Der Plan abgebildet und erläutert bei Dimmig, Schlangenbad, S. 468.

12 Vgl. Kuhnert, Urbanität, S. 188.
13 Vgl. Schäfer-Schmidt, Bad Pyrmont, S. 431.
14 Kuhnert, Urbanität, S. 188. Heinrich Matthias Marcard: Beschreibung von Pyrmont. Leipzig 1784 (nach Wilhelm Mehrdorf: Geschichte der Stadt Pyrmont. Pyrmont 1985, S. 106).
15 Schüler, Gründung, S. 21–33. Zum Spiel im großen Saal von Schwalbach versammelte »sich jedermann ohne Unterschied des Standes« (Poellnitz, Briefe, III, S. 236). – Johann Eckel an Landgraf Moritz I. von Kassel am 1. August 1608, zit. nach Prignitz, Wasserkur, S. 82.
16 Poellnitz, Briefe, III, S. 236; [Solignac?], Amusemens, S. 7.
17 Schüler, Gründung, S. 44 und 46 f.; [Solignac?], Amusemens, S. 18.
18 [Solignac?], Amusemens, S. 7 und 151 f.
19 Bach, Emser Spielbank, S. 6. Vgl. auch Wegner, Bad Ems (hier S. 316).
20 Fischer, Faites votre jeu, S. 22–25; Barnhart, Gamblers, S. 100.
21 J. D. R., Consideration, S. 154: Das Werk nennt irrtümlicherweise auch Karlsbad. Vgl. auch Podehl, Spielbanken-Spielhöllen, S. 17. Wiesbaden, Schlangenbad und Schwalbach wurden auch 1792 als Spielorte wegen ihres schädlichen Einflusses auf Mainz genannt, wo es viele »Spieler und Müssiggänger« gebe. ([Nikolaus Johann Becker und Kratz:] Ueber Mainz. In Briefen an Freund R. Auf einer Rheininsel. [Frankfurt a. M.] 1792, S. 134.)
22 Oppenhoff, Spielbank in Aachen; Bernhard, Aachen, S. 137 f. und 166; Protocolle der Bundesversammlung, 5. Sitz., § 61, 6. Feb. 1845, S. 128.
23 Zit. nach: Kuhnert, Urbanität, S. 188; Schäfer-Schmidt, Bad Pyrmont, S. 437.
24 NSA, Verpachtungs-Sachen 1796–1809, K 2 V, Nr. 24/108: Entwurf des Pachtvertrags.
25 Bertholet, Jeux de hasard; knapper und weitaus weniger präzis: Tegtmeier, Casino, S. 26 f.; die Bezeichnung »Residenz« in [Hesler], Leben, S. 296.
26 [Pöllnitz], Amusemens, S. 37.
27 Entgegen der Annahme Bertholets (S. 28) handelte es sich nicht um das erste öffentliche Spielhaus Europas, das der Ridotto in Venedig war.
28 [Pöllnitz], Amusemens, S. 37; Bertholet, Jeux de hasard, S. 93; Casanova, Geschichte, 10, S. 307.
29 Bertholet, Jeux de hasard, bes. S. 199–239. Von der Publikationswelle zum Konflikt sei hier die bei Bertholet nicht genannte Schrift »Observation sur les jeux de Spa« [1787] genannt. – Barnhart, Gambling, S. 88–94.
30 Bereits im 14. Jahrhundert wurde in Lucca die Pacht der baratteria, des öffentlichen Glücksspiels, versteigert (vgl. Taddei, Gioco d'azzardo, S. 350).
31 Oppenhoff, Spielbank in Aachen, S. 127.
32 NSA, Verpachtungs-Sachen 1796–1809, K 2 V, Nr. 24/76: Promemoria vom 15. August 1809. – Auch der Fürstbischof von Lüttich empfahl gelegentlich zwingend die Einstellung eines bestimmten Banquiers. (Bertholet, Jeux de hasard, S. 123.)
33 Bach, Emser Spielbank, S. 8. Das Lotto hingegen wurde 1761 in in- und ausländischen Zeitungen zur Pachtversteigerung ausgeschrieben. Allerdings befahl die Kaiserin, mit dem von ihr bevorzugten Pächter Graf Ottavio Cataldi abzuschließen (vgl. Sieghart, Die öffentlichen Glücksspiele, S. 109).
34 Bertholet, Jeux de hasard, S. 36.
35 Bach, Emser Spielbank, S. 9.
36 NSA, Verpachtungs-Sachen 1796–1809, K 2 V, Nr. 24/1: Concept der Bekanntmachung, und 24/20: Motum Bückeburg in Camera, 26. Februar 1798. Zur »Klus« siehe Schmidt, Fouqué, S. 129 und 131.
37 Bach, Emser Spielbank, S. 9–15 und 18–22.
38 Oppenhoff, Spielbank in Aachen, S. 123–129.
39 NSA, Verpachtungs-Sachen 1796–1809, K 2 V, Nr. 24/2, 24/3, 24/5, 24/15, 24/26, 24/53, 24/64, 24/67, 24/117; Ebda., Acta, Landstände L 3 Lg. Nr. 154/12.
40 Vgl. Bach, Emser Spielbank, S. 6–9.
41 NSA, Verpachtungs-Sachen 1796–1809, K 2 V, Nr. 24/19: Pacht Contract mit Hptm. Henkel, 9. April 1797.
42 Bertholet, Jeux de hasard, S. 124.
43 Fischer, Faites votre jeu, S. 25; Schüler, Gründung, S. 47. – Trotz der unterschiedlichen Schreibweise bei den genannten Autoren muß es sich um ein und dieselbe Person handeln.

44 Zu den Namen der Pachtanwärter siehe NSA, Verpachtungs-Sachen 1796–1809, K 2 V, diverse Nummern; etliche der genannten Personen konnten über die Namenslisten der Regimenter bei Schmidt (Fouqué) identifiziert werden. Siehe auch ebda., Nr. 24/57: Bericht von Director und Räthen der vormundschaftlichen Kammer, 15. Dezember 1800. – Eine ausführliche Untersuchung zum Spiel auf der Klus und in Bad Eilsen ist in Vorbereitung.

45 NSA, Verpachtungs-Sachen 1796–1809, K 2 V, Nr. 24/2–7, 81 100 und 110.

46 Ebda., Nr. 24/3,4 und 19. Es sind der Auditor Wilhelm v. Flotow (geb. 1767), vermutlich Leutnant Carl v. Loebell (geb. 1777) und Rittmeister Adam (?) v. Lettow (geb. 1756). Zu den Personen siehe Schmidt, Fouqué, S. 512–514.

47 NSA, Verpachtungs-Sachen 1796–1809, K 2 V, Nr. 24/18, 19, 29, 43–45, 48 und 57. Friedrich v. Seelhorst (geb. 1755), 1798 Major, bildete in Aschersleben zum Teil jene Rekruten aus, die später in Minden stationiert waren, und nahm an den dortigen Kartenpartien teil (Schmidt, Fouqué, S. 94 f., 511 und 597).

48 NSA, Verpachtungs-Sachen 1796–1809, K 2 V, Nr. 24/59–75. Drygalsky habe sich 1809 von der Bank »abstrahirt«.

49 Ebda., Nr. 24/75–99, 101–107.

50 Ebda., Nr. 24/34 (Promemoria), 24/112 und 24/113. Zu den Banken in Kaffee- und Ballhaus vgl. Wilhelm Mehrdorf: Geschichte der Stadt Pyrmont. Pyrmont 1985, S. 107 f. – In der anonymen Schrift »Les misteres de Pharaon devoilées« (ca. 1800) ist vom immensen Vermögen des Mr. L... (Lewezow) beim Taillieren in Pyrmont gemacht habe (S. 108).

51 Ebda., Nr. 24/83; Bach, Emser Spielbank, S. 43, Anm.43.

52 NSA, Verpachtungs-Sachen 1796–1809, K 2 V, Nr. 24/99 und 113. Die Bestände zur Spielbank nach 1810 konnten nicht eingesehen werden. Das Inhaltsverzeichnis enthält aber Hinweise auf die Pacht durch Pape.

53 Ebda., Nr. 24/2, 6, 100, 114, 120 und 127.

54 Staatsarchiv Hamburg III–1 Senat; Cl VII Lit. Lb Nr. 32 Nr. 5. – Bertholet, Jeux de hasard, S. 125. Zu den Gewinnen der Banquiers in Spa vgl. ebda., S. 115 f. und 123.

55 NSA, Verpachtungs-Sachen 1796–1809, K 2 V, Nr. 24/33, 34 und 36.

56 NSA, Verpachtungs-Sachen 1796–1809, K 2 V, Nr. 24/97: Promemoria vom 30. Juli 1810. – Als »nichts Besonderes« wurde die Person eines Obersten geschildert, der »als ein entschiedener Verehrer und practischer Kenner aller Spiele, vorzüglich aber der grünen Hazard-Tische, die Sommermonate hindurch aus einem Bade in's andere zog« (Starkloff, Rouge et Noir, S. 1).

57 Bach, Emser Spielbank, S. 10 und 17.

58 [Küttner], Reise, I, S. 401.

59 Staatsarchiv Hamburg 331–2, Polizeibehörde – Kriminalwesen C Jg. 1831, Nr. 280: Untersuchungsakten gegen Schimper, Joh. August Heinrich und Cons. betr. verbotene Glücksspiele.

60 1818 bewarb sich Generalleutnant Comte Pajol, verdienstvoller Militär unter Napoleon, nun aber durch ein fehlgeschlagenes Dampfschiffunternehmen ruiniert, um die Pacht der Pariser Spielhäuser. In einem Brief an den Polizeiminister schrieb er: »Schulden Eure Exzellenz einem alten Soldaten wie mir, dessen Handeln immer von der Ehre geleitet wurde, nicht einige Rücksicht, und verpflichtet Ihre Gerechtigkeit Sie nicht dazu, ihn vor allen anderen Mitbietern zu bevorzugen? Ich denke, dies wäre das Mittel, diesem Unternehmen, das bisher nur wegen der damit betrauten Menschen (hommes tarés) so gering geachtet wurde, ein bißchen Ansehen zu verleihen.« (Zit. nach Marquiset, Jeux, S. 151; Übers. M.Z.)

61 NSA, Verpachtungs-Sachen 1796–1809, K 2 V, Nr. 42/36 und 37 (zu Lettow und Henkel); zu den Spielereigenschaften eines Banquiers ebda. Nr. 24/95; Zitat Nr. 24/108: Konzept für Pachtvertrag (1810).

62 Bach, Emser Spielbank, S. 10.

63 Ebda. Auch in Bad Eilsen ging man 1810 dazu über (vgl. NSA, Verpachtungs-Sachen 1796–1809, K 2 V, Nr. 42/108: Entwurf des Pachtvertrages).

64 Bertholet, Jeux de hasard, S. 101 und 241.

65 Bach, Emser Spielbank, S. 10–13.

66 Blaha, Chabert, S. 54–63; Fischer, Faites votre jeu, S. 39–47; Corti, Zauberer, S. 24–47.

67 Blaha, Chabert, S. 63. Im Gegensatz zu dieser Tendenzschrift erwähnt die detaillierte Studie von Marquiset (Jeux) nichts über die Rolle Chaberts als Teilhaber oder Spielunternehmer in Paris. – Zu Bénazet: Blaha, Chabert, S. 54–62; Marquiset, Jeux, S. 176; Barnhart, Gambling, S. 100 ff.; Fischer, Faites votre jeu, S. 39–47. Laut Fischer soll Bénazet bereits seit 1818 Mitpächter gewesen sein. – Zu L. und F. Blanc: Corti, Zauberer, S. 27.

68 Oppenhoff, Spielbank in Aachen, S. 131.

69 Marquiset, Jeux, S. 47–53, 58, 128, 152 und 193; Oppenhoff, Spielbank in Aachen, S. 131; Schüler, Gründung, S. 49. Marquiset zufolge soll Davelouis 1830 ruiniert gewesen sein.

70 Fischer, Faites votre jeu, S. 26 und 39; Schüler, Gründung, S. 49 f.; [Anonym], Spielbanken, S. 18. Zur Rolle Chaberts als Pächter noch nach 1847 vgl. Bach, Ems, S. 29. Die »Gartenlaube« nannte Chabert noch 1856 (Nr. 45, S. 604) als bisherigen bzw. »gegenwärtigen« Pächter.

71 Fischer, Faites votre jeu, S. 39; Corti, Zauberer, S. 31–46.

72 Oppenhoff, Spielbank in Aachen, S. 123 f.

73 Bach, Emser Spielbank, S. 19–23; Schüler, Gründung, S. 47 ff.; [Anonym], Spielbanken, S. 17 f.; zum »Spielbaron« Fechenbach vgl. Frank, Spielhölle, S. 712 ff.

74 Dölemeyer, Kurbäder, S. 65.

75 Ebda., S. 66.

76 Vgl. Corti, Zauberer, S. 31–46, 65 ff. und 103. Auch Dölemeyer, Kurbäder, 68–71.

77 Dölemeyer, Kurbäder, S. 67.

78 Bach, Emser Spielbank, S. 31 und Anm. 62; Corti, Zauberer, S. 67 und 137. – Die Bankiers waren Marcus und Bernhard Berlé (vgl. auch Dölemeyer, Kurbäder, S. 66). Die »Gartenlaube« (Jg. 1856, Nr. 45, S. 604) kommentierte die Gründung der AG, nannte aber in ihrer notorischen Fehlschreibung von Namen und Ungenauigkeit der Angaben »an deren Spitze die in Berlin und Karlsruhe ansässigen Herren von Haber«. Frank gab dann in seiner Serie in demselben Blatt die Namen richtig an (Jg. 1864, S. 42).

79 Zu Nauheim vgl. E.v.S-g: Aus den deutschen Spielhöllen, in »Gartenlaube«, Jg. 1862, S. 253; Sylva, Spielbanken, S. 14; zu den Bildern vgl. Steinhauser, Modebad und Fischer, Faites votre jeu, S. 48.

80 Vgl. Corti, Zauberer, S. 153–156, vor allem »Einschreiten dreier Aktionäre an die landgräfliche Regierung. Homburg, 5. März 1862; Retriff, Hazardspiel, S. 54–57.

81 Vgl. die von Bothe (Kurstädte) herausgegebenen Aufsätze. – Das vermutlich erste ausschließlich dem Amusement gewidmete Kurhaus in einem deutschen Kurbezirk dürfte das von Bad Aachen gewesen sein. (Vgl. Bernhard, Bad Aachen, S. 135). Frühere Beispiele ind Bath und Spa (Redoute).

82 So beispielsweise 1810 in Bad Eilsen (NSA, Verpachtungs-Sachen 1796–1809, K 2 V, Nr. 24/118: Schreiben der Kammer vom 29. August 1810).

83 Vgl. Steinhauser, Modebad, S. 109–116; Kritik am «gemischten Publikum» in Baden-Baden und Wünsche nach Separation von der «höhere[n] und bessere[n] Gesellschaft» formulierte das Bezirksamt 1853 vor dem Hintergrund der neuen Eisenbahnverbindung mit Paris (vgl. Bollé/Föhl, Baden-Baden, S. 202).

84 Zitate nach Fischer, Faites vos jeu, S. 17 (1810) und Steinhauser, Modebad, S. 101.

85 Nahezu alle Autoren, die sich zu den Spielbanken geäußert haben, befanden dies. Vgl. z. B. Sylva, Spielbanken, S. 9: Baden-Baden sei «zwar allerdings ein Luxusbad aber eigentlich doch in höherem Grade ein Spielbad, oder vielmehr nur durch das öffentliche Spiel und seine Zulassung ein Luxusbad geworden«. Der Spielgegner Varnhagen von Ense schrieb den Umstand, daß man sich in Homburg 1844 »in der Mitte altgegründeter und stets neubelebter Kultur« (Post, Zeitungen, Lebensmittel, Waren, Polyglottie, geschmackvolle Bauten, Musik, Lesekabinette, Bälle) der »Freigebigkeit der Pächter« zu (Tagebücher, II, S. 326). Der italienische Ökonom G. Boccardo meinte 1856: »E ognun sa che i bagni di Baden sono più d'oro che d'acqua.« (Memoria, S. 153). Karl Marx schrieb 1882 an seine Tochter: »Die ökonomische Basis von Monaco-Gerolstein ist die Spielbank; wenn morgen geschlossen, in die Gruft mit Monaco-Gerolstein – alle!« (MEW 35, S. 328) – Gerolstein ist eine Anspielung auf eine Offenbachsche Operette.

86 Corti, Zauberer, S. 191, Zitat S. 217. – Der Begriff »Nebensache« bei Sylva, Spielbanken, S. 87.

87 Protocolle der Bundesversammlung, Jg. 1845, § 325, S. 785 f.: Sitzung vom 28. August 1845. Ähnlich auch Sylva, Spielbanken, S. 10–12.

88 Chézy, Die sechs noblen Passionen, S. 184 (Abschnitt »Das Spiel«).

89 Varnhagen von Ense, Tagebücher, II, S. 321 f., 326, 339 und III. S. 145. Varnhagen berichtet von einer Ohrfeige, die der Fürst, Wilhelm II., von einem Spieler erhalten haben soll. Der Kurfürst umgab sich in den Spielsälen mit einem Leibwächter, der ihm zu nahe tretende Personen vom Leibe halten sollte. (Nerval, Loreley, S. 45). Zu Spiel und Verlusten des Herrschers vgl. außerdem Corti, Zauberer, S. 57.

90 Protocolle der Bundesversammlung, Jg. 1845, § 325, S. 783 f. – Spa traf solche Maßnahmen mit gesetzlicher Regelung 1784 (vgl. Bertholet, Jeux de hasard, S. 182).

91 NSA, Verpachtungs-Sachen 1796–1809, K 2 V, Nr. 24/113: Promemoria über Pachtvertrag, 19. August 1810. – Ähnliche Beschränkungen galten für Travemünde (vgl. Steinhauser, Modebad, S. 112–116).
92 Corti, Zauberer, S. 53, 101, 110 und 341.
93 Homburg ließ in den europäischen Zeitungen die Vorzüge der Anreise mittels Eisenbahn inserieren (vgl. z. B. »Neues Fremdenblatt«, Wien, Juni 1865: die Anreise von Wien und London dauerte 24, von Berlin 15, von Paris 16, von Brüssel und Amsterdam 12 Stunden.). – Zitat: Scheidler in »Minerva« (1844), zit. nach Ersch/Gruber, Enzyklopädie, Art. »Glücksspiele«, S. 309. – Im gleichen Jahr sprach der Badener Staatsrat Nebenius von den »Nachtheile[n], welche das öffentliche Spiel für die einheimische Bevölkerung in Folge der Herstellung der Eisenbahnen voraussichtlich herbeiführt« (zit. nach Sylva, Spielbanken, S. 16). Auch die »Gartenlaube« schloß sich der Kritik an (vgl. Jg. 1861, Nr. 28, S. 448).
94 AVA, Oberste Polizeibehörde, Präs.I, 1332 ex 1856 (Schreiben aus Frankfurt, 5. Mai 1856). – Übrigens sollte das Verbot der Teilnahme am Spiel in den Banken erneuert werden. (ebda., 1235 ex 1856)
95 Zit. nach Bollé/Föhl, Baden-Baden, S. 202.
96 Ausgabe vom 3. August 1844, zit. nach Ersch/Gruber, Enzyklopädie, Art. »Glücksspiele«, S. 309 f.
97 S-g., Aus den deutschen Spielhöllen, in: »Gartenlaube« Jg. 1862, S. 234.
98 [Anonym], Annuaire, S. 187.
99 Bericht des Generalkommandos in Koblenz, Juli 1866, zit. nach Bach, Emser Spielbank, S. 35; siehe auch ebda. S. 21, nach J.v. Droste-Hülshoff: Ems und seine Heilquellen. Münster 1831. – Sammlung sämtlicher Drucksachen des Norddeutschen Bundes 1868, Bd. 4, I. Legislaturperiode, Nr. 138: »Gesetz betreffend die Schließung und Beschränkung der öffentlichen Spielbanken« (Entwurf) und »Motive zum Entwurf eines Gesetzes […]«. – Kritik am Spielerpublikum, das größtenteils »aus routinirten und ruinirten Subjecten oder aus Angehörigen des Handwerker- und Arbeiterstandes« gehörten, übte Emmerich Angerer im Art. »Spielbanken«, in: Rentzsch, Handwörterbuch der Volkswirtschaftslehre (1865) S. 815 f.
100 Thomas Mann: Buddenbrooks, S. 607.
101 Zit. nach Fülop-Miller/Eckstein, Dostojewski, S. 81.
102 Zweig, Vierundzwanzig Stunden. Ein weiterer literarischer Reflex auf bürgerliche Phantasmagorien der monegassischen Spielatmosphäre findet sich im »Verführer« des österreichischen Autors Ernst Weiß (1938): »Meine Vorstellung von Montecarlo war stets mit dem Bild von hell strahlenden Spielsälen in Gold und Rot, von aufgeputzten Frauen, olivenfarbenen Brasilianern mit erbsengroßen Diamanten in den bunten Krawatten, hoch aufgeschossenen, unnahbaren, weißblonden Großfürsten und dergleichen erfüllt.« (S. 139) Siegfried Trebitsch hatte schon 1911 in einem Zeitungsartikel die »demokratisiert(e) (…) Glückskugel« und die »petite bourgeoisie« in den Spielsälen von Monte Carlo beklagt (Monte Carlo, in: Neue Freie Presse, 28. März 1911, S. 1 f.).
103 NSA, Verpachtungs-Sachen 1796–1809, K 2 V, Nr. 24/64 (betr. Eilsen, Administration, 1.Februar 1809); Nr. 24/75_ (Promemoria, 7. Juli 1809); Nr. 24/85 (Schreiben des Herrn v. Cornberg, Minden, 20. Dez. 1809; zur Person Cornbergs vgl. Nr. 24/109); Nr. 24/113 (Promemoria des Kammerdirektors aus Pyrmont, 19. August 1810).
104 Blaha, Chabert, S. 79; Protocolle der Bundesversammlung, Jg. 1845, 21. Sitzung, § 232, S. 541.
105 NSA, Verpachtungs-Sachen 1796–1809, K 2 V, Nr. 24/36 (Schreiben des Gerhard Cron an Fürstin, 4. März 1799) und Nr. 24/40 (Promemoria Crons, 8. April 1799). Vgl. auch die separate Verpachtung kleinerer Glücksspiele und des Pharao im sogenannten Bever in der Nähe von Aachen. (Oppenhoff, Spielbank in Aachen, S. 137). – Den Nachweis, daß »die kleinen Spieler«, die »Massen der Touristen« am meisten zu »den Riesengewinnen der Bank« von Monte Carlo beitragen, wollte Blankenfeld 1913 (Monte Carlo, S. 115 und 126) erbringen.
106 NSA, Verpachtungs-Sachen 1796–1809, K 2 V, Nr. 24/120 (Bemerkungen des Sekretärs Schröters zum Entwurf des Pachtkontrakts); Nr. 24/81 (Schreiben von Oberkammerrat Schwarzenberg, Septemeber 1809).
107 J. v. Droste-Hülshoff: Ems und seine Heilquellen, Münster 1831, S. 38, zit. nach Bach, Emser Spielbank, S. 21.
108 Jochmann, Glücksspiele, S. 51. – Die »Gartenlaube« berichtete, daß das Trente et Quarante »gewöhnlich die Unkosten des Etablissements« decke, das Roulette »aber, wo gerade die kleineren Spieler und besonders diejenigen, die am Sonntage nach den Bädern kommen […], den Reingewinn bringt« (S-g., Aus den deutschen Spielhöllen, in: »Gartenlaube«, Jg. 1862, S. 255). – Zum Stellenwert des Pharao vgl. Zollinger, König der Spiele. – Zum Rouge et noir siehe NSA, Verpachtungs-Sachen 1796–1809, K 2 V, Nr. 24/120 (Bemerkungen des Sekretärs Schröters zum Entwurf des Pachtkontrakts).

109 »Rheinischer Antiquarius«, II,3 (1851?) S. 107 f., zitiert nach Bach, Emser Spielbank, S. 37. In der Spielordnung von 1862 ist von Pharao nicht mehr die Rede.

110 »Salzburger Zeitung«, LXXXVIII, 1784, S. 352. – Die Beschreibung stammt von einem gewissen Becker aus der »Teutschen Zeitung für die Jugend«.

111 Grillparzer, Reiseagebücher, S. 66 (Tagebuch auf der Reise nach Italien, 24. März bis Ende Juli 1819). 1793 hieß es in Spa, daß das Pharao für die Fremden ein fades Spiel (»un jeu insipide«) werde, das sie seit der Einführung des Trent et Un nicht mehr spielen wollen (Bertholet, Jeux de hasard, S. 112).

112 [Anonym], Mystères des grünen Tisches, S. 30. Auch beim Zählen herrsche eine »Schnelligkeit und Hast«, die »nicht erlaubt« sein sollte (S. 33). Ähnliches vom Roulette: Die Croupiers »schleudern nemlich die ... Kugel mit einer Schnelligkeit, ja man möchte sagen, mit einer Wuth, daß solche oft von einem Ende des Saales zu anderen fliegt« (S. 31).

113 NSA, Verpachtungs-Sachen 1796–1809, K 2 V, Nr. 24/120 (Bemerkungen des Sekretärs Schröters zum Entwurf des Pachtkontrakts). Bei Pharao und Rouge et Noir sollte er 1 Spezialtaler sein. der geringste Satz habe in den Spielbanken einen »Sechsbätzer« (= 24 Kreuzer rheinisch) betragen haben. (vgl. Frank, Spielhölle, S. 712 f.) – Zur Gefahr der geringen Einsätze vgl. Rosselli, Governi, S. 353 f. – Siehe auch unter »Roulette« im Verzeichnis der Spiele.

114 Rosselli (Governi, S. 352) bezeichnet das Roulette als »nuovo giuoco democratico«. – Bericht des Kommissars dassier über die Auseinandersetzungen anläßlich der von Bénazet geplanten Aufstellung des Roulette in Marquiset, jeux, S. 189 f.

115 Den frühesten Beleg fand ich in Préchacs Novelle »Les désordres de la Bassette« (Paris 1682), S. 27. In seiner Erzählung »La noble Venitienne« (1679) kommt das Wort noch nicht vor. Nach dem »Grand Robert« bezeichnet es schon 1676 den Teilhaber eines Karten- oder Würfelspielers, der sich hinter dem Banquier aufhält. – Die alte Bedeutung der Wurzel »croupe« bezeichnet die Gewinnbeteiligung an einem Unternehmen (vgl. Nouveau Larousse illustré. Dictionnaire Universel Encyclopédie. Publié sous la direction de Claude Auge. Paris o.J.[um 1900] III, S. 426 [s.v. Croupier].

116 Zur Bedeutung als Teilhaber im 18. Jh. vgl. Casanova, Geschichte, 2. Bd., S. 117.

117 Khevenhüller-Metsch, Tagebücher 4, S. 126. – »Avertissement« von 1762: AVA, Oberste Justiz-Hofkommission, Alte Miscell. Kt. 154 (7–8), Fasz. Lit. S.

118 [Anonym], Account, S. 36 f. In dieser Funktion bereits 1714 in Theophilus Lucas: Memoirs of the Lives, Intrigues and Comical Adventures Of the most Famous Gamesters and Celebrated Sharpers. (...) London, beschrieben.

119 Bad Eilsen: NSA, Verpachtungs-Sachen 1796–1809, K 2 V, Nr. 24/66 (Brief Düring an Regierungsdirektion, Minden 24. Februar 1809).

120 Vgl. Bach, Emser Spielbank.

121 Zitat zur Kritik an der Tätigkeit: Kapff, Hazardspiel, S. 24. Croupiers wurden häufig mit unehrlichen Praktiken in Zusammenhang gebracht. Wiederholte Unterstellungen lieferte beispielsweise die »Gartenlaube« in ihren Artikeln zu den Spielbanken. Zur guten Bezahlung vgl. z. B. Illustr. Zeitung, 14. Juni 1845, in Ersch/Gruber, Enzyklopädie, s. v. »Glücksspiele«, S. 310; um 1900: Silberer, Monte Carlo, S. 52: »Diese Beamten sind sehr anständig bezahlt. Der geringste Gehalt eines Croupiers beträgt 300 Francs monatlich, außerdem aber erhält jeder noch ein angemessenes Quartiergeld und eine jährliche Remuneration.« Silberer beschreibt aber auch die schweren Arbeitsbedingungen. Zu den »abergläubischen« Projektionen der Spieler vgl. ebda., S. 50 f. Die spätere Literatur, vor allem die zu Monte Carlo ist voll mit Beobachtungen zu der den Croupiers zugeschriebenen maßgeblichen Rolle bei der Spielentscheidung (vgl. z. B. Zeno, C'est le croupier).

122 NSA, Verpachtungs-Sachen 1796–1809, K 2 V, Nr. 24/76 (Promemoria Windts, 15. August 1809); Nr. 24/66 (Brief Düring an Regierungsdirektor, Minden, 24. Februar 1809); Nr. 24/91 (Promemoria des Brunnenkommissars Petz, Eilsen, 16. Juli 1810); Nr. 24/108 (Konzept des Pachtvertrags mit Anmerkungen der Kammer). Zur Gewohnheit, kleinere Banken aufzulegen vgl. ebda. Nr. 24/120 (Bemerkungen Schröters zum Pachtvertrag). In Spa bildete die Weigerung, das Trente et Quarante nach Ablauf der Saison in der Redoute und im Vauxhall nicht wieder aufzunehmen, den Anlaß zum Boykott durch den Club des Anglais und in weiterer Folge zur Gründung des Salon Levoz (Bertholet, Jeux de hasard, S. 182 f.).

123 NSA, Verpachtungs-Sachen 1796–1809, K 2 V, Nr. 24/108 (Entwurf des Pachtvertrags, 1810).

124 NSA, Verpachtungs-Sachen 1. Jänner 1796–1809, K 2 V, Nr. 24/112 (undatiertes Promemoria [August 1810]); Nr. 24/113 (Promemoria von Kammerdirektor Spring, Pyrmont, 19. August 1810); Nr. 24/127 (Brief von Justizrat Stölting, Pyrmont 23. Februar 1811). Stölting hatte von der Kammer den Auftrag bekommen, die Regeln beizubringen. Zu diesem Behuf habe er sich bei den Einwohnern Pyrmonts, »die mit dem Spiel vertraut sind«, umgefragt. Die Regeln für Pharao und Rouge et Noir liegen dem Akt bei.

125 Le Jeu de Dez Anglais, suivi de celui du Billard, Avec des Instructions faciles pour apprendre à les bien jouer. A Liège, Chez Bollen, Fils […] & à SPA, en temps de Saison. M. DVV. LXXVI. – Im Jahr der Veröffentlichung wurde der Club des Anglais gegründet, wo Craps, das nicht verboten war (kein Bankier, kein Fonds!), gespielt wurde. Der Drucker Bollen gehört zu jener Familie, die seit 1784 die größte Beteiligung am Salon Levoz hatte, der seinerseits mit Unterstützung des Club des Anglais agierte (Bertholet, Jeux de hasard, S. 93 und 245). – Zur Geschichte der gedruckten Spielanleitungen vgl. Zollinger, Erlesenes Spiel.

126 Bach, Emser Spielbank, S. 37.

127 NSA, Verpachtungs-Sachen 1796–1809, K 2 V, Nr. 24/64 (betr. Eilsen, Administration, 1.Februar 1809) und Nr. 24/112 (undatiertes Promemoria [August 1810]); Nr. 24/76 (Promemoria der Kammer, 15. August 1809). Zwei Pächter boten im August 1810 entweder 300 Silberdukaten nebst. 10% des über das Pachtquantum hinaus gewonnenen Geldes oder 25% vom Gesamtgewinn der Kurzeit (ebda., Nr. 24/115). Die Kammer scheint auf das Angebot nicht eingegangen zu sein, denn kurz danach fand eine herkömmliche Versteigerung statt. Zur »Concurrenz« ebda. Nr. 24/81 (Kammerdirektor Windt, 25. September 1809).

128 Corti, Zauberer, S. 220.

129 Protocolle der Bundesversammlung, 21. Sitzung, § 232, 19. Juni 1845, S. 544; Bach, Emser Spielbank, S. 25 und Anm. 77 (Stenogr. Protokoll der Generalvers. der Ges. zur Betreibung d. Curetabl. zu Wiesbaden und Ems, 6. 11. 1867, S. 10).

130 Vgl. Weinland, Nenndorf. – (Hof)geismar galt um 1765 als »neues« Bad. Die Bank wurde 1780 von der Kriegs- und Domänenkammer in Kassel verpachtet (Schüler, Gründung, S. 16 und 46). – Über die Art und Dauer der Spielbetriebe fehlen genaue Untersuchungen.

131 Zu Oldesloe: Protocolle der Bundesversammlung, Jg. 1845, 21. Sitzung, § 232, S. 541; zu Kissingen vgl. Prignitz, Wasserkur, S. 151; zu Nauheim: Föhl, Klassizismus, S. 14 und Anm. 36 (Föhl bezieht sich auf Otto Weiss: Zur Gründung und Entwicklung des Solbades Nauheim. Darmstadt 1875). Ein erster Antrag auf Einrichtung einer Spielbank scheiterte 1843 am Widerstand des Salzamts (Dölemeyer, Kurbäder, S. 67). Hauptunternehmer, d.h. Fondsgeber, waren laut »Gartenlaube« (S-g, Aus den deutschen Spielhöllen; Jg. 1862, Nr. 5, S. 233) ein französischer Senator, ein französischer Fürst und ein Frankfurter Rentier gewesen. Als Vertragnehmer und »ostensibler Leiter« (»Gartenlaube«), also Direktor fungierte der französische Spielbankpächter J.R. Biali (Föhl nach Weiss)/ Viali (Dölemeyer, Kurbäder, S. 67). Ein Vial beteiligte sich 1818 an der Ersteigerung der Pacht der französischen Spielbanken (Marquiset, Jeux, S. 153). Beteiligt in Nauheim war ein gewisser Briquiboul (Brigneboule laut »Gartenlaube), der kurz nach Gründung der Wiesbadener AG (1856/7) »directeur gérant« der Gesellschaft in Ems war (Bach, Emser Spielbank, S. 32 und Anm.63). – Köthen, Kissingen und Wildungen nennt unter insgesamt 14 Banken »von größerer Bedeutung« Präsident Eduard Simson in: Stenographischer Bericht über die Verhandlungen der deutschen constituirenden Nationalversammlung, 6. Bd., 147. Sitzung vom 9. 1. 1849, S. 4481. Zu Köthen vgl. Prot. d. Bundersversammlung, 29. Sitz., § 310, 14. August 1845: »seit mehr als 20 Jahren«. Und ebda., 5. Sitz., §61, 6. Feb. 1845, S. 128: Ungefähr seit vier Jahren (!) »in dem Bahnhofe der beiden, sich dort durchschneidenden Eisenbahnen« eröffnet. – Zu Alexisbad vgl. Blaha, Chabert, S. 77–81. – Die »kleine Meinberger Farobank« war »während der Kurzeit gestattet« und lag gewöhnlich nur Sonntags aus, wurde »wenig besucht und [hatte] wegen der Beschränkung der Auslage auf höchstens 500 Rthlr. und des Satzes auf höchstens 5 Rthlr. mehr die Natur eines unterhaltenden Commercespiels als einer Spielbank« (ebda., 16. Sitz., § 160, S. 409). – Rehburg und Detmold laut einer späteren Bleistiftnotiz in den Akten des NSA (Schbg. Des. L 3 Lg Nr. 154: Acta/Landstände). Neuwied wird in Krünitz' Encyclopädie, 158. Bd. (1833), S. 156, Art. »Spielalmanach«, erwähnt. – Zur Bank im Braunschweigischen (Helmstedt), »einem unbedeutenden und im Auslande kaum bekannten Badeorte«, vgl. Protocolle der Bundesversammlung, Jg. 1845, 31. Sitz., § 326, S. 788. Tegtmeier (Casino, S. 39) nennt Helmstedt.

132 Vgl. Prignitz, Wasserkur, S. 106 ff. und 121–124; Tilitzki/Glodzey, Ostseebäder, S. 513–536; Lichtenberg, Seebad.

133 Tilitzki/Glodzey, Ostseebäder, S. 519 (Die Autoren erwähnen das Spiel in Doberan nicht); zu Travemünde ebda.,

Spielbäder 134–151

S. 525 und Protocolle der Bundesversammlung, 22. Sitz., 240, 26. Juni 1845, S. 562. – Dobberan [sic!] bei Blaha, Chabert, S. 1 und Protocolle der Bundesversammlung, 20. Sitz., §222, 12. Juni 1845, S. 528; Norderney bei Tegtmeier, Casino, S. 39; Tegtmeier führt fälschlicherweise Karlsbad und Teplitz als Sitz von Spielbanken an.

134 Protocolle der Bundesversammlung, 17. Sitzung, § 180, 21. Mai 1845, S. 435.
135 Guillaume, Tu ne joueras point, S. 20 f.
136 Protocolle der Bundesversammlung, 12. Sitz., § 114, S. 232 f.; 5. Sitz., § 61, 6. Feb. 1845, S. 124 f., 128–134.
137 Ebda., 16. Sitz., § 160, 8. Mai 1845, S. 408 f. Der Berichterstatter meinte, eine allgemeine Abschaffung der Staatslotterien sei »dermalen notorisch nicht zu erreichen«. Wie der Gesandte Hohenzollerns ausführte, sei dies »wohl mit Inbegriff des Zahlenlottos« zu verstehen (ebda., 32.Sitz., § 343, 4. September 1845, S. 813).
138 Ebda., 32.Sitz., § 343, 4. September 1845, S. 814 f.
139 Sten. Bericht der constituirenden Nationalversammlung, 6. Bd., S. 4480–4492 (8. Jänner 1849). – In seinen »Epigrammen aus Baden« (1867) evoziert Vischer besonders scheußliche und frauenfeindliche Bilder von den Spielenden. Der entsprechende Teil wurde abgedruckt im »Neuen Wiener Abendblatt« vom 6. Oktober 1922, S. 3. Ich sehe im Gedicht gewisse Anklänge an Baudelaires »Le jeu« (in: »Les Fleurs du mal«, 1857).
140 Bach, Emser Spielbank, S. 27–29; Corti, Zauberer, S. 71–88; Fischer, Faites votre jeu, S. 48.
141 NSA L 3 Lg Nr. 154 »Landtag 1848/49 – XXII Desideratum: Die Aufhebung der Spielbank in Eilsen«.
142 Vgl. vor allem die Jahrgänge 1855, S. 59–62; 1856, S. 424 und 604; 1861, S. 20 ff. und 448; 1862, S. 217–220, 233 f. und 253–256; 1864, S. 41–44 und 712–716; 1865, S. 560, 590 ff. und 656; 1872, S. 109–112.
143 Sammlung sämtlicher Drucksachen des Norddeutschen Bundes 1868, Bd. 4, I. Legislaturperiode, Nr. 138: »Gesetz betreffend die Schließung und Beschränkung der öffentlichen Spielbanken« (Entwurf) und »Motive zum Entwurf eines Gesetzes …«; Nr. 172 (Zusammenstellung). – Stenogr. Berichte über die Verhandlungen des Reichstages des Norddeutschen Bundes, I. Session 1867, 21. Sitzung am 16.Oktober 1867, S. 437–439. – Vgl. auch Bach, Emser Spielbank, S. 34 ff.
144 Wachenhusen, Monaco, T. 2, S. 730 f.
145 Vgl. Schlosser, Weltgeschichte, 18. Bd. (1893) S. 237.
146 Jg. 1864, Nr. 1, S. 44.
147 Neue Freie Presse, 1. Jänner 1873, S. 5. Möglicherweise handelt es sich bei der Meldung nur um journalistische Aufgeregtheit. Als Anwärter werden »die Herren Benazet und Genossen« genannt. Édouard Bénazet war aber 1867 gestorben (Fischer, Faites votre jeu, S. 60). – Im Artikel wird auch Vaduz als möglicher Standort genannt. Versuche der Emser Spielpächter scheint es 1872 tatsächlich gegeben zu haben (vgl. Corti, Zauberer, S. 299).
148 Neue Freie Presse, 29. Mai 1872, S. 7 f. (»Homburg en miniature« in der Wiener Walfischgasse) und 1. Jänner 1873, S. 5; Illustriertes Wiener Extrablatt, 9. Juli 1873, S. 7 (Roulette in der Kärntnerstraße mit Gerät aus Wiesbaden).
149 Corti, Zauberer, S. 94–97 und 325. – Aix hatte unter dem Empire (1807) das Recht auf Spielsaal und -bank (G. Frieh und P. Rault: Le Grand Cercle d'Aix-les-Bains, 1984, nach Depaulis, Jeux de hasard en Savoie-Piémont [in Druck]). Saxon wird 1863 als »création nouvelle«, sein Casino als ganz jüngst errichtet beschrieben (Annuaire des eaux, S. 191). Damals gab es auch in Genf einen Cercle des étrangers mit Trente-et-quarante (ebd.).
150 In Ostende gab es seit 1837 ein Casino (Tegtmeier, Casino, S. 95 f.). Zur (1913 erneut erfolgten?) Schließung vgl. die Reportage von Hermine Hanel: Von dem lauten Strand und der stillen Stadt. In: Neues Wiener Tagblatt, 28. August 1913, S. 1 f. und [Anonym], Son Altesse La Roulette, S. 11–20. – In einem der größten Spielerprozesse vor dem 1. Weltkrieg erklärte der Hauptangeklagte Stallmann, er sei 1901 nach Spa gekommen und 1902/03 von dort weggegangen, »weil in Belgien der Gegenschlag kam« (zit. nach Neues Wiener Tagblatt, 27. März 1913, S. 15). Zur Wiedereröffnung vgl. AdR, Justiz I K I 40, 60/44, Z.6960/14. – Als Casino-Ort Anfang des 20. Jahrhunderts ist noch San Sebastian zu nennen (vgl. Martello, Considerazioni, S. 57).
151 [Anonym], Les huits maisons de jeu en Suisse et les nouveaux Kursaals projétés. Genève [1899]. – 1911 spielten Max Brod und Franz Kafka in Luzern Boule (vgl. Tagebücher, S. 28 f. und 126 ff. in: Max Brod: Reise Lugano-Mailand-Paris). Nach einem Akt des Ministerratspräsidiums von 1913 hatte der Schweizer Bundesrat im September 1913 (!?) den Betrieb des Boule in Kursälen gestattet (AdR, Justiz, I K I 40, Fortl. Zahl 60/39, Z. 38687/13). – 1920 votierten die Schweizer mit 273.000 gegen 216.000 Stimmen für ein gesamtschweizerisches Spielbankverbot (Neues Wiener Tagblatt, 23. März 1920, S. 7). Das Problem war damit jedoch nicht aus der Welt, wie einschlägige Veröffentlichungen zeigen (Jakob Steiger: Das Kursaalproblem. Basel 1928; Maurice Veillard: Maisons des jeux.

Lausanne [1928]). Petits chevaux und Boule gab es nach neuerlichen gesetzlichen Vorstößen weiterhin (Neues Wiener Journal, 3. Mai 1931, S. 9 f.)
152 Martello, Consideranzioni, S. 162.
153 Marcel Neveux: Jeux de hasard, in: Jeux et sports. Encyclopédie de la Pléiade, S. 508 f. Zum Gesetz vgl. Martello, Consideranzioni, S. 115–118. Dort auch eine Liste der Spielorte (S. 161). Ein kurz vor 1900 (2. Aufl. 1900) anonym erschienenes Werk (»A propos de la Question des Jeux«) nannte ca. zwanzig Orte mit »Lieux publics«, darunter etliche mit den erwähnten Spielen. Zu Aix-les-Bains vgl. Tegtmeier, Casino, S. 102.
154 Neues Wiener Tagblatt, 5. Oktober 1913, S. 19.

Die österreichische Entwicklung

1 So beispielsweise der pensionierte Ministerialrat R. Schindler im »Neuen Wiener Tagblatt« vom 19. September 1913, S. 9 f. (»Bemerkungen zu einer Adriareise«). Das Blatt hatte im Mai ausführlich über die Kammerdebatte zum Glücksspiel in Frankreich berichtet und auf die einträglichen Geschäfte solcher Unternehmen hingewiesen (18. Mai 1913, S. 15).
2 AdR, Justiz, I K I 40, Fortl.Z. 60/26, Z.31007/12.
3 AdR, Justiz, I K I 40, Fortl.Z. 60/23, Z.60334/12, und ebda., Fortl.Z. 60/27, Z.16986/13: Medak zog seine Anzeige später zurück; aus welchem Grund ist nicht bekannt. Die Untersuchungen liefen aber bereits.
4 Sten. Prot. des Hauses der Abgeordneten, 19. Sitz. der XXI Session am 24. Oktober 1911, Anhang III, 716/I, S. 4132 f. (Abg. Ernst F. Breiter, Redakteur aus Galizien); ebda., 72. Sitz. der XXI. Session am 30. April 1912, Anhang II, 1877/I, S. 9009 (Ders.); ebda., 163. Sitz. der XXI. Session am 22. Oktober 1913, Anhang II, 3989/I, S. 16605 f. (Abg. Dr. Josef von Baechlé, niederösterr. Landtagsabg., Gemeinderat der Stadt Wien, Mitglied des niederösterr. Landesschulrats).
5 Zit. nach »Ill. Wiener Extrablatt«, 8. November 1911, S. 2.
6 Czeipek, Glücksspiele, S. 65; ders., Spielbanken, S. 3.
7 Robert Scheu: Brief von der Adria. In: Neues Wiener Tagblatt, 1.Sept. 1913, S. 1–4.
8 AdR, Justiz, I K I 40, Fortl.Z. 60/48, Z. 14.519; ebda., Fortl. Z. 60/16, Z.9451/12: undatiertes Schreiben von Kurdirektion und Bürgermeister (vermutlich September 1913).
9 Ebda. und Fortl. Z. 60/16 (1912), 60/29, 60/38, 60/43, 60/68 und 60/75–76; Sten. Prot. des Hauses der Abgeordneten, 163. Sitz. der XXI. Session am 22. Oktober 1913, Anhang II, 3989/I, S. 16605 f. (Abg. Dr. Josef von Baechlé)
10 Kollmann, Prozeß, S. 31.
11 AdR, Justiz, I K I 40, Fortl.Z. 60/68, Z.33780
12 AdR, Justiz, I K I 40, Fortl.Z. 60/26, Z.31007/12; ebda., Fortl. Z. 60/16, Z.9451/12 (Schreiben der Kurkommission, Abbazia, 15. Dez. 1911 und Schreiben von Kurdirektion und Bürgermeister, vermutl. September 1913); ebda., Fortl. Z. 60/32, Z.27005 (anonymes Schreiben an den Justizminister, betitelt »Die Spielhöllenplage in Österreich«, 1913). Das »Neue Wiener Tagblatt« berichtete von 1911 bis 1915 über die Budapester Affäre. Ein erster Hinweis fand sich in der »Illustrierten Wiener Zeitung« vom 29. Juni 1911, S. 4. Auch Czeipek (Spielbanken, S. 30 ff.) berichtete über die Pläne.
13 AdR, Justiz, I K I 40, Fortl.Z. 60/44, Z.6960/14.
14 AdR, Justiz, I K I 40, Fortl.Z. 60/38, Z.38631/13; ebda.,Fortl.Z. 60/45, Z.9655/14.
15 NÖLA, Regierungsarchiv, Statthalterei-Akten, Präsidium, 14 P. ex 1914. – Dieser Meinung schloß sich die »Wiener Zeitung« vom 3. Mai 1914 (S. 4) an.
16 AdR, Justiz, I K I 40, Fortl.Z. 60/32, Z.27005/13: Schreiben eines gewissen Wiener (?) an den Justizminister, 20. August 1913. Der Schreiber, offenbar hatte er Spielverluste erlitten, gab an, daß sich alle Spielstätten »ausschließlich in Händen von Ausländern (Franzosen, Belgiern, Holländer und ungarischen Juden)« befänden, die dem »deutsch-österr. Reisepublicum« »sein bischen, mühevoll erspartes Reise-Geld ungestraft abnehmen«.
17 AdR, Justiz, I K I 40, Fortl.Z. 60/23, Z.26334/12 (handschriftliche Notiz auf Akt, Unterschrift unleserlich).
18 AdR, Justiz, I K I 40, Fortl.Z. 60/33, Z.27524/13 (Erlaß des Ministers des Innern, Zl.28731).
19 AdR, Justiz, I K I 40, Fortl.Z. 60/48, Z.14519/14; ebda., Fortl.Z. 60/47, Z.14785/14, ebd., Fortl.Z. 60/45, Z.9655/14;

Fortl.Z. 60/55, Z.2948/14; Fortl.Z. 60/61, Z.31900/14. – Zur Beschreibung des als Glücksspiel betriebenen »Troika« in Meran siehe ebda., Fortl.Z. 60/52, Z.2214/14. Zu Baden siehe auch NÖLA, Regierungsarchiv, Stathalterei-Akten, Präsidium, 14 P. ex 1914. Siehe auch Wallner, Spielcasino, S. 98.

20 AdR, Justiz, I K I 40, Fortl.Z. 60/68, Z.31900/14.
21 AdR, Justiz, I K I 40, Fortl.Z. 60/82, Z.1872/17.
22 AdR, Justiz, I K I 40, Fortl.Z. 60/84, Z.14738/17 und 60/85, Z.15206/17.
23 AdR, Justiz, I K I 40, Fortl.Z. 60/77, Z.24290/552.
24 Lukács, Verdinglichung, S. 232.
25 Der ungarische Abgeordnete Huszar im Juni 1918 (zit. nach Neues Wiener Tagblatt, 14. Juni 1918, S. 10).
26 In »Neues Wiener Tagblatt«, 6. August 1919, S. 12 f. Ähnlich hatte Wageners »Neues Conversationslexikon« 1865 argumentiert: Das Glücksspiel habe niemals »in höherer Blüthe« gestanden als in Deutschland und Frankreich am Ende des 17. Jahrhunderts in Folge des langandauerndes Krieges. »Durch das wechselnde Kriegsglück war auch jedes Privateigenthum dem Spiele des Zufalls anheimgestellt; warum es nicht im Glücksspiel wagen, wo doch ein hundertfältiger Gewinn winkte« (Art. »Spiel«).
27 Jacques/Lang, Dr. Mabuse, der Spieler, S. 11.
28 Findlay, People of Chance, S. 106, passim.
29 Emmerich Boyer-Berghof: Spielwut im alten Wien. In: Neues Wiener Journal (Morgenblatt), 8. Oktober 1921, S. 5.
30 Zweig, Die Welt von Gestern, S. 276 f.
31 Zit. nach Jacques/Lang, Dr. Mabuse, S. 178.
32 Leitartikel des »Neuen Wiener Tagblatts« vom 26. Februar 1921, S. 1, als Kommentar zu einer Rede des deutschen Außenministers Walter Simon.
33 AdR, BKA (Justiz) I K I 40, Grundzahl 211833/25 (Polizeidirektion Wien an Bundeskanzleramt [Inneres], 23. Oktober 1924).
34 Jacques/Lang, Dr. Mabuse, S. 178.
35 Ostwald, Sittengeschichte, S. 33.
36 Meyer, Alfred Richard: Sylvester und Hasard. Eine Fünfzigjahrerinnerung. In: Neues Wiener Tagblatt, 28. Dezember 1922, S. 3 f.
37 Volkszeitung, 17. Dezember 1918; Neues Wiener Tagblatt, 1.März 1919, S. 9 f. und 27. Mai 1919, S. 12.
38 Weiß, Glücksspiel, S. 37–41.
39 Zit. nach Ostwald, Sittengeschichte, S. 36.
40 Zit. nach ebda., S. 37.
41 Vgl. ebda., S. 33–38; Weiß, Glücksspiel, S. 46–57 und 72.
42 Neues Wiener Tagblatt, 15. Februar 1920, S. 11; 25. März 1922, S. 12; 9. Mai 1922, S. 9; 18. Mai 1922, S. 5; 9. August 1922, S. 5.
43 Neues Wiener Tagblatt, 24. Dezember 1920, S. 8.
44 AdR, BKA (Justiz) I K I 40, Grundzahl 211833/25 (Polizeidirektion Wien an Bundeskanzleramt [Inneres], 23. Oktober 1924). – »Die Stunde« beurteilte die ökonomischen Hintergründe: Meistens seien die zur Vertretung nach außen vorgeschlagenen Offiziere »arme Teufel, die der Umsturz aus allen Existenzmöglichkeiten geworfen hat, und die glücklich sind, einen so leichten Verdienst gefunden zu haben.« Vgl. auch »Der Morgen«, 5. August 1925.
45 Spaun, Wir Falschspieler, S. 146.
46 AdR, Bundeskanzleramt GD2/33, Zl. 166127 und Zl. 180620. Tripot bezeichnet im Französischen eine »Spielhölle«. – Die Bundespolizeidirektion meinte, daß die geschilderten Verhältnisse »im allgemeinen den Tatsachen entsprechen«. – Über die Qualität des Ecarté als Glücksspiel wurde noch nach 1945 heftig diskutiert. – Über die frühen Budapester Spielclubs berichtete beispielsweise das »Neue Wiener Tagblatt« am 11. April 1918, S. 10, 5. Juni 1918, S. 9, 8. Juni 1918, S. 10.
47 Neues Wiener Tagblatt, 13. April 1919, S. 11; ebda., 17. Juni 1920, S. 6. Bis 1900 konnte man wegen des »Kopf und Adler« tatsächlich belangt, als Ausländer sogar »abgeschafft« werden. In diesem Jahr hatte der Oberste Gerichtshof anläßlich der Verurteilung in 1. Instanz einiger Halbwüchsiger, die in Zistersdorf um Kreuzer »Kopf und Adler« gespielt hatten, entschieden, daß Hasardspiele nur strafbar sind, wenn sie »die Sitten verderben und den Ruin der

Spieler herbeiführen« (Plenarentscheidung vom 9. 1. 1900, Nr. 136 der Sammlung; vgl. AdR, Justiz I K I – 40, Fortl. Z. 60/75, Zl. 9020/15 und 60/16, Zl. 9451/12). Das Münzenwerfen unter Jugendlichen machte übrigens Erving Goffman (Interaktionsrituale) zum Ausgangspunkt seiner Untersuchungen über das Glücksspiel.

48 Illustrierte Kronen-Zeitung, 11. September 1932, S. 6.
49 Neues Wiener Journal, 1. Juli 1935, S. 4.
50 Illustrierte Kronen-Zeitung, 27. August 1937, S. 2.
51 »Spielsalons. Aeußerungen eines Kriminalisten.« In: Neues Wiener Tagblatt, 17. Dezember 1918, S. 8.
52 Neues Wiener Abendblatt, 12. August 1919, S. 3; ebda., 8. Oktober 1920, S. 2.
53 Goth, Ernst: Berliner Spielklubs. In: Neues Wiener Tagblatt, 8.Mai 1919, S. 9 f.
54 Neues Wiener Tagblatt, 14. Juli 1920, S. 9. Im November 1919 wurde ein Gärtnereibesitzer, der seine Stadtwohnung am Kärntnerring für unübliche 500 Kronen pro Abend vernietet haben soll, wegen Mietwucher angezeigt (ebda., 13. November 1919, S. 6).
55 Die Darstellung folgt ausschließlich den Berichten in Tageszeitungen: Neues Wiener Tagblatt, 17. Februar 1919, S. 11; 6. Juli 1919, S. 10; 12. Juli 1919, S. 12; 15. Juli 1919, S. 13; 20. August 1919, S. 11; 28. August 1919, S. 9 f.; 22. Jänner 1920, S. 7; 24. Jänner 1920, S. 8; 4. März 1920, S. 9; 7. März 1920, S. 7; 25. März 1920, S. 11; 27. August 1920, S. 9; 2. Oktober 1920, S. 7; Neues Wiener Abendblatt, 24. Februar 1920, S. 2; Arbeiter-Zeitung, 20. August 1919, S. 6 und 22. August 1919, S. 6. – Die Konfiszierung der Wohnung Mimi Marlows durch Arbeiterräte und Volkswehrbataillone wurde damit begründet, daß sie gegen das Gesetz verstoßen habe, indem sie aus ihrer Wohnung eine »Spielhölle« gemacht habe (Arbeiter-Zeitung, 2. August 1919).
56 Der Abend, 11. August 1924; Neues Wiener Tagblatt, 8. August 1924, S. 4.
57 Arbeiter-Zeitung, 22. August 1919, S. 6; Neues Wiener Tagblatt, 4. August 1918, S. 12; 9. August 1919, S. 11; 2. September 1920, S. 5; Neues Wiener Abendblatt, 10. August 1920, S. 2.
58 Vgl. Weiß, Glücksspiel, S. 43–46.
59 AdR, Justiz, IKI-40, Fortl.Z. 60/32, Zl. 27005/13 (anonymer Brief an den Justizminister); Neues Wiener Tagblatt, 7. Oktober 1919, S. 9; 7. Februar 1919, S. 9; 1. März 1919, S. 10; 6. März 1919, S. 10; 11. März 1919, S. 10.
60 AdR, BMF 23641-XV/31.
61 AdR, BKA (Justiz), I K I-40, Zl.211833/25.
62 Gemeindearchiv Badgastein, Sitzungs-Protokolle des Gemeinde-Ausschusses Badgastein vom 6.4.1917–16.4.1921, S. 343 f. (Sitzung vom 4. September 1920).
63 SLA, Landesregierung, Landes-Präsidium 1923 XV 2652; ebda. 1924 VIII 372.
64 AdR, Bundeskanzleramt (Justiz), I K I-40, Zl.211833/25.
65 Piringer, Gmundner Chronik, II, S.109, 110, 178, 188, 197 und 255.
66 TLA, Landesregierung für Tirol, Präsidiale 120 X 57 ex 1926.
67 AdR, Bundeskanzleramt (Justiz), I K I-40, Zl. 211833/25. Vgl. p[eter] g[ünzel]: Ohnmächtige Damen in finsterer Spielhölle. In: Veldner Zeitung Nr. 109 (15. Oktober 1989) S. 7 ff. mit der Wiedergabe des Gendarmerieprotokolls über die abenteuerlichen Vorgänge bei der Aufhebung des Spiels 1922.
68 VLA, Ia 708/1933.
69 Stadtarchiv Salzburg, Sitzungsprotokolle des Gemeinderats Salzburg, 925 XVI a, S. 208 f. (25. 5. 1920), S. 276 ff. (8. 7. 1920), S. 9 (10. 1. 1921), S. 76 f. (21. 2. 1921), S. 388 ff. (12. 12. 1921), S. 400 und 405 f. (29. 12. 1921). Vgl. auch Seelig, Glücksspielstrafrecht, S. 160.
70 Stadtarchiv Innsbruck, Protokolle der Sitzungen des Innsbrucker Gemeinderats, S. 272–275 (Sitz. vom 20. März 1922) und S. 174 (23. März 1923).
71 Gemeindeausschußprotokolle und »Neue Freie Presse« zit. nach Piringer, Gmundner Chronik, II, S. 109 f. und 178.
72 Stadtarchiv Innsbruck, Protokolle der Sitzungen des Innsbrucker Gemeinderats, S. 216 (Vertrauliche Sitz. vom 13. April 1923).
73 TLA, Landesregierung für Tirol, Präsidiale 120 X 57 ex 1926.
74 TLA, Landesregierung für Tirol, Präsidiale 120 X 57 ex 1926 (Schreiben der Stellenvermittlung, Innsbruck, 7. Juni 1923 und 12. Juni 1923: Antwort auf einen Antrag eines Oberst d.R., der als »abgebauter Beamter« bezeichnet wird).
75 SLA, Landesregierung, VI.19/1922 (Brief Johann Väth an Landesregierung, Wien, 12. Jänner 1922).

76 AdR, BMF Zl. 20.870-II-1925.
77 TLA, Landesregierung für Tirol, Präsidiale 120 X 57 ex 1926 (Brief Alfred Stehlik, Wien, 13. Juni 1925 an Bundeskanzler Ramek). Das Schreiben wurde der Landsregierung übermittelt, die sich für nicht zuständig erklärte. Zum Spielbetrieb 1924 siehe ebda., Antrag Dr. Gruener und Genossen wegen der Igler Bank im Landtag vom 17. November 1924. Zu Verhandlungen im Juni 1925 siehe ebda., Landesamtsdirektor an Landesgendarmeriekommando Innsbruck, 5. August 1925.
78 AdR, BMF Zl. 42.561-22/30.
79 Entwurf eines Vortrags für den Ministerrat (Dezember 1932), AdR, BMF Zl. 68.517-15/32.
80 AdR, BKA Gr.Zl. 771-Pr./32 (Schreiben des Hoteliers Louis Wallner an Abg. Mauritius Klieber, 15. April 1932).
81 VLA, Ia 708/1933: Schreiben Klieber an Ender, 23. 8. 1932.
82 Protokolle der Sitzung der Gemeindevorstehung Pörtschach, 26. und 30. Juli 1932; Vertrag der Gemeinde mit RA Kurt Wannow aus Berlin (ebda.). – AdR, BMF Zl. 63.223-15/32. – Der Morgen, 22. und 23. August 1932; Ill. Kronen-Zeitung, 30. August 1932, S. 7 und 6. Jänner 1933, S. 12. Die Unternehmer wurden vom Bezirksgericht freigesprochen, in der Berufungsverhandlung aber zu geringen Geldstrafen verurteilt.
83 [Kollmann], Prozeß, S. 8–16.
84 Vgl. Kos, Krisenhafter Glanz, S. 600 f.
85 Prospekt »Grand Jeu ›Quillette‹ – Alpen-Casino Semmering«, 1932. Vgl. Illustrierte Kronen-Zeitung, 21. Dez. 1932.
86 Vgl. Seelig, Glücksspiel, S. 176–189.
87 Neues Wiener Tagblatt, 7. April 1920, S. 7.
88 AdR, BMF Zl. 20.870-II/25.
89 AdR, BMF Zl. 12.462-15/32.
90 AdR, BMF Zl. 20.870-II/25.
91 Stadtarchiv Salzburg, Sitzungsprotokoll des Gemeinderats, 22. 6. 1931; AdR BMF Zl. 68.571-15/32.
92 Stadtarchiv Salzburg, Sitzungsprotokoll des Gemeinderats, 22. 6. 1931 und 22. Dezember 1932.
93 (Ministerratsvortrag, 17. Dezember 1932)
94 Protokolle des Ministerrates der Ersten Republik, Abt.VIII, Bd. 2, Kabinett Dollfuß, 838. Sitz., S. 163 f.
95 AdR, BMF Grundzahl 20.870-II/25, Zl.15.793.
96 Protokolle des Ministerrates der Ersten Republik, Abt.VIII, Bd. 3, Kabinett Dollfuß, 867. Sitz., S. 181.
97 Protokolle des Ministerrates der Ersten Republik, Abt.VIII, Bd. 3, Kabinett Dollfuß, 204. Sitz., S. 204.
98 Protokolle des Ministerrates der Ersten Republik, Abt.VIII, Bd. 3, Kabinett Dollfuß, 877. Sitz. (26. Mai 1933), S. 377 und 384 f.; ebd., 902. Sitz. (17. Oktober 1933) S. 505.
99 Tucholsky, Glücksspiel, S. 196 f.
100 AdR, BMF Zl. 57.730-15/33 (Abschrift eines Briefes Koch an Wallner, Bad Brückenau, 27. 8. 1933). Zum Gesetz über Spielbanken in Deutschland siehe ebd., Zl. 56.999-15/33 und Zl. 65.974-15/33. Zu den diskutierten Standorten vgl. ebd., Zl. 59.311-15/33. Vgl. auch Zink, Spielbanken, S. 35 f. Zu Baden vgl. Wallner, Spielcasino, S. 98–103.
101 AdR, BMF Zl. 49.660-15/33 (Meldung des Dep. 15 über den Stand der Spielbankfrage, 10. Juli 1933).
102 Ebd.; Wallner, Spielcasino, S. 103 f.; Badener Volksblatt, 20. Jänner 1934, S. 1.
103 AdR, BMF Zl. 65974-15/33.
104 BGBl. 1933, Nr. 463 in AdR, BMF Zl. 59311-15/33.
105 Protokolle des Ministerrates der Ersten Republik, Abt.VIII, Bd. 3, Kabinett Dollfuß, 903. Sitz., S. 538.
106 Stand vom April 1936 (AdR, BKA Zl. 163.040-11/36; siehe auch Zl. 248.691-11/34, Beilage A); AdR, BKA Zl. 111.291-11/36. – Später (1937; Bescheid des BMF vom 15.5.1937) hatte die »Overseas« 60%, die Österr. Verkehrswerbung 30% und Wancura 10% (AdR, BMF Zl. 13.053-17/47 und Zl. 49.105-17/45). 1938 gehörten 90% der »Overseas« und 10% Wancura (AdR, Ministerium für Finanzen Zl. 48.629-15/1938).
107 AdR, BKA Zl. 185.285-11/35. Der Morgen, 26. November 1934, S. 9.
108 Arbeiter-Zeitung, 6. Jänner 1934.
109 AdR, BMF Zl. 4.398-15/34 und Zl. 88.089-15/33.
110 AdR, BKA Zl. 248.691-11/33.
111 AdR, BKA Zl. 185.285-11/1935: Protokoll der Sitzung des Verwaltungsrates, 8. August 1935. Vgl. »Offizielle Casino-Zeitung«, 1. Jg. (1934), Nr. 1–6: Dort ist die Rede von 17, davon 12 Roulettetischen.

112 AdR, BKA 163.040-11/36 (Sitzung der Generalversammlung, 17. April 1936). Zu Villach siehe Stadtarchiv Villach, Gemeinderatsprotokoll 1936.
113 SLA, Präsidialbüro des Landeshauptmannes, Zl. 2295/3-Präs.-1937 und 2603/1-Präs.-1937. – Im Februar 1935 hatte der Kurbeirat das Ansuchen eines François Gassin abgelehnt, »da wir in erster Linie Wert darauf legen müssen unseren Kurort als Kurort und nicht als Spielbankplatz in der Welt bekannt zu machen« (Gemeindearchiv Badgastein, 4. Sitzung des Kurbeirates, 9. Februar 1935). 1937 führte der Bürgermeister die Verhandlungen offenbar schon länger. Die Rechts- und Finanzsektion ermächtigte ihn zur Fortführung und zu konkreten Vorschlägen an den Gemeindetag (Rechtssektionsprotokolle, 14. Juni 1937). Die Kurkommission war nun einstimmig dafür, daß das Spiel ausschließlich in dem ihr gehörigen Kurkasino stattfinden solle (3. Kurkommissionssitzung, 18. Juni 1937).
114 Illustrierte Kronen-Zeitung, 4. Februar 1934, S. 5.
115 AdR, BKA 248.691-15/33, fol. 258 ff. (Schreiben Fehringer an Dollfuß, 8. Februar 1934). Zur Beeinträchtigung des Spiels infolge der Februarereignisse und der Notwendigkeit der Wiedereröffnung äußerte sich der Abgeordnete Beirer in einer Anfrage im Juli 1934 (Stenogr. Protokoll der 14. Sitz. des Landtags von Niederösterr., III. Wahlperiode, III. Session am 13. Juli 1934, S. 6 ff.).
116 AdR, BKA 185.285-11/35 (Protokoll der Sitz. des Verwaltungsrates, 8. August 1935).
117 AdR, BMF Zl. 248.879-II/36 (Sitzung des Verwaltungsrates, 8. Oktober 1936).
118 Rechnungshof, Bundesrechnungsabschluß f.d.J. 1934–1937.
119 Ebda., eigene Berechnungen.
120 AdR, Ministerium für Finanzen Zl. 48.629-15/38 (Finanzminister an Reichsstatthalter, 1. Juli 1938).
121 Sten. Protokoll der 14. Sitz. des Landtages von Niederösterreich, 16. Dezember 1936, S. 23 f. (Wortmeldung des Bürgermeisters von Mödling).
122 AdR, BMF Zl. 49.105-17/47 (vermutlich Schreiben von Chlestil, 10. Oktober 1947).
123 AdR, BMF Zl. 15.793-15/33.
124 AdR, BKA Gr.Zl. 248.691-11/33, Zl. 125.062-11/34; BKA A.E. Zl. 128.188-G.D.2/1934 und BKA Zl. 17630-G.D.2/34. – BGBl.II Nr. 41/1934. Vgl. Neues Wiener Tagblatt, 5.6.1934; Offizielle Casino-Zeitung, 1.Jg.(1934) Nr. 9, S. 2; Nr. 12, S. 4 und Nr. 16, S. 3. Zur ablehnenden Haltung Dollfuß' im Oktober 1933 siehe AdR, BMF Zl. 65.974-15/33.
125 AdR, BKA Zl. 365.616-G.D.2/36. »Der Morgen« widmete der Zulassung von Inländern eine Karikatur (14. Juli 1934).
126 Vgl. z. B. die Äußerungen des Bürgermeisters von Mödling im Sten. Protokoll der 14. Sitz. des Landtages von Niederösterreich, 16. Dezember 1936, S. 23–27. – AdR, BKA Zl. 3528-Pr./37; Gr.Zl. 11152-Pr./37; Zl. 6865-Pr./37; Gr.Zl. 248.691-15/33, Zl. 213302-11/35 und Zl.218156-11/37.
127 AdR, BKA Gr.Zl. 248.691-11/33, Zl. 213302-11/35.
128 AdR, BKA Zl. 111.976-G.D.2/1934.
129 AdR, BKA Zl. 185.285-11/35 (Protokoll der Sitzung des Verwaltungsrates, 8. August 1935).
130 Casinos Austria, Archiv: Personalakten. Ermittelt aus einer Durchsicht von ca. 40 Akten. – Interview mit einem ehemaligen Croupier, in: 60 Jahre Casinos Austria. Beilage zu »intern«. Zeitung für die Mitarbeiter der Casinos Austria A.G., 1, 1994. – Zu 1937: Stadtarchiv Baden, Abt.WB, Nr. 200: RA Hans Gürtler: Vorbereitender Schriftsatz und Beweisanträge der klagenden Partei. – Casinos Austria AG, Archiv: Kollektivvertrag, 14. Oktober 1937.
131 AdR, BKA Zl. 327.889-G.D.5/36 und Zl. 325.612-G.D.5/36.
132 Zur Rolle der »Vaterländischen Front« vgl. Bruckmüller, Sozialgeschichte, S. 510.
133 Zu den Konflikten um die Cagnotte siehe AdR, BKA Gr.Zl. 11152-Pr./37. Stadtarchiv Baden, Abt.WB, Nr. 200: RA Hans Gürtler: Vorbereitender Schriftsatz und Beweisanträge der klagenden Partei. Wallner, Spielcasino, S. 113 ff. – Casinos Austria, A.G., Archiv: Kollektivvertrag, 14. Oktober 1937.
134 AdR, Amt des Reichsstatthalters in Österreich, R.-St.I-16862/38 und R.-St. I-6332/38; AdR, Stiko 33/x/I/17; AdR, BMF Zl. 21.232-17/47 und Zl. 49.105-17/47. – RGBl. 1940, Nr. 72 (23. April 1940): Verordnung über die Durchführung des Spielbankrechts in der Ostmark und im Reichsgau Sudetenland.
135 AdR, BMI Zl. 289615-17/46. Casinos Austria A.G., Archiv: Personalakten.

Zusammenfassung und Schluß

1 Alain (d.i. Emile Auguste Chartier): Les idées et les âges, Paris 1927, I, S. 183, zit. nach: Benjamin, Über einige Motive bei Baudelaire, S. 210. Benjamin weist darauf hin, daß Chartier von spezialisierter Arbeit spricht.
2 Neveux, Jeux de hasard, S. 446.
3 Vgl. L.-J. Calvet, der dieses Phänomen am Beispiel des Mah-Jong analysiert (Les jeux de la société, S. 107–111). Der Topos des Schachs als »königliches Spiel« ist hier ebenfalls zu nennen.
4 Almanach utile et agréable de la Loterie Imperiale et Royale pour l'année 1766. Bruxelles 1766.
5 Vgl. (Anonym), Der glückliche Lottospieler, S. 31.
6 Furetière, Dictionnaire universel (1690), zit. nach Depaulis, Lansquenet.
7 Vgl. die graphische Darstellung der Verurteiltenziffern in Österreich von 1924 bis 1976 in meiner Dissertation »Banquiers und Pointeurs« (Wien 1990). Zwischen 1960 und 1964 sank die Zahl der wegen Glücksspiels Verurteilten um zwei Drittel, stabilisierte sich danach und tendierte ab 1975 – im Zusammenhang mit der Novellierung des Glücksspielgesetzes! – gegen die statistische Bedeutungslosigkeit. Unterstrichen wird diese Tendenz durch das nahezu vollständige Verschwinden von Berichten über illegales Glücksspiel aus den Tageszeitungen. Zu Beginn der 1980er Jahre stellte der »Ganove« Pepi Taschner einen deutlichen Rückgang der Wiener »Stoßpartien« fest (vgl. Girtler, Adler).
8 Guillaume, Tu ne joueras point, S. 21.

Spiele

1 Vgl. Calvet, Jeux, 149 f. und 215–221.
2 Stenograph. Protokolle des Hauses der Abgeordneten, 45. Sitz., 21. Sess., 13. Mai 1901, S. 3656. 1916 stellte ein Wiener Richter fest, daß unter den 37 im Gesetz namentlich genannten Glücksspielen einige »selbst den erfahrensten Spielern fremd sind, zum Beispiel Straschak-Sincère, Labet, Zapparln, Trommelmadame, Molina, Brennten-Oka [sic!] usw.« (Neues Wiener Tagblatt, 25. Juni 1916, S. 19).
3 OÖLA, Herrschaftsarchiv Leonstein, Bd. 13, Fasz.8a (Polizeisachen 1820–1849); Kropatschek, Sammlung...Franz II., 51. Bd., S. 136.
4 OÖLA, Herrschaftsarchiv Obernberg, Bd. 486, Fasz.20, Nr. 193.
5 AdR, Justiz, I K I 40, Fortl.Z. 60/26, Z. 31007/12; Lhôte, Dictionnaire; Czeipek, Glücksspiele, S. 44; Seelig, Glücksspielstrafrecht, S. 170.
6 AdR, Justiz, I K I-40, Fortl.Z.60/55, Z.2948/14.
7 Depaulis, La bassette; Zollinger, Bibliographie.
8 Beschreibung mit Skizze in AdR, Justiz, I K I, Fortl. Z. 60/52, Z. 14519/14.
9 Palamedes redivivus, S. 138; Depaulis, Jeux de hasard en Savoie-Piémont (zu Turin und Alessandria); Erklärung des verbotenen Spieles, Wirwisch, in: Patriotisches Blatt, 1. Jg. (1788) 8. Heft, S. 382 ff.; Georgens, Allg. Familien-Spielbuch, S. 273; Lützenau, Handbuch, II, S. 380 ff.; Circular der k.k. Polizey-Oberdirektion vom 11. September 1840; Stiftsarchiv Klosterneuburg Kt. 2145 (1844)
10 Czeipek, Glücksspiele, S. 63–65; AdR, Justiz, I K I 40, Fortl.Z. 60/26, Z. 31007/12
11 Depaulis, Brelan; Calvet, Les jeux de société, S. 148; [Anonym], La mort aux pipeurs, Paris 1608; Das neue Königliche L'Hombre, Wien 1764; [Anonym]: Der Bouillottenleuchter. [...] Berlin 1800; Pierer's Universal-Lexikon, 3. Bd., Les Joueurs et M. Dusaulx; 1850; Detrey, Réflexions, S. 5. – Die in [Anonym], Spielerleben und Gaunerkniffe, S. 136 unter »Le jeu Berlan« wiedergegebene Spielregel entspricht der von Pierer für das *Grobhäusern*!
12 K. Hafner, zit. nach Jaritz, Profane Volksbelustigungen, S. 74 f.; Nicolai, Beschreibung, 5. Bd. (1785): XIV. Beylage: Verzeichniß östreich. Provinzialwörter, S. 79; OÖLA, Stadtarchiv Freistadt, Sch. 441, Fasz.5 (26. 9. 1665); OÖLA, Landschafts-Acten 874 (Kundmachung des Patents von 1744); Grimm, Wörterbuch; Adelung, Wörterbuch.
13 Th. Depaulis: Jeux de hasard sur papier, Paris 1987 (= Le Vieux Papier); Anton, Encyklopädie
14 SLA, Landesregierung, Landes-Präsidium 1923 XV 2652 und 1924 VIII 21M, 408, P.Z. 408 (Berufungsschrift vom 14. September 1923 mit Spielregeln)
15 Wekhrlin, Wilhelm Ludwig: Denk der Deinigen!, in: Ders.: Chronologen. Ein periodisches Werk von Wekhrlin.

8. Bd., Nürnberg: Felßecker 1780, S. 24; Colquhoun, Polizey, Vorrede; [Pöllnitz], Amusemens, S. 37; Bertholet, Jeux de hasard, S. 93; Marquiset, Jeux, S. 98 und 120 f.

16 OÖLA, Herrschaftsarchiv Steyr, Sch.378, Fasz.261, Nr. 58; Dramsch, Heinz: Bäuerlicher Vorläufer der Roulette. In: Casino Zeitung Bad Neuenahr, Juli-August 1951, S. 21; Lützenau, Handbuch, II, S. 401. – »Trandl, der große« gab F. Nicolai als passauerische Bezeichnung für Kreisel (»Kreusel«) an (Beschreibung, 5. Bd. (1785): XIV. Beylage: Verzeichniß östreich. Provinzialwörter).

17 Vgl. Lhôte, Dictionnaire (S. v. Toton).

18 Barnhart, Gamblers, S. 31 und 43; Colquhoun, Polizey, XXVII und XLIII; Rodenberg, Kaffeehäuser, S. 247 f.; Depaulis, Origines de la Roulette, S. 119–122; Kupferstich »Private amusement« in Oxford, Bodleian Library, Jessel b II.

19 Wiennerisches Diarium Jg. 1721, Nr. 1829; Verordnung des Bundeskanzleramtes vom 30. April 1923, LGBl. Nr. 253, über die verbotenen Spiele

20 Verordnung des k. Böhmischen Landes=Guberniums vom 10. Februar 1826 (Goutta, Fortsetzung, 52. Bd., Nr. 39)

21 [Anonym], Der verrathene … Spieler, 1. T.; [Anonym], Spielerleben und Gaunerkniffe, S. 92. Die dort S. 136 wiedergegebene Spielregel entspricht der von Pierer, bezeichnet allerdings »Le jeu Berlan«!; Pierer, Universal-Lexicon, 7. Bd., 1851; Grimm, Wörterbuch, s. v. »Grobhaus«, nach »Studentensprache und -lied in Halle« (1894).

22 WStLA A.R., Berichte 1773 Juni 18, Nr. 309; Lützenau, Handbuch, II, S. 385; Ausschuß der Bürger, Kundmachung, 25. Juni 1848; vgl. Radlberger, Verbotene (Glück-)Spiele, S. 41 f.

23 Lützenau, Handbuch, II, S. 387, 391 f., 405 f.

24 NÖLA, G17 ad 1068 (1841); Neues Fremden-Blatt 1.Jg., 28. Juni 1865, Nr. 45.

25 Lützenau, Handbuch, II, S. 404 f.; zum Kakelorum vgl. Addor, Jeux de billes et de boules; Loritza, Neues Idioticon; zu Tirol und Vorarlberg: Lützenau, Handbuch, II, S. 401.

26 Utsch, Erscheinungsformen, S. 99 f.; Anton, Encyclopädie; »Die Spelunken Wiens«, in: Neues Wiener Tagblatt, 14. Jänner 1869: Der Artikel beschreibt das Spiel unter dem Namen »Napoleon« (hier auch die »Siebener«-Regel); Lützenau, Handbuch, II, S. 382 [Anonym], Der glückliche Lottospieler, S. 24; Stiftsarchiv Klosterneuburg Kt. 2649, Nr. 95 (1840).

27 Depaulis, Jeux de hasard; Dalmau, Antonio R.: Las antiguas rifas de los baladres barcelonesas. Su origen, esplendidor y desaparición. Barcelona 1946; zum Lotto (Loto) siehe [Anonym:] Jeux de Tournon […], Valence 1777; Briefe der Herzogin Elisabeth Charlotte von Orleans, II, Nr. 387. Das Spiel mit 30 Kugeln hieß im anonymen »Spielerleben und Gaunerkniffe« (1813; S. 80) auch Biribis (*Birrepie*).

28 Seelig, Glücksspielstrafrecht, S. 170 f.; Hempel-Kürsinger, Übersicht, S. 462 f.; Lützenau, Handbuch, II, S. 410 (Kundmachung in Böhmen 1804, ohne das Wort Krügelspiel zu verwenden); NÖLA, G.6 ad 18475 (1787)

29 Depaulis, Le lansquenet; Préchac, La noble Venitienne, S. 94; Zollinger, Das Glücksspiel im 18. Jahrhundert in Wien; Bettinelli zit. in Breitkopf, Joh. Gottl. Imman.: Versuch, den Ursprung der Spielkarten […] zu erforschen, 1. T., Leipzig 1784, S. 36; Blaha, Chabert, S. 1 und 15 f.

30 AVA, P.-H. 750/1814; Steiermärkische Gubernialverordnung, 17. Juli 1822, Z. 15,109.

31 Staatsarchiv Hamburg, III-1 Senat Cl.VII.Lit. B, Nr. 32, Vol. 2b; Lützenau, Handbuch, II, S. 382 f.; Sieghart, Die öffentlichen Glücksspiele, S. 95 f.

32 Anton, Encyklopädie, S. 322 f.; August Ellrich [pseud. Albin Johann Bapstist Meddlhammer]: Der Ruf eines Spielers. Eine Warnungstafel für junge Offiziere. In: ders.: Humoristische und historische Skizzen aus den Jahren der Revolutions=Kriege, entworfen auf Reisen durch Italien, Frankreich, Ungarn und Deutschland. […] Meißen 1835, S. 336; nach F. Antons Enzyklopädie stammt es aus Ungarn. Neues Fremdenblatt, 1. Jg. (22. Mai 1865) Nr. 7. – Zum Spiel mit Dominosteinen: Brockhaus' Conversations=Lexikon, 13. Aufl., Leipzig 1885, s. v. Domino. Über zwei Partien Macao mit Dominosteinen in einem Kaffeehaus und im Hinterzimmer des Wiener Café Kolosseum berichtete das »Neue Wiener Abendblatt« am 3. Juni 1914, S. 8, und das »Neue Wiener Tagblatt« am 1.Oktober 1914, S. 12. (Über Baccarat mit Dominosteinen siehe NWT, 23. März 1915, S. 14).

33 Lützenau, Handbuch, II, S. 385 f.; Loritza, Neues Idioticon; Georgens, Allg. Familien-Spielbuch, S. 458.; Stiftsarchiv Klosterneuburg K 2295 (1830).

34 Lützenau, Handbuch, II, S. 395; OÖLA, Herrschaftsarchiv Leonstein, Bd. 13, Fasz.8a (Polizeisachen 1820–1849); KLA, Präs., Fasz.863, Zl. 7-7, 166/1926 (Gesch.Zl. Präs.43,2/17); OGH 12.3.1991, 14 Os 140/90; Rulemann,

Spiele 35–52

Spielbuch; Verordnung des Bundeskanzleramtes vom 30. April 1920, LGBl. Nr. 253, über die verbotenen Spiele (nicht als M. bezeichnet).
35 Neiner, Curioser Tändl-Marckt, S. 123; Kropatschek, Sammlung ... 1740 bis 1780, 1. Bd., S. 16; OÖLA, Stadtarchiv Freistadt, Sch. 441, Fasz. 5.
36 Die Polizei praktisch, S. 149 f.; Dr. Monaco, Teufelsspiegel, S. 64.
37 Utsch, Erscheinungsformen, S. 90 f. Utsch benützt als Quelle eine Schrift von H. v. Manteuffel (1923).
38 Vgl. Seelig (Glücksspielstrafrecht, S. 169): seine Angabe, das Halbzwölf sei schon vor 1784 verboten worden, konnte ich nicht belegen; allerdings bezieht sich ein Brief aus dem Jahr 1766 auf das Patent (von 1765) und nennt unter den dort verbotenen Spielen auch das »Halber Zwölfe«! OÖLA, Weinberger Archivalien, Bd. 55, Nr. 14 (Wels); KA, HKR 1844 H, Prot. Nr. 723, fol. 4v–5r.; [Anonym], Spielerlebenund Gaunerkniffe, S. 73 f.; Maria Anna Mozarts Tagebuch (Mozart, Briefe, II, S. 554 und II, S. 284 ff.): Belege aus den Jahren 1779 (»halbe 12 gespiellt«) und 1783 (»halbe 12 uhr gespiellt«). In einem Schreiben des Leopold Angerer aus Wels vom 4. August 1766 ist die Rede vom »halber Zwölf Uhr«-Spiel (OÖLA, Weinberger Archivalien Bd. 55, Nr. 44 [Wels]).
39 NSA Bückeburg, Verpachtungs-Sachen K2V, Nr. 24/62; [Anonym], Les misteres de Pharaon, S. 137 ff.; [Anonym], Spielerleben und Gaunerkniffe, S. 55 f.
40 AdR, Justiz, I K I 40, Fortl.Z. 60/26, Z. 31007/12.
41 Zollinger, Der »König der Spiele«; zum *Schiffziehen*: NÖ. Regierungscirculare vom 26. Sept. 1803, zit. nach Lützenau, Handbuch, II, S. 386; [Richter], Briefe eines Eipeldauers, Jg. 1803, 22. H., S. 6 f.; Chézy, Die sechs noblen Passionen, S. 189; Die Polizei praktisch.
42 Anton, Encyklopädie; Depaulis, Jeux de hasard en Savoie-Piémont; Lhôte, Dictionnaire.
43 [Richter], Briefe eines Eipeldauers, Jg. 1809; Grillparzer, Reisetagebücher, S. 66 (Tagebuch auf der Reise nach Italien, 24. März bis Ende Juli 1819).
44 Grussi, Jeux d'argent; [Anonym], The Ill Effects of the Game of Rowlet, Otherwise Rowley-Powley (...), London 1744, S. 39; [Anonym], Der glückliche Lottospieler, S. 77; Rosselli, Governi, S. 353; [Gaigne, Alessandre-Toussaint de:] Mon histoire au Trente-un et celle de tous ceux qui le jouent. London [Paris] 1799, S. 70 f.; Bertholet, Jeux de hasard, S. 113; Depaulis, Les origines de la Roulette; Lützenau, Handbuch, I, S. 410 und 418; [Anonym], Les misteres de Pharaon, S. 137 ff.
45 [Anonym], Der glückliche Lottospieler, oder Anweisung wie man mit Verstand in die Lotterie spielen soll. [...] Graz 1794, S. 24, spricht von *den* »sogenannten Scheffelspiele[n]«; [Anonym], Der verrathene ... Spieler, 1. T., S. 75; die Varianten in eckigen Klammern nach Palamedes redivivus (Leipzig 1739), S. 137; Pasquier zit. bei Bruneel, Loteries, S. 91; Bernoulli, Ars conjectandi, S. 169; Continuatio Sleidani, zit. nach Behrend, Fritz: Wolfhart Spangenberg. Dichtungen. In: Jahrbuch für Geschichte, Sprache und Literatur Elsass-Lothringens [...], XXXII. Jg. (1916) S. 35–62, hier S. 39; Johan Comenius, Orbis pictus, 1. T., 2. Aufl. (1719), S. 227.
46 [Anonym], Les misteres du Pharaon devoilés, S. 141; NSA K 2 V Nr. 24/18, 24/112 und 24/127.
47 Vgl. Grimm, Wörterbuch, s. v. Grobhaus; Seelig, Glücksspielstrafrecht, S. 169, Anm. 5; [Anonym]: L'Antidote ou le contrepoison des chevaliers d'industrie, ou joueurs de profession, Venedig 1768, S. 7; AVA, P.-H. 567/1801; Sante, Low Life, S. 159 f.; erster Beleg für Österreich in: Neues Wiener Tagblatt, 11. November 1913, S. 13; vgl. Girtler, Adler; Verordnung des Bundeskanzleramtes vom 30. April 1923, LGBl. Nr. 253, über die verbotenen Spiele.
48 NÖLA G. 11 ad 1826 (ex 1854), Prot.Nr. 40.186.
49 Anton, Encyclopädie.
50 Wiennerisches Diarium Jg. 1707, Nr. 382; Tommaso Garzoni, Piazza Universale (...), Venetia 1589; Bertholet, Jeux, S. 112; Del Giuoco dell'ombre, Padova 1710.
51 Bertholet, Jeux, S. 112, 114 und 128; D.M.: Calcul du jeu appellé par les François le trente-et-quarante, et que l'on nomme à Florence le trente-et-un. [...] Florenz 1739; Anton, Encyklopädie; in einem Drama von Arnaud Berquin (1747–1791; mir in einer spanischen Ausgabe »Los jugadores«, Barcelona 1828, zugänglich) wird die Variante mit den zu erreichenden 31 Punkten gespielt.
52 Ein früher Beleg bei: Schede, Franciscus Theodor. (Resp.) / Johannes Joachim Schoepfer (Präs.): Dissertatio Juridica, De hodierna ludorum justitia... Frankfurt a. d. O. 1690, S. 5; Bernoulli, Ars conjectandi, S. 176 f.; Adelung, Wörterbuch, 4. Th. (Leipzig 1801) Sp. 669; [Regnard], De Dobbelaar, Blyspel. Amsterdam: 1739; Palamedes redivivus (Leipzig 1739), S. 134; Comenius: Orbis pictus, 2. T., 2.Aufl. (1719) S. 411 (Der Karten-Macher);

OÖLA, Herrschaftsarchiv Weinberg, Bd. 20, A/14 (Polizeisachen): Extract Deß Modi practicandi von Spill=Collecten Mitel«(1709); Das neue Königliche L'Hombre, Wien 1764; Pierer's Universal-Lexikon, 3. Bd., 1850; Wilda, Lehre, S. 177.

53 AdR, Justiz, I K I 40, Fortl.Z. 60/68, Z. 31900/14; 60/42, Z. 6158/14; 60/52, Z. 2214/14.
54 VLA I a 708/1933.
55 Kropatschek, Sammlung ... 1740 bis 1780, Bd. 5, S. 445. Ein spanischer Beleg des »veinte y uno« in: »Entremes del juego de los naypes«, in: Laurel del entremeses varios. [...] Zaragoza 1660; Laméry: Le Vingt et un, comédie, en un acte en prose. Lyon 1768; Mortier, J.C.: A bas tous les jeux. Paris o.J.; Dillaye, Frédéric: Les jeux de la jeunesse. Leur origine, leur histoire et l'indication des règles qui les régissent. Paris 1885, S. 337.
56 Kropatschek, Sammlung der Gesetze ... Franz des II., 9. Bd., S. 235 f.; OÖLA, Herrschaftsarchiv Obernberg, Bd. 486, Fasz.20, Nr. 193, Z. 3690.
57p Lützenau, Handbuch, II, S. 385; G.D. Heumanns Stich abgebildet in Günther G. Bauer und Heinz Verfondern: Barocke Zwergenkarikaturen von Callot bis Chodowiecki. Salzburg 1991, S. 62.
58 Hofdienst und Hofleben (1664, Februar – April). Aufzeichnung des Grafen Friedrich v. Herberstein über seinen Aufenthalt, sein Leben und seine Dienste am Hofe Kaiser Leopold's I. zu Regensburg. In: Steiermärk. Geschichtsblätter, IV. Jg. (1883), 3. H., S. 133–140; OÖLA, Herrschaftsarchiv Weinberg, Bd. 20, A/14 (Polizeisachen): Extract Deß Modi practicandi von Spill=Collecten Mitel« (1709); Labet-Karten werden erwähnt im Patent vom 22. Juni 1759 zur Besteuerung von Spielkarten (zit. in: Reisinger, Klaus: Der oesterreichische Spielkarten-Steuerstempel und andere Mitteilungen. Wien 1990, S. 29); [Richter], Briefe eines Eipeldauers, Jg. 1807, 11. H., S. 29; Salzburger Landesarchiv, Hofrat Generale Nr. 39: »Auszug der durch Zirkular=Befehl vom 25. November 1783 von allen Pfleg-, Stadt- und Landgerichten anbefohlenen, und eingelangten Berichten das hohe Spielen der Baursleute betreffend«; OÖLA, Stadtarchiv Freistadt, Sch. 441, Fasz. 5 (Circulare vom Kreisamt des Mühlviertels an sämtliche Obrigkeiten, 24. Jänner 1787); Lützenau, Handbuch, II, S. 396, 409; Seelig, Glücksspielstrafrecht; OÖLA, Herrschaftsarchiv Aschach-Stauff, Sch. 79, Fasz. 26 (Protokoll 1832); Verordnung des Bundeskanzleramtes vom 30. April 1923, LGBl. Nr. 253, über die verbotenen Spiele: In der mir zugänglichen gedruckten Fassung steht fälschlicherweise 1/8 statt 1/3; AVA, P.-H. 3939/1814. Abraham a Sancta Clara, Judas, T. 1, S. 375: »Wer spielt, und nicht betrügen kan, ist schon Labet, eh er fängt an.« – Zu Varianten des Zwickens vgl. Parlett, Card Games, S. 186 f., und Claus D. Grupp: Glücksspiele aus aller Welt. Leinfelden 1972, S. 69 ff. – Beim Loo verlor Karl von Zinzendorf 1771 in Graz einmal 40 fl. (Hans Wagner: Karl von Zinzendorf in Graz. In: Siedlung, Wirtschaft und Kultur im Ostalpenraum. Festschrift Fritz Popelka, hg. von Fritz Posch. Graz 1960, S. 179–188, hier S. 186).

Quellen und Literatur

Ungedruckte Quellen:

Österreichisches Staatsarchiv:
AdR = Archiv der Republik
    BKA = Bundeskanzleramt
    Justiz = k. k. Justiz-Ministerium
    BMF = Bundesministerium für Finanzen
    BMI = Bundesministerium für Inneres
    Stiko = Stillhaltekommissar
AVA = Allgemeines Verwaltungsarchiv
    Polizei-Hofstelle
    Pergen-Akten
    Hofkanzlei
    Oberste Polizei-Behörde
HHStA = Haus-, Hof- und Staatsarchiv
Frankreich, Varia (X–XII) 1766–71, Ktn. 34, fasz.45, fol. 102–210: Memoire de Mr. de Sartine [Antoine Gabriel, comte d'Alby] sur la Police en France, en réponse aux questions qui lui ont été adressées par Mr. le comte de Mercy d'ordre de sa cour. [1768]
ZINZENDORF, Karl Graf von: Journal 1761
OMeA = Obersthofmeisteramt, Sonderreihe, Varia, Kt. 369 (Nr. 7: 1759–1786: Theater)
St.K. = Staatskanzlei
HKA = Hofkammerarchiv
    HZA = Hofzahlamtsbücher
NÖLA = Niederösterreichisches Landesarchiv
    Abt. G (Polizei)
Stadtarchiv Baden
NSA = Niedersächsisches Staatsarchiv in Bückeburg:
    K 2 (Jüngeres Kammerarchiv) V Nr. 24–26 (Verpachtungssachen)
    L 3 (Neuere Regierungsregistratur) Lg Nr. 154 (Landtag 1848/49–XXII)
SLA = Salzburger Landesarchiv
    Landesregierung Salzburg. Spielkasino in Salzburg
Stadtarchiv Salzburg
Gemeindearchiv Badgastein
    Sitzungs-Protokolle des Gemeinde-Ausschußes vom 6. 4. 1917–16. 4. 1921
    Rechtssektionsprotokolle 29. April 1936–3. März 1938
OÖLA = Oberösterreichisches Landesarchiv
    Weinberger Archivalien
    Herrschaftsarchiv Leonstein
    Herrschaftsarchiv Aschach-Stauff
    Herrschaftsarchiv Obernberg
    Herrschaftsarchiv Neuhaus

Quellen und Literatur

> Herrschaftsarchiv Freistadt
> Stadtarchiv Freistadt
> Herrschaftsarchiv Götzendorf
> Herrschaftsarchiv Steyr

Gemeindearchiv Pörtschach
> Protokolle des Gemeinderats

Stiftsarchiv Klosterneuburg

StLA = Steiermärkisches Landesarchiv

TLA = Tiroler Landesarchiv
> Landesregierung für Tirol, Präsidialkanzlei: Spielbanken – Errichtung in Tirol

Stadtarchiv Innsbruck:
> Protokolle der Sitzungen des Innsbrucker Gemeinderates 1922/23
> Sitzungs-Protokolle des Kur- und Fremdenverkehrs-Vereins

VLA = Vorarlberger Landesarchiv
> Bestand I a 708/1933 (Verbotene Spiele)

Stadtarchiv Villach
> Gemeinderatsprotokolle 1936

WStLA = Wiener Stadt- und Landesarchiv
> A.R. = Berichte

WStLB = Wiener Stadt- und Landesbibliothek, Handschriftenabteilung
> PERTH, Mathias: Tagebücher.

Staatsarchiv der Freien Hansestadt Hamburg

Casinos Austria A.G., Firmenarchiv (Benützung mit freundlicher Genehmigung)

Gedruckte Quellen
(Die Autoren der Zeitungsartikel sind in den Anmerkungen vollständig zitiert.)

ABRAHAM a Sancta Clara: Judas Der Ertz-Schelm/ Für ehrliche Leuth/ Oder: Eigentlicher Entwurff/ und Lebens-Beschreibung deß Iscariotischen Bößwicht […]. 4 Teile, Salzburg 1686–1695.

ABRAHAM a Sancta Clara: Wunderwürdiges gantz neu ausgehecktes Narren-Nest […] Wien 1751.

ABRAHAM a Sancta Clara: Abrahamisches Gehab dich wohl. Wien und Nürnberg 1729.

ADELUNG, Johann Christoph: Versuch eines vollständigen grammatisch-kritischen Wörterbuches der Hochdeutschen Mundart […] Leipzig 1774 ff.

ANGELI, Moriz Edler von: Altes Eisen. Intimes aus Kriegs- und Friedensjahren. Stuttgart 1900.

[ANONYM:] An Account for the Endeavours That Have Been Used to Suppress Gaming-Houses. And of the Discouragements That Have Been Met With. In A Letter to A Noble Lord. London 1722.

[ANONYM:] Annuaire des eaux et des jeux pour 1863. Spa o.J.

[ANONYM:] L'Antidote ou le contrepoison des chevaliers d'industrie, ou joueurs de profession. […] Venedig 1768.

[ANONYM:] A propos de la Question des Jeux. Les Jeux dans les Lieux publics en France et en Suisse. Ostende o.J. [1900]

[ANONYM:] Aufgefangene Briefe, von den Geheimnissen der falschen Spieler, eine Entdeckung für das Vaterland und die Menschenliebe. Frankfurt und Leipzig 1768.

[ANONYM:] Bilder aus Oesterreich. o.J. [ca. 1870]

[ANONYM:] Briefe buntschäkigsten Innhalts den Zeitläuften gemäß geschrieben im Jahr 1784 [...]. Frankfurt und Leipzig 1788.
[ANONYM:] Briefe über die Würkung des Kartenspiels in Europa. In: Teutscher Merkur, Jänner 1777, S. 33–55.
[ANONYM:] Denonciation faite au public, sur les dangers du jeu [...]. Paris 1791.
[ANONYM:] Des maisons de jeux de hasard, et de la nécéssicité de les fermer sur-le-champ. Paris 1814.
[ANONYM:] Dissertation touchant le divertissement convenable et bien-seant aux écclesiastiques. Paris 1684.
[ANONYM:] Der glückliche Lottospieler, oder Anweisung wie man mit Verstand in die Lotterie spielen soll. Von einem Mathematiker allen Freunden des Lottospiels gewidmet. Graz 1794.
[ANONYM:] Histoire des jeux publics au XVIIIe siècle. In: Le Palamède, t.2 (1837) S. 528–533.
[ANONYM:] Les jeux publics. In: Le Palamède, t. 3 (1838) S. 49–57
[ANONYM:] Komische Briefe des Hans=Jörgel von Gumpoldskirchen an seinen Schwager in Feselau über Wien und seine Tagsbegebenheiten. Wien 1843.
[ANONYM:] Die Kunst die Welt erlaubt mitzunehmen in den verschiedenen Arten der Spiele, so in den Gesellschafften höhern Standes, besonders in der Kayserl. Königl. Residenz-Stadt Wien üblich sind. [...] Wien und Nürnberg 1756. [Neuauflage 1769]
[ANONYM:] Liste de maisons de jeux, académies, tripots, banquiers, croupiers, bailleurs de fonds, joueurs de profession, honnêtes ou fripons, Grecs, Demi-Grecs, racoleurs de dupes [...] Par un joueur dupé. o. O. [Paris] 1791
[ANONYM:] Les misteres du Pharaon devoilés ou l'art du banquier de Pharaon en comparaison avec les finesses des pointeurs. Suivi d'anecdotes et d'une chronique des banques. Leipsic o.J. (ca. 1800)
[ANONYM:] Die Mystères des grünen Tisches oder der Europäische Bohon Upas bestehend in Beobachtungen und Bemerkungen gesammelt an den Spielbanken in Aachen, Alexisbad, Baden, Doberan, Ems, Homburg, Kissingen, Köthen, Pyrmont, Schwalbach, Schlangenbad, Wiesbaden und Wilhelmsbad während den letzten zwanzig Jahren. [...] Giessen 1845.
[ANONYM:] Observation sur les jeux de Spa. o. O. o.J. [1787]
[ANONYM:] Son Altesse La Roulette dévoilée par Elle-Même. Paris o.J. [1903?]
[ANONYM:] Das Spiel und die Spieler. In: Wiener Theaterzeitung, 50. Jg. (1856) Nr. 209, S. 847 und Nr. 225, S. 911 f.
[ANONYM:] Die Spieler im Glück und Unglück. Wien 1811.
[ANONYM:] Spielerleben und Gaunerkniffe nebst Anekdoten aus der Spielerwelt, zur Belehrung und Warnung. Herausgegeben von einem ehemaligen Spieler. Gotha 1813.
[ANONYM:] Spielsucht der Pariser. In: London und Paris. Weimar 1799 (= 2. Jg., Nr. 5), S. 62–79.
[ANONYM:] Ueber den Nutzen des Spiels. In: Hannoverisches Magazin, 56. St. (1788) Sp. 881–896, 57. St. (1788) Sp. 897–904.
[ANONYM:] Uiber verschiedene Mißbräuche bei den Handwerken und Zünften. Wien 1781.
[ANONYM:] Vernünfftige= und Gesätz=mässige Bedancken von dem Spielen / oder sogenannten Kurtzweilen / darinnen was eigentlich von dem Spielen / von dem Gebrauch und Mißbrauch desselben zu halten / gezeiget [...]. Schaffhausen 1727.
[ANONYM:] Der verrathene und von allen seinen trüglichen Geheimnissen entblößte falsche Spieler, Eine Abhandlung, darinnen die Verfälschung der Würfel, das Mischen und Zeichnen der Karten, Voltenschlagen, Comorre im Basset, Riegeln im Pharo und alle übrigen Betrügereyen dem Publico entdeckt werden [...]. Zweite und vermehrte Auflage. [o. O.] 1776.
[ANONYM:] Das Zeitkürtzende Lust- und Spiel-Hauß Darinnen Der Curiose Weltberühmte Künstler Vorstellet Eine SchatzKammer Rarer Künste und Spiele. Zu Kunstburg in diesem Jahr. [Leipzig 1690?]

ANTON, Friedrich: Encyclopädie der Spiele, enthaltend die bekanntesten Karten-, Bret-, Kegel-, Billard-, Ball-, Rasen-, Würfel-Spiele und Schach. [...] 3. Aufl. Leipzig 1879.
ARNDT, Ernst Moritz: Reisen durch einen Theil Teutschlands, Ungarns, Italiens und Frankreichs in den Jahren 1798 und 1799. Zweite verbesserte und vermehrte Auflage. Leipzig 1804. 4 Teile.
ARNETH, Alfred Ritter von [Hg.]: Maria Theresia und Maria Antoinette. Ihr Briefwechsel. 2. verm. Aufl., Leipzig/Paris/Wien 1866
AUSSCHUSS der Bürger, Nationalgarden und Studenten zur Aufrechterhaltung der Ordnung und Sicherheit und für Wahrung der Volksrechte: Kundmachung in Bezug auf die verbotenen Spiele. Wien am 25. Juni 1848. [Österr. Nationalbibliothek, Flugblattsammlung 1848/124/7]

BAHRDT, Carl Friedrich: Handbuch der Moral für den Bürgerstand. Tübingen 1789.
BARBEYRAC, Jean: Tractat vom Spiel, worinn die vornehmsten zum Recht der Natur, und zur Sitten-Lehre, gehörige Puncte, so Beziehung haben mit dieser Materie, untersucht werden; [...]aus dem Frantzösischen übersetzt, von Jacob Wilhelm Lustig, Hamburg. Bremen 1740. [Übers. nach der 2., erw. Aufl., Amsterdam 1737]
BARTH-BARTHENHEIM, J.L.E.Graf von: System der österreichischen administrativen Polizey, mit vorzüglicher Rücksicht auf das Erzherzogtum Oesterreich unter der Enns. Bd. 2, Wien 1829.
BAUER, Wilhelm A. und Otto Erich DEUTSCH (Hg.): Mozart. Briefe und Aufzeichnungen. IV Bde., Kassel usw. 1962 ff.
BERGIUS, Johann Heinrich Ludwig: Policey- und Cameral-Magazin [...]. 8. Bd. [=S,T] Frankfurt am Mayn 1774.
Stenographischer BERICHT über die Verhandlungen der deutschen constituirenden Nationalversammlung zu Frankfurt am Main [1848/49].
Stenographische BERICHTE über die Verhandlungen des Reichstages des Norddeutschen Bundes. Jahrgang 1867.
BERNOULLI, Jacob: Ars conjectandi, opus posthumum. Basel 1713.
BITTERMANN: Die Spielgesellschaft in Wien. Wien 1783.
BLAHA, Dr. v.: Chabert, Benazet und die Gebrüder Blanc, oder die Geheimnisse des Roulettespiels und der deutschen Spielbanken. Ein Beitrag zur genaueren Kenntniß der Hazardspiele, ihrer Berechnung, Chancen und letzten Resultate. Grimma 1846.
BLANKENFELD, Arnold: Monte Carlo. Land und Leute. Spiel und Spieler. Berlin [1913].
BOCCARDO, Girolamo: Memoria [...] in risposta al quesito: »Considerata l'influenza morale e fisica che hanno avuto sull'umano consorzio gli spettacoli, i giuochi [...]. Milano 1856.
BOGATZKY, Carl Heinrich von: Schriftmässige Beantwortung der Frage: Was von dem weltüblichen Tanzen und Spielen zu halten sey und ob es nicht mit zur Christlichen Freyheit gehöre? als ein Anhang zu den Betrachtungen von der Freyheit der Gläubigen vom Gesetz [...] Halle 1750.
BÖRNE, Ludwig: Schilderungen aus Paris. (1822–1824) IV: Das Gastmahl der Spieler. In: ders.: Sämtliche Schriften. Neu bearb. und hg. von I. und P. Rippmann. 2. Bd., Düsseldorf 1964, S. 20–28.
BOZENHARD, E[manuel]: Bemerkungen auf einer Reise von Kopenhagen nach Wien im Jahr 1793 [...]. Hamburg 1795.
BRANDES [Ernst]: Ueber die gesellschaftlichen Vergnügungen in den vornehmsten Städten des Churfürstenthums. In: Annalen der Braunschweig-Lüneburgischen Churlande. 3. Jg. (1789) 4. St., S. 761–800.
BRANDES, E[rnst]: Ueber den Zeitgeist in Deutschland in den letzten Decennien des vorigen Jahrhunderts. Hannover 1808.
BREIKOPF, Johann, G. E.: Versuch, den Ursprung der Spielkarten, die Einführung des Leinenpapiers, und den Anfang der Holzschneidekunst in Europa zu erforschen. Leipzig 1784.

BRIEFE der Herzogin Elisabeth Charlotte von Orleans. In Auswahl hg. durch Hans F. Helmond. 2 Bde. Leipzig 1908.
BRIEFE der Kaiserin Maria Theresia an ihre Kinder und Freunde. Hg. von Alfred Ritter von Arneth. 4 Bde. Wien 1881.
BROCKHAUS-Real-Encyclopädie. (Verschiedene Auflagen seit 1827) bzw.
BUCHHOLZ, Friedrich: Gallerie Preussischer Charaktere. (1808) Frankfurt am Main 1979.

CONVERSATIONS-LEXIKON der Gegenwart. [= 9. Aufl., 1838–41]
[CAILLIÈRE, Rudolph de:] The Courtier's Calling: Shewing the Ways of making a Fortune, and the Art of Living at Court [...] London 1675.
CASANOVA, Giacomo: Geschichte meines Lebens. Hg. von Erich Loos. 12 Bde., Berlin [o. J.]
CHÉZY, Wilhelm von: Die sechs noblen Passionen. Festgeschenk für junge Cavaliere. Stuttgart 1842.
CODICIS AUSTRIACI [...] Wien 1704 ff.
COLQUHOUN, P[atrick]: Ueber Londons Polizey besonders in Bezug auf Verbesserungen und Verhütungsmittel der Verbrechen. 1. Bd., Leipzig 1800.
[COTTON, Charles:] The Compleat Gamester: Or, Instruction How to Play at Billiards, Trucks, Bowls and Chess. [...] London 1674. [Reprint London 1972].
CZEIPEK, Philipp [alias Sidney Ready]: Spielbanken und der Weg zum Glück am grünen Tisch. Graz 1913.
CZEIPEK, Philipp [alias Sidney Ready]: Glücksspiele – Gewinstchancen. Monte Carlo. Graz 1913.

DETREY, Daniel: Réflexions sur le jeu à l'occasion d'une résolution du Grand Conseil, rejettée par le Sénat. Lausanne 1799.
DOHNA-SCHLOBITTEN, Graf Hermann zu: Die freien Arbeiter im Preußischen Staate. (1847) In: Jürgen Kuczynski: Bürgerliche und halbfeudale Literatur aus den Jahren 1840 bis 1847 zur Lage der Arbeiter. S. 89–92. Berlin 1960 [= Ders.: Die Geschichte der Lage der Arbeiter unter dem Kapitalismus, T. 1, Bd. 9]
DOSTOJEVSKIJ, Fjodor M.: Der Spieler. (1867) Reinbek b. Hamburg 1960.
DR. MONACO [Pseud.]: Teufelsspiegel. Einblick in das falsche Kartenspiel und Falschspiel überhaupt. Ein Präservativ gegen die Spielwuth. Uebers. aus dem Ungarischen und hg. von V. Kurz. Pancsova 1896.
DUSAULX, J.: De la passion du jeu, depuis les temps anciens jusqu'à nos jours. Paris 1779. (deutsch: Gedanken über die Leidenschaften beym Spiele, aus dem Französischen. Breslau 1781.)

EBERSBERG: Der Mensch und das Geld. Wohlgemeynte Rathschläge, Geld redlich zu erwerben, es klug zu erhalten und weise zu verwenden. [...] Wien 1826
[EICHLER, Andreas Chrysogon:] Die Polizei praktisch; oder: Handbuch für Magistrate, Wirtschaftsämter [...]. Prag 1794.
EINZINGER, Leopold: Von den Kirchtägen in den Wienervorstädten. Ein nöthig gefundener Nachtrag zu den Beyträgen zur Schilderung Wiens. Wien o. J. [1782].
EIPELDAUERBRIEFE siehe Joseph RICHTER.
EISNER, Lotte H.: Die dämonische Leinwand. (frz. 1952) Frankfurt am Main 1980 [= Fischer Cinema 3660]
ERSCH, J.S. und J.G. GRUBER (Hg.): Allgemeine Encyclopädie der Wissenschaften und Künste [...]. Leipzig 1818–1850.

FALLADA, Hans: Wolf unter Wölfen. (1937) Hamburg 1986 [rororo 1057]
FEINLER, Johann: Triga Satanica. Das ist, Der Sauff- Spiel- und Huren-Teuffel [...]. Leipzig 1669.

Quellen und Literatur

FENNER VON FENNEBERG, Fr.[eiherr Ferdinand]: Oesterreich und seine Armee. Leipzig o. J. [1847]
[FETZER, Johann Jakob:] Reine Wahrheiten vom Verfaßer der Wahrscheinlichkeiten. Stralsund [Wien?] 1786.
FISCHER, Johann Heinrich: Beschreibung der vorzüglichsten Volksfeste, Unterhaltungen, Spiele und Tänze der meisten Nationen in Europa. Wien 1799.
FISCHER, Julius Wilhelm: Reisen durch Oesterreich, Ungarn, Steyermark, Venedig, Böhmen und Mähren, in den Jahren 1801 und 1802. 3 Bde. Wien 1803.
FLORINUS, F.P.: Oeconomus prudens, oder: Allgemeiner, kluger und rechtsverständiger Hausvater. Nürnberg, Frankfurt und Leipzig 1719.
FOLZ, Hans: Von eynem Spiler [1485].
FORSTMANN: siehe WIEN wie es ist.
FOURNIER, August: Die Geheimpolizei auf dem Wiener Kongreß. Eine Auswahl aus ihren Papieren. Wien/Leipzig 1913.
FRANK, Bernhard: Die Spielhölle(n) in Wiesbaden. In: Die Gartenlaube, Jg. 1864, Nr. 3, S. 41–44 und S. 712–716.
[FRITSCH, Ahasver:] Eine Christliche Societät und Gesellschaft wider die [...] drey Laster des Fluchens, Vollsaufens und Hohen Spielens [...]. Nordhausen 1700.
FRÖHLICH, Rudolph: Die gefährlichen Classen Wiens. Wien 1860.
FUGGER, Fürstin Nora: Im Glanz der Kaiserzeit. Zürich/Leipzig/Wien 1932
FUHRMANN, Mathias: Alt= und Neues Oesterreich, Oder Compendieuse Particular-Historie Von denen auserlesensten Denckwürdigkeiten: Geist= und Weltlich= Oesterreichischen Geschichte bis auf diese Zeiten. Anderer Theil. [...] Wien 1735.
FUHRMANN, Mathias: Alt- und Neues Wien, oder Dieser Kayserlich- und Ertz-Lands-Fürstlichen Residentz-Stadt Chronologisch- und Historische Beschreibung [...]. 2 Bde. Wien 1738/9.

DIE GARTENLAUBE. Illustriertes Wochenblatt. Jg. 1855–1894.
GARVE, Christian: Versuche über verschiedene Gegenstände aus der Moral, der Litteratur und dem gesellschaftlichen Leben. 5 Teile. Breslau 1802.
GARZONI, Tommaso: Piazza Universale: oder Allgemeiner Schawplatz aller Künst, Professionen und Handtwercken. Frankfurt am Main 1641.
GEISLER, Adam Friedrich: Skizzen aus dem Karakter und Handlungen Josephs des zweiten itzregierenden Kaisers der Deutschen. [...] Halle 1790.
GENTZ, Friedrich von: Tagebücher. Aus dem Nachlaß Varnhagen's von Ense. Leipzig 1861.
GEORGENS, Jan Daniel und Jeanne Marie von GAYETTE-GEORGENS (Hg.): Allgemeines Familien-Spielbuch. [...]. Leipzig und Berlin 1882.
GEUSAU, Anton Ritter von: Historisches Tagebuch aller merkwürdigen Begebenheiten, welche sich vor, während und nach der französischen Invasion der k.k. Haupt- und Residenzstadt Wien in dem Jahr 1809 zugetragen haben. Wien 1810.
GEUSAU, Anton Ritter von: Historisch-topographische Beschreibung der landesfürstlichen Stadt Baaden [...]. Wien und Baden 1802.
GLEIRSCHER, Mathias: Volksfeste Alt-Wiens. Wien 1878.
GOETHE, Johann Caspar: Reise durch Italien im Jahre 1740. Hg. von der Deutsch-Italienischen Vereinigung, Frankfurt am Main/München 1986.
GOLDONI, Carlo: »Meine Helden sind Menschen«: Memoiren. Frankfurt am Main 1987.
[GOUDAR, Ange:] L'Histoire des Grecs, ou de ceux qui corrigent la Fortune au jeu. London 1758.

GOUTTA, Wilhelm Gerhard: Fortsetzung der von Joseph Kropatschek verfaßten Sammlung der Gesetze […] Wien

GRÄFFER, Franz: Kleine Wiener Memoiren: Historische Novellen, Genreszenen, Fresken, Skizzen, Persönlichkeiten und Sächlichkeiten, Anecdoten und Curiosa, Visionen und Notizen zur Geschichte und Characteristik Wien's und der Wiener, in älterer und neuerer Zeit. 3 Theile. Wien 1845.

GRILLPARZER, Franz: Reisetagebücher. Hg. von R. Walbinger. Wien o. J.

GRIMM, Jacob und Wilhelm: Deutsches Wörterbuch. Leipzig 1854 ff.

[GRIMM, Jakob und Wilhelm]: De Spielhansl. In: Kinder- und Hausmärchen. Ausgabe letzter Hand mit den Originalanmerkungen der Brüder Grimm. Hg. von H. Rölleke. Bd. 1, Nr. 83. Stuttgart 1984.

GRIMMELSHAUSEN, Hans Jakob Christoffel von: Der Abenteuerliche Simplicissimus Teutsch.(1668) München 1976 [= dtv 2004]

GRÜNDORF VON ZEBEGÉNY, Wilhelm Ritter von: Memoiren eines österreichischen Generalstäblers 1832–1866. Hg. von Adolf Saager. Stuttgart 1913. [= Memoiren Bibliothek IV. Serie, 12. Bd.]

GUARINONIUS, Hyppolitus: Die Grewel der Verwüstung Menschlichen Geschlechtes. Ingolstadt 1610.

[GUEVARA, Antonio de:] Von Beschwerligkeit vnnd vberdruss deß Hofflebens: vnd Lob deß feldbaws oder Landtsitzes. Amberg 1599.

GUTZKOW, Karl: Rückblicke auf mein Leben. In: Gutzkows Werke. Hg. von Reinhold Gensel. 9. Teil. Berlin/Leipzig/Wien/Stuttgart o. J.

HÄMMERLE, Heinrich: Handbuch über die Polizei-Gesetze und Verordnungen. Wien 1865.

HANDZEICHNUNGEN aus dem Kreise des höhern politischen und gesellschaftlichen Lebens. Zur Charakteristik der letzten Hälfte des achtzehnten Jahrhunderts. Neue Auflage (o. O.) 1816.

HARSDÖRFFER, Georg Philipp: Frawen=Zimmer Gespräch=Spiel. [Titel des 1. Teils] 8 Teile, Nürnberg 1641/2–1649.

HARTMANN, Ludwig: Spielteuffel in 3. Theilen/Von Gewinnsüchtigen Spielens Beschaffenheit/Mannigfaltigkeit und Abscheulichkeit […] Nürnberg 1678.

HEMPEL-KÜRSINGER, Johann Nepomuk Freiherr von (Hg.): Alphabetisch-chronologische Übersicht der k. k. Gesetze und Verordnungen vom Jahre 1740 bis zum Jahre 1821 […]. Wien 1826/27.

[HESLER, E. F.:] Das Leben eines Farospielers. Leipzig 1794.

HOFFMANN, Ernst Theodor Amadeus: Spielerglück. In: ders.: Das Fräulein von Scuderi und andere Erzählungen. München o. J. [=Goldmann 7546]

HÖNN, Georg Paul: Betrugs-Lexicon, worinn die meisten Betrügereien in allen Ständen, nebst denen darwider guten Theils dienenden Mitteln, entdecket. Coburg 1724.

[HOFFMANN, Heinrich:] Dr. Polykarpus Gastfenger: Der Badeort Salzloch, seine Jod-, Brom-, Eisen- und Salzhaltigen Schwefelquellen und tanninsauren animalischen Luftbäder nebst einer Apologie des Hasardspiels. Frankfurt am Main 1860.

HÜBNER, Lorenz: Beschreibung des Erzstiftes und Reichsfürstenthumes Salzburg in Hinsicht auf Topographie und Statistik. Salzburg 1796

HUYN, P[ierre] N[icolas]: La Théorie des jeux de hazard, ou Analyse du Krabs, du Passe-dix, de la Roulette, du Trente & Quarante, du Pharaon, du Biribi & du Lotto. o. O. 1788.

[JACOBI, Johann Friedrich:] Vertheidigung der Spiele, Tänze, Schauspiele und anderer irdischen Lustbarkeiten nebst einer Anweisung, wie man an selbigen ohne Versündung Antheil nehmen könne. [o. O.] 1770.

JACQUES, Norbert/ LANG, Fritz: Dr. Mabuse, der Spieler. Roman/Film/Dokumente. Hg. von Günter Scholdt. St. Ingbert 1987.

J.D.R.: Considerations critiques sur les jeux de hasard par un voyageur J. D. R. Köln 1764.
JEAN CHARLES [d. i.: Johann Carl Braun von Braunthal]: Wien und die Wiener, ihr öffentliches und häusliches, geistiges und materielles Leben. Stuttgart 1840.
JENNE'S Reisen von St. Petersburg bis Malta und von der Donaumündung bis in den Quadalqivir [...]. T.1, Frankfurt am Main/Leipzig 1790.
JOCHMANN, Carl Gustav: Die Glücksspiele. In: Carl Gustav Jochmann's von Pernau Reliquien. Aus seinen nachgelassenen Papieren. Gesammelt von Heinrich Zschokke. 2. Bd. Hechingen 1837.
JOHNE, G. Ferd.: Hazardspiele. In: Oesterreichischer Courier. Wiener Allgemeine Theaterzeitung. Jg. 1849, Nr. 87, S.347 f.
JUSTI, Johann Heinrich Gottlob von: Grundsätze der Policey-Wissenschaft [...]. Zweyte [...] Auflage. Göttingen 1759.
JUSTI, Johann Heinrich Gottlob von: Ausführliche Abhandlung von denen Steuern und Abgaben [...]. Leipzig 1762. [Faksimile-Druck nach dem Original von 1762.] Wiesbaden 1977 [= Gablers ökonomische Klassiker]

KALISCH, Ludwig: Pariser Spielhöllen. In: Die Gartenlaube, Jg. 1872, S. 109–112.
KALISTA, Zdeněk (Hg.): Korespondence císaře Leopolda I. s Humprechtem Janem Černinem z Chudenic. Prag 1936.
KALTENBAECK, J. P.: Die österreichischen Rechtsbücher des Mittelalters. Erste Reihe: Die Pan- und Bergtaidingbücher, 2 Bde., Wien 1848 f.
KANT, Immanuel: Anthropologie in pragmatischer Hinsicht. (1798) Hg. und eingeleitet von W. Becker. Stuttgart 1983 [=Reclams U.-B. 7541]
KAPFF, [Prälat Sixt Carl]: Das Hazardspiel und die Nothwendigkeit seiner Aufhebung. Stuttgart 1854.
[KARSTEN, Franz Christian Lorenz:] Offenherzige Schilderung der Müssiggänger und Taugenichts in London zur Warnung für deutsche Müssiggänger und Taugenichts. 2 Teile, London 1788.
KERN, Arthur (Hg.): Deutsche Hofordnungen des 16. und 17. Jahrhunderts. 2 Bde. Berlin 1905.
KEYSSLER, Johann Georg: Fortsetzung Neueste Reisen durch Teutschland, Böhmen [...]. Hannover 1741.
KHEVENHÜLLER-METSCH, Johann Josef: Aus der Zeit Maria-Theresias. Tagebuch des Fürsten J. J. K.-M. 1742–1776, hg. von Rudolf Graf Khevenhüller-Metsch und Hanns Schlitter. 7 Bde., Wien und Leipzig 1907–1925; Bd. 8: 1774–1780, hg. von Maria Breunlich-Pawlik und Hans Wagner. Wien 1972 [= Veröffentlichungen der Kommission für neuere Geschichte Österreichs. 56].
KIRCHNER, Paul Christian: Jüdisches Ceremoniel [...]. Nürnberg 1724.
KNAUST, Heinrich: Gegen und wider die Spitzbuben [...]. Erfurt 1575.
KNIGGE, Adolph Freiherr von: Über den Umgang mit Menschen. (1790) Frankfurt am Main 1977 [= insel taschenbuch 273Ä].
KÖSTER, H. M. G. (Red.): Deutsche Encyclopädie oder Allgemeines Real-Wörterbuch aller Künste und Wissenschaften von einer Gesellschaft Gelehrten. Frankfurt am Main 1778–1807.
KRIMINALSTATISTIK. Zahlenmäßige Darstellung der Rechtspflege. Hg. vom Bundesamte für Statistik. [Für die Jahre 1924–1936]
KROPATSCHEK, Joseph: Sammlung aller k. k. Verordnungen und Gesetze vom Jahre 1740 bis 1780. Wien 1786 f.
KROPATSCHEK, Joseph: Sammlung der Gesetze welche unter der glorreichen Regierung Kaisers Franz des II. [...] erschienen sind. Wien.
KRÜNITZ, Johann Georg (Hg.): Oeconomische Encyclopädie [ökonomisch-technologische Encyklopädie] oder allgemeines system der Staats-Stadt-Haus- und Landwirthschaft [...] Berlin 1773–1858.

KÜCHELBECKER, Johann Basilius: Allerneueste Nachricht vom Römisch-Kayserl. Hofe. […] Hannover 1730.
KÜTTNER, Carl Gotlob: Reise durch Deutschland, Dänemark, Schweden, Norwegen und einen Theil von Italien, in den Jahren 1797. 1798. 1799. 4 Tle., Leipzig 1801.

LA BRUYERE: Die Charaktere oder die Sitten des Jahrhunderts. Übersetzt von Otto Flake. Wiesbaden 1979.
LA GARDE, Graf Auguste de: Gemälde des Wiener Kongresses 1814–1815. München 1914. [= Denkwürdigkeiten aus Altösterreich, I. Unter der Leitung von Gustav Gugitz]
Verneuerte LANDES-ORDNUNG des Erb-Königreichs Böhmen. 1627. Prag 1888.
LAUKHARD, Friedrich Christian: Leben und Schicksale, von ihm selbst beschrieben und zur Warnung für Eltern und studierende Jünglinge herausgegeben. Ein Beitrag zur Charakteristik der Universitäten in Deutschland. 4 Teile. Halle 1792–1797.
LAURENTIUS von SCHNIFFIS: Lusus mirabiles orbis ludentis. Mirantische Wunder-Spiel der Welt […]. Kempten 1707.
LECLERC, Jean: Betrachtungen vom Glück und Unglück in Lotterien, Und wie selbiges wohl zu gebrauchen sey? Hamburg 1716.
LEHMANN, Friedrich Ernst: Tractatus Juridicis Theoretico-Practicus De Variis Ludendi Generibus, Eorumque Jure, Vom Spiel/ und dessen Rechte […]. Budissæ [1680]
LESSING, Gotthold Ephraim: Minna von Barnhelm oder das Soldatenglück. (1763) In: Lessings sämtliche Werke in sechs Bänden. Berlin/Leipzig o. J., 3. Bd.
LICHTENBERG, Georg Christoph: Betrachtungen über einige Methoden, eine gewisse Schwierigkeit in der Berechnung der Wahrscheinlichkeit beym Spiel zu heben. (1770) In: ders.: Schriften und Briefe. 6 Bde., hg. von W. Promies. Frankfurt a. M. 1994, Bd. 3, S. 9–23.
LICHTENBERG, Georg Christoph: Warum hat Deutschland noch kein großes öffentliches Seebad? (1793) In: ders.: Aphorismen, Schriften, Briefe. Hg. von W. Promies. München 1974. S. 255–262.
LICHTWER, Magnus G.: Blinder Eifer schadet nur! Fabeln, Lehrgedicht. (1758) Leipzig 1983 [= Reclams Bibliothek 101]
LITH, Johann Wilhelm von der: Neue vollständig erwiesene Abhandlung von denen Steuern und deren vortheilhafter Einrichtung in einem Lande […]. Ulm 1766.
LOCKE, John: Gedanken von der Erziehung der Kinder […]. Leipzig 1761.
LÖHNEYSS, Georg Engelhard: Aulico Politica. Remlingen 1622.
LOEN, Johann Michael von: Der Adel. Ulm 1752.
LOEN, Johann Michael von: Kleine Schriften. 3 Theile. Frankfurt und Leipzig 1751.
LORITZA; Carl: Neues Idioticon Viennense, das ist: Die Volkssprache der Wiener mit Berücksichtigung der übrigen Landesdialekte. Wien und Leipzig 1847.
LUCA, Ignaz de: Wiens gegenwärtiger Zustand unter Josephs Regierung. Wien 1787.
LÜTZENAU, Alois Edler von: Handbuch der Gesetze und Verordnungen, welche sich auf den zweiten Teil des Strafgesetzbuches über schwere Polizei-Uebertretungen beziehen. 3 Theile, Wien 1846.

MARIA THERESIA und Marie Antoinette. Ihr Briefwechsel. Hg. von Alfred Ritter von Arneth. 2., verm. Aufl. Leipzig/Paris/Wien 1866.
MARIE ANTOINETTE. Joseph II. und Leopold II. Ihr Briefwechsel. Hg. von Alfred Ritter von Arneth. Leipzig/Paris/Wien 1866.
MARPERGER, Paul Jacob: Beschreibung der Messen und Jahrmärkte. Leipzig 1711.
MARPERGER, Paul Jacob: Montes Pietatis […]. Neue verbesserte Auflage […] herausgegeben von Joh. H. Gottl. von Justi. Leipzig, Ulm 1760.

MARTELLO, Tullio: Considerazioni in difesa del giuoco d'azzardo legalmente disciplinato. Padova 1914.
MARX, Karl: Briefe. [= MEW 35] Berlin 1978.
MAYRHOFER, Ernst: Handbuch für den politischen Verwaltungsdienst in den im reichsrathe vertretenen Königreichen und Ländern [...]. 4. Bd., hg. von Graf Anton Pace. 5. Aufl., Wien 1898.
[MEISSNER, August Gottlieb:] Reise nach den Bade=Oertern Karlsbad, Eger und Töplitz im Jahre 1797. In Briefen. Leipzig 1798.
DER DEUTSCHE MERKUR. (Hg. von Ch. M. Wieland) Weimar 1773–1810.
MEURS, Jan van: Graecia ludibunda. Sive, de ludibus graecorum, liber singularis. Leiden 1625.
MOHL, Robert von: Die Polizei-Wissenschaft nach den Grundsätzen des Rechtsstaates. 1. Bd. Tübingen 1844.
MONTAGU, Lady Mary: Briefe aus Wien. Übertragen und hg. von Maria Breunlich. Wien 1985.
MOORE, John: Abriß des gesellschaftlichen Lebens und der Sitten in Frankreich, der Schweiz und Deutschland. 2. Aufl., Leipzig 1785.
MÖSER, Justus: Patriotische Phantasien. (1774 ff.) Stuttgart 1970. [= Reclams Universal-Bibliothek 683–684a].
MORTON, Charles: The Gaming-Humor Considered, and Reproved. Or, The Passion-Pleasure, and Exposing Money to Hazard by Play, Lot, or Wager, Examined. London 1684.
MOZART. Briefe und Aufzeichnungen. Ges. u. erl. von Wilhelm A. Bauer und Otto Erich Deutsch. 4 Bde., Kassel usw. 1962 f.
MULTATULI [d. i. Eduard Douwes Dekker]: Millionen-Studien. Minden 1900.
MÜNIG, K.: Skizzen, Freskobilder u. Genreszenen aus dem Wiener Volksleben. Wien 1846.

NEINER, Johann Valentin: Neu ausgelegter Curioser Tändl-Marckt [...] Wien 1734.
NICOLAI, Friedrich: Beschreibung einer Reise durch Deutschland und die Schweiz im Jahre 1781. Nebst Bemerkungen über Gelehrsamkeit, Industrie, Religion und Sitten. 12 Bde., Berlin und Stettin 1783–1798.
NORMANN, Hans [Pseud. für Johann Gross-Hoffinger]: Wien wie es ist. 2 Teile, Wien 1833.
NÜTZLICHER ZEITVERTREIB für Oesterreichs Bürger. Wien 1786.

OTTONELLI, Giovanni Domenico: Parenesi prima a' Givocatori di Carte, ò di Dadi, e contiene Conclusioni Morali, e Casi seguiti circa il Giuoco [...]. Florenz 1659.

PERRIERES, Carle des: Paris qui joue et Paris qui triche. Paris 1885.
PEZZL, Johann: Skizze von Wien. 3. Aufl. Wien und Leipzig 1787.
PHILIPPI, Johann Albrecht: Der vergrößerte Staat. Berlin 1771.
PIERER, H. A. (Hg.): Universal-Lexikon der Gegenwart und Vergangenheit oder neuestes encyclopädisches Wörterbuch der Wissenschaften, Künste und Gewerbe. Altenburg 1851.
[PILATI DI TASSULO, Carlo Antonio:] Reisen in verschiedene Länder von Europa, in den Jahren 1774, 1775 und 1776; oder Briefe, die aus Deutschland, der Schweiz, Italien, Sicilien und Paris geschrieben worden. Aus dem Französischen. 1. Teil. Leipzig 1778.
PLATTER, Thomas: Beschreibung der Reisen durch Frankreich, Spanien, England und die Niederlande 1595–1600, hg. von Ruth Kaiser, 2 Bde., Basel/Stuttgart 1968 [= Basler Chroniken 9].
[PÖLLNITZ, Carl Ludwig Freiherr von:] Des Freyherrn von Pöllnitz Brieffe Welche Das merckwürdigste von seinen Reisen und die Eigenschaften derjenigen Personen woraus die vornehmsten Höfe von Europa bestehen, in sich enthalten. 3 Bde. Frankfurt am Main 1738.
[PÖLLNITZ, Carl Ludwig Freiherr von:] Amusemens des Eaux de Spa, Oder Vergnügungen und Ergötzlichkeiten, Bey denen Wassern zu Spaa. Frankfurt und Leipzig 1735.

Der Statt Straßburg POLICEYORDNUNG. 1628.
POLIZEY-ORDNUNG für die Armee in Deutschland. Kaiserliches Hauptquartier zu Schönbrunn, den 8ten Junius 1809.
Die POLIZEI-VERWALTUNG Wiens.[1874–1892] [für d. J. 1871 und 1873: Die Amtsthätigkeit der k.k. Sicherheitswache in Wien […] Bericht des Central-Inspectors der k. k. Sicherheitswache.] Wien 1875–1893.
[POSSELT, Franz:] Apodemik oder die Kunst zu reisen. Ein systematischer Versuch zum Gebrauch junger Menschen aus den gebildeten Ständen überhaupt und angehender Gelehrten und Künstler insbesondere. Leipzig 1795. 2 Bde.
PRÉCHAC, Jean de: La noble Venitienne ou la Bassette. Histoire galante. Paris 1679.
PRÉCHAC, Jean de: Les désordres de la Bassette. Nouvelle galante. Paris 1682. (Neudruck Genève 1980)
PROTOKOLLE der Deutschen Bundesversammlung. Frankfurt Jg. 1844 und 1845.
PROTOKOLLE des Ministerrates der Ersten Republik. Hg. von Adam Wandruszka und Rudolf Neck. Wien 1980 ff.
Stenographische PROTOKOLLE über die Sitzungen der Provisorischen Nationalversammlung für Deutschösterreich. Wien 1919 ff.
Stenographische PROTOKOLLE über die Sitzungen des Nationalrates der Republik Österreich.
Stenographische PROTOKOLLE des Hauses der Abgeordneten im Reichstag.
Stenographische PROTOKOLLE des Landtages für das Erzherzogtum Österreich unter der Enns.

RAU, Karl Heinrich: Lehrbuch der politischen Ökonomie. Bd. 2 u. 3: Grundsätze der Finanzwissenschaft. Heidelberg 1844/1850.
[RAUTENSTRAUCH, Johann:] Schwachheiten der Wiener. Aus dem Manuskript eines Reisenden herausgegeben von Arnold. Wien und Leipzig 1784.
[RAUTENSTRAUCH, Johann:] Möglichkeiten und Unmöglichkeiten in Oesterreich. [Teil 2:] Beylage zu den Möglichkeiten […] Als eine Fortsetzung derselben. Leipzig 1786.
RECHNUNGSHOF: Bundesrechnungsabschluß Österreich für das Jahr 1934 [bis 1937]. Wien 1935 [–38]
REICHARDT, Johann Friedrich: Vertraute Briefe aus Paris geschrieben in den Jahren 1802 und 1803. Zweite verb. Aufl. 3 Bde., Hamburg 1805.
REICHARDT, Johann Friedrich: Vertraute Briefe geschrieben auf einer Reise nach Wien und den Österreichischen Staaten zu Ende des Jahres 1808 und zu Anfang 1809. 2 Bde., München 1915. [= Denkwürdigkeiten aus Alt-Österreich XVI].
REIMANN, Friedrich A.(Hg.): Deutsche Volksfeste im neunzehnten Jahrhundert. Geschichte ihrer Entstehung und Beschreibung ihrer Feier. Weimar 1839.
REMON, Alonso: Entretemientos y ivegos honestos, y recreaciones christianas, para que en todo genero de estados se recreen los sentidos, sin que se estrague el alma. Madrid 1623.
RENTZSCH, H.(Hg.): Handwörterbuch der Volkswirthschaftslehre. Leipzig 1865.
RETRIFF, C.: Das Hazardspiel und die Homburger Spielhölle. Wien/Leipzig 1863.
[REZENSION zu:] Die Spielgesellschaft von Bittermann. In: Provinzialnachrichten aus den Kaiserl. Königl. Staaten. Nr. 38 (1783) S. 607 f.
RICHARD, L'abbé [Charles-Louis]: Description historique et critique de l'Italie, ou Nouveau mémoires sur l'État actuel de son Gouvernement, des Sciences, des Arts, du Commerce, de la Population & de l'Histoire Naturelle. 6 Bde., Dijon – Paris 1766.
[RICHTER, Joseph:] Briefe eines Eipeldauers an seinen Vetter in Kakran über die Wienstadt. Wien 1785–1821.
[RICHTER, Joseph:] Wienerische Musterkarte ein Beytrag zur Schilderung Wiens.[…] Wien 1785.

[RICHTER, Joseph:] Hilarion: Bildergalerie weltlicher Misbräuche, ein Gegenstück zur Bildergalerie katholischer und klösterlicher Misbräuche. Frankfurt und Leipzig 1785.
RIEHL, W.[ilhelm] H.[einrich]: Die deutsche Arbeit.[Stuttgart 1868]
RIESBECK, Johann Kaspar: Briefe eines reisenden Franzosen über Deutschland. (1783) Frankfurt am Main o. J.
[RIESBECK, Johann Kaspar] Briefe über Deutschland. 3 Bde., Wien 1790.
RIESE, A.: Die Zwickbrüder oder Wiener Kosaken. Mit Benützung der Aufzeichnungen eines geheimen Agenten. Wien 1871.
RITTLER, Franz: Gaunerstreiche, oder listige Ränke der Betrieger unserer Zeit. Eine Beantwortung der Frage: »Wovon leben so viele unbemittelte, und doch nicht arbeitende Menschen, besonders in großen Städten?« Grätz 1820.
RODENBERG, Julius: Die Kaffeehäuser und Clubs von London. Zweiter Artikel. In: Unsere Zeit. Monatsschrift zum Conversations-Lexikon. N. F. 2. Jg. (Leipzig 1866), 2. H., S. 265–284.
ROTTECK, Carl v., und Carl WELCKER (Hg.): Das Staats-Lexikon. Encyclopädie der sämmtlichen Staatswissenschaften für alle Stände. Altona 1834–1848.
ROTH, Joseph: Radetzkymarsch.(1932).
RULEMANN, Theodor (Hg.): Das große illustrierte Spielbuch [...]. Berlin o. J. (um 1900).

SAAR, Ferdinand von: Die Steinklopfer. (1874) Stuttgart 1969 [= Reclams Universal-Bibliothek 8663].
SALZMANN, Christian Gotthilf: Carl von Carlsberg oder über das menschliche Elend. (1783–1787) Hg. von Günter Häntzschel. Bern 1977.
SAMMLUNG sämtlicher Drucksachen des Reichstages des Norddeutschen Bundes 1868, Bd. 4, I. Legislaturperiode.
SCHALLER, Jacob (Präs.) und Johann Jacob WILD (Resp.): Exercitatio de ludis. Straßburg 1657.
[SCHILDO, Eustachius:] Spilteufel. Ein gemein Ausschreiben von der Spiler Brüderschafft vnd Orden/ sampt jren Stifftern/ guten Wercken vnd Ablas. [...] Frankfurt a. d. O. 1557.
SCHIMMER, Karl August: Die Französischen Invasionen in Österreich und die Franzosen in Wien in den Jahren 1805 und 1809. Wien 1846.
[SCHIRNDING, Leopold Graf von:] Österreich im Jahre 1840. Leipzig 1840
SCHLEGEL, Friedrich: Lucinde. (1799) Leipzig 1970 [= Reclam U.-B. 457].
Fr. Chr. SCHLOSSER's Weltgeschichte für das deutsche Volk. Von neuem durchgesehen und ergänzt von O. Jäger und F. Wolff. 18. Bd. 23. Ges.-Aufl. Berlin 1893.
SCHLÖZER, August Ludwig: Briefwechsel meist historischen und politischen Inhalts. Heft 1–60, Göttingen 1777–1782.
SCHNITZLER, Arthur: Spiel im Morgengrauen. In: ders.: Casanovas Heimfahrt. Erzählungen. Frankfurt am Main 1975. S. 85–156 [= fi tb 1343].
SCHNITZLER, Arthur: Tagebuch 1879–1892 (Wien 1987), 1893–1902 (Wien 1989), 1909–1912 (Wien 1981), 1913–1916 (Wien 1983). Hg. von der Kommission f. literar. Gebrauchsformen d. Öst. Ak. d.Wiss.
SCHÖN, Theodor von: Aus den Papieren des Ministers und Burggrafen von Marienburg Theodor von Schön. Halle a/S 1875.
SCHWABE (SUEVUS), Sigismund: Glücks Töpffe [...]. Freiberg 1581.
SCHWARZENBERG, Johann von: Memorial der Tugent. In: ders.: Der Teutsch Cicero. Augsburg 1533.
SIGNOR DOMINO [pseud. Hugo KLEIN]: Das Spiel, die Spielerwelt und die Geheimnisse der Falschspieler. Eine Beleuchtungs- und Enthüllungs-Schrift. Breslau 1886.
SILBERER, Victor: Vom grünen Tisch in Monte Carlo.(Mit gründlichen Erläuterungen und mathematischen Analysen von Roulette, Trente-et-quarante sowie von Bakkarat und Ecarté.) 3. Aufl. Wien 1909.

SIMMEL, Georg: Das Abenteuer. In: ders.: Philosophische Kultur. Über das Abenteuer, die Geschlechter und die Krise der Moderne. Gesammelte Essais. S. 25–38. Berlin 1983 [= Wagenbachs Taschenbücherei 133].
SKIZZEN aus dem socialen Leben Oesterreichs. Ein Beitrag zur Charakteristik der österreichischen Verhältnisse. Leipzig 1871. In: Bilder aus Oesterreich. Politische, sociale und volkswirthschaftliche Skizzen aus der jüngsten Zeit. Beiträge zur Charakteristik der österreichischen Verhältnisse. Leipzig 1873.
SMITH, Adam: Der Wohlstand der Nationen. Eine Untersuchung seiner Natur und seiner Ursachen. München 1972.
[SOLIGNAC, La Pimpie, Pierre Joseph (?) auch MERVEILLEUX, David François zugeschrieben:] Amusemens des eaux de Schwalbach, des bains de Wisbaden et de Schlangenbad. [...] Liège 1738.
SONNENFELS, Joseph von: Grundsätze der Polizey, Handlung und Finanz: von Sonnenfels. Siebente verbesserte Auflage. 3 Bde. Wien 1804 ff.
SÖRINGER, Anton: Der Brigittenauer Kirchtag. Ein Volksgedicht mit erläuternden Anmerkungen über den Ursprung der Capelle und des Kirchweihfestes. Wien 1822.
SPANGENBERG, Wolfhart: Beschreibung deß Glückshafens. Straßburg 1609. (Neudruck in Sämmtliche Werke IV, 1881).
SPAUN, Peter: Wir Falschspieler. Leipzig/Wien o. J. [ca. 1933].
[SPAUR, Friedrich Graf:] Reise durch Oberdeutschland. 1800.
STAATS- UND GESELLSCHAFTSLEXIKON siehe WAGENER.
STARKLOFF: Rouge et Noir oder die Geschichte von den vier Königen. Aus den Papieren des Staatskanzlers Rolichon. Mainz 1829.
STATISTISCHE Nachrichten. Hg. vom Österr. Statistischen Zentralamt.
STATISTISCHES Handbuch für die Republik Österreich. Wien 1950 ff.
STATISTISCHES Jahrbuch für die Stadt Wien.
STENDHAL: Rome, Naples et Florence. (1826) [Paris] 1987 [= folio 1845].
[STERNBERG, Kaspar Graf:] Bemerkungen über Menschen und Sitten auf einer Reise durch Franken, Schwaben, Bayern und Oesterreich. Im Jahre 1792. o. O. 1794.
STIFTER, Adalbert: Wiener Salonszenen. (Aus dem alten Wien). In: ders.: Gesammelte Werke, Bd. 13, hg. von Konrad Steffen. Basel und Stuttgart 1969.
[SYLVA, J.:] Fort mit den Spiel-Banken! Ein Loosungswort der Gegenwart! Unpartheisches Gutachten über die Berechtigung dieser Forderung, über die Gemeinschädlichkeit der Spielbanken und eine billige zweckentsprechende Lösung dieser Frage. München 1867.

TAFELN zur Statistik der Österreichischen Monarchie. Wien 1830–1854.
TONISCHI, Giovanni Amgragio: Saggi e riflessioni sopra i Teatri etc. Venezia 1755. Darin: Ragionamento sopra i Giuochi d'invito, di N. N.
TORQUEMADA, Antonio de: Hexameron Oder Sechs Tage=Zeiten/oder vielmehr Sechs=Tägiges Gespräch / vber etzliche schwere Puncten in verschiedenen Wisenschafften [...]. Kassel 1652.
TUCHOLSKY, Kurt: Glücksspiel. In: ders.: Gesammelte Werke, hg. von M. Gerold-Tucholsky und F. J. Raddatz. Bd. 10, Frankfurt am Main 1960, S. 196 f.
ULLMAYER, F.: Wiener Volksleben. Ein humoristischer Bädeker bei der Welt-Ausstellung. V.–VIII. Heft. Wien 1873.

VARNHAGEN VON ENSE, K.[arl] A.[ugust]: Tagebücher. Aus dem Nachlaß Varnhagen's von Ense. Bern 1972.

WACHENHUSEN, Hans: Aus Monaco. In: Unsere Zeit. Deutsche Revue der Gegenwart. Monatsschrift zum Conversations-Lexikon. N. F. 19.1 (Leipzig 1883) Teil 1: S. 617–625; Teil 2: S. 716–731.

WAGENER, Herrmann (Hg.): Neues Conversations-Lexikon. Staats- und Gesellschaftslexikon. 23 Bde. Berlin 1859–1867.

[WEBER, Carl Julius:] Deutschland oder Briefe eines in Deutschland reisenden Deutschen. Bd. 4. Stuttgart 1828.

WEGNER, Johann Erasmus: Oeconomia Behemo Austriaca. Mit angehengten Tugend=Spiegel der Hoffbedienten. Prag 1666.

WEINREICH, Johannes: Alea Theorico-Practica. Erfurt 1622.

WEISS [Bernhard]: Über Glücksspiel, Spielklubs und öffentliche Spielbanken. Berlin 1919.

WEISS, Ernst: Der Verführer. Roman.(1938) Frankfurt am Main 1982 [= st 796]

[WEKHRLIN, Wilhelm Ludwig:] Denkwürdigkeiten von Wien. Aus dem Französischen übersetzt. Gedruckt für Henrich Lyonel, Herrn von Visp. 1777.

WIELAND, Christoph Martin: Über die ältesten Zeitkürzungsspiele. In: Wielands Werke, hg. von W. Kurrelmeyer, 14. Bd., Berlin 1928, S. 301–321.

WIEN wie es ist. [...] Aus dem Französischen übersetzt von Eduard Forstmann. [d. i. Carl Georg R. Herlossohn]. Leipzig 1827.

WILLEBRANDT, Johann Peter: Innbegriff der Policey nebst Betrachtungen über das Wachstum der Städte. Leipzig und Zittau 1767.

WILLEBRANDT, Johann Peter: Historische Berichte und Practische Anmer kungen auf Reisen in Deutschland, in die Niederlande, in Frankreich, England, Dännemark, Böhmen und Ungarn. Hamburg 1758.

WITTING, J.C.F.: Ueber die Moralität des Spiels. In: Hannoveranisches Magazin, 102. Stück (1788) Sp. 1629–1632; 103. St., Sp. 1633–1648; 104. St., Sp. 1649–1658

WURZBACH, Ritter v. Tannenberg, Constantin: Biographisches Lexikon des Kaiserthums Oesterreich. Wien 1856–1891.

[ZEDLER, Heinrich:] Grosses vollständiges Universal Lexicon Aller Wissenschafften und Künste. Halle und Leipzig 1732 ff.

ZENO, Dr. jur. et phil. [Pseud.]: C'est le croupier qui fait le jeu. Zwei ernste Wahrheiten über das Roulette-Spiel von Monte-Carlo. Berlin o. J.

ZWEIG, Stefan: Die Welt von Gestern. Erinnerungen eines Europäers. (1944) [Frankfurt am Main] 1978.

Zeitungen

Arbeiter-Zeitung
Badener Volksblatt
Deutsches Volksblatt
Illustrierte Kronen-Zeitung
Illustriertes Wiener Extrablatt
Journal des Luxus und der Moden. 3. Bd. (1788)–7. Bd. (1792)
Journal von und für Deutschland. Hg. von Siegmund Freyherrn von Bibra. 1780 ff.
Der Morgen
Neue Freie Presse
Patriotisches Blatt. Wien, 1. Jg. (1788)

Pressburger Zeitung auf das Jahr 1791.
Die Stunde
(Wiener) Theaterzeitung
Neues Wiener Abendblatt
Neues Wiener Tagblatt
Offizielle Casino-Zeitung. Hg. von der Österreichischen Casino A.G. Wien 1934–1941.
Volks-Zeitung
Wiennerisches Diarium
Wiener Zeitung

Sekundärliteratur

ADDOR, Philippe: Jeux de billes et de boules ... Du hasard au calcul. Ausstellungskatalog des Schweizerischen Spielemuseums La Tour-de-Peilz, 1991/92.
ALBERS, Norman: Ökonomie des Glücksspielmarkts in der Bundesrepublik Deutschland. Berlin 1993.
ALLAN, A. und SPRUNG, E[rnst]: Korrigiertes Glück. Falschspiel in Praxis und Theorie. Wien 1954.
ALLTAG UND FESTBRAUCH im Biedermeier. Gemälde und Aquarelle aus den Sammlungen des Niederösterreichischen Landesmuseums. Ausstellungskatalog, N.F. 32, Wien [1966].
ALTMANN, Ludwig: Der Raubmörder Severin von Jaroszynski. Wien/Leipzig/München 1924 [= Aus dem Archiv des Grauen Hauses. Hg. von L. Altmann. Bd. 1].
AMMERER, Gerhard: Notizen zur städtischen Wirtschaft, Gesllschaft und Verwaltung in der frühen Neuzeit. In: Dopsch, Heinz und Hans Spatzenegger (Hg.): Geschichte Salzburgs. Stadt und Land, Bd. II, 4. Teil, Salzburg 1991, S. 2071–2159.
AMON, Hans: Das Spielgrafenamt in Österreich unter und ob der Enns. In: Jahrbuch des Vereins für Geschichte der Stadt Wien 42 (1986) S. 7–33.
ANDERSON, Perry: Die Entstehung des absolutistischen Staates. Frankfurt a.M. 1979 [= edition suhrkamp 950].
ARIÈS, Philippe: Geschichte der Kindheit. (1960) München 1980 [= dtv wissenschaft 4320]
ARIÈS, Philippe: Du sérieux au frivole. In: Les jeux à la Renaissance, S. 7–15.
ARMOGATHE, Jean-Robert: Jeux licites et jeux interdits. In: Le jeu au XVIIIe siècle. S. 23–32.
ARNETH, Alfred Ritter von: Geschichte Maria Theresias. Leipzig [1888].
AULINGER, Rosemarie: Reichsstädtischer Alltag und Obrigkeitliche Disziplinierung. Zur Analyse der Reichstagsordnungen im 16. Jahrhundert. In: Alltag im 16. Jahrhundert. Studien zu Lebensformen in mitteleuropäischen Städten. Hg. von A. Kohler und H. Lutz. S. 258–290. Wien 1987. [= Wiener Beiträge zur Geschichte der Neuzeit. Bd. 14.]
AVÉ-LALLEMENT, Friedrich Christian Benedict: Das deutsche Gaunertum in seiner sozialpolitischen, literarischen und linguistischen Ausbildung zu seinem heutigen Bestande.(1858) Neu hg. von Max Bauer. 2 Teile. München und Berlin [1914].

BACH, Adolf: Die Emser Spielbank. Nach den Akten des Staatsarchivs zu Wiesbaden. Bad Ems 1924.
BACHTIN, Michail: Rabelais und seine Welt. Volkskultur als Gegenkultur. (1965) Frankfurt am main 1995 [= stw 1187].
BACHTIN, Michail: Literatur und Karneval. Zur Romantheorie und Lachkultur. Frankfurt am Main 1990.
BARNHART, Russell T.: Gamblers of Yesteryear. Las Vegas 1983.

BARNHART, Russell T.: Gambling in Revolutionary Paris – The Palais Royal: 1789–1838. In: Eadington, William R. und Judy A. Cornelius (Hg.): Gambling and Public Policy. International Perspectives. Reno, Nevada 1991, S.541–562.

BATAILLE, George: Der Begriff der Verausgabung. (1933) In: ders.: Das theoretische Werk. Bd. I: Die Aufhebung der Ökonomie. Hg. von G. Bergfleth unter Mitwirkung von A. Matthes. S. 9–31. München 1975.

BAUER, Günther G.: Spielen in Salzburg im 18. Jahrhundert. In: Homo ludens. Der spielende Mensch, 1. Jg. (1991) S. 115–148.

BAUER, Günther G.: Die Spielkultur Salzburgs zur Mozartzeit. In: Salzburg zur Zeit der Mozart. Ausstellungskatalog. Salzburg 1991 (JSMCA 37/38, 1991/92), S. 242 ff.

BAUER, Günther G.: Bölzschießen, Brandeln und Tresette. Anmerkungen zum spielenden Menschen Mozart. In: Mitteilungen der Internationalen Stiftung Mozarteum, 30. Jg. (1991) H. 1–4, S. 21–40.

BAUER, Günther G.: Raimund Cordulus Wetzlar Freiherr von Plankenstern. Bankier, Freund, Taufpate und – Hazardspieler. In: Mitteilungen der Internationalen Stiftung Mozarteum, 30. Jg. (1991) H. 1–4, S. 50–87.

BAUSINGER, Hermann: Bürgerlichkeit und Kultur. In: Kocka (Hg.), Bürger und Bürgerlichkeit, S. 121–142.

BECKMANN, Gustav: Das mittelalterliche Frankfurt a.M. als Schauplatz von Reichs- und Wahltagen. In: Archiv für Frankfurts Geschichte und Kunst, 3. Folge, 2. Bd. (1889) S. 1–140.

BENEDIKT, Heinrich: Franz Anton Graf von Sporck (1662–1738). Zur Kultur der Barockzeit in Böhmen. Wien 1923.

BENJAMIN, Walter: Das Passagen-Werk. Hg. von Rolf Tiedemann. 2 Bde. Frankfurt am Main 1982 [= edition suhrkamp 1200]

BENJAMIN, Walter: Der Weg zum Erfolg in dreizehn Thesen. In: Gesammelte Schriften. Hg. von Rolf Tiedemann. Bd. 4, Frankfurt am Main 1972, S. 349–352.

BENJAMIN, Walter: Über einige Motive bei Baudelaire, in: ders.: Illuminationen. Ausgewählte Schriften. Frankfurt am Main 1980, S. 185–250.

BERG, Christa: »Die Sozialgeschichte des Spiels gibt es noch gar nicht«. Aussagen über Funktionen und Intentionen des Spielens und spielzeugs als Arbeitshypothesen. In: Spielmittel 1985, H. 1., S. 96–105.

BERNHARD, Andreas: Bad Aachen. In: Bothe (Hg.), Kurstädte, S. 121–184.

BERTAUD, Jean-Paul: Alltagsleben während der Französischen Revolution. (1983) Würzburg 1989.

BERTHOLET, Paul: Les jeux de hasard à Spa au XVIIIe siècle. Aspects économiques, sociaux, démographiques et politiques. Dison 1988. [= Extrait du Bulletin de la Société d'Archéologie et d'Histoire Vol. LXVI].

BIELINSKI, Piotr und Piotr TARACHA: Board Games in the Eastern Mediterranean. Some Aspects of Cultural Interrelations. In: Studia Aegaea et Balcanica in honorem Lodovicae Press. Warszawa 1992, S. 41–52.

BLESSING, Werner K.: Fest und Vergnügen der »kleinen Leute«. Wandlungen vom 18. bis zum 20. Jahrhundert. In: Dülmen/Schindler (Hg.), Volkskultur, S. 352–379.

BOEHNCKE, Heiner und Rolf JOHANNSMEIER: Das Buch der Vaganten. Spieler, Huren, Leutbetrüger. Köln 1987.

BOEHNCKE, Heiner und Hans SARKOWITZ (Hg.): Die deutschen Räuberbanden. 3 Bde. Frankfurt am Main 1991.

BÖHNKE, Ingeborg: Das Fastnachtsbrauchtum im niederdeutschen Raum bis zur Aufklärung. Ein Beitrag zur Geschichte der Masken. Phil. Diss., Kiel 1965.

BOLLÉ, Michael und FÖHL Thomas: Baden-Baden. In: Bothe, Kurstädte, S. 185–232.

BÖNISCH, Monika: Opium der Armen. Lottospiel und Volksmagie im frühen 19. Jahrhundert. Eine Fallstudie aus Württemberg. Tübingen und Stuttgart 1994 [= Reihe Frauenstudien Baden-Württemberg, hg. von Christel Köhle-Hezinger, Bd. 3].

BOOS, Heinrich: Geschichte der Stadt Basel im Mittelalter. Basel 1877.

BOTHE, Rolf (Hg.): Kurstädte in Deutschland. Zur Geschichte einer Baugattung. Berlin 1984.

BRAUDEL, Fernand: Sozialgeschichte des 15.–18. Jahrhunderts. Bd.1: Der Alltag. Bd. 2: Der Handel. Bd.3: Aufbruch zur Weltwirtschaft. München 1986.

BRÄUER, Helmut: Herren ihrer Arbeitszeit? Zu Organisation, Intensität und Dauer handwerklicher Arbeit in Spätmittelalter und früher Neuzeit. In: Österreichische Zeitschrift für Geschichtswissenschaften 1. Jg. (1990) H. 2, S. 75–95.

BRAUN, Rudolf: Die Fabrik als Lebensform. In: Dülmen/Schindler, Volkskultur, 299–351.

BRAUN, Rudolf: Industrialisierung und Volksleben. Die Veränderungen der Lebensformen in einem ländlichen Industriegebiet vor 1800 (Zürcher Oberland). Erlenbach-Zürich und Stuttgart 1960.

BRAUNEIS, Walther: »...wegen schuldigen 1435 f 32 xr«. Neuer Archivfund zur Finanzmisere Mozarts im November 1791. In: Mitteilungen der Internationalen Stiftung Mozarteum, 39. Jg., Heft 1–4, Juli 1994, S. 159–163.

BREEN, T.H.: Horses and Gentlemen: The Cultural Significance of Gambling among the Gentry of Virginia. In: The William and Mary Quarterly, 3rd ser., 34 (1977) No.2, S. 239–257.

BRENNAN, Thomas: Public Drinking and popular culture in eighteenth-century Paris. Princeton, N. J. 1988.

BRUCKMÜLLER, Ernst: Sozialgeschichte Österreichs. Wien/München 1985.

BRUNEEL, Claude: Les loteries de l'Europe méridionale. In: Loterie nationale (Hg.): Loteries en Europe. Cinq siècles d'histoire. Bruxelles o. J. (1994), S. 91–135.

BRUNNER, O./ CONZE, W./ KOSELLECK (Hg.): Geschichtliche Grundbegriffe. Bd.2. Stuttgart 1975.

BRUNSCHWIG, Henri: Gesellschaft und Romantik in Preußen im 18. Jahrhundert. Die Krise des preußischen Staates am Ende des 18. Jahrhunderts und die Entstehung der romantischen Mentalität. Frankfurt am Main/Berlin/Wien 1975.

BURGENER, Louis W.: Les jeux et exercices physiques en Suisse aux Xve et XVIe siècles. In: Les jeux à la Renaissance, S. 109–129.

BURKE, Peter: Helden, Schurken und Narren. Europäische Festkultur in der frühen Neuzeit.(1978) München 1981.

BURKE, Peter: Le Carnaval de Venise. Esquisse pour une histoire de longue durée. In: Les jeux à la Renaissance, S. 55–63.

CAILLOIS, Roger: Die Spiele und die Menschen. Maske und Rausch. (1958) Frankfurt am Main/Berlin/Wien 1982 [= Ullstein Materialien 35153].

CALVET, Louis-Jean: Les jeux de la société. Paris 1978.

CARPENTER, Dwayne E.: Fickle Fortune: Gambling in Medieval Spain. In: Studies in Philology Vol. 85 (Summer 1988) Nr. 3, S. 267–278.

CASTAN, Yves und Nicole: Les figures du jeu dans la société languedo-cienne au XVIIIe siècle. In: Les jeux à la Renaissance, S. 241–244

CECI, Giuseppe: Giuoco e giuocatori a Napoli nel secolo XVIII e nel primo ventennio del XIX. In: Archivio Storico Provinciale Napoletane, anno XXIII (1898) S. 386–398.

CHARTIER, Roger: Phantasie und Disziplin. Das Fest in Frankreich vom 15. bis 18. Jahrhundert. In: Dülmen/Schindler (Hg.), Volkskultur, S. 153–176.

CHESNEY, Kellow: The Victorian underworld. (1970) Harmondsworth 1972.

COHEN, John und Mark HANSEL: Glück und Risiko. Die Lehre von der subjektiven Wahrscheinlichkeit. Frankfurt am Main 1961.

COLE, Lawrence: Vom Glanz der Montur. Zum dynastischen Kult der Habsburger und seiner Vermittlung durch militärische Vorbilder im 19. Jahrhundert. In: Österreichische Zeitschrift für Geschichtswissenschaften, 7. Jg. (1996) 4. H., S. 577–591.

CORTI, Egon Caesar Conte: Der Zauberer von Homburg und Monte Carlo. Graz/Wien 1952.

CRAMPE-CASNABET, Michèle: Saisi dans les œuvres philosophiques (XVIIIe siècle). In: Davis, Natalie Zemon und Arlette Farge (Hg.): Histoire des femmes en Occident 3: XVIe–XVIIIe siècles. Paris 1991, S. 336–357.

CROUZET-PAVAN, Elisabeth: Quando la città si diverte. Giochi e ideologia urbana: Venezia negli ultimi secoli del medioevo. In: Ortalli, Gherardo (Hg.): Gioco e giustizia nell'Italia di Comune. Treviso/Roma 1993, S. 35–48.

DAVID, Florence N.: Games, Gods and Gambling. A history of probability and statistical ideas from earliest times to the Newtonian era. London 1969.

DAVIS, Natalie Zemon: Humanismus, Narrenherrschaft und die Riten der Gewalt. Gesellschaft und Kultur im frühneuzeitlichen Frankreich. Frankfurt am Main: Fischer 1987.

DEMETER, Karl: Das Deutsche Offizierskorps in Gesellschaft und Staat 1650–1945. 4. Aufl. Frankfurt am Main 1965.

DEPAULIS, Thierry: Brelan, brelan, brelan. In: Le Vieux papier, Fasc. 286 (1982) S. 389–396.

DEPAULIS, Thierry: Jeux de hasard sur papier: les »loteries« des salon. In:. Le Vieux Papier, fasc.303 (Jänner 1987) S. 183–195 und fasc. 304 (April 1987) S. 225–233.

DEPAULIS, Thierry: Héroard et les jeux »oisifs« du petit Louis XIII. In: Jeux, sports et divertissements au Moyen Âge et à l'âge classique. Paris 1993 [=Actes du 116e congrès national des sociétés savantes (Chambéry, 1991) Section d'Histoire médiévale et de philologie], S. 111–130.

DEPAULIS, Thierry: Le lansquenet, »jeu de cartes fort commun dans les Academies de jeu, & parmy les laquais«. In: ludica, annali di storia e civiltà del gioco 2 (1996) S. 221–236.

DEPAULIS, Thierry: Les origines de la Roulette. In. Homo ludens. Der spielende Mensch. Hg. von G. Bauer, 3. Jg. (1993) S. 115–127.

DEPAULIS, Thierry: La bassette, entre règlementation et répression. In: The Playing Card. Journal of the International Playing-Card Society, Vol.XXIII (1994) No. 1, S. 1–11.

DEPAULIS, Thierry: Les jeux de hasard en Savoie-Piémont sous l'Ancien Régime (im Druck).

DIMMIG, Oranna E.A.R.: Schlangenbad. In: Bothe (Hg.), Kurstädte, S. 457–472.

DIZIONARIO Biografico degli Italiani. Bd. 6. Roma 1964.

DOLCETTI, Giovanni: Le bische e il giuoco d'azzardo a Venezia 1172–1807. Venezia 1903.

DUBERT GARCÍA, I. und C. FERNÁNDEZ CORTIZO: Entre el »regocijo« y la »bienaventuranza«: Iglesia y sociabilidad campesina en la Galicia del Antiguo Régimen. In: NÚÑEZ RODRÍGUEZ (Hrsg), El Rostro y el Discurso de la Fiesta, S. 237–261.

DUBY, George: Krieger und Bauern. Die Entwicklung der mittelalterlichen Wirtschaft und Gesellschaft bis um 1200. Frankfurt am Main 1984.

DUBY, George: Wirklichkeit und höfischer Traum. Berlin 1988.

DUCHENE, Roger: Madame de Sévigné et le jeu. In: Les jeux à la Renaissance, 223–233.

DÜLMEN, Richard van und Norbert SCHINDLER (Hg.): Volkskultur. Zur Wiederentdeckung des vergessenen Alltags (16.–20. Jahrhundert). Frankfurt am Main 1984 [= fischer taschenbuch 3460].

DÜLMEN, Richard van: Entstehung des frühneuzeitlichen Europa 1550–1648. Frankfurt am Main 1982. [= Fischer Weltgeschichte, Bd. 24].

DÜLMEN, Richard van: Kultur und Alltag in der Frühen Neuzeit. 2. Bd.: Dorf und Stadt 16.–18. Jahrhundert. München 1992.
DÜLMEN, Richard van: Wider die Ehre Gottes. Unglaube und Gotteslästerung in der Frühen Neuzeit. In: Historische Anthropologie, Jg. 2 (1994), H. 1, S. 20–38.
DUNKLEY, John: Gambling: a social and moral problem in France, 1685–1792. Oxford 1985 [= Studies on Voltaire and the Eighteenth Century, 235].
DUNKLEY, John: Illegal Gambling in Eighteenth-Century France: Incidence, Detection, and Penalties. In: British Journal for Eighteenth-Century Studies. Vol. 8 (1985) S. 129–137.
DURANT, Will und Ariel: Europa und der Osten im Zeitalter der Aufklärung. Wien 1982 [= Dies.: Kulturgeschichte der Menschheit. Bd. 15].

EDEL, Klaus: Karl Abraham Wetzlar Freiherr von Plankenstern (1715/16–1799). Wien 1975. [= Dissertationen der Universität Wien, 125].
EHALT, Hubert Ch.: Ausdrucksformen absolutistischer Herrschaft. Der Wiener Hof im 17. und 18. Jahrhundert. Wien 1980. [= Sozial- und Wirtschaftshistorische Studien. Hg. von A. Hoffmann und M. Mitterauer, Bd. 14].
EICHLER, Gert: Spiel und Arbeit. Zur Theorie der Freizeit. Stuttgart/Bad Cannstatt 1979 [= problemata 73].
ELIAS, Norbert: Die höfische Gesellschaft. Untersuchungen zur Soziologie des Königtums und der höfischen Aristokratie […]. 2. Aufl. Darmstadt und Neuwied 1975 [= Luchterhand Soziologische Texte 54].
ELIAS, Norbert: Über den Prozeß der Zivilisation. Soziogenetische und psychogenetische Untersuchungen. 2 Bde. Frankfurt am Main 1978 [= stw 158].
ENCYCLOPAEDIA JUDAICA. Jerusalem 1971.
ENDEMANN, Friedrich: Beiträge zur Geschichte der Lotterie und zum heutigen Lotterierechte. Jur. Diss., Bonn 1882.
ESCHENBACH: Die Täterpersönlichkeit des Glücks- und Falschspielers. In: Bundeskriminalamt Wiesbaden (Hg.): Bekämpfung von Glücks- und Falschspiel. Wiesbaden 1955, S. 27–36.
ÉTIENVRE; Jean-Pierre: Figures du jeu. Etudes lexico-sémantiques sur le jeu de cartes en Espagne (XVIe–XVIIIe siècle). Madrid 1987 [= Bibliothèque de la Casa de Velazquez 4].

FABIAN, Ann: Card Sharps, Dream Books, & Bucket Shops. Gambling in 19th-Century America. Ithaca and London 1990.
FALK, Harry: Bruderschaft und Würfelspiel. Untersuchungen zur Entwicklungsgeschichte des vedischen Opfers. Freiburg 1986.
FALK, Harry: Der Gott des Chaos. In: Journal für Geschichte 6 (1984) S. 12–17.
FANTI e denari. Sei secoli di giochi d'azzardo a Venezia. Ausstellungskatalog, Venedig 1989.
FARGE, Arlette: Das brüchige Leben. Verführung und Aufruhr im Paris des 18. Jahrhunderts. (1986) Berlin 1989.
FARGE, Arlette: Les fatigues de la guerre. Paris 1996.
FETSCHER, Iring: Der Spieler und sein Gegenüber. In: ders.: Arbeit und Spiel. Essays zur Kulturkritik und Sozialphilosophie. Stuttgart 1983 [= Reclams Universal-Bibliothek 7979].
FINDLAY, John M.: People of Chance. Gambling in American Society from Jamestown to Las Vegas. New York-Oxford 1986.
FIORIN, Alberto: Il Ridotto. In: FANTI e denari, S. 87–95
FIORIN, Alberto: Legislazione e repressione. In: FANTI e denari, S. 185–195.

FISCHER, Klaus: »Faites votre jeu.« Geschichte der Spielbank Baden-Baden. Baden-Baden 1983.
FÖHL, Thomas: Von Klassizismus bis Neubarock. In: Bothe (Hg.), Kurstädte, S. 49–88.
FOUCAULT, Michel: Überwachen und Strafen. Die Geburt des Gefängnisses. Frankfurt am Main 1979. [= stw 184].
FOUCAULT, Michel: Wahnsinn und Gesellschaft. Eine Geschichte des Wahns im Zeitalter der Vernunft. Frankfurt am Main 1969 [= stw 39].
FOURNEL, Victor: Le Vieux Paris. Fêtes, jeux et spectacles. Tours 1887 [Reprint Paris o. J.].
FREUNDLICH, Francis: Le monde du jeu à Paris (1715–1800). Paris 1995.
FREVERT, Ute: Bürgerliche Meisterdenker und das Geschlechterverhältnis. Konzepte, Erfahrungen, Visionen an der Wende vom 18. zum 19. Jahrhundert. In: dies. (Hg.): Bürgerinnen und Bürger. Geschlechterverhältnisse im 19. Jahrhundert. Göttingen 1988. S. 17–48. [= Kritische Studien zur Geschichtswissenschaft, Bd. 77].
FRIEDEMANN, Peter: Feste und Feiern im rheinisch-westfälischen Industriegebiet 1890 bis 1914. In: Huck, Gerhard (Hg.): Sozialgeschichte der Freizeit. Wuppertal 1982, S. 161–186.
FRIJHOFF, Willem Th. M.: Kultur und Mentalität: Illusion von Eliten? In: Österreichische Zeitschrift für Geschichtswissenschaften, 2. Jg. (1991), 2. H., S. 7–33.
FÜLÖP-MILLER, René und Friedrich ECKSTEIN: Dostojewski am Roulette. München 1925.

GALLER, Werner: Kirtag in Niederösterreich. St. Pölten/Wien 1984.
GEERTZ, Clifford: »Deep play«: Bemerkungen zum balinesischen Hahnenkampf. (1972) In: ders.: Dichte Beschreibung. Beiträge zum Verstehen kultureller Systeme. Frankfurt am Main: suhrkamp 1987, S. 202–260.
GINZBURG, Carlo: Spurensicherung. In: ders.: Spurensicherungen. Über verborgene Geschichte, Kunst und soziales Gedächtnis. München 1988, S. 78–125 [= dtv 10974].
GIRTLER, Roland: Der Adler und die drei Punkte. Die gescheiterte Karriere des ehemaligen Ganoven Pepi Taschner. Wien – Köln – Graz 1983.
GIZYCKI, Jerzy und Alfred GORNY: Glück im Spiel zu allen Zeiten. Zürich, Frankfurt usw. 1970.
GODELIER, Maurice: Rationalität und Irrationalität in der Ökonomie. Frankfurt am Main 1976.
GODENNE, René: La part du jeu dans les »Amusemens des eaux« des années 1730–1740. In: Le jeu au XVIIIe siècle, S. 129–141.
GOFFMAN, Erving: Interaktionsrituale. Über Verhalten in direkter Kommunikation. (1967) Frankfurt am Main 1986 [= stw 594].
GRAWERT-MAY, Erik: Zur Geschichte von Polizei- und Liebeskunst. Versuch einer anderen Geschichte des Auges. Tübingen 1980.
GREIF, Wolfgang: Wider die gefährlichen Classen. Zum zeitgenössischen Blick auf die plebejische Kultur im Wiener Vormärz. In: Österreichische Zeitschrift für Geschichtswissenschaften, 2. Jg. (1991) H. 2, S. 59–80.
GROETHUYSEN, Bernhard: Die Entstehung der bürgerlichen Welt- und Lebensanschauung in Frankreich. (1927) 2 Bde., Frankfurt am Main 1978 [stw 256].
GROOS, Karl: Die Spiele der Menschen. Jena 1899.
GROSSEGGER, Elisabeth: Theater, Feste und Feiern zur Zeit Maria Theresias 1742–1776. Nach den Tagebucheintragungen des Fürsten Johann Joseph Khevenhüller-Metsch, Obersthofmeister der Kaiserin. Wien 1987 [= Sitzungsberichte der Phil.-Hist. Klasse, 476. Bd.].
GRUBER, Konstanze: Bad Cannstatt. In: Bothe (Hg.), Kurstädte, S. 281–296.
GRUSSI, OLIVIER: Le jeu d'argent à Paris et à la Cour de 1667 à 1789. Thèse de doctorat de IIIè cycle, Univ. Paris-Sorbonne, 1984 [Typoskript].

GRUSSI, OLIVIER: La vie quotidienne des joueurs sous l'ancien régime à Paris et à la cour. Paris 1985.
GUGITZ, Gustav: Affligio, ein Hoftheaterdirektor als Galeerensträfling. In: Das Wissen für alle. 11. Jg. (1911) Nr. 21, S. 412 ff; Nr. 22, S. 433 ff.; Nr. 23, S. 453 f.
GUILLAUME, Marc: tu ne joueras point. In: Traverses 23: Hasard: Figures de la fortune. (1981) S. 11–23.

HAAS, Olaf: Das Ende der Aufklärung im Glücksspiel. In: Zeitmitschrift. Journal für Ästhetik, Nr. 1 – Frühjahr 1986, S. 34–42.
HAAS, Robert: Gluck und Durazzo im Burgtheater. Zürich/Wien 1925.
HAASE, Erich: Die Diskussion des Glücksspiels um 1700 und ihr ideologischer Hintergrund. In: Germanisch-Romanische Monatsschrift 38 (1957) 52–75.
HABERMAS, Jürgen: Strukturwandel der Öffentlichkeit. Untersuchungen zu einer Kategorie der bürgerlichen Gesellschaft. Darmstadt und Neuwied 1979. [=Sammlung Luchterhand 25]
HADAMOWSKY, Franz: Wien, Theatergeschichte. Von den Anfängen bis zum Ende des 1. Weltkriegs. Wien, München 1988 [= Geschichte der Stadt Wien, N.F. 3].
HAIDER, Friedrich: Tiroler Brauch im Jahreslauf. Innsbruck/Wien 1985.
HAIDER-PREGLER, Hilde: Die Schaubühne als »Sittenschule« der Nation. Joseph von Sonnenfels und das Theater. In: Reinalter, Helmut (Hg.): Joseph von Sonnenfels. Wien 1988, S. 191–244.
HANN, Michael: Die Unterschichten Wiens im Vormärz. Soziale Kategorien im Umbruch von der ständischen zur Industriegesellschaft. Geisteswiss. Diss. Wien 1984.
HARRER, Paul: Wien, seine Häuser, Menschen und Kultur. Wien 1956 [Typoskript].
HARTL, Friedrich: Das Wiener Kriminalgericht. Srafrechtspflege vom Zeitalter der Aufklärung bis zur österreichischen Revolution. Wien/Köln/Graz 1973. [= Wiener Rechtsgeschichtliche Arbeiten, Bd. X].
HARTUNG, Wolfgang: Gesellschaftliche Randgruppen im Spätmittelalter. Phänomen und Begriff. In: Kirchgässner, Bernhard und Fritz Reuter (Hg.): Städtische Randgruppen und Minderheiten. Sigmaringen 1986, [= Stadt in der Geschichte, Bd.13], S. 49–114.
HASE, Ulrike von: Wiesbaden – Kur- und Residenzstadt. In: Die deutsche STADT im 19. Jahrhundert. Hg. von L. Grote. S. 129–149.
HASSPACHER, Johann: Die Geschichte der Dresdner Vogelwiese. Ein Beitrag zum Gestaltwandel deutscher Volksbelustigung, dargestellt auf Grund von Quellenmaterial. In: Zeitschrift für Volkskunde 56 (1960) S. 53–73.
HEERS, Jacques: Fêtes, jeux et joutes dans les sociétés d'occident à la fin du Moyen-Âge. (Conférence Albert-le-Grand 1971), Montréal/Paris 1982.
HEERS, Jacques: Vom Mummenschanz zum Machttheater. Europäische Festkultur im Mittelalter. (frz.: Fêtes de fous et Carnavals. Paris 1983) Übers. Grete Osterwald. Frankfurt am Main 1986.
HENN, Richard: Das Wiener Théâtre français près de la Cour. Phil.Diss. Wien 1936/37.
HERMAN, Robert D.: Gambling as Work: A Sociological Study of the Race Track. In: Ders. (Hg.): Gambling. New York [usw.] 1967.
HERSCHE, Peter: Wider »Müßiggang« und »Ausschweifung«. Feiertage und ihre Reduktion im katholischen Europa, namentlich im deutschsprachigen Raum zwischen 1750 und 1800. In: Innsbrucker Historische Studien 12/13 (1990) S. 97–122.
HIRSCHMANN, Albert O.: Leidenschaft und Interesse. Frankfurt am Main 1980.
HOBSBAWM, Eric J.: Die Blütezeit des Kapitals. Eine Kulturgeschichte der Jahre 1848–1875. München 1977.
HOHENDAHL, Peter Uwe: Soziale Rolle und individuelle Freiheit. Zur Kritik des bürgerlichen Arbeitsbegriffs in Fontanes Gesellschaftsromanen. In: Reinhold Grimm und Jost Hermand (Hg.): Arbeit als Thema in der deutschen Literatur vom Mittelalter bis zur Gegenwart. Königstein/Ts. 1979. S. 74–101.

HOHN, Hans-Willy: Die Zerstörung der Zeit. Wie aus einem göttlichen Gut eine Handelsware wurde. Frankfurt am Main 1984.[= fi alternativ]
HUIZINGA, Johan: Homo Ludens. Vom Ursprung der Kultur im Spiel. (1938) Hamburg 1961. [= rde 21]
HUMBEECK, J. van: Exploitation et répression des jeux d'argent en Flandre aux XIVe et XVe siècles. In: Tijdschrift voor Rechtsgeschiedenis 46/4 (1978) S. 327–352.
ISEMANN, Eberhard: Die deutsche Stadt im Spätmittelalter. 1250–1500. Stadtgestalt, Recht, Stadtregiment, Kirche, Gesellschaft, Wirtschaft. Stuttgart 1988.

JARITZ; Arnold: Profane Volksbelustigungen und Freizeitgestaltung in Innerösterreich in der frühen Neuzeit. Diplomarbeit, Graz 1988.
Le JEU au XVIIIe siècle. Colloque d'Aix-en-Provence (30. 4.–2. 5. 1971) centre aixois d'études et de recherches sur le XVIIIe siècle. Aix-en-Provence 1976.
Les JEUX à la Renaissance. Études réunis par Philippe ARIÈS et Jean-Claude MARGOLIN. Actes du XXIIIe colloque international d'études humanistes. Tours, Juillet 1980, Paris 1982.
JEUX et Sports. Encyclopédie de la Pléiade. Volume publié sous la direction de Roger Caillois. Paris 1967.
JÜNGER, Friedrich Georg: Die Spiele. (1954) München 1959 (= List Bücher 128).
JÜTTE, Robert: Abbild und soziale Wirklichkeit des Bettler- und Gaunertums zu Beginn der Neuzeit. Sozial-, mentalitäts- und sprachgeschichtliche Studien zum Liber Vagatorum (1510). Köln, Wien 1988 [= Archiv für Kulturgeschichte, Beih. 27].
JÜTTE, Robert: Die Anfänge des modernen Verbrechens. Falschspieler und ihre Tricks im späten Mittelalter und der frühen Neuzeit. In: Archiv für Kulturgeschichte 70 (1988) S. 1–32.

KANNER, Siegmund: Das Lotto in Österreich. Ein Beitrag zur Finanzgeschichte Österreichs. Staatswiss. Diss., Strassburg 1898.
KASCHUBA, Wolfgang: Ritual und Fest. Das Volk auf der Straße. Figurationen und Funktionen populärer Öffentlichkeit zwischen Frühneuzeit und Moderne. In: Dülmen, Richard van (Hg.): Dynamik der Tradition. Studien zur historischen Kulturforschung IV. Frankfurt am Main 1992, S. 240–267.
KAVANAGH, Thomas M.: Enlightenment and the Shadows of Chance. The Novel and the Culture of Gambling in Eighteenth-Century France. Baltimore und London 1993.
KIENECKER, Alfred: Fahrt-Tour-Reise. Selbstbestimmte horizontale Mobilität im sozialhistorischen Kontext. Eine Strukturgeschichte. Phil.Diss. Wien 1987.
KIENITZ, Sabine: Frauen zwischen Not und Normen. Zur Lebensweise vagierender Frauen um 1800 in Württemberg. In: ÖZG, 2. Jg. (1991) H. 2, S. 34–58.
KIERNAN, V. G.: The duell in European history: honour and the reign of aristocracy. Oxford 1988.
KISCH, Wilhelm: Die alten Strassen und Plaetze Wien's und ihre historisch interessanten Haeuser. Ein Beitrag zur Culturgeschichte Wien's […]. Wien 1883 (Neudruck: Cosenza 1967).
KOCKA, Jürgen: Bürgertum und Bürgerlichkeit als Probleme der deutschen Geschichte vom späten 18. zum frühen 20. Jahrhundert. In: ders. (Hg.): Bürger und Bürgerlichkeit im 19. Jahrhundert. Göttingen 1987. S. 21–63.
KOCKA, Jürgen: Die problematische Einheit des Bürgertums im 19. Jahrhundert. In: Beiträge zur historischen Sozialkunde, 18. Jg. (1988) Nr. 3, S. 75–80.
[KOLLMANN, Josef:] Der Prozeß Kollmann. Ein mißlungener Anschlag der Nationalsozialisten im Spiegel der stenographischen Protokolle. Baden 1946.
KOS, Wolfgang: Krisenhafter Glanz und glanzvolle Krise. Die Semmeringhotels in der Zwischenkriegszeit. In: Die Eroberung der Landschaft. Semmering-Rax-Schneeberg. Katalog des Niederösterreichischen Landesmuseums, N.F. 295. Wien 1992, S. 595–603.

KOSELLECK, Reinhart: Kritik und Krise. Eine Studie zur Pathogenese der bürgerlichen Welt. Frankfurt am Main 1989 [= stw 36].
KRAEMER, Uwe: Wer hat Mozart verhungern lassen? In: Musica 1976, Heft 3, S. 209 ff.
KRAMER, Karl-Sigismund: Volksleben im Fürstentum Ansbach und seinen Nachbargebieten (1500–1800). Eine Volkskunde auf Grund archivalischer Quellen. Würzburg 1961.
KRAMER, Karl-Sigismund: Volksleben im Hochstift Bamberg und im Fürstentum Coberg.
KRAUS, Kristian: Das Buch der Glücksspiele. Bonn 1952.
KÜHNEL, Harry: Der Glückshafen. Zur kollektiven Festkultur des Spätmittelalters und der frühen Neuzeit. In: Festgabe des Vereins für Landeskunde von Niederösterreich zum Ostarrîchi-Millenium. Redigiert von Helmuth Feigl. 1. T., Wien 1996, S. 319–343 [=Jahrbuch f. Landeskunde v. Niederösterreich, N.F. 62/1].
KUHNERT, Reinhold P.: Urbanität auf dem Lande. Badereisen nach Pyrmont im 18. Jahrhundert. Göttingen 1984 [=Veröffentlichungen des Max-Planck-Institutes für Geschichte. 77].

LANDMANN, Leo: Jewish Attitudes Toward Gambling. In: The Jewish Quarterly Review, N.S., Vol. LVII (April 1967) N. 4, S. 298–318 und Vol. LVIII (1967–68) N.1, S. 34–62.
LE BRAS, Hervé: de la divination au calcul. In: Traverses 23: Hasard: Figures de la fortune. (1981) S.2–10.
LE GOFF, Jaques: Wucherzins und Höllenqualen. Ökonomie und Religion im Mittelalter. Stuttgart 1988.
LEPSIUS, M. Rainer: Zur Soziologie des Bürgertums und der Bürgerlichkeit. In: J. Kocka (Hg.): Bürger und Bürgerlichkeit im 19. Jahrhundert. Göttingen 1987. S. 79–100.
LHÔTE, Jean-Marie: Histoire des jeux de société. Paris 1994
LHÔTE, Jean-Marie: Dictionnaire des jeux de société. Paris 1996.
LIEBRECHT, Henri: Histoire du Théâtre français à Bruxelles au XVIIe et XVIIIe siècle. Paris 1923 (= Bibliothèque de la Revue de littérature comparée, dirigée par MM. Baldensperger et Hazard, Tome XI).
LIPPE, Rudolf zur: Naturbeherrschung am Menschen. II: Geometrisierung des Menschen und Repräsentation des Privaten im französischen Absolutismus. Frankfurt am Main 1981.
LÖFGREN, Orvar: Leben im Transit? Identitäten und Territorialitäten in historischer Perspektive. In: Historische Anthropologie Jg. 4 (1995) H. 3, S. 349–363.
LUKÁCS, Georg: Die Verdinglichung und das Bewußtsein des Proletariats. In: ders.: Über die Vernunft in der Kultur. Ausgewählte Schriften 1909–1969. Leipzig 1985, S. 210–376.
Lust und Leid. Barocke Kunst und barocker Alltag. Katalog zur Steirischen Landesausstellung, Graz 1992.
LUTTENBERGER, Albrecht P.: Pracht und Ehre. Gesellschaftliche Repräsentation und Zeremoniell auf dem Reichstag. In: Alltag im 16. Jh. Studien zu Lebensformen in mitteleuropäischen Städten. Wien 1987, S. 291–326 [= Wr. Beiträge zur Gesch. der Neuzeit 14].
MADER, Hubert: Duellwesen und altösterreichisches Offiziersethos. Phil.Diss. Wien 1980.
MALCOLMSON, Robert W.: Popular Recreations in English Society 1700–1850. London 1973.
MANN, Heinz Herbert: Missio sortis – Das Losen der Spieler unter dem Kreuz. In: Zangs, Christine und Hans Holländer (Hg.): Mit Glück und Verstand. Spielkarte, Würfel, Brettspiel vom 15. bis 17. Jahrhundert. Ausstellungskatalog, Aachen 1994, S. 51–70.
MARGOLIN, Jean-Claude: Les jeux à la Renaissance. In: ebda., S. 661–690
MARQUISET, Alfred: Jeux et joueurs d'autrefois (1789–1837). Paris 1929.
MARTENS, Wolfgang: Die Botschaft der Tugend. Die Aufklärung im Spiegel der deutschen Moralischen Wochenschriften. Stuttgart 1971.
MARX, Julius: Die wirtschaftlichen Ursachen der Revolution von 1848 in Österreich. Graz und Köln 1965. [= Veröffentlichungen der Kommission für Neuere Geschichte Österreichs. 51]

MAYR, Klaus O.: Kriminalität in einer ländlichen Gesellschaft. Rechtssprechung in Kärnten im Zeitalter des aufgeklärten Absolutismus 1740–1792. Diplomarbeit am Institut für Geschichte, Klagenfurt 1986.

MAUSS, Marcel: Die Gabe. Form und Funktion des Austausches in archaischen Gesellschaften. Frankfurt am Main 1984.

MAUZI, Robert: Écrivains et moralistes du XVIIIe siècle devant les jeux de hasard. In: Revue des sciences humaines 90 (1958) S. 219–256.

McKIBBIN, Ross: Working-Class Gambling in Britain 1880–1939. In: Past & Present 82 (Febr. 1979) S. 147–178.

MEDICK, Hans: Die proto-industrielle Familienwirtschaft. In: Peter Kriedte, Hans Medick und Jürgen Schlumbohm: Industrialisierung vor der Industrialisierung. Gewerbliche Warenproduktion auf dem Land in der Formationsperiode des Kapitalismus. Göttingen 1977. S. 90–154.

MEDICK, Hans: Plebejische Kultur, plebejische Öffentlichkeit, plebejische Ökonomie. Über Erfahrungen und Verhaltensweisen Besitzarmer und Besitzloser in der Übergangsphase zum Kapitalismus. In: Berdahl, Robert u. a.: Klassen und Kultur. Sozialanthropologische Perspektiven in der Geschichtsschreibung. Berlin 1982, S. 157–204.

MEHL, Jean-Michel: Les jeux de dés au XVe siècle d'après les lettres de rémission. In: Les JEUX à la Renaissance. S. 625–634.

MEHL, Jean-Michel: Les jeux au royaume de France du XIIIe au début du XVIe siècle. Paris 1990.

MEHL, Jean-Michel: Jeux, sports et divertissements au Moyen Âge et à la Renaissance: rapport introductif zu:. Jeux, sports et divertissements au Moyen Âge et à l'âge classique. Paris 1993 [=Actes du 116e congrès national des sociétés savantes (Chambéry, 1991) Section d'Histoire médiévale et de philologie], S. 5–22.

MEIER, John: Heißenstein der Name einer öffentlichen Spielbank. In: Bargheer, Ernst und Herbert Freudenthal (Hg.): Volkskunde=Arbeit. Zielsetzung und Gehalte. Berlin und Leipzig 1934, S. 242–248.

MENTGEN, Gerd: Der Würfelzoll und andere jüdische Schikanen im Mittelalter und früher Neuzeit. In: Zeitschrift für historische Forschung 22 (1995), H. 1, S. 1–48.

METZGER, Hans-Dieter: »Küchlein und Bier«. Shakespeare und der englische Kirchweihstreit im ausgehenden 16. und frühen 17. Jahrhundert. In: Historische Anthropologie Jg.4 (1996) H. 1, S. 34–56.

MIKOLETZKY, Hanns Leo: Die privaten »geheimen Kassen« Kaiser Franz I. und Maria Theresias. In: MIÖG 71 (1963) S. 379–394.

MOLINO, Jean: Le sens du hasard. In: Ethnologie française, Nouvelle série 17, n. 2/3 (1987) S. 137–144.

MONGARDINI, Carlo: Die Stellung des Spiels zwischen Kultur und sozialem Handeln. In: Hans Haferkamp (Hg.): Sozialstruktur und Kultur. Frankfurt am Main 1990, S. 313–327 [= stw 793].

MUCHEMBLED, Robert: Kultur des Volks – Kultur der Eliten. Die Geschichte einer erfolgreichen Verdrängung. Stuttgart 1984.

MÜLLER, Wolfgang: Das Glücksspiel in kriminalsoziologischer Betrachtung mit besonderer Berücksichtigung des Amtsgerichtsbezirkes Wiesbaden. Breslau-Neukirch 1938 [= Strafrechtliche Abhandlungen 389].

MÜNCH, Paul (Hg.): Ordnung, Fleiß und Sparsamkeit. Texte und Dokumente zur Entstehung der »bürgerlichen Tugenden«. München 1984 [= dtv dokumente 2940].

MÜNCH, Richard: Theorie des Handelns. Frankfurt am Main 1982.

NERVAL, Gérard de: Loreley. Souvenirs d'Allemagne. Wien o. J.

NEVEUX, Marcel: Jeux de hasard. In: Jeux et sports. Encyclopédie de la Pléiade.(ed. Roger Caillois) [Paris] 1967, S. 443–598.

NÚÑEZ RODRÍGUEZ, Manuel (Hrsg): El Rostro y el Discurso de la Fiesta. Santiago de Compostela 1994 [= Sémata, 6].

OPPENHOFF, Joseph: Die Spielbank in Aachen und Umgebung. In: Zeitschrift des Aachener Geschichtsvereins, Nr. 55 (1933) S. 120–142.

ORE, Oystein: Cardano. The Gambling Scholar. With a Translation [...] of Cardano's »Book on Games of Chance«, by Sidney H. Gould. Princeton, New Jersey 1953.

ORTALLI, Gherardo (Hg.): Gioco e giustizia nell'Italia di Comune. Treviso / Roma 1993 [= Ludica: collana di storia del gioco, 1].

OSTWALD, Hans: Sittengeschichte der Inflation. Ein Kulturdokument aus den Jahren des Marktsturzes. Berlin 1931.

OSTWALD, Hans: Das Berliner Spielertum. Berlin und Leipzig o. J. [= Großstadt-Dokumente. Hg. von Hans Ostwald. Bd. 35].

PARLETT, David: The Oxford Guide to Card Games. Oxford/New York 1990.

PELLEGRIN, Nicole: Jeux de la jeunesse, conflits d'age et rivalités inter-villageoises dans le Centre-Ouest à l'époque moderne. In: Ariès/Margolin (Hg.), Les jeux à la Renaissance, S. 581–598.

PELZ, Monika: Die Entstehung des neuzeitlichen Glücksbegriffs im 16. und 17. Jahrhundert. Grund- und Integrativwiss. Diss., Wien 1984.

PETÉNYI, Sándor: Games and Toys in Medieval and Early Modern Hungary. Krems 1994 [= Medium Aevum Quotidianum, hg. von Gerhard Jaritz, Sonderband III].

PETSCHAR, Hans: Kulturgeschichte als Schachspiel. Vom Verhältnis der Historie mit den Humanwissenschaften. Variationen zu einer historischen Semiologie. Aachen 1986. [= Aachener Studien zur Semiotik und Kommunikationsforschung, Bd. 11].

PIRINGER, Karl: Gmundner Chronik. 4 Bde. Gmunden

[PODEHL, Wolfgang:] Spielbanken – Spielhöllen. Zur Ausstellung der Hessischen Landesbibliothek Wiesbaden. [Wiesbaden 1975] (Typoskript im Deutschen Spielkarten-Museum Leinfelden-Echterdingen).

PREDÖHL, Max G. A.: Die Entwicklung der Lotterie in Hamburg. Ein Beitrag zur Geschichte der Lotterie. Jur. Inaugural-Diss., Heidelberg. Hamburg 1908.

PRIGNITZ, Horst: Wasserkur und Badelust. Eine Badereise in die Vergangenheit. Leipzig 1986.

RADLBERGER, Amalia: Verbotene (Glück-)Spiele. Spielsucht und deren Bekämpfung in Wien und Niederösterreich. Streiflichter aus dem Spielermilieu der Randgruppen im Biedermeier. Geisteswiss. Diss. Wien 1996.

RAIMUND, Edith: Spielerkarrieren. Alltag und Probleme der Automatenspieler. Wien/Köln/Graz 1988. [= Studien zur qualitativen Sozialforschung. Hg. von Roland Girtler, Bd. 7].

RATH, R. John: The provisional austrian Regime in Lombardy-Venetia 1814–1815. Austin und London 1969.

RAUERS, Friedrich: Kulturgeschichte der Gaststätte. Bd. 1. 2. Berlin 1941. [= Schriftenreihe der Hermann Esser Forschungsgemeinschaft für Fremdenverkehr].

REICH, Emil: Burgtheater, Hasardspiel und Metternich. In: Der Morgen, 14. Dezember 1931, S. 8.

REICHERT, Ramón: Auf die Pest antwortet die Ordnung. Zur Genealogie der Regierungsmentalität 1700: 1800. In: Österr. Zeitschrift für Geschichtswissenschaften, 7. Jg. (1996) H. 3, S. 311–326.

REID, Douglas A.: Interpreting the Festival Calendar: Wakes and Fairs as Carnivals. In: Storch, Robert D. (Hg.): Popular Culture and Customs in Nineteenth-Century England. London 1982, S. 125–153.

RENGER, Konrad: Lockere Gesellschaft. Zur Ikonographie des Verlorenen Sohnes und von Wirtshausszenen in der niederländischen Malerei. Berlin 1970.

RENNER, Victor v.: Vertrauliche Briefe des Grafen Ernst Rüdiger von Starhemberg an seinen Vetter den Grafen Gundacker von Starhemberg aus den Jahren 1682–1699. In: Wiener Communal-Kalender und Städt. Jahrbuch 1890, 18. Jg. (N.F.) S. 252–350.

REULECKE, Jürgen: »Veredelung der Volkserholung« und »edle Geselligkeit«. Sozialreformerische Bestrebungen zur Gestaltung der arbeitsfreien Zeit im Kaiserreich. In: Huck, Gerhard (Hg.): Sozialgeschichte der Freizeit. Wuppertal 1982, S. 141–160.

RIZZI, Alessandra: Ludus / ludere. Giocare in Italia alla fine del medio evo. Treviso / Roma 1995 [= Ludica: collana di storia del gioco, diretta da Gherardo Ortalli e Gaetano Cozzi, 3].

ROMANO, Laura: Il gioco a Mantova nei secoli XVI e XVII. Leggi, disposizioni, strutture di corte. Tesi in Storia Moderna, Università di Verona, anno academico 1985–86.

RÖPKE, Jochen: Primitive Wirtschaft, Kulturwandel und die Diffusion von Neuerungen. Theorie und Realität der wirtschaftlichen Entwicklung aus ethnosoziologischer und kulturanthropologischer Sicht. Tübingen 1970 [= Wirtschaftswissenschaftliche und wirtschaftsrechtliche Untersuchungen 6].

ROSSELLI, John: Governi, appaltatori e giuochi d'azzardo nell'Italia napoleonica. In: Rivista Storica Italiana, Anno 93 (1981) Fascicolo 2, S. 346–383.

RUMSCHÖTTEL, Hermann: Das bayerische Offizierskorps 1866–1914. Berlin 1973. [= Beiträge zu einer historischen Strukturanalyse Bayerns im Industriezeitalter, hg. von Karl Bosl. Bd. 9].

RUNKEL, Gunter: Soziologie des Spiels. Frankfurt am Main 1986 [= Hochschulschriften: Sozialwissenschaften 25].

SAAVEDRA, Pegerto: La consolidación de las ferias como fiestas profanas en la Galicia de los siglos XVIII y XIX. In: NÚÑEZ RODRÍGUEZ (Hg.), El Rostro y el Discurso de la Fiesta, S. 279–296.

SANDGRUBER, Roman: Inflationskonjunktur und Alltagsnot in Österreich zur Zeit der Napoleonischen Kriege. In: Drabek, Anna; Leitsch, Walter und Richard G. Plaschka (Hg.): Rußland und Österreich zur Zeit der Napoleonischen Kriege. Wien 1989 (Österreichische Akademie der Wissenschaften: Veröffentlichungen der Kommission für die Geschichte Österreichs, 14), S. 181–194.

SANTE, Luc: Low Life. Lures and Snares of Old New York. New York 1991.

SAPPER, Christian: Die Zahlamtsbücher im Hofkammerarchiv 1542–1825 [=Mitteilungen des österr. Staatsarchivs. Hg. von der Generaldirektion. Sonderdruck 35/1982].

SAUER, Walter: Konflikte in der Arbeitswelt des Vormärz. In: Beiträge zur historischen Sozialkunde 20. Jg. (1990), Nr. 3, S. 80–87.

SAURER, Edith: Zur Disziplinierung der Sehnsüchte. Das Zahlenlotto in Lombardo-Venetien. In: Quellen und Forschungen aus italienischen Archiven und Bibliotheken. 63 (1983).

SAURER, Edith: Materielle Kultur und sozialer Protest in der Lombardei, Venetien, Niederösterreich und Böhmen zwischen Vormärz und Neoabsolutismus. Habil. Wien 1983.

SAURER, Edith: Straße, Schmuggel, Lottospiel. Materielle Kultur und Staat in Niederösterreich, Böhmen und Lombardo-Venetien im frühen 19. Jahrhundert. Göttingen 1989 [= Veröffentlichungen des Max-Planck-Institutes für Geschichte, Bd. 10].

SCHÄFER-SCHMIDT, Ilona: Die Entwicklung der Kuranlagen in Bad Pyrmont. In: Bothe (Hg.), Kurstädte, S. 425–456.

SCHINDLER, Norbert: Widerspenstige Leute. Studien zur Volkskultur in der frühen Neuzeit. Frankfurt am Main 1992.

SCHLAGER, Johann E.: Wiener-Skizzen aus dem Mittelalter. N. F. 2. Bd. [Wien] 1842.

SCHMIDT, Arno: Fouqué und einige seiner Zeitgenossen. Frankfurt am Main 1960.

SCHMIDT, Leopold: Volkskunde von Niederösterreich. 2 Bde. Horn 1972.
SCHMIDT-BRENTANO, Antonio: Die Armee in Österreich. Militär, Staat und Gesellschaft 1848–1867. Boppard am Rhein 1975 [= Militärgeschichtliche Studien, hg. vom Militärgeschichtl. Forschungsamt, 20].
SCHMITZ, Lilo: Spiel und Sammlung – Macht und Sinn. Glücksspiel in türkischen Männer-Cafés in Köln. In: Völger, Gisela und Karin v. Welck (Hg.): Männerbande – Männerbünde. Zur Rolle des Mannes im Kulturvergleich. Köln 1990, Bd. 2, S. 157–160 [= Ethnologica, N.F., Bd. 15, Teil 1].
SCHRADER, Fred E.: Die Formierung der bürgerlichen Gesellschaft. 1550–1850. Frankfurt am Main 1996.
SCHRAMM, Albert: Der Bilderschmuck der Frühdrucke. Bd. XV. Leipzig 1932.
SCHREIBER, W.L.: Die ältesten Spielkarten und die auf das Kartenspiel Bezug habenden Urkunden des 14. und 15. Jahrhunderts. Straßburg 1937.
SCHÜLER, Th.[eodor]: Die Gründung und Entwicklung Schlangenbads, seine illustren Gäste und die Spielbanken hier und in Schwalbach. Wiesbaden 1888.
SCHUSTER, Heinrich: Das Spiel, seine Entwicklung und Bedeutung im deutschen Recht, eine rechtswissenschaftliche Abhandlung auf sittengeschichtlicher Grundlage. Wien 1878.
SCHWARZWÄLDER; Herbert und Inge: Reisen und Reisende in Nordwestdeutschland. Beschreibungen, Tagebücher und Briefe. Itinerarien und Kostenrechnungen. Bd. 1: bis 1620. Hildesheim 1987.
SCHWETSCHKE, Gustav: Geschichte des L'Hombre. Halle 1863.
SEELIG, Ernst: Das Glücksspielstrafrecht. Graz 1923.
SENNETT, Richard: Verfall und Ende des öffentlichen Lebens. Die Tyrannei der Intimität. Frankfurt am Main 1983.
SGARD, Jean: Tricher. In: Le jeu au XVIIIe siècle, S. 251–258.
SIEGHART, Rudolf: Die öffentlichen Glücksspiele. Wien 1899.
SIKORA, Michael: Disziplin und Desertion. Strukturprobleme militärischer Organisation im 18. Jahrhundert. Berlin 1996 [= Historische Forschungen Bd. 57].
SIMMEL, Georg: Philosophie des Geldes. Berlin [1958] (= Gesammelte Werke 1).
SOLE, Jacques: Le jeu dans l'univers casanovien. In: Le jeu au XVIIIe siècle. S. 245–250.
SOLOMON, Janis Little: Die Parabel vom Verlorenen Sohn. Zur Arbeitsethik des 16. Jahrhunderts. In: Reinhold Grimm und Jost Hermand (Hg.): Arbeit als Thema in der deutschen Literatur vom Mittelalter bis zur Gegenwart. Königstein/Ts. 1979. S. 29–50 [= Athenäum-Taschenbücher 2144: Literaturwissenschaft].
SOMBART, Werner: Der moderne Kapitalismus. Unveränderter Neudruck nach der 2., neugearbeiteten Auflage, München und Leipzig 1916. München 1987.
SOMBART, Werner: Luxus und Kapitalismus. München und Leipzig 1913.
SPICKER-BECK, Monika: Räuber, Mordbrenner, umschweifendes Gesind. Zur Kriminalität im 16. Jahrhundert. Freiburg i. Br. 1995 [= Rombach Wissenschaft: Reihe Historiae, Bd. 8].
Die deutsche STADT im 19. Jahrhundert. Stadtplanung und Baugestaltung im industriellen Zeitalter. Hg. von Ludwig Grote. München 1974.[= Studien zur Kunst des neunzehnten Jahrhunderts, Bd. 24]
STAIB, Heidi: Feste und Feiern: »gesittete Ergötzlichkeiten«. In: Baden und Württemberg im Zeitalter Napoleons. Ausstellungskatalog, Bd. 1.2, Stuttgart 1987, S. 1184 f.
STAMM, Volker: Ursprünge der Wirtschaftsgesellschaft. Geld, Arbeit und Zeit als Mittel von Herrschaft. Frankfurt am Main 1982.
STEINHAUSER, Monika: Das europäische Modebad des 19. Jahrhunderts. Baden-Baden. – Eine Residenz des Glücks. In: Die deutsche STADT im 19. Jahrhundert, S. 95–128.
STEKL, Hannes und Marija WAKOUNIG: Windisch-Graetz. Ein Fürstenhaus im 19. und 20. Jahrhundert. Wien/Köln/Weimar 1992.

STOLLEIS, Michael: Pecunia nervus rerum. Zur Staatsfinanzierung in der frühen Neuzeit. Frankfurt am Main.
STONE, Lawrence: The Crisis of Aristocracy 1558–1641. Oxford 1965.

TADDEI, Ilaria: Gioco d'azzardo, ribaldi e baratteria nelle città della Toscana tardo-medievale. In: Quaderni storici N. 92, anno XXXI, Fasc. 2 (Agosto 1996) S. 335–362.
TANZER, Gerhard: Spectacle müssen seyn. Die Freizeit der Wiener im 18. Jahrhundert. Wien/Köln/Weimar 1992 [= Kulturstudien. Bibliothek der Kulturgeschichte, hg. von Hubert Ch. Ehalt und Helmut Konrad, Bd. 21].
TAUBER, Wolfgang: Das Würfelspiel im Mittelalter und in der frühen Neuzeit. Eine kultur- und sprachgeschichtliche Darstellung. Frankfurt am Main/Bern/New York 1987.
TEGTMEIER, Ralph: Casino. Die Welt der Spielbanken-Spielbanken der Welt. Köln 1989.
TEUBER, Oskar: Das k.k. Hofburgtheater seit seiner Begründung. Wien 1896 [= Die Theater Wiens. 2. Bd. 1. Halbband].
THOMPSON; Edward P.: Patrizische Gesellschaft, plebejische Kultur. In: ders.: Plebejische Kultur und moralische Ökonomie. Aufsätze zur englischen Sozialgeschichte des 18. und 19. Jahrhunderts. Frankfurt am Main/Berlin 1980, S. 168–202.
THOMPSON, William N.: Cultural Values and Gaming: Manifestations of Machismo in the Latin American Casino. In: Eadington, William R. und Judy A. Cornelius (Hg.): Gambling and Public Policy. International Perspectives. Reno, Nevada 1991, S. 519–540.
TILITZKI, Christian und Bärbel GLODZEY: Die deutschen Ostseebäder im 19. Jahrhundert. In: Bothe (Hg.), Kurstädte, S. 513–536.
TÖBBICKE, Peter: Höfische Erziehung – Grundsätze und Struktur einer pädagogischen Doktrin des Umgangsverhaltens, nach den füstlichen Erziehungsinstruktionen des 16. bis zum 18. Jahrhundert. Phil.Diss. Darmstadt 1983.
TURNER, Victor: Vom Ritual zum Theater. Der Ernst des menschlichen Spiels. (1982) Frankfurt am Main/ New York 1989.

UTSCH, Friedrich Wilhelm: Erscheinungsformen und Strafzumessung bei der Deliktgruppe des verbotenen Glücksspiels dargestellt an Hand von Gerichtsakten des Landesgerichts Duisburg aus den Jahren 1945–1950. Rechts- und Staatswiss. Diss. Freiburg i. Br. 1953.

VALLERANI, Massimo: »Giochi di posizione« tra definizioni e pratiche sociali nelle fonti giudiziarie bolognesi del XIII secolo. In: Ortalli (Hg.), Gioco e giustizia, S. 13–34.
VARENNE, Jean-Michel und BIANU, Zéno: L'esprit des jeux. Paris 1990.
VEBLEN, Thorstein: Theorie der feinen Leute. Eine ökonomische Untersuchung der Institutionen (1899), Frankfurt am Main 1986 [= Fischer Wissenschaft 7362].
VEHSE, Eduard: Illustrierte Geschichte des preußischen Hofes,des Adels und der Diplomatie vom großen Kurfürsten bis zum Tode Kaiser Wilhelms I. 2 Bde. Stuttgart o. J. [1901]
VIERHAUS, Rudolf: Der Aufstieg des Bürgertums vom späten 18. Jahrhundert bis 1848/49. In: Kocka, Jürgen (Hg.): Bürger und Bürgerlichkeit im 19. Jahrhundert. Göttingen 1987. S. 64–78.
VOGL, Andrea: Kleinkriminalität im Wiener Vormärz. Geisteswiss. Eine Untersuchung über die Randbereiche der Kriminalität an Hand von Polizei- und Gerichtsakten der ehemaligen Stiftsherrschaft Klosterneuburg. Diss., Wien 1985.
VOGLER, Bernard: La Réforme, le magistrat et le jeu à Strasbourg au XVIe siècle. In: In: Les jeux à la Renaissance. Études réunies par Philippe Ariès et J.-C. Margolin. Paris 1982, S. 645–658.

VOIGT, Johannes: Zwölf Briefe über Sitten und sociales Fürstenleben auf den deutschen Reichstagen. Ein Beitrag zur Sittengeschichte des 16. Jahrhunderts. In: Historisches Tagebuch, ed. F. von Raumer, 3. Folge, 2. Jg. (1850) S. 269–416.

WALLNER, Viktor: 50 Jahre Spielcasino Baden. In: ders.: Badener Betrachtungen. Baden 1987. S. 97–128.
WEBER, Wolfgang: Zwischen gesellschaftlichem Ideal und politischem Interesse. Das Zahlenlotto in der Einschätzung des deutschen Bürgertums im späten 18. und frühen 19. Jahrhundert. In: Archiv für Kulturgeschichte, 69. Bd. (1987), S. 116–149.
WEGNER, Ewald: Bad Ems. In: BOTHE (Hg.): Kurstädte. S. 313–336.
WEGNER, Ewald: Staatsbad Brückenau. In: BOTHE (Hg.): Kurstädte. S. 265–280.
WEHRLE, Arnold: 500 Jahre Spiel und Sport in Zürich. Zürich 1960.
WEINLAND, Martina: Geschichte des Bades Nenndorf von seiner Gründung 1788 bis zum 20. Jahrhundert. In: BOTHE (Hg.): Kurstädte. S. 385–400.
WILD, Albert: Die öffentlichen Glücks-Spiele [...]. München 1862.
WILDA, [Wilhelm Eduard]: Die Lehre von dem Spiel aus dem deutschen Rechte neu begründet. In: Zeitschrift für deutsches Recht und deutsche Rechtswissenschaft 1. Bd. (Leipzig 1839), S. 133–193.
WLASSACK, Eduard: Chronik des k.k. Hof-Burgtheaters. Wien 1876.
WOHLHAUPTER, Eugen: Zur Rechtsgeschichte des Spiels in Spanien. In: Spanische Forschungen der Görresgesellschaft 1. Reihe, 3. Bd. (1931), S. 55–128.

ZDEKAUER, Ludovico: Sull'organizzazione pubblica del giuoco in Italia nell medio evo. In: Giornale degli Economisti 5 (1892) S. 40–80.
ZECHMEISTER, Gustav: Die Wiener Theater nächst der Burg und nächst dem Kärntnerthor von 1747–1776. Graz/Wien/Köln 1971 [= Theatergeschichte Österreichs Bd. 3, H. 2].
ZINK, Wolfgang: Spielbanken in Deutschland. Historische Entwicklung und heutige Rechtsgrundlagen. Rechts- und Staatsw. Diss Mainz 1970.
ZOLLINGER, Manfred: Das Glücksspiel in Wien im 18. Jahrhundert. In: Homo ludens. Der spielende Mensch, 1. Jg. (1991), S. 149–170.
ZOLLINGER, Manfred: Erlesenes Spiel. Die Kodifizierung der Spiele vom 16. ins 18. Jahrhundert. Spielbücher und -graphik des 16. bis 18. Jahrhunderts. Katalog zur Ausstellung, hg. von G. G. Bauer. Salzburg 1993, S. 9–39.
ZOLLINGER, Manfred: Fest-Spiel-Zeit. Spielkultur in Zeiten festlicher Anlässe. In: Homo ludens. Der spielende Mensch, 1. Jg. (1995), S. 231–263.
ZOLLINGER, Manfred: »Diesem unduldbaren Spiel-Unfuge Einhalt thun zu wollen...«. Spieler und ihre Gegner in Wien. In: Alte Spielverbote – Verbotene Spiele 1564-1853. Ausstellungskatalog (= Homo ludens, Sondernummer 1995), S. 13–26.
ZOLLINGER, Manfred: Bibliographie der Spielbücher. Erster Teil: 1473–1700. Stuttgart 1996.
ZOLLINGER, Manfred: Der »König der Spiele« im Theater des 18. Jahrhunderts. In: ludica, annali di storia e civiltà del gioco 2 (1996), S. 237–250.

Abbildungsnachweis

Oberösterreichisches Landesmuseum: 1
Ungarisches Nationalmuseum, Budapest: 2
Privatbesitz: 3, 4
Historisches Museum der Stadt Wien: 5
Österreichische Galerie Belvedere, Wien: 6
Institut für Zeitgeschichte, Wien: 7
Österreichische Nationalbibliothek, Bildarchiv: 8, 9, 11, 15, 17, 18
Wiener Stadt- und Landesbibliothek: 10
Museum Badgastein: 12
Bibliothèque Nationale de France, Paris. 13
Aus: H. Ostwald, Sittengeschichte der Inflation, Neufeld & Henius Verlag, Berlin 1931: 16a, 16b

Rot oder schwarz!

Die besten Chancen! Von 0 bis 36!

Roulette – ein Spiel mit Flair! Die Atmosphäre begeistert – das Ambiente fasziniert. Der Croupier läßt die Kugel rollen und die Spannung steigt. Rot oder Schwarz – gerade oder ungerade? Rien ne va plus ist erst der Anfang. Denn die Kugel fällt auf ... – meine Zahl!

Und als krönender Abschluß: Kulinarische Gaumenfreuden bei einem Candlelight-Dinner. Faites vos jeux – bei den schönsten Spielen – nur bei Casinos Austria.

CASINOS AUSTRIA
Machen Sie Ihr Spiel

Im Casino Baden, Bad Gastein, Bregenz, Graz, Innsbruck, Kitzbühel, Kleinwalsertal, Linz, Salzburg, Seefeld, Velden und Wien. Mit Begrüßungsjetons im Wert von öS 300,– um nur öS 260,–.